عربي – كوري
كوري – عربي
قاموس

아랍어-한국어
한국어-아랍어
입문소사전

최영길 편저

외국어도서전문
1945
문예림

عربي — كوري
قاموس

아랍어-한국어
입문소사전

최영길 편저

외국어도서전문
1945
문예림

프로필

한국외국어대학교 아랍어과 학부와 석사과정에서 아랍어와 아랍 문학을 전공했으며 사우디아라비아 왕립 이슬람대학교 학부과정에서 이슬람학을 전공하고 수단 움두르만 국립 이슬람 대학교에서 한국인 최초로 이슬람학 박사학위를 받았다.

사우디아라비아 제다 이슬람문화원 전임교수, 사우디아라비아 이맘 무함마드 이븐 사우드 왕립대학교 초청 객원교수, 명지대학교 인문대학장을 역임하였다. 그 밖에도 한국 중·고등학교 아랍어 국정교과서 교재 편찬 심의위원, IMAX 벤처기업과 LG전자 자문교수, (사)그린레인저 숲사랑소년단 이사장, (재)국제 자연환경 교육재단 이사장을 역임했고 현재는 명지대학교 아랍지역과 교수로 있으면서 서울대와 서강대에서 이슬람관련 과목을 강의하고 있다. 또한 사우디아라비아 메카에 본부를 두고 있는 전세계 이슬람 총연맹 최고회의 위원으로 있다.

저서 및 번역서로는 『꾸란』 번역을 비롯해 『꾸란 주해』, 『예언자 무함마드』, 『인간 무함마드』, 『다양한 이슬람 이야기 1-5』, 『무함마드의 언행록 1-3』, 『아랍어—한글 사전』, 『꾸란 어휘사전』, 『EBS 입에서 톡 아랍어』, 『이슬람문화』, 『이슬람역사와 문화』, 『꾸란과 성서의 예언자들』, 『이슬람의 허용과 금기』, 『나의 이슬람문화 체험기』 등 65여 편의 아랍어와 이슬람 관련 책들을 저술 및 번역했으며 『무함마드의 언행록 1-3』은 우수학술도서로 선정되는 등 2009년에는 사우디아라비아 압둘라 이븐 압둘아지즈 국왕 국제 번역 상을 수상하고 2013년 박근혜 대통령 표창을 받기도 했다.

서문

지구촌에 한국어를 모국어로 사용하는 국가는 한국이라고 하는 단 한 나라밖에 없다. 그런데 아랍어를 모국어로 사용하는 나라는 무려 22개 국가나 된다. 사우디아라비아를 비롯하여 시리아, 이집트, 쿠웨이트, 아랍에미레이트, 오만, 카타르, 예멘, 코모로, 팔레스타인, 레바논, 리비아, 이라크, 모로코, 지부티, 소말리아, 알제리, 요르단, 바레인, 모리타니, 수단, 튀니지라는 국가들이 있다.

그래서 아랍어는 이들 국가들로 구성된 아랍연맹의 공식 언어일 뿐만 아니라 유엔의 6대 공용어 가운데 하나이며 57개 이슬람국가들로 구성된 이슬람회의기구의 공식 언어이자 전 세계 18억 무슬림들의 종교와 예배의 언어가 되어 있다.

이들 18억 무슬림들은 아랍어가 신의 선택을 받은 언어라는 긍지를 갖고 있다. 아랍어의 생명이라고 할 수 있는 꾸란에 의하면 꾸란의 아랍어는 신의 말씀이므로 신은 아랍어를 영원히 보존할 것이라고 약속하고 있기 때문이다. 그래서 아랍어는 지금까지 인류가 사용해온 모든 언어들 중에서 가장 오랜 생명력을 지니고 있다.

본 아랍어-한글 소사전의 특징은 약 2만 단어를 담고 있으며 단어마다 한국어 발음을 달아놓았기 때문에 아랍어 철자나 문자를 전혀 모르는 사람도 아랍어를 읽고 말할 수 있다는 것이다.

아랍인들과의 만남에서 아랍어는 신의 언어요 예언자 무함마드의 언어라는 것을 알고 아랍어 몇 단어를 배우게 되었다고 말하면 영어 수십만 단어를 사용하는 것보다 더 화기애애한 분위기를 만들 수 있을 것이다.

끝으로 본서의 편찬을 독려해주시고 출간하여 주신 문예림 서덕일 사장님께 감사드리며 독자들에게도 본 사전이 아랍인들과의 대화에 많은 보탬이 되기를 기대합니다.

2013년 8월 21일
최영길

차 례

الألف: 알리프	19
الباء: 바	34
التاء: 타	76
الثاء: 싸	86
الحاء: 하	94
الخاء: 카	129
الدال: 달	183
الذال: 잘	249
الراء: 라	259
الزاء: 자이	314
السين: 씬	337
الشين: 쉰	390
الصاد: 쏴드	435
الضاد: 돠드	462
الطاء: 똬	476

الظاء: 좌	502
العين: 아인	506
الغين: 가인	571
الفاء: 파	603
القاف: 까프	647
الكاف: 카프	692
اللام: 람	722
الميم: 밈	747
النون: 눈	782
الهاء: 하	845
الواو: 와우	872
الياء: 야	915

모음기호, 명칭, 음가

1. ◌َ (아)

2. ◌ُ (우)

3. ◌ِ (이)

명칭은 파트해(**الفتحة**)이며 한국어 모음의 (아, ㅏ)에 해당한다.

명칭은 담매(**الضمة**)이며 한국어 모음의 (우, ㅜ)에 해당한다.

명칭은 카스래(**الكسرة**)이며 한국어 모음의 (이, ㅣ)에 해당한다.

장모음

아랍어 28개 철자 중에서 (아), (우), (이) 3개 철자가 장모음 기능을 한다.

1. ا (아~)

2. و (우~)

3. ي (이~)

ا

و

ي

명칭은 알리프(**الألف**)이며 (아) 장모음이다.

명칭은 와위(**الواو**)이며 (우) 장모음이다.

명칭은 야위(**الياء**)이며 (이) 장모음이다.

철자와 명칭 음가와 발음

1. 함자 (الهمزة)

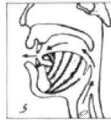

목구멍 깊숙이 가슴 쪽에서 기도를 닫았다가 갑자기 열릴 때 나는 소리로 한국어 음가의 이응(ㅇ)에 가깝다. 함자(ء)는 알리프(ا)의 위에 또는 아래, 와우(و) 위에, 또는 독립적으로 올 때가 있는데 함자와 알리프를 구별해서 아랍어 철자를 29개로 보는 학자도 있으나 함자와 알리프를 합쳐 28개 철자로 보는 것이 보편적이다.
함자(الهمزة)의 한국어 음가는 **이응(ㅇ)** 으로 표기하였다.

✶ 모음기호의 음가에 따라 다음을 읽으시오.

ِ	ِ	ُ	َ		أ	ئ ؤ	أ	أ
(으)	(이)	(우)	(아)	• 장모음 붙여 읽기	어미형	중간형	머리형	독립형

2. 바 (الباء)

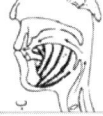

입술을 다물었다가 열면서 입술 가까이서 발음된다.
바(ب)의 음가는 **비읍(ㅂ)** 으로 표기하였다.

✶ 모음기호의 음가에 따라 다음을 읽으시오.

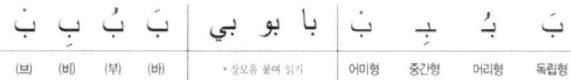

بْ	بِ	بُ	بَ		ب	ـبـ	بـ	ب
(브)	(비)	(부)	(바)	• 장모음 붙여 읽기	어미형	중간형	머리형	독립형

3. 타 (التاء)

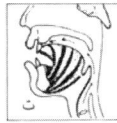

혀 끝 윗부분을 위 앞니 잇몸에 댄 후 혀끝을 밀어내며 발음한다.
타(ت)의 한국어 음가는 **타읕(ㅌ)** 으로 표기하였다.

※ 모음기호의 음가에 따라 다음을 읽으시오.

| (트) | (티) | (투) | (타) | ※ 장모음 붙여 읽기 | 어미형 | 중간형 | 머리형 | 독립형 |

4. 싸 (الثاء)

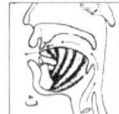

혀 끝 윗부분을 위 앞니 끝에 마찰시켜 내는 소리로 기도를 막고 혀 끝은 윗니와 아랫니 사이에 넣어 발음한다. 영어 through 발음에서 th 발음과 비슷하다.
싸(الثاء)의 한국어 음가는 쌍시옷(ㅆ) 으로 표기하였다.

※ 모음기호의 음가에 따라 다음을 읽으시오.

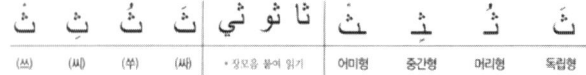

| (쓰) | (씨) | (쑤) | (싸) | ※ 장모음 붙여 읽기 | 어미형 | 중간형 | 머리형 | 독립형 |

5. 짐 (الجيم)

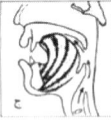

혀 중간 부분을 입천장에 마찰시켜 발음한다.
짐(الجيم)의 한국어 음가는 지읒(ㅈ) 으로 표기하였다.

※ 모음기호의 음가에 따라 다음을 읽으시오.

| (즈) | (지) | (주) | (자) | ※ 장모음 붙여 읽기 | 어미형 | 중간형 | 머리형 | 독립형 |

6. 하 (الحاء)

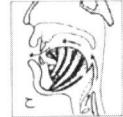

목구멍 중간 부분에서 목의 양쪽을 마찰시켜 발음한다.
해(الحاء)의 한국어 음가는 하읗(ㅎ)으로 표기하였다.

※ 모음기호의 음가에 따라 다음을 읽으시오.

خِ	حِ	حُ	حَ	حَا حُو حِي	حْ ـحْ ـحُ حَ
(호)	(히)	(후)	(하)	• 장모음 붙여 읽기	어미형 중간형 머리형 독립형

7. 카 (الخاء)

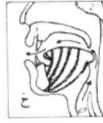

목 젖 부근에서 앞서 소개한 해(الحاء)보다 강하게 목젖을 진동시켜 강하게 발음한다. 한국인들이 크기 등을 과장해서 '커다란'이라고 말할 때, 또는 가래를 뱉으려 할 때 나오는 발음과도 유사하다.
캐(الخاء)의 한국어 음가는 카읔(ㅋ)으로 표기하였다.

※ 모음기호의 음가에 따라 다음을 읽으시오.

خِ	خِ	خُ	خَ	خَا خُو خِي	خْ ـخْ ـخُ خَ
(크)	(키)	(쿠)	(카)	• 장모음 붙여 읽기	어미형 중간형 머리형 독립형

8. 달 (الدال)

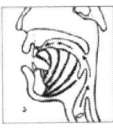

혀의 윗부분을 위 잇몸에 접착시켜 발음한다.
달(الدال)의 한국어 음가는 디귿(ㄷ)으로 표기하였다.

※ 모음기호의 음가에 따라 다음을 읽으시오.

دِ	دِ	دُ	دَ	دا دو دي	دَ	دِ	دُ	دَ
(드)	(디)	(두)	(다)	＊장모음 붙여 읽기	어미형	중간형	머리형	독립형

9 잘 (الذال)

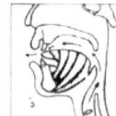

혀끝을 위 앞니 끝에 접촉시켜 발음한다. 한국어의 (ㅈ)과 다글(ㄷ) 사이의 중간 발음이며 영어의 the 에서 th 발음과 유사하다.
잘(الذال)의 한국어 음가는 자읠(ㅈ) 으로 표기하였다.

※ 모음기호의 음가에 따라 다음을 읽으시오.

ذِ	ذِ	ذُ	ذَ	ذا ذو ذي	ذَ	ذِ	ذُ	ذَ
(즈)	(지)	(주)	(자)	＊장모음 붙여 읽기	어미형	중간형	머리형	독립형

10 라 (الراء)

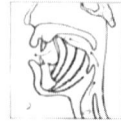

혀 끝을 입천장 앞부분에 혀가 닫지 않은 상태로 진동시켜 나는 소리다.
래(الراء)의 한국어 음가는 리을(ㄹ) 로 표기하였다.

※ 모음기호의 음가에 따라 다음을 읽으시오.

رِ	رِ	رُ	رَ	را رو ري	رَ	رِ	رُ	رَ
(르)	(리)	(루)	(라)	＊장모음 붙여 읽기	어미형	중간형	머리형	독립형

철자와 명칭 음가와 발음

1. 자이(الزاي)

혀 끝을 앞니 끝까지 접근시킨 후 그 사이로 공기가 나갈 수 있도록 혀를 당기면서 내는 소리다. 영어의 'z' 발음과 유사하다.
자이(الزاي)의 한국어 음가는 **지읒(ㅈ)** 으로 표기하였다.

* 모음기호의 음가에 따라 다음을 읽으시오.

زَ	زُ	زِ	ز	زا زو زي	زْ	زِ	زَ	ز
(즈)	(지)	(주)	(자)	• 장모음 붙여 읽기	어미형	중간형	머리형	독립형

2. 씬(السين)

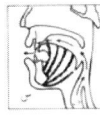

혀 끝을 위 앞니 잇몸에서 약간 띄운 상태에서 발음한다.
씬(السين)의 한국어 음가는 **쌍시옷(ㅆ)** 으로 표기하였다.

* 모음기호의 음가에 따라 다음을 읽으시오.

سَ	سُ	سِ	س	سا سو سي	سْ	سِ	سَ	س
(쓰)	(씨)	(쑤)	(싸)	• 장V을 붙여 읽기	어미형	중간형	머리형	독립형

3. 쉰(الشين)

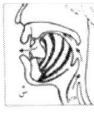

혀 끝과 중간 부분을 입천장 상단에 마찰시켜 발음한다. 한국어의 '샵' 에서 나는 음가와 비슷하다.
쉰(الشين)의 한국어 음가는 **시옷(ㅅ)** 으로 표기하였다.

※ 모음기호의 음가에 따라 다음을 읽으시오.

شَ شُ شِ شْ	شَ شُ شِ	شا شو شي	شَ شُ شِ شْ
(셔) (슈) (쉬) (쉬)		▸ 장모음 붙여 읽기	어미형 중간형 머리형 독립형

14. 쑈드 (الصاد)

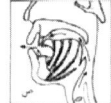

혀 끝을 위 앞니 잇몸에 밀착시켜 입의 쒼(السين)을 발음할 때보다 강하게 발음한다. 영어 sun을 발음 할 때 나는 소리와 유사하다.
쑈드(الصاد)의 한국어 음가는 시옷(ㅅ) 으로 표기하였다.

※ 모음기호의 음가에 따라 다음을 읽으시오.

صَ صُ صِ صْ	صَ صُ صِ	صا صو صي	صَ صُ صِ صْ
(스) (쉬) (슈) (쇠)		▸ 장모음 붙여 읽기	어미형 중간형 머리형 독립형

15. 돠드 (الضاد)

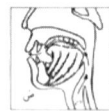

혀의 한 쪽, 주로 왼쪽 부분을 위 어금니에 붙여 발음한다. 영어 dawn의 d 발음과 유사하다. 돠드(الضاد)의 한국어 음가는 디귿(ㄷ) 으로 표기하였다.

※ 모음기호의 음가에 따라 다음을 읽으시오.

ضَ ضُ ضِ ضْ	ضَ ضُ ضِ	ضا ضو ضي	ضَ ضُ ضِ ضْ
(드) (되) (두) (되)		▸ 장모음 붙여 읽기	어미형 중간형 머리형 독립형

16. 똬 (الطاء)

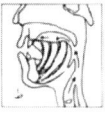

혀 끝 윗부분을 위 앞니 잇몸에 접촉시켜 발음한다.
똬(الطاء)의 한국어 음가는 쌍디귿(ㄸ) 으로 표기하였다.

※ 모음기호의 음가에 따라 다음을 읽으시오.

طِ طُ طَ طْ	طو طي طا	طْ طِ طُ طَ
(뜨) (뛰) (뚜) (똬)	• 장모음 붙여 읽기	어미형 중간형 머리형 독립형

17. 좌 (الظاء)

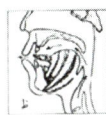

혀 끝 윗부분을 위 잇니 끝부분에 접촉시켜 발음한다.
좌(الظاء)의 한국어 음가는 지읒(ㅈ) 으로 표기하였다.

※ 모음기호의 음가에 따라 다음을 읽으시오.

ظِ ظُ ظَ ظْ	ظي ظو ظا	ظْ ظِ ظُ ظَ
(즈) (쥐) (주) (좌)	• 장모음 붙여 읽기	어미형 중간형 머리형 독립형

18. 아인 (العين)

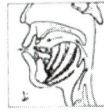

앞서 설명한 하(ح)보다도 더 깊은 목구멍 중간부분에서 나오는 발음이다.
아인(العين)의 한국어 음가는 이응(ㅇ) 으로 표기하였다.

※ 모음기호의 음가에 따라 다음을 읽으시오.

عْ عِ عُ عَ	عا عو عي	عَ عُ عِ عْ
(으) (이) (우) (아)	• 장모음 붙여 읽기	어미형 중간형 머리형 독립형

19. 가인 (الغين)

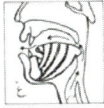

앞서 소개한 카(خ)를 발음할 때보다 약간 깊은 목젖 부근에서 목의 양쪽을 마찰시켜 내는
소리다. 양치질 할 때 목을 물로 가시는 소리와 비슷하다.
가인(الغين)의 한국어 음가는 기역(ㄱ) 으로 표기하였다.

※ 모음기호의 음가에 따라 다음을 읽으시오.

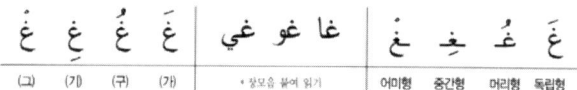

غْ	غِ	غُ	غَ	غَا غُو غِي	غْ ـغِ ـغُ غَ
(그)	(기)	(구)	(가)	• 장모음 붙여 읽기	어미형 중간형 머리형 독립형

20. 가인 (**الغَين**)

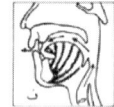

아래 입술을 윗니 끝부분과 접촉시켜 내는 소리로 영어 f 발음이 이와 유사하다.
파(**الفَاء**)의 한국어 음가는 **파음(ㅍ)** 으로 표기하였다.

※ 모음기호의 음가에 따라 다음을 읽으시오.

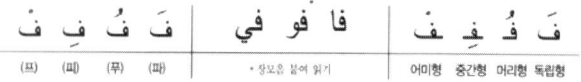

فْ	فِ	فُ	فَ	فَا فُو فِي	فْ ـفِ ـفُ فَ
(프)	(피)	(푸)	(파)	• 장모음 붙여 읽기	어미형 중간형 머리형 독립형

21. 까프 (**القَف**)

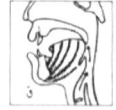

혀를 목젖 부근으로 잡아당겨 내는 소리로 카프(**الكَاف**)보다 안쪽에서 발음한다.
까프(**القَف**)의 한국어 음가는 **쌍기역(ㄲ)** 으로 표기하였다.

※ 모음기호의 음가에 따라 다음을 읽으시오.

قْ	قِ	قُ	قَ	قَا قُو قِي	قْ ـقِ ـقُ قَ
(끄)	(끼)	(꾸)	(까)	• 장모음 붙여 읽기	어미형 중간형 머리형 독립형

22. 카프 (**الكَاف**)

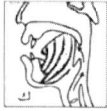

혀를 목젖 부분으로 잡아당겨 발음한다. 까프(**القَف**)보다 가볍게 발음되며 목구멍 깊숙이서
나오는 소리로 '칼' 을 발음 할 때의 발음과 유사하다.
카프(**الكَاف**)의 한국어 음가는 **키읔(ㅋ)** 으로 표기하였다.

★ 모음기호의 음가에 따라 다음을 읽으시오.

| (크) | (키) | (쿠) | (카) | • 장모음 붙여 읽기 | 어미형 | 중간형 | 머리형 | 독립형 |

23. 람 (اللام)

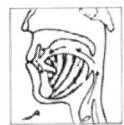

혀 끝을 위 앞니 잇몸 약간 안쪽에 접착시켜 라(ㄹ)를 발음할
때보다 여리게 발음한다. 한국어 "빨리 빨리"를 발음할 때 나는 소리와 유사하다.
람(اللام)의 한국어 음가는 리을(ㄹ)로 표기하였다.

★ 모음기호의 음가에 따라 다음을 읽으시오.

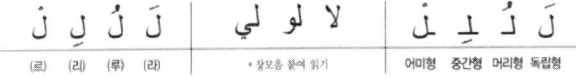

| (르) | (리) | (루) | (라) | • 장모음 붙여 읽기 | 어미형 | 중간형 | 머리형 | 독립형 |

24. 밈 (الميم)

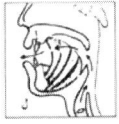

양쪽 입술을 붙여 발음한다.
밈(الميم)의 한국어 음가는 미음(ㅁ)으로 표기하였다.

★ 모음기호의 음가에 따라 다음을 읽으시오.

| (므) | (미) | (무) | (마) | • 장모음 붙여 읽기 | 어미형 | 중간형 | 머리형 | 독립형 |

25. 눈 (النون)

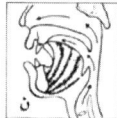

혀 끝을 이 앞니 잇몸에 붙여 발음한다.
눈(النون)의 한국어 음가는 나은(ㄴ) 으로 표기하였다.

※ 모음기호의 음가에 따라 다음을 읽으시오.

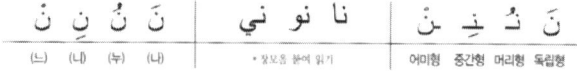

نَ	نِ	نُ	نَ		نا	نو	ني		نَ	نِـ	ـنِـ	ـنْ
(느)	(니)	(누)	(나)	• 짓모음 붙여 읽기					어미형	중간형	머리형	독립형

26. 하 (الهاء)

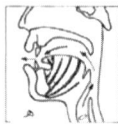

목구멍 가장 깊은 곳에서 가장 약하게 발음되는 후음이다.
해(الهاء)의 한국어 음가는 히읗(ㅎ) 으로 표기하였다.

※ 모음기호의 음가에 따라 다음을 읽으시오.

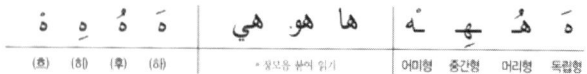

هَ	هِ	هُ	هَ		ها	هو	هي		هَ	ـهـ	ـهـ	ـهْ
(흐)	(히)	(후)	(하)	• 짓모음 붙여 읽기					어미형	중간형	머리형	독립형

27. 와우 (الواو)

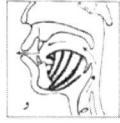

입 주둥이를 한데 모아 벌렸다가 다시 오므리면서 발음한다.
와(الواو)의 한국어 발음은 이응(ㅇ) 으로 표기하였다.

(الألف : 알리프)

أب 아버지
(아브)

أبوة 부권
(우부 - 와트)

آب 8월(시리아, 레바논 등)
(아 - 분)

أبجدية 1.알파벳 2.초보자
(아브자디야트)

أبدا 1.영원히 2.항상, 늘
(아바단)

أبدية 불멸, 영구성, 영원한 것
(아바디야트)

أبر 1.쏘다(벌이) 2.비방하다
(아바라)

إبرة 1. 바늘, 침 2. 주사(의학)
(이브라트)

إبريق 단지, 동이
(이브리 - 끄)

أبريل 4월
(아브릴)

إبط 겨드랑이
(이브뜨)

إبل 낙타
(이블)

إبليس 악마, 도깨비, 귀신
(이블리 - 쓰)

ابن 아들
(이븐)

أبن 추도하다, 애도하다
(압바나)

تأبين 애도, 추모, 추도
(타으비 - ㄴ)

أبى 1.거절하다 2.싫어하다
(아바)

تأب 1.거절 2.거만
(타압)

متأب 1.떳떳한 2.거만한
(무타압)

أبيض 하얀
(아브야드)

مأتم 장례식, 추도회

알리프

(마으탐)

أتى 1.오다 2.가져오다
(아타)

آتٍ 1.오는, 다가오는 2.다음의
(아-틴)

أثّث 1.준비하다 2.가구를 마련하다
(앗싸싸)

أثاث 가구, 가재
(아싸-쓰)

تأثيث 가구설비
(타으씨-쓰)

مؤثّث 가구가 갖추어진
(무앗씨쓰)

أثر 1.인용하다 2.말을 전하다
(아싸라)

تأثّر 1.느끼다 2.감동을 받다
(타앗싸라)

آثار 1.자취 2.유물, 유적
(아싸-르)

تأثير 1.영향 2.세력 3.인상
(타으씨-르)

متأثّر 영향을 받는
(무타앗씨르)

أثم 죄를 짓다, 잘못하다
(아씨마)

إثم 죄, 죄악
(이쓈)

مأثم 죄, 죄악, 범죄, 못된 짓
(마으쌈)

أجر 갚다, 보상하다, 보답하다
(아자라)

استأجر 1.고용하다 2.세내다
(이스타으자라)

أجر 1.임금 2.보상
(아즈르)

أجرة 1.임금 2.임대로 3.요금
(우주라트)

تأجير 임대, 임차
(타으지-르)

إيجار 1.고용 2.소작 3.임대로
(이자-르)

مؤجر 지주, 집주인, 임대인
(무앗지르)

مُؤَاخَذة (무아 - 카자트)	욕, 꾸지람, 비난	**أجل** (아잘라)	늦어지다, 지연되다
أخّر (앗카라)	1.미루다 2.방해하다	**أجل** (아잘)	1.예 2.확실히 3.사실로
تأخّر (타앗카라)	1.지각하다 2.지체하다 3.낙후되다	**تأجيل** (타으질)	연기
آخِر (아 - 키르)	1.최후의 2.끝 3.한계 4.최신의	**مؤجّل** (무앗질)	연기된, 지연된
أخير (아키 - 르)	1.최근의, 마지막의 2.최후의	**أجن** (아자나)	1.변하다 2.고이다(물이)
تأخير (타으키 - 르)	지체, 지연, 미루는	**آجن** (아 - 진)	1.썩은 2.고인
متأخِّر (무타앗키르)	1.늦은 2.낙후된	**أجندة** (아진다)	비망록, 수첩
آخى (아 - 카)	의형제를 맺다	**أحّد** (아흐하다)	하나로 만들다, 통일하다
تأخّى (타앗카)	형제처럼 대하다	**أحد** (아하드)	1.하나 2.한 사람
أخ (아크)	형제, 친구, 벗	**أخذ** (아카자)	1.얻다 2.받다 3.시작하다 5.붙들다
أخت (우크트)	1.누이, 자매 2.같은 것 3.같은 어원	**اتّخذ** (잇타카자)	1.취하다 2.차지하다 3.이용하다

알리프		
أُخُوَّة (우쿠와트)	형제관계, 우애	**إِدَام** (이담)	빵과 더불어 먹는 아랍 스프 종류

أَدَاة (아다-트) 1.부속품 2.도구, 기구

أَدِيم (아디-임) 1.피부 (그을은) 2.지구표면

أَدَبَ (앗다바) 1.교양을 갖추다 2.개조하다 3.처벌하다

آدَم (아-담) 아담, 인류의 시조

آدَاب (아다-ㅂ) 문학

أَدَّى (앗다) 1.치르다, 지불하다 2.수행하다

أَدَب (아답) 1.문학 2.교양, 예의, 예절 3.윤리, 도덕

أَدَاء (아다) 1.지불, 납부 2.수행, 완수

أَدِيب (아디-ㅂ) 1.작가 2.교양 있는 3.예절 바른

تَأْدِيَة (타으디야트) 수행, 집행

أَدِيبَة (아디-바트) 여류작가

إِذَا (이잔) 1.만일 …한다면 2.갑자기 3.때에

تَأْدِيب (타으디-ㅂ) 1.교양 2.처벌, 징벌

إِذَن (이잔) 그렇다면, 따라서, 그러니

مَأْدُبَة (마으두바트) 연회, 축하연

أَذَار (아자-르) 3월 (시리아, 이라크 등)

مُتَأَدِّب (무타앗디브) 1.교양 있는 2.유식한

أَذِنَ (아지나) 1.경청하다 2.허락하다

أَذَّن (아잔) 예배시간을 알리다

(앗나자)

استأذن 허가 받다
(이스타으자나)

إذن 1.허락, 승낙 2.면허
(이즌)

أذان 아잔(예배시간 알리는 것)
(아자-ㄴ)

مؤذن 아잔을 부르는 사람
(무앗진)

مأذنة 미나레(이슬람 성원의)
(마으자나)

أذى 1.해를 입다
(아자) 2.고통을 겪다

أذى 1.아픔, 고통 2.손해
(아자) 3.손실

إيذاء 괴로움을 주는 것
(이-자)

أرب 1.솜씨 있다. 2.영리하다
(아리바)

أرب 1.요구 2.목적
(아라브) 3.솜씨, 재질

إربة 1.숙련 2.솜씨, 재치
(이르바트)

أريب 1.총명한 2.재간 있는
(아리-브) 3.독창적인

مأرب 목적, 소망, 희망
(마으라브)

أرخ 1.편지에 날짜를 쓰다
(아르라카) 2.사건을 기록하다

تاريخ 1.년, 월, 일, 날짜
2.시대 3.역사
(타리-크)

مؤرخ 년, 월, 일이 적힌
(무와르라크)

الأردن 요르단
(알우르둔)

أرز 쌀
(우르즈)

أرض 1.땅 2.지구 3.영토
(아르드) 4.육지 5.방바닥

أرق 잠을 못자다
(아리까)

أرق 불면증

알리프		
أرقان (아라끄)		مؤازرة (무와-자라트)	지원, 원조

أرقان (아르까-누)	황달
مأروق (마으루-끄)	황달병 환자
أريكة (아리-카)	1.소파 2. 왕좌, 옥좌
أرنب (아르납)	토끼
أزب (아자바)	흐르다(물이)
مئزاب (미으자-브)	1.도랑 2.배수관
أزر (앗자라)	1.덮다 2. 강화하다
آزر (아-자라)	돕다, 지원하다
تآزر (타아-자라)	서로 지원하다
تآزر (타아-주르)	상호원조
مؤازرة (무와-자라트)	지원, 원조
مأزق (마으자끄)	1.좁은 길 2.궁지 3.싸움터
أزل (아잘)	처음 없이 본래부터 있는 것, 영원
أسس (앗싸싸)	1.세우다 2.터를 닦다
تأسس (타앗싸싸)	1.수립하다 2.근거하다
أساس (아싸-쓰)	1.기원 2.토대 3.근거
أساسيات (아싸씨야-트)	원리, 원칙
تأسيس (타으씨-쓰)	창건, 창설, 창립
مؤسس (무아씨쓰)	발기인, 창립자, 창건자
مؤسسة (무앗싸싸)	기업체, 회사
استمارة (이스티마-라)	양식, 서식

آسَ (아-씬) 1.위로하는 2.치료하는	**أُستاذ** (우스타-즈) 교수, 선생
آسيا (아-씨야) 아세아	**أَسَرَ** (아싸라) 1.끈으로 묶다 2.생포하다
تَأْسية (타으씨야) 위안, 동정	**أَسير** (아씨-르) 1.포로, 2.포로가 된
أُسوة (우쓰와) 모범, 본보기	**أُسرة** (우스라) 1.왕조 2.가정 3.친척
مُواساة (무와싸-트) 1.자선, 박애 2.동정, 위로, 위안	**أُسطورة** (우스뚜-라) 신화, 전설, 우화
مَأْساة (마으싸-트) 비극, 슬픔	**أَسِفَ** (아씨파) 슬퍼하다, 유감스럽게 생각하다
أَشَّرَ (앗샤라) 사증을 발급해주다	**آسِف** (아-씨프) 1. 유감스러운 2.슬퍼하는
تَأْشيرة (타으쉬-라) 1.사증 2.사증발급	**أَسَف** (아싸프) 슬픔, 유감, 애석함
آصِرة (아-쉬라) 결속, 유대, 연계, 관계	**مُتَأَسِّف** (무타앗씨프) 1. 유감스러워하는 2. 섭섭해 하는
إِصر (이스르) 1.짐 2.약속, 의무 3.죄악	**أُسلوب** (우쓸루-브) 1.방법, 방식, 수단 2.작품 3.문제
أَصَلَ (아쏠라) 1.굳게 뿌리박다 2.독창적으로 되다	**آسَى** (아싸) 1.치료하다 2.화해하다 3.위로하다 4.슬퍼하다

25

알리프		
	استأصل 뿌리뽑다, 근절하다 (이스타으살라)	**أفق** 유랑하다, 방황하다 (아파까)
	أصالة 1.기원 2.독창성 (아살 - 라) 3.견고성 4.독자성	**آفاق** 먼 나라, 변방 (아파 - 끄)
	أصل 1.뿌리 2. 근본 3.시초 (아슬) 근거 4.기본 5.혈통	**أفق** 1.지평선, 수평선 (우프끄) 2.전망 3.변방
	أصول 규칙, 법칙, 원리, 원칙 (우술)	**أفك** 거짓말하다, 날조하다 (아파카)
	أصيل 1.명문가문의 2.토착의 (아실)	**إفك** 거짓말, 날조, 중상 (이프크)
	متأصل 1.뿌리 깊은 (무타앗살) 2.만성적인, 고질적인	**أقلم** 풍토, 환경에 적응하다 (아끌라마)
	أطر 구부리다, 휘게하다 (아따라)	**إقليم** 1.지방, 지역 (이끌림) 2.기후, 풍토
	إطار 타이어, 틀, 테 (이따 - 르)	**أكتوبر** 10월 (우크투 - 바르)
	إطارة 테, 외륜 (이따 - 라)	**أكد** 1.공고히 하다 (앗카다) 2.강화하다
	أغسطس 8월 (우그쓰뚜Tm)	**تأكد** 1.든든해지다 2.확증되다 (타앗카다) 3.자신을 갖다 4.명백해지다
	أفريقا 아프리카 (아프리 - 까)	

ائتلاف (이으틸라-프)	1.조화 2.합의 3.연합 4.협정	**تأكيد** (타으키-드)	1. 확신, 확증 2.강조
مؤلف (무알리프)	저자, 작가, 편저자	**مؤكد** (무앗카드)	확실한, 확인된
ألق (알라까)	빛나다, 번쩍이다	**متأكد** (무타앗키드)	굳게 믿는, 확실한
تألق (타알루끄)	빛, 광채, 번쩍이는	**أكل** (아칼라)	1.음식을 먹다 2.소모하다 3.깨물다
متألق (무타알리끄)	반짝이는, 빛나는 찬란한	**أكل** (아클)	1.음식, 음식물 2.식사, 먹는 것
ألم (알리마)	아프다, 괴로워하다	**مأكولات** (마으쿨라-트)	음식물, 식료품
تألم (타알라마)	아프다, 괴로워하다	**ألف** (알리파)	1.습관화되다 2.친하다, 좋아하다
ألم (알람)	고통, 아픔, 괴로움, 쓰라림	**تألف** (타알라파)	1.조직되다, 구성되다 2.친해지다
أله (알라하)	신으로 모시다	**ألف** (알프)	천(1000)
إله (일라-흐)	신	**ألفية** (알피야)	천년
إلاهة (일라-하)	여신	**تأليف** (타을리-프)	1.길들이는 것 2.저술, 편찬, 작곡

알리프

알리프

أُلُوهِيَّة (울루히야)	하나님의 신성	تَآمَر (타아-마라)	1.협의하다 2.음모하다
أَمَّ (암마)	1.향하다 2.안내하다 3.어머니가 되다	إِمَارَة (이마-라)	1.왕국, 추장국 2.통치 3.왕자의 권력
أَمَّمَ (암마마)	국유화하다	أَمْر (아므르)	1.일, 사무 2.문제 3.형편, 사정 4.어떤 것
أَمَام (아마-마)	앞에, 앞에서	أَمِير (아미-르)	1.왕자, 통치자 2.지휘자, 사령관
إِمَام (이맘)	1.예배인도자 2.지도자	أَمِيرَة (아미-라)	공주
تَأْمِيم (타으미-ㅁ)	국유화	اِسْتِئْمَار (이스티으마-르)	기입용지
أُمّ (움므)	1.어머니 2.토대, 기초 3.근원, 기원 4.원본	مَأْمُورِيَة (마으무리-야)	1.직무 2.사명, 임무 3.출장
أُمَّة (움마)	1.민족 2.백성 3.공동체	مُؤَامَرَة (무아-마라)	음모, 공모, 모략
أُمُومَة (우무-마)	모성애	مُؤْتَمَر (무으타마르)	대회, 회의, 집회
أُمِّيَّة (움미야)	무식, 문맹, 무학	أَمْس (암쓰)	1.어제 2.과거
أَمَر (아마라)	1.명령하다 2.권한을 부여하다	إِمَّعَة (임마아)	1.기생충 2.멍텅구리, 바보 3.기회주의자

أمل (아말라)	바라다, 희망하다	**ايمان** (이마-ㄴ)	1.신앙, 신심 2.믿음, 교리
تأمل (타암말라)	1.눈여겨보다 2.사색에 잠기다	**تأمين** (타으미-ㄴ)	1. 담보 2.보관, 저당 3.보험 4.확신
أمل (아말)	1.희망, 소망, 기대, 기원 2.욕망, 환상	**ائتمان** (이으티만)	믿음, 신임, 신용
تأمل (타암물)	1.명상, 묵상 2.응시, 주시 3.숙고, 고려	**مؤمن** (무으민)	신앙인, 신자
متأمل (무타암밀)	명상적인, 생각에 잠긴	**أمة** (아마트)	하녀, 여종
أمن (아무나)	1.충실하다 2.안전하다	**أنا** (아나)	나, 나는
أمن (아믄)	1.안전, 안정 2.평화	**أنانية** (아나니야)	1.이기주의 2.유아독존
أمين (아미-ㄴ)	1.믿음직한 2.안전한 3.관리인 4.서기	**أنب** (안나바)	1.꾸짖다, 비난하다 2.괴롭히다
أمان (아마-ㄴ)	1.안전, 안정 2.용서	**تأنيب** (타으니-ㅂ)	1.꾸짖음, 욕 2.가책(양심의)
أمانة (아마-나)	1.성실성 2.보관물 3.신뢰 4.신임 5.서기국	**أنت** (안타)	당신, 너(2인칭 남성)
آمين (아미-ㄴ)	아멘, 그렇게 되옵소서!	**أنت** (안티)	당신, 너(2인칭 여성)

알리프		
أَنُثَ (아누싸)	1.여성답게 행동하다 2. 부드러워지다	إِنْسَانِية (인싼니-야) 1.인류, 인간 2.인간성, 인정 3.인도주의
أُنْثَوِى (운싸위)	여자의, 여성다운	أَنِيس (아니-쓰) 1.친한, 정다운, 화목한 2.길든(짐승) 3.친구
أُنْثَى (운싸)	1.암컷 2. 여성, 여자	مُسْتَأنِس (무쓰타아니쓰) 길든, 고분고분한
أُنُوثَة (우누-싸)	1.여성다움 2.연약성	أَنِف (아니파) 싫어하다, 혐오감을 느끼다
أَنِيث (아니-쓰)	연약한, 부드러운, 사랑스러운	اِسْتَأنَف (이쓰타으나파) 다시 시작하다
مُؤَنَّث (무안나쓰)	1.여성다운 2. 부드러운 3.여성(문법)	أَنْف (안프) 코
إِنْجِيل (인질)	1.복음 2.신약성경	أَنَفَة (안파) 거만, 교만, 거드름
أَنِسَ (아니싸)	친근하게 대하다, 친숙해지다, 길들이다	أَنُوف (우누-프) 건방진, 우쭐대는
آنِسَة (아-니싸)	아가씨, 처녀, 젊은 숙녀	اِسْتِئنَاف (이쓰티으나-프) 1.갱신 2.상소
إِنْس (인쓰)	사람, 인간, 인류	مُسْتَأنِف (무스타으니프) 상소하는, 항소하는
إِنْسَان (인싸-ㄴ)	사람, 인간, 인류	مُسْتَأنَف (무스타으나프) 피고, 피소자

أنق (아니까)	말끔해지다, 우아해지다	**مستأهب** (무스타으힙)	준비된, 채비된
آنق (아 - 나까)	…을 기쁘게 하다	**أهل** (아힐라)	1.친근한 관계를 갖다 2.익숙해지다 3. …에 거주하다
أناقة (아나 - 까)	우아함, 매끈함, 아름다움	**أهل** (아홀)	1.가족 2.친척, 일가 3.주민 4.사람들
أنيق (아니 - 끄)	말끔한, 우아한, 미끈한, 아름다운	**آهل** (아 - 힐)	…에 사는, 거주하는
متأنق (무타안니끄)	지나치게 세심한	**مؤهلات** (무아힐라 - 트)	1.능력 2.자격, 자질 3.급수
أنى (아나)	다가오다(시간이)	**آب** (아 - 바)	1.돌아오다 2.입다(손해)
استأنى (이쓰타으나)	1.기다리다 2.늑장부리다	**إياب** (이얍)	1.돌아 2.돌아오는 길
إناء (이나 -)	용기, 그릇	**أواب** (아와 - 브)	후회하는, 뉘우치는
أهب (아합바)	준비하다, 갖추다	**مآب** (마아 - 브)	1.돌아오는 곳 2.피난처, 은신처
أهبة (우흐바)	채비, 준비	**أول** (아우왈라)	해석하다, 설명하다
تأهب (타아홉)	준비, 태세		

알리프

알리프

تأوّل 해석하다, 설명하다 (타아우왈라)	**أوى** 1.은신처를 찾다, 숨다 (아와) 2.매달리다
آل 1.가족, 가문, 친척 (아알) 2.왕조 3.신기루 4.경험	**أوّى** 1.숨기다 2.숙박시키다 (아우와)
آلة 1.기구 2.도구 (알 - 라트) 3.기계 4.기관	**آوى** 숨겨주다 (아 - 와)
أوّل 1.시작, 최초 2.중요한, (아우왈) 주요한 3.훌륭한	**إيواء** 은신처 제공 (이 - 와)
أوّلية 1.원칙 2.자명한 (아우왈리 - 야) 3.우선권	**آية** 1.표시, 표식 2.기적 (아 - 야) 3.신기한 것 4.꾸란 절
تأويل 해석, 해설 (타으윌)	**مأوى** 1.피난처, 은신처 2.거처 (마으와)
مآل 1.결과, 성과 (마알 - 르) 2.의의, 의미	**أي** 어떤, 어느 그 어떤 (아이유)
آن 시간이 되다 (아 - 나)	**أيار** 5월 (아이야 - 르)
أوان 때, 시간, 시절 (아와 -ㄴ)	**أيّد** 1. 돕다 2. 강화하다 (아이야다)
أوّه 한탄하다, 슬퍼하다 (아우와하)	**تأيّد** 1.지지를 받다 2.강화되다 (타아이야다) 3.증명되다
آهة 한숨, 한탄, 신음 (아 - 하)	**مؤيّد** 1.지지하는 2.지지자 (무아이이드)

أيلول (아일룰)	9월	**أيس** (아이싸)	실망하다, 절망하다
آم (암-마)	홀아비가 되다	**إياس** (이야-쓰)	실망, 절망
أيم (아이임)	홀아비	**يأس** (야으쓰)	실망, 절망
أيمة (아이마)	과부	**آض** (아-돠)	1.반복하다 2.돌아가다 3.변하다
		أيضا (아이돤)	1.다시 2.역시 3.게다가

(바 : الباء)

بال (바 - 알)	1.생각 2.기억 3.머리, 정신, 마음	ببغائية (바브가이 - 야)	흉내
بالة (발 - 라)	꾸러미, 묶음	بت (밧타)	1.자르다 2.결정하다 3.풀다(문제를)
بالصة (발 - 리사)	보험증서	بت (밧트)	1.절단 2.결정 3.해결
بأر (바아라)	우물을 파다	بتة (밧타)	1.결정 2.수여
بئر (비으르)	우물	بتر (바타라)	중단되다, 끊어지다
بئس (바이싸)	1. 불행하다, 가엾다 2.구차하다	انبتر (인바타라)	잘리다, 끊어지다
بأس (바으싸)	1.위력 2.대담성 3.불행 4.악, 해독	أبتر (아브타르)	1.꼬리 없는 2.불완전한 3.자식이 없는
بؤس (부으쓰)	불행	بتر (바트르)	절단
بأساء (바으싸 -)	1.불행 2.빈곤 3.고난	مبتور (마브투 - 르)	끊어진, 잘린
		بترول (비트루 -ㄹ)	석유
بئس (비으쓰)	비참한, 복이 없는	بتع (바트으)	힘, 능력, 역량

بشق (바샤까)	관통하다, 뚫다	بتاع (비타 - 으)	소유, 소유물
انبشق (인바샤까)	1. 터지다 2.흘러나오다	بتل (바탈라)	끊다, 잘라내다
انبشاق (인바샤 - 끄)	방사, 발산	تبتل (타밧탈라)	독신으로 살다
منبشق (문바쉬끄)	발산하는	بتول (바툴 -ㄹ)	처녀, 동정녀
بجح (바자하)	기뻐하다, 만족해하다	بتولية (바툴리야)	처녀성, 동정
تبجح (타밧자하)	자랑하다, 뽐내다	بث (밧싸)	1. 파견하다 2. 퍼뜨리다
بجر (바자라)	할복하다	تباث (타밧 - 싸)	1.서로 털어놓다(마음을)
أبجر (아브자루)	배가 볼록한	انبث (인밧싸)	흩어지다, 분산되다
بجرة (부즈라)	1.결함, 흠집 2.배꼽	بث (밧쓰)	1.분산, 전파 2.고백, 실토 3.슬픔, 비애
بجس (바자싸)	붓다, 쏟다	بشر (바샤라)	여드름이 나다
تبجس (타밧자싸)	흐르다, 쏟아지다	بشر (바쉬르)	여드름

바

바

بحترة (바흐타라)	1.뿌리는 것 2.낭비	انبجس (인바자싸)	1. 흘러나오다, 2. 샘솟다
بحث (바하싸)	1. 연구하다, 2.심의하다 3.탐색하다 4.담판하다	بجل (밧잘라)	1.존경하다 2.찬양하다
تباحث (타바-하싸)	연구하다 2. 심의하다	بجيل (바지일)	존경하는
بحث (바흐쓰)	1.토의, 심의 2.조사, 검사 3.연구, 탐구	تبجيل (타브지일)	존경, 경의
مباحثة (무바-하싸)	1.토의 2.회담, 담판 3.논쟁	بجم (바자마)	어안이 벙벙하다
مبحث (마브하쓰)	1.탐구 2.조사 3.연구제목 4.학술논문	بجم (바잠)	1.우둔한 2.얼뜨기
بحر (바히라)	질겁하다, 놀라다	بحبحة (바흐바하)	호강, 호의호식
أبحر (아브하라)	1.항해하다 2.출항하다	مبحبح (무바흐바흐)	1.탁트인, 넓은 2.편안한 3.헐렁한(옷이)
بحار (바하-르)	1.선원 2.해병 3.항해자	بحت (바흐트)	순수한
بحار (부하-르)	뱃멀미	بحتر (바흐타라)	1.뿌리다 2.낭비하다
بحر (바흐르)	1.바다, 대양 2.큰 강 3.시의 운율	بحتر (부흐타르)	짝달막한, 야무진

أبخر (아부카르)	입 냄새가 고약한	**بحران** (부흐라-ㄴ)	1.혼수(의학) 2.잠꼬대, 헛소리(환자의)
بخس (바카싸)	1.줄이다 2.값을 깎다 3.속여넘기다	**البحرين** (알바흐라인)	바레인
بخس (바크쓰)	1.값싼 2.부족 3.헐값	**بحيرة** (부하이라)	작은 호수
بخشش (바크샤샤)	팁을 주다, 사례금을 주다	**بحرية** (바흐리-야)	해군
بخشيش (바크쉬-쉬)	팁, 사례금	**بخ** (밧카)	1.코골다 2.내뿜다
بخق (바키까)	애꾸가 되다	**بخيخة** (부카이카)	주사기, 물뿌리개
باخق (바-키끄)	애꾸눈의	**بخت** (바크트)	행복, 행운
يخل (바쿨라)	인색해하다, 아까워하다	**بخر** (바카라)	증발하다
بخل (부클)	인색	**باخرة** (바-키라)	기선
بخيل (바키-ㄹ)	1.인색한 2.욕심이 많은	**بخار** (부카-르)	증기, 김, 수증기
بد (밧다)	나누다, 가르다	**بخور** (바쿠-르)	향, 향목

바

ابتداء 1.시작 2. 시초 3.초보 (이브타다 - 으)	**بدد** 1.낭비하다, 탕진하다 (밧다다) 2.분산시키다
مبدأ 1. 출발점 2.기초, 초보 (마브다오) 3.원리, 원칙	**استبد** 1.전횡을 부리다 (이스타밧다) 2.억압하다
مبتدأ 1.시작, 기원 2.주부(문법) (무브타다오)	**بد** 1.출구, 피할 길 2.못 (붓드)
بدر 1.문득 나타나다 2.서두르다 (바다라) 3.불쑥 나가(바다라)다	**تبديد** 1.분산 2.낭비, 탕진 (타브디 - 드)
بادر 1.서두르다 2.앞서다 (바 - 다라) 3.발기하다	**استبداد** 1. 전횡 2. 독재정치 (이스티브다 - 드)
تبادر 1.서두르다 (타바 - 다라) 2… 할 용의가 있다	**مستبد** 1.폭군, 독재자 2.횡포한 (무스타빗드)
بدر 보름달 (바드르)	**بدأ** 1.개시하다 (바다아) 2.시작하다, 착수하다
بدرة 1.돈가방 2.거액 (바드라)	**ابتدأ** 1.시작하다 2.시작되다 (이브타다아)
بدارة 병아리 (바다 - 라)	**بدء** 시작, 처음, 발단 (바드으)
مبادرة 1.발기, 창의 2.먼저하기 (무바 - 다라)	**بداية** 시작, 처음 (비다 - 야)
بدع 1. 고안하다 2.창조하다 (바다아) 3.새로운 것을 도입하다	**بدائية** 원시적인 것, 단순한 것 (바다 - 이야)

ابتدع 1.생각해내다 2.창조하다 3.발명하다 (이브타다아)	**بادل** 바꾸다, 교체하다 (바 - 달라)
بدع 창조, 창작 (바드으)	**تبادل** 서로 주고받다 (타바 - 달라)
بدع 새 것 (비드으)	**بديل** 1.대용품 2.대리자 (바디 - ㄹ)
بدعة 1.새로운 것 2.이설, 이교, 이단 (비드아)	**بدلة** 1.교체, 바꿈 2.옷, 양복 (바들라)
ابداع 창조, 창작 (이브다 - 으)	**بدلية** 배상금, 보석금 (바달리야)
ابداعية 낭만주의 (이브다이 - 야)	**ابدال** 교체, 교환, 교대 (이브다 - ㄹ)
بديع 1.훌륭한, 아름다운 2.창조자, 창작자 (바디 - 으)	**تبادل** 1.상호교환 2.상호성 (타바 - 둘)
بديعة 1.신기한 것, 기적, 기이한 것 2.예술작품 (바디 - 아)	**متبادل** 1.서로의 2.공동의 3.가변적인 (무타바 - 딜)
مبدع 창조자, 창작가, 창시자 (무브디으)	**بدن** 살찌다, 뚱뚱해지다 (바두나)
مبدعات 작품, 창작물 (무브다아 - 트)	**بادن** 뚱뚱한, 살찐, 몸이 난 (바 - 딘)
بدل 1.변경하다 2.교대하다, 교체하다 (바달라)	**بدانة** 비대함, 뚱뚱함 (바다 - 나)

바

바

بدين (바디 - ㄴ)	1.뚱뚱한, 살찐 2.뚱뚱보
بده (바다하)	갑자기 닥쳐오다
باده (바 - 다하)	놀라게 하다
ابتده (이브타다하)	즉흥적으로 창작하다, 즉석에서 연설하다
بداهة (바다 - 하)	1.명료성, 정확성 2.직관, 직감 3.즉흥 창작
بديهة (바디 - 하)	1.즉흥 2.기만성, 약빠름 3.직관, 직감
بديهية (바디히 - 야)	명백한 진리, 원리
بدا (바다아)	1.나타나다, 생각이 떠오르다 2.사막에서 살다
أبدى (아브다)	나타내다, 보이다, 표시하다
تبادى (타바 - 다)	서로 적대시하다
بدو (바두)	1.유목생활 2.유목민
بادية (바 - 디야)	1.사막, 광야, 무인지경 2.유목민
بداوة (바다 - 와)	유목생활, 방랑생활
بذأ (바자아)	모욕하다, 비방하다
بذاءة (바자 - 아)	1.악담, 욕질 2.방탕, 음탕
بذيئ (바지 - 유)	1.추잡한, 누추한 2.파렴치한 3.상스러운
بذخ (바자카)	1.우뚝 솟다, 높이 솟다 2.우쭐대다
باذخ (바 - 지크)	1.우뚝 솟은 2.거만한 3.사치한
بذخ (바즈크)	1.거만, 교만 2.사치, 호의호식, 호강
بذر (바자라)	1.땅에 씨앗을 뿌리다 2.뿌리다
بذر (바즈르)	1.씨앗, 씨 2.후대, 자손

مبتذل (무브타잘)	1.일상적인 2.헤진(옷이) 3.케케묵은 4.남용한	**بذرة** (바즈라)	씨, 씨앗
بَرّ (바르라)	1.선량해지다 2.순종하다 3.준수하다	**تبذير** (타브지-르)	1.탕진 2.낭비
برر (바르라라)	변명하다, 무죄로 인정하다	**مبذرة** (미브자라)	파종기
بارّ (바-르르)	1.얌전한 2.착한 3.경건한 4.정직한	**بذل** (바잘라)	1.희생하다 2.낭비하다 3.노력하다 4.비난하다
برّ (바르르)	육지, 대륙	**تبذل** (타밧잘라)	등한시하다, 버릇없이 굴다
بِرّ (비르르)	1.착함, 어짊 2.정직 3.자선	**ابتذل** (이브타잘라)	1.아끼지 않다 2.케케묵다 3.모독하다
بريّة (바르리-야)	광야, 황야, 무인지경	**بذل** (바즐)	1.기울이는 것(노력을) 2.너그러움
مبرر (무바르리르)	1.변명하는 2.변명, 핑계, 이유	**بذلة** (바잘라)	옷
بريُ (바리아)	1.죄 없다 2.관계없다 3.벗어나다,면하다 4.환자의 건강이 회복되다	**تبذل** (타밧줄)	버릇없는 것
أبرأ (아브라아)	1.치료하다 2.면제하다	**مبذل** (마브잘)	일상복, 막 입는 옷

바

اِسْتَبْرَأَ (이스타브라아)	(빚을)벗어나다, 면하다	بُرْج (부르즈)	1.탑 2.성, 보루, 성채, 요새
إِبْرَاء (이브라)	1.완치, 회복 2.면제	بَرِحَ (바리하)	1.그만두다 2.떠나다
بَارِئ (바 - 리으)	창조주, 조물주	بَرَّحَ (바르라하)	1.지치게 하다 2.괴롭히다
بَرَاء (바라)	1.죄 없는, 무고한 2.벗어난, 없는	بَرْح (바르흐)	고통, 고민, 괴로움, 쓰라림
بَرَاءَة (바라 - 아)	1.면제 2. 무죄 3.허가증, 증서	بَارِح (바 - 리흐)	1.광활한 2.지난, 흘러간
بَرِيء (바리 - 으)	1.관계없는 2. 무고한, 순진한	مُبَارَحَة (무바 - 라하)	떠나는 것
تَبْرِئَة (타브리아)	1.무죄선언 2.면제 3.변명	بَرَدَ (바라다)	1. 추워지다 2.얼다 3.감기에 걸리다
بَرْبَرَ (바르바라)	중얼거리다	بَرَّدَ (바르라다)	1.얼리다 2.멎게 하다 3.진정시키다(아픔을)
بَرْبَر (바르바르)	야만, 미개인	أَبْرَدَ (아브라다)	편지를 보내다
بَرْبَرِي (바르바리)	1.야만 2.미개한 3.베르베르족의 일원	تَبَرَّدَ (타바르라다)	식다, 차지다, 얼다
بَرْبَرِيَّة (바르바리야)	야만행위, 잔인성	تَبَارَدَ (타바 - 라다)	1. 냉정히 대하다 2.따분하게 하다

برد (바르드)	1.추운, 서늘한 2.감기, 오한	مبردات (무바르리다-트)	청량음료
برد (바라드)	우박	بردخ (바르다카)	연마하다, 윤을 내다
بريد (바리-드)	1.우편 2.배달인 3.우편물	بردخة (바르다카)	연마
بردية (바르디-야)	학질, 오한	برز (바라자)	1.나타나다 2.볼록하다
برداء (부르다-)	오한, 학질	برز (바르라자)	남보다 뛰어나다
بردان (바르다-ㄴ)	1.추운, 찬 2.언	بارز (바-라자)	격투하다, 결투하다
بارد (바-리드)	1.추운, 시원한 2.우둔한	أبرز (아브라자)	1.노출시키다 2.제출하다
بردي (바르디)	파피루스	تبرز (타바르라자)	배설하다, 뒤를 보다
برادة (바르라-다)	냉장고, 냉동기	بارز (바-리즈)	1.탁월한 2.볼록한 3.똑똑한
تبريد (타브리-드)	냉각, 냉동	بارزة (바-리자)	특출한 인물
مبرد (무바르리드)	얼린, 냉동한	براز (비라-즈)	1.똥, 배설물 2.결투, 격투

برض (바라다)	싹이 돋아나다	مبارزة (무바 - 라자)	결투, 격투
برطع (바르따아)	뛰다, 내닫다	برزخ (바르자크)	1.지협 2.죽어서 부활까지의 기간
برطعة (바르따아)	달음질, 질주	برس (부르쓰)	목화, 면화
برطل (바르딸라)	매수하다, 뇌물을 주다	برسام (비르싸 - ㅁ)	늑막염
تبرطل (타바르딸라)	뇌물을 받다, 매수되다	برسكوب (바리스쿠 - ㅂ)	잠망경
برطلة (바르딸라)	매수, 뇌물수수	برسيم (비르씨 - ㅁ)	클로버
برطلة (부르딸라)	양산	برش (바리샤)	얼룩이나 반점이 생기다
برطيل (비르띠 - ㄹ)	뇌물	أبرش (아브라쉬)	얼룩진
مبرطل (무바르딸)	1.매수된 2.매수된 사람	برص (바라쏴)	문둥병에 걸리다
مبرطل (무바르띨)	매수인	برص (바라스)	나병, 문둥병
برطم (바르따마)	1.화내다 2. 투덜대다	أبرص (아브라스)	나병환자

برق (바라까)	번쩍이다, 번뜩이다	برطمة (바르따마)	격분, 화냄
برق (바르끄)	1.번개 2.섬광 3.전보, 전신	برع (바라아)	1.능숙하다 2.뛰어나다
برقية (바르끼야)	전보, 전신	برع (바루아)	1. 희사하다 2.자발적으로 하다
براق (부라-끄)	날개 달린 백마	تبرع (타바르라아)	선물하다, 희사하다
براق (바르라-끄)	번쩍이는, 찬란한, 눈부신	براعة (바라-아)	재간, 재능, 솜씨
إبريق (이브리-끄)	주전자	تبرع (타바르루으)	희사, 기부, 헌납
مبرق (무브리끄)	전신주	متبرع (무타바르리으)	희사자, 헌납자
برقش (바르까샤)	1.색칠하다 2.장식하다	برعم (바르아마)	1.움트다 2.싹을 틔우다
برقشة (바르까샤)	1.색칠 2.장식 3.얼룩덜룩함	برعم (부르움)	싹, 눈, 움, 꽃
مبرقش (무바르까쉬)	여러 색의	برعمة (바르아마)	움트기, 싹트기
برقع (바르까아)	너울을 쓰다, 베일을 쓰다	برغوث (부르구-쓰)	벼룩

바

بركان (부르카-ㄴ)	화산	تبرقع (타바르까아)	베일,면사포,수건을 쓰다
برلمان (바르라마-ㄴ)	의회, 국회	برقع (부르까으)	베일, 면사포, 너울
برم (바라마)	1.감다, 꼬다 2.확증하다, 비준하다 3.강화하다	برك (바라카)	무릎을 꿇다
برم (바리마)	1.걱정하다 2.싫어하다	بارك (바-라카)	축복하다, 축하하다
أبرم (아브라마)	1.꼬다, 돌리다, 감다 2.비준하다 3.체결하다 4.싫증나게 하다	تبرك (타바르라카)	축복을 받다, 축복을 빌다
		بركة (바라카)	축복, 행복
تبرم (타바르라마)	1.걱정하다 2. 귀찮아지다 3.가난에 허덕이다	بركة (비르카)	1.연못 2.웅덩이
انبرم (인바라마)	1.꼬이다 2.튼튼해지다 3.비준되다	بروكة (바루-카)	마스코트
برم (바름)	1.꼬는 것, 감는 것 2.확증, 확인, 비준	تبريك (타브리-크)	축하, 축복
		مبارك (무바-라크)	행복한, 축복받은
برمة (부르마)	1.남비, 흙토기 그릇 2.나사, 나사못	مبروك (마브루-크)	1.행복한, 축복받은 2.번성하는
إبرام (이브라-ㅁ)	1.꼬기, 감기 2.비준		

تبرم (타바르룸)	1.불안, 걱정, 시름 2.불만족, 싫증	**برى** (바라)	뾰족하게 하다, 지치게 하다
مبرم (무바람)	1.불가피한 2.확고한, 확정적인	**بارى** (바 - 라)	1.겨루다 2.모방하다
مبروم (마브루 - ㅁ)	꼬인, 감긴	**تبارى** (타바 - 라)	1.서로 경쟁하다 2.맞서다
برميل (비르미 - ㄹ)	나무통	**برى** (바란)	1.먼지 2.땅, 토지, 토양
برنامج (바르나 - 미즈)	1.강령 2.계획서 3.법규 4.목록, 설명서	**براءة** (바르라 - 아)	연필 칼, 손칼
برهن (바르하나)	증명하다, 논증하다	**براية** (바르라 - 야)	연필 깎기
تبرهن (타바르하나)	증명되다, 논증되다	**مباراة** (무바 - 라 - 트)	1.경쟁, 겨룸 2.모방
برهان (부르하 - ㄴ)	증명, 논증	**مبرى** (마브리)	뾰족하게 깎은, 뾰족한
برهنة (바르하나)	증명, 논증	**بز** (밧자)	1.빼앗다, 약탈하다 2.이기다
مبرهن (무바르한)	증명된	**ابتز** (이브탓자)	빼앗다, 약탈하다
بروفة (바루 - 파)	1.시험, 실험, 검사 2.교정, 연습	**بز** (밧즈)	천, 면직물, 아마천

바

ابتزاز 탈취, 약취 (이브티자 - 즈)	**بزال** 병마개 따개 (비자 - ㄹ)
بزر (씨앗을) 뿌리다, 심다 (바자라)	**بستان** 1.정원, 공원 2.과수원 (부스타 - ㄴ)
بزر 씨, 씨앗, 종자 (비즈르)	**بستانى** 정원사, 원예사 (부스타 - 니)
مبزر 씨가 있는 (무밧자르)	**بسر** 1.때이르게 말하다 2.찡그리다, 찌푸리다 (바싸라)
بزغ 떠오르다(해가) (바자가)	**بسر** 익기 전의 종려나무 열매 (부쓰르)
بزوغ 1.떠오름 2.유출 (부주 - 그)	**ابتسر** 1.때이르게 시작하다 2.시기상조가 되다 3.침울해지다 (이브타싸라)
بزق 침이나 가래를 뱉다 (바자까)	
بزاق 침, 가래 (부자 - ㄲ)	**باسر** 우울한, 찌푸린, 화난 (바 - 씨르)
بزاقة 1.달팽이, 우렁이 2.코브라 (밧자 - 까)	**باسور** 우울한, 찌푸린, 화난 (바쑤 - 르)
بزل 구멍을 내다 (바잘라)	**مبتسر** 때 이른, 시기상조의 (무브타싸르)
بزال 꼭지, 밸브, 마개 (부자 - ㄹ)	**مبتسر** 우울한, 수심에 잠긴, 침울한 (무브타싸르)

بسط (바싸따) 1.펴다(쇠를) 2.확장하다 3.내밀다 4.해설하다 5.기쁘게 하다 6.버리다

تبسط (타밧싸따) 1.확대되다 2.몰두하다 3.털어놓고 이야기하다

انبسط (인바싸따) 1.확장되다 2.기뻐하다

بسط (바쓰뜨) 1.설명, 해설 2.펴는 것 3.확장 4.기쁨, 흥겨움

بسطة (바쓰따) 1.폭넓은 것 2.용량, 용적 크기 3.풍부

بسيط (바씨 - 뜨) 1.단순한 2.소박한 3.순수한 4.적당한(가격)

بسيطة (바씨 - 따) 1.요소 2.기본사실

انبساط (인비싸 - 뜨) 1.확장, 확대 2.기쁨, 흥겨움, 흐뭇함

بساط (비싸 - 뜨) 양탄자, 주단

بساطة (바싸 - 따) 단순한 것, 간단한 것, 소박한 것

مبسوط (마브쑤 - 뜨) 1.넓은 2.흐뭇한, 만족한 4.부유한

منبسط (문바씨뜨) 1.깔린, 편 2.평탄한 3. 흥거운 4.광활한

منبسط (문바씨뜨) 공간, 활짝 트인 곳

بسق (바싸까) 높아지다, 높이 솟다, 올라가다

باسق (바 - 씨끄) 우뚝 솟은, 높은, 고상한, 애매한

بسل (바쑬라) 용감하다, 대담하다

تبسل (타밧쌀라) 찌푸리다, 우울해지다, 침울해지다

استبسل (이브타브쌀라) 용맹을 떨치다, 죽음을 무릅쓰다

باسل (바 - 씰) 용감한, 대담한

بسالة (바쌀 - 라) 용감성, 대담성

بسم (바싸마) 웃다, 생글생글 웃다

바

تباشر (타바-샤라)	1.서로 기쁜 소식 전하다 2.서로 축하하다	تبسم (타밧싸마)	웃다, 미소하다
انبشر (인바샤라)	벗겨지다	ابتسم (이브타싸마)	미소 짓다
استبشر (이스타브샤라)	기뻐하다, 흥겨워하다	بسمة (바쓰마)	미소, 웃음
بشر (비쉬르)	기쁨, 반가움	بسام (밧싸-ㅁ)	1.방긋이 웃는 2.기쁨 어린, 유쾌한
بشر (부쉬르)	기쁜 소식	ابتسامة (이브타싸-마)	미소, 웃음
بشر (바솨르)	인간, 사람, 인류	مبتسم (무브타씸)	미소 짓는, 생글 웃는
بشير (바쉬-르)	1.기쁜 소식을 알리는 2.경고자, 예언자	بشر (바샤라)	1.벗기다 2.긁어내다 3.문지르다
بشرة (바샤라)	가죽, 껍질	بشر (바쉬라)	기뻐하다
بشارة (비샤-라)	1.복음서 2.반가운 소식	بشر (밧샤라)	1.반가운 소식을 알리다 2.알리다
بشارة (부샤-라)	기쁜 소식에 대한 한턱	باشر (바-샤라)	1.진행하다 2.집행 3.경영하다
تبشير (타브쉬-르)	1.기쁜 소식을 알리는 것 2.설교, 전도	أبشر (아브샤라)	1.기뻐하다 2.즐겁게 하다

تباشير (타바-쉬르)	1.첫 열매 2.좋은 징조, 기쁜 소식	**أبشم** (아브샤마)	지나치게 먹이다
مبشر (무밧쉬르)	선교사	**بشم** (바샴)	과식, 포식, 소화불량
مباشر (무바-쉬르)	1.수행하는, 집행하는 2.직접적인	**بص** (밧솨)	1.번쩍이다, 빛나다 2.내다보다 3.물이 세다
مباشرة (무바-샤라)	1.수행, 집행, 실행 2.교배	**تبصص** (타밧솨솨)	탐지하다, 정탐하다
بشع (바샤아)	1.험상궂다, 징그럽다 2.혐오감을 자아	**بصاص** (밧솨-스)	1.탐지하는, 정탐의 2.탐정, 간첩, 밀정
بشاعة (바샤-아)	험상궂은 것, 흉물스러운 것	**بصة** (밧솨)	시선, 눈길
بشيع (바쉬-으)	흉측한, 징그러운, 망측한	**بصيص** (바쇠-스)	번쩍임, 섬광, 불빛
بشك (바샤카)	거짓말 하다	**بصبص** (바스바솨)	1.꼬리를 치다 2.정답게 눈짓하다 3.아첨하다
بشاك (밧샤-크)	거짓말쟁이	**تبصبص** (타바스바솨)	1.살피다, 주시하다 2.아양을 떨다
ابتشاك (이브티샤-크)	거짓, 속임	**بصبصة** (바스바솨)	1.꼬리를 치는 것 2.눈짓 3.아첨, 아양
بشم (바쉬마)	1.과식하다 2.싫증을 느끼다	**بصر** (바쉬라)	1.보다 2.알아내다, 알다

بصل (바솰)	양파, 파	**بصر** (밧솨라)	1.설명하다 2.계몽하다
بصم (바쏴마)	도장을 찍다	**أبصر** (아브쏴라)	1.보다 2.이해하다
بصمة (바스마)	도장, 스탬프 2.인쇄	**تبصر** (타밧솨라)	1.궁리하다 2.신중성을 보이다 3. 알아채다
بض (밧돠)	1.줄을 타다(악기의) 2.맞추다, 조율하다(음을)	**ابتبصر** (이브타브솨라)	1.살피다 2.명철하다.
بض (밧드)	살결이 부드러운	**بصر** (바솨르)	1.시력 2.식별 3.통찰 4.식견 5.시선
بضع (바돠아)	1.해부하다 2.끊다, 자르다	**بصير** (사쉬 - 르)	1.눈이 좋은 2.식별능력이 있는 3.명철한
تبضع (타밧돠아)	구매하다, 구입하다	**بصيرة** (사쉬 - 라)	1.이성 2.식별 3.선견지명, 통찰력
بضاعة (비돠 - 아)	상품	**تبصر** (타밧쉬르)	고려, 심사숙고
بضع (바드으)	절단, 해부	**مبصر** (무브쉬르)	1.보는 2.시력이 좋은
بضع (비드아)	약간, 얼마, 몇몇	**بصق** (바쏴까)	침을 뱉다
مضبع (마드바으)	수술칼, 해부칼	**بصاق** (부솨 - 끄)	침, 가래

بَطِيءٌ (바띠 - 으)	1.느린, 굼뜬, 완만한 2.게으른	بَطَّ (밧따)	해부하다, 가르다
إِبْطَاءٌ (이브따)	지체, 지연	بَطَّطَ (밧따따)	평평하게 만들다, 납작하게 만들다
بَطَحَ (바따하)	넘어뜨리다, 뒤집어엎다	بَطٌّ (밧뜨)	오리
تَبَطَّحَ (타밧따하)	늘어지다	مُبَطَّط (무밧따뜨)	평평한, 납작한
اِنْبَطَحَ (인바따하)	1.늘어지다 2.부상당하다	بَطَّارِيَّة (바따 - 리야)	축전지, 배터리
بَطْحَة (바뜨하)	평야, 평원	بَطَاطَا (바따 - 따)	감자
أَبْطَح (아브따흐)	평야, 평원	بَطَاطِس (바따 - 띠쓰)	감자
بَطْحَاء (바뜨하)	1.넓은 강바닥 2.골짜기	بَطُؤَ (바뚜아)	우물거리다, 늑장부리다
مُنْبَطِح (문바띠흐)	1.반듯이 드러누운 2.평평한, 밋밋한	أَبْطَأَ (아브따아)	1.지체하다 2.늦추다
بِطِّيخ (바띠 - 크)	수박	تَبَاطَأَ (타바 - 따아)	늘어지다, 지체되다, 주저하다
بَطِرَ (바따라)	1.배은망덕하다 2.건방지게 놀다	بُطْء (부뜨으)	지체, 완만성

بطر (바따르)	1.배은망덕 2.거드름, 교만, 거만	بطاقة (비따 - 까)	1.표, 카드 2.꼬리표
بطران (바뜨라 - ㄴ)	1.은혜를 모르는 2.건방진, 교만한	بطل (바뚤라)	1.취소되다 2.허황하다 3.실업자가 되다
بيطر (바이따라)	말굽을 채우다	بطل (바뚤라)	영웅이 되다
بيطرة (바이따라)	1.수의술 2.동물약	تبطل (타밧뚤라)	1.빈둥빈둥 놀다 2.직장을 잃다
بيطري (바이따리)	수의사	إبطال (이브따 - ㄹ)	폐지, 취소
بطرخ (바끄라크)	물고기 알, 철갑상어 알	باطل (바 - 띨)	허황한, 헛된, 가치 없는 4.효력 없는
بطريق (비뜨리 - ㄲ)	펭귄	بطل (바딸)	1.영웅적인 2.용감한 3.영웅, 주인공 4.선수
بطش (바따솨)	1.공격하다 2.타격을 주다 3.붙잡다	بطلان (부뜰라 - ㄴ)	허위성, 무익함, 무효
بطاش (밧따 - 쉬)	1.유력한 2. 무자비한, 잔인한	بطال (밧따 - ㄹ)	1.빈둥거리는 2.실업의 3.나쁜
بطش (바뜨쉬)	위력 , 힘 2.용 맹 , 용감성	بطلة (바딸라)	영웅, 챔피언
بطشة (바뜨샤)	1.공격 2.타격	بطالة (빗딸 - 라)	1.실업 2.한가한 것 3.방학, 휴가

بُطُولَة (부뚤 - 라)	1.영웅주의, 용감성 2.선수권 대회
تَبَطُّل (타밧뚤)	빈둥거리는
مُتَبَطِّل (무타밧띨)	1.무위도식하는 2.건달꾼
بَطِن (바따나)	숨겨져, 감추어져 있다
بَطُن (바뚜나)	배가 뚱뚱하다, 배가 크다
بَطَّن (밧따나)	1.안속을 넣다 2.둥지에 지푸라기 넣다
أَبْطَن (아브따나)	숨기다, 감추다
تَبَطَّن (타밧따나)	1.침투하다 2.연구하다, 파고들다
بَطْن (바뜬)	1.배, 내장 2.내부, 가운데 3.지하, 땅속 4.탄생
بَطِين (바띤 - ㄴ)	1.배가 큰 2.식충이 대식가
بَاطِن (바 - 띤)	1.내부의, 내면의 2.숨은, 비밀의 3.내부, 속
بِطْنَة (비뜨나)	쾌락주의
بِطَانَة (비따 - 나)	(옷 따위의) 안, 속감
بَطَّانِيَّة (밧따니 - 야)	이불, 모포, 담요, 포대기
بَعْبَع (부으부으)	1.허수아비, 도깨비 2.에비 (아이들을 무섭게 하기 위해 쓰이는 말)
بَعَث (바아싸)	1.보내다 2.파견하다 3.축출하다 4.고무하다 5.촉진시키다
اِنْبَعَث (인바아싸)	1.되살리다, 재생시키다 2.파견하다
بَعْث (바으쓰)	1.발송, 파견 2.사절단 3.재생, 부활 4.군대 5.조사단, 원정대
بَعْثَة (바으싸)	1.파견, 출장 2.탐험대 3.원정군 4.사절단 5.학자금, 장학금
بَاعِث (바 - 이쓰)	1.동기, 원인 2.발송인

바

انبعاث (인바아 - 쓰)	1.재생, 부활 2.흘러나옴, 발생
مبعوث (마브우 - 쓰)	1.파견된, 발송된 2.사절, 특파원 3. 대표, 사절단
بعثر (바으싸라)	1. 흩날리다 2.낭비하다 3.뒤엎다, 뒤집다
تبعثر (타바으싸라)	흩어지다, 뿌려지다, 흩날리다
بعثرة (바으싸라)	1.흩어버리는 것, 살포 2.뒤집는 것 3.낭비
مبعثر (무바으싸르)	1.흩어진, 뿌려진 2.뒤집어진, 엎어진
بعج (바아자)	1.배를 째다 2.홈을 내다
انبعج (인바아자)	홈이 패이다, 오목해지다
بعجة (바으자)	홈, 움푹 패인 곳
بعد (바우다)	1.멀다, 떨어져 있다 2.믿기 어렵다
بعد (바으다)	멀리하다, 격리하다
باعد (바 - 아다)	1.멀리 떨어져 있다 2.서로 떼어놓다
أبعد (아브아다)	1.멀리하다 2.떼어놓다 3.추방하다 4. 해고하다 5.제거하다
ابتعد (이브타아다)	1.멀어지다 2.헤어지다 3.피하다
استبعد (이스타브아다)	1.멀다고 생각하다 2.불가한 것으로 보다 3.제쳐놓다 4.제거하다
بعد (바으드)	먼 거리, 먼 곳
بعد (부으드)	1.거리, 간격 2.크기, 치수
بعد (바으다)	후에, 지나서 뒤에, 다음에
بعاد (비아 - 드)	이별
بعيد (부아이드)	… 후 곧, …직후

بعيد 1.먼 2.오랜, 옛날의 3.믿기 어려운, 어림없는, 인연이 없는 (바이 - 드)	**مبعزق** 낭비자 (무바으지꼬)
إبعاد 1.삭제, 제거, 제명 2.격리 3.추방 (이브아 - 드)	**بعض** 1.일부, 부분, 약간 2.그 누구, 어떤 사람들 (바으드)
تباعد 서로 떨어져 있는 것 (타바 - 우드)	**بعوض** 모기 (바우 - 드)
استبعاد 제거 (이스티브아 - 드)	**بعل** 1.남편 2.주인, 나으리 (우상의 일종) 3.바알 (바을)
مستبعد 믿기 어려운 (무스타브아드)	**بعلة** 부인 (바을라)
بعر (짐승이) 똥을 누다 (바아라)	**بغت** 1.급습하다 2.놀라게 하다 (바가타)
بعر 똥, 거름 (바으르)	**انبغت** 놀라다, 불의에 닥쳐오다 (인바가타)
بعير 낙타 (바이 - 르)	**باغت** 불의의, 뜻밖의 돌발적인 (바 - 기트)
بعزق 1.뿌리다 2. 낭비하다 (바으자까)	**بغتة** 돌발, 불의 (바그타)
بعزقة 1.뿌리는 것 2.낭비 (바으자까)	**بغداد** 바그다드(이라크의 수도) (바그다 - 드)
	بغددة 1.교만, 우쭐대는 것 2.아양, 교태 (바그다다)

바

بغش (바가샤)	보슬비가 내리다	**انبغى** (인바가)	원하다, 바라다
بغشة (바가샤)	보슬비	**ابتغى** (이브타가)	원하다, 요구하다
بغض (바구돠)	가증스럽다, 증오스럽다	**باغ** (바 - 긴)	1.억압하는 2.폭군, 박해자
بغض (바그가돠)	증오를 자아내다	**بغاء** (부가 -)	소원, 희망, 염원
باغض (바 - 가돠)	서로 증오하다	**بغاء** (비가 -)	간음, 간통
أبغض (아브가돠)	미워하다, 증오하다	**بغى** (바기)	1.불공평 2.억압, 학대
بغيض (바기 - 드)	가증스러운, 증오스러운, 징그러운	**بغية** (부그야)	희망, 소원
تباغض (타바 - 구드)	상호증오, 서로 미워함	**ابتغاء** (이브티가 -)	1.희망, 소망 2.…의 목적으로
مبغوض (마브구 - 드)	혐오스러운	**مبتغى** (무브타기)	바라는 목적, 추구하는 것
بغل (바갈)	노새	**بق** (밧까)	1.물을 뿌리다 2.지껄이다
بغى (바가)	1.원하다 2.간통하다 3.학대하다, 억압하다	**بقق** (밧까까)	집안에 빈대가 득실거리다

بق (밧끄)	빈대
بقّاق (밧까 - 끄)	1.수다스러운 2.수다쟁이
بقبق (바끄바까)	1.거품이 일다 2.지껄이다 3.물집이 생기다
بقبوقة (바끄부 - 까)	물집
بقر (바까라)	해부하다, 가르다, 자르다
بقّار (밧까 - 르)	1.소몰이꾼 2.소주인
بقر (바까르)	소
بقرة (바까라)	1.암소 2.황소
بقشش (바끄샤샤)	사례금.팁을 주다
بقشيش (바끄쉬 - 쉬)	팁, 사례금, 덤
بقع (바까아)	얼룩지다
بقع (밧까아)	1.얼룩을 남기다 2.더럽히다
تبقع (타밧까아)	얼룩이 가다, 어지러워지다 3.옷이 젖다
أبقع (아브까우)	얼룩진, 얼룩덜룩한
بقعة (부끄아)	1.장소, 지점 2.지방, 지대
مبقع (무밧까아)	얼룩진, 얼룩덜룩한
بقل (바깔라)	돋다, 자라다(풀이)
بقالة (비깔 - 라)	식료품 판매
بقل (바끌)	풀, 채소
بقى (바끼야)	1.남다 2.머물다 3.계속되다
أبقى (아브까)	1.남기다, 보존하다 2.살려주다, 용서해주다

바

بكر (바카라)	1.일찍 일어나다 2.아침 일찍 떠나다 3.아침에 하다 4.미리하다	**تبقى** (타밧까)	남다
ابتكر (이브타카라)	1.발명하다 2.발기하다 3.첫 열매를 따다	**استبقى** (이스타브까)	1.보존하려고 애쓰다 2.남겨두다
بكر (바크르)	새끼 낙타	**باق** (바 - 낀)	1.남은 2.계속되는 3.보존된 4.영원한 5.나머지, 차액
بكر (비크르)	1.첫아이 2.처녀 3.순결한 4.미개척의, 처녀의	**بقاء** (바까 -)	1.지속 2.영원함 3.체류 4.보존 5.존재, 생존
باكر (바 - 키르)	이른	**بقية** (바끼야)	1.나머지, 여분 2.잔재
بكير (바키 - 르)	이른, 빨리 익는	**مبقى** (마브까)	남겨준, 보존된
بكرة (바카라)	1.도르래 2.재봉틀 3.전체, 모두	**مستبقى** (무스타브까)	남겨둔, 보존된
بكرة (부크라)	1.내일 2.아침 일찍	**بكالوريا** (바칼루 - 리야)	학사학위
بكرية (비크리 - 야)	1.첫딸 2.아이를 처음 낳는 여성	**بكالوريوس** (바칼 - 로리유스)	학사
باكورة (바 - 쿠 - 라)	1.첫 열매, 첫 성과 2.첫걸음	**بكت** (밧카타)	비난하다, 욕하다, 꾸짖다
		تبكيت (타브키 - 트)	비난, 욕, 꾸짖음

바

تباكى (타바 - 카)	1.우는 체하다 2.남들과 함께 울다	بكارة (바카 - 라)	처녀성, 순결
باكية (바 - 키야)	궁륭, 아치	ابتكار (이브티카 - 르)	1.발명, 창작 2.발기, 창의성 3.독창성
بكاء (밧카 -)	울보, 울음보	مبكر (무밧키르)	이른, 조숙한, 빨리 익은
بكاء (붓카 -)	울음, 애도, 통곡	مبتكر (무브탓카르)	독창적인, 새로 발명된
مبكي (무브키)	가엾은, 애석한	مبتكرات (무브타키라 - 트)	발명품
بل (발라)	적시다, 갈증을 식히다	بكم (바키마)	벙어리가 되다
بلل (발랄라)	적시다, 축이다	تبكم (타밧카마)	벙어리가 되다, 말문이 막히다
تبلل (타발라라)	젖다	أبكم (아브카무)	벙어리
بل (발)	그러나, 반대로, 오히려	بكم (부쿰)	벙어리, 말을 못하는 것
بلا (빌라)	…없이	بكى (바카)	1.울다 2.애도하다
بلة (빌라)	습기, 누기, 수분	أبكى (아브카)	눈물을 자아내다

بلبوعة (발부-아)	알약
بلج (발라자)	1.비치다 2.동이 트다 3. 밝혀지다
تبلج (타발라자)	1.빛나다 2.날이 밝다
انبلج (인발라자)	동이 트다
بلج (발라즈)	섬광, 광채
أبلج (아블라즈)	빛나는, 유쾌한, 명백한
انبلاج (인블라-즈)	새벽
بلح (발라흐)	종려나무 열매
بلد (발라다)	살다
بلد (발루다)	우둔해지다, 멍청해지다
تبلد (타발라다)	미련한 짓을 하다

بليل (발리-ㄹ)	1.습기 찬, 축축한, 젖은 2.산들바람
مبلول (마블루-ㄹ)	젖은
مبتل (무브탈)	젖은
بلبص (발바솨)	1.문지르다 2.걸레질하다
بلباص (불바-스)	걸레, 밀대
بلبل (발발라)	1.근심시키다 2.혼란시키다
تبلبل (타발발라)	1.불안해하다 2.뒤엉키다
بلبل (불불)	꾀꼬리, 나이팅게일
بلبلة (발발라)	1.불안, 걱정 2.무질서, 혼란, 난장판
تبلبل (타발발)	혼란, 난장판, 수라장
مبلبل (무발발)	불안한, 혼돈된

بلص 강탈, 약탈 (발스)	**تبالد** 바보인체, 우둔한체하다 (타발 - 라다)
بلصة 기만, 사기, 협잡 (발쇠)	**بلاد** 나라, 국가 (빌라 - 드)
بلاص 물동이 (발라 - 스)	**بلادة** 우둔함, 어리석음 (발라 - 다)
بلط 1.포장하다 2.나른해지다 (발라따)	**بلد** 1.도시 2.지역, 지방 3.나라 (발라드)
تبلط 포장되다(시멘트로) (타발라따)	**بلدة** 도시, 소도시, 고을 (발다)
بلاط 1.보도블록, 넙적한 돌 (발라 - 뜨) 2.궁전, 왕궁	**بلدية** 시청, 군청, 읍사무소 (발라디야)
بلاطة 타일, 넙적한 돌 (발라 - 따)	**بليد** 1.둔한, 미련한, 어리석은 (발리 - 드) 2. 멍청한, 우둔한
تبليط 도로포장, 돌 깔기 (타블리 - 뜨)	**تبلد** 우둔함, 미련함 (탑발루드)
مبلط 포장한, 돌을 깐 (무발라뜨)	**تبليد** 기후, 풍토에 적응 (타블리 - 드)
بلع 1.삼키다, 들이키다 (발라아)	**ابليس** 악마, 사탄 (이블리 - 쓰)
ابتلع 삼키다, 꿀꺽넘기다 (이브탈라아)	**بلص** 1.강탈하다 (발라쇠) 2.공갈협박으로 빼앗다

تبليغ (타블리 - 그)	1.통지, 기별, 전달 2.봉정 3.선교	**بلعة** (발라아)	한 모금
مبلغ (마블라그)	1.금액 2.정도, 크기, 규모 3.범위, 한계	**بلوعة** (발루 - 아)	1.하수도 2.하수장
مبلغ (마블리그)	1.통지자, 보고자 2.밀고자, 고발자 3.예언자	**بلغ** (발라가)	1.도달하다 2.성숙하다 3.소식을 접하다 4.밀고하다 5.통지하다
مبلغ (무발라그)	1.선포된, 공포된 2.고발된, 적발된	**بالغ** (발 - 라가)	과장하다, 허풍떨다
مبالغ (무발 - 라그)	과장된	**تبلغ** (타발라가)	만족해하다, 흐뭇해하다
مبالغ (무발 - 리그)	허풍쟁이	**بالغ** (발 - 리그)	1.성숙한, 어른이 된 2.큰, 성대한
مبالغة (무발 - 라가)	과장, 허풍, 과장법	**بلاغ** (발라 - 그)	1.통보, 보고 2.소식, 정보 3.경고 4.성명 5.공지
بلغم (발감)	1.가래, 담 2.침, 타액	**بلاغة** (발라 - 가)	웅변, 말재간, 말주변
بلغمي (발가미)	1.무기력한 2.냉담한 3.담이 많은	**بلوغ** (불루 - 그)	1.목적에의 도달 2.성숙 3.청춘기, 한창때
بلف (발라파)	기만하다, 허풍 치다	**بليغ** (발리 - 그)	1.말재간이 있는, 웅변적인 2.웅변가 3.큰, 거대한, 현저한
بلف (발프)	1.허풍, 허세, 기만 2.밸브		

بلق (발라까)	얼룩지다, 반점이 있다
أبلق (아블라끄)	얼룩진, 반점이 있는, 얼룩덜룩한
بله (발라하)	둔하다, 미련하다
تباله (타발-라하)	미련한체하다, 둔한척하다
بله (발라흐)	미련함, 둔함
بله (발하)	…을 제쳐놓고, …은 고사하고, …은 커녕
بلاهة (발라-하)	1.어리석음, 둔함 2.단순함
أبله (아블라흐)	1.미련한 2.바보, 멍청이
بلا (발라)	1.시험하다 2.고통을 주다, 괴롭히다
بلى (발리야)	1.낡아지다 2.썩다 3.고통을 받다
بالى (발-라)	1.신경쓰다 2.관심을 갖다
أبلى (아블라)	1.실험하다 2.경험하다
ابتلى (이블탈라)	1.체험하다 2.시련을 겪다
بال (발-린)	1.낡은 2.헤어진 3.썩은
بلاء (발라-으)	1.시련 2.불행 3.재난 4.불안
بلوى (발완)	불행, 재난
بلى (발라)	1.예, 아무렴(긍정문에서) 2.아니(부정문에서)
مبال (무바-ㄹ)	주의를 돌리는, 염려하는
مبالاة (무발라-)	주의, 관심, 염려
بلور (발와라)	결정체화하다
تبلور (타발와라)	결정체로 되다
بلور (빌루-르)	1.결정체 2.고급유리, 수정

바

بندقية 총 (분두끼 - 야)	**بلورة** 1.결정, 결정체 2.수정 (발루 - 라)
بنفسج 제비꽃, 오랑캐꽃 (바나프싸즈)	**بليون** 10억 (빌리윤)
بنفسجي 보라색의 (바나프싸지)	**بن** 커피 씨, 커피열매 (분느)
بنك 1.은행 2.의자, 벤치 (반크)	**بنادورة** 토마토 (바나두 - 라)
بنى 1.건설하다 2.토대를 세우다 (바나) 3.장가보내다, 시집보내다	**بنج** 본래대로 돌아오다 (바나자)
تبنى 1.양아들,양딸로 삼다 (타반나) 2.받아들이다(사상을)	**بنج** 1.중독시키다 2.마취시키다 (반나자)
ابن 아이, 아들 (이븐)	**تبنج** 1.마비되다 2.마취되다 (타반나자)
ابنة 딸 (이브나)	**بنج** 기원, 근원, 본래 (반즈)
بناء 1.건설, 건축 2.건물 (비나 - 으) 3.구조, 구성	**بند** 1.조항, 항목, 절 1.깃발 (반드)
بنيان 구조 (분야 - ㄴ)	**بندق** 총을 쏘다 (반다까)
تبن 1.양아들로 삼는 것 2.채택 (타반니)	**بندق** 호두, 개암 (분두끄)

مَبْنى (마브나)	1.건립, 설립 2.건물	بَهِجَ (바히자)	기뻐하다
مَبْنِي (마브니)	1.건설된, 세워진 2.고정의, 변하지 않는	بَهُجَ (바후자)	우아하다, 화려하다
بِنْت (빈트)	1.딸 2.처녀	أَبْهَجَ (아브하자)	기쁘게 하다, 감탄케 하다
بَهَتَ (바후타)	1.놀라다 2.색이 바래다 3.(피)얼빠지다	اِبْتَهَجَ (이브타하자)	기뻐하다, 환희에 싸이다
بَاهَتَ (바 - 하타)	놀라게 하다, 경탄케하다	بَهِج (바흐즈)	1.기쁜 2.빛나는, 찬란한 3.아름다운, 우아한
اِنْبَهَتَ (인바하타)	놀라다, 경탄하다	بَهِيج (바히 - 즈)	기쁘게 하는
بَاهِت (바 - 히트)	퇴색한, 희미한, 창백한	بَهْجَة (바흐자)	1.기쁨, 환희, 희열 2.아름다움, 화려한 것
بُهْت (부흐트)	1.거짓, 허위 1.비방, 중상	اِبْتِهَاج (이브티하 - 즈)	기쁨, 환희, 희열
بُهْتَان (부흐타 - ㄴ)	1.거짓, 허위 1.비방, 중상	مَبَاهِج (마바 - 히즈)	생활의 기쁨
مَبْهُوت (마브후 - 트)	놀란, 놀랄만한, 기막힌	مُبْهِج (무브히즈)	기쁘게 하는
بَهَجَ (바하자)	기쁘게 하다, 즐겁게 하다	مُبْتَهِج (무브타히즈)	환희에 넘치는, 즐거운

바

تبهرج (타바흐라자)	1.치장하다 2.우쭐거리다	بهدل (바흐달라)	불손하게 대하다
بهرج (바흐라즈)	1.허영에 뜬 2.허영의	بهدلة (바흐달라)	1.모욕, 천대, 불손한 태도 2.너절한 짓
بهرجان (바흐라자-ㄴ)	금실, 은실	مبهدل (무바흐달)	1.무질서한 2.너절한, 저속한
بهرجية (바흐라지-야)	치장, 치레	بهر (바하라)	1.빛나다 2.(피)눈부시다
مبهرج (무바흐라즈)	1.요란한(색이) 2.겉치레한, 허식의	انبهر (인바하라)	1.눈부시다 2.경탄하다
بهظ (바하좌)	부담을 주다, 과중하게 책정하다(세금 등을)	باهر (바-히르)	빛나는, 눈부신, 찬란한, 아름다운
أبهظ (아브하좌)	내리누르다, 부담을 주다	بهار (바하-르)	1.향료 2.양념
باهظ (바-히즈)	힘겨운, 과중한(세금이), 과도한	بهر (부흐르)	헐떡이는 것, 숨이 차는 것
بهاظة (바하-좌)	1.부담 2.지나침, 과도	بهرة (부흐라)	중심, 중앙, 가운데
بهق (바하끄)	버짐(의학)	مبهور (마브후-르)	헐떡이는, 가쁘게 숨쉬는
بهقان (부흐까-ㄴ)	버짐	بهرج (바흐라자)	치장하다, 겉치레하다

أبهم (아브하마)	1.애매하다 2.애매하게 하다	بهل (바할라)	저주하다
استبهم (이스타브하마)	애매해지다	تباهل (타바-할라)	서로 저주하다
بهم (바함)	제일 먼저 태어난 새끼소 (새끼 양, 새끼염소)	ابتهل (이브타할라)	빌다, 간청하다
بهم (바홈)	새끼	باهل (바-힐)	한가한, 일이 없는
بهيم (바히-ㅁ)	동물, 짐승	بهلة (바흘라)	저주
بهيمي (바히-미)	1.가축의, 짐승의 2.짐승 같은, 잔인한	بهلى (바흘라)	얼굴을 드러낸, 면사포를 쓰지 않는
بهيمية (바히미-야)	야수성, 잔인성	بهلول (바흐루-ㄹ)	어릿광대, 익살꾼
بهيمة (바히-마)	동물, 짐승, 가축	بهلوان (바흘라와-ㄴ)	곡예사
بهمة (바히마)	새끼	بهلوانية (바흘라와-니야)	곡예
إبهام (이브하-ㅁ)	1.엄지손가락 2.애매함	ابتهال (이브티하-ㄹ)	애원, 간청
مبهم (무브함)	애매한, 희미한, 모호한, 미심쩍은	مبتهل (무브타힐)	1.간청하는, 기원하는 2.간청자

바

بوب (바우와바)	1.장으로 나누다(책을) 2.선별, 분류하다
باب (바 - 브)	1.문, 입구, 대문 2.책의 장 3.칼럼 4.과(생물의)
بابة (바 - 바)	부류, 종류
بواب (바우와 - 브)	문지기, 경비
بوابة (바우와 - 바)	대문, 큰 문
تبويب (타브위 - 브)	장의 분류
مبوب (무바우와브)	분류된
باح (바 - 하)	1.드러나다 2.누설하다
أباح (아바 - 하)	1.허용하다 2.합법화하다 3.누설하다
استباح (이스티바 - 하)	1.유린하다 2.몰수하다
باحة (바 - 하)	공터, 마당, 뜰

بهى (바히야)	1.아름답다 2.빛나다
باهى (바 - 하)	1.자랑하다, 뽐내다 2.미를 경쟁하다
تباهى (타바 - 하)	자랑하다, 자만하다, 우쭐대다
بهاء (바하 - 으)	우아함, 아름다움, 화려함
بهي (바히유)	1.아름다운, 화려한 2.빛나는, 찬란한
مباهاة (무바하 -)	자랑, 자만
متباه (무타바 - 힌)	1.자랑하는 2.자랑꾼
بوأ (바우와아)	거주시키다
تبوأ (타바우와아)	앉다, 오르다(직위에)
بيئة (비 - 아)	1.위치, 장소 2.형편, 처지 3.환경 4.거처, 주택
مباءة (무바 - 아)	1.거처 2.발원지 3 근원

إباحة (이바 - 하)	1.누설 2.허가, 허용 3.방종 4.무죄
إباحي (이바 - 히유)	자유사상가, 허무주의자
إباحية (이바 - 히야)	1.허무주의 2.완전한 자유
استباحة (이스티하 - 바)	몰수, 유린
مباح (무바 - 흐)	1.자유로운 2.합법적인 3.허용된
مستباح (무스타바 - 흐)	유린된, 짓밟힌
باخ (바 - 카)	1.꺼지다(불이), 가라앉다(노여움이) 2.상하다(음식이) 3.색이 날다
بايخ (바 - 이크)	1.공담 2.야비한 언사
بوذ (부 - 다)	부처
بوذي (부 - 디)	1.불교의 2.불교신자
بوذية (부 - 디야)	불교사상, 불교
بار (바 - 라)	1.파멸하다 2.불경기가 되다 3.실패하다
بور (바우와라)	묵히다(땅을)
بائر (바 - 이르)	1.가꾸지 않는, 묵은(땅이) 2.체화된
بور (부 - 르)	좋지 못한, 메마른, 묵은
بوار (바와 - 르)	1.멸망 2.침체, 불경기 3.황폐, 메마른 것
بورصة (부 - 르사)	거래소
باس (바 - 싸)	입 맞추다, 키스하다
بوس (바우쓰)	입맞춤
بوسة (바우싸)	키스, 입맞춤
بوستة (부 - 쓰타)	우체국

바

إبالة (이발 - 라)	상품꾸러미	**بوستجي** (부쓰타지)	우체부, 우편배달부
بوالة (바우왈 - 라)	공중변소	**باش** (바 - 샤)	물에 담그어 무르게하다
مبال (무발 - 린)	걱정. 염려가 되는	**بوش** (바우쉬)	폭도, 오합지중, 어중이떠중이
مبالاة (무발라 - 트)	염려, 관심	**بوصلة** (부 - 슬라)	나침반
مبولة (미브왈라)	1.요강 2.변소, 화장실	**بوق** (바우와까)	나팔. 트럼펫을 불다
بولاد (불라 - 드)	철강	**بوق** (부 - 끄)	나팔
بات (바 - 타)	1.밤을 지새우다 2.…으로 되다 3.시작하다	**بواق** (바우와 - 끄)	나팔수
بيت (바이야타)	1.밤을 지새다 2.숙박하다 3.유급당하다	**بال** (발 - 라)	오줌 싸다, 소변보다
بايت (바 - 이트)	1.묵은(땅이), 오래된 2.낙제생, 유급생	**تبول** (타바우왈라)	오줌 싸다, 소변보다
بيات (바야 - 트)	1.숙박 2.밤의 습격	**بال** (바알)	마음, 회상
		بول (바울)	오줌

بيت 집, 주택 2.가정 3.거처 (바이트) 4.가족 5.지역, 구역	**ابيضّ** 1.표백되다 2.기뻐하다 (이브얏돠)
مبيت 1.숙박 2.여인숙, 거처 (마비 - 트)	**بيض** 계란, 달걀 (바이드)
مبيّت 음모자, 모사꾼 (무바이이트)	**بياض** 1.흰색 2.횟가루물 (바야 - 드)
باد 소멸하다, 사멸하다 (바 - 다)	**بياضات** 속옷 (바야돠 - 트)
أباد 1.소탕하다 2.뿌리 뽑다 (아바 - 다)	**بويضة** 작은 알(곤충 등의) (부와이돠)
إبادة 1.소탕, 제거, 파괴, 파멸 (이바 - 다) 2.근절, 박멸	**أبيض** 1.흰 2.깨끗한, 말끔한 (아브야드)
بائد 1.섬멸한, 멸망한, 멸종된 (바 - 이드) 2.지나간, 옛날의	**تبييض** 1.표백 2.회칠 (타비 - 드) 4.정서필사, (책의)
بيداء 사막, 황야, 무인지경 (바이다 - 으)	**مبيّض** 1.표백공 2.미장공 (무비 - 드) 3.석도금공 4.필경사
مبيد 1.파멸적인, 소멸하는, (무비 - 드) 박멸하는 2.살충제	**بيطر** 편자를 박다(말발굽에) (바이따라)
باض 하얗게 되다, 희어지다 (바 - 돠)	**بيطار** 수의사 (바이따 - 르)
بيّض 1.표백하다 2.정서하다 (바이야돠) 3.찧다(쌀 등을)	**بيطرة** 수의학 (바이따라)

바

باع (바 - 아)	팔다, 매매하다	**بان** (바 - 나)	1.헤어지다 2.명백해지다 3.드러나다
بيع (바이야아)	팔게끔 하다	**بين** (바이야나)	1.해명하다 2.드러내다, 폭로하다
بايع (바 - 야아)	1.계약을 체결하다 2.선서. 서약하다	**باين** (바 - 야나)	1.헤어지다 2.모순되다 3.떠나다
أباع (아바 - 아)	팔려고 내놓다	**تبين** (타바이야나)	1.명백해지다 2.탐문하다 3.알려고 하다 4.조사하다
ابتياع (이브티야 - 아)	사다, 구입하다	**تباين** (타바 - 야나)	차이나다, 구별되다
بائع (바 - 이으)	상인, 판매원	**استبان** (이스티바 - 나)	명백해지다, 해명하다
بيع (바이으)	판매	**بين** (바이나)	사이에, 가운데에
بيعة (바이아)	1.판매행위 2. 매매, 교역 3.선서, 서약	**بين** (바이인)	명백한, 확실한, 뚜렷한
مبيع (마비 - 으)	1.팔린 2.판매 3.상품	**بينة** (바이이나)	증거
مبتاع (무브타 - 으)	구매자	**بيان** (바야 - ㄴ)	1.명료성 2.해설 3.선언 4.내용설명서
مبايعات (무바야아 - 트)	판매계약	**تبيان** (티브야 - ㄴ)	서술, 설명, 해설

تباين 1.차이, 구별 2.모순, 대립
(타바 - 유느)

مبين 명백한, 명료한, 뚜렷한
(무비 - ㄴ)

متباين 차이나는, 여러 가지의
(무타바 - 인)

بيولوجيا 생물학
(비율루 - 지야)

(التاء : 타)

تابوت 1.상자, 곽 2.관, 널
(타부 - 트)

تارة 1.한번 2.때때로, 가끔
(타 - 라탄)

تازج 생생한, 신선한(채소 등이)
(타 - 자즈)

تأم 쌍둥이를 낳다
(타아마)

توأم 쌍둥이
(타우암)

تب 멸망하다
(탑바)

استباب 질서, 안정, 정상
(이스티바 - 브)

تبر 소멸하다, 소탕하다
(타바라)

تبار 소멸, 멸망, 죽음
(타바 - 르)

تبر 광석, 금광석
(티브르)

تبع 1.뒤따르다 2.종속되다 3.계승하다
(타비아)

تابع 1.따르다 2.계속하다 3.찬동하다
(타 - 바아)

أتبع 종속시키다, 뒤따라 보내다
(아트바아)

تتبع 1.주시하다 2.연구하다 3.미행하다
(타탑바아)

تتابع 꼬리를 물고 일어나다
(타타 - 바아)

اتبع 1.뒤따르다 2.실시하다 3.지침으로 삼다 4.준수하다
(잇타바아)

تبعة 1.소속 2.예속 3.국적 4.결과 5.책임
(타비아)

تابع 1.뒤따르는 2.종속된 3.부하
(타 - 비으)

تابعة 1.결과 2.책임
(타 - 비아)

تابعية 1.소속, 종속 2.속성
(타비이 - 야)

إِتْباع 1.뒤따름 2.실시(정책의) (잇티바 - 으)	**مُتْبَل** 양념이나 간을 잘 맞춘 (무탑발)
اتباعية 고전주의 (잇티바이 - 야)	**تَبانة** 은하수 (탑바 - 나)
تبع 계속, 추종 (타탑부으)	**تَبوع** 구토하려고 하다 (타바우와아)
تتابع 1.뒤따르는 것 2.연속 3.이어달리기 (타타 - 부으)	**تجاه** 1.맞은편에 2.대하여 (투자 - 하)
توابع 1.부속품 2.위성 (타와 - 비으)	**تجر** 장사하다, 교역하다 (타자라)
متابعة 1.뒤따름, 추종 2.계속 (무타 - 바아)	**تاجر** 장사하다, 교역하다 (타 - 자라)
متتابع 1.뒤따르는 2.시종일관 (무타타 - 비으)	**تاجر** 상인 (타 - 지르)
تبغ 담배, 잎담배 (타브그)	**تجارة** 1.상업, 무역 2.상품 (티자 - 라)
تبل 쇠약하게,병들게 하다 (타발라)	**متجر** 1.무역 2.상점 3.상품 (마트자르)
تبل 양념을 치다, 간을 맞추다 (탑발라)	**تحت** 아래의, 밑 (타흐타)
تابل 양념, 조미료 (타 - 빌)	**تحوت** 하층사회 (투후 - 트)

타

تحفة (투흐파)	1.선물 2.미술작품 3.귀중품, 골동품	**تخم** (투크므)	한계, 경계
متحف (마트하프)	박물관	**تخمة** (투크마)	소화불량
تخ (탓카)	발효하다, 시큼해지다	**متاخم** (무타 - 키무)	인접한, 접경한, 맞닿은
تخت (타크트)	1.긴 의자, 걸상 2.상자 3.옷장	**متخوم** (마트쿠 - ㅁ)	소화불량 환자
تختة (타크타)	1.책상 2.흑판, 칠판	**تخن** (타키나)	비대해지다, 살찌다
تختخ (타크타카)	썩다, 쉬다, 부패하다	**تخن** (투크느)	비대, 살찜
تختخة (타크타카)	발효	**ترابيزة** (타라비 - 자)	책상
تخم (타카마)	경계선을 긋다	**تراث** (투라 - 쓰)	유산
تخم (타키마)	1.과식하다 2.소화불량에 걸리다	**ترب** (타리바)	먼지가 끼다, 먼지가 앉다
تاخم (타 - 카마)	인접하다, 접경하다	**تارب** (타 - 라바)	동갑이 되다, 동등해지다
اتخم (잇타카마)	1.소화불량에 걸리다 2.계속 먹어대다	**تراب** (투라 - 브)	먼지, 흙, 토양

ترب (티르브)	1.동료, 동갑 2.상대가 되는 3.당대의	**مترجم** (무타르짐)	통역사, 번역사
ترب (타리브)	먼지가 낀, 먼지투성이의	**ترح** (타리하)	슬퍼하다, 애달파하다
تربة (투르바)	1.땅, 토양 2.묘지, 무덤	**تترح** (타타르라하)	애달파하다, 슬퍼하다
تربية (타리-바)	가슴, 가슴뼈	**ترح** (타라흐)	비애, 슬픔
مترب (무트라브)	먼지가 낀, 먼지투성이의	**ترز** (타리자)	1.바싹 바르다 2.굳어지다
متربة (마트라바)	가난, 빈곤	**تارز** (타-리즈)	1.마른 2.굳은, 딴딴한
تربس (타르바싸)	빗장을 치다, 차단하다	**ترس** (타라르싸)	1.방패로 막다 2.바리케이드를 치다
ترباس (티르바-쓰)	빗장, 쐐기	**ترس** (투르쓰)	방패
ترجم (타르자마)	1.통번역하다 2.해석하다	**ترس** (티르쓰)	1.이빨 2.톱니바퀴
ترجمان (투르주마-ㄴ)	번역사, 통역사	**ترسانة** (타르싸-나)	1.병기창, 무기고 2.도크, 조선소
ترجمة (타르자마)	1.번역, 통역 2.해설, 설명, 해석	**ترسينة** (타르씨-나)	발코니, 베란다

تارك (타 - 라카)	휴전하다, 정전하다	**مترس** (미트라쓰)	1.장벽, 바리케이드 2.빗장 3.뚝
تركيا (투르키야)	터키	**ترش** (타리샤)	고약해지다
تركة (타라카)	유물, 유산	**ترش** (타리슈)	성질이 고약한
تريكة (타리 - 카)	노처녀	**ترع** (타리아)	가득 차다
متاركة (무타 - 라카)	정전, 휴전	**ترعة** (투르아)	1.운하 수로, 도랑 2.문
متروك (마트루 - 크)	버림받은	**مترع** (무트라으)	가득 찬, 철철 넘치는
متروكات (마트루카 - 트)	유물, 유산	**ترف** (타리파)	부유한 생활을 하다, 호의호식하다
تره (타리하)	1. 빈둥거리다 2.시시한 일을 하다	**تترف** (타타르라파)	호강하다
ترهة (투르라하)	1.어리석은 짓 2.빈말 3.사소한 일 4.지름길	**ترف** (타라프)	호사, 호강, 부유한 생활
تاسع (타 - 씨으)	아홉 번째의	**مترف** (무트라프)	안락한, 호화로운, 호강스러운
تسع (투쓰으)	9분의 1	**ترك** (타라카)	1.남기다 2.버리고 가다 3.유산으로 남기다 4.내버려두다 5.포기하다

타

تعتعة (타으타아)	1.흔드는 것 2.말을 더듬는 것	**تسعة** (티쓰아)	아홉, 9
تعس (타이싸)	불행하게 되다	**تسعون** (티쓰우-나)	90
تعيس (타이-쓰)	불쌍한, 가련한, 불행한, 비참한	**تسعينات** (티쓰이나-트)	90년대
تعاسة (타아-싸)	불행	**تشرين** (티쉬리-ㄴ)	10월
متعوس (마트우-쓰)	불쌍한, 가련한, 비참한	**تعب** (타이바)	1.피곤해하다, 지치다 2.일하다
تفاح (툿파-흐)	사과	**أتعب** (아트아바)	지치게 하다, 고생시키다
تفل (타팔라)	침을 뱉다	**تعب** (타압)	1.피곤, 피로 2.노동, 근로 3.고생
تفال (투파-ㄹ)	침	**تعبان** (타으바-ㄴ)	피곤한, 지친
تفه (타피하)	1.하찮다, 시시하다 1.음식 맛이 없다	**متعب** (무트압)	피곤한, 지친
أتفه (아트파후)	1.아주 시시한 2.전혀 맛이 없는	**متعبة** (마트아바)	곤란, 난관
تافه (타-피흐)	1.케케묵은 2.맛없는 3.사소한	**تعتع** (타으타아)	1.흔들다 2.학대하다 3.말을 더듬거리다

تفه (타파흐)	시시한 것, 보잘것 없는 것
تقن (타까나)	완벽하다, 능통하다
أتقن (아트까나)	능숙하다, 정통하다
إتقان (이트까 - ㄴ)	1.정통, 기교 2.정확성
متقن (무트깐)	완전무결한, 정통한
تقوى (타끄와)	신앙심이 깊은 것, 경건
تل (탈르)	고지, 언덕, 구릉, 작은 산
تليل (툴라일루)	작은 언덕
تلع (탈라아)	들다, 올리다
أتلع (아틀라우)	목이 긴
تلعة (탈아)	고지, 언덕

تلف (탈리파)	1.멸망하다 2.망가지다 3.파괴되다
أتلف (아틀라파)	1.파괴하다 2.멸망시키다 3.썩이다, 부패시키다
تلف (탈라프)	1.손해, 손실 2.부패 3.멸망 4.파손
تالف (탈 - 리프)	1.망가진, 못쓰게 된 2.썩은, 부패한
إتلاف (이틀라 - 프)	1.파괴, 파손 2.썩이는 것
متلوف (마틀루 - 프)	1.썩은 2.망가진
تلفاز (틸파 - 즈)	텔레비전 수상기
تلفزيون (틸피지 - 윤)	텔레비전
تلفون (틸리푸 - ㄴ)	전화, 전화기
تلم (탈리마)	파렴치해지다
تلامة (탈라 - 마)	파렴치, 철면피

أتم (아탐마)	완성하다
تام (탐 - 므)	완전한, 완성된
تميمة (타미 - 마)	부적
تمام (타마 - ㅁ)	1.완전한 2.완전한 것 3.끝, 마감
إتمام (이트마 - ㅁ)	완결, 완수, 완성
متمم (무탐미므)	1.보충하는 2.추가하는
تمر (타므르)	익은 종려나무 열매
تمساح (팀싸 - 흐)	악어
تمغة (타므가)	상표, 표식, 기호, 도장
تموز (타무 - 즈)	7월
تنبل (탄발라)	나태하다, 게으름피우다

تلمود (탈무 - 드)	탈무드, 유대인의 종교서
تملذ (타말라자)	제자로 삼다, 학생으로 만들다
تلميذ (틸미 - 즈)	학생, 제자, 생도
تلميذة (틸미 - 자)	여학생
تلا (탈라)	1.뒤따르다 2.낭송하다
تتالى (타탈 - 라)	바꾸다(날이), 뒤따르다, 연속되다
تال (탈 - 린)	다음의, 계속되는
تلاوة (틸라 - 와)	암송, 낭송
متتال (무타탈 - 린)	연속적인, 계속적인
تليس (탈리 - 쓰)	주머니, 자루, 포대
تم (탐마)	1.완전해지다 2.끝나다

타

타

توبة (타우바)	후회, 뉘우침, 참회	تنبل (탄발)	1.게으른, 나태한 2.게으름뱅이
تويل (타우발라)	양념을 하다	تنبلة (탄발라)	게으름, 나태, 태만
توت (투 - 트)	1.오디 2.뽕나무	تنور (탄누 - 르)	오븐, 화로
توّج (타우와자)	왕좌에 앉히다, 즉위시키다	تنورة (탄누 - 라)	치마, 스커트
تتوّج (타타우와자)	왕관을 쓰다	تهم (타히마)	썩은 냄새가 나다
تاج (타 - 즈)	왕관, 면류관	أتهم (아트하마)	1.의심하다 2.고발하다
تتويج (타트위 - 즈)	왕위 즉위	تهم (타함)	썩은 내 나는, 구린내 나는
متوّج (무타우와즈)	월계관을 쓴	تهمة (투흐마)	1.의심, 혐의 2.고발, 기소
توراة (타우라 - 트)	구약성서, 토라	تاب (타 - 바)	1.후회하다, 회개하다 2.포기하다
تاح (타 - 하)	1.마련되다 2.운명 지워지다	تتاوب (타타 - 와바)	하품하다
أتاح (아타 - 하)	주다, 주어지다(기회가)	توّاب (타우와 - 브)	1.후회하는 2.용서하는

إتاحة 주어짐(기회가) (이타 - 하)	**تيهاء** 황야, 무인지경 (타이하 - 으)
تاق 갈망하다, 열망하다, 그리워하다 (타 - 까)	**توهان** 헤매는 것, 방황 (타우하 - ㄴ)
تائق 갈망하는, 그리워하는 (타 - 이끄)	**متاهة** 1.황야, 무인지경 2.미로, 미궁 (마타 - 하)
توق 그리움, 갈망 (타우끄)	**تيار** 1.흐름 2.경향, 사조 3.전류 (타이야 - 르)
تال 홀리다, 유혹.매혹시키다 (탈 - 라)	**تين** 무화과 (티 - ㄴ)
تولة 유혹, 매혹 (타울라)	
متول 매혹된, 유혹된 (무타우왈)	
تونس 튀니지 (투니 - 쓰)	
تاه 1.헤매다 2.멸망하다, 죽다 3.혼란되다 (타 - 하)	
أتاه 당황하게 만들다 (아타 - 하)	
تيه 1.교만 2.황야, 무인지경 (티 - 흐)	

타

(الثاء : 싸)

ثَئِبَ 하품하다
(싸이바)

تَثاءب 1.하품하다
(타싸 - 아바) 2.알아내다(소식을)

ثأب 하품
(싸으브)

ثَأَرَ 복수하다, 앙갚음하다
(싸아라)

تَثاءر 서로 복수하다
(타싸 - 아라)

ثائر 1.복수하는 2.복수자
(싸 - 이르)

إثار 복수, 앙갚음
(이싸 - 르)

ثَبَتَ 1.움직이지 않다
(싸비타) 2.확고부동하다
3.고수하다 4.증명되다

أَثْبَتَ 1.증명하다 2.고착시키다
(아쓰바타) 3.기입하다

تَثَبَّتَ 1.공고해지다 2.확증되다
(타쌉바타) 3.확신하다

ثَبْت 1.증거, 증명 2.색인(책의)
(싸바트)

ثابِت 1.확고부동한 2.항구적인
(싸 - 비트) 3.확립된 4.확실한
5.상설적인

إثبات 1.확증 2.확인
(이쓰바 - 트) 3.증명 4.긍정

ثُبوت 1.강인성 2.안정성,
(쑤부 - 트) 견고성, 3.확신성

تَثْبيت 확증, 확인
(타쓰비 - 트)

مُثْبَت 1.확정된, 확인된
(무쌉바트) 2.고착된, 고정된

ثَبَرَ 1.축출하다
(싸바라) 2.파괴하다, 멸망시키다

ثُبور 멸망, 파괴
(싸부 - 르)

مُثابَرة 인내성, 완강성, 끈기
(무싸 - 바라)

ثبط (싸바따)	저지시키다, 방해하다, 억제하다
مثبط (무쌉비뜨)	실망하는, 용기를 잃은
ثخن (싸쿠나)	1.굵다, 두껍다 2.촘촘하다, 빽빽하다 3.거칠다
ثخين (싸키 - ㄴ)	1.촘촘한 2.조잡한
ثخانة (싸카 - 나)	1.굵기 2.농도 3.조잡성
ثدي (싸드유)	1.유방, 젖꼭지 2.유방의
ثرب (싸라바)	비난하다
تثريب (타쓰리 - 브)	비난, 힐책
ثرثر (싸르싸라)	1.지껄이다 2.분산시키다 3.혼합하다(음식물을)
ثرثار (싸르싸 - 르)	1.말이 많은, 수다스러운 2.수다쟁이
ثرثرة (싸르싸라)	잡담, 지껄임, 수다스러움
ثرى (싸라)	부유해지다, 부자가 되다
ثراء (싸라 - 으)	1.재물, 재산 2.풍부
ثريا (쑤라이야)	샹들리에
ثرى (싸란)	1.축축한 땅, 습지 2.습기, 누기
ثعبان (쑤으바 - ㄴ)	뱀, 살모사
ثعلب (싸을라브)	여우
ثعلبى (싸을라비)	여우같은, 간사한
ثغر (싸가라)	구멍을 뚫다
انثغر (인싸가라)	구멍이 나다
اتثغر (잇싸가라)	돋아나다(이빨이)
ثغر (싸가르)	1.입 2.앞니 3.항구 4.골짜기 5.국경지대

싸

ثَقَافَة (싸까-파)	1.문화 2.교육 3.문화수준	**ثُغْرَة** (쑤그라)	1.구멍 2.통로 3.간격
مُثَقَّف (무샷까프)	교양 있는, 교육을 받은, 학식 있는	**ثُغْل** (쑤글)	찌끼, 앙금
مُثَاقَفَة (무싸-까파)	펜싱, 칼놀이	**ثَقَب** (싸까바)	구멍내다, 뚫다, 꿰찌르다
ثَقُل (싸꿀라)	1.무겁다 2.어렵다, 괴롭다	**اِنْثَقَب** (인싸까바)	뚫리다, 관통되다
أَثْقَل (아쓰깔라)	괴롭히다, 부담을 주다	**ثَقْب** (쑤끄브)	구멍, 틈새
ثِقَل (씨낄)	1.무게, 중량 2.짐, 부담	**مِثْقَاب** (미쓰까-브)	착공기, 드릴
ثِقْلَة (씨깔라)	1.짐, 화물 2.난관, 곤란	**مَثْقُوب** (마쓰꾸-브)	구멍 난, 구멍이 송송한
ثَقِيل (싸끼-ㄹ)	1.무거운 2.시끄러운 3.진한(커피가) 4.고된, 힘든	**ثَقَّف** (쌋까파)	1.교육하다, 계몽하다 2.교화하다
مُثْقَلَات (무쌋깔라-트)	아령	**ثَاقَف** (싸-까파)	칼놀이하다, 칼싸움 하다
مِثْقَال (미쓰까-ㄹ)	1.저울추 2.미량 3.핵	**ثَقِيف** (싸끼-프)	총명한, 영리한, 재간있는
		تَثْقِيف (타쓰끼-프)	교양, 수양, 계몽

ث

مستثقل (무스타쓰깔)	1.눈이 감기는(졸려서) 2.깊이 잠든	**ثالوث** (쌀루 - 쓰)	삼위일체
ثكل (싸킬라)	자식을 잃다	**ثلاثة** (쌀라 - 싸)	셋, 3
أثكل (아쓰칼라)	아이를 빼앗아가다	**ثلاثينات** (쌀라씨나 - 트)	30년대
ثاكل (싸 - 킬)	아이를 잃은 어머니	**ثلاثون** (쌀라쑤 - 나)	30
ثلب (쌀라바)	1.비방하다 2.망신시키다	**مثلث** (무쌀라쓰)	삼각형
ثلب (쌀브)	중상, 모략	**ثلج** (쌀라자)	얼리다, 냉각시키다
مثلبة (마쌀라바)	1.결함, 흠 2.모욕, 중상	**ثلج** (쌀즈)	1.눈 2.얼음
ثلث (쌀라싸)	1.삼등분하다 2.세배로 하다	**تثليج** (타쌀리 - 즈)	냉동시키는 것
ثلث (쑬쓰)	3분의 1	**ثلاجة** (쌀라 - 자)	얼음통, 냉장고
تثليث (타쌀리 - 쓰)	1.삼등분, 세곱하기 2.삼위일체론	**مثلج** (무쌀라즈)	1.얼린 2.냉각된 3.차가운, 차디찬
ثالث (쌀 - 리쓰)	세 번째	**مثلج** (마쌀라즈)	얼린

ثمر (싸마라)	열매를 맺다	مثلاجات (무쌀라자 - 트)	청량음료
ثمّر (싸마르라)	1.열매를 맺게 하다 2.이용하다 3.투자하다	ثلم (쌀라마)	1.모독하다 2.구멍을 뚫다 3.무디게 하다 4.유린하다(정조를)
استثمر (이스타쓰마라)	1.이용하다 2.착취하다 3.투자,개발하다	أثلم (아쓸라마)	무디게 하다
ثمر (싸마르)	1.과일, 열매 2.생산물 3.이윤 4.성과, 결과	انثلم (인쌀라마)	1.무디어지다 2.유린되다(명예가)
استثمار (이스티쓰마 - 르)	1.투자 2.이용 3.착취 4.개발	ثلمة (쑬마)	1.구멍 2.무딘 것
مثمر (무쓰미르)	1.열매를 맺는 2.생산성이 높은	مثلوم (마쌀루 - ㅁ)	훼손된(명예가)
ثمل (싸말라)	술에 취하다	منثلم (문쌀람)	평판이 나쁜
ثمالة (쑤말 - 라)	1.앙금, 찌꺼기 2.거품	ثمّ (쌈마)	개선.개혁.개량하다
ثمل (싸말)	도취, 취하는 것	ثمّ (쑴마)	1.거기에, 그곳에 2.그래서, 그러므로
مثملة (마쓰말라)	물통, 물탱크	ثمّ (쌈마)	1.거기에 2.있다
ثمن (싸무나)	귀중하다, 값지다		

ثمن (쑤무느)	8분의 1	**ثنائية** (쑤나이 - 야)	이중성, 양면성
ثمانية (싸마 - 니야)	8, 여덟	**ثانية** (싸 - 니야)	초(시간의)
ثمانون (싸마누 - 나)	80, 여든	**ثانوى** (싸 - 나위)	1.두 번째의 2.부차적인, 이차적인 3.중등의
ثمانيات (싸마니야 - 트)	80년대	**أثناء** (아쓰나 -)	…동안에, …때에
ثمين (싸미 - ㄴ)	값진, 귀중한, 고귀한	**إثنان** (이쓰나 - 니)	1.둘 2.쌍
تثمين (타쓰미 - ㄴ)	평가, 가격상정	**تثنية** (타쓰니야)	1.접는 것 2.반복 3.두 곱하는 것, 배가 4.쌍수(문법)
ثنى (싸나)	1.굽히다 2.돌리다(방향을) 3.포개다 4.두배로 하다	**استثناء** (이스티쓰나 -)	1.예외 2. 면죄
أثنى (아쓰나)	1.칭찬 2.말리다, 억제하다	**مثنى** (무싼나)	1.쌍의, 두 곱의 2.두 개로 구성된 3.쌍수(문법)
استثنى (이스타쓰나)	제외하다, 예외로 하다	**مستثنى** (무스타쓰나)	제외된, 예외의
ثناء (싸나 -)	1.칭찬, 찬양 2.감사	**ثاب** (싸 - 바)	돌아오다, 회복,완쾌되다
ثنائى (쑤나 - 이)	1.이중의 2.쌍무적인, 3.양면의		

싸

ثور (싸우르)	황소, 소
ثورة (싸우라)	1.혁명, 폭동 2.분출(화산) 3.발발(전쟁의) 4.암소
ثورية (싸우리야)	혁명
ثائر (싸 - 이르)	1.분노 2.파도가 이는 3.폭동을 일으키는 4.바람이 세찬 5.반란자 7.분노한
ثائرة (싸 - 이라)	1.흥분 2.분노, 발작
إثارة (이싸 - 라)	흥분, 격동
مثير (무씨 - 르)	1.일으키는 2.흥분시키는 3.선동자, 주동자
ثوم (쑤움)	마늘
ثوى (싸와)	1.머물다 2.누워있다(무덤) 3.매장되다
مثوى (마쓰와)	1.주거지, 집 2.기숙사, 여관, 호텔

ثوب (싸우와바)	1.표창하다, 상을 주다 2.돌아오다
أثاب (아싸 - 바)	1.보수를 주다 2.채우다
ثوب (싸우브)	1.옷 2.형태
ثواب (싸와 - 브)	1.표창, 보수 2.꿀 3.꿀벌 4.비 5.선량한 일
ثياب (씨야 - 브)	옷, 의상
مثابة (마싸 - 바)	1.집회, 회합장소 2.정도, 등급
مثوية (마쑤 - 바)	보수, 상장
ثار (싸 - 라)	1.폭동을 일으키다 3.터지다(화산이) 4.오르다(연기)
ثور (싸우와라)	1.혁명을 하다 2.연구하다
أثار (아싸 - 라)	1.흥분시키다 2.야기시키다

ثيب 1.처녀성을 잃은 여자
(싸이브) 2.과부 3.이혼녀

(الجيم : 짐)

جَأش 가슴이 울렁이다
(자아샤)

جَأش 흥분, 불안 2.마음, 심장
(자으쉬)

جب 1.절단하다 2.이기다, 압도하다
(잣바)

جب 1.깊은 우물 2.지하감방 3.웅덩이
(줍브)

جبة 줍바(소매가 터진 상의)
(줍바)

جبر 1.뼈를 제자리에 맞추다 2. 수리하다 3.도와주다 4.강요하다
(자바라)

أجبر 강요하다, 강박하다
(아즈바라)

تجبر 1.뼈 제자리에 맞추어지다 2.횡포를 부리다
(타잡바라)

جبر 1.접골 2.대수 3.운명 4.강박, 강요
(자브르)

جبيرة 깁스, 부목
(자비 - 라)

جبروت 위력, 힘
(자바루 - 트)

جبار 1. 거대한 2.잔인한 3.폭군 4.절대자
(잡바 - 르)

جبارة 접골
(잡바 - 라)

إجبار 강요, 강박, 강압, 강제
(이즈바 - 르)

تجبير 접골
(타즈비 - 르)

جبريل 가브리엘 천사
(지브릴)

جبرياء 교만성, 거만성
(지브리야 -)

مجبر 접골사, 접골의사
(무잡비르)

مجبر 부득이한, 강요당하는
(무즈바르)

جبس 1.벽에 회칠을 하다 2. 깁스하다
(잡바싸)

جبس 석고, 깁스
(자바쓰)

جبين (자비 - ㄴ)	1.비겁한, 소심한 2.겁쟁이 3.이마	**جباس** (잡바 - 쓰)	미장공
جبنين (주브니 - ㄴ)	누룩, 효모, 발효제	**جبل** (자발라)	1.만들다, 주조하다 2.반죽하다
جبان (자바 - ㄴ)	1.겁 많은 2.소심한 사람	**أجبل** (아즈발라)	산에 올라가다, 산으로 들어가다
جبانة (자바 - 나)	비겁, 소심	**جبل** (자블)	반죽, 형성
جبانة (잡바 - 나)	묘지, 무덤	**جبل** (자발)	산, 산맥
مجبنة (마즈나바)	치즈공장	**جبلاوي** (자발라 - 위)	1.산에서 사는 2.산골 사람
جبه (자바하)	1.맞대들다 2.이마를 때리다	**جبلاية** (자발라 - 야)	인공으로 만든 동굴
جابه (자 - 바하)	1.대면하다 2.나서다 3.물리치다	**جبلة** (지빌라)	본성, 천성, 성질
جبهة (자브하)	1.이마 2.전선	**جبن** (자바나)	비겁하게 행동하다
مجابهة (무자 - 바하)	대치, 맞서는 것	**جبن** (잡바나)	1.치즈를 만들다 2.우유가 엉기다
جبى (자바야)	징수하다, 모으다	**جبن** (주분)	치즈

ㅆ

جحود (주후 - 드)	1.부정 2.불신 3.배은망덕	**اجتبى** (이즈타바)	고르다, 선택하다
جحر (자하라)	동물이 굴속으로 숨다, 들어가다	**جاب** (자 - 빈)	세금 징수원
جحر (주흐르)	굴(짐승의)	**جباية** (자바 - 야)	세금징수
مجحر (마즈하르)	은폐지	**جثّ** (잣싸)	근절하다, 뿌리 채 뽑다
جحظ (자하좌)	눈망울이 불룩 나오다	**جثّة** (줏싸)	1.시체, 송장, 주검 2.신체
جاحظ (자 - 히즈)	1.눈알이 튀어나온 2.튀어나온 눈	**جثم** (자싸마)	1.쪼그리고 앉다 2. 숨다
جحف (자하파)	1.쓸어가다 2.편들다, 역성들다	**جثوم** (주쑤 - ㅁ)	악몽
أجحف (아즈하파)	1.해를 끼치다, 부당하게 대하다 2.억압하다	**جثمان** (주쓰마 - ㄴ)	몸, 신체
اجتحف (이즈타하파)	1.빼앗다, 약탈하다 2.소멸하다	**جثا** (자싸)	무릎을 꿇다, 꿇어앉다
جحاف (주하 - 프)	1.세찬 흐름 2.설사	**جثوة** (주쓰와)	무덤, 봉분, 고분
إجحاف (이즈하 - 프)	1.편견 2.불공평 3.손해, 손실 4.학대, 박해	**جحد** (자하다)	1.부정하다 2.믿지 않다 3.은혜를 저버리다

جِدّ (짓드)	1.노력, 열성, 근면 2.심각성, 신중성, 진지한 것	**مجحف** (무즈하프)	1.박해하는 2.불공평한 3.탄압자
جِدِّيَّة (짓디 - 야)	신중성, 침착성	**جحم** (자하마)	1.불을 피우다 2.눈을 뜨다
جديد (자디 - 드)	1.새로운 2.신기한 새로운 것의	**أجحم** (아즈하마)	1.삼가다, 억제하다 2.활활 타오르다
جدّة (잣다)	할머니	**جاحم** (자 - 힘)	1.불타는, 이글이글한 2.열렬한, 격렬한
جادّ (잣 - 드)	1.신중한, 심각한 2.열성적인	**جحيم** (자히 - ㅁ)	지옥, 불지옥
تجديد (타즈디 - 드)	1.혁신 2.복구, 회복	**جخ** (잣카)	자랑하다, 큰소리치다
مجدّد (무잣디드)	1.혁신하는, 갱신하는 2.혁신자	**جخة** (잣카)	뽐내는 말, 큰소리
مستجدّ (무스타잣드)	새로운, 최근의	**جخّاخ** (자카 - 크)	1.우쭐대는, 허풍 치는 2.허풍쟁이
جدب (자다바)	메마르다, 척박하다	**جدّ** (잣다)	1.위대하다 2. 심각하게 간주하다
جدب (자드브)	1.황량한 2.가뭄 3.흉작, 흉년	**جدّد** (잣다다)	1.새롭게 하다 2.갱신하다, 반복하다
جديب (자디 - 브)	1.메마른 2.흉작의	**جدّ** (잣드)	1.위대한 것 2.행운, 행복 3.할아버지 4.조상, 선조

싸

مجرار (미즈다 - 르)	허수아비	**إجداب** (이즈바 - 브)	가뭄, 흉작
مجدور (마즈두 - 르)	천연두에 걸린, 얼굴이 얽은	**مجدب** (무즈디브)	불모의, 척박한
جدع (자다아)	잘라내다, 불구로 만들다	**جدر** (자두라)	1…할 자격이 있다 2.하여야한다
جدع (자다으)	1.용감한 2.총명한 3.녀석 4.젊은이 5. 정열적인	**جدر** (잣다라)	1.천연두를 앓다 2.뿌리를 내리다
أجدع (아즈다우)	코.손.손가락 등이 잘린	**جدر** (지드르)	1.뿌리 2.감자
جدف (잣다파)	1.노를 젓다 2.꾸짖다	**جدير** (자디 - 르)	…할 자격이 있는, 응당한, 마땅한
تجديف (타즈디 - 프)	1.노젓기 2.욕, 꾸중	**جدري** (주다리)	마마, 천연두
مجداف (미즈다 - 프)	노(배를 젓는)	**جديري** (주다이리)	수두, 뜨리
جدل (자달라)	1.꼬다, 따다, 엮다 2.넘어뜨리다	**جدرة** (자다라)	갑상선종, 종기, 혹
جادل (자 - 달라)	1.논쟁하다 2.말다툼하다	**جدار** (지다 - 르)	1.벽, 담벼락, 담장 2.기초, 토대
تجادل (타자 - 달라)	서로 논쟁하다	**جدارة** (자다 - 라)	능력, 자격

جدل (자달)	1.논쟁, 말다툼 2.변증법
جديل (자디-ㄹ)	노끈, 밧줄
جدلية (자달리-야)	변증법
جدال (지다-ㄹ)	논쟁, 말다툼
مجادلة (무자-달라)	논쟁, 말다툼
مجدل (미즈달)	논쟁을 일삼는 사람
مجدول (마즈두-ㄹ)	1.엮어진, 꼰, 땋은 2.든든한
جدا (자다)	주다, 선물하다, 선사하다
أجدى (아즈다)	유익하다, 쓸모 있다
اجتدى (이즈타다)	빌다, 구걸하다
استجدى (이스타즈다)	구걸하다, 빌다
جدوى (자드와)	1.선물 2.이익, 이득
جدول (자드왈라)	1.줄을 긋다 2.작성하다
جدول (자드왈)	1.개울, 실개천 2.명부, 일정표, 통계표, 도표
جدولة (자드왈라)	줄긋기
جذب (자다바)	1.끌다, 당기다 2.유혹,유인하다
تجاذب (타자-다바)	1.서로 잡아당기다 2.서로 마음이 끌리다
انجذب (인자다바)	1.끌리다 2.매혹되다 3.얼빠지다
اجتذب (이즈타다바)	1.끌다, 잡아당기다 2.유혹,유인하다
جذب (자드브)	끄는 것, 끌어당기는 힘
جذبة (자드바)	1.거리, 간격, 사이 2.애착 3.매혹, 매력
جذبية (자드비-야)	1.매혹, 매력 2.끌어당기는 힘

싸

جذع (지드으)	1.줄기, 대, 그루터기 2.몸뚱이	**جاذبية** (자디비 - 야)	1.애착 2.매력 3.재미 4.끌어당기는 힘
جذل (자달라)	기뻐하다, 즐거워하다	**جذاب** (잣다 - 브)	1.매혹적인 2.끌어당기는 힘이 있는 3.아기자기한
أجذل (아즈달라)	기쁘게 하다, 즐겁게 하다	**تجاذب** (타자 - 두브)	서로 마음이 끌리는 것 상호인력, 결합
جذل (자달)	기쁨, 즐거움, 환희	**اجتذاب** (이즈티다 - 브)	1.끄는 것 2.유혹, 유인 3.잡아당기는 힘 (물리)
جذلان (자들라 - 누)	기쁜, 즐거운, 행복한	**مجذوب** (마즈두 - 브)	1.미친, 매력 있는 2.미치광이
جذم (자다마)	1.자르다, 베다 2.문둥병에 걸리다	**منجذب** (문자디브)	1.매혹된 2.미친
أجذم (아즈다무)	1.문둥병에 걸린 2.문둥이	**جذر** (자다라)	근절하다, 뿌리 뽑다
جذام (주다 - ㅁ)	문둥병	**جذري** (지드리)	1.뿌리, 근원 2.근본적인
جذم (지담)	1.뿌리 2.줄기, 대	**تجذير** (타즈디 - 르)	근절
مجذم (마즈담)	나병환자 촌	**جذع** (자다으)	1.젊은이 2.풋내기
مجذوم (마즈두 - ㅁ)	문둥병에 걸린		

جرّ 1.끌다 2.나르다, 옮기다 3.끌어넣다 4.꺼내다 (자르라)	**جرّاء** …때문에, …하기에 (자르라 -)
جرّر 힘껏 끌어당기다, 잡아끌다 (자르라라)	**جرّارة** 1.전갈 2.트랙터 (자르라 - 라)
أجرّ 1.되씹다 2.연기,연장하다 (아자르라)	**انجرارية** 예인, 배 끌기 (인자라리 - 야)
انجرّ 1.끌리다 2.끌리어가다 (인자르라)	**مجرّة** 은하수 (마자르라)
اجترّ 새김질하다 (이즈타르라)	**مجرور** 1.끌리어가는 2.배수관, 하수도관 (마즈루 - 르)
استجرّ 1.천천히 끌다 2.외상으로 사다 (이스타자르라)	**جرؤ** 1.대담성을 보이다 2.감히 …하다 (자루아)
جرّ 1.당기는 것, 끄는 것 2.유인 (자르르)	**جرّأ** 용기를 북돋워주다 (자르라아)
جرّة 동이, 물동이 (자르라)	**تجرّأ** 감히 …하다, 용기를 내다 (타자르라아)
جرّة 발자국, 발자취, 바퀴자리 (주르라)	**جراءة** 대담성, 용감성, 용기 (자라 - 아)
جرّة 새김질 (지르라)	**جرأة** 대담성, 용감성, 담력 (주르아)
جريرة 죄악, 범죄 (자리 - 라)	**جريئة** 덫, 함정 (자리 - 아)

جرثومة 1.뿌리, 근본 2.싹 3.세균, (자르쑤 - 마) 박테리아, 미생물	**جرب** 옴을 앓다, 색이 바래다 (자리바)
مجرثم 세균에 전염된, (무자르쌈) 세균이 묻은	**تجرّب** 1.실험하다, 시험하다 (타자르라바) 2.유혹하다
جرج 차를 차고에 넣다 (자르라자)	**جرب** 피부병, 옴 (자라브)
جراج 차고 (자라 - 즈)	**جراب** 1.가죽가방 2.가방, 덮개 (지라 - ㅂ) 3.작은 주머니
جرح 1.상처를 입히다 (자라하) 2.반박하다	**جورب** 양말 (자우라브)
انجرح 부상당하다 (인자라하)	**أجرب** 1.옴에 걸린 2.옴 환자 (아즈라부)
اجترح 1.만들어내다 2.저지르다 (이즈타라하)	**تجربة** 1.실험, 실습 2.경험 3.유혹 (타즈리바)
جرح 상처 (주르흐)	**تجربية** 경험주의 (타즈리비 - 야)
جريح 1.부상당한 2.부상자 (자리 - 흐)	**مجرب** 1.실험,시험된 2.세련된, (무자르라브) 경험 있는, 노련한
جارحة 1.기관, 부분 2.사나운 (자 - 리하) 날짐승(신체의)	**جرثم** 세균을 전염시키다 (자르싸마)
جراح 외과의사 (자르라 - 흐)	**جرثمة** 세균, 전염 (자르싸마)

تجريدى (타즈리 - 디)	추상적인, 추상파의	جراحة (지라 - 하)	1.상처 2.외과수술
تجريدة (타즈리 - 다)	원정, 출정, 원정대	تجريح (타즈리 - 흐)	1.상처를 입히는 것 2.모독 3.반박
مجرد (무자르라드)	1.나체의 2.순진한 3.추상적인	مجروح (마즈루 - 흐)	1.부상당한 2.부상자
مجرود (마즈루 - 드)	삽, 부삽	جرد (자리다)	1.벌거벗다 2.색깔이 날다 3.털이 빠지다
جردل (자르달)	물통, 양동이	تجرد (타자르라다)	1.벌거벗다 2. 해방되다
جرس (자라싸)	1.딸랑거리다 2.종을 치다 3.말하다	جرد (자르드)	1.검열, 조사(상품 등의) 2.목록, 명세서
جرس (자르라싸)	1.헐뜯다 2.추태를 부리다	جرد (자리드)	1.풀 한포기 없는, 불모의 2.벌거벗은
تجرس (타자르라싸)	망신당하다, 모욕당하다	جراد (자라 - 드)	메뚜기
جرس (자라쓰)	1.소리, 울림소리 2.종	جريدة (자리 - 다)	1.신문 2.명부, 일람표 3.줄기, 대
جرسة (주르싸)	1.추태, 망신스러운 일, 스캔들 2.중상, 비방	أجرد (아즈라두)	1.벌거벗은, 나체의 2.털이 빠진
جرسون (자르쑤 - ㄴ)	접대부, 심부름꾼	تجرد (타자르라드)	1.무관심 2.공정한 것, 공명정대

싸

103

جَرُوف (자루 - 프)	삽	جَرَشَ (자라샤)	찧다, 부수다
جَارُوف (자루 - 프)	1.삽 2.쓰레받기	جَرِيش (자리 - 쉬)	1.맷돌에 간 2.싸래기
جَرَّافَة (자르라 - 파)	1.써레, 쇠스랑 2.준설선	جَارُوشَة (자루 - 샤)	맷돌
مِجْرَفَة (미즈라파)	1.삽 2.갈퀴, 쇠스랑 3.쓰레받기	جَرَضَ (자라돠)	질식시키다, 숨막히게 하다
جَرَمَ (자라마)	1.벌다 2.죄를 짓다	جَرَض (자라드)	질식, 숨막힘
أَجْرَمَ (아즈라마)	죄를 짓다, 범죄자가 되다	جَرَعَ (자리아)	삼키다, 꿀꺽 마시다
جِرْم (자르므)	1.작은 배, 보트 2.용적, 체적, 크기	جُرْعَة (주르아)	한 모금, 한번 복용할 량(약 등의)
جُرْم (주르므)	죄, 범죄	أَجْرَع (아즈라우)	불모의 땅
جِرْم (지르므)	몸, 신체	جَرَفَ (자라파)	1.긁어내다 2.씻어가다
جُرُوم (주루 - ㅁ)	열대지방, 더운 곳	اِنْجَرَفَ (인자라파)	씻기어가다, 밀려가다
جَرِيمَة (자리 - 마)	죄, 범죄	جُرْف (주르프)	벼랑, 절벽, 가파른 비탈, 기슭

جراية (지라 - 야)	배급, 배급식량	**إجرام** (이즈라 - ㅁ)	죄, 범죄, 죄를 저지름
إجراء (이즈라 -)	수행, 진행, 실시, 집행	**مجرم** (무즈림)	1.죄지은 2.범인, 죄인
إجراءات (이즈라아 - 트)	1.수속, 절차 2.대책, 조치	**جرن** (자르라나)	쌓다
مجرى (마즈라)	1.강바닥 2.물길 3.방향 4.진행, 과정	**جرن** (주른)	1.탈곡장 2.물탱크, 저수지
مجاراة (무자라 - 트)	1.모방 2.시합, 경기	**جرانيت** (자라니 - 트)	화강암
مجرور (마즈루 - 르)	하수도관	**جرى** (자라)	1.달리다 2.불다 3.흐르다 4.유통되다(화폐가)
جزأ (자자아)	1.분리하다 2.만족해하다	**جارى** (자 - 라)	1.나란히 가다 2.모방하다 3.경쟁하다 4.일치되다
تجزأ (타자즈자아)	분할되다, 나누어지다	**أجرى** (아즈라)	1.흐르게 하다 2.맡기다 3. 진행하다 4.규정하다
اجتزأ (이즈타자아)	1.일부를 떼어내다 2.만족하다	**جرى** (자리)	1.뛰기 2.흐름 3.진행, 경과(물의)
جزء (주즈으)	1.토막 2.부분, 몫	**جريات** (자리야 - 트)	사건, 사변
جزئى (주즈이)	1.부분적인 2.시시한	**جريان** (자라야 - ㄴ)	흐름

تجزئة (타즈지아)	분열, 분할, 세분, 분리	**مجزرة** (마즈자라)	도살
مجزأ (무즈자)	대용품	**جزع** (자자아)	1.불안해하다 2.조급해하다 3.무서워하다 4.슬퍼하다
جزر (자자라)	1.잡다, 도살하다 2.줄다(물이)	**جزّع** (잣자아)	1.나누다 2.토막을 내다
انجزر (인자자라)	1.도살되다 2.줄다(물이)	**جزع** (자즈으)	1.조급성 2.근심, 불안 3.공포 4.슬픔
جزر (자즈르)	도살	**جزوع** (자주-으)	1.성급한, 조급한 2.불안한, 시름겨운
جزر (자자르)	홍당무	**مجزّع** (무잣자으)	모자이크 된, 얼룩덜룩한
جزّار (잣자-르)	백정, 도살자	**جزف** (자자파)	1.함부로 행동하다 2.모험하다
جزارة (지자-라)	육류업, 도살업	**جازف** (자-자파)	1.모험하다, 함부로 하다 2.통틀어 하다
جزائر (자자-이르)	알제리	**جزاف** (주자-프)	분별없는, 무모한
جزيرة (자지-라)	조그마한 섬	**مجازفة** (무자-자파)	경거망동, 무모한 짓, 모험
مجزر (마즈자르)	도살장	**جزل** (자잘라)	1.풍부하다 2.세련되다

싸

جزالة (자잘-라)	1.풍부한 것 2.거대한 것, 방대한 것	**مجازاة** (무자자-트)	1.처벌 2.보상, 배상 3.표창
جزيل (자지-ㄹ)	1.풍부한, 풍족한 2.큰, 거대한	**جس** (잣싸)	1.만지다 2.시험해보다 3.탐지하다
جزم (자자마)	1.베내다 2.결정하다 3.맡기다 4.믿다	**تجسس** (타잣싸싸)	정탐하다, 간첩활동을 하다
جزم (자즘)	1.절단 2.결심, 각오, 결의	**اجتجس** (이즈타잣싸)	1.탐지하다 2.만지다, 더듬다
جزمة (자즈마)	장화, 구두	**تجسس** (타잣쑤쓰)	간첩행위, 정탐행위
جازم (자-짐)	1.결단성 있는 2.확신한	**جاسوس** (자쑤-쓰)	간첩, 밀정, 탐정, 스파이
جزى (자자)	1.충족시키다 2.보상하다 3.상을 주다 4.처벌하다 5.대리하다	**جاسوسية** (자쑤-씨야)	간첩활동, 정탐행위
أجزى (아즈자)	1.만족시키다 2.대리하다 3.유익하다	**مجسات** (미잣싸-트)	탐지기
جزاء (자아-)	1.보수, 보답 2.상, 표창 3.처벌, 처형	**جسأ** (자싸아)	거칠어지다, 굳어지다(손이)
جزية (지즈야)	1.조공 2.토지세, 조세	**جسأة** (자싸아)	거칠은 것, 굳은 것
		جاسى (자-씨)	거칠은, 껄껄한

싸

اجتسر (이즈타싸라)	통과하다, 횡단하다	جسد (자싸다)	굳어지다, 응결되다
جسر (지쓰르)	1.다리, 육교 2.강다리 3.둑, 제방 4.들보	جسد (잣싸다)	구현되다, 구체화되다
جسور (자쑤-르)	1.용감한, 대담한 2.무례한, 건방진	تجسد (타잣싸다)	구현되다, 구체화되다
جسارة (자싸-라)	용감성, 대담성, 용단	جسد (자싸드)	몸, 신체, 육체
جسارية (자싸리-야)	부교	تجسد (타잣쑤드)	구현, 체현
تجاسر (타자-쑤르)	용감성, 대담성	تجسيد (타즈씨-드)	구현, 체현
جسم (자쑤마)	거대하다, 크다	مجسدة (무잣씨다)	악보(음악)
جسم (잣싸마)	1.확대하다 2.과장하다 3.형태를 갖추게 하다 4.구현하다	متجسد (무타잣씨드)	구현된, 구체화된
تجسم (타잣싸마)	1.형성되다 2.구현되다 3.증대되다(위험이)	جسر (자싸라)	1.용기를 북돋우다 2.감히 …하다 3.다리를 놓다 4.둑을 쌓다
جسم (지씀)	1.몸, 신체, 2.본체, 동체, 골조 3.물질, 물체 4.모양, 형태 5.질량	جسر (잣싸라)	1.고무하다 2.다리를 놓다 3.둑을 쌓다

مِجَشّ (미잣쉬)	맷돌	جُسْمان (지쓰마 - ㄴ)	신체, 몸체
جَشَأ (자샤아)	트림하다	جَسيم (자씨 - ㅁ)	1.위대한, 중대한 2.거대한 3.뚱뚱한, 비대한, 몸집이 큰
جُشْأة (주싀아)	트림	جُسَيم (주싸이므)	입자
جَشِعَ (자쉬아)	욕심을 부리다	جُسَيمة (주싸이마)	미립자
جَشَع (자샤으)	탐욕, 욕심	جَسامة (자싸 - 마)	1.거대함, 방대함 2.위대함, 중대성
جَشِمَ (자샤마)	1.감당하다 2.참다	مُجَسَّم (무잣쌈)	1.웅장한 2.과장된 3.두드러진 4.입체의
تَجَشَّمَ (타잣샤마)	1.부담을 갖다 2.당하다(위험을) 입다(손실을)	جَشّ (잣쉬)	타박상을 입히다, 멍이 들게 하다
جَصَّصَ (잣솨솨)	1.석고를 바르다 2.석회를 칠하다	جَشّة (잣솨)	목이 쉰 것, 허스키
جَصّ (잣스)	석고, 석회	أجَشّ (아잣슈)	1.공허한, 힘없는 2.목이 쉰(목소리가)
جَصّاصة (자솨 - 솨)	석회공장	جَشيش (자쉬 - 쉬)	부슨, 찧은, 맷돌에 간

جاعل 매수하다, 뇌물을 먹이다 (자 - 알라)	**جعجاع** 소란한, 떠들썩한 (자으자 - 으)
انجعل 정해지다, 지정되다, 규정되다 (인자알라)	**جعد** 1.머리가 곱슬해지다 2.살갗이 쭈글쭈글해지다 (자아다)
جعل 1.요금 2.보상 3.수수료 (주을)	**جعدة** 1.곱슬머리 2.인상쓰는 것 3.옷의 주름살 (자으다)
جعيلة 보수, 삯 수속비용, 보상 (자일 - 라)	**جعيدى** 불량배, 망나니, 왈패 (주아이디)
مجعول 1.지정된, 규정된 2.보수 (마즈우 - ㄹ)	**أجعد** 1.곱슬곱슬한 2.곱슬머리 (아즈아두)
جعرافيا 지리, 지리학 (주으그라 - 피야)	**تجعيد** 주름살, 구김살 (타즈이 - 드)
جف 마르다 (잣파)	**متجعد** 1.곱슬머리의 2.주름살이 간 (무타자으이드)
جفف 1.건조시키다 2.문지르다(얼굴을) (잣파파)	**جعف** 넘어뜨리다, 뿌리채 뽑다 (자아파)
جاف 1.메마른 2.딱딱한, 무미건조한 (자 - 핀)	**اجتعف** 뿌리채 뽑다 (이즈타아파)
تجفيف 1.건조 2.닦는 것(물기를) (타즈피 - 프)	**جعفر** 실개천 (자으파르)
مجفف 마른, 물기 없는, 말린 (무잣파프)	**جعل** 1.만들다 2.간주하다 3.하게 하다 (자알라)

110

جاف (자 - 핀)	1.매몰스러운 2.엄격한 3.거칠은
جفاء (자파 -)	1.무정함, 쌀쌀함, 박대함 2.엄격함
جفية (자피 - 야)	보호창살
تجاف (타자 - 핀)	무뚝뚝함, 쌀쌀함, 냉대, 엄격
جل (잘라)	1.위대하다, 거룩하다 2.더 높다
أجل (아잘라)	1.높이 모시다, 떠받들다 2.높다고 보다
تجلل (타잘랄라)	높이 솟다, 우뚝 솟다
جل (줄른)	1.장미꽃 2.가장 중요한 것
جلة (줄라)	1.광주리, 바구니 2.폭탄
جلة (질라)	똥, 거름
جليل (잘릴 - 르)	1.위대한 2.중요한 3.존경하는 4.영광스러운

مجففات (무잣파파 - 트)	말린 과일
جفاء (주파 -)	공연히, 쓸데없이, 헛되게
جفت (지프트)	1.핀셋, 집게 2.사냥총
جفرة (지프라)	암호
جفير (자피 - 르)	칼집
جفل (자팔라)	겁내다, 놀라서 도망가다
جفل (자플)	겁, 두려움
جفن (자픈)	눈꺼풀, 눈시울
جفنة (자프나)	1.접시 2.포도넝쿨
جفا (자파)	1.무뚝뚝하다 2.피하다 3.안절부절 하다
تجافى (타자 - 파)	서로 멀리하다, 그만두다

جَلْجَل (줄줄)	1.방울종 2.눈다래끼	جَلَالَة (잘라 - 라)	존엄, 위대함, 거룩함, 숭고함
جَلِح (잘라하)	대머리가 되다	إِجْلَال (이즐라 - ㄹ)	존경, 존중, 받들어 모심
أَجْلَح (아즐라후)	대머리의	جَلَب (잘라바)	1.가져오다 2.끌어들이다 3.초래하다
جَلَخ (잘라카)	1.갈다(칼을)	اِجْتَلَب (이즈탈라바)	1.반입하다, 수입하다 2.얻다
جَلْخ (잘크)	1.밀어내기 2.가죽띠	اِسْتَجْلَب (이스타즐라바)	1.반입하다, 수입하다 2.부르다, 초빙하다
مِجْلَخ (무잘라크)	1.밀어낸 2.날이 선	جَلْب (잘브)	1.가져오는 것 2.초래, 야기 3.벌이, 획득
جَلَد (잘라다)	1.얼리다, 2.제본하다(책을)	جِلْبَاب (질바 - 브)	잘바브(두루마기 같은)
جَلُد (잘루다)	완강하다	جَلَابِيَّة (잘라비 - 야)	잘라비야(아랍 여성들이 외출할 복)
جَلِد (잘리다)	얼다, 얼어붙다	اِجْتِلَاب (이즈틸라 - 브)	1.수입, 반입 2.초빙
جَالَد (잘 - 라다)	싸우다, 격투하다	مَجْلَبَة (마즐라바)	동기, 원인, 이유
تَجَلَّد (타잘라다)	1.어려움을 이겨내다 2.냉동이 되다		

تجالد 1.대항하다 2.견디어내다 (타잘 - 라다) 3.서로 싸우다		**جلاد** 싸움, 격투 (질라 - 드)	
انجلد 얻어맞다(채찍에) (인잘라다)		**جلاد** 1.가죽이나 피혁상인 (잘라 - 드) 2.형집행리, 교형리	
اجتلد 1.견고해지다 (이즈탈라다) 2.칼에 찔리다		**تجلد** 인내 (타잘루드)	
جلد 1.채찍질 2.성교중절 (잘드) 3.태형용 기둥 4.참을성 있는, 굳건한		**تجليد** 냉동 (타즐리 - 드)	
جلد 1.참을성, 인내성 (잘라드) 2.창공, 하늘		**مجلد** 1. 냉동된 2.제본 된 (무잘라드) 3.책 한 권의	
جلد 완강한, 억센 (잘리드)		**مجلدة** 채찍 (미즐라다)	
جليد 얼음 (잘리 - 드)		**مجالدة** 싸움, 투쟁 (무잘 - 라다)	
جلد 1.동물의 표피, 가죽 (질드) 2.표지(책의)		**جلس** 앉다 (잘라싸)	
جلديات 가죽제품 (질디야 - 트)		**جالس** 1.회의를 하다 (잘 - 라싸) 2.모여 앉다	
جلدة 1.한번의 채찍질 2.채찍질 (잘다)		**أجلس** 앉히다 (아즐라싸)	
		تجالس 사람들과 같이 앉다 (타잘 - 라싸)	

استجلى (이스타잘라)	1.밝히다 2.알려고 애쓰다	جالس (잘 - 리쓰)	앉는, 앉아있는
جلى (잘리)	뚜렷한, 명백한	جلسة (잘싸)	1.회의, 모임 2.회기
جلاء (잘라 -)	1.명료성, 명확성 2.철거, 떠남	جليس (잘리 - 쓰)	친구, 동료, 벗
جالية (잘 - 리아)	거류민, 거류민 단체	مجلس (마쥘리쓰)	1. 모임 2.회의장소 3.회 4.협회, 단체 5.이사회 6.재판소
جلوة (잘와)	1.윤기, 광채 2.너울을 벗기는 것	مجالسة (무잘 - 라싸)	교제
إجلاء (이즐라 -)	철거, 철수	جلط (잘라따)	벗기다
استجلاء (이스티즐라 -)	해명, 밝히는 것, 알아내는 것	جلف (잘리파)	버릇없이 굴다, 교양없이 행동하다
جم 1.가득 채우다 2.가득하다 (잠마)		جلف (질프)	버릇없는 2.불량자, 버릇없는 사람
جمم (잠마마)	1.가득 채우다 2.무성하게 자라다	جلا (잘라)	1. 명백해지다 2.물러가다 3.닦다 4.제거하다
تجمم (타잠마마)	1.무성하게 자라다 2.모이다	تجلى (타잘라)	뚜렷해지다, 밝혀지다
استجم (이스타잠마)	1.쉬다 2.풍부하다 3.무성하다	انجلى (인잘라)	1. 밝혀지다 2.철수하다 3.윤기가 나다 4.끝나다

쌔

جَمّ (잠므) 1.많은, 풍부한 2.가득 찬 3.풍부함	**جَمَد** (잠마다) 1.얼리다 2.응고시키다 3.동결시키다
جُمّة (잠마) 가발	**تَجَمَّد** (타잠마다) 1.얼다 2.굳어지다 3.동결되다
جَمبَري (잠바리) 새우	**اِنجَمَد** (인자마다) 얼어붙다, 얼음이 되다
جُمباز (짐바 - 즈) 체조	**جَمد** (자마드) 얼음
جَمجَم (잠자마) 말을 얼버무리다, 중얼거리다	**جامِد** (자 - 미드) 1.무미건조한 2.얼어붙은 3. 응고된 4.움직이지 않는 5.생명이 없는 6.불변의
جَمجَمة (잠자마) 말을 얼버무림	
جُمجُمة (줌주마) 두개골, 해골	**جَماد** (자마 - 드) 무생물, 무기물
جَمَح (자마하) 1.말이 떼를 쓰다 2.제멋대로 하다	**جُمادي** (주마 - 디) 5월(이슬람 달력)
جامِح (자 - 미흐) 1.사나운 2.고집이 센(말이)	**جُمود** (주무 - 드) 1.침체, 정체 2.생명이 없는 것 3.견고성, 강도
جِماح (지마 - 흐) 1.못된 버릇 2.변덕, 까다로움	**تَجميد** (타즈미 - 드) 1.동결 2.얼리는 것 냉동
جَمَد (자마다) 1.굳어지다, 단단해지다 2.얼다	

جميش (자미 - 쉬)	탈모제	تجمد (타잠무드)	냉동, 얼리는 것
تجميش (타즈미 - 쉬)	간지럽힘	مجمد (무잠마드)	1.언, 냉동한 2.굳은 3.냉동된
جمع (자마아)	1.모으다 2.통합하다 3.더하다 4.편성하다 5.판을 짜다(인쇄) 6.인연을 맺게 하다	متجمد (무타잠미드)	1.언 2.굳어진, 응고된 3.동결된
جامع (자 - 마아)	1.단합하다 2.동의하다 3.성관계를 갖다	جمر (자마라)	모이다, 모여들다
تجمع (타잠마아)	1.집결되다 2.뭉치다 3.더해지다 4.집중되다	جمر (자므르)	불덩이, 불붙는 탄
اجتمع (이즈타마아)	1.모이다 2.합쳐지다 3.만나다	جمرة (자므라)	1.불덩어리 2.돌멩이 3.화농성 염증
جمع (자므으)	1.수집, 채집 2.단합 3.더하기 4.무리, 군중 5.복수(숫자)	مجمرة (미즈마라)	화로
جميع (자미 - 으)	모두, 전체, 전부	مجمر (무잠마르)	구운, 불에 그슬린
جمعية (자므이 - 야)	1.집회, 회의 2.연맹 3.동맹 4.조합, 기구	جمرك (주므루크)	세관
		جمركجى (주므루쿠지)	세관원
جمعة (주므아)	1.주일 2.금요일 3.유전자, 유전인자	جمش (잠마샤)	애무하다, 간질이다

جامع (자-미으)	1.전반적인 2.합하는 3.이슬람 성원	مجموعة (마즈무-아)	집(논문, 시 등의), 표본집
جامعة (자-미아)	1.대학교 2.동맹, 연맹	مجتمع (무즈타마으)	1.회의장 2.회의, 모임 3.사회
جماع (지마-아)	1.성교 2.총체 3.합계	مجتمع (무즈타미으)	회의 참가자
جماع (잠마-으)	수집가, 채집가	جمل (자말라)	1.합하다 2.총괄하다
جماعة (자마-아)	1.집단, 무리 2.부대	جمل (잠말라)	장식하다, 치레하다
جماعة (잠마-아)	축전지	جامل (자-말라)	상냥하게 대하다, 정중하게 대하다
جماعية (자마이-야)	집단주의, 집체성	أجمل (아즈말라)	1.합계하다 2.개괄하다, 총괄하다 3.잘하다
إجماع (이즈마-으)	합의, 의견일치	تجمل (타잠말라)	1.장식되다, 미화되다 2.예절을 지키다
اجتماع (이즈타마-아)	모임, 집회, 회의	جمل (자말)	낙타
مجمعي (마즈마이)	1.과학원의 2.과학원 회원	جميل (자미-ㄹ)	1.고운, 아름다운, 좋은, 훌륭한 2.은혜, 은덕
مجموع (마즈무-으)	1.수집된 2.총계, 총액 3.집단	جملة (주물라)	1.통계, 합계, 총액 2.약간, 얼마 3.문장

جمال (자마 - ㄹ)	아름다움, 미, 매력	جمهور (주므후 - ㄹ)	군중, 대중, 청중
إجمال (이즈마 - ㄹ)	1.계, 총계, 합계 2.개괄, 총계	جمهوري (주므후 - 리)	1.대중의 2.공화제의 3.공화주의자
تجمل (타잠물)	1.인사, 체면, 정중성 2.참을성, 자제력	جمهورية (주므후리 - 야)	공화국
تجميل (타즈미 - ㄹ)	장식, 미화, 치레	جماهيرية (자마히리 - 야)	대중, 대중성
مجمل (무즈말)	1.총괄적인, 개괄적인 2.개요, 개관, 요약	جن (잔나)	1.숨기다, 덮다 2.미치다
مجمل (무잠밀)	치레하는, 장식하는, 미화하는	أجن (아잔나)	1.미치게 하다 2.숨기다, 가리다
مجملات (무잠밀라 - 트)	장식품, 장식물	تجن (타잔나나)	미치다, 이성을 잃다
مجاملة (무자 - 말라)	정중성, 예의, 친절	تجان (타잔 - 나)	미친척 하다
جمهر (자무하라)	모으다, 집결하다	جن (진느)	악마, 도깨비, 귀신
تجمهر (타자므하라)	모이다, 집결되다, 모여들다	جنة (진나)	1.도깨비에 홀린, 귀신들린 2.귀신, 악마 3.미침, 정신 나감
جمهرة (자므하라)	군중, 모인 사람들	جنة (준나)	방패, 엄폐물

جنة (잔나)	1.천국, 천당, 극락 2.정원, 낙원, 동산	**تجنب** (타잔나바)	피하다, 도피하다
جنان (자나-ㄴ)	심장, 마음	**جنب** (잔브)	옆, 측면, 쪽
جنان (지나-ㄴ)	정신착란, 미치는 것	**جنوب** (자누-브)	1.남쪽 2.남풍
جنان (주나-ㄴ)	방패	**جانب** (자-니브)	1.측면, 면, 쪽, 편 2.부분, 몫, 양
جنون (주누-ㄴ)	1.미치는 것, 정신착란 2.발작, 노발대발	**أجنبي** (아즈나비)	1.남의, 낯설은 2.외국의 3.외국인
جنين (자니-ㄴ)	태아	**جناب** (주나-브)	늑막염
جنينة (주아이나)	정원	**جناب** (자나-브)	1.각하 등 존칭어의 하나 2.측면, 옆, 쪽
مجنة (미잔나)	방패	**تجنب** (타잔누브)	회피, 도피
مجنون (마즈누-ㄴ)	1.미친 2.바보, 정신병자 3.몰입한, 몰두한	**مجنبة** (무잔나바)	옆, 측면(건물의)
جنب (자나바)	1.옆에다 놓다 2.배제하다	**جنح** (자나하)	1.다가오다 2.기울어지다 3.지향하다(배가)
جانب (자-나바)	1.나란히 있다 2.피하다, 비키다	**جنح** (잔나하)	1.날개를 달다 2. 격려하다 3.신고하다

جندل (잔달라)	넘어뜨리다, 전복하다
جندل (잔달)	1.바위, 큰 돌 2.여울목, 폭포
جنز (잔나자)	장례를 치르다, 매장하다
جناز (잔나 - 즈)	추도예배 2.장례식
جنازة (자나 - 자)	1.장례식 2.장례행렬, 영구차
جنزبيل (잔자빌)	생강
جنس (잔나싸)	1.같은 종류로 분류하다 2. 국적을 주다
تجنس (타잔나싸)	1.비슷하게 되다 2.동화되다
جنس (진쓰)	1.종류, 품종 2.성(남녀) 2.종족, 민족, 인종
جنسية (진씨 - 야)	국적
تجنس (타잔누쓰)	국적을 취함

جنحة (주느하)	죄, 죄악, 범죄, 위법행위
جانحة (자 - 니하)	갈비, 늑골
جناح (자나 - 흐)	1.날개 2.지느러미 3.곁채 4.옆, 측
جناح (주나 - 흐)	죄, 죄악, 범죄
جند (잔나다)	군을 징집하다, 군대를 동원하다
تجند (타잔나다)	1.군에 입대하다 2.군에 동원되다,
جندى (준디)	병사, 군인
جنودية (주누디 - 야)	1.군복무 2.병역제
جندارمة (잔다 - 르마)	헌병대
تجنيد (타즈니 - 드)	1.군징집 2.동원
مجند (무잔니드)	신병

تجانس (타자-누쓰)	유사성, 동종, 동성	**جنائي** (지나-이)	1.범죄의 2.형사의
مجنس (무잔니쓰)	1.잡종의, 혼혈의 2.혼혈아, 잡종	**جناية** (지나-야)	1.범죄행위, 범법행위 위법행위 2.중죄
مجانس (무자-니쓰)	비슷한, 유사한	**جنيه** (주나이흐)	화폐단위, 파운드(이집트에서)
مجانسة (무자-니싸)	유사함, 동일함	**جهد** (자하다)	1.노력하다 2.지치게 하다
متجانس (무타-자나쓰)	동일한, 같은 종류의	**جاهد** (자-하다)	1.전력을 다하다 2.싸우다
جنف (자나파)	1.정도에서 벗어나다 2.제멋대로 행동하다	**اجتهد** (이즈타하다)	열심히 하다, 노력하다
جنف (자나프)	전횡	**جهد** (자흐드)	1.노력, 고심 2.전압(전기)
جنى (자나)	1.과일을 수확하다 2.얻다(이익을)	**جهد** (주흐드)	힘, 능력
تجنى (타잔나)	혐의를 갖다	**جهاد** (지하-드)	1.노력 2.성전 3.전투, 투쟁
اجتنى (이즈타나)	따다, 수확하다	**جهادية** (지하디-야)	군복무, 병역
جان (자-닌)	1.수확하는, 따는(과일) 2.죄지은 3.죄인, 범인	**إجهاد** (이즈하-드)	1.쇠약, 기진맥진 2.노력

مجهر (미즈하르)	현미경	**اجتهاد** (이즈티하 - 드)	1.노력, 근면 2.해석
مجهار (미즈하 - 르)	1.소리 높은, 우렁찬 2.확성기	**مجاهد** (무자 - 히드)	투사, 군인
جهز (자흐하자)	1.준비하다 2.공급하다	**مجهود** (마즈후 - 드)	힘, 노력, 열성
جاهز (자 - 히즈)	마련된, 준비된, 기성의	**مجاهدة** (무자 - 하다)	1.노력, 고심, 분투 2.투쟁, 싸움
جهاز (지하 - 즈)	1.장치, 기구, 설비 2.계통, 기관	**مجتهد** (무즈타히드)	부지런한, 근면한, 열성적인
تجهيز (타즈히 - 즈)	마련, 준비	**جهر** (자하라)	1.큰 소리로 말하다 2.선포하다
تجهيزات (타즈히자 - 트)	장비, 설비	**تجاهر** (타자 - 하라)	공개적으로 발언하다, 연설하다
تجهيزية (타즈히지 - 야)	예비반	**جهر** (주흐르)	풍채, 외모, 겉모양
مجهز (무자흐하즈)	준비된, 마련된	**جهار** (지하 - 르)	공개적인 것, 노골적인 것
جهش (자하샤)	울먹거리다	**جاهرة** (자 - 히라)	현미경
جهشة (자흐샤)	울먹거림	**أجهر** (아즈하루)	1.근시의, 근시안적인 2.근시, 근시안적인 자

أجهاش (아즈하 - 쉬)	울음을 터트림	**جاهلية** (자 - 힐리야)	무지, 무지몽매
جهض (자하돠)	유산시키다	**جهالة** (자할 - 라)	1.우둔함, 어리석음 2.무지, 무식
جهض (자흐드)	유산, 조산, 낙태	**مجهل** (마즈할)	1.미개척지 2.황야, 무인지경
إجهاض (이즈하 - 드)	유산, 조산, 낙태	**مجهول** (마즈후 - ㄹ)	1.알려지지 않는 2.미지수(수학) 3.수동태(문법)
جهيض (자히 - 드)	조산아	**جهم** (자히마)	1.인상을 쓰다 2.우울하게 대하다
مجهض (무즈하드)	유산을 촉진하는	**جهم** (자후마)	우울해지다, 침울해지다
جهل (자할라)	1.모르다, 무지하다 2.어리석다	**تجهم** (타자흐하마)	1.날씨가 찌프륵하다 3.정세기가 긴장되다
تجاهل (타자 - 할라)	1.모르는 체 하다, 시치미 떼다 2.아랑곳하지 않다	**جاهم** (자 - 힘)	우울한, 침울한, 근심스러운
جهل (자흘)	1.우둔함, 어리석음 2.무지, 무식	**جهامة** (자하 - 마)	우울, 수심, 침울
جاهل (자 - 힐)	1.무지한, 몽매한 2.미숙한, 어리석은	**متجهم** (무타자흐함)	우울한, 침울한, 음산한

جواب (자와 - 브)	1.대답, 답변 2.대꾸 3.편지	**جهنم** (자한남)	지옥
إجابة (이자 - 바)	1.대답, 답변 2.찬성, 동의 2.요구를 들어줌	**جو** (자우우)	1.공기, 대기 2.하늘, 공중 3.기후, 날씨, 일기 4.창공, 천계
استجابة (이스티자 - 바)	1.수락 2.대응 3.반응	**جاب** (자 - 바)	1.방랑하다, 돌아다니다 2.구멍 내다 3.베다
مجيب (무지 - 브)	대답하는, 응하는	**جاوب** (자 - 와바)	대답하다, 회답하다, 답변하다
جاح (자 - 하)	소멸하다, 섬멸하다	**أجاب** (아자 - 바)	1.대답하다, 응답하다 3.동의하다
أجاح (아자 - 하)	쓸어버리다, 소탕하다	**تجاوب** (타자 - 와바)	1.서로 대답하다 2.부합되다 3.메아리치다
اجتاح (이즈타 - 하)	전멸시키다, 휩쓸다	**انجاب** (인자 - 바)	1.사라지다, 없어지다(근심 등이)
جوح (자우흐)	전멸, 근절	**اجتاب** (이즈타 - 바)	연구하다
جائحة (자 - 이하)	1.재난, 재해 2.태풍 2.흑사병, 페스트	**استجاب** (이스티자 - 바)	1.들어주다(청탁을) 2.대답하다
جاد (자 - 다)	1.너그럽다 2.희생하다 3.질이 좋아지다	**جوبة** (주 - 바)	1.구멍 2.패인자리
جود (자우와다)	질을 높이다, 개선하다, 개량하다		

أجاد	1.정통하다
(아자 - 다)	2.개선.개량하다

جَوْدَة 1.질, 양질 2.장점, 우월성
(자우다) 2.효능, 효과, 실효성

جود 후함, 너그러움
(주우드)

جواد 1.말, 준마 2.너그러움
(자와 - 드)

جيد 1.좋은, 훌륭한 2.너그러운
(자이이드)

إجادة 잘하는 것, 완벽함, 정통
(이자 - 다)

تجويد 1.꾸란 낭송 방법의 하나
(타즈위 - 드) 2.개량, 개선

جار	1.벗어나다 2.학대하다
(자 - 라)	3.침해하다

جاور	1.이웃에 살다
(자 - 와라)	2.접경하다

أجار 1.구원하다 2.내쫓다
(아자 - 라)

تجاور 이웃하다
(타자 - 와라)

استجار 구원을 요청하다,
(이스자자 - 라) 보호를 구하다

جار 이웃, 이웃사람
(자 - 르)

جور	1.불공평, 학대
(자우르)	2.압제, 전횡

جوار	1.이웃, 인접
(지와 - 르)	2.보호, 구원

مجاور 이웃한, 인접한, 접경한
(무자 - 위르)

مجاورة 이웃
(무자 - 와라)

متجاور 인접한, 이웃에 있는
(무타자 - 위르)

جورب 양말, 목이 긴 양말
(자우랍)

جاز	1.지나가다 2.합격하다
(자 - 자)	3.허용하다

جوز 1.허락하다 2.위임하다
(자우와자)

جاوز	1.초과하다 2.위반하다
(자 - 와자)	3.용서하다

إجتياز 통과, 횡단
(이즈티야 - 즈)

تجاوز 1.넘는 것, 초과, 초월
(타자 - 위즈) 2.허용, 허가

مجازى 은유의, 비유의
(마자 - 지)

متجاوز 초과하는, 한계를 넘는
(무타자 - 위즈)

جاس 찾아내다, 수색하다,
(자 - 싸) 탐색하다

اجتاس 찾아내다, 수색하다,
(이즈타 - 싸) 탐색하다

اجتياس 실지탐사, 탐험, 수색
(이즈타야 - 쓰)

جاع 1.굶주리다 2.갈망하다
(자 - 아)

أجاع 굶기다
(아자 - 아)

جوع 1.기아, 굶주림, 2.단식
(주 - 으)

جائع 굶는, 굶주린, 허기진
(자 - 이으)

أجاز 1. 허용하다 2.상을 주다
(아자 - 자) 3.통과시키다
4.자격증을 주다

تجاوز 1.초과하다 2.지나가다
(타자 - 와자) 3.그만두다,
단념하다, 끊다
4.용서하다

اجتاز 1.통과하다 2.겪다
(이즈타 - 자) 3.극복하다

جاز 가스
(자 - 즈)

جوز 1.공간 2.핵심, 주요부분
(자우즈) 3.호두

جائز 1.지나가는, 통과하는
(자 - 이즈) 2.허용하는, 허락하는

جائزة 상, 표창, 상장
(자 - 이자)

جواز 1.통행 2.허락, 허용, 허가
(자와 - 즈) 3.여권, 허가증

إجازة 1.허가, 승인, 허락
(이자 - 자) 2.자격증, 합격증,
면허증, 허가증 3.휴가

جعان 굶는, 굶주린, 허기진
(자아 - ㄴ)

جوعان 배고픈, 굶는, 굶주린,
(자우아 - ㄴ) 허기진

جوف 비다, 속이 비다
(자위파)

جوف 1.배, 복부 2.속, 안, 내부
(자우프)

أجوف 빈, 속이 빈, 실속 없는
(아즈와푸)

تجويف 1.파내는 것 2.홈, 구멍
(타즈위 - 프) 3.골짜기, 계곡

مجوف 빈, 속이 빈
(무자우와프)

جوقة 1.단체 2.협주단, 예술단
(자우까)

أجواق 찌그러진,
(아자와 - ㄲ) 이그러진(얼굴이)

جال 돌아다니다, 방랑하다
(잘 - 라)

جول 유랑하다, 관광하다
(자우왈라)

تجول 돌아다니다
(타자우왈라)

جولة 1.여행, 유람 2.순회, 순찰
(자울라)

جوال 자루, 주머니, 포대
(주와 - ㄹ)

جوال 1.떠돌아다니는, 방랑하는
(자우와 - ㄹ) 2.유랑자,
여행자, 관광객

تجول 산보, 돌아다니는 것
(타자우왈)

مجال 1.자리 2.공간
(마자 - ㄹ) 3.무대, 분야, 영역

متجول 떠돌아다니는, 방랑하는
(무타자우윌)

جوهر 1.본질, 근본 2.물질
(자우하르) 3.보석

جوهرية 품질성
(자우하리 - 야)

جوهرجي 보석공, 보석상
(자우하라지)

جاف (자 - 파)	1.썩다, 부패하다 2.썩은 냄새가 나다	**جوهرة** (자우하라)	보석
تجيف (타자이야파)	1.썩다, 부패하다 2.썩은 냄새가 나다	**مجوهرات** (무자우하라 - 트)	보석, 보석가공품
جيفة (지 - 파)	시체, 송장	**جاء** (자 - 아)	1.오다 2.알맞다 3.일어나다 4.수행하다 5.가져오다
جوي (자위야)	1.사랑에 불타다 2.슬픔에 잠기다	**مجيئ** (마지 - 우)	도착, 오는 것
اجتوى (이즈타와)	진저리가 나다, 싫어지다	**جاش** (자 - 샤)	1.흥분하다 2.끓다(물이) 3.설레이다
جوى (자완)	정열, 열렬한 사랑 2.비애, 슬픔	**جيش** (자이아샤)	군대를 모집하다
جيل (지 - ㄹ)	1.민족 2.세대, 대 3.세기, 시대	**استجاش** (이스타자 - 샤)	1.흥분시키다 2.집합시키다 3.동원시키다
جيولجيا (지율루 - 지야)	지질학	**جيش** (자이쉬)	군대, 군인
		جائش (자 - 이쉬)	1.흥분하는, 설레이는 2.끓는, 들끓은 3.약동하는
		جيشان (자이솨 - ㄴ)	1.흥분, 격동 2.솟구치는 것

싸

(ﺍﻟﺤﺎﺀ : 하)

حانوت 1.가게 2.술집, 주점
(하누 - 트)

حب 1.사랑하다 2.바라다
(합바)

حبب 1.애착을 갖게 하다
(합바바) 2.여물다(곡식알이)

أحب 1.사랑하다 2.곡식이 여물다
(아합바) 3.씨앗을 모종하다

تحبب 1.사랑을 표시하다
(타합바바) 2.구애하다

تحابب 서로 사랑하다
(타하 - 바바)

استحب 1.좋아하다
(이스타합바) 2.…을 더 좋아하다

حب 1.사랑, 애정 2.항아리
(훕브)

حبي 사랑스러운, 정겨운, 애정의
(훕비)

حب 1.낟알 2.씨 3.곡식
(합브)

حبة 1.씨앗 2.낟알 3.알약
(합바) 4.약간의 5.여드름

حباب 1.잔물결 2.잔거품
(하바 - 브)

حباب 1.사랑, 우애 2.애인
(후바 - 브)

حبيب 1.사랑하는 2.애인
(하비 - 브) 3.사랑하는 친구

حبيبة 사랑하는 여인
(하비 - 바)

تحابب 연애, 사랑
(타합 - 부브)

محب 1.사랑하는 2.애인
(무힙브) 3.애호가

محبة 사랑, 애착, 애정
(마합바)

محبوب 1.사랑스러운 2.우호적인
(마흐부 - 브) 3.바람직스러운

متحاب 우호적인, 친근한,
(무타합 - 브) 서로 사랑하는

مستحب 1.사랑하는 2.찬성하는
(무스타합브) 3.재미있는

하

129

حبس 1.감금하다 2.제지하다	**حبذ** 1.찬성하다
(하바싸) 3.차단하다 4.보관하다	(합바자) 2.찬양하다, 찬미하다
5.억누르다(감정을)	
حبس 구류하다, 투옥하다,	**تحبيذ** 1.찬성 2.칭찬
(합바싸) 감금하다	(타흐비 - 즈)
انحبس 1.붙잡히다 2.저지되다	**حبر** 1.장식하다 2.기쁘게 하다
(인하바싸) 3.숨이 막히다	(하바라)
احتبس 1.감금되다 2.틀어박히다	**أحبر** 기쁘게 하다
(이흐타바싸) 3.막히다	(아흐바라)
حبس 1감금, 구류, 구금	**تحبّر** 1.장식되다 2.수식되다
(하브쓰) 2.감옥, 유치장	(타합바라) 3.거멓게 되다
حبيس 1.갇힌 2.죄수 3.은퇴자	**حبر** 잉크, 먹
(하비 - 쓰)	(히브르)
حبسخانة 감옥, 유치장	**حبرة** 검은 너울, 검은 망토
(하브싸카 - 나)	(하바라)
حبسة 몸값, 배상금	**حبور** 기쁨, 환희
(하브싸)	(후부 - 르)
حبس 1.둑, 제방 2.침대보	**حبار** 흔적, 표식
(히브쓰)	(히바 - 르)
احتباس 1.멈춤, 막힘	**حبار** 오징어
(이흐티바 - 쓰) 2.감금, 구류	(합바 - 르)
	محبرة 잉크병
	(미흐바라)

하

محبس (마흐비쓰)	1.감옥 2.보관소 3.창고, 저장소	**حبك** (합바카)	조여 매다, 튼튼히 하다
محبسة (마흐비싸)	은신처, 은거지	**احتبك** (이흐타바카)	엮어지다, 얽히다
محبوس (마흐부-쓰)	1.구류된 2.죄수	**حبكة** (후브카)	1.띠 2.구성, 짜임새
حبش (합바샤)	1.속을 채워 넣다 2.양념을 하다	**محبوك** (마흐부-크)	촘촘히 짠
حبش (하바쉬)	에티오피아	**حبل** (하발라)	줄로 묶다, 올가미로 잡다
حبط (하바따)	실패하다, 망하다	**حبل** (하빌라)	1.가득 차다 2.임신하다
حبط (합바따)	농담하다, 웃기다	**أحبل** (아흐발라)	교배시키다
أحبط (아흐바따)	파탄시키다, 좌절시키다	**احتبل** (이흐타발라)	올가미로 잡다
حبط (하바뜨)	멍, 맞은 자리	**حبل** (하블)	1.노끈, 줄 2.정맥 3.연계, 관계
حبوط (후부-뜨)	실패, 파탄	**حبل** (하발)	임신, 수태
حبك (하바카)	촘촘히 뜨다 2.엮어 꼬다, 꿰매다 4.탄탄히 만들다	**حبلان** (하블라-누)	1.가득 찬, 넘치는 2.임산부

حتات (후타 - 트)	부스러기	حبلى (후블라)	임산부
حتد (하타다)	혈통이 순수하다	حبالة (히발 - 라)	올가미, 그물
محتد (마흐타드)	혈통, 출신	حبا (하바)	1.기다, 이어가다 2.선물하다 3.접근하다
حتار (히타 - 르)	1.테두리, 테(안경의) 2.가장자리, 모서리	حابى (하 - 바)	편을 들다, 편애하다
حترة (후트라)	조각, 부스러기	حباء (히바)	선물, 예물
حتف (하트프)	죽음, 사망, 멸망	محاب (무하 - 빈)	편견을 하는, 공평하지 못한
حتم (하타마)	1.책임을 지우다 2.결심하다 3.요구하다	محاباة (무하바 - 트)	편견, 편애
تحتم (타핫타마)	1.책임이 지워지다 2.반드시 해야 한다	حت (핫타)	1.문대다 2.좀먹다 3.털다(나무를)
حتم (하틈)	최종 결정, 결정, 단정	تحات (타핫 - 타)	1.부식하다 2.닳다 3.파괴되다 4.우수수 떨어지다(나뭇잎이)
حتمى (하트미)	1.필연적인 2.결정적인, 단호한	حتة (핫타트)	1.부스러기 2.한푼, 은전 3.구역(도시의)
حتمية (하트미 - 야)	1.불가피성, 필연성 2.결정론		

حتامة (후타-마)	음식찌꺼기, 찌꺼기	تحجج (타핫자자)	1.변명하다 2.논증하다, 증명하다
محتم (무하탐)	불가피한, 운명적인, 필연적인	تحاج (타핫-자)	옥신각신하다, 논쟁하다
محتوم (마흐투-ㅁ)	1.운명의, 필연적인 2.의무의	احتج (이흐탓자)	1.증명하다 2.변명하다 3.반박하다, 항의하다
متحتم (무타핫팀)	절대적으로 필요한	حج (핫즈)	성지순례
حث (핫싸)	1.선동하다 2.내몰다, 고삐를 풀다	حاج (핫-지)	순례자, 순례객
احتث (이흐탓싸)	부추기다, 고무하다, 독촉하다	حجة (훗자)	1.증거, 논증 2.핑계, 구실, 변명
استحث (이스타핫싸)	부추기다, 선동하다	حجة (힛자)	1.해, 년 2.성지순례
حثيث (하씨-쓰)	재빠른, 날랜	حجاج (히자-즈)	1.변론, 논증 2.논쟁
مستحث (무스타핫쓰)	흥분된, 고무된	احتجاج (이흐티자-즈)	1.항의 2.반박, 논박 3.핑계, 구실
حج (핫자)	1.성지순례하다 2.논쟁하다	محجة (마핫자)	1.길, 대로 2.한복판 3.순례지
حاج (핫-자)	1.논쟁하다 2.설득시키려고 애쓰다	محاجة (무핫-자)	1.논증, 변론 2.다툼, 언쟁, 논쟁

محتج (무흐탓즈)	반론자	حجر (하즈르)	1.금지, 폐지 2.보호, 후견 3.시민권 박탈
حجب (하자바)	1.덮다 2.숨기다 3.막다	حجر (하지르)	금지된
حجب (핫자바)	덮다, 가리우다	حجرة (후즈라)	방, 칸
احتجب (이흐타자바)	1.가려지다 2.사라지다 3.폐간되다 4.틀어박히다(집에)	حجيرة (후자이라)	작은 방
حاجب (하 - 지브)	1.안내인 2.문지기 3.가리는, 차단하는 4.눈썹	حجار (핫자 - 르)	석공
		محجر (마흐자르)	검역소
حجاب (히자 - 브)	1.베일, 가리개, 씌우개 2.병풍, 칸막이, 막	محجور (마흐주 - 르)	차단된, 금지된
محجوب (마흐주 - ㅂ)	가리운, 막힌, 덮힌, 베일을 쓴	متحجرات (무타하지라 - 트)	화석
حجر (하자라)	제지하다, 막다, 차단하다	حجز (하자자)	1.막다 2.저지시키다 3.갈라놓다 4.몰수하다
تحجر (타핫자라)	1.돌로 변하다 2.돌처럼 굳어지다	انحجز (인하자자)	1.차압되다 2.억류되다
حجر (하자르)	돌	احتجز (이흐타자자)	1.틀어박히다(집에) 2.품어두다

حجن (하자나)	굽히다, 구부리다	حجز (하자즈)	1.차단 2.장애, 방해 3.차압, 몰수
أحجن (아흐자누)	굽은, 구부러진, 휜	حجزة (후즈자)	띠
محجن (미흐잔)	1.꼬부라진 지팡이 2.갈쿠리	حاجز (하 - 지즈)	1.차단하는 2.차압하는 3.장벽 4.차단봉 5.뚝, 제방 6.담, 울타리
حجا (하자)	생각하다, 간주하다		
حاجى (하 - 자)	수수께끼를 내다	حاجزة (하 - 지자)	피뢰침
تحاجى (타하 - 자)	서로 수수께끼를 내다	محجوز (마흐주 - 즈)	1.저지된, 차단된, 막힌 2.보관된
حجا (히자)	1.이지 2.지혜 3.슬기, 위트	حجم (하자마)	부항을 붙이다
أحجية (아흐지야)	수수께끼	أحجم (아흐자마)	1.삼가다 2.물러서다, 퇴진하다
حد (핫다)	1.제한하다 2.경계선을 긋다 3.칼날을 갈다 4.곡을 하다 5.화를 내다	حجم (하즘)	크기, 부피, 용량, 체적, 규격
		إحجام (이흐자 - ㅁ)	1.삼가 끊는 것(담배 등) 2.후퇴, 퇴각
حدد (핫다다)	1.제한하다 2.규정하다 3.세우다(칼날을), 벼리다(쇠를)	محجم (미흐잠)	부항, 뜸단지

하

أحد (아핫다)	상복을 입다	**تحديد** (타흐디 - 드)	1.정의 2.국한, 제한 3.경계선 설정
تحدد (타핫다다)	1.제한하다 2.정해지다	**محدد** (무핫다드)	예리한, 날카로운
احتد (이흐탓다)	1.화를 내다 2.예민해지다	**محدود** (마흐두 - 드)	경계가 있는, 끝이 있는 3.국한된 4.고정된
حد (핫드)	1.한계, 끝 2.경계, 국경 3.날(칼의) 4.정의, 규정	**محدودية** (마흐두디 - 야)	제한성
حدة (힛다)	1.분노 2.첨예함 3.열정 4.토라짐 5.통찰력	**محتد** (무흐탓드)	격분한, 화가 난, 약이 오른
حداد (히다 - 드)	1.슬픔 2.상복	**حدب** (하디바)	1.곱사가 되다 2.볼록해지다 3.역성들다
حدادة (히다 - 다)	철공일 하는 사람	**تحدب** (타핫다바)	1.휘다, 구부러지다 2.수그러지다
حداد (핫다 - 드)	대장공, 철공	**احدودب** (이흐다우다바)	곱사가 되다
حاد (핫 - 딘)	1.날카로운 2.신경질적인	**حدب** (하디브)	1.곱사, 곱사등 2.휜(칼이) 3.볼록한, 도드라진
حديد (하디 - 드)	1.예리한 2.열정적인 3.철, 쇠	**حدب** (하다브)	경사, 비탈
حديدة (하디 - 다)	1.쇠붙이, 쇳조각 2.철제품, 쇠그릇		

하

حدبة 1.혹 2.꼽추 3.볼록한 것
(하다바)

أحدب 1.곱사, 곱사등
(아흐다부) 2.휜(칼이) 3.볼록한

محدب 혹이 난, 볼록한
(무핫다브)

محدودب 1.곱사, 곱사등
(무하다우다브) 2.볼록한

حدث 일어나다, 발생하다
(하다싸)

حدث 새롭다
(하두싸)

حدث 1.이야기하다
(핫다싸) 2.현대화하다

حادث 담화하다,
(하 - 다싸) 회견하다, 회담하다

أحدث 1.발명하다
(아흐다싸) 변을 보다

تحدث 이야기하다, 말하다
(타핫다싸)

تحادث 담화하다, 회담하다
(타하 - 다싸)

استحدث 1.새로 만들다
(이스타흐다싸) 2.야기시키다
3.새로 도입하다

حدث
1.젊은이, 청년
(하다쓰) 2.새 소식 3.사건, 사변
4.변화, 곡절 5.배설물, 똥

حدثان 운명의 파란곡절
(하다싸 - 니)

حديث 1.새로운 2. 담화
(하디 - 쓰) 3.풍문 4.전설
5.예언자 무함마드의 말씀

حادثة 1.사건 2.사고, 불상사
(하 - 디싸) 3.현상

حداثة 1.새로운 것 2.젊음
(하다 - 싸)

أحدوثة 1.화제 2.이야기, 전설
(아흐두 - 싸)

محدث 이야기하는 사람
(무핫디쓰)

محدث 벼락부자
(무흐다쓰)

하

حدار (후다 - 르)	종기, 부스럼	محادثة (무하 - 다싸)	담화, 회담
تحدر (타핫두르)	경사, 경사도	متحدث (무타핫디쓰)	1.이야기하는, 담화하는 2.대변인, 대화자
انحدار (인히다 - 르)	1.경사, 비탈 2.타락	مستحدث (무스타흐다쓰)	현대적인, 새로운
منحدر (문하디르)	경사, 경사도	حدر (하다라)	내리다, 굴러 떨어지다
حدس (하다싸)	생각하다, 짐작하다, 추측하다	حدر (핫다라)	1.내리우다 2.경사지게 하다
حدس (하드쓰)	추측, 짐작, 예측, 눈치	تحدر (타핫다라)	1.경사지다 2.굴러 내리다 3.유래하다
حدق (하다까)	1.둘러싸다, 포위하다 2.찬찬히 바라보다	انحدر (인하다라)	1.경사지다 2.출신이다. 3.출신이다 4.넘어가다 5.도달하다
أحدق (아흐다까)	둘러싸다, 포위하다	حدرة (후드라)	1.무리(사람들의) 2.떼(낙타들의)
حدقة (하다까)	눈동자, 눈알, 눈망울	حدور (후두 - 르)	하강, 내리는 것
حديقة (하디 - 까)	정원	حادر (하 - 디르)	비대한, 뚱뚱한
حادق (하 - 디끄)	1.짠(음식이) 2.시큼한 3.매운 4.능란한		

138

حداقة (하다 - 까)	재간, 솜씨, 재주, 기교, 재치	**حدى** (하디야)	머물다, 체류하다, 묵다
محدق (무흐디끄)	포위하는	**تحدى** (타핫다)	1.도전하다 2.경쟁하다 3.견지하다, 지키다
حدل (하달라)	학대하다, 평탄하게 하다	**تحد** (타핫딘)	도전, 도발행위
حادلة (하 - 딜라)	불도저	**متحد** (무타핫딘)	도전자, 도발자
محدلة (미흐달라)	롤러	**حذر** (하지라)	조심하다, 경계하다, 주의하다
حدم (하다마)	1.불타다 2.화를 내다 3.치열하다(전투가)	**تحذر** (타핫자라)	조심하다, 경계하다, 주의하다
احتدام (이흐티다 - ㅁ)	발작, 격분	**حاذر** (하 - 지르)	조심하는, 주의하는
محتدم (무흐타담)	분노한, 성난, 불타는	**حذار** (하자 - 르)	조심하시오!
حدا (하다)	1.낙타를 몰다 2.부추기다	**تحذير** (타흐지 - 르)	경고, 주의, 경계
حاد (핫 - 딘)	낙타몰이꾼	**محذور** (마흐주 - 르)	1.주의사항 2.위험 3.불상사, 재난
أحدوة (우흐두와)	낙타몰이꾼의 노래	**حذف** (하자파)	1.던지다 2.넘어뜨리다 3.생략하다 4.자르다

انحذف (인하자파)	생략되다, 빠지다	حذو (하즈으)	모방
حذف (하즈프)	1.생략, 제거, 삭제 2.던지는 것	حذاء (히자 -)	1.구두, 신발 2.맞은편에
حذق (하자까)	1.솜씨를 보이다 2.시큼해지다	احتذاء (이흐티자 -)	모방
حذق (히즈끄)	재간, 솜씨, 재주, 재치, 기교	محاذاة (무하자 - 트)	1.맞은 편 2.평행, 병행
حذاقة (하자 - 까)	재간, 솜씨, 재주, 재치, 기교	حر (하르라)	뜨거워지다, 더워지다
حذلق (하즐라까)	박식한 척하다, 아는 체하다	حرر (하르라라)	1.해방하다 2.교정하다 3.편집하다 4.겨누다 5.계몽하다
تحذلق (타하즐라까)	아는 체하다	تحرر (타하르라)	1.해방되다 2.집필하다, 편찬하다
حذلقة (하즐라까)	아는 체하는 것		
حذا (하자)	모방하다, 본뜨다	حر (하르르)	열, 뜨거움
أحذى (아흐자)	선물하다	حر (후르르)	1.자유로운 2.자유애호의 3.고결한 4.자유인 5.약속이 없는 6.순수한
احتذى (이흐타자)	1.신을 신다 2.모방하다, 본받다	حار (하 - 르르)	1.뜨거운, 따뜻한, 더운 2.자극성이 있는

하

حرارة (하라-라)	1.열, 뜨거움, 더움 2.열정, 열의 3.발진, 꽃돋이(의학) 4.자극성(음식의)
حرور (하루-르)	열풍
حرير (하리-르)	명주, 명주실, 견직물
حرية (후르리-야)	1.자유 2.독립
تحرر (타하르루르)	해방
تحرير (타흐리-르)	1.해방 2.집필, 편집 2.교열, 교정
محرر (무하르리르)	1.해방하는 2.독립운동가 3.작가, 기자 4.편찬자, 편집위원
محرار (미흐라-르)	체온계, 온도계
حرب (하라바)	약탈하다, 전쟁하다
حارب (하-라바)	싸우다, 전쟁을 하다
حرب (하르보)	전쟁, 전투
حربة (하르바)	1.창 2.종교의 부패
محاربة (무하-라바)	전쟁, 전투
حرث (하라싸)	1.쟁기로 땅을 일구다 2.경작하다, 농사를 짓다
حرث (하르쓰)	1.밭갈이 2.농경지
حارث (하-리쓰)	농부
حراثة (히라-싸)	1.밭갈이 2.농사, 농업
محراث (미흐라-쓰)	쟁기
حرج (하리자)	1.좁아지다 2.죄를 짓다 3.금지되다 4.난처해지다
أحرج (아흐라자)	1.괴롭히다 2.난처하게 만들다 3.금지시키다

تحرّج (타하르라자)	1.난처해지다 2.긴장되다	**حرز** (하루자)	견고해지다, 난공불락으로 되다
حرِج (하리즈)	1.좁은 2.위태로운, 아슬아슬한 3.난처한	**أحرز** (아흐라자)	달성하다, 이룩하다, 성취하다
حرَج (하라즈)	1.금지 2.죄, 죄악 3.난관, 곤경 4.산림	**تحرّز** (타하르라자)	경계하다, 조심하다, 예방하다
حرجة (하라자)	1.숲, 산림 2.죄, 죄악	**احترز** (이흐타라자)	조심하다, 경계하다
حراج (하라 - 즈)	공매	**حِرز** (히르즈)	1.보호, 방비 2.요새, 보루 3.물적 증거
حراجة (하라 - 자)	곤경, 위기	**حرزة** (하라자)	정수, 보배, 귀중한 것
تحريج (타흐리 - 즈)	1.곤경 2.복잡, 긴장 (정세 등이) 3.조림(임업에서)	**حارزة** (하 - 리자)	퓨즈(전기)
محرِج (무흐리즈)	1.난처하게 하는 2.긴장시키는	**حريز** (하리 - 즈)	견고한, 물샐틈없는
جرِد (자리다)	1.화를 내다 2. 막다 3.벗어나다 4.억제하다	**احتراز** (이흐티라 - 즈)	조심, 예방, 방지
		حرس (하라싸)	1.지키다, 수호하다 2.보호하다
جردان (자르다 - ㄴ)	화난, 품성이 고약한	**احترس** (이흐타라싸)	조심하다, 경계하다

تحريش (타흐리 - 스)	1.부추김 2.나무심기 3.거칠음
حرص (하라솨)	1.갈망하다 2.조심하다 3.탐내다 4.아끼다
حرص (하르라솨)	야기시키다
حرص (히르스)	1.열망, 갈망 2.탐욕 3.보존, 아끼는 것 4.조심성, 주의
حريص (하리 - 스)	1.갈망하는 2.아끼는 3.욕심이 많은, 탐욕스러운 4.조심스러운
حرض (하르라다)	선동하다, 부추기다
تحريض (타흐리 - 드)	1.선동, 부추김 2.유도, 감응
محرض (무하르리드)	1.선동자 2.감응기(전기)
حرف (하라파)	1.변경하다 2.기울게 하다 3.돌리다(방향을)
حرف (하르라파)	1.왜곡하다 2.수정하다

حرس (하라쓰)	1.경비대 2.근위대
حارس (하 - 리쓰)	1.지키는 2.조심성 있는 3.보호자 4.경비원 5.문지기(체육)
حراسة (하르라 - 싸)	보호, 방비, 수비, 경비
احتراس (이흐티라 - 쓰)	경계, 조심
محترس (무흐타리쓰)	주의하는, 조심하는
حرش (하라샤)	할퀴다, 허비다
تحرش (타하르라샤)	1.도발하다 2.달려들다 3.간섭하다
حرش (하리쉬)	거칠은, 껄껄한
حريش (하리 - 쉬)	지네
أحرش (아흐라슈)	거칠은, 껄껄한
تحرش (타하르루스)	1.도발행위, 도전 2.간섭

하

انحرف (인하라파)	1.어긋나다 2.벗어나다 3.기울다	**أحرق** (아흐라까)	불사르다, 태워버리다
احترف (이흐타라파)	직업에 종사하다	**تحرق** (타하르라까)	불타다
حرف (하르프)	1.끝, 가장자리 2.칼날 3.산꼭대기 4.글자, 철자, 문자	**انحرق** (인하라까)	타버리다, 타다
حريف (하리 - 피)	1.친구, 동료, 동업자 2.고객	**احترق** (이흐타라까)	불타다, 불타오르다
حرفة (히르파)	1.직업 2.수공업	**حرق** (하르끄)	1.방화, 불사르는 것, 2.화상
تحريف (타흐리 - 프)	1.왜곡, 전도 2.수정	**حرق** (하라끄)	1.연소 2.열
انحراف (인히라 - 프)	1.어긋나는 것, 이탈 2.경향, 편향	**حرقان** (하라까 - ㄴ)	속태움, 가슴앓이
محرف (무하르라프)	왜곡된	**حرقة** (후르까)	1.타는 것 2.열정, 열 3.노여움, 격분
منحرف (문하리프)	기울어진, 경사진, 비뚤어진	**حريق** (하리 - 끄)	1.불타는, 연소되는 2.연로 3.화재
محترف (무흐타라프)	스튜디오, 작업장, 제작실	**حريقة** (하리 - 까)	1.모닥불 2.화재
حرق (하라까)	1.태우다 2.굽다(벽돌을) 3.불에 데다	**حارق** (하 - 리끄)	1.불사르는 2.방화자

تحرك (타하르라카)	움직이다, 흔들리다	حراقة (후라 - 까)	인화물
حركة (하라카)	1.이동, 운동 2.행동, 동작 3.활동 4.흐름, 과정 5.모음기호	حراقة (후르라 - 까)	물집, 수포
تحركة (타하르라카)	움직임, 출발	حراقة (하르라 - 까)	어뢰정, 함대
تحريك (타흐리 - 크)	1.흔드는 것 2.부추김, 자극	احتراق (이흐티라 - 끄)	연소
محرك (무하르리크)	1.움직이는 2.흥분시키는 3.엔진, 발동기 4.선동자, 주동자	محرقة (무흐라까)	번제(짐승을 통째로 구워 제단에 바치는 행사)
		محرق (무흐라끄)	한 푼도 없는, 빈털터리
متحرك (무타하르리크)	움직이는, 이동의	محرق (마흐라끄)	소각장
حرم (하루마)	금지되다	محرقات (마흐루까 - 트)	연료
حرم (하라마)	1.박탈하다 2.금지시키다 3.파문하다	حرك (하라카)	움직이다, 흔들다
حرم (하르라마)	1.신성불가침으로 선포하다 2.금지시키다 3.끊다, 단념하다(술 등)	حرك (하르라카)	1.흔들다 2.젓다 3.자극하다 4.부추기다 5.모음기호를 붙이다

하

145

تحريم (타흐리-ㅁ)	금지
احترام (이흐티라-ㅁ)	1.존경 2.신성불가침
محرم (마흐람)	1.금지된 2.친척 3.여성의 보호자
محرمة (마흐라마)	손수건
محروم (마흐루-ㅁ)	1.빼앗긴, 박탈당한 2.불행한, 가련
محرم (무하르람)	1.금지된 2.1월(이슬람력)
محترم (무흐타람)	1.존경하는 2.상관이나 고관에게 붙이는 존칭어
حرن (하루나)	1.떼쓰다, 버티다(말이) 2.고장나다(기계가)
حرون (하루-ㄴ)	고집이 센, 완고한, 양보하지 않는
حرى (하리야)	적당하다, 적절하다
تحرى (타하르라)	1.연구하다 2.조사하다 3.준수하다

تحرم (타하르라마)	1.금지되다 2.신성화되다
احترم (이흐타라마)	1.존경하다 2.지키다(질서를)
حرم (하람)	1.금지된 2.신성한 3.부인 4.피라미드 5.성원, 성지
حرمان (히르마-ㄴ)	박탈
حرمة (후르마)	1.금지된 것 2.불가침 3.존경 4.부인, 아내 5.여성, 여자, 부녀
حرام (하라-ㅁ)	1.금지된 2.신성한 3.불법의 4.죄
حرامي (하라-미)	도둑, 강도, 절도범
حرام (히라-ㅁ)	이불, 홑이불
حريم (하리-ㅁ)	1.아내, 처 2.안방, 부인의 방 3.하렘, 궁녀
احرام (이흐라-ㅁ)	순례자가 입는 순례복

حزب 당, 정당, 파벌 (히즙)	**أحرى** 보다 좋은, 보다 나은 (아흐라)
حازب 불행, 비통한 일 (하 - 지브)	**حز** 1.베어내다 2.상처를 입히다 (핫자) 3.괴롭히다
تحزب 1.당적 2.편견, 불공평 (타핫주브)	**احتز** 베내다, 잘라내다 (이흐탓자)
متحزب 1.당에 소속된 (무타핫지브) 2.편견을 가진	**حز** 1.벤 자리 2.상처 (핫즈)
حيزبون 간악한 노파, 마녀, (하이주부 - ㄴ) 못생긴 여자	**حزة** 1.상처 난 자리 2.가슴앓이 (핫자)
حزر 알아맞히다, 추측하다 (하자라)	**حزاز** 1.머리의 비듬 2.버짐 (하자 - 즈)
حزر 짐작, 추측, 예상 (하즈르)	**حزازة** 분노에 찬 양심, 악의 (하자 - 자)
حزورة 수수께끼, 골칫거리 (하주 - 라)	**حزب** 괴롭히다, 상심시키다 (하지바)
محزرة 예측, 추측, 예상, 짐작 (마흐자라)	**حزب** 1.집결시키다 2.합당하다 (핫자바)
حزيران 6월 (하지라 - ㄴ)	**حازب** 1.같은 당에 속하다 (하 - 자바) 2.지지하다
حزق 1.조이다, 누르다 (하자까) 2.딸꾹질하다	**تحزب** 1.입당하다 (타핫자바) 2.당을 조직하다 3.편을 들다 4.반대하다

하

حزق (하즈끄)	1.조이는 것, 누르는 것 2.딸꾹질	حزيم (하지 - ㅁ)	확고한, 단호한
حزوقة (핫자우까)	딸꾹질	محزم (마흐잠)	1.앞치마 2.띠 3.보자기
محزوق (마흐주 - 끄)	곤경에 빠진	حزن (하지나)	슬퍼하다, 애달파하다
حزم (하자마)	1.확고한 태도를 취하다 2.신중하다	أحزن (아흐자나)	슬프게 하다
حزم (핫자마)	1.띠를 두르다 2.묶다	حزن (후즌)	슬픔, 애수, 우울, 비애
انحزم (인하자마)	묶이다	حزنان (하즈나 - ㄴ)	슬픈, 서글픈, 애석한
احتزم (이흐타자마)	띠를 두르다	حزين (하지 - ㄴ)	슬픔에 잠긴, 구슬픈
حزم (하즘)	1.매는 것 2.결단성	محزن (무흐진)	애달픈, 슬픈, 비통한, 불쌍한
حزمة (후즈마)	1.꾸러미 2.뭉치, 묶음, 단	محزون (마흐주 - ㄴ)	슬픈, 애수에 잠긴, 애통한
حازم (하 - 짐)	1.확고한, 단호한 2.신중한	حس (핫싸)	1.느끼다 2.동정하다 3.청소하다
حزام (히자 - ㅁ)	혁띠, 혁대, 띠	حسس (핫싸싸)	1.더듬어가다 2.만져보다, 더듬다

تحسس (타핫싸싸)	1.알아내다 2.더듬다 2.감정에 싸이다
حس (힛쓰)	1.감촉, 느낌 2.바스락 소리 3.목소리
حسية (힛씨야)	감수성
حساس (핫싸 - 쓰)	감상적인, 민감한, 다감한
حساسة (핫싸 - 싸)	감각기관
حساسية (핫싸 - 씨야)	감수성, 느낌
حسيس (하씨 - 쓰)	1.감수성 있는 2.설레임 소리
إحساس (이흐싸 - 쓰)	1.느낌, 감촉, 감각 2.감정 3.예감
محسوس (마흐쑤 - 쓰)	1.느낄 수 있는 2.눈에 띄는, 현저
حسب (하싸바)	1.헤아리다. 계산하다 2.간주하다
تحسب (타핫싸바)	1.탐지하다 2.경고나 주의를 하다

حسب (하쓰브)	1.계산 2.의견, 견해 3.고려, 참조 4.
حسب (하싸브)	1.높은 신분, 명문 출신 2.공적, 공로 3.
حسبة (히쓰바)	총수, 총액, 합계
حساب (히싸 - ㅂ)	1.세는 것 2.셈, 계산 3.결산
حسبان (히쓰바 - ㄴ)	1.고려, 타산 2.예견 예상 예측
أحسب (아흐싸부)	1.백인 2.백혈종(식.동)
محاسب (무하 - 씨브)	경리사원
محاسبة (무하 - 싸바)	1.결산 2.검열 3.회계 4.조심, 주의
محسوبية (마흐쑤비 - 야)	편애, 치우친 사랑
محتسب (무흐타싸브)	내세에서 얻는 보상
حسد (하싸다)	부러워하다, 시기하다, 탐을 내다

하

حاسر (하 - 씨르)	벗은	**تحاسد** (타하 - 싸다)	서로 질투하고 시기하다
حسير (하씨 - 르)	1.피로한 2.무력한 3.근시안의	**حسد** (하싸드)	욕심, 탐욕, 부러움, 질투
تحسر (타핫쑤르)	슬픔, 비애, 서러움	**حاسد** (하 - 씨드)	1.부러워하는 2.시기하는 사람
حسم (하싸마)	1.베다 2.바로잡다 3.공제하다	**محسود** (마흐쑤 - 드)	부러움을 받는
انحسم (인하싸마)	1.해결되다 2.베어지다	**حسر** (하싸라)	1.드러내다, 벗다 2.지치다
حسم (하씀)	1.해결, 조정 2.공제 3.결단성	**حسر** (하씨라)	슬퍼하다
حاسم (하 - 씸)	결정적인, 단호한	**تحسر** (타핫싸라)	1.슬퍼하다 2.털이 빠지다
حسام (후싸 - ㅁ)	칼, 검	**انحسر** (인하싸라)	1.노출되다 2.제기되다 3.줄다(물이)
حسن (하쑤나)	1.좋다, 훌륭하다 2.적당하다	**حسر** (하씨르)	지친, 피로한
حاسن (하 - 쑤나)	친절하게 대하다	**حسرة** (하쓰라)	슬픔, 애수, 비애, 불행, 고통
أحسن (아흐싸나)	잘하다, 자선을 베풀다	**حسور** (후쑤 - 르)	근시안

حسو (하쑤)	국, 국물
حش (핫샤)	1.풀을 베다 2.대마초를 피우다
حش (핫쉬)	풀, 잔디 깎기
حشاش (후샤-쉬)	최후의 숨, 마지막 호흡
حشيش (하쉬-쉬)	1.풀 2.마른 풀 3.잡초 생아 4.대마초 5.사
محش (미핫쉬)	큰 낫(자루가 긴)
محششة (마흐샤샤)	대마초 흡연 소굴
حشد (하샤다)	1.집결시키다 2.모이다 3.군대를 징집하다
تحشد (타핫샤다)	모여들다, 집결되다, 단합되다
حشد (하쉬드)	1.모인, 집합된 2.수많은, 가득 찬
حاشدة (하-쉬다)	배터리, 건전지

تحسن (타핫싸나)	1.회복되다 2.개선되다
حسن (하싼)	아름다운, 좋은, 훌륭한
حسنة (하싸나)	1.덕행, 미덕 2.좋은 측면 3.특징, 점
حسنى (후쓰나)	1.훌륭한 2.선, 착한 일
إحسان (이흐싸-ㄴ)	1.은혜 2.자선
تحسين (타흐씨-ㄴ)	개선, 개량, 다듬기
تحسن (타하쑨)	1.회복 2.개선
محسن (무흐씬)	1.선량한 2.자선가, 은인
محاسن (마하-씨누)	1.훌륭한 품성, 덕성, 미덕
حسا (하싸)	마시다
حساء (하싸-)	국물, 국

하

متحشف (무타핫쉬프)	옷차림이 허술한	**محتشد** (마흐타샤드)	집합장소, 집결장소
متحشفة (무타핫쉬파)	단정치 못한, 여자, 매춘녀	**حشر** (하샤라)	1.모으다 2.끼우다, 삽입하다
حشم (하샤마)	창피주다, 망신시키다	**تحشر** (타핫샤라)	간섭하다, 참견하다
أحشم (아흐샤마)	망신시키다	**حشر** (하스르)	1.수집 2.삽입, 끼우는 것
تحشم (타핫샤마)	1.겸손하다 2.수줍어하다	**حشرة** (하샤라)	곤충, 벌레
حشمة (히슈마)	1.수줍음 2.겸손, 예절	**حشرات** (하샤라 - 트)	인간쓰레기
حشيم (하쉬 - ㅁ)	1.수줍어하는 2.존경하는	**حشرى** (히샤리)	1.아무데가 참견하는 2.호기심 많은
احتشام (이흐티샤 - ㅁ)	부끄러움, 겸손, 예절	**حاشر** (하 - 쉬르)	세금징수원
محتشم (무흐타쉼)	1.겸손한 2.수줍어하는, 쑥스러워하는	**محشر** (마흐샤르)	1.무리, 군중 2.집합장소, 집결지
حشى (핫샤)	1.잔뜩 채우다 2.삽입하다	**حشف** (하샤파)	초라한 옷을 입고 다니다
احتشى (이흐타샤)	가득 차다	**حشيف** (하쉬 - 프)	낡은 옷

حاشا (하 - 샤)	제외하고는, 외에, 밖에	حشا (하샤)	내장, 내부
محش (무핫쉬)	주석자, 주해자, 해석자	حشو (하슈)	1.속넣기 2.속 3.삽입 4.장탄(만두의)
حص (핫솨)	몫이 되다	حشوة (하슈와)	1.속넣기 2. 속 3.인간쓰레기들(만두의)
حصة (힛솨)	1.몫 2.수업시간 3.배당금	حشية (하쉬야)	1.매트리스 2.내부, 속 3.베개
محاصة (무핫 - 사)	1.분할 2.소작료	حاشية (하 - 쉬야)	1.변두리 2.주해 3.측근 4.여백, 빈자리
حصب (하스바)	1.뿌리다 2.자갈을 깔다 3. 홍역을 치르다	تحشية (타흐쉬야)	1.삽입 2.주석, 해석
حصب (하솨브)	잔돌, 자갈	محشو (마흐슈)	1.가득 찬 2.속을 넣은 3.장탄 된
حصبة (하솨바)	돌멩이	محشي (마흐쉬)	만두
حصبة (하스바)	홍역	حشي (하쉬야)	헐떡거리다, 천식을 앓다
حاصب (하 - 싀브)	폭풍, 광풍	حاشى (하 - 샤)	제명하다, 배제하다
محصوب (마흐수 - ㅂ)	홍역환자	تحشى (타핫샤)	1.떨어뜨리다 2.피하다

حصير (하싀-르)	1.돗자리, 방석 2.감옥
حصيرة (하싀-라)	돗자리
انحصار (인히쏴-르)	국한, 제한
محاصرة (무하-쏘라)	봉쇄, 포위
محصور (마흐수-르)	1.제한된 2.포위된 3.협소한 4.변비증에 걸린
حصف (하수파)	1.이성을 가지다 2.심중히 생각하다
حصف (하싀프)	1.이지적인, 슬기로운 2.심중한
حصف (하쏴프)	땀띠
حصافة (하쏴-파)	1.건전한 사고 2.심중성
حصيف (하싀-프)	1.이지적인, 명철한 2.심중한

حصد (하쏴다)	1.수확하다 2.자르다
حصد (하스드)	수확, 추수
حصيد (하싀-드)	작물, 수확물
حصادة (핫쏴-다)	수확하는 기계
محصدة (미흐쏴다)	낫, 수확하는 농기계
محصود (마흐수-드)	걷어 들인, 수확한
حصر (하쏴라)	1.둘러싸다 2.제한하다 3.막다 4.계산하다
حصر (하싀라)	1.말을 더듬다 2.지키다(비밀을)
حاصر (하-쏴라)	포위하다, 봉쇄하다
انحصر (인하쏴라)	1.제한되다 2.집중되다 3.포위되다
حصر (하스르)	1.제한 2.에워싸는 것 3.봉쇄 4.구류

하

أحصن (아흐쏴나)	1.방위하다 2.순결하다 3.결혼하다(여성이)	حصل (하쏼라)	1.일어나다 2.달성하다 3.얻다 4.빚어지다
تحصن (타핫쏴나)	1.강화되다 2.방어되다	تحصل (타핫쏼라)	1.도출되다 2.획득하다
حصن (히슨)	요새, 보루, 성채	حاصل (하 - 쉴)	1.결말 2.감옥 3.수확 4.창고 5.본질
حصان (하쏜 - ㄴ)	순결한 여성	حصالة (후쌀 - 라)	1.나머지, 찌꺼기 2.겨(낟알의)
حصان (히쏴 - ㄴ)	말	حصالة (하쌀 - 라)	저금통장
حصانة (하쏴 - 나)	1.견고성, 난공불락 2.순결성	حصيل (하씨 - ㄹ)	얻어진 결과
إحصان (이흐쏴 - ㄴ)	순결, 흠이 없는 것	حصيلة (하씰 - 라)	1.수집품 2.수입 3.총계, 총화
حصين (하씨 - ㄴ)	1.견고한, 난공불락의 된 2.병에 면역이	تحصيل (타으씰 - ㄹ)	1.획득 2.징수 3.공부, 학습
حصين (후쏴이누)	작은 요새	محصل (마흐쌀)	결과, 결말
تحصين (타흐씨 - ㄴ)	1.강화, 요새화 2.면역	محصول (마흐쑤 - ㄹ)	1.수확 2.생산품, 산물 3.결말, 결과
تحصينات (타흐씨나 - 트)	군사방어시설	حصن (하쑤나)	1.견고해지다 2.순결하다(여성이)

محصن (무핫싼)	1.강화된, 보호된 2.면역이 된		4.도시에서 살다
حصى (하쇼)	돌팔매질하다	**حاضر** (하 - 돠라)	1.강의하다 2.경쟁하다
أحصى (아흐쇼)	1.헤아리다, 세다 2.통계를 내다 3.조사하다(연구 등을)	**أحضر** (아흐돠라)	1.준비하다 2.가져오다
حصى (하싼)	자갈, 조약돌	**تحضر** (타핫돠라)	1.준비되다 2.문화인이 되다
إحصاء (이흐쇼 -)	1.통계 2.인구조사	**احتضر** (이흐투디라)	죽어가다, 사멸하다
إحصائية (이흐쇼이 - 야)	통계자료	**استحضر** (이스타흐돠라)	1.소환하다 2.확고하다
حض (핫돠)	선동하다, 부추기다	**حضر** (하돠르)	1.도시생활, 정착생활 2.토착민 3.문명, 문화
حض (핫드)	부추김, 선동, 사촉	**حضرة** (하드라)	씨, 귀하, 각하
حضيض (하디 - 드)	1.저지대 2.가장자리 3.밑 4.산기슭 5.낭떠러지(바닥의)	**حضور** (후두 - 르)	1참석, 참가 2.도착
حضر (하돠라)	1.참석하다 2.오다 3.준비되다	**حاضر** (하 - 뒤르)	1.도착의 2.도시주민 3.참석한 4.현재의
		حاضرة (하 - 디라)	주요도시, 대도시

حضارة حَضارة (하돠 - 라)	1.도시생활, 문화생활 2.문명, 문화	**حضن** حَضَنَ (하드나)	1.품안에 안다 2.키우다, 기르다
تحضير تَحْضير (타흐디 - 르)	준비	**احتضن** اِحْتَضَنَ (이흐타드나)	1.포옹하다 2.키우다
احتضار اِحْتِضار (이흐티돠 - 르)	죽음, 사멸	**حضن** حِضْن (히드느)	1.가슴, 젖가슴 2.한 아름 3.품
استحضار اِسْتِحْضار (이스티흐돠 - 르)	소환, 호출	**حاضنة** حاضِنة (하 - 디나)	유모, 보모
محضر مُحْضِر (무핫디르)	조수, 조교	**حضانة** حَضانة (하돠 - 나)	1.양육 2.보호, 보살핌 3.잠복기(의학)
محاضر مُحاضِر (무하 - 디르)	강사, 연사	**محضنة** مَحْضَنة (마흐다나)	탁아소
محاضرة مُحاضَرة (무하 - 돠라)	강의, 강연	**حط** حَطَّ (핫따)	1.놓다 2.벗기다 3.멎다 4.착륙하다 5.낮추다
محضور مَحْضور (마흐두 - 르)	1.귀신들린, 신들린 2.귀신이 사는 곳	**انحط** اِنْحَطَّ (인핫따)	1.내리다 2.감소되다 3.쇠퇴하다 4.놓이다
متحضر مُتَحَضِّر (무타핫디르)	문명의, 문화적인	**حطة** حِطَّة (힛따)	1.삭감, 인하 2.멸시, 천대
محتضر مُحْتَضَر (무흐타돠르)	죽어가는, 사멸하는	**حطيطة** حَطيطة (하띠 - 따)	할인, 에누리
مستحضر مُسْتَحْضَر (무스타흐디르)	실험용 표본, 약재	**انحطاط** اِنْحِطاط (인히따 - 뜨)	1.쇠퇴, 몰락 2.하강

하

محطة (마핫따)	정류장, 정거장, 역	**تحطيم** (타흐띠-ㅁ)	파괴, 붕괴, 격파
منحط (문핫뜨)	1.낮은 2.저속한 3.쇠퇴한, 몰락한	**محطم** (무핫띰)	파괴하는, 부수는
حطب (하따바)	나무를 모으다	**حظ** (핫자)	행운이 있다
احتطب (이흐타따바)	1.벌목하다 2.장작을 패다	**حظ** (핫즈)	1.행운 2.부유함 3.즐거움, 쾌락
حطب (하뜨브)	나무, 장작, 연료	**محظوظ** (마흐주-즈)	1.행복한, 운이 좋은 2.기쁜, 유쾌한
حطاب (핫따-브)	나무꾼	**محظوظة** (마흐주-자)	만족, 기쁨
حطم (하따마)	파괴하다, 부수다	**حظر** (하자라)	1.금지하다 2.우리에 가두다
تحطم (타핫따마)	산산조각나다, 박살나다	**حظر** (하즈르)	금지, 단속
انحطم (인하따마)	파괴되다, 산산이 부서지다	**حظار** (히자-르)	담, 울타리 2.가리개
حطمة (히뜨마)	파편, 조각	**حظيرة** (하지-라)	담, 울타리, 우리(동물의)
حاطمة (하-띠마)	쇄빙기	**محظور** (마흐주-르)	금지된

حفد 빨리 하다, 서둘러 하다 (하파다)	**محظورات** 금지품 (마흐주라 - 트)
حافد 하인, 심부름하는 사람 (하 - 피드)	**حظي** 1.얻다, 받다 2.누리다 (하지야)
حفيد 손자 (하피 - 드)	**حظوة** 1.호의 2.찬성 3.존경 (후즈와)
حفيدة 손녀 (하피 - 다)	**حف** 1.포위하다 2.털을 깎다 3.살랑거리다(나뭇잎이) (핫파)
حفر 1.파다 2.새기다, 조각하다 (하파라)	**حفف** 1.포위하다 2.털을 밀다 (핫파파)
احتفر 파내다 (이흐타파라)	**احتف** 둘러싸다 (이흐탓파)
حفرة 구멍, 구덩이, 굴, 함정 (후프라)	**حاف** 1.둘러싸는 2.심심한(음식이) (핫 - 프)
حافر 동물의 발자국 (하 - 피르)	**حافة** 끝, 모서리, 변두리, 기슭 (핫 - 파)
حافرة 1.원상태 2.굴착기 3.최초에 4.즉석에서 (하 - 피라)	**حفيف** 바스락 소리, 살랑거림 (하피 - 프)
حفار 1.굴착기 2.조각가 3.땅강아지 (핫파 - 르)	**محفة** 단가, 들것 (마핫파)
أحفور 1.화석 2.발굴물 (아흐푸 - 르)	**محفوف** 어려움에 처한 (마흐푸 - 프)

하

159

하

حفيرة 1.구멍, 구덩이 2.발굴
(하피 - 라)

محفور 1.파놓은 2.조각한
(마흐푸 - 르)

حفز 1.선동하다 2.찌르다
(하파자)

احتفز 준비되다
(이흐타파자)

حافز 충동, 자극
(하 - 피즈)

حفظ 1.보전하다 2.보호하다
(하피좌) 3.암기하다

حافظ 1.보존하다 2.지키다
(하 - 파좌) 3.보살피다, 수호하다

أحفظ 화나게 하다
(아흐파좌)

تحفظ 1.조심하다 2.자제하다
(타핫파좌) 3.보살피다

احتفظ 1.간직하다 2.유의하다
(이흐타파좌) 3.지키다 4.보존되다

حفظ 1.보호, 예방, 보존
(히프즈) 2.경계, 주의
3.암기 4.보살핌

حافظ 1.보존하는 2.꾸란 암송자
(하 - 피즈) 3.보호자 4.박물관장

حافظة 1.목록, 명세서 2.가방
(하 - 파좌)

حفاظ 보호, 수호, 옹호
(히파 - 즈)

حفيظ 1.보관하는 2.지키는
(하피 - 즈) 3.보관자

حفيظة 분노, 격분
(하피 - 좌)

تحفظ 1.조심성, 경계, 예방
(타핫푸즈) 2.억제, 자제
3.보수주의

تحفيظ 암기, 꾸란 암기 및 암송
(타흐피 - 즈)

محفظة 1.가방, 지갑 2.캡슐
(마흐파좌)

محافظ 1.지키는 2.보좌하는
(무하 - 피즈) 3.보수적인
4.보수주의자 5.도지사, 지사

محافظة 1.수호 2.보존
(무하 - 파좌) 3.성도(행정국역),

محفوظ	(마흐푸 - 즈)	1.보존된 2.기억된 3.저장된
محفوظات	(마흐푸좌 - 트)	1.문헌, 고문서 2.암기과제 3.통조림 음식
مستحفظ	(무스타흐파즈)	예비군, 증원부대, 후방군
حفل	(하팔라)	1.모이다 2.가득 차다 3.의의를 부여하다
احتفل	(이흐타팔라)	1.모이다 2.경축하다 3.성대히 맞이하다 4.관심을 돌리다
حفل	(하플)	1.군중, 무리 2.경축
حفلة	(하플라)	1.경축연, 기념모임, 연회, 잔치
حافل	(하 - 필)	1.성대한 2.수많은 3.가득 찬, 충만한
حافلة	(하 - 필라)	대중교통, 버스, 차량
احتفال	(이흐티파 - ㄹ)	1.충만 2.경축, 기념 3.기념행사, 예식
محفل	(마흐팔)	1.회의장소 2.회의, 모임
محفلة	(마흐팔라)	들것, 단가
حفي	(하피야)	1.친절히 맞다 2.맨발로 다니다 3.발에 상처가 생기다
أحفى	(아흐파)	1.연구하다 2.캐묻다 3.깔끔히 면도하다
تحفى	(타핫파)	1.존경을 표시하다 2.노력하다
احتفى	(이흐타파)	1.반갑게 맞이하다 2.관심을 돌리다
حاف	(하 - 핀)	맨발의, 발 벗은
حفاوة	(하파 - 와)	1.환대 2.기쁨
احتفاء	(이흐티파 -)	환대
محتفى	(무흐타판)	친절한 환대를 받는
حق	(핫까)	1.확고하다 2.확신하다 3.의무이다

حقق	(핫까까)	1.실현하다 2.조사하다 3.연구하다 4.확인하다
استحق	(이스타핫까)	…에 대한 권리를 갖다, …할 만하다
حق	(핫끄)	1.진실 2.함, 통 3.정확한 4.권리, 의무 5.법, 법률
حقوقي	(후꾸 - 끼)	1.법률의, 2.법률가, 법학자, 법학도
حقيق	(하끼 - 끄)	자격,권리가 있는, …할 만한
حقيقة	(하끼 - 까)	1.정통성 2.사실, 현실 3.본질 4.진실
حقيقي	(하끼 - 끼)	1.진실한, 진정한 2.실제적인
أحق	(아핫꾸)	가장 정당한, 가장 응당한
أحقية	(아핫끼야)	1.권리 2.정당성, 합법성 3.우선권
تحقيق	(타흐끼 - 끄)	1.실천 2.조사, 심의 3.확인, 확증
استحقاق	(이스티흐까 - 끄)	1.권리, 자격 2.만기
استحقاقات	(이스티흐까까 - 트)	임금, 보수
محقق	(무핫까끄)	1.실현된, 수행된 2.확실한, 확정적인
محقق	(무핫끼끄)	1.조사자 2.수행하는 3.검사하는 4.연구하는
مستحق	(무스타힛끄)	1.가치 있는 …할 만한 2.미지불 된
حقب	(후끄브)	1.80년, 80년 이상 2.세기, 연대
حقب	(하까브)	허리띠, 띠
حقبة	(히끄바)	시기, 기간
حقيبة	(하끼 - 바)	가방, 배낭
حقد	(하까다)	원한을 품다, 앙심을 품다
حقد	(히끄드)	악의, 증오, 원한
حاقد	(하 - 끼드)	1.증오하는 2.앙칼진, 흉악한

حقيدة 악의, 앙심, 원한, 증오
(하끼 - 다)

حقر 너절하다, 보잘것없다
(하꾸라)

حقر 멸시하다, 업신여기다
(하까라)

احتقر 멸시하다, 깔보다
(이흐타까라)

استحقر 업신여기다, 깔보다
(이스타흐까라)

حقارة 1.너절함, 볼품없는 것 2.멸시
(하까 - 라)

حقير 1.초라한 2.하찮은 3.저속한 4.하층의
(하끼 - 르)

احتقار 경멸, 업신여기는 것
(이흐티까 - 르)

تحقير 경시, 천대, 멸시
(타흐끼 - 르)

محتقر 너절한, 저속한
(무흐타까르)

حقل 땅을 떼기로 나누다
(핫깔라)

حاقل 밭떼기로 사다
(하 - 깔라)

حقل 1.밭 2.분야, 영역 3.난, 칼럼(신문의)
(하끌)

حقن 1.주사 놓다 2.관장을 하다(의학)
(하까나)

احتقن 1.주사를 맞다 2.관장을 하다 3.충혈 되다
(이흐타까나)

حقن 1.주사 2.관장 3.억제, 제지
(하끈)

حقنة 1.주사약 2.주사 3.관장 4.주사기
(후끄나)

احتقان 충혈, 출혈
(이흐티까 - ㄴ)

محقنة 주사기
(미흐까나)

محتقن 충혈된
(무흐타낀)

حك 1.비비다 2.긁다, 할퀴다
(핫카)

하

163

احتكار (이흐티카 - 르)	1.몽땅 사들이는 것 2.독점, 전매 3.투기	حكّ (핫카카)	1.문대다 2.연마하다
احتكاريّة (이흐티카 - 리야)	독점자본주의	أحكّ (아핫카)	1.옴을 앓다 2.가렵다 3.근질근질해지다
محتكر (무흐타키르)	1.독점자본가 2.투기꾼, 매점매석가	تحاكّ (타핫카카)	1.몸을 비비다 2.싸움을 걸다
حكم (하카마)	1.통치하다 2.지배하다 3.명령을 내리다 4.제지하다 5.판결하다	احتكّ (이흐탓카)	1.몸을 비비다 2.마찰되다 3.접촉하다
حكم (하쿠마)	현명하게 행동하다	حكّ (훗크)	나침반, 자석
حاكم (하 - 카마)	1.재판하다 2.고발하다	حكّ (핫크)	1.문지름, 마찰 2.긁는 것, 할퀴는 것
تحاكم (타핫카마)	좌지우지하다, 전횡을 부리다	حكّة (힛카)	옴(의학)
احتكم (이흐타카마)	1.소송하다 2.통치하다 3.점유하다	احتكاك (이흐티카 - 크)	1.마찰 2.접촉 3.마찰
حكم (하캄)	중재자, 심판	حكر (하카라)	1.수매하다 2.매점매석하다
حكم (후쿰)	1.통치 2.치세 3.지배 4.결정 5.선고 6.제도	احتكر (이흐타카라)	1.모조리 사다 2.독점하다 3.투기하다
		حكرة (후크라)	독점, 전매

حكمة (히크마)	1.철학 2.지혜 3.격언 4.의학, 의술 5.재치
حكومة (후쿠-마)	1.정부 2.통치 3.국가
حكومية (후쿠미-야)	국가제도, 국가체제
حكيم (하키-ㅁ)	1.현명한 2.현명한 사람 3.철학가 4.의사
حكمدار (히크미다-르)	1.경찰서장 2.시장 3.지휘관
حكمدارية (히크미다리-야)	1.경찰서, 시청, 도청 2.지휘소
حاكم (하-킴)	1.통치자 2.심판원 3.법관, 재판관, 판사
إحكام (이흐카-ㅁ)	1.강화 2.견고성 3.정통 4.정밀도 5.법집행
تحكم (타핫쿰)	1.통치, 지배 2.전횡, 독재
تحكيم (타흐키-ㅁ)	1.중재, 조정 2.치료
استحكام (이스티흐카-ㅁ)	1.강화 2.방어시설
محكم (무흐캄)	단단한, 정밀한, 확고한
محكم (무핫캄)	중재인, 중재자
محكمة (마흐카마)	재판소, 법정, 법원
محكوم (마흐쿠-ㅁ)	1.백성, 피지배자 2.판결 받은, 언도 받은
حكى (하카)	1.말해주다 2.이야기하다 3.비방하다 4.닮다
حكاية (히카-야)	1.이야기, 단편소설 2.소식을 전하는 것
حل (할라)	1.자유롭게 두다, 해방시키다 2.거주하다 3.해결하다
حلل (할릴라)	1.분석하다 2.허락하다 3.분해하다 4.풀어놓다
أحل (아할라)	1.설치하다, 배치하다 2.허용하다, 승낙하다
تحلل (타할릴라)	1.용해되다 2.분해되다 3.해결되다 4.해방되다

محلل 1.허용하는, 합법화하는 (무힐릴) 2.용해하는 3.용매	**احتل** 1.점령하다, 강점하다 (이흐탈라) 2.차지하다
محلة 1.야영지 2.임시거처 (마할라) 3.구역, 구(도시의)	**حلال** 1.허용된, 허락된 (할라 - ㄹ) 2.합법적인, 정당한
محلول 1.녹은, 용해된 2.액 (마흘루 - ㄹ) 3.풀린, 느슨한	**حلول** 1.체류 2.도래, 대두, (훌루 - ㄹ) 다가오는 것
منحل 방탕한, 비도덕적인 (문할르)	**حليل** 남편 (할리 - ㄹ)
محتلة 점령지 (무흐탈라)	**حليلة** 아내 (할릴 - 라)
حلب 젖을 짜다 (할라바)	**تحليل** 1.푸는 것 2.분석 (타흘리 - ㄹ) 3.허락, 허용
تحلب 흐르다, 분비하다 (타할라바)	**انحلال** 1.해결 2.해산 3.분해 (인힐라 - ㄹ) 4.약화 5.타락
انحلب 1.젖이 나다 (인할라바) 2.흐르다(눈물, 땀이)	**انحلالية** 퇴폐주의, (인힐랄리 - 야) 세기말적인 기분
احتلب 젖을 짜다 (이흐탈라바)	**احتلال** 점령, 강점 (이흐틸라 - ㄹ)
حلب 젖 짜기 (할브)	**محل** 1.장소, 자리, 지점 (마할) 2.방, 건물 3.상점
حلبة 1.경마장 2.무대, 활동범위 (할바)	**محلى** 1.지방의, 현지의 (마할리) 2.국부적인

하

حالب (할 - 리브)	1.젖을 짜는 2.요도	**حلاس** (힐라 - 쓰)	실내복, 평복
حلابة (힐라 - 바)	분유	**أحلس** (아흘라쑤)	1.밤색의 2.대머리, 빈대머리
حليب (할리 - 브)	젖, 우유	**حلف** (할라파)	맹세하다, 선서하다
محلب (마흘라브)	분유공장, 우유공장	**تحالف** (타할 - 라파)	서로 동맹을 맺다
محلاب (미흘라 - 브)	우유통	**استحلف** (이스타흘라파)	맹세시키다
حلج (할라자)	솜을 타다	**حلف** (할프)	1.맹세 2.동맹 3.조약 4.동맹자, 동맹국
حلاجة (힐라 - 자)	솜타기	**تحالف** (타할 - 루프)	동맹, 연합
محلج (마흘라즈)	솜타는 기계	**محلف** (무할라프)	1.선서한 2.배심원 3.조약기구 위원
محلجة (마흘라자)	솜타는 공장	**محالفة** (무할 - 라파)	1.동맹체결 2.협약, 협정
حلزون (할라주운)	달팽이	**حلق** (할라까)	1.머리 깎다 2.면도하다
حلس (할라싸)	1.머물다 2.들어붙다	**حلق** (할라까)	1.유유히 날다 2.돌돌말다 3.둘러싸다

تحلق (타할라까)	둘러앉다, 원을 형성하다	**محلقة** (미흘라까)	면도칼, 안전면도기
حلق (할끄)	1.이발 2.목구멍, 인후	**محلوق** (마흘루 - 끄)	면도한, 민숭한
حلاق (할라끄)	귀고리, 가락지	**حلقوم** (훌꾸 - ㅁ)	목구멍
حلقة (할까)	1.귀고리 2.원 3.고리 4.집단 5.시리즈의 한 부분	**حلك** (할라카)	1.암담해지다 2.새까맣게 되다
حلقية (할라끼 - 야)	원, 원형, 동그라미	**حلك** (할리크)	1.검은 2.어두운, 암담한
حالق (할 - 리끄)	높은 산, 높은 곳	**حلكة** (할카)	1.어둠, 암흑 2.검은색
حلاق (할라 - 끄)	이발사	**حالك** (할 - 리크)	1.암담한 2.새까만
حلاقة (힐라 - 까)	1.면도 2.이발	**حلوكة** (훌루 - 카)	어둠, 암흑
تحليق (타흘리 - 끄)	1.빙빙도는 것 2.우주비행(새가)	**حلم** (할라마)	1.꿈꾸다 2.성숙하다
محلق (무할리끄)	높이 떠 있는, 고도의	**حلم** (할루마)	온순하다, 부드럽다
محلقة (무할리까)	격납고	**تحلم** (타할라마)	순해지다, 부드러워지다

احتلم 성숙하다, 사춘기가 되다
(이흐탈라마)

حلم 1.꿈 2.공상, 망상 3.성숙
(훌므)

حلم 1.부드러움 2.참을성
(힐므)

حلمة 젖꼭지 2.귓불 3.기생충
(할라마)

حليم 1.부드러운 2.참을성 있는
(할리 - ㅁ)   3.너그러운

محتلم 1.성년이 된 2.성인 어른
(무흐탈림)

حلى 1.달콤하다 2.맛이 있다
(할리야)   3.아름답다
4.마음에 들다 5.장식되다

تحلى 1.달콤해지다 2.장식되다
(타할라)

حلو 1.달콤한, 시원한
(훌루우)   2.아름다운(물이)

حلية 장식품, 보석
(힐야)

حلاوة 1.단맛 2.아름다움
(할라 - 와) 3.사탕 4.보상금

حلوى 사탕, 당과류
(할와)

حلوان 1.선물 2.상, 상금
(훌와 - ㄴ)

حم 1.불을 때다, 데우다
(함마)   2.목욕하다

تحمم 목욕하다
(타함마마)

استحم 목욕하다, 미역을 감다
(이스타함마)

حم 1.열, 더위 2.시아버지
(함므)   3.장인

حماة 1.시어머니 2.장모
(하마 - 트)

حمة 온천
(함마)

حمة 죽음, 멸망
(힘마)

حمى 열병, 오한, 열
(훔마)

حميم 1.뜨거운 2.뜨거운 물
(하미 - ㅁ) 3.땀 4.친구

أحمد (아흐마드)	1.찬양할만한 2.아흐마드(인명)	حمام (히마 - ㅁ)	죽음, 멸망
محمد (무함마드)	1.찬양받은, 칭송받는 2.예언자 무함마드	حمام (하마 - ㅁ)	비둘기
محمود (마흐무 - 드)	칭찬할 만한, 훌륭한	حمام (함마 - ㅁ)	목욕탕
حمر (함마라)	1.붉게 물들이다 2.고기를 굽다 3.입술연지를 바르다	استحمام (이스티흐마 - ㅁ)	목욕, 미역
تحمر (타함마라)	1.붉게 물들다 2.입술연지를 바르다 3. 기름에 튀기다	محم (마흠므)	가마, 물 끓이는 그릇
حمار (히마 - ㄹ)	당나귀	محموم (마흐무- ㅁ)	1.열병의 2.열병환자
حمارة (함마 - 라)	무더위	مستحمام (무스타흐마 - ㅁ)	해수욕장
حمرة (후므라)	1.붉은 색 2.연지 3.벽돌 4.흉조	حمد (하미다)	1.칭찬하다, 찬양하다 2.감사를 드리다
أحمر (아흐마루)	붉은, 빨간	حمد (함드)	1.칭찬, 찬양, 찬미 2.감사
محمر (무함마르)	기름에 볶은	حامد (하 - 미드)	1.칭찬하는 2.고마운
		حميد (하미 - 드)	1.찬양 받을만한 2.평판이 좋은 3.심(병이)하지 않는

حمّص (함마사)	볶다, 굽다	حمز (하마자)	1.혀를 물다 2.혀를 데다
تحمّص (타함마사)	굽다, 볶아지다	حامز (하-미즈)	혀를 깨무는
حمّص (훔므스)	이집트 콩	حمس (하마싸)	볶다, 지지다
محمّص (무함마스)	튀긴, 구운	حمس (하무싸)	용감성을 보이다
حمض (하무돠)	시큼하다, 시큼해지다	حمّس (함마싸)	고무하다, 격려하다
حمّض (함마돠)	1.산화시키다 2.사진을 현상하다	تحمّس (타함마싸)	1.고무되다 2.흥분되다
تحمّض (타함마돠)	시어지다	استحمس (이스타흐마싸)	선동하다, 부추기다
حمض (함드)	산(화학)	حمس (하마쓰)	열의에 충만된
حامض (하-미드)	1.신, 시큼한 2.산(화학)	حماسة (하마-싸)	1.용감성 2.열성, 열의
حموضة (후무-돠)	1.산성, 산도 2.신맛	تحمّس (타함무쓰)	열성, 분발, 열의
تحميض (타흐미-드)	1.신맛 2.산성화 3.현상(사진)	متحمّس (무타함미쓰)	열렬한, 흥분된

하

محمض 1.신, 시큼한, 산의
(무함마드) 2.산화된

حمق 1.우둔하게 행동하다
(하마까) 2.화내다

تحامق 바보인 체하다
(타하 - 마까)

انحمق 화를 내다, 약이 오르다
(인하마까)

حمق 1.우둔함, 어리석음
(후므끄) 2.분노, 분통

حماق 수두, 작은 마마
(후마 - 끄)

حماقة 1.우둔함 2.어리석은 행위
(하마 - 까) 3.화가 남

حمقان 약이 오른, 화가 난
(하므까 - ㄴ)

أحمق 우둔한, 바보, 멍텅구리
(아흐마끄)

محموق 성난, 화난, 약이 오른
(마흐무 - 끄)

حمل 1.나르다 2.지다(짐을)
(하말라) 3.휴대하다 8.임신하다
9.품다(감정을)

تحمل 1.걸머지다 2.견디다
(타함말라) 3.질기다(옷, 신발이)

حمل 양새끼
(하말)

حمل 1.운반 2.드는 것 3.임신
(하물)

حملة 1.공격 2.원정, 출정
(하믈라) 3.캠페인

حامل 1.운반하는 2.휴대한
(하 - 밀) 3.소유자
4.임신한, 임산부

حمال 짐꾼, 지게꾼, 포터
(함마 - ㄹ)

حمالة 1.들 것, 단가 2.멜빵
(함말 - 라)3.받침대, 교각(다리)

حمول 참을성과 인내심 있는
(하무 - ㄹ).

حمولة 1.짐 2.적재량, 용량
(후물 - 라)

حميل 태아
(하미 - ㄹ)

احتمال 1.견디는 것 2.가능성
(이흐티마 - ㄹ) 3.질긴 것

حمى (하미)	금지된	محمل (마흐말)	1.가마 2.지니는 것 3.근거, 이유, 동기
حمية (하미-야)	1.열정, 정력 2.교만성 3.멸시, 경시	محمل (무함말)	짐을 실은
حمية (히미야)	식사요법, 다이어트, 식이요법	محمول (마흐무-ㄹ)	1.실은 2.운반되는 3.용량, 용적(짐을)
حماية (히마-야)	보호, 수호, 옹호, 방어, 비호	محتمل (무흐타말)	가능한, 참을 수 있는, 있을 수 있는
محام (무하-민)	1.옹호하는, 보호하는 2.옹호자, 수호자 3.변호사	حمى (하마)	1.보호하다 2.방어하다
محاماة (무하마-트)	1.변호 2.변호사 직업 3.법, 법률	حمى (하미야)	뜨거워지다, 치열해지다(싸움이)
محمى (마흐마)	난로	أحمى (아흐마)	데우다, 가열하다
محمى (마흐미)	1.보호받는 2.보호받는 사람	احتمى (이흐타마)	1.피하다 2.식사요법을 지키다 3.보호를 요구하다
محمية (마흐미야)	1.보호통치제도 2.보호국	حمة (후마)	1.살, 침 2.독(벌 등의)
حن (한나)	1.갈망하다 2.불쌍히 여기다	حمى (히만)	보호, 방지, 수호

하

173

حنطة (힌따)	메밀
تحنيط (타흐니뜨)	미라화 박제(시체의),
حنف (하나파)	기울다
حنفية (하나피야)	1.수도꼭지 2.하나피 법률학파
حنيف (하니-프)	진실한, 정통의, 올바른
حنق (하나까)	1.화를 내다 2.증오하다
أحنق (아흐나까)	1.화나게 하다 2.원한을 품다
حنق (하니끄)	화난, 분노한
حانق (하-니끄)	1.화가 난 2.증오하는
محنق (무흐나끄)	1.화난 2.악의에 찬
حنك (하나카)	경험을 가지게 하다, 세련시키다

حنة (한나)	동정심, 자비심, 인정
حنان (하나-ㄴ)	1.동정심 2.정다움, 애틋함
حنان (한나-ㄴ)	동정어린, 인자한, 정다운
حنون (하누-ㄴ)	1.인자한 2.애수에 찬 3.정겨운
حنو (후누)	동정, 사랑
حنين (하니-ㄴ)	1.갈망 2.그리움 3.한숨
حنية (힌니야)	동정심, 자비심, 인정
حنأ (한나아)	빨갛게 염색하다
حناء (힌나)	헤나, 물감이름
حنجرة (한자라)	목구멍, 후두, 인후
حنط (한나뜨)	1.시체에 향유를 바르다 2.박제하다

하

أحنك (아흐나카)	경험을 가지게 하다, 세련시키다
حنكة (훈카)	생활철학, 경험
محنك (무한나크)	경험 있는, 세련된
حنى (하나)	1.숙이다 2.몸을 굽히다
انحنى (인하나)	1.허리를 굽히다 2.구불구불해지다(길이) 3.고개숙여 인사하다
حانة (하 - 나)	술집, 주막
حنو (하누)	1.경사 2.굴곡 3.수그림
حنية (하니야)	1.굴곡(건축) 2.굽이 3.활모양 4.궁륭
انحناء (인히나 -)	1.경사 2.굴곡, 휜 것 3.인사, 절
محنى (마흐니)	수그러진, 굽은, 휜
منحنيات (문하니야 - 즈)	곡선
حات (하 - 싸)	발굴하다, 파내다
إحاثة (이하 - 싸)	발굴
حاج (하 - 자)	빈곤을 느끼다
حوج (하우와자)	필요로 하게 되다
أحوج (아흐와자)	필요하게 되다
احتاج (이흐타 - 자)	요구되다, 필요하다
حاجة (하 - 자)	1.필수품 2.필요, 수요 3.희망, 목적
حاجيات (하지야 - 트)	필수품
احتياج (이흐티야 - 즈)	필요, 요구
محتاج (무흐타 - 즈)	필요되는, 요구되는
حاذ (하 - 자)	몰아내다, 빨리 몰다

محاورة (무하-와라)	1.논평, 토론 2.대화, 회화	أحوذ (아흐와자)	빨리 몰다
حاز (하-자)	1.소유하다 2.획득하다 3.포함하다	استحوذ (이스타흐와자)	1.점유하다 2.쟁취하다
تحوز (타하우자)	꼬다(뱀이), 사리다(뱀이)	حور (하우와라)	모양을 바꾸다
انحاز (인자-자)	1.편을 들다 2.가담하다 3.멀리하다	حاور (하-와라)	1.대화를 나누다 2.논쟁하다
اجتاز (이스타-자)	1.점유하다 2.쟁취하다 3.포함하다	أحار (아하-라)	답변하다, 회답하다
استحوذ (이스타흐와자)	소유하다, 장악하다, 점유하다	تحاور (타와-라라)	이야기 나누다, 담화하다
حائز (하-이즈)	1.소유한, 보유한 2.소유자, 보유자	حورية (후-리야)	1.선녀 2.요정 3.천국의 처녀
حوز (하우즈)	1.점령, 장악, 소유 2.획득, 쟁취 3.수문	حارة (하-라)	1.구역, 구 2.골목 3.주택
حوزة (하우자)	1.소유, 장악, 점유 2.방향	حوار (히와-르)	1.회답 2.대화, 회화 3.토론, 논쟁
حاووز (하우-즈)	1. 저수지 2.수문	حواري (하와-리)	1.예수의 제자, 사도 2.후계자, 제자
حيز (하이즈)	1.공간, 장소 2.범위	أحور (아흐와루)	눈이 새까만

하

| حيازة 1.소유, 점유 1.방향
(히야 - 자)

| الحياز 1.편을 드는 것 2.가담
(인히야 - 즈)

| متحيز 편견이 있는, 불공평한
(무타하이즈)

| حاش 1.에워싸다 2.저지하다
(하 - 샤) 3. 비호하다

| حوش 1.모으다 2.축적하다
(하우와샤)

| احتوش 포위하다
(이흐타와샤)

| حوش 오합지중, 어중이떠중이,
(하우슈) 군중

| حوشى 1.이해할 수 없는
(후 - 쉬) 2.고리타분한

| حواشة 방계친족
(후와 - 샤)

| تحويش 저축, 저금
(타흐위 - 슈)

| حوض 저수지를 만들다
(하우와돠)

| حوض 1.저수지, 물탱크 2.구유
(하우드) 3.골반 4.도크(항구의)

| حوط 1.포위하다 2. 보호하다
(하우와따)

| حاوط 속이려고 애쓰다, 꾀다
(하 - 와따)

| أحاط 1.포위하다 2.사로잡다
(아하 - 따) 3.정통하다

| تحوط 1.지키다
(타하우와따) 2.예방대책을 취하다

| احتاط 1.포위하다 2.보살피다
(이흐타 - 따) 3.예방하다
4.예비로 장만하다

| حائط 벽, 담, 담벼락
(하 - 이뜨)

| حواط 도적, 협잡꾼, 사기꾼
(하우와 - 뜨)

| حواطة 교활성, 간교
(하와 - 따)

| حيطة 조심, 경계
(히 - 따)

| احاطة 1.포위 2.아는 것
(이하 - 따) 3.소유 4.통지

하

تحوطات (타하우따 - 트) 예방대책	**حيق** (하이끄) 1.결과, 결말 2.효과, 효력
احتياط (이흐티야 - 뜨) 1.예방책 2.조심, 경계 3.예비	**حيك** (하이야카) 천을 짜다
احتياطات (이흐타야따 - 트) 예방대책	**حياكة** (히야 - 카) 뜨개질, 천을 짜는 것
محيط (무히 - 뜨) 1.환경, 주위 2.둘레 3.대양 4.둘러싼,	**حول** (하우왈라) 1.이동하다 2.돌리다 3.전환하다 4.개조하다 5.가공하다 6.송금하다
حوف (하우와파) 포위한 벼랑 끝에 놓다	**حاول** (하 - 왈라) 1.원하다 2.시도하다 3.속이려고 하다
تحيف (타하이야파) 1.조금씩 먹어 들어가다 2.손해를 입히다 3.학대하다	**أحال** (아할 - 라) 1.전환시키다 2.넘기다, 돌리다
حافة (하 - 파) 끝, 모서리, 가장자리	**تحول** (타하우왈라) 1.변화하다, 전환되다 2.돌아서다, 그만두다
حيف (하이프) 학대, 천대, 모독, 모욕	**احتال** (이흐탈 - 라) 꾀를 부리다, 속여 넘기다
حوق (하우와까) 1.둘러싸다, 포위하다 2.영향을 주다	**استحال** (이스티할 - 라) 변화되다
حيق (하이야까) 음식에 양념을 넣다	**حال** (하 - ㄹ) 1.상황 2.유모차 3.배낭
أحاق (아하 - 까) 포위하다, 둘러싸다	**حاليات** (할리야 - 트) 당면문제

하

حالة (할-라)	1.형편, 상태, 정세 2.경우	**حيال** (히야-ㄹ)	1.…에 대하여 2.앞에 3.…와는 달리
حلاتى (할라-티)	1.시류에 편승하는 사람 2.변덕스러운	**حيلة** (힐-라)	1.꾀, 묘안 2.술책 3.교활성 4.책략
حائل (하-일)	1.달라진 2.방해, 장애 3.병풍	**حيول** (후유-ㄹ)	동물의 성적불능
حول (하울르)	1.힘, 위력 2.년, 해 3.변화, 변동	**حيلولة** (하일루-라)	합법적인 이혼
حولى (하울리)	1.일년 되는, 일년생의 2.한해의, 년간의	**أحول** (아흐왈루)	1.눈을 홀기는 것 2.사팔뜨기
حولية (하울리야)	연감, 연보	**تحول** (타하우왈르)	1.변화 2.이행, 전환
حوليات (하울리야-트)	한해동안의 사건	**تحويل** (타흐위-ㄹ)	1.전달 2.변경 3.송금 4.수표 5.수표이서 6.개조
حول (하울라)	1.주위에, 옆에, 곁에 2.대하여, 관하여	**احتيال** (이흐티야-ㄹ)	교활성, 협잡, 기만
حولة (하울라)	변화	**استحالة** (이스티할-라)	1.변화 2.전환, 이행 3.불가능성 4.불가능
حوالى (하왈-리)	약, 대략, 거의		
حوالة (하왈-라)	송금	**محال** (무할-르)	1.불가능한 2.황당한

하

محتوى (무흐타와)	내용	محالة (무할 - 라)	1.수완, 재간 2.출구
محتويات (무흐타위야 - 트)	내용, 의미	محاولة (무하 - 왈라)	시도, 기도
حى (하이이)	1.살다 2.수줍어하다	محتال (무흐타 - ㄹ)	1.교활한 2.사기꾼
استحى (이스타하)	부끄러워하다, 쑥스러워하다	مستحيل (무스타히 - ㄹ)	1.불가능한 2.황당한, 터무니없는
حى (하이이)	1.살아있는 2.생생한 3.생존해 있는 4.유기체 5.구역	حام (하 - 마)	1.빙빙 돌다(소문이) 2.떠돌다 3.거닐다
حياء (하야 -)	1.부끄러움, 수줍음 2.겸손, 신중	حومة (하우마)	1.소용돌이 2.한창 3.주요부분
حية (하이야)	뱀, 구렁이	حوامة (하우와 - 마)	헬리콥터
حياة (하야 - 트)	생명, 생활, 생존, 삶, 생명력	حوى (하와)	1.모으다 2.포함하다 3.기억하다
حوين (후와이인)	미생물	تحوى (타하우와)	돌돌말리다, 감기다
حيوان (하야와 - ㄴ)	동물	احتوى (이흐타와)	포함하다, 포괄하다
حيوانية (하야와니 - 야)	동물성, 야수성	حوية (하우위야)	1.똬리 2.내장

하

حييّ (하이이)	부끄러워하는, 수줍어하는	حيد (하이드)	1.이탈, 탈선 2.돌출부, 볼록한 것
حيّي (후야이)	세균, 미생물	حيدة (하이다)	1.이탈 2.중립
حيوي (하야위)	1.생명의 2.절박한	محيد (마히-드)	1.이탈 2.회피
حيوية (하야위야)	생활력, 생명력	محايدة (무하-야다)	1.기권, 중립 2.객관성
أحياء (아흐야-)	1.살리는 것, 재생 2.기념하는 것, 베푸는 것	حيّر (하이야라)	당황.난처하게 하다
تحية (타히야)	축하, 인사, 경의	تحيّر (타하이야라)	당황하다, 어쩔줄 모르다
تحيات (타히야-트)	인사, 경의	احتار (이흐타-라)	당황하다, 어쩔줄 모르다
محيا (무하이야)	얼굴모습, 용모, 생김새	حيرة (하이라)	당황, 어리둥절, 얼빠짐
حيّد (하이야다)	1.제쳐놓다 2.중립을 지키게 하다	حائر (하-이르)	당황한, 어리둥절한
حايد (하-야다)	1.피하다 2.기권하다 3.객관적으로 보다	متحير (무타하이이르)	당황한, 어리둥절한, 얼빠진
حائد (하-이드)	중립적인	حان (하-나)	시간이 되다, 닥쳐오다

하

181

تحين 기다리다(기회 등을)
(타하이야나)

استحان 기다리다(기회 등을)
(이스티하 - 나)

حين 때에
(히 - 나)

(الخاء : 카)

خام (카-ㅁ) 1.가공하지 않는 2.미숙한

خامات (카마-트) 원료

خبأ (캅바아) 숨기다

تخبأ (타캅바아) 숨다, 사라지다

اختبأ (이크타바아) 숨다, 사라지다

خبئة (카비아) 비밀

تخبئة (타크비아) 은폐, 숨기는 것

اختباء (이크티바-) 은폐, 사라지는 것

مخبأ (마크바오) 1.은폐지 2.피난처

مختبئ (무크타비으) 숨은, 잠복한, 사라지는

خبت (카바타) 겸손해지다, 겸허하다(신 앞에)

اختبت (이크타바타) 순종하다, 복종하다

خبت (카브트) 저지대

خبث (카부싸) 1.고약하다 2.심술궂다 3.악성으로 되다(의학)

تخابث (타카-바싸) 남의 불행을 고소해하다

خبث (쿠브쓰) 1.심술 2.악성(의학)

خباثة (카바-싸) 1.사악함 2.악질 3.악성

خبيث (카비-쓰) 1.나쁜 2.추악한 3.해를 끼치는 4.악성의(의학) 5.구린내 나는

خبيثة (카비-싸) 못된 짓

خبر (카부라) 잘 알다, 정통하다, 조예가 깊다

خبر (카바라) 1.경험을 통해서 알다 2.시험하다

أخباري 1.보도기자, 탐방기자 (아크바 - 리)　　　2.역사가	**خابر** 서신 거래하다, 회담하다 (카 - 바라)
اختبار 1.실험, 시험(전문가의) (이크티바 - 르)　　2.검진, 감정	**أخبر** 전하다, 알리다, 통지하다 (아크바라)
استخبار 탐지, 정탐, 정찰 (이스티크바 - 르)	**تخابر** 서로 소식을 전하다 (타카 - 바라)
مخبر 실험실 (마크바르)	**اختبر** 1.물어보다 (이크타바라) 2.시험하다, 해보다
مخبر 1.전하는 2.보도자, 밀고자 (무크비르)　　　3.기자, 통신원	**استخبر** 1.조회하다 (이스타크바라) 2.정보를 수집하다
مخابرة 1.서신거래 2.통신교환 (무카 - 바라)　　　3.회담, 협상	**خبر** 1.통보, 정보 (카바르)　　　2.소식, 뉴스
مختبر 경험이 풍부한 (무크타비르)	**خبرية** 소문, 풍문, 소식 (카바리 - 야)
مختبر 실험실 (무크타바르)	**خبرة** 경험, 조예, 지식 (키브라)
خبز 빵을 굽다 (카바자)	**خبير** 1.경험 있는 2.전문가 (카비 - 르)
انخبز 빵이 구워지다 (인카바자)	**إخبار** 통지, 알림 (이크바 - 르)
اختبز 빵을 굽다 (이크타바자)	**إخباريات** 정보, 통보, 소식 (이크바리야 - 트)

خبز 빵 (쿠브즈)	**خبط** 때리다, 구르다(발을) (카바따)
خباز 빵굽는 사람, 제과점 주인 (캅바 - 즈)	**تخبط** 1.몸부림치다 2.모색하다 (타캇바따)
خبازة 제과업이나 제과점 (카바 - 자)	**خبطة** 두드림, 노크, 때림, 구타 (카브따)
خبيز 구운 (카비 - 즈)	**خبل** 1.어리둥절하게 하다 (카발라) 2.방해하다, 미치게 하다
مخبز 제과점 (마크바즈)	**تخبل** 혼란에 빠지다 (타캅발라)
خبص 1.섞다 2.이간질시키다 (카바솨) 3. 비방하다 4.밀고하다	**اختبل** 떨떨해지다, (이크타발라) 흐려지다(정신이)
خبص 혼합하다, 혼란시키다 (캅바솨)	**خبل** 1.당황 2.광증, 미치는 것 (카블)
انخبص 혼합되다 (인카바솨)	**خبلة** 1.당황 2.광증, 미치는 것 (카블라)
خباص 1.몹시 혼란시키는 (캅바 - 스) 2.밀고자, 비방자	**خبل** 정신나간, 미친 (카빌)
خبيص 뒤범벅, 잡동사니, (카비 - 스) 잡다한 집단	**خبال** 1.혼란, 무질서 2.정신이상 (카바 - ㄹ)
مخبوص 1.뒤섞인 2.혼란된 (마크부 - 스) 3.혼합물	**اختبال** 정신착란 (이크티바 - ㄹ)
	مخبل 1.당황한 2.미친 (무캇발) 3.뒤헝클어진(머리 등이)

مخاتلة (무카-탈라)	거짓, 기만	**مخبول** (마크부-ㄹ)	미친
ختم (카타마)	1.도장을 찍다 2.봉인하다 3.끝내다 4.아물다	**مختبل** (무크타발)	발광적인, 미친
تختم (타캇다마)	끼다(반지를)	**خبا** (카바)	꺼지다(불이)
انختم (인카타마)	봉인되다	**أخبى** (아크바)	끄다(불을)
اختتم (이크타타마)	끝내다, 마감하다	**ختر** (카타라)	기만하다, 배반하다
ختم (카틈)	1.도장 찍는 것 2.도장, 스탬프 3.우표	**خاتر** (카-티르)	배반하는, 배신적인
خاتم (카-팀)	1.반지 2.직인, 도장 3.항문(의학)	**ختار** (캇타-르)	배반자, 배신자
خاتمة (카-티마)	마감, 결론, 맺는 말	**ختل** (카탈라)	속이다, 기만하다
ختام (키탐-ㅁ)	1.끝, 마감 2.결론, 맺는 말 3.종곡(음악)	**اختتل** (이크타탈라)	속이다, 기만하다
خواتيم (카와-팀)	마지막	**خاتل** (카-틸)	거짓말쟁이, 사기꾼
اختتام (이크티타-ㅁ)	결론부분, 마감, 마지막	**مخاتل** (무카-틸)	속이는, 거짓의, 허위의

مختوم (마크투-ㅁ)	1.도장이 찍힌 2.봉인된	**تخثّر** (타캇쑤르)	응결
ختن (카타나)	할례하다	**مخثّر** (무캇싸르)	엉긴, 걸죽한
ختان (키타-ㄴ)	할례	**خجل** (카질라)	수줍어하다, 부끄러워하다
ختين (카티-ㄴ)	할례를 한	**أخجل** (아크잘라)	부끄럽게 만들다, 창피를 주다
مختون (마크투-ㄴ)	할례를 한	**تخاجل** (타카-잘라)	무안해하다, 멋쩍어하다
خثر (카싸라)	엉기다, 응결되다	**خجل** (카잘)	1.부끄러움, 수줍음 2.창피
أخثر (아크싸라)	엉기게 하다, 응결시키다	**خجلان** (카즐라-ㄴ)	부끄러워, 수줍어하는
تخثّر (타캇싸라)	응결되다, 걸죽해지다	**خجلة** (카즐라)	부끄러움, 쑥스러움
خثرة (카쓰라)	엉긴 것, 응결물, 엉긴 덩어리	**خجول** (카주-ㄹ)	1.부끄러운, 수줍은 2.소심한
خاثرة (카-씨라)	핏덩이	**مخجل** (무크질)	창피한, 수치스러운, 부끄러운
خثارة (쿳싸-라)	찌꺼기	**مخجول** (마크주-ㄹ)	부끄러운, 쑥스러운

خدّ (캇다)	이랑을 만들다, 밭갈이하다	**خدر** (카다르)	마비, 마취
خدّ (캇다)	고랑을 내다	**خدرة** (쿠드라)	마취, 무감각, 마비
تخدّد (타캇다다)	쭈글쭈글해지다	**خادر** (카 - 디르)	숨어있는, 은폐된
خدّ (캇드)	1.볼, 뺨 2.이랑, 고랑	**تخدير** (타크디 - 르)	마취
خدد (쿠디드)	고랑	**مخدّر** (무캇다르)	마취된
أخدود (아크두 - 드)	1.우묵한 곳, 홈 2.고랑, 이랑	**مخدّرات** (무캇디라 - 트)	마취제, 마약
مخدّة (미캇다)	베개	**خدش** (카다샤)	1.후비다, 긁다 2.찢다, 째다 3.유린하다
خدر (카다라)	1.마비되다, 마취되다 2.가두어두다	**خدش** (카드쉬)	할퀸자리
خدّر (캇다라)	1.마취시키다 2.집에 가두어두다	**خدشة** (카드샤)	긁힌 자리, 할퀸자리
أخدر (아크다라)	마취시키다, 정신을 잃게 하다	**خدع** (카다아)	1.기만하다 2.우롱하다
خدر (키드르)	1.휘장, 두터운 커튼 2.안방, 여자방	**تخادع** (타카 - 다아)	1.서로 속이다 2.속은 체하다

انخدع (인카다아)	기만당하다, 속임수에 빠지다
خدعة (쿠드아)	기만, 술책, 속임수
خداع (키다 - 으)	1.기만 2.이중성, 거지
خدّاع (캇다 - 으)	1.거짓말 잘하는 2.사기꾼
خديعة (카디 - 아)	기만, 협잡행위
خيدع (카이다으)	신기루
مخدوع (마크두 - 으)	기만당한
خدل (카달라)	1.마비되다 2.지치다
خدلان (카들라 - ㄴ)	감각이 없는, 마비된
خدم (카다마)	1.복무하다 2.봉사하다
استخدم (이스타크다마)	1.고용하다 2.이용하다
خدمة (키드마)	1.근무 2.협조 3.봉사
خادم (카 - 딤)	1.고용인 2.직원 3.근로자
خادمة (카 - 디마)	하녀
تخديم (타크디 - ㅁ)	취업알선
استخدام (이스티크다 - ㅁ)	1.이용 2.복무, 근무
مخدم (무캇딤)	고용중개업
مخدوم (마크두 - ㅁ)	주인, 고용주
مستخدم (무스타크담)	1.이용되는 2.고용된 3.직원
مستخدم (무스타크딤)	사용자, 고용주
خذل (카잘라)	1.저버리다 2.방임하다 3.실망케 하다
خاذل (카 - 잘라)	1.저버리다 2.맥이 풀리다 3.조심을 하다

خرب (카립)	무너진, 황폐화 된	**انخذل** (인카잘라)	1.나쁜해 지다 2.실망하다
خربة (쿠르바)	1.관골구(해부) 2.바늘귀	**خذلان** (카즐라-ㄴ)	1.저버림 2.실패 3.방임
خربة (키르바)	폐허, 잿더미	**تخاذل** (타카-줄)	나쁜해 지는 것, 소심성
خربان (카르바-ㄴ)	고장 난, 부서진, 파괴된	**مخذول** (마크주-ㄹ)	버림받은
خرابة (카라-바)	폐허, 잿더미	**متخاذل** (무타카-질)	1.나쁜한 2.소심한
تخريب (타크리-ㅂ)	파괴, 황폐와	**خر** (카르라)	1.졸졸 흐르다(물이) 2.코를 풀다 3.똑똑 떨어지다
مخرب (무카르립)	1.파괴적인, 파괴하는 2.파괴자	**خرارة** (카르라-라)	1.배수관 2.하수도
خبرط (카르바뜨)	1.못쓰게 만들다 2.문란시키다	**خرير** (카리-르)	1.졸졸 흐르는 소리 2.코고는 소리
تخربط (타카르바뜨)	못쓰게 되다, 고장나다	**خرب** (카르라바)	1.파괴하다 2.파괴책동을 하다
خربطة (카르바따)	1.파손 2.위반, 문란	**تخرب** (타카르라바)	파괴되다, 허물어지다
خرج (카라자)	1.나가다 2.이탈하다	**خرب** (카릅)	파괴, 황폐화

إخراج 1.꺼내는 것 2.수출 3.제거 4.연출 (이크라ー즈)	**خرج** 1. 꺼내다 2.제명하다 (카르라자)
استخراج 1.증류 2.채취 3.얻어내는 것 (이스티크라ー즈)	**أخرج** 1.추방하다 2.발간하다 (아크라자)
مخرج 1.출구 2.항문 3.분모(수) (마크라즈)	**تخرج** 졸업하다 (타카르라자)
مخرج 연출가 (무크리즈)	**استخرج** 1.얻어내다 2.채취하다 (이스타크라자)
متخرج 졸업생 (무타카르리즈)	**خرج** 1.지출 2.식량 (카르즈)
مستخرج 발굴된, 채취된, 채굴된 (무스타크라즈)	**خروج** 나가는 것, 진출 (쿠루ー즈)
مستخرجات 부산물 (무스타크라자ー트)	**خريج** 졸업생 (키르리ー즈)
خرد 1.순결하다 2.얌전하다 (카리다)	**خارج** 1.나가는 2.넘는(한계를) 3.외부의, 해외의 (카ー리즈)
خرود 1.얌전한 2.숫처녀 (카루ー드)	**خارجي** 1.외부의 2.외부사람 3.이단자 4.탈당자 (카ー리지)
خريدة 숫처녀 (카리ー다)	**خراج** 땅세, 토지세 (카라ー즈)
خردة 1.잡화 2.잔돈 (쿠르다)	**خراج** 부스럼, 종기 (쿠라ー즈)

카

خراص (카라 - 스)	1.거짓말쟁이 2.비방자	**خردل** (카르달)	겨자씨
تخرص (타카르루스)	1.날조 2.증상, 비방	**خرز** (카라자)	구멍을 뚫다, 꿰찌르다
خرط (카라따)	1.쇠를 깎다 2.나무토막을 내다	**خرز** (카라즈)	구슬
خرط (카르라따)	1.잘게 썰다 2.관장하다(의학)	**مخرز** (미크라즈)	송곳
تخرط (타카르라따)	관장되다, 씻기다	**خرس** (카리싸)	1.벙어리가 되다 2.입을 다물다
خرطة (카르따)	조각, 부스러기	**أخرس** (아크라싸)	1.벙어리로 만들다 2.침묵하게 하다
خارطة (카 - 리따)	1.지도 2.여행 침낭 3.군인의 침낭	**خرسانة** (카라싸 - 나)	콘크리트
خريطة (카리 - 따)	1.지도 2.배낭	**أخرس** (아크라쑤)	1.벙어리의 2.벙어리
مخروط (마크루 - 뜨)	원추, 원뿔	**خرص** (카라쏴)	1.추측하다 2.거짓말하다
خرطوم (쿠르뚜 - ㅁ)	1.코끼리의 코 2.카르툼 (수단의 수도)	**اخترص** (이크타라쏴)	비방하다, 중상하다
خرع (카루아)	나른해지다	**خرص** (쿠르스)	귀고리, 가락지

خَرِيف (카리-프)	가을	اِنْخَرَعَ (인카라아)	맥이 풀리다
تَخْرِيف (타크리-프)	허튼소리, 농담, 빈말	خَرِيع (카리-으)	쇠약한
خَرِق (카루까)	미욱하다, 우둔하다	خُرَاعَة (카르라-아)	허수아비
خَرَق (카라까)	1.구멍을 뚫다 2.통과하다 3.유린하다	اِخْتِرَاع (이크티라-으)	발명
خَرَّق (카르라까)	1.갈기갈기 찢다 2.잔뜩 구멍을 내다	مُخْتَرِع (무크타리으)	발명가
اِخْتَرَق (이크타라까)	1.뚫다 2.돌파하다	مُخْتَرَع (무크타라으)	1.발명한 2.발명품
خَارِق (카-리끄)	1.비상의 2.진귀한 3.기이한 현상	مُخْتَرَعَات (무크타라아-트)	발명품
خَرِق (키르끄)	1.고결한 2.너그러운	خَرِف (카리파)	1.노망하다 2.잠꼬대하다
خِرْقَة (키르까)	천, 직물, 옷감	خَرَف (카라프)	1.망령, 노망 2.미신
أَخْرَق (아크라꾸)	1.바보스러운, 미욱한 2.굼뜬, 서투른	خَرُوف (카루-프)	양새끼, 숫양
اِخْتِرَاق (이크티라-끄)	1.침투, 친입 2.관통 3.돌파	خُرَافَة (쿠라-파)	1.미신 2.우화, 전설, 신화

خزر (카자라)	흘겨보다, 곁눈질로 보다, 힐끔힐끔보다	**مختزل** (무크타질)	속기사
خيزران (카이자라 - ㄴ)	갈대, 대나무	**خزن** (카자나)	1.넣어두다 2.저장하다 3.비밀을 지키다
خزف (카자프)	도자기, 질그릇, 사기그릇	**اختزن** (이크타자나)	1.저축하다 2.보관하다
خزافة (카자 - 파)	도자기 제작업	**خزنة** (카즈나)	1.보물고 2.장(옷장 등의) 3.보관실 4.탄창
خزق (카자까)	1.찌르다 2.찢다, 째다	**خزان** (캇자 - ㄴ)	1.창고업자 2.금고책임자 3.창고 4.저수지, 물탱크
خزق (캇자까)	갈기갈기 찢다	**خزانة** (키자 - 나)	1.금고 2. 장(옷장 등)
تخزق (타캇자까)	1.찔리다 2.째지다	**خزينة** (카지 - 나)	1.보물 2.금고 3.출납
خزق (카즈끄)	구멍, 찢는 것	**تخزين** (타크지 - ㄴ)	1.저축, 저장 2.보관
خزل (카잘라)	1.자르다, 베내다 2.줄이다	**مخزن** (마크잔)	1.보관소, 창고 2.상점
اختزل (이크타잘라)	축소하다, 생략하다	**مخزونات** (마크주나 - ㅌ)	예비상품, 재고품
اختزال (이크티자 - ㄹ)	줄임, 단축, 생략	**خزى** (카지야)	망신과 창피를 당하다

أخزى (아크자)	망신시키다	**خسيس** (카씨-쓰)	1.너절한, 천한 2.비열한, 비굴한
استخزى (이스타크자)	부끄러워하다	**خسية** (킷씨야)	1.감소, 축소 2.비굴, 비열
خزي (키즈유)	1.수치, 치욕 2.창피, 부끄러움	**خسر** (카씨라)	1.손해를 보다 2.지다(경쟁에서) 3.길을 잃다 4.멸망하다 5.부패하다
خزية (카즈야)	수치스러운 행동, 치욕		
خزيان (카즈야-ㄴ)	모욕당한, 무안당한, 망신당한	**أخسر** (아크싸라)	1.손해를 끼치다 2.못쓰게 만들다 3.멸망케 하다
مخزاة (마크자-트)	수치스러운 행동		
مخزي (마크지)	망신당한, 무안당한	**استخسر** (이쓰타크싸라)	부러워하다, 아끼다
خس (캇싸)	1.줄이다, 덜다 2.너절하게 행동하다 3.줄어들다	**خسارة** (카싸-라)	1.손해, 손실 2.멸망, 파멸 3.패배
		خسران (카쓰라-ㄴ)	1.손해보는 2.멸망 3.손실 4.못쓰게 된
خس (캇쓰)	상추	**مخسر** (무캇씨르)	손실을 끼치는
خسة (캇싸)	비굴, 비열	**خساف** (카싸파)	1.내려앉다, 붕괴하다 2.월식하다
خساسة (카싸-싸)	1.너절한 것 2.굴욕 3.인색	**انخسف** (인카싸파)	1.월식하다 2.사라지다

خشع (카샤아)	순종하다, 고개를 숙이다	خسف (카쓰프)	천대, 모욕, 굴욕
خاشع (카 - 쉬으)	온순한, 얌전한, 공손한	خسوف (쿠쑤 - 프)	월식, 달가림
خشوع (쿠슈 - 으)	1.순종, 공손 2.경의	خسيف (카씨 - 프)	미련한, 둔한
خشف (카샤파)	물이 얼다	خش (캇샤)	1.들어가다 2.낙타에 코를 꿰다
خشف (캇샤파)	길을 안내하다	خشاش (키샤 - 슈)	1.파충류 2.곤충, 벌레
خشف (카샤프)	진눈깨비, 싸래기눈	خشب (캇샤바)	합판을 대다
خشاف (쿠샤 - 프)	과일 통조림	خشب (카샵)	나무, 목재
خشم (캇샤마)	취하게 하다, 도취시키다	خشيب (카쉬 - 브)	거칠은
خشم (카슘)	코	تخشيبة (타크쉬 - 바)	나무로 만든 건물, 임시건물
خيشوم (카이슈 - ㅁ)	1.코 2.콧구멍 3.아가미	تخشب (타캇슈브)	거칠음, 딱딱함
خشن (카슈나)	거칠다, 투박하다	متخشب (무타캇쉬브)	단단한, 굳어진

خاشن (카 - 샤나)	버릇없이 대하다	خص (캇쇠)	1.특별하다 2.관계되다 3.…의 특성을 가지다
تخشن (타캇샤나)	거칠어지다, 투박해지다	خصص (캇쇄쇠)	1.전문화하다 2.지출하다(자금을)
خشانة (카샤 - 나)	거칠은 것, 조잡성,	تخصص (타캇쇄쇠)	전문화되다, 전문가가 되다
خشونة (쿠슈 - 나)	투박함, 조잡성, 거칠은 것	اختص (이크탓쇠)	1.특징 지워지다 2.관련되다 3.속하다 4.전문화하다
أخشن (아크샤누)	거칠은, 무례한	خص (쿳스)	오막살이, 초막
خشناء (카슈나 -)	불량배들, 미개한 백성	خاص (캇 - 스)	1.특별한, 전문적인 2.사적인 3.…에 관계되는
خشي (카쉬야)	두려워하다, 꺼려하다		
اختشى (이크타샤)	수줍어, 쑥스러워하다	خاصة (캇 - 쇄)	1.특징, 특색 2.개인재산 3.특권층, 귀족, 양반
خاش (캇 - 쉰)	두려워하는, 겁 많은, 비겁한	خاصية (캇 - 쉬야)	특징, 특성, 속성
خشيان (카쉬야 - ㄴ)	두려워하는, 겁 많은, 비겁한, 소심한	خصاصة (캇솨 - 솨)	가난, 빈궁
خشية (카쉬야)	두려움, 공포, 겁	خصوص (쿠수 - 스)	1.특성 2.관계, 관련

카

أخصب (아크솨바)	1.비옥해지다 2.비옥하게 하다	**خصوصيات** (쿠수쉬야 - 트)	특수성, 특색
خصب (카시브)	1.풍작의 2.기름진, 비옥한	**خصيص** (카시 - 스)	1.전문가 2.벗, 친구
خصوبة (쿠수 - 바)	비옥한 것	**خصيصة** (카시 - 사)	특수, 속성
إخصاب (이크솨 - 브)	1.비옥하게 하는 것 2.기름진 것	**خويصة** (쿠와이샤)	사생활, 개인의 일
مخصب (무크시브)	1.비옥한 2.풍작의	**أخص** (아캇슈)	특별한, 특수한
مخصب (무크쇼브)	비료	**تخصيص** (타크쉬 - 스)	1.지정 2.지출 3.전문화, 특수화
خصر (카쉬라)	얼다(추위에 손발이)	**اختصاص** (이크티솨 - 스)	1.관할, 책임범위 2.의무 3.전문화
خاصر (카 - 솨라)	허리를 안다(춤 출 때)	**مخصصات** (무캇쇼솨 - 트)	지출액, 배당금
تخاصر (타카 - 솨라)	얼싸안다	**مخصوص** (마크수 - 스)	1.특별한, 전문적인 2.고의적인
اختصر (이크타솨라)	1.요약하다, 발췌하다 2.줄이다	**مختص** (무크탓스)	해당한, 관련있는
اختصار (이크티샤 - 르)	1.간략, 요약 2.간결성	**خصب** (카쉬바)	땅이 기름지다

خاصرة (카 - 스라)	허리, 옆구리, 히프	**انخصم** (인카솨마)	공제되다, 삭감되다
مخصرة (미크사라)	지휘봉, 지시봉	**اختصم** (이크타솨마)	1.논쟁을 벌리다 2.적대시하다
مختصر (무크타샤르)	1.요지, 개요 2.간결한 3.요약된	**خصم** (카슴)	1.공제 2.할인 3.적수, 경쟁자
خصف (카솨파)	고치다, 수선하다(신발 등을)	**خصام** (키솨 - ㅁ)	1.분쟁 2.언쟁 3.소송, 기소
خصفة (카솨파)	광주리	**خصومة** (쿠수 - 마)	1.논쟁 말다툼 2.반목
مخصف (미크솨프)	송곳	**خصيم** (카쉬 - ㅁ)	적수, 상대
خصلة (카슬라)	습관, 습성, 성질, 특성	**مخاصم** (무카 - 쉬무)	소송당사자 (원고와 피고)
خصلة (쿠슬라)	머리채, 드리운 머리칼	**مخاصمة** (무카 - 솨마)	1.논쟁 2.소송
خصم (카솨마)	1.이기다 2.공제하다 3.할인하다	**خصى** (카솨)	난소를 제거하다
خاصم (카 - 솨마)	1.옥신각신 다투다 2.적대시하다	**أخصى** (아크솨)	전문적으로 연구하다, 전공하다
تخاصم (타카 - 솨마)	1.서로 다투다 2.서로 적대시하다	**انخصى** (인카솨)	난소를 제거하다

카

خصاء (키솨-)	거세, 난소제거	خضر (카다르)	1.푸른 색, 파란 색 2.푸성귀
إخصائى (이크솨-이)	전문가	خضر (카드르)	파릇파릇한, 푸른, 새파란
مخصى (마크쉬)	거세된	خضروات (카드라와-트)	1.푸른 빛 2.푸성귀 3.채소, 야채
خض (캇돠)	1.흔들어 섞다, 젓다 2.불안케 하다	خضيراء (쿠돠이라-)	천국
خضخض (캇돠돠)	장식하다(금실 따위로)	خضار (카돠-르)	1.푸른 빛 2.푸성귀 3.채소, 야채
انخض (인캇돠)	놀라다, 질겁하다	أخضر (아크돠루)	파란, 푸른, 익지 않은
خضة (캇돠)	1.젓는 것 2.놀람	مخضرة (마크돠라)	1.채소, 식물 2.초원, 목장
خضب (카돠바)	염색하다, 색칠하다	مخضرات (무캇돠라-트)	야채류, 채소류
خضاب (키돠-브)	물감, 안료	خضع (카돠아)	1.순종하다, 복종하다 2.예속되다
خضيب (카돠-브)	물든, 염색한, 색칠한	أخضع (아크돠아)	길들이다, 굴복시키다
خضر (카두라)	파랗게 되다, 푸르지다	خاضع (카-디으)	1.온순한, 고분고분한 2.예속된

خضوع 복종, 굴종, 순종, 예속 (쿠두 - 으)	**مخط** (미캇뜨)
إخضاع 굴복, 항복 (이크돠 - 으)	**مخطط** 줄쳐진, 계획된, 설계된 (무캇똬뜨)
خضل 적시다(물을), 축이다 (캇돨라)	**مخططات** 1.도로 2.계획 3.초안 (무캇똬똬 - 뜨)
خضل 1.젖은, 축축한, 누기찬 2.시원한 (카딜)	**مخطوطة** 1.초고 2.필사본 (마크뚜 - 똬)
خط 1.줄을 긋다 2.설계하다 3.돌아나다 (캇똬)	**خطىء** 1.실수하다 2.죄를 짓다 (카띠아)
خطط 1.줄을 긋다 2.측량하다 3.설계하다 (캇똬똬)	**أخطأ** 1.오류를 범하다 2.죄짓다 (아크똬아)
تخط 화장하다 (타캇똬)	**خاطىء** 1.그릇된 2.오류를 범한 사람 (카- 띠으)
خط 1.선, 줄 2.서체 3.이랑 (캇뜨)	**خطيئة** 1.죄, 범죄 2.오류, 과오 (카띠 - 아)
خطة 1.노선, 전술 2.계획, 구상 3.수법 (쿳똬)	**مخطىء** 틀리는, 그릇된 잘못된 (무크띠)
خطاط 달필, 명필, 서예가 (캇똬 - 뜨)	**خطب** 1.설교하다 2.약혼하다 3.중매하다 (카똬바)
تخطيط 1.측량 2.설계 2.고랑 4.줄, 무늬 (타크띠 - 뜨)	**خاطب** 환담하다, 편지를 쓰다 (카 - 똬바)

카

تخاطب (타카 - 따바)	1.대화하다 2.서신을 왕래하다	**خطيبة** (카띠 - 바)	신부, 약혼녀
انخطب (인카따바)	약혼하다	**مخاطبة** (무카 - 따바)	담화, 대화
خطبة (쿠뜨바)	1.연설 발언 2.설교, 훈계	**مخطوب** (마크뚜 - 브)	1.약혼한 남자, 신랑 2.약혼한
خطبة (키뜨바)	청혼, 약혼	**مخطوبة** (마크뚜 - 바)	1.약혼한 2.약혼녀, 신부
خاطب (카 - 띠브)	1.연설하는 2.중매쟁이 3.금요 설교자 4.약혼한 남자, 신랑	**خطر** (카따라)	1.심각해지다 2.위험해지다 3.흔들리다 4.머리에 떠오르다
خاطبة (카 - 띠바)	1.여자 중매인 2.약혼녀, 신부	**خاطر** (카 - 따라)	1.내기를 걸다 2.모험을 하다
خطاب (키따 - 브)	1.연설 2.편지, 서한	**أخطر** (아크따라)	알리다, 통지하다 경고하다
خطابة (키따 - 바)	1.연설,설교하는 것 2.웅변술 3.연설, 강연	**تخطر** (타캇따라)	1.거들대다 2.흔들리다
خطوية (쿠뚜 - 바)	청혼, 약혼	**تخاطر** (타카 - 따라)	도박하다, 내기하다
خطيب (카띠 - 브)	1.연사, 강연자 2.청혼자 3.신랑, 약혼자 4.대중연사	**خطر** (카따르)	1.위험, 모험 2.중요성
		خطر (카띠르)	위험한, 위급한, 모험적인

خطرة (카뜨라)	1.순간, 찰나 2.한번 3.사색, 사고	**تخاطف** (타카 - 따파)	서로 덮치다, 서로 빼앗다
خطران (카뜨라 - ㄴ)	거들먹거림, 우쭐댐	**اختطف** (이크타따파)	채가다, 납치하다
خطورة (쿠뚜 - 라)	1.중요성, 의의 2.위험성	**خطف** (카뜨프)	1.덮쳐가는 것, 납치, 잡아채는 것
خاطر (카 - 띠르)	1.생각 2.소원 3.마음 4…을 위해서	**خاطف** (카 - 띠프)	1.채가는, 덮치는 2.순간적인
خاطرة (카 - 띠라)	생각	**اختطاف** (이크티따 - 프)	납치
خطير (카띠 - 르)	심각한, 중대한, 중요한	**مخطوف** (마크뚜 - 프)	1.빼앗긴 2.순간적인
إخطار (이크따 - 르)	통지, 예고, 경고	**خطل** (카띨라)	1.떠벌리다 2.우쭐대다, 뽐내다
مخطر (무크띠르)	위험한, 위태로운, 위급한	**تخطل** (타캇딸라)	뽐내다, 잘난 체하다
مخاطر (무카 - 띠르)	1.모험적인 2.모험가 3.도박꾼	**خطل** (카딸)	터무니없는 말, 허튼 소리
مخاطرة (무카 - 따라)	모험, 위험한 사건	**خطا** (카따)	걷다, 전진하다
خطف (카따파)	1.유괴하다 2.덥석 채다 3.도주하다	**تخطى** (타캇따)	1.넘어가다(승급에서) 2.침범하다 3.초과하다 4.뛰어넘다

اختطى (이크타따)	걷다, 전진하다	**تخفيف** (타크피-프)	1.경감, 덜어주는 것 2.완화 3.줄임
خطوة (카뜨와)	1.한걸음 2.보조	**استخفاف** (이스티크파-프)	1.경솔한 태도 2.무시, 경시
خطوة (쿠뜨와)	한 걸음, 보조	**مخفف** (무캇피프)	완화시키는, 경감시키는
خطية (카띠야)	실수, 잘못, 오류	**مستخف** (무스타킷프)	1.멸시하는 2.경솔한
خف (캇파)	1.가벼워지다 2.감소되다 3.약화되다 4.서두르다	**خفت** (카파타)	조용해지다, 잠잠해지다
خفف (캇파파)	가볍게 하다, 완화시키다	**خافت** (카-파타)	조용조용 말하다
استخف (이스타캇파)	1.가볍게 여기다 2.무시하다 3.흥분시키다	**انخفت** (인카파타)	조용해지다
خف (쿠프)	1.발(짐승의) 2.실내화, 슬리퍼	**خافت** (카-피트)	1.조용한 2.희미한
خفة (킷파)	1.가벼움 2.경솔함 3.민첩성	**خفر** (카파라)	1.호위하다 2.호송하다
خفيف (카피-프)	1.가벼운 2.농도가 약한 3.경박한 4.재빠른	**تخفر** (타캇파라)	부끄러워하다 쑥스러워하다
		خفر (카파르)	부끄러움, 수줍음

카

منخفض (문카피드)	낮은	**خافرة** (카-피라)	해양순찰 순양함
منخفض (문카파드)	저지, 저지대	**خفارة** (카파-라)	경비, 호위
خفق (카파까)	1.두근거리다 2.나부끼다 3.때리다	**خفير** (카피-르)	경비원, 보초병
أخفق (아크파까)	1.실패하다 2.휘날리다(깃발이)	**مخفر** (마크파르)	1.경찰서 2.초소
خفق (카프끄)	1.고동(심장의) 2.발걸음소리	**خفض** (카파돠)	1.낮추다 2.감소하다 3.업신여기다
خفاق (캇파-끄)	고동치는, 두근거리는(가슴이)	**تخفض** (타캇파돠)	내려가다, 낮아지다
إخفاق (이크파-끄)	1.실패 2.피난 3.날개침(새가)	**انخفض** (인카파돠)	낮아지다, 내리다(값이)
خفى (카파)	숨기다, 감추다	**خفض** (카프드)	1.낮추는 것 2.풍족한 것
أخفى (아크파)	숨겨두다, 감추다	**خافض** (카-피드)	내려가는(가격이), 떨어지는
تخفى (타캇파)	1.숨다 2.위장하다	**انخفاض** (인키파-드)	저하, 인하, 감소
اختفى (이크타파)	숨다, 사라지다	**مخفوض** (마크푸-드)	낮아진

카

خل (칼랄라)	1.시큼해지다 2.초나 소금에 절이다 3.이빨을 빼다	**استخفى** (이스타크파)	사라지다, 자취를 갖추다
أخل (아칼라)	1.위반하다 2.상하게 하다	**خفي** (카피유)	1.은밀한 2.숨겨진 3.모호한
تخل (타칼라)	침투하다, 새어들다	**خفية** (카피-야)	1.비밀 2.특무, 첩보원
اختل (이크탈라)	1.위반하다 2.못쓰게 되다	**خاف** (카-핀)	1.숨기는 것 2.비밀의
خل (칼르)	식초	**خافية** (카-피야)	비밀
خلة (칼라)	1.특성 2.습성 3.빈곤 4.수요 5.부족함	**اختفاء** (이크티파-)	사라지는 것
خلة (쿨라)	우정	**إخفاء** (이크파-)	감추는 것
خلاة (칼라-트)	초산염	**تخفية** (타크피야)	감추는 것, 숨기는 것
خلال (킬라-ㄹ)	1.핀, 못 2.쇠꼬챙이 3.간격 4.복판	**مخفي** (마크피)	숨은, 은폐된, 은밀한
خلالة (킬라-라)	이쑤시개	**متخف** (무타캇핀)	변장한, 위장한
		خل (칼라)	속아내다

카

خلّ 1.결함 2.무질서 3.틈, 짬 4.파손 5.착란
(칼랄르)

خليل 1.친구 2.애인, 님
(칼리 - ㄹ)

خليلة 여자애인, 정부
(칼릴 - 라)

إخلال 1.위반 2.손상
(이클라 - ㄹ)

اختلال 1.못쓰게 되는 것 2.혼란, 비정상
(이크틸라 - ㄹ)

مخلّل 식초나 소금에 절인
(무칼랄)

مخلول 1.못쓰게 된, 상한 2.비정상적인
(마클루 - ㄹ)

مخلّلات 절임, 소금절임
(무칼랄라 - 트)

مختلّ 1.고장난 2.흠집있는 3.비정상적인 4.혼란된
(무크탈)

خلب 1.발톱으로 덮치다 2.유혹하다
(칼라바)

اختلب 1.속이다 2.유혹하다
(이크탈라바)

خالب 유혹하는, 매혹적인, 황홀한
(칼 - 리브)

خلّاب 1.기만적인 2.황홀한 매혹적인
(칼라 - 브)

خلابة 아름다움, 매력, 매혹
(킬라 - 바)

مخلب 발톱
(미클라브)

خلج 1.사로잡다 2.걱정시키다 3.흔들다
(칼라자)

تخلّج 흔들리다, 진동하다, 떨다
(타칼라자)

اختلج 1.움추리다 2.떨다 3.줄어들다
(이크탈라자)

خلجة 불안, 시름, 마음의 떨림
(칼자)

خالجة 불안(마음의), 고민, 우려
(칼 - 리자)

خليج 바다의 만, 물굽이
(칼리 - 즈)

خلد 1.영생하다 2.거주하다
(칼라다)

مختلس (무크탈리쓰)	공금 횡령자	أخلد (아클라다)	1.머물다 2.매달리다 3.영구화하다
خلص (칼라쏴)	1.순수하다 2.충실하다 3.끝내다 4.끝나다 5.해방되다	تخلد (타칼라다)	영원히 남아 있다, 영생불멸하다
خلّص (칼라쏴)	1.해방하다 2.구출하다 3.정제하다 4.종결짓다	خلد (쿨드)	영생, 영구불멸
تخلّص (타칼라쏴)	해방되다, 구원되다, 벗어나다	خالد (칼 - 리드)	1.영원한 2.불후의, 영생불멸의
استخلص (이스타클라쏴)	1.선택하다 2.도출해내다 3.결론짓다	خوالد (카왈 - 리드)	산, 산악, 산맥
خالص (칼 - 리스)	1.순수한 2.자유로운 3.진실한 4.끝난	تخليد (타클리 - 드)	영구화
خلاص (칼라 - 스)	1.구원, 구출 2.구조	خلس (칼라싸)	훔치다, 가로채다
خلاصة (쿨라 - 쏴)	1.본질 2.개요 3.알맹이 4.결과 5.줄거리(소설 등의)	اختلس (이크탈라싸)	훔치다, 가로채다
إخلاص (이클라 - 스)	진심, 성실성, 충실성	خلسة (쿨싸)	몰래, 살짝, 살그머니
		خلاسى (킬라 - 씨)	흑인과 백인의 혼혈아
		اختلاس (이크틸라 - 쓰)	횡령, 도적질

카

استخلاص (이스티클라-스)	구원, 구출, 도출
مخلص (무크리스)	충실한, 진실한, 정직한
مستخلص (무스타클라스)	요약, 요점, 핵심
خلط (칼라따)	1.섞다, 혼합하다 2.혼동시키다
خالط (칼-라따)	1.뒤섞다 2.관계하다(여자와)
اختلط (이크탈라따)	혼합되다, 뒤범벅이 되다
خلط (칼뜨)	1.혼합 2.복합성 3.혼합물
خلطة (칼따)	1.혼합물 2.혼란
خلاطة (칼라-따)	믹서기, 혼합기
خليط (칼리-뜨)	1.뒤섞인, 혼합된 2.혼합물 3.친구
تخليط (타클리-뜨)	1.혼합 2.헛소리, 잠꼬대
اختلاط (이크틸라-뜨)	1.혼합 2.성관계
مخالطة (무칼-라따)	교제, 관계, 성교
مخلط (무칼라뜨)	1.뒤섞인 2.무질서한, 난잡한
مخلوط (마클루-뜨)	섞인, 혼합된
مخاليط (마칼리-뜨)	1.혼합물 2.합금
مختلط (무크탈리르뜨)	1.혼합된, 혼성의 2.혼란된
خلع (칼라아)	1.벗다(옷 등을) 2.뽑다 3.해임시키다
تخلع (타칼라아)	1.저리다(뼈마디가) 2.풀리다(나사가) 3.몰두하다
اختلع (이크탈라아)	벗다(옷, 신발을)
خلع (칼으)	1.벗는 것 2.저림(뼈마디가) 3.뽑는 것(이빨을) 4.면직

خلف (칼라프)	1.계승자, 상속자 2.후대 3.대체 4.보상
خلف (칼프)	1.등 2.뒤, 배후, 후면 3.젖꼭지
خلفية (칼피 - 야)	배경
خالف (칼 - 리프)	1.낙후한 2.계승하는 3.대신하는
خلاف (킬라 - 프)	1.차이, 상이 2.모순 3.불일치
خلافة (킬라 - 파)	1.계승 2.통치권 3.대리
خليف (칼리 - 프)	후계자
خليفة (칼리 - 파)	1.칼리파 2.후계자, 계승자
تخلف (타칼루프)	1.낙후 2.결석
اختلاف (이크틸라 - 프)	1.다양함 2.차이, 구별 3.변동(가격의) 4.모순, 불일치

خلعة (킬아)	명예의 예복, 선물받은 옷
خلاعة (칼라 - 아)	방탕, 음탕
خليع (칼리 - 으)	1.해임된 2.옷이 헤어진 3.방탕한
مخلع (무칼라으)	1.저린(뼈마디가) 2.마비된
مخلوع (마클루 - 으)	1.탈구가 된(뼈가) 2.전복된 3.해임된
خلف (칼라파)	1.계승하다 2.생존하다 3.대신하다 4.뒤쳐지다
خالف (칼 - 라파)	1.거역하다 2.모순되다 3.위반하다
أخلف (아클라파)	1.위반하다 2.변상하다
تخلف (타칼라파)	1.나타나지 않다 (…가 죽은 후에) 2.남다 3.뒤떨어지다
اختلف (이크탈라파)	1.다양하다 2.상반되다 3.차이가 나다
استخلف (이스타클라파)	1.후계자로 삼다 2.유산으로 남기다

카

مخلف (무칼라프)	남은, 나머지의	**خلق** (칼끄)	1.창조 2.조작 3.인간 4.기분 5.울분 6.성격
مخالف (무칼 - 리프)	1.모순되는 2.거역하는 3.법에 위반되는	**خلقة** (킬까)	1.본성, 천성 2.외모, 용모, 몸매
مخالفة (무칼 - 리파)	1.모순 2.위반, 3.거역, 불복종	**خلق** (칼라끄)	해진(옷이)
مخلفات (무칼라파 - 트)	1.유산, 유물 2.잔재	**خلقة** (칼라까)	누더기, 넝마, 헌옷
متخلف (무타칼리프)	뒤떨어진, 낙후된	**خالق** (칼 - 리끄)	조물주, 창조주, 하나님, 알라
متخلفات (무타칼리파 - 트)	찌꺼기, 잔재	**خلاق** (칼라 - 끄)	수치스러운, 불명예스러운
مختلف (무크탈리프)	1.다양한 2.서로 다른	**خليق** (칼리 - 끄)	적절한, …을 할만한
خلق (칼라까)	1.창조하다, 창작하다 2.날조하다	**خليقة** (칼리 - 까)	1.우주, 만물, 피조물 2.대자연
أخلق (아클라까)	옷을 해지게 하다	**أخلاق** (아클라 - 끄)	1.도덕, 품성 2.누더기, 넝마
تخلق (타칼라까)	1.모방하다 2.화를 내다	**أخلاقية** (아클라끼 - 야)	1.도덕 2.윤리적인 것
اختلق (이클탈라까)	위조하다, 날조하다	**اختلاق** (이크틸라 - 끄)	1.위조, 날조 2.거짓

카

مخلوق 1.생물 2.인간 3.만물
(마클루 - ㄲ) 4.피조물

مختلق 날조한.위조한 사람
(무크탈리끄)

مختلقات 날조, 허구
(무크탈라까 - 트)

خلا 텅비다, 없다 3.내버려두다
(칼라)

خلى 1.비우다
(칼라) 2.철거하다, 소개시키다

أخلى 1.해방하다 2.남겨두다
(아클라) 3.비우다 4.철거하다

تخلى 1.해방되다
(타칼라) 2.버리고 떠나다
3.포기하다

خلاء 1.공간 2.빈 상태
(칼라 - 으) 3.벽지, 시골, 촌

خلو 1.공허, 빈 것
(쿨루우) 2.결원, 빈자리

خلوة 1.고독 2.한적한 곳
(칼루와) 3.은신처

카

خلية 1.벌집 2.새장 3.세포
(칼리야)

خال 1.텅빈 2.자유로운
(칼 - 린) 3…없는 4.지나간

إخلاء 철거, 소개
(이클라 -)

تخلية 1.비우는 것 2.석방
(타클리야) 3.철거, 소개

خم 1.쓸다 2.곰팡이가 슬다
(캄마)

خمة 구린내, 썩은 냄새,
(캄마) 곰팡이 냄새

مخمة 빗자루
(미캄마)

خمد 1.잠잠해지다 2.불이 꺼지다
(카마다)

أخمد 1.불을 끄다 2.진정시키다
(아크마다)

خامد 1.잔잔한 2.꺼진(불이)
(카 - 미드)

خمود 1.정숙, 고요 2.꺼지는 것
(쿠무 - 드)

خمر (카마라)	1.가리다 2.발효시키다	خمير (캄미-르)	술꾼, 주정뱅이
أخمر (아크마라)	앙심을 품다	تخمير (타크미-르)	발효시키는 것
تخامر (타카-마라)	모략하다, 음모를 꾸미다	مخمور (마크무-르)	술취한, 얼근한
اختمر (이크타마라)	1.발효하다 2.면사포를 쓰다	مختمر (무크타미르)	발효하는
خمر (카므르)	술	خمس (쿰쓰)	5분의 1을 가지다
خمار (쿠마-르)	술깬 후의 두통	خمس (쿠마쓰)	5분의 1
خمار (캄마-르)	술집주인, 술상자	خمسة (캄싸)	다섯, 5
خمارة (캄마-라)	술집, 주막	خمسون (캄쑤-나)	오십, 50
خمار (키마-르)	면사포, 너울, 베일	خمسينات (캄씨나-트)	50년대
خمير (카미-르)	누룩, 효모	خميس (카미-쓰)	목요일
خميرة (카미-라)	1.누룩, 효모 2.자금, 자본금	مخمس (무캄마쓰)	1.오각형의 2.오각형

خمل (카말라)	알려지지 않다, 잊혀지다	**خنث** (카나싸)	1.여자답다 2.여자처럼 행동하다
خمل (카믈)	1.선잠, 낮잠 2.솜털	**خنث** (카니쓰)	여자다운, 나약한, 연약한
خامل (카-밀)	1.시들시들한 2.게으른 3.무관심한	**خنجر** (칸자르)	단도, 단검, 비수
خمول (쿠무-ㄹ)	1.나른함 2.무관심 3.게으름 4.침체	**خندق** (칸다까)	참호를 파다
خمالى (캄말-리)	팔리지 않은 재고품	**خندق** (칸다끄)	참호
خميلة (카밀-라)	덤불, 숲, 수풀	**خنزير** (킨지-르)	돼지
خمن (캄마나)	1.추측하다 2.평가하다	**خنزرة** (칸자라)	망치
تخمين (타크미-ㄴ)	예측, 짐작	**خنع** (카나아)	굴복하다, 굽실거리다
خن (칸나)	콧소리하다, 코먹은 소리하다	**خانع** (카-니으)	복종하는, 굽실거리는
خنة (쿤나)	콧소리	**خنوع** (쿠누-으)	굴복, 굴종, 복종, 비굴
أخن (아칸누)	1.콧소리 하는 2.코맹맹이	**خنق** (카나까)	1.교살하다 2.질식시키다

카

خانق (카 - 나까)	말다툼하다, 서로 욕설을 하다	**أخنى** (아크나)	1.욕설을 하다 2.부당한 짓을 하다
تخانق (타카 - 나까)	서로 말다툼하다	**خنى** (카난)	1.욕설, 쌍소리 2.방탕 3.매음, 매춘
انخنق (인카나까)	교살되다, 질식되다	**خواجة** (카와 - 자)	씨, 귀하, 선생
خانق (카 - 니끄)	교살하는, 질식시키는	**خار** (카 - 라)	1.울부짖다 2.약해지다, 맥빠지다
خناقة (키나 - 까)	1.말다툼 2.싸움, 주먹다짐	**خور** (카와르)	1.쇠약, 기진맥진 2.낙심
اختناق (이크티나 - 끄)	질식, 숨막히는 것	**خور** (카우르)	1.강바닥(말라버린) 2.물구비, 만, 강어구
مخنق (마크나끄)	목, 목구멍	**خوار** (카우와 - 르)	1.약한, 맥빠진 2.성격이 나약한
مخنقة (미크나까)	목걸이, 목구슬	**خاض** (카 - 돠)	1.여울을 건너다 2.몰두하다
مخنوق (마크누 - 끄)	교살된, 질식된, 목이 맨	**مخاضة** (마카 - 돠)	여울, 개울
مختنق (무크타니끄)	질식된, 교살된	**خاف** (카 - 파)	1.무서워하다 2.우려하다
خنى (카나)	욕설을 하다	**خوف** (카우와파)	무섭게 하다, 놀래다

카

اختان (이크타-나)	배신하다, 속이다	خوف (카우프)	두려움, 공포, 겁
استخون (이스타크와나)	불신하다, 의심하다	خائف (카-이프)	1.무서워하는 2.꺼려하는 3.겁 많은
خان (카-ㄴ)	여관, 여인숙, 호텔	إخافة (이카-파)	공포, 두려움, 무서움
خانة (카-나트)	기둥, 원주, 지주	تخويف (타크위-프)	놀램, 무섭게 하는 것
خائن (카-인)	1.배신적인 2.배신자	مخافة (마카-파)	무서움, 공포
خيانة (키야-나)	변질, 배신, 배반, 반역	مخيف (무키-프)	무시무시한, 끔찍한, 무서운
خاب (카-바)	1.실패하다 2.목적 성공 못하다	خول (카우왈라)	권리를 부여하다, 허용하다
خيب (카이야바)	1.속이다 2. 뿌리치다(청탁을)	خال (칼-룬)	외삼촌
خائب (카-이브)	실망케 하는, 헛된, 보람없는	خالة (칼-라)	이모
خيبة (카이바)	1.실망, 환멸 2.실패, 실수	خول (카왈)	1.노예, 농노, 노비 2.가축
خار (카-라)	1.고르다 2…을 더 좋아하다	خان (카-나)	1.배반하다 2.속이다 3.위반하다

카

مختارات (무크타라 - 트)	선집, 저작선집
خاط (카 - 따)	바느질 하다, 꿰매다, 깁다
خيط (카이야따)	바느질하다, 꿰매다
خيط (카이뜨)	1.섬유, 실 2.끈, 줄
خياط (키야 - 뜨)	바늘
خياطة (키야 - 따)	양재, 바느질, 깁는 것
مخيط (미크야뜨)	바늘
مخيط (마키 - 뜨)	기운, 꿰맨
خيف (카이야파)	물러나다, 칩거하다
أخياف (아크야 - 프)	이부형제, 씨다른 형제
خال (칼 - 라)	생각하다, 상상하다

تخير (타카이야라)	1.고르다 2…을 더 좋아하다
اختار (이크타 - 라)	1.선택하다 2…을 더 좋아하다
استخار (이스티카 - 라)	복을 빌다, 점을 치다
خير (카이르)	1.좋은, 훌륭한 2.더 좋은 3.복리 4.재산
خيرة (키 - 라)	1.선택 2.알짜, 정수
خيرات (카이라 - 트)	1.복리 2.재산, 자원 3.은혜
خيرية (카이리 - 야)	자선
خيار (키야 - 르)	1.선택, 선정 2.알맹이 3.오이
اختيار (이크티야 - 르)	1.선택, 선정 2.도태
متخير (무타카이야르)	골라낸, 정선한, 선별한
مختار (무크타 - 르)	1.선정된 2.촌장, 부족장

خيل (카이알라)	1.말을 타고 달리다 2.눈부시게 하다	**اختيال** (이크티야-ㄹ)	교만, 거드름
تخيل (타카이알라)	상상하다, 그려보다	**مخيل** (무크일)	혼돈의 상상의
تخايل (타카-알라)	1.뽐내다 2.생각되다	**مخيلة** (마킬-라)	1.특징, 성질 2.표식, 기색
خيل (카일)	1.말떼 2.기병, 기병대	**مخيلة** (무카이일라)	상상력, 환상, 상상
خيال (카야-ㄹ)	1.상상, 환상 2 영상 3.유령	**مختال** (무크타-ㄹ)	자만하는, 우쭐대는, 뽐내는
خيال (카이야-ㄹ)	기수, 기마병	**خيم** (카이야마)	1.천막을 치다 2.드리우다(어둠이) 3.사로잡다
خيالة (카이알-라)	기병대		
خيالة (카알-라)	1.그림자, 영상 2.영화	**تخيم** (타카이야마)	천막을 치다, 숙영하다, 야영하다
خيلولة (카이룰-라)	1.상상 2.교만, 자만	**خيم** (키임)	1.소질, 취미 2.성격 3.속셈
خيالة (카이얄-라)	상상력, 상상	**خيمة** (카이마)	1.천막 2.처마, 처양
أخيل (아크얄루)	거만한, 우쭐대는	**مخيم** (무카이얌)	숙영지, 야영지

(الدال : 달)

دادة 유모, 보모
(다 - 다)

داية 조산원, 산파
(다 - 야)

دأب …에 빠지다, 열중하다
(다아바)

دأب 버릇 2.강인성 3.열중
(다으브)

دؤوب 1.열중하는 2.완강한
(다우 - 브)

دب 1.기어가다 2.네발로 가다
(답바)

دب 곰
(둡브)

دباب 1.기어감 2.흘러들어옴
(답바 - 브) 3.파충류 동물

دابة 1.집짐승, 사람이 타는 동물
(답 - 바) 2.맹수

دبابة 1.탱크, 장갑차 2.파충류
(답바 - 바)

دويبة 미세한 동물, 곤충
(두와이바)

مدبب 날카로운, 예리한,
(무답바브) 뾰족한

دبج 1.꾸미다(말을) 2.집필하다
(답바자)

ديباج 비단, 실크
(디바 - 즈)

ديباجة 1.서문 2.용모 3.문체
(디바 - 자)

مدبج 장식된, 미화된
(무답바즈)

دبر 1.등을 돌리다 2.물러가다
(다바라) 3.지나가다

دبر 1.준비하다 2.절약하다
(답바라) 3.운영하다

دابر 반대하다, 적대시하다
(다 - 바라)

أدبر 1.돌아서다
(아드바라) 2.후퇴하다, 물러가다

تدبر 곰곰이 생각하다,
(타답바라) 심사숙고하다

مدبغة (마드바가)	피혁공장
استدبر (이스타드바라)	되돌아서다, 퇴각하다
دبق (답바까)	1.접착시키다(아교 등으로) 2.획득하다
دبر (두브르)	1.엉덩이 2.후미 3.뒤꼬리, 뒷부분
دبق (다비끄)	찐득찐득한, 끈적끈적한
دبرة (다브라)	1.패배 2.마지막, 결과
دبل (다발라)	거름을 주다, 비료를 주다
دبور (다부-르)	서풍
دبل (다블)	실개천
دابر (다-비르)	1.지나간 2.마지막의 3.뿌리, 근본
دبلة (디블라)	가락지, 약혼반지
تدبير (타드비-르)	1.대책, 2.관리 4.절약
دبال (두바-르)	비료, 거름
مدبر (무답바르)	1.준비된, 정돈된 2.미리 준비된
دبلج (다블라자)	번역 녹음하다
دبس (답바싸)	1.핀으로 달다(훈장 등을) 2.당밀을 만들다
دبلجة (다블라자)	번역 녹음
دبس (디브쓰)	당밀이나 종려나무 열매의 꿀
دبلوم (디블루-ㅁ)	허가증, 자격증, 자격증서
دبوس (답부-쓰)	핀, 안전핀
دبلوماسية (디블루마씨-야)	외교
دبغ (다바가)	가죽을 무두질하다 2.염색하다

مُدجَّج (무닷지즈)	철저히 무장된	**دثر** (다싸라)	지워지다, 사라지다
دجر (다자라)	당황하다, 곤경에 빠지다	**دثر** (닷싸라)	1.지우다 2.소멸하다 3.덮다, 가리다
ديجور (디주-르)	어둠, 암흑	**اندثر** (인다싸라)	1.사라지다 2.지나가다 3.꺼지다 4.낡아지다
دجل (다잘라)	거짓말하다	**دثر** (다쓰르)	재산, 재물, 풍부한 것
دجل (닷잘라)	1.칠하다 2.기만하다 3.땅에 비료를 주다 4.아는 체하다 5.도금하다	**دثور** (두쑤-르)	소멸, 사멸
دجل (다즐)	거짓, 기만, 협잡	**داثر** (다-씨르)	1.지워진 2.낡은
دجلة (디즐라)	티그리스강(이라크의)	**دجج** (닷자자)	철저히 무장하다
دجال (다자-ㄹ)	1.금물 2.거름, 비료	**تدجج** (타닷자자)	머리끝에서 발끝까지 무장하다
دجال (닷자-ㄹ)	1.거짓말쟁이 2.점쟁이 3.돌팔이 의사	**دجة** (둣자)	암흑, 어둠
تدجيل (타드지-ㄹ)	기만, 사기	**دجاح** (다자-즈)	가금, 닭
		دجاجة (다자-자)	암탉

달

دحدر 굴리다, 아래로 굴리다 (다흐다라)	**دجن** 1.길들이다 2.캄캄해지다 (다자나)
تدحدر 굴러가다, 굴러떨어지다 (타다흐다라)	**داجن** 아첨하다, 구슬리다 (다 - 자나)
دحدورة 비탈, 경사 (다흐두 - 라)	**دجن** 폭우, 세찬 비 (다즌)
دحر 1.격파하다 2.패배당하다 (다하라)	**دجنة** 어둠, 암흑 (두즈나)
اندحر 패배하다, 격파당하다 (인다하라)	**دجنة** 몽둥이, 곤봉 (다자나)
اندحار 패배 (인디하 - 르)	**داجن** 1.집에서 기르는 2.가금, 가축 (다 - 진)
اندحارية 패배주의 (인디하리 - 야)	**أدجن** 어두운, 캄캄한, 암담한 (아드자누)
مدحور 패배당한, 격파당한 (마드후 - 르)	**دجا** 1.캄캄해지다 2.헐렁하다 3.퍼지다 (다자)
دحض 반박하다, 논박하다 (다하돠)	**داجى** 1.아첨하다 2.적의를 품다 (다 - 자)
دحض 반발, 논박 (다흐드)	**دجوة** 어둠, 암흑 (다즈와)
مدحاض 정당치 않은 요구 (미드하 - 드)	**مداجاة** 위선, 아첨 (무다자 - 트)

دخل 1.들어가다 2.시작하다
(다칼라) 3.침투하다

داخل 간섭하다, 참견하다
(다-칼라)

أدخل 1.도입하다 2.포함시키다,
(아드칼라) 망라하다 3.들여놓다

تدخل 간섭하다, 참견하다
(타닷칼라)

تداخل 1.간섭하다
(타다-칼라) 2.서로 침투하다

دخل 1.수입 2.간섭, 참견
(다클) 3.관계, 관련 4.의혹

داخل 1.들어가는 것 2.내부의
(다-킬) 3.내부

داخلة 1.깊은 곳, 내부
(다-킬라) 2.의향, 속심, 의도

داخلية 안, 속, 내부
(다-킬리-야)

دخول 1.들어가는 것 2.입학
(두쿠-ㄹ) 3.침투

دخولية 도시 입주세
(두쿨리-야)

دخيل 1.외래의, 외국인
(다키-ㄹ) 2.타고장 사람

دخيلة 1.의도, 의향, 속심
(다킬-라) 2.기밀, 비밀

إدخال 1.도입 2.넣는 것
(이드카-ㄹ) 3.포함시키는 것

تدخل 간섭, 참견
(타닷쿨)

تداخل 1.간섭, 참견 2.상호침투
(타다-쿨)

مدخل 1.입구, 현관 2.머리글
(마드칼) 3.품행, 행실

مدخول 1.비정상적인 2.수입
(마드쿠-ㄹ)

مداخيل 수입, 수익, 소득
(마다키-ㄹ)

متدخل 1.간섭하는 2.간섭자
(무타닷킬)

متداخل 1.간섭하는
(무타다-킬) 2.깊이 들어가는

دخن 연기냄새가 나다
(다카나)

달

درة (두르라)	1.진주 2.앵무새	**دخن** (닷카나)	그을리다, 담배를 피우다
درة (디르라)	1.젖통 2.채찍	**أدخن** (아드카나)	연기를 뿜다
مدرار (미드라-르)	철철 흐르는	**دخنة** (두크나)	연기색, 뿌연색
درأ (다라아)	1.밀치다 2.격퇴하다	**داخن** (다-킨)	1.담배냄새가 나는 2.연기 자욱한
درأ (다르라아)	1.물리치다 2.떼어놓다	**دخان** (둣카-ㄴ)	1.담배 2.증기, 김 3.연기
دريئة (다리-아)	1.목표물, 과녁 2.방패	**تدخين** (타드키-ㄴ)	담배 피우는 것, 흡연
درب (다르라바)	훈련시키다, 연습시키다	**مدخن** (무다킨)	담배 피우는 사람
تدرب (타다르라바)	1.훈련하다 2.익숙되다	**مدخنة** (마드카나)	굴뚝, 연통
درب (다르브)	1.산길 2.오솔길 3.길	**در** (다르라)	1.많이 나오다 2.땀이 많이 나다
دربة (두르바)	경험, 숙련	**در** (다르르)	젖
تدريب (타드리-브)	훈련, 연습, 교육, 양성	**در** (두르르)	진주, 보석

달

مدرب (무다르립)	교관, 코치
متدرب (무타다르립)	1.숙련된 2.경험이 있는
دربك (다르바카)	1.소리내다 2.두드리다
دربكة (다르바카)	1.소음 2.두드리는 소리
دربكة (다르부카)	소고, 북
درج (다라자)	접다, 말다
درج (다리자)	계단으로 올라가다
درّج (다르라자)	1.점차 움직이다 2.등급으로 나누다 3.습관화시키다 4.접다 5.유통시키다
أدرج (아드라자)	1.포함시키다 2.게재하다(신문에)
تدرّج (타다르라자)	1.승급하다 2.계단으로 오르다 3.학위를 받다
اندرج (인다라자)	1.포함되다 2.게제되다, 실리다
استدرج (이스타드라자)	1.승진하다 2.인도하다 3.승진시키다 4.유인하다
درج (다라즈)	1.층계, 계단 2.길
درج (두르즈)	1.서랍 2.책상
درجة (다라자)	1.계단 2.등급, 등수 3.장소 4.표시, 번호 5.층계
دارج (다 - 리즈)	1.유통되는 2.평범한 3.일상적인 4.민간의 5.유행되고 있는
دارجات (다리자 - 트)	방언, 사투리
درّاج (다르라 - 즈)	1.바퀴 2.롤러 3.들꿩
درّاجة (다르라 - 자)	자전거
إدراج (이드라 - 즈)	1.포함 2.등록, 기입 3.게재

달

درس (다르라싸)	가르치다, 깊이 연구하다	تدريج (타드리-즈)	점차적 상승
دارس (다-라싸)	함께 배우다, 함께 연구하다	مدرج (마드라즈)	1.길 2.활주로
أدرس (아드라싸)	가르치다, 가르쳐주다	مدرج (무다르라즈)	1.반원형, 극장 2.눈금 3.계단식 교실
تدارس (타다-라싸)	함께 연구하다, 같이 배우다	درد (다라다)	이빨이 빠지다
اندرس (인다라싸)	지워지다, 사라지다	درد (두르드)	찌끼, 앙금
درس (다르쓰)	1.탈곡 2.교훈 3.퇴치 4.공부 5.과목	أدرد (아드라두)	이빨 빠진, 이빨이 없는
داس (다-리쓰)	탈곡, 마당질	دردرة (다르다라트)	1.잡담 2.급류(물의)
دراسة (다르라-싸)	1.탈곡기 2.도리깨	دردور (두르두-르)	1.회오리바람 2.소용돌이
دراسة (디라-싸)	학습, 공부, 연구	دردش (다르다샤)	지껄이다, 허튼소리 하다
تدريس (타드리-쓰)	교육, 지도, 교수, 수업	دردشة (다르다샤)	잡소리, 공담, 허튼소리
مدرس (무다르리쓰)	선생님, 교사	درس (다라싸)	1.사라지다 2.지우다 3.공부하다 4.탈곡하다

달

مدرسة 1.학교 2.학파, 사조
(마드라싸)

درع   갑옷을 입히다
(다르라아)

تدرع 1.갑옷을 입다 2.무장하다
(타다르라아)   3.방비되다

درع 1.갑옷 2.상의 셔츠
(디르으)

دارع   무장한, 갑옷을 입은
(다 - 리으)

دارعة   장갑차, 무장 순항함
(다 - 리아)

مدرع 1.갑옷을 입은 2.무장한
(무다르라으)

مدرعة   장갑차
(무다르라아)

درك   쉴새없이 내리다(비가)
(다르라카)

أدرك 1.따라잡다 2.열매가 익다
(아드라카) 3.이해하다 4.도달하다

تدارك   1.바로잡다
(타다 - 라카) 2.예방책을 취하다 3.서로 따라잡다

استدرك 1.따라잡으려고 애쓰다
(이스타드라카)   2.시정하다
    3.보충하다

درك 1.밑, 바닥 2.끝, 한계
(다르크)

درك   순회, 순찰
(다라크)

دركة   단계, 수준, 등급
(다라카)

دركى   경찰, 헌병, 방범
(다라키 - 유)

دارك   지탱점
(다 - 리크)

إدراك   1.도달 2.획득
(이드라 - 크) 3.인식 4.이성

استدراك   1.수정 2.보완
(이스티드라 - 크)

مدرك 1.의식적인 2.따라잡는
(무드리크) 3.도달하는 4.성숙한

مدرك 이해된, 파악된, 인식된
(무드라크)

달

متدرن (무타다르린)	결핵을 앓은, 결핵환자
درهم (디르함)	돈, 화폐(화폐단위)
درويش (다르위 - 쉬)	1.탁발을 한 무슬림 2.염세주의자
درى (다라)	알다, 인식하다
دارى (다 - 라)	1.아양을 떨다 2.숨기다
أدرى (아드라)	알게 하다, 통지하다
دراية (디라 - 야)	지식, 학습
أدرية (아드리 - 야)	불가지론(철학), 회의론
مداراة (무다라 - 트)	1.은폐, 숨김 2.아첨, 아부, 아양
دس (닷싸)	1.음모를 꾸미다 2.몰래 넣다(독약을)
تدسس (타닷싸싸)	스며들다, 기어들다

مدارك (무다 - 리크)	지혜, 이성, 정신력
متدارك (무타다 - 리크)	부단한, 끊임없는
درم (다리마)	이빨이 빠지다
درم (다르라마)	손톱을 깎다
أدرم (아드라무)	이가 없는, 이빨이 빠진
تدريم (타드리 - ㅁ)	손톱손질, 매니큐어
درن (다리나)	더럽다, 어지럽다
درن (다르라나)	결핵을 앓다
أدرن (아드라나)	어지럽다, 더럽다
تدرن (타다르라나)	결핵을 앓다
درنة (다라나)	결핵

달

دشت (다슈트)	1.폐물 2.황무지 3.무질서
دشر (닷솨라)	남기다, 버리고 가다
دشرة (다슈라)	농촌, 시골(북아프리카 지역)
دشن (다쑨나)	1. 개막하다 2.기념하다 3.성찬식을 갖다
تدشين (타드쉬 - ㄴ)	1.바치는 것 2.개막식, 개통식
دشى (닷솨)	트림하다
تدشى (타닷솨)	트림하다
دعب (다아바)	농담하다, 놀다
دعب (다으아바)	1.놀리다 2.희롱하다
تداعب (타다 - 아바)	서로 놀리다
داعب (다 - 이브)	익살스러운, 유쾌한

اندس (인닷싸)	잠입하다, 몰래들어가다
دسيسة (다씨 - 싸)	음모
دست (다스트)	1.직위 2.솥, 가마 3.한 벌
دستور (두스투 - 르)	1.헌법, 법 2.제도 4.통치제도
دستورية (두스투리 - 야)	합법성, 입헌성
دسم (다쌈)	기름, 지방
دسومة (두쑤 - 마)	기름진 것, 뚱뚱한 것
أدسم (아드싸무)	지방질이 많은, 살찐 기름진, 뚱뚱한
دش (닷솨)	1.찧다 2.지껄이다
دش (둣슈)	목욕, 샤워, 물에 물끼얹기
دشاش (닷솨 - 쉬)	말쟁이

달

دعص (디으스)	모래언덕	دعاب (다으아 - 브)	몹시 쾌활한
دعق (다아까)	욕하다, 저주하다	دعابة (다으아 - 바)	익살꾼, 장난꾼, 농담꾼
مدعوق (마드우 - 끄)	저주스러운	مداعبة (무다 - 아바)	농담, 장난
دعك (다아카)	1.맛사지하다 2.문지르다 3.구기다	دعج (다으아자)	눈을 까맣게 그리다
دعم (다아마)	1.지지하다 2.강화하다	أدعج (아드아주)	눈이 검은
دعم (다으아마)	1.지지하다 2.강화하다 3.돕다 4.세우다	دعر (다아라)	방탕한 생활을 하다
تدعم (타다으아마)	1.후원을 받다 2.강화되다	داعر (다 - 이르)	방탕한, 음탕한
أدعم (잇다아마)	기대다, 의지하다	دعارة (다아 - 라)	방탕, 음탕
دعامة (디아 - 마)	1.기둥, 지주 2.두목	دعس (다아쓰)	1.밟다 2.가득 채우다
تدعيم (타드이 - ㅁ)	지원, 강화	دعسة (디으싸)	발자국
دعا (다아)	1.부르다 2.축복을 기원하다 3.호소하다 4.총청하다	مدعس (마드아쓰)	밟은 자리

دغر (다가라)	공격하다, 습격하다	**داعى** (다 - 아)	1.논쟁하다 2.허물다
دغر (다그르)	습격, 공격, 돌격	**ادعى** (잇다아)	1.주장하다 2.고발하다 3.…인 체하다
دغرى (두그리)	1.곧은, 직선의 2.곧바로	**استدعى** (이스타드아)	1.소환하다 2.요구하다
دغل (다길)	1.흠집 2.숲, 수풀 3.부패 4.썩은	**دعوى** (다으와)	1.요구, 주장 2.소송, 기소 3.안건 4.논증, 인증
دغلة (다갈라)	숲, 수풀	**مدع** (뭇다인)	1.기소자, 원고 2.검사 3.신청자
داغل (다 - 길)	부패한, 상한	**مدعاة** (마드아 - 트)	1.초청, 초빙 2.호소 3.원인, 이유
مدغل (무드길)	1.숲이 우거진 2.해로운	**مدعو** (마드우)	1.초대받은 2.손님
دغم (다가마)	1.병합하다 2.삽입하다 3.동화시키다	**مدعى** (뭇다야)	기소된
أدغم (아드가마)	1.삽입하다 2.합치다 3.동화시키다	**مستدعى** (무스타드아)	요구, 요청
اندغم (인다가마)	1.포함되다 2.통합되다 3.동화되다	**دغدغ** (다그다가)	1.간지럽게 하다 2.흥분시키다
ادغم (잇다가마)	1.포함하다 2.합병하다 3.동화시키다	**دغدغة** (다그다가)	1.간지럼 2.흥분

달

إدغام 1.포함 2.병합 3.동화 (이드가 - ㅁ)	**دفاءة** 열, 더위, 온기 (다파 - 아)
دفف 1.서둘다 2.소고를 치다 (닷파파)	**دفاية** 난로 (다파 - 야)
دف 1.손북, 소고 2.옆, 측면 (둣프)	**دفيئ** 따뜻한, 따사로운, 가열된 (다피 - 으)
دفة 1.키 2.옆, 측면 3.책표지 (닷파)	**تدفئة** 난방, 데우는 것 (타드피아)
دفية 느슨한 털외투 (이집트에서) (다피 - 야)	**مدفأ** 난로 (미드파으)
دفئ 따뜻해지다, 더워지다 (다피아)	**دفتر** 공책, 기록장 (다프타르)
أدفأ 따뜻하게 하다, 불에 쪼이다 (아드파아)	**دفر** 떠밀다, 밀치다 (다파라)
تدفأ 쪼이다, 열을 받다 (타닷파아)	**دفر** 썩다, 악취를 풍기다 (다피라)
استدفأ 쪼이다, 따뜻해지다 (이스타드파아)	**دفر** 1.악취, 구린내 2.눈병 (다파르)
دفء 1.열, 온기 2.가열 (다프으)	**دفرة** 흙손, 모종삽 (디프라)
دافئ 따뜻한, 따사로운, 더운 (다 - 피으)	**دفع** 1.물리치다 2.떠밀다(억지로) 3.부추기다 4. 넘겨주다 5.옹호하다 6.지불하다 (다파아)

달

مدفع (미드파으)	대포	**دافع** (다 - 파아)	1.수호하다 2.변호하다
مدفعية (미드파이 - 야)	1.포병 2.대포 3.포격술	**تدفع** (타닷파아)	세차게 흐르다
مدافع (무다 - 피우)	1.방위하는 2.수호자 3.변호인	**تدافع** (타다 - 파아)	밀치락달치락하다
مدفوع (마드푸 - 으)	지불된, 납부된	**اندفع** (인다파아)	1.돌진하다 2.밀리다 3.열중하다 4.시작하다
مدفوعات (마드푸아 - 트)	지불금, 납부금	**استدفع** (이스타드파아)	밀어내려고 애쓰다
دفق (다파까)	1.흐르다, 솟아나다 2.쏟다	**دفع** (다프으)	1.미는 것 2.배척 3.반박 4.격퇴 5.지불
تدفق (타닷파까)	1.북받치다(감정이) 3.돌진하다	**دفعة** (다프아)	1.한번 미는 것, 충격 2.지불 3.한번
اندفق (인다파까)	1.솟구치다 2.약동하다 3.돌진하다	**دافع** (다 - 피으)	1.미는 2.방어하는 3.동기, 원인 4.지불하는
دفقة (두프까)	광선, 섬광	**دفاع** (디파 - 으)	1.방어, 수호, 옹호 2.변호
دافق (다 - 피꼬)	흐르는, 흘러넘치는, 솟구치는	**اندفاع** (인디파 - 아)	1.돌진 2.열정 3.무모함 4.급함
متدفق (무타닷피꼬)	솟구치는, 약동하는		

달

دق (닷끄)	1.찧는 것 2.두드리는 것 3.울리는 것 4.문산하는 것 5.예방접종
دقة (닷까)	1.섬세함 2.보잘 것 없는 것 3.정확성
دق (둣까)	가루, 양념가루
دقاق (다까 - 끄)	1.제분공 2.절구
دقاقة (다까 - 까)	책상시계
دقيق (다끼 - 끄)	1.가루(밀가루) 2.섬세한 3.정확한 4.까다로운 5.심각한 6.꼼꼼한
دقيقة (다끼 - 까)	1.분(시간의) 2.분자, 입자 3.섬세함
تدقيق (타드끼 - 끄)	1.상세한 연구 2.정확성
مدق (마닷끄)	오솔길, 길
مدقق (무닷끼끄)	세심히 파고드는

دفن (다파나)	1.매장하다 2.감추다
اندفن (인다파나)	1.파묻히다 2.은폐되다
دفن (다픈)	1.매장 2.은폐
دفينة (다피 - 나)	보배, 보물(파묻어 둔)
مدفن (마드판)	묘지, 무덤, 공동묘지, 산소
مدفون (마드푸 - ㄴ)	1.매장된 2.은폐된
دق (닷까)	1.가루를 만들다 2.박다(못) 3.두드리다(문을) 4.치다(종을) 5.주조하다(화폐를) 6.접하다(식물) 7.연주하다
دقق (닷까까)	1.가루를 만들다 2.정확성을 요구하다
أدق (아닷까)	가루를 내다, 찧다
اندق (인다까)	1.가늘어지다, 섬세해지다

달

مدقوق (마드꾸 - 끄)	찧은, 가루가 된	**دل** (달라)	1.증명하다 2.안내하다 3.지휘하다 4.아양떨다
مستدق (무스타딧끄)	가느다란, 섬세한	**أدل** (아달라)	허물없이 대하다, 스스럼없이 대하다
دقن (다끈)	턱수염	**تدلل** (타달랄라)	1.애교부리다 2.장난하다
دك (닷카)	1.고르게 하다(땅을) 2.장탄하다 3.채워넣다	**استدل** (이스타달라)	1.증명하다 2.안내를 부탁하다
دكك (닷카카)	1.섞다 2.허리띠를 띠다	**دل** (달르)	애교, 아양, 교태
اندك (인닷카)	1.파괴되다 2.반반해지다 3.장탄되다	**دلال** (달랄 - 르)	1.중재자, 중매인 2.경매인
دك (닷크)	1.땅을 고르는 것 2.파괴	**دلالة** (달랄 - 라)	1.징조 2.표시, 기호 3.의미, 뜻
دكة (닷카)	자갈	**دلالة** (딜랄 - 라)	1.중개 2.중개업 3.경매 4.가리킴 5.표식
دكة (딧카)	긴 의자, 벤치	**دليل** (달리 - 르)	1.증거 2.목격 3.길잡이 4.목록 5.안내서
دكان (둣카 - ㄴ)	1.상점, 가게 2.제작소	**أدلة** (아딜라)	증거, 증명
دكتور (두크투 - 르)	1.의사 2.박사	**تدليل** (타드리 - ㄹ)	증명, 입증, 논증

달

دلع (달으)	1.애교, 교태 2.애무	**تدلل** (타달룰)	애교, 아양, 교태
دلوع (달루 - 으)	버릇없는, 어리광부리는	**مدلول** (마드루 - ㄹ)	의미, 뜻, 의의
تدلع (타달루으)	응석, 교태	**دلج** (달라자)	물을 푸다(우물에서)
مدلع (무달라으)	버릇없는	**أدلج** (아들라자)	밤길을 떠나다
دلق (달라까)	1.칼을 뽑다 2.붓다, 쏟다	**مدلج** (미들라자)	물통, 바께쓰
اندلق (인달라까)	흘러나오다, 두드러지다	**دلس** (달라싸)	속이다, 기만하다
دلق (달라끄)	족제비	**تدليس** (타들리 - 쓰)	기만, 협잡
دلك (달라카)	안마하다, 주무르다	**مدلس** (무달리쓰)	1.속이는 2.위조하는 3.위조자
دلوك (둘루 - 크)	일몰, 해넘이	**دلع** (달라아)	1.혀를 내밀다 2.귀여워하다
دلوك (달루 - 크)	연고, 고약	**تدلع** (타달라아)	어리광부리다, 변덕부리다
تدليك (타들리 - 크)	안마, 맛사지	**اندلع** (인달라아)	솟구치다(불길이)

달

دميم (다미 - ㅁ)	1.보기흉한, 망측한 2.난쟁이	دله (달라하)	정신을 잃게 하다, 얼빠지게 하다
مدمة (미담마)	쇠스랑, 갈퀴	تدله (타달라하)	미치다, 얼빠지다
دمث (다무싸)	온순하다, 유순하다	مدله (무달라흐)	사랑에 빠진, 홀딱 반한
دماثة (다마 - 싸)	온순, 얌전	دلى (달라)	1.물을 푸다 2.내리우다, 드리우다
دمج (다마자)	가입하다, 삽입되다	أدلى (아들라)	1.내리우다 2.증명하다 3.발표하다
أدمج (아드마자)	1.가입시키다 2.합치다 3.동화시키다	دلو (달루)	물통, 바께스
اندمج (인다마자)	1.편입하다 2.결합되다, 동화되다	مدلى (무달라)	드리워진, 걸려있는
إدماج (이드마 - 즈)	삽입, 병합, 포함	دم (담마)	1.칠하다 2.고루다(땅을)
تدميج (타드미 - 즈)	속기	دمم (담마마)	색칠하다, 도색하다
اندماج (인디마 - 즈)	연합, 결합	دم (담므)	1.도료, 페인트 2.피
مدمج (무드마즈)	1.견고한 2.긴밀한	دمام (디마 - ㅁ)	입술연지, 루즈

달

مندمج (문다미즈)	합병한, 병합한, 편입한	**دمس** (담마싸)	1.파묻다 2.삶다, 끓이다
دمدم (담다마)	1.중얼거리다 2.투덜대다 3.욕하다	**دماسة** (다마 - 싸)	재, 불꽃이 남아있는 재
دمدمة (담다마)	1.중얼거리는 것 2.투덜대는 것	**ديماس** (다이마 - 쓰)	1.지하실 2.고분 3.지하감옥
دمر (다마라)	1.멸망하다 2.파괴되다	**مدمس** (무담마쓰)	끓인, 찐, 삶은
دمر (담마라)	파괴하다, 황폐화시키다	**دمع** (다마아)	눈물을 흘리다
دمار (다마 - 르)	1.멸망, 파멸 2.파괴, 붕괴	**دمع** (다므으)	눈물
دميرة (다미 - 라)	범람기(나일강의)	**دموع**	눈물이 빨리 흐르는, 눈물이 많은
تدمير (타드미 - 르)	파괴	**مدمع** (마드마으)	1.눈물관 2.눈물
مدمر (무드미르)	1.파괴하는 2.파괴자	**دمغ** (다마가)	1.논박하다 2.소탕하다 3.날인하다
مدمرة (무담미라)	1.구축함 2.전투기	**دمغة** (다므가)	1.낙인 2.부호, 기호 3.검사
دمس (다마싸)	1.파묻다 2.감추다	**دامغ** (다 - 미그)	확고한, 논박할 여지없는

달

238

اندمل (인다말라)	아물다	**دماغ** (다마 - 그)	1.뇌, 두뇌 2.머리
دمل (둠말)	종기, 부스럼	**مدموغ** (마드무 - 그)	도장찍힌 우표
دمن (다마나)	거름을 주다, 비료를 주다	**دمق** (다마까)	1.침입하다 2.훔치다
أدمن (아드마나)	1.몰두하다 2.중독되다	**اندمق** (인다마까)	1.침입하다 2.훔치다
دمنة (디므나)	거름더미	**دمقرط** (담까리똬)	민주화하다
دمان (디마 - ㄴ)	거름, 비료, 두엄	**دمقراطة** (담끄라 - 똬)	민주화
إدمان (이드마 - ㄴ)	1.몰두 2.중독	**دمقراطية** (담끄라띠 - 야)	민주주의
مدمن (무드민)	중독된, 인이 배긴	**دمك** (다마카)	1.비틀다 2.솟다(해가)
دمى (다미야)	피를 흘리다	**مدموك** (마드무 - 크)	탄탄한, 촘촘한
أدمى (아드마)	피흘리게 하다	**دمل** (다말라)	거름을 주다, 비료를 주다
دم (담)	피, 혈액	**دمل** (다밀라)	아물다(상처가)

달

دنس (다니쓰)	1.불결한 2.모독당한	**دموى** (다마위)	1.피묻은 2.잔인한
دناسة (다나-싸)	모욕, 더러움, 때	**دمية** (두므야)	1.유화 2.인형 3.우상 4.사람모형
تدنيس (타드니-쓰)	1.오염 2.모독	**دنأ** (다나아)	너절하다, 비열하다
دنف (다니파)	1.심하게 앓다(병을), 2.접근하다 3.서산에 기울다(해가)	**دنؤ** (다누아)	1.저속하다 2.너절하다
أدنف (아드나파)	증병을 앓다	**دنيء** (다니-으)	저열한, 비열한
دنف (다니프)	질병	**دناءة** (다나-아)	비열, 비굴, 너절함
دنق (다나까)	동사하다, 얼어 죽다	**دنر** (단나라)	화폐를 주조하다
دنق (단나까)	얼굴이 수척해보이다	**دينار** (디나-르)	디나르(화폐단위)
دنى (다니야)	비열하다, 미천하다	**دنس** (다나싸)	더러워지다, 불결해지다
دنى (단나)	1.가깝게 하다 2.접근시키다	**دنس** (단나싸)	더럽히다, 유린하다
دانى (다-나)	1.가깝다 2.경쟁하다	**تدنس** (타단나싸)	더러워지다, 유린당하다

دهش (다히샤)	놀라다
أدهش (아드하샤)	놀라게 하다
اندهش (인다하샤)	치이다, 깔리다(차에)
دهشة (다흐샤)	놀라움, 경탄
مدهش (무드히슈)	놀랄만한, 경탄을 자아내는
مدهشات (무드히샤 - 트)	기적, 신기한 물건
مدهوش (마드후 - 슈)	놀라운
مندهش (문다히슈)	놀란, 질색한, 당황한
دهق (다히까)	1.붓다, 쏟다 2.채우다
أدهق (아드하까)	가득 채우다(잔에)
دهاق (디하 - 끄)	가득 찬, 넘쳐흐르는

أدنى (아드나)	접근시키다
تدنى (타단나)	1.점점 가까워지다 2.떨어지다(값이) 3.타락하다
دنى (다니 - 유)	1.천한, 시시한 2.가까운
دنيا (둔야)	1.세상, 누리 2.날씨
دناية (다나 - 야)	1.비열, 비굴 2.가까움
أدنى (아드나)	1.가장 가까운 2.최저의 3.최소의
دهر (다흐르)	1.시대, 세기 2.팔자, 운명
دهري (다흐리 - 유)	1.세기적인 2.무신론의 3.금욕주의의
دهس (다하싸)	1.짓밟다 2.치다(차가 사람을)
اندهس (인다하싸)	치이다, 깔리다(차에)

달

دهقان 1.지도자 2.뛰어난 사람
(디흐까 - ㄴ)

دهم 갑자기 닥치다, 달려들다
(다하마)

داهم 1.갑자기 달려들다(위험이)
(다 - 하마) 2.불시에 들어닥치다

دهمة 검은 것, 검은 색
(두흐마)

دهماء 군중, 대중, 백성
(두흐마 - 으)

أدهم 칠흑같이 캄캄한, 어두운
(아드하무)

دهن 1.색칠하다 2.기름칠하다
(다하나)

داهن 1.아첨하다
(다 - 하나) 2.묵인하다

تدهن 칠해지다, 도색되다
(타다흐하나)

دهن 기름, 비계, 지방
(두한)

دهان 1.기름 2.도료, 페인트
(디하 - ㄴ) 3.왁스 4.연고, 고약

دهينة 연고
(다히 - 나)

مدهن 기름진, 살찐
(무드히느)

مداهن 1.아첨하는 2.아첨꾼
(무다 - 히누)

مداهنة 아첨, 아부
(무다 - 히나)

دهور 1.떨어뜨리다 2.타락시키다
(다흐와라)

تدهور 1.떨어지다 2.타락되다
(타다흐와라) 3.몰락하다
4.쇠약해지다

تدهور 1.떨어짐 2.타락 3.몰락
(타다흐와르) 4.쇠퇴, 쇠약

دهى 닥치다(불행이나 병이)
(다하)

دهى 교활하게 행동하다
(다히야)

دهى 닥치다(불행 등이)
(다흐하)

داهية 1.재난 2.영리한 사람 (다 - 히야)	**دايخ** 1.현기증 나는 2.멀리 (다 - 이크) 3.머리가 핑도는
دهاء 1.교활성 2.영리함 3.수완 (다하 -)	**تدويخ** 1.정복 2.종속 (타드위 - 크)
أدهى 참혹한, 무서운, 비참한 (아드하)	**دود** 구더기가 득실거리다 (다우와다)
داء 병, 질병 (다 -)	**دود** 구더기, 벌레, 애벌레 (두 - 드)
داب 녹다 (다 - 바)	**دودة** 구더기, 벌레 (두 - 다)
داخ 1.굴복하다 2.머리가 핑돌다 (다 - 카) 3.졸도하다 4.뱃멀미가 나다	**ديدان** 구더기, 벌레 (디다 - 느)
دوخ 1. 정복하다 2. 굴복시키다 (다우와카) 3.현기증나게 하다	**مدود** 구더기가 우글거리는 (마두 - 드)
دوخة 멀미, 어지럼증 (다우카)	**مدود** 여물통, 구유 (미드와드)
دوخان 멀미, 어지럼증 (다우카 - 누)	**دار** 1.방향을 바꾸다 (다 - 라) 2.순회하다
دائخ 1.현기증 나는, 핑도는 (다 - 이크) 2.멀미	**دور** 1.환시키다 2.뒤집다 (다우와라) 3.현기증나게 하다
	أدار 1.회전시키다 (아다 - 라) 2.운영하다

달

تدور 순회하다, 주위를 돌다 (타다우와라)	**دوار** 1.순회하는 2.회전하는 (다우와 - 르)
دور 1.차례 2.기회 3.기간 4.주기 5.단계 6.회전 7.층계 8.정기회의 9.역할 (다우르)	**دوارة** 1.팽이 2.외출을 좋아하는 여자 3.콤파스 (다우와 - 라)
دورة 1.주기 2.순서 4.회전 5.정기회의 6.교대 (다우라)	**إدارة** 1.운영, 경영 2.행정 (이다 - 라)
دورية 1.순찰대 2.교대(작업의) (다우리 - 야)	**ديرة** 거주지 (디 - 라)
دار 집, 주택, 건물 (다 - 르)	**مدار** 1.축, 축대 2.중추 3.범위, 영역 4.궤도(천체) (마다 - 르)
دارة 무리 (다 - 라) (해 둘레에 생기는)	**مدور** 둥근, 원형의 (무다위르)
دائر 1.도는 2. 둥근 3.유행하는 4.순환되는 (다 - 이르)	**مدير** 1.관리자, 지배인, 책임자 2.교장 (무디 - 르)
دائرة 1.원 2.대사전 3.구역 4.정기모임 5.범위 6.층 7.기관, 부서 (다 - 이라)	**مدرية** 1.도, 주 2.국, 청 (무디리 - 야)
داورية 1.순찰대 2.초소 (다우리 - 야)	**مستدار** 궤도 (무스타다 - 르)
دوار 멀미, 현기증 (두와 - 르)	**مستدير** 둥근, 원형의 (무스타디 - 르)
	دوش 떠들썩 부산을 피우다 (다와샤)

دوش (두 - 쉬) 샤워, 간단히 목욕하는 것

دوشة (다우샤) 소음, 야단법석, 북새통

مدووش (마드우 - 쉬) 몹시 떠드는, 소란한, 부산한

دوغ (다우와가) 도장을 찍다, 표식을 하다

داغ (다 - 그) 날인, 불도장

داف (다 - 파) 1.때리다 2.섞다 3.짓다(약)

دوف (다우프) 1.심장의 고동 2.매질

داق (다 - 까) 음식을 맛보다

دوق (두 - 끄) 1.공작 2.군주

دوقة (두 - 까) 공주

دوقية (두끼 - 야) 공국, 공작의 영지

دوك (다우와카) 야단법석을 떨다, 소란을 피우다

دوكة (다우카) 소란, 소동, 야단법석

دال (달 - 라) 1.경과하다 2.변하다(시대가) 3.낡아지다 4.교체되다 5.닥쳐오다

دول (다우왈라) 국제화하다

داول (다 - 왈라) 1.회담하다 2.교체하다

أدال (아달 - 라) 1.유통시키다 2.넘기다 (손에서 손으로)

تداول (타다 - 왈라) 1.유통되다 2.토론하다 3.교섭하다 4.번갈아하다

دولة (다울라) 1.흥망성쇠 2.정부, 국가 3.왕조 4.왕국

دولية (둘왈리 - 야) 국제주의

دويلة (두와일라) 소국, 작은 나라

달

دائم 1.항구적인 2.지속되는 3.다년생의 (다-임)		**تدويل** 국제화 (타드위-ㄹ)	
دوام 1.지속, 영구성 2.근무시간 (다와-ㅁ)		**تداول** 1.유통, 순환 2.통용 3.교체, 교대 (타다-울)	
دوامة 팽이 (다우와-마)		**مداولة** 1.담판 2.상담, 의견교환 3.교대 (무다-왈라)	
ديمة 궂은 비 (디-마)		**متداول** 1.통용되는 2.유행되는 3.유통되는 (무타다-월)	
ديمومة 1.지속성, 장기성 2.황야, 무인지경 (다이무-마)		**دولاب** 1.바퀴, 차륜 2.장(옷장, 책장 등) (둘라-브)	
مداومة 계속성, 연속성 (무다-와마)		**دام** 1.지속되다 2.맴돌다 (다-마)	
مستديم 1.일상적인 2.계속적인, 항구적인 3.만성적인 (무스타디-ㅁ)		**دوم** 1.떠돌다 2.회전시키다 (다우와마)	
دوّن 기록하다, 등록하다, 써넣다 (다우와나)		**داوم** 계속되다, 시간을 보내다 (다-와마)	
تدون 기록되다, 등록되다 (타다우와나)		**أدام** 항구화하다, 질질끌다 (아다-마)	
دين 1.귀 2.부채 (다인)		**استدام** 지속되다, 계속되다 (이스타다-마)	
		دوم 1.지속, 계속 2.항구성, 영구성 (다움)	

ديوان 1.소파 2.시집 3.사무실 4.법정, 법원 (디ー ㄴ)	**دان** 1.대부하다 5.종교를 믿다 (다ー나)
ديوانة 세관 (디와ー나)	**أدان** 1.규탄하다 2.유죄판결하다 (아다ー나)
ديوانية 관료주의 (디와니ー야)	**تدين** 1.종교를 믿다 2.빚지다 (타다이야나)
مدونات 일지, 기록장 (무다우와나ー트)	**استدان** 1.빌리다 2.외상으로 사다 (이스타다ー나)
دوى 1.울리다 2.떠들다, 소리내다 (다와)	**دائن** 채권자 (다ー인)
دوى 앓다 (다위야)	**دين** 1.부채, 채무 2.차용 3.책임 4.은혜 (다인)
داوى 치료하다, 간호하다 (다ー와)	**دين** 종교, 신앙 (디ー ㄴ)
تداوى 치료되다, 약을 먹다 (타다ー와)	**دين** 경건한, 신앙심이 깊은 (다이인)
دواء 약, 약품 (다와ー)	**ديانة** 1.종교, 신앙 2.교리 (디야ー나)
دواة 잉크병 (다와ー트)	**إدانة** 1.규탄, 비난 2.유죄판결 (이다ー나)
دوى 1.산울림, 메아리 2.소음 (다위ー유)	**مداين** 채권자 (무다ー이누)

مدين 1.빚을 진 2.채무자
(마디 - 느)

مدينة 도시
(마디 - 나)

مديون 1.빚을 진 2.채무자
(마드유 - ㄴ)

مديونية 1.빚, 부채
(마드유니 - 야)   2.은혜, 신세

متدين 경건한, 신앙심이 깊은
(무타다이인)

(الذال : 잘)

ذا 1.이것, 이것은 2.…의 소유의
(자)

ذلك 그것은, 그
(잘 - 리카)

ذات 1.가지고 있는 2.본질,자체
(자 - 트)

ذاتية 1.자립성 2.주관 3.독특성 4.신분
(자티 - 야)

ذأب 무섭게 하다, 위협하다
(자아바)

استذأب 늑대처럼 되다
(이스타즈아바)

ذئب 이리, 늑대
(지으브)

ذب 보호하다, 변호하다
(잡바)

ذباب 칼날
(주바 - 브)

ذبابة 파리
(주바 - 바)

مذبة 파리채
(미잡바)

ذبح 1.제물로 바치다 2.도살하다
(자바하)

تذابح 살상하다
(타자 - 바하)

ذبح 희생물, 제물, 도살한 짐승
(지브흐)

ذبيحة 1.도살한 짐승 2.제물
(자비 - 하)

ذباح 백정, 도살자
(잡바 - 흐)

ذبحة 편도선염, 후두염
(지브하)

ذبيح 1.도살된 2.도살된 짐승
(자비 - 흐)

مذبح 1.도살장 2.제단 3.성찬대
(마즈바흐)

مذبوح 도살된, 살생된
(마즈부 - 흐)

مذبحة 1.유혈전 2.살육, 학살
(마즈바하)

ذخيرة (자키-라)	1.자금, 기금 2.예비품 3.재물 4.탄약	ذبذب (자브자바)	1.흔들리다 2.흔들다
ادخار (잇디카-르)	저장, 저축	تذبذب (타자브자바)	1.흔들리다 2.동요하다
مذخر (무잣카르)	창고, 저장소	ذبذبة (자브자바)	1.진동 2.동요
مذخرات (무잣카라-트)	저장품, 보유량, 예비	متذبذب (무타자브지브)	1.흔들리는 2.동요하는
مذخور (마즈쿠-르)	예비, 예비군	ذبل (자발라)	1.시들다 2.색이 날다
ذر (자르라)	1.싹이 나다 2.뿌리가 나다 3.뜨다(해가) 4.뿌리다	ذابل (자-빌)	1.시든 2.색이 바랜 3.초라한
ذر (자르르)	1.작은 개미, 불개미 2.뿌림	ذبالة (주발-라)	심지, 도화선
ذرة (자르라)	1.분자, 입자 2.원자 3.가루, 티끌	ذخر (자카라)	어려운 때를 대비하여 저축하다
ذرة (주라)	옥수수, 수수	ذخر (잣카라)	장만하다, 저장하다, 모아두다
ذرور (주루-르)	분가루, 분말	ادخر (잇다카라)	저축하다, 저장하다
ذرية (주루리-야)	자손, 후손	ذخر (주크르)	1.축적, 예비 2.기여

잘

250

ذرى (자라)	1.날리다 2.키질하다 3.찬양하다	ذرور (자루-르)	분산된, 뿌려진
أذرى (아즈라)	1.뿌리다 2.흘리다(눈물) 3.날리다	ذرع (자라아)	재다, 측정하다
تذرى (타자르라)	1.키질하다(곡식을) 2.오르다(산으로)	ذرع (자리아)	화해시키다, 중재하다
استذرى (이스타자라)	보호를 요구하다	تذرع (타자르라아)	1.핑계대다 2.무장하다
ذرى (자란)	보호, 엄호	ذرع (자르으)	1.팔 기장 2.힘
ذروة (주르와)	산꼭대기, 절정, 정점	ذراع (지라-으)	1.팔, 팔꿈치 2.손잡이 3.길이의 단위
ذعر (자아라)	1.공갈치다 2.겁먹다	ذريع (자리-으)	1.날랜 2.불가피한
أذعر (아즈아라)	놀래다, 질겁하게 하다	ذريعة (자리-아)	1.구실, 변명 2.수단, 방법
انذعر (인자아라)	무서워하다, 겁먹다	ذرف (자라파)	눈물을 흘리다
ذعر (자으르)	질겁, 공포	ذرف (자르라파)	1.흘리다(눈물) 2.초과하다
مذعور (마즈우-르)	질겁한, 혼난	ذرا (자라)	1.바람에 날리다(곡식을) 2.키질하다

잘

ذعن (자이나)	순종하다, 복종하다	**تذكر** (타잣카라)	기억하다, 회상하다, 돌이켜보다
أذعن (아즈아나)	순종하다, 복족하다	**تذاكر** (타자 - 카라)	1.함께 토의하다 2.같이 회상하다 3.함께 공부하다
إذعان (이즈아 - ㄴ)	복종, 순종, 굴복	**ادكر** (이닷카라)	기억하다, 회상하다
مذعان (마즈아 - ㄴ)	온순한, 유순한	**استذكر** (이스타즈카라)	1.회고하다 2.암송하다, 외우다
مذعن (무즈인)	순종하는, 온순한	**ذكر** (자카르)	1.수컷 2.남자성기 3.남자, 남성
ذفر (자파르)	악취, 구린내	**ذكرة** (자키라)	여장부, 사나운 계집
ذقن (자끈)	1.아래턱 2.턱수염	**ذُكرة** (주크라)	회상, 2.기억 3.명예, 명성
ذكر (자카라)	1.언급하다 2.상기하다 3.칭찬하다	**ذكرى** (지크라)	추억, 회상, 회고
ذكّر (잣카라)	1.상기시키다 2.타이르다 3.교배시키다	**ذاكرة** (자 - 키라)	기억, 기억력
ذاكر (자 - 카라)	1.협의하다 2.외우다 3.복습하다	**تذكرة** (타즈키라)	1.표, 차표 2.통지 3.훈시, 설교
أذكر (아즈카라)	상기시키다		

ذكاء (자카-) 1.총명 2.통찰력 3.지혜	**تذكار** (타즈카-르) 1.회상, 회고 2.기념품
ذكي (자키-유) 1.영리한 2.향기로운	**تذكير** (타즈키-르) 1.회고, 화상 2.수정 교배
ذل (잘라) 천하다, 너절하다, 비련하다	**مذكر** (무잣카르) 남성
ذلل (잘랄라) 1.비굴하게 만들다 2.굴복시키다 3.길들이다(말을)	**مذكر** (무잣키르) 생각나는
أذل (아잘라) 1.천대하다 2.극복하다 3.길들이다(말을)	**مذكرة** (무잣키라) 1.각서, 비망록 2.수첩 3.보고서
تذلل (타잘라라) 1.굽신거리다 2.굴복하다	**مذكرات** (무잣키라-트) 회상기, 수기, 일지
استذل (이스타잘라) 천대하다, 천시하다	**مذاكرة** (무자-카라) 1.복습 2.회담 3.협의 4.암기
ذل (줄르) 비굴, 굴종, 굴욕	**مذكور** (마즈쿠-르) 1.지적된 2.뜻 깊은
ذلة (줄라) 수치	**ذكى** (자카) 명철하다, 영리하다
ذلالة (잘라-라) 1.천대 2.비굴	**ذكى** (잣카) 1.도살하다 2.제물을 바치다
	أذكى (아즈카) 1.불길을 일으키다 2.세련시키다

잘

تذمم (타잠마마)	부끄러워하다, 수줍어하다	**ذليل** (잘리 - ㄹ)	1.비굴한 2.천대를 받는 3.기죽은 4.온순한
ذم (잠므)	1.비난 2.비평	**إذلال** (이즐라 - ㄹ)	천대, 학대, 멸시
ذمة (짐마)	1.보증 2.보호 3.빚, 채무 4.양심 5.권위 6.조약	**تذلل** (타잘룰)	비굴, 굴종
ذمام (지마 - ㅁ)	의무, 본분, 책임	**تذليل** (타즐리 - ㄹ)	1.천대, 학대 2.굴복, 굴종
ذميم (자미 - ㅁ)	1.비난 받아야 할, 2.불쾌한	**ذلق** (잘루까)	1.칼을 날카롭게 하다 2.유창하게 말하다
ذمى (짐미)	이슬람국가에서 세금을 지불하고 자유인으로 사는 비무슬림	**ذلق** (잘끄)	1.예리한 2.유창한 3.씩씩한, 활발한
مذموم (마즈무 - ㅁ)	비난 받을, 불명예스러운	**ذلاقة** (잘라 - 까)	1.화술, 말의 유창함 2.말의 빠름
ذمر (자마라)	사자가 으르렁거리다	**ذلق** (잘리끄)	유창한
تذمر (타잠마라)	투덜거리다, 불평하다	**ذليق** (잘리 - ㄲ)	유창한
ذمار (지마 - ㄹ)	인격, 가장 귀중한 것	**ذم** (잠마)	비난하다, 헐뜯다, 흠을 잡다
		ذمم (잠마마)	1.모질게 나무라다 2.외상으로 팔다

ذهب (자하바)	1.가다 2.사라지다 3.죽다 4.데려가다
ذهّب (자흐하바)	도금하다
أذهب (아즈하바)	1.제거하다 2.가져가다 3.보내다
ذهب (다합)	금
ذاهب (자 - 히브)	1.가고 있는 2.사라지는
ذهاب (자하 - 브)	가는 것, 출발
مذهب (마즈하브)	1.학설, 학파 2.신조 3.행동, 방법
مذهبية (마즈하비 - 야)	파벌주의, 학벌주의
مذهّب (무자흐하브)	도금한, 도금된
مذهوب (마즈후 - 브)	제정신이 아닌, 미친
ذهل (자할라)	잊어버리다

تذمّر (타잠마르)	불평, 불만, 두털거림
متذمّر (무타잠미르)	불만에 찬, 투덜거리는
ذمى (자미야)	운명할 순간에 있다
ذماء (자마 - 으)	생명의 최후 숨결, 임종의 모지름
ذنب (잔나바)	처벌하다, 징벌하다
أذنب (아즈나바)	1.죄를 짓다 2.잘못하다
استذنب (이스타즈나바)	1.유죄로 인정하다 2.죄상을 들어내다
ذنب (잔브)	1.죄, 죄악 2.잘못, 과오
ذنب (자나브)	1.꼬리 2.앞잡이, 추종자, 졸개
مذنب (무즈니브)	1.죄지은 2.범인, 죄인
مذنب (무잔나브)	1.꼬리가 있는 2.혜성

잘

ذهل (자힐라)	1.놀라다, 당황하다, 어리벙벙하다	**ذوب** (자우와바)	1.녹이다 2.없애버리다
أذهل (아즈할라)	1.당황케 하다 2.망하게 하다	**أذاب** (아자 - 바)	녹이다, 용해시키다, 풀다
تذاهل (타자 - 할라)	당혹해 하다	**ذائب** (자 - 이브)	용해된, 녹은
انذهل (인자할라)	어쩔줄을 모르다, 놀라다	**ذويان** (바우바 - ㄴ)	용해
ذاهل (자 - 힐)	어리둥절한, 당황한	**إذابة** (이자 - 바)	용해
ذهول (주후 - ㄹ)	얼빠짐, 당황, 아연질색	**تذويب** (타즈위 - 브)	용해
مذهل (무즈힐)	놀랄만한, 비범한, 비상한	**مذاب** (무자 - 브)	녹은, 용해된
منذهل (문자힐)	얼빠진, 당황한	**مذيب** (무지 - 브)	용해되는, 녹이는
ذهن (지혼)	1.정신, 지능 2.기억 3.두뇌	**ذاد** (자 - 다)	1.지키다 2.쫓다
ذهنية (지흐니 - 야)	1.사고방식 2.지적 수준	**ذائد** (자 - 이드)	옹호자, 보호자
ذاب (자 - 바)	녹다, 융해되다	**ذود** (자우드)	방어, 수호, 보호

잘

أذوى (아즈와)	말리다
ذاع (자 - 아)	퍼지다, 보급되다, 전파되다
أذاع (아자 - 아)	1.방송하다 2.발표하다 3.유포시키다 4.공개하다
ذائع (자 - 이으)	전파된, 보급된, 알려진
إذاعة (이자 - 아)	1.전파 2.방송 3.공포
مذياع (미지야 - 으)	1.수다스러운 2. 마이크 3.메가폰 4.라디오
مذيع (무지 - 으)	1.방송된 2.아나운서
ذيل (자이알라)	마지막에 덧붙이다
ذيل (자일)	1.자락(옷의) 2.꼬리 3.첨부
تذييل (타즈이일)	첨가, 첨부, 보충, 부록

مذود (마주 - 드)	구유, 여물통
ذاق (자 - 까)	1.맛보다 2.체험하다
أذاق (아자 - 까)	맛보게 하다, 체험시키다
تذوق (타자우와까)	1.맛보다 2.즐기다
ذوق (자우끄)	1.맛 2.취미 3.미감 4.절도
ذائقة (자 - 이까)	맛
ذواق (자와 - 끄)	맛
ذواق (자우와 - 끄)	맛있는, 군침이 도는
مذاق (마자 - 끄)	맛
مذوق (무즈위끄)	맛있는, 우아한
ذوى (자위야)	시들다, 마르다

잘

مذيل   1.부록이 달린
(무자이얄르)   2.꼬리가 붙은

ذام   꾸짖다, 비난하다
(자 - 마)

مذيم   비난 받을, 꾸중들을
(마지 - ㅁ)

잘

(라 : الراء)

رأب 1.수리하다 2.중재하다
(라아바)

رؤبة 1.나무조각 2.수요, 요구
(루우바)

مرأب 1.정비공장 2.차고
(마르아브)

رأس 1.지휘하다 2.사회를 보다
(라아싸)

ترأس 1.거느리다 2.사회를 보다
(타라으아싸)

رأس 1.꼭대기 2.두뇌 3.머리 4.처음
(라으쓰)

رأسى 1.머리의 2.수직의
(라으씨 - 유)

رئيس 1.대통령 2.장 3.위원장
(라이 - 쓰)

رئيسة 1.여성 대통령 2.여성 지도자
(라이 - 싸)

رئيسى 주요한, 기본적인, 중심적인
(라이씨 - 유)

رأسمال 자본금
(라으쓰마 - ㄹ)

رأسمالى 자본주의의, 자본가
(라으쓰말리 - 유)

رأسمالية 자본주의
(라으쓰말리 - 야)

رئاسة 지휘권
(리아 - 싸)

ترويسة 표제, 제목
(타르위 - 싸)

مرؤوس 1.종속되는 2.하급자
(마르우 - 쓰)

رأف 가엾게 여기다, 불쌍히 생각하다
(라아파)

استرأف 위로하다
(이스타르아파)

رأفة 동정, 가엾음
(라으파)

رؤوف 인자한, 동정어린
(라우 - 프)

رأم 수리하다, 수선하다
(라아마)

라

259

رِئَة (리아)	허파
مِرْآة (미르아 - 트)	거울
مَرْئِيّ (마르이 - 유)	보이는, 눈에 띄는
رَبَّ (랍바)	1.주인이 되다 2.지배하다 3.양성하다
تَرْبِيب (타랍바바)	양육하다, 양성하다
رَبّ (랍브)	1.주님 2.주인 3.나으리 4.통치자
رُبَّ (룹바)	1.자주 2.아마 3.가능한
رَبَّة (랍바)	주부, 안주인
رِبَّة (립바)	꽃돋이, 발진
رُبُوبِيَّة (루부비 - 야)	통치
رَبِيب (라비 - 브)	1.양육자 2.의붓아버지 3.의붓아들
رَئَمَ (라이마)	1.귀여워하다 2.애무하다
رَؤُوم (라우 - 므)	1.사랑에 넘치는 2.길든
رَأَى (라아)	1.보다 2.만나다 3.의견을 갖고 있다
أَرَى (아라)	1.보여주다 2.간주하다
تَرَأَّى (타라으아)	1.나타나다 2.여기다
اِرْتَأَى (이르타아)	1.궁리하다 2.고려하다
رَأْي (라으유)	1.생각 2.의견, 견해 3.자문
رَايَة (라 - 야)	깃발, 기치
رُؤْيَا (루으야)	1.꿈속에서 보는 것 2.꿈
رُؤْيَة (루우야)	1.보는 것 2.의견, 견해
رِئَاء (리아 - 으)	위선, 가장, 허위

رباح (리바-흐)	이윤, 이익, 소득	ربيبة (라비-바)	1.의붓딸 2.계모 3.유모
مربح (무르비흐)	수익성 있는	مربة (무랍바)	쨈
مرابحة (무라-비하)	증권매매	مربوب (마르부-브)	양아들
ربد (라바다)	머물다, 체류하다	ربا (라바아)	1.오르다 2.살피다 3.찾다
تربد (타랍바다)	1. 구름이 끼다 2.침울해지다	مربأ (마르바오)	전망대, 감시소
ارتبد (이르타바다)	1.잿빛이 되다 2.흐려지다	ربت (라바타)	쓰다듬다
ربدة (루브다)	잿빛, 회색	ربتة (라브타)	쓰다듬는 것
أربد (아드라드)	1.잿빛이 나는, 회색의 2.독사	ربح (라바하)	1.이윤을 얻다(도박에서) 2.이기다
مربد (무르바드)	잿빛의	أربح (아르바하)	1.이윤을 얻다(도박에서) 2.이기다
ربس (라바싸)	치다(손으로), 때리다	ربح (리브흐)	이윤, 소득, 이익
ربس (라브쓰)	1.너절한 일 2.대량의, 허다한	رابح (라-비흐)	이득이 있는, 소득이 있는

라

رابطة (라 - 비따)	1.연계 2.연맹, 협회	**ربص** (라바쏴)	숨어서 살피다
رباط (라바 - 뜨)	1.여인숙 2.노끈 3.붕대 4.넥타이	**تربص** (타랍바쏴)	매복하여 기다리다
رباطة (라바 - 따)	관련, 연관성	**متربص** (무타랍비스)	매복하고 있는
ترابط (타라 - 부뜨)	1.상호연관 2.단결, 단합	**ربض** (라바돠)	1.꿇어앉다 2.숨어서 살피다
ارتباط (이르티바 - 뜨)	1.약속 2.연계 3.관계	**مربض** (마르바드)	1.울타리 2.짐승의 굴
مربط (마르비드)	1.매어 두는 곳 2.마구간	**ربط** (라바뜨)	1.묶다 2.동여매다 3.제정하다
مرابط (무라 - 비뜨)	1.주둔한 2.경비하고 있는	**رابط** (라 - 바뜨)	1.주둔하다 2.냉정하다 3.매복하다
مربوط (마르부 - 뜨)	1.매어 있는 2.구속된 3.연결된	**ترابط** (타라 - 바뜨)	서로 연결되다
مترابط (무타라 - 비뜨)	논리정연한	**ارتبط** (이르타바뜨)	관련되다, 연계되다
مرتبط (무르타비뜨)	연결된, 결합된, 연관된	**ربط** (라브뜨)	1.연계 2.묶는 것 3.설정
ربع (라바아)	봄이 오다	**ربطة** (라브따)	1.꾸러미, 보따리 2.끈

أربعاء (아르비아 - 으)	수요일	**ربع** (랍바아)	1.제곱하다(수학) 2.네배로 하다 3.사각형으로 만들다
أربعة (아르바아)	넷, 4	**تربع** (타랍바아)	1.책상다리를 하다 2.자리잡다
أربعون (아르바우 - 나)	사십, 마흔	**ربع** (루브으)	1.사분의 일 2.한 분기
أربعينات (아르바이나 - 트)	40년대	**رابع** (라 - 비으)	네 번째의, 넷째의
مربع (마르바으)	1.목장 2.초원	**رباع** (루바 - 으)	넷씩, 네배로
مربع (무랍바으)	1.정사각형 2.평방	**رباعيات** (루바이야 - 트)	4행시(문학)
مربعة (무랍바아)	지렛대	**ربوع** (루부 - 으)	땅, 국토, 영토
ربغ (라바가)	넉넉하게 살다	**ربيع** (라비 - 으)	1.봄 2.봄에 따는 꿀 3.봄비
رابغ (라 - 비그)	넉넉한, 편안한, 안락한	**ربيعة** (라비 - 아)	1.화원, 꽃밭 2.투구
رباغة (라바 - 가)	넉넉한 것, 풍족, 부유함	**أرباع** (아르바 - 우)	군중, 사람들의 무리
ربق (라바까)	목에 올가미를 씌우다		

라

ارتبق 올가미에 걸리다 (이르타바까)	**ربى** 1.기르다(짐승) 2.양육하다 (랍바)
ربقة 올가미 (리브까)	**رابى** 이자놀이를 하다 (라 - 바)
ربيقة 올가미에 걸린 짐승 (라비 - 까)	**أربى** 1.늘이다 2.초과하다 (아르바)
ربك 1.복잡하게 하다 2.당황하게 하다 (라바카)	**تربى** 1.자라나다 2.육성되다 (타랍바)
ارتبك 1.당황하다 2.복잡해지다 (이르타바카)	**ربا** 이자놀이, 비합법적인 이윤 (리바)
ربكة 당황, 곤경, 난처함 (라브카)	**ربو** 천식(의학) (라부)
ارتباك 1.혼란, 곤경 2.당황 (이르티바 - 크)	**ربوة** 언덕, 구릉, 고지 (루브와)
مربك 시끄러운, 싫증나는 (무르비크)	**تربية** 1.기르기 2.교양, 교육 (타르비야)
مرتبك 1.복잡한 2.난처한 (무르타비크)	**مراب** 고리대금업자 (무라 - 빈)
ربون 1.담보, 보장 2.예약금 (라부 - ㄴ)	**مراباة** 고리대금업 (무라바 - 트)
أربون 1.담보, 보장 2.예약금	**مرب** 교육자, 교사, 가정교사 (무랍비)
ربا 1.성장하다 2.증가하다 (라바)	

مرتب (무랏탑)	1.정돈된 2.준비된 3.월급	**مربي** (무랍바)	쨈
مرتبة (마르타바)	1.직급 2.매트리스 3.위치	**مربية** (무랍비야)	1.여자가정교사 2.보모
رتع (라타아)	가축이 한가롭게 푸을 뜯어먹다	**رتب** (랏타바)	1.조직하다 2.정돈하다 3.배열하다
مرتع (마르타으)	1.방목지 2.넓은 곳	**ترتب** (타랏타바)	1.배열되다 3.도출되다
رتل (라탈라)	1.산뜻하다 2.잘 정돈되다	**رتبة** (라타바)	단, 층계, 계단
رتل (랏탈라)	1.찬송을 부르다 2.노래하다	**رتبة** (루트바)	1.범위 2.지위, 등급 3.신분, 직급
رتل (라틀)	대열, 종대	**راتب** (라 - 팁)	1.규정된 2.월급
ترتيل (타르티 - ㄹ)	리듬을 넣어 꾸란을 암송하는 것	**رتوية** (루투 - 바)	단조로운, 무미건조한
ترتيلة (타르틸 - 라)	1.노래 2.찬송가, 찬가	**رواتب** (라와 - 팁)	지정된 시간 혹은 매일 읽는 꾸란경문
مرتل (무랏틸)	1.노래하는 2.꾸란 낭송자	**رتيب** (라티 - ㅂ)	1.단조로운, 따분한, 천편일률적인
رث (랏싸)	해지다(옷이)	**ترتيب** (타르티 - ㅂ)	1.조직 2.정돈 3.순서 4.준비

مرتج (무르탓즈)	1.진동하는 2.흥분된	رثة (릿싸)	누더기, 넝마, 헌옷
رجأ (라자아)	연기하다, 미루다	رثاثة (라싸 - 싸)	낡음, 해진 것
إرجاء (이르자 - 으)	연기, 늦춤, 연장	رثيث (라씨 - 쓰)	초라한 모습의
رجب (라자바)	1.부끄러워하다 2.두려워하다	رثا (라싸)	1.곡을 하다 2.동정하다
رجب (라잡)	7월(이슬람력의)	رثى (라쓰이)	1.애도, 곡하는 것 2.애석함
رجح (라자하)	한쪽으로 기울다	رثية (라쓰야)	관절염(의학)
ترجح (타랏자하)	흔들리다, 진동하다	مرثية (마르씨야)	추도문, 추도시, 추도가
ارتجح (이르타자하)	흔들리다	رج (랏자)	1.떨다 2.흔들리다
استرجح (이스타르자하)	예측하다, 짐작하다	ارتج (이르탓자)	흔들리다, 진동하다
رجاحة (라자 - 하)	엄숙함, 침착성, 신중성	رجة (랏자)	진동, 떨림, 흔들림
رجاحة (랏자 - 하)	1.그네 2.요람	ارتجاج (이르티자 - 즈)	떨림, 진통

رجيح (라지-흐)	훌륭한, 우월한	رجع (라자아)	1.돌아오다 2.돌려주다
أرجح (아르자후)	틀림없는, 영낙없는	رجع (랏자아)	1.반환하다 2.반복하다
أرجوحة (아르주-하)	1.시이소, 그네 2.요람	راجع (라-자아)	1.교열하다 2.대조하다
ترجيح (타르지-흐)	편중, 치중	ارتجع (이르타자아)	1.후퇴하다, 물러서다 2.되돌려주다
مرجح (무랏지흐)	우세한	استرجع (이스타르자아)	1.회수하다 2.소환하다 3.철회하다
مرجوحة (마르주-하)	널뛰기, 시소	رجعة (라즈아)	1.회답 2.후퇴
رجز (라자자)	짓다(시를), 읊다	راجع (라-지으)	돌아오는, 다시 나타나는
أرجوزة (아르주-자)	시(운율에 맞추어 지어진 시)	تراجع (타라-주으)	1.후퇴, 퇴각 2.퇴보
رجس (라지싸)	비열한 짓을 하다, 불결하다	ارتجاع (이르티자-으)	1.반동 2.반환
رجاسة (라자-싸)	더러움, 지저분함	استرجاع (이스티르자-으)	1.소환 2.회수 3.취소
رجيس (라지-쓰)	더러운, 어지러운	مرجع (마르지으)	1.본래자리 2.참고서 3.출처 4.상환청구권

라

ارتجل (이르타잘라)	즉흥적으로 하다	مراجع (무라 - 지으)	검사원
رجل (라즐)	1.보병 2.보행인	مراجعة (무라 - 자아)	1.반복 2.재고 3.조사 4.검열 5.복습
رجل (라줄)	1.사람 2.남자, 사나이	رجف (라자파)	1.흔들다 2.떨다, 진동하다
رجل (리즐)	1.다리 2.무리, 떼	ارتجف (이르타자파)	떨다, 진동하다, 떨리다
رجولة (루줄 - 라)	1.성년 2.남성다움	رجفة (라즈파)	1.떨림(의학) 2.경련
مرجل (미르잘)	가마, 보일러, 솥	رجاف (랏자 - 프)	떨리는, 헛소문
مرتجل (무르타잘)	즉흥적인, 즉석의	إرجاف (이르자 - 프)	헛소문, 유언비어
رجم (라자마)	1.돌을 던지다 2.저주하다	مرجف (무르지프)	유언비어를 퍼뜨리는 사람
رجم (랏자마)	추측하다, 예측하다	رجل (라질라)	걸어가다, 도보로 가다
ترجم (타르자마)	번역하다	رجل (랏잘라)	빗다(머리를)
رجم (라즘)	1.운석 2.돌로 때리는 것 3.짐작	ترجل (타랏잘라)	1.내리다(차에서) 2.어른이 되다

라

أرجى (아르자)	연기하다, 뒤로 밀다	**رجم** (라잠)	1.묘 2.우물 3.난로
ترجى (타랏자)	1.바라다 2.부탁하다	**رجمة** (루즈마)	1.비석 2.돌무덤
ارتجى (이르타자)	바라다, 희망하다	**رجمة** (라즈마)	돌을 던지는 것
رجا (라자)	1.끝, 변두리 2.지방	**رجيم** (라지-ㅁ)	저주스러운, 죽어 마땅한
رجاء (라자-으)	1.기대 2.구원, 청원	**مرجم** (무랏잠)	의심스러운, 미심쩍은
مرجو (마르주-)	바라는, 기대하는	**رجن** (라자나)	거주하다, 살다
رحب (라히바)	넓다, 광활하다	**رجين** (라지-ㄴ)	치명적인 독, 독약
رحب (라흐하바)	환영하다, 축하하다	**رجينة** (라지-나)	나무진, 송진
تراحب (타라-하바)	확장되다(차츰)	**مرجونة** (마르주-나)	광주리, 바구니
رحب (라흐브)	1.넓은 2.관대한	**رجا** (라나)	1.바라다 2.축복하다 3.부탁하다
رحابة (라하-바)	넓음, 광활함	**رجى** (라지야)	침묵하다

라

رحلة (리흘라)	여행	ترحيب (타르히-브)	1.환영 2.반가움
راحل (라-힐)	1.떠나간 2.고인 3.망명자 4.유목민	ترحاب (타르하-브)	환영, 맞이함
راحلة (라-힐라)	여행용 낙타	مرحب (마르하브)	활짝트인 공간
رحالة (라흐할-라)	여행가	مرحبة (마르하바)	광활한 범위, 넓은 곳
رحيل (라-힐)	1.출발, 떠남 2.이주	رحض (라하다)	씻다, 행구다
ترحيل (타르히-ㄹ)	1.떠나보내는 것 2.이동	مرحاض (미르하-드)	화장실
ارتحال (이르티하-ㄹ)	1.출발 2.망명, 이주	رحيق (라히-ㄲ)	잘 익은 술, 독한 술
مرحلة (마르할라)	1.하루의 여정 2.단계, 시기	رحل (라할라)	1.떠나다 2.파견하다
رحم (라히마)	1.동정하다, 불쌍히 여기다	ترحل (타하르할라)	떠돌아다니다, 여행하다
تراحم (타하-하마)	서로 동정하다	ارتحل (이르타할라)	1.떠나다 2.이주하다 3.망명하다
استرحم (이스타르하마)	1.동정을 바라다 2.애원하다	رحل (라흘)	1.안장 2.길짐

라

رحم (라흠)	1.자궁 2.친척관계 3.내부, 안	رخيص (라키 - ㅅ)	1.연한 2.값싼 3.질이 낮은 4.시시한
رحمان (라흐마 - ㄴ)	자비심 많은	ترخيص (타르키 - ㅅ)	값을 낮추는 것
رحمة (라히마)	동정심, 자비심, 인정	مرتخص (무르타키스)	값싼
رحيم (라히 - ㅁ)	자비스러운, 동정어린	رخم (라쿠마)	부드럽다(목소리가), 듣기 좋다
مرحوم (마르후 - ㅁ)	1.동정을 받는 2.고인	رخم (라카마)	알을 품다, 알을 깨다
رحوى (라흐위 - 유)	도는, 회전하는	رخم (랏카마)	1.부드럽게 소리내다 2.대리석을 깔다
رحاية (라하 - 야)	맷돌	رخم (라쿰)	부화(달걀의)
رخص (라카샤)	1.값이 싸다 2.부드럽다	رخام (루카 - ㅁ)	대리석
رخص (랏카샤)	1.낮추다(값) 2.허락하다	رخيم (라키 - ㅁ)	부드러운(목소리가), 듣기 좋은
ترخص (타랏카샤)	내려가다(값이) 2.허용하다	رخو (라쿠)	나른하다, 무기력하다
رخصة (루크사)	1.허가증 2.운전면허증 3.허가	رخا (라카)	부유하게 호화롭게 살다

라

تردد	(타랏다다)	1.망설이다 2.의심하다 3.반복되다
ارتد	(이르탓다)	1.돌아오다 2.물러서다 3.떠나다
استرد	(이스타랏다)	1.되찾다(손실을) 2.물리치다
رد	(랏드)	1.반환 2.대답, 답변 3.반사 4.격퇴 5.논박
ردة	(랏다)	1.메아리 2.후렴(음악) 3.격세유전 4.배교 5.반작용, 반응
تردد	(타랏두드)	1.망설임 2.의심 3.주파수 4.반복
ارتداد	(이르티다 - 드)	1.후퇴 2.배신 3.배교
استرداد	(이스티르다 - 드)	1.철수 2.회수 3.회복
مردددون	(무랏디두나)	후렴 가수보조원들
مردون	(마르두 - 드)	1.격퇴당한 2.수입 3.수확, 생산량
أرخى	(아르카)	1.약화시키다 2.느슨하게 하다
ارتخى	(이르타카)	나른해지다, 무기력해지다
استرخى	(이스타르카)	약해지다, 맥없이 되다
رخو	(라크우)	1.연약한 2.늘어진, 처진
رخوة	(라크와)	1.허약, 쇠약 2.부드러움
رخاء	(라카 - 으)	1.안락 2.행복, 번영
رخاوة	(라카 - 와)	1.허약 2.부드러움
تراخ	(타라 - 킨)	1.허약, 연약 2.무사, 태평
ارتخاء	(이르티카 - 으)	약화, 나른해지는 것
رد	(랏다)	1.돌려주다 2.물리치다 3.대답하다
ردد	(랏다다)	되풀이하다, 반복하다

라

مرتد (무르탓드)	1.격퇴당한 2.배교자	ردع (라다아)	1.억제하다 2.밀치다
ردؤ (라두아)	나쁘다, 나빠지다	ارتدع (이르타다아)	1.막다 2.제지하다
أردت (타랏다아)	악화되다, 나빠지다	رادع (라 - 디으)	억제, 견제, 구속, 통제
رديء (라디 - 으)	1.나쁜 2.악의에 찬	ردف (라다파)	1.뒤따르다 2.뒤에 타다
رداءة (라다 - 아)	1.나쁜 것 2.악의, 심술	رادف (라 - 다파)	동의어가 되다
ردب (라드브)	막다른 골목, 막힌 골목	أردف (아르다파)	보태다, 첨가하다
ردح (라다하)	꾸짖다, 욕하다	ترادف (타라 - 다파)	동의어가 되다
رادح (라 - 다하)	반박하다	ردف (리드프)	1.뒤의, 배후의 2.엉덩이
ردح (라드흐)	욕설, 질책	رادف (라 - 디프)	뒤따르는
ردس (라다쓰)	땅을 다지다	رديف (라디 - 프)	1.뒤따라 가는 2.예비군
مردس (미르다쓰)	땅을 다지는 롤러	ترادف (타라 - 두프)	동의어, 유사어

라

أردى (아르다)	1.꺼꾸러뜨리다 2.살해하다	مرادف (무라-디프)	유사어, 비슷한 말, 동의어
ارتدى (이르타다)	옷을 입다	مترادفة (무타라-디파)	동의어
رداء (리다-으)	옷, 외투, 두루마기, 베일	ردم (라다마)	1.메우다 2.수리하다
رديء (라디-으)	파괴, 파멸	أردم (아르다마)	계속되다
رذ (랏자)	보슬비가 내리다	تردم (타랏다마)	수리하다, 깁다
رذاذ (라자-즈)	보슬비	ردم (라듬)	1.흙(파헤친) 2.폐허 3.쓰레기
رذل (라줄라)	너절하다, 졸렬하다	ردام (루다-ㅁ)	폐물, 무용지물
أرذل (아르잘라)	욕하다, 비난하다	رديم (라디-ㅁ)	파헤친
استرذل (이스타르잘라)	얕잡아보다	ردن (라다나)	실을 뽑다, 실을 잣다
رذل (라즐)	1.비열한 2.비도덕적인	مردن (미르단)	꾸리, 방주
رذالة (라잘-라)	1.비굴성 2.비도덕적인 것	ردى (라디야)	멸망하다, 몰락하다

라

رذيل (라지-ㄹ)	1.너절한 2.비도덕적인	**رزء** (루즈으)	재난
رذيلة (라질-라)	죄악, 악덕, 악행	**رزيئة** (라지-아)	재난
مرذول (마르주-ㄹ)	1.비열한 2.비도덕적인	**رزب** (라자바)	남아있다(자리에)
رذم (라자마)	1.가득 채우다 2.가득 차다	**مرزاب** (미르자-ㅂ)	배수관, 수채
أرذم (아르자마)	가득 채우다	**مرزبة** (마르자바)	1.쇠방망이 2.절구공이
رز (랏자)	박다, 꽂다, 끼우다	**رزح** (라자하)	1.기진맥진하다 2.억압하다
رزز (랏자자)	닦다, 윤을 내다	**رازح** (라-지흐)	1.신음하는 2.고된
أرز (아랏자)	1.박다 2.전화를 걸다	**رزق** (라자까)	먹여살리다
رز (룻즈)	쌀	**ارتزق** (이르타자까)	1.밥벌이하다 2.배급을 받다
أرز (아룻즈)	쌀	**رزق** (리즈끄)	1.생계수단 2.팔자 3.재산 4.부양 5.식량
رزأ (라자아)	입히다, 당하게 하다	**استرزاق** (이스티르자-끄)	독립생활, 자급자족

라

راسب (라 - 씨브)	1.침전물, 찌끼 2.낙제생	مرزوق (마르주 - 끄)	1.없을 것이 없는 2.행복한
ترسيب (타르씨 - 브)	침전	مسترزقة (무스타르자까)	고용병들
ترسبات (타랏싸바 - 트)	침전물, 잔재	رزم (라자마)	묶다, 매다, 싸다
رسخ (라싸카)	1.견고해지다 2.뿌리박다	رزمة (리즈마)	보따리, 꾸러미, 소포, 묶음
رسخ (랏싸카)	1.공고히 하다 2.뿌리내리게 하다	رزن (라자나)	1.심중하다 2.헤아리다
أرسخ (아르싸카)	1.고착시키다 2.강화하다	ترزن (타랏자나)	심중하게 행동하다
ترسخ (타랏싸카)	공고히 되다, 강화되다	رزانة (라자 - 나)	심중성, 침착성
راسخ (라 - 씨크)	1.견고한 2.굳센 3.확고히 뿌리내린	رزين (라지 - 느)	1.심중한, 침착한 2.점잖은
رسوخ (루쑤 - 크)	견고성, 확고성	رسب (라싸바)	떨어지다(시험에서)
ترسيخ (타르씨 - 크)	강화, 공고히 함	رسب (랏싸바)	침전시키다
رسخ (라싸가)	빠지다(진창에)	ترسب (타랏싸바)	가라앉다, 침전되다

라

مرسل (무르쌀)	1.선교사 2.사절 3.보낸, 파견된	رسغ (루쓰그)	1.팔목뼈 2.팔목
مرسل (무르씰)	1.보내는, 발송하는 2.보내는 사람	رسل (라씰라)	내리드리우다 (머리카락이)
مرسلية (무르쌀리 - 야)	임무, 사명	راسل (라 - 쌀라)	1.편지를 보내다 2.통신원이 되다
مراسل (무라 - 씰르)	통신원	أرسل (아르쌀라)	1.보내다 2.기르다(수염을)
مراسلة (무라 - 쌀라)	1.서신왕래 2.전령병, 통신병	ترسل (타랏쌀라)	1.흘러나오다(빛이) 2.가져오다
مرسال (미르싸 - ㄹ)	1.연락병 2.사절	رسل (라쓸)	1.조용한, 고요한 2.머리가 풀린
رسم (라싸마)	그림을 그리다	رسلة (리쓸라)	1.평온, 조용함 2.침착성
ترسم (타랏싸마)	1.제도하다 2.계획을 짜다	رسول (라쑤 - ㄹ)	1.사절 2.경고자 3.사도
ارتسم (이르타싸마)	1.묘사되다(미소가) 2.어리다	رسالة (리쌀라 -ㄷ)	1.편지 2.사명, 임무 3.논문, 학위논문
رسم (라씀)	1.그림 2.도안 3.묘사 4.세금, 관세	إرسال (이르싸 - ㄹ)	1.파견 2.송신, 발신
رسمي (라쓰미 - 유)	1.공식적으로 2.합법적인	إرسالية (이르쌀리 - 야)	1.사절단 2.탐험대

أرسى (아르싸)	1.정박시키다 2.튼튼히 하다	رسميات (라쓰미야 - 트)	1.문서 2.격식 3.관료주의
راس (라 - 씬)	1.고정된 2.정박한	رسام (랏싸 - ㅁ)	1.화가 2.도안자, 설계사
مرساة (미르싸 - 트)	닻	ترسم (타랏쑴)	계획, 설계, 디자인
مرسى (마르싸)	부두	ارتسام (이르타싸 - ㅁ)	표현, 묘사
رش (랏샤)	뿌리다, 뿜다(물을), 끼얹다	مرسم (마르쌈)	화실
رش (랏슈)	1.보슬비 2.물을 뿌리는 것	مرسوم (마르쑤 - ㅁ)	1.삽화가 있는 2.계획된
رشاشة (랏샤 - 샤)	1.물뿌리개 2.기관총	مراسم (마라 - 씨무)	의식, 예식
رشوش (라슈 - 슈)	1.분가루 2.가루, 분말	مراسيم (마라씨 - 무)	1.예식, 의식 2.법령
مرشة (미랏샤)	물뿌리개	رسمل (라쓰말라)	투자하다(자본을)
رشح (라샤하)	1.스미다 2.땀이 나다	رسمال (라쓰마 - ㄹ)	자본, 자금
رشح (랏샤하)	1.여과하다 2.후보자로 추천하다	رسا (라싸)	닻을 내리다, 정박하다

라

رشيد (라쉬 - 드)	1.옳은 2.이지적인 3.성숙한
إرشاد (이르샤 - 드)	1.가르침 2.지시, 지침
مرشد (무르쉬드)	1.안내자 2.강사, 선생님
رشف (라쉬파)	흡수하다, 조금씩 마시다
ترشف (타랏샤파)	천천히 마시다
ارتشف (이르타샤파)	1.빨다 2.조금씩 마시다
رشفة (라쉬파)	한모금
رشق (라슈까)	1.우아하다 2.날씬하다 3.날래다
رشق (라샤까)	던지다, 뿌리다
رشاقة (라샤 - 까)	1.민첩성 2.날랜, 재빠른
رشا (라샤)	뇌물을 주다, 매수하다

ارتشح (이르타샤하)	새다, 스미다
رشح (라슈흐)	1.새는 것 2.배어드는 것
راشح (라 - 쉬흐)	여과기
ترشيح (타르쉬 - 흐)	1.여과 2.후보자 추천
مرشح (무랏샤흐)	후보자, 입후보자
مرشح (무랏쉬흐)	여과기, 필터
رشد (라샤다)	1.올바른 길로 가다 2.성년이 되다
أرشد (아르샤다)	1.인도하다 2.훈시하다 3.지도하다
رشد (루슈드)	1.의식 2.자각, 각오 3.이성, 이지
راشد (라 - 쉬드)	1.합리적인 2.성년의 3.옳은 길로 나가는
رشاد (라샤 - 드)	1.의식 2.자각성 3.이성 4.정확성

라

رصاصة (라솨 - 솨)	탄알, 총알	أرشى (아르샤)	매수하다
رصيص (라싀 - 스)	1.촘촘한 2.꽉 찬	ارتشى (이르타샤)	뇌물을 받다
أرصوصة (아루수 - 솨)	중절모자	رشوة (라슈와)	뇌물, 매수
مرصوص (마르수 - 스)	촘촘한, 조밀한	رشاوية (라샤위 - 야)	뇌물수수행위
متراص (무타라 - 스)	1.빽빽한, 조밀한 2.단합된	راش (라 - 쉰)	뇌물제공자
رصد (라솨다)	1.관측하다 2.규정하다 3.축적하다	إرشاء (이르샤 - 으)	매수
رصد (랏솨다)	1.균형을 맞추다 2.장부에 기입하다	مرتش (무르타쉬)	뇌물수령자
أرصد (아르솨다)	1.지출하다 2.저축하다 3.매복시키다	رص (랏솨)	1.정돈해 놓다 2.다져 넣다
ترصد (타랏솨다)	1.주시하다 2.매복하다	رصص (랏솨솨)	연으로 도금하다
ارتصد (이르타솨다)	감시하다, 관측하다	ارتص (이르탓솨)	조밀해지다
رصد (라스드)	관찰, 관측, 감시	رصاص (라솨 - 스)	1.연 2.연필 3.탄알

라

رَصَدَ (라사드) 1.매복 2.간첩 3.악마

رَاصِدَة (라 - 시다) 망원경

رَصَّاد (랏솨 - 드) 관측자, 감시자

رَصِيد (라시 - 드) 차액, 잔액, 잔고

مَرْصَد (마르솨드) 1.감시소 2.천문대, 관측소

مِرْصَدَة (미르솨다) 망원경

مُرْصَد (무르솨드) 양도가 불가능한 재산

مِرْصَاد (미르솨 - 드) 천문대, 기상대

مَرْصُود (마르수 - 드) 신기한, 요술 같은

رَصَعَ (라솨아) 1.치다 2.찌르다

رَصِعَ (라시아) 맞붙다, 엉키다

رَصَعَ (라솨아) 머물다, 체류하다

رَصَّعَ (랏솨아) 1.박아 넣다(보석을) 2.틀다(둥지를)

اِرْتَصَعَ (이르타솨아) 1.갈다 2.맞붙다, 엉키다

مُرَصَّع (무랏솨으) 끼운, 박아 넣은

رَصَفَ (라솨파) 포장하다

رَصَفَ (라수파) 배열하다, 배치하다

رَصِفَ (라시파) 정돈하다, 가지런히 하다

رَصَّفَ (랏솨파) 포장하다, 깔다

رَصَافَة (라솨 - 파) 견고성, 단단한 것

رَصِيف (라시 - 프) 1.포장된 도로 2.플랫트홈 3.항구

مِرْصَافَة (미르솨 - 파) 나무망치

라

مرصوف (마르수 - 프)	1.포장된 2.정돈된	**ارتضع** (이르타돠아)	젖을 빨다
رصن (라수나)	1.침착하다 2.굳다	**استرضع** (이스타르돠아)	유모를 구하다
أرصن (아르쏴나)	튼튼히 하다	**رضع** (라듸으)	유아, 젖먹이, 갓난아이
رصانة (라쐐 - 나)	신중성, 점잖음	**راضع** (라 - 듸으)	1.젖먹이 2.젖니
رصين (라시 - 느)	1.침착한, 점잖은 2.아픈	**رضاعة** (라돠 - 아)	젖을 빠는 것
رض (랏돠)	타박상을 입히다	**رضاعة** (랏돠 - 아)	젖병
ترضض (타랏돠다)	1.깨지다 2.타박상을 입다	**رضيع** (라듸 - 으)	1.유아 2.젖형제
رض (랏드)	멍, 타박상	**إرضاع** (이르돠 - 으)	젖을 먹이는 것
مرضوض (마르두 - 드)	타박상을 입은	**مرضع** (무르듸으)	유모, 양육자
رضع (라돠아)	젖을 빨다, 젖을 먹다	**رضى** (라듸야)	1.만족해하다 2.수락하다 3.원하다
أرضع (아르돠아)	젖을 빨리다	**راضى** (라 - 돠)	1.비위를 맞추다 2.화해시키다

مرضاة 만족 (마르돠 - 트)	ترضي 환심을 사려고 애쓰다 (타랏돠)
رطب 축축해지다, 신선해지다 (라뜨바)	ارتضي 1.만족해하다 2.합의를 보다 (이르타돠)
أرطب 눅눅하게 하다 (아르따바)	رضا 1.만족 2.호감, 호의 (리돠)
رطب 잘 익은 종려나무 열매 (루따브)	رضاء 1.만족 2.호의, 호감 (리돠 - 으)
رطوبة 누기, 습기, 수분 (루뚜 - 바)	رضي 1.호의, 호감 2.만족 (리드)
رطيب 1.습기 찬 2.신선한 3.연한 (라띠 - 브)	رضوان 1.동의 2.수락 3.승인 4.호의 5.기쁨 (리드와 - ㄴ)
مرطب 시원하게 하는, 신선한 (무랏띠브)	راض 1.만족 2.유쾌한 (라 - 딘)
مرطبات 청량음료 (무랏띠바 - 트)	إرضاء 비위를 맞추는 것 (이르돠 - 으)
رطم 1.곤경에 빠뜨리다 2.배를 여울목에 두다 (라뜨마)	تراض 화목, 상호만족 (타라 - 딘)
ارتطم 1.곤경에 처하다 2.충돌하다(배가) (이르타뜨마)	ترضية 1.만족시키는 것 2.보상, 배상 (타르드 - 야)
مرطم 방파제 (마르따므)	مرض 1.흐뭇한 2.유리한 3.즐거운 (무르딘)

라

رعد (라아다)	1.우뢰가 치다 2.위협하다	**رطن** (라딴나)	외래어로 말하다
ارتعد (이르타아다)	부들부들 떨다, 겁을 먹다	**أرطن** (아르딴나)	모르는 말로 저들끼리 이야기하다
رعد (라으드)	우뢰, 천둥, 벼락, 우레소리	**رطانة** (라따 - 나)	외래어, 은어
رعدة (라으다)	1.우뢰, 벼락 2.떨림, 전율	**رعب** (라아바)	겁나게 하다, 놀라게 하다
رعش (라아샤)	떨다, 전율하다	**أرعب** (아르아바)	겁나게 하다
أرعش (아으라샤)	떨게 하다, 전율케 하다	**ارتعب** (이르타아바)	놀라다, 겁에 질리다
ارتعش (이르타아샤)	떨다, 흔들리다	**رعب** (루으브)	두려움, 공포
رعش (라으슈)	떨림, 전율	**رعيب** (라이 - 브)	비겁한, 겁에 질린
رعشة (라으샤)	오르가니즘, 성적흥분	**رعبوب** (루으부 - 브)	1.처녀 2.미인
ارتعاش (이르티아 - 슈)	떨림	**مرعب** (무르이브)	무서운, 소름이 끼치는
مرتعش (무르타이슈)	흔들리는, 떨리는	**مرعوب** (마르우 - 브)	비겁한, 겁에 질린

رعص (라아사)	움직이다, 선동하다	**رعن** (라우나)	철이 없다, 무모하다
أرعص (아르아사)	움직이다, 흔들다, 선동하다	**رعن** (라아나)	일사병에 걸리다
ترعص (타라으아샤)	요동하다, 꿈틀거리다	**رعن** (라은)	일사병
ارتعص (이르타아샤)	요동하다, 꿈틀거리다	**رعون** (라우-ㄴ)	1.어둠 2.씩씩한
رعف (라아파)	코피가 흐르다	**رعونة** (루우-나)	경솔함, 경박성, 경거망동
رعاف (루아-프)	코피가 나는, 코피	**أرعن** (아르아누)	경솔한, 경박한, 무모한
مرعوف (마르우-프)	코피가 나는	**رعا** (라아)	뉘우치다, 후회하다
رعلة (루울라)	화관, 꽃다발	**ارتعى** (이르타아)	1.후회하다 2.억제하다
رعيل (라이-ㄹ)	집단, 무리	**رعى** (라아)	1.관찰하다 2.방목하다
رعام (루아-ㅁ)	콧물	**راعى** (라-아)	1.준수하다 2.존중하다 3.고려하다
رعوم (라우-ㅁ)	여윈, 살이 빠진	**أرعى** (아르아)	방목하다, 놓아기르다

라

رغبة (라그바)	희망, 소망, 바램	**ارتعى** (이르타아)	풀을 뜯어먹다, 방목하다
رغيبة (라기 - 바)	희망, 염원, 바라는 것	**استرعى** (이스타르아)	시선을 끌다
ترغيب (타르기 - 브)	1.회유 2.소망	**رعى** (라으이)	1.방목, 목축 2.준수, 보살핌
مرغّب (무랏기브)	마음을 끄는	**رعية** (라이 - 야)	1.백성, 주민 2.떼, 무리
مرغوب (마르구 - ㅂ)	바라는, 희망하는	**راع** (라 - 인)	1.목동 2.목사 3.보호자
رغث (라가쓰)	젖을 빨다	**رعاية** (리아 - 야)	1.보살핌 2.보호 3.후원
ارتغث (이르타가쓰)	젖을 먹다	**رعوية** (라아위 - 야)	국적, 공민권
رغوث (라구 - 쓰)	젖먹이, 짐승의 새끼	**مرعى** (마르아)	목장, 방목지, 풀밭
رغد (라가다)	풍요롭게 살다	**مراعاة** (무라아 - 트)	1.준수 2.보살핌 3.존중
رغادة (라가 - 다)	부유함, 풍족함	**رغب** (라기바)	1.바라다 2.피하다 3.간청하다
رغيد (라기 - 드)	부유한, 유족한	**أرغب** (아르가바)	흥미를 갖게 하다

رغف (라가파)	개다, 반죽하다	**مراغمة** (무라-가마)	일부러, 쾌씸해서
رغيف (라기-프)	납작하고 둥근 빵	**رغا** (라가)	1.거품이 일다 2.울다(낙타)
رغم (라가마)	1.강요하다 2.싫어하다	**رغى** (라가)	지껄이다
راغم (라-가마)	피하다	**أرغى** (아르가)	1.거품이 일다 2.몹시 격분하다
أرغم (아르가마)	강요하다	**رغاوة** (라가-와)	물거품, 수포
رغم (라금)	1.강제, 강요 2.싫음	**رف** (랏파)	1.깜박이다 2.반짝이다
راغم (라-김)	1.바라지 않는 2.부득이한	**أرف** (아랏파)	1.퍼덕이다 2.펄럭이다
رغام (라가-ㅁ)	먼지, 티	**ارتف** (이르탓파)	1.펄럭이다 2.피덕이다
رغام (루가-ㅁ)	콧물	**رف** (랏프)	1.시렁, 선반 2.무리, 떼
إرغام (이르가-ㅁ)	강요, 강압	**رفاف** (랏파-프)	1.떨리는 2.빛나는 3.펄럭이는
مرغمة (마르가마)	강제, 강요	**رفيف** (라피-프)	1.떨림 2.나부끼는 것

라

رفد (라파다)	1.돕다 2.증정하다	رفأ (라파아)	1.깁다 2.기슭에 대다(배를)
أرفد (아르파다)	1.드리다 2.협조하다	أرفأ (아르파아)	부두에 대다(배를)
استرفد (이스타르파다)	도움을 청하다	رفاء (라파-으)	화목, 단란함
رفد (라프드)	1.예물 2.지원 3.기둥	مرفأ (마르파으)	항구, 부두
رافد (라-피드)	1.도와주는 2.지류(강의)	رفت (라파타)	1.찢다 2.해고하다
رافدة (라-피다)	1.기둥, 지주 2.서까래	ارتفت (이르타파타)	해임되다
رفرف (라프라파)	1.나래치다 2.휘날리다(깃발이)	رفت (라프트)	해임, 해고, 파면
رفرف (라프라프)	1.눈가리개 2.바퀴덮개	رفات (루파-트)	시체, 시구
رفروف (라프루-프)	눈가리개	رفتية (라프티-야)	해고장, 해임장
رفش (라프슈)	1.삽 2.쓰레받기	رفث (라파싸)	나쁜 욕을 하다
رفض (라파돠)	거절하다, 거부하다	رفث (라파쓰)	욕설, 불결한 언행

ترافع (타라-파아)	1.변호하다 2.기소하다	**أرفض** (아르파돠)	마치다, 종결하다
ارتفع (이르타파아)	1.높아지다 2.오르다(가격)	**ترفض** (파랏파돠)	완고해지다, 광신자가 되다
رفع (라프으)	1.향상 2.취소, 제거, 철수	**ارفض** (이르팟돠)	1.해산되다 2.끝나다(회의가)
رفعة (리프아)	1.향상 2.높은 직위 3.각하	**رفض** (라프드)	거절, 거부, 부결
رفيع (라피-으)	1.고상한 2.날씬한	**رافض** (라-피드)	1.광신자 2.배교자
رافعة (라-피아)	1.기중기 2.승강기 3.지렛대	**رافضة** (라-피돠)	1.배반자 2.라피다 (쉬야파의 일종)
رفاعة (라파-아)	높은 직위, 고위직	**رفيض** (라피-드)	거절당한, 배반당한
ترفيع (타르피-으)	승급, 승진	**ترفض** (타랏푸드)	광신, 열광, 맹신
ترفع (타랏푸으)	1.거만, 교만 2.멸시, 무시	**رفع** (라파아)	1.들어올리다 2.취소하다 3.제출하다
ارتفاع (이르티파-으)	1.상승 2.증대 3.고도	**رافع** (라-파아)	변호하다
مرفوع (마르푸-으)	올라간, 들려진	**ترفع** (타랏파아)	1.뽐내다 2.무시하다

라

ترافق 함께 가다, 동행하다 (타라 - 파까)	**مرافعة** 1.변호 2.기소, 소송 (무라 - 파아)
ارتفق 1.이익을 보다 2.이용하다 3.기대다 (이르타파까)	**مترفع** 거만한, 안하무인의 (무타랏피으)
رفق 1.친절, 상냥 2.너그러움 (리프끄)	**مرتفع** 1.높은 2.높이 올라가는 3.뛰어난 (무르타피으)
رفقة 동행, 동반 (리프까)	**مرتعف** 1.오르막 2.고지, 구릉 (무르타파으)
رفيق 1.동료, 동행자 2.조합원 (라피 - 끄)	**رفغ** 유족하다, 부유하다 (라파가)
رفيقة 여자 애인 (라피 - 까)	**رفغ** 1.백성, 서민 2.황야, 불모의 땅 (라프그)
ترفق 동정 (타랏푸끄)	**رفيغ** 부유한, 넉넉한, 풍족한 (라피 - 그)
مرفق 1.팔꿈치 2.분야 3.시설 (미르파끄)	**رفق** 1.도움을 주다 2.상냥하게 대하다 (라파까)
مرفق 첨부된, 덧붙인 (무르파끄)	**رافق** 1.동행하다 2.사귀다 3.반주하다(음악) (라 - 파까)
مرفقات 부록, 첨부, 첨가문건 (무르파까 - 트)	**أرفق** 1.동행하다 2.덧붙이다 (아르파까)
مرافق 동반자, 수행원 (무라 - 피끄)	**ترفق** 1.불쌍히 여기다 2.침착하게 하다 (타랏파까)

라

أرق (아랏까)	1.가늘게 하다 2.부드럽게 하다	**مرافقة** (무라 - 파까)	1.동반, 동행 2.반주(음악)
ترقق (타랏까까)	1.동정하다 2.부드럽게 하다	**مرتفق** (무르타파고)	1.받침대 2.화장실, 변소
استرق (이스타랏까)	1.노예화하다 2.부드러워지다	**مرتفق** (무르타피고)	타인 재산에 대한 소유권
رق (랏끄)	기름종이, 모조지	**رفه** (라푸하)	호강하다, 부유하게 살다
رق (릿끄)	1.노예의 신분 2.작은 북 3.양피지	**أرفه** (아르파하)	호강시키다
رقة (릿까)	1.엷은 것 2.섬세함 3.부드러움	**ترفه** (타랏파하)	호사하다, 호강하다
رقاق (루까 - 끄)	얇은 빵	**رفاه** (라파 - 흐)	1.복리 2.호사, 호강 3.번영
رقيق (라끼 - 끄)	1.노예 2.얇은 3.부드러운 4.정다운	**رفاهة** (라파 - 하)	1.행복 2.호사 3.번영
رقيقة (라끼 - 까)	1.얇은 껍질, 막 2.박막, 얇은 층	**رفاهية** (라파히 - 야)	1.행복 2.사치 3.번영
استرقاق (이스티르까 - 끄)	노예화	**رق** (랏까)	1.가늘어지다 2.애정을 베풀다 3.점잖다
مرقوق (마르꾸 - 끄)	1.얇은 2.만두	**رقق** (랏까까)	1.가늘게 하다 2.연하게 하다 3.압연하다

라

رقيب (라끼 - 브)	1.감시하는 2.감시자	**رقأ** (라까아)	멎다
رقبة (라끼 - 바)	멍에	**رقوء** (라꾸 - 으)	1.지혈을 시키는 2.지혈제
ارتقاب (이르티까 - 브)	기다림, 대기	**مرقاة** (미르까 - 트)	지혈대, 지혈기
مرقب (미르까브)	천체망원경	**رقب** (라까바)	1.관측하다 2.감독하다 3.주시하다
مرقبة (마르까바)	관측소	**راقب** (라 - 까바)	1.감시하다 2.검열하다 3.무서워하다(신을)
مراقب (무라 - 끼브)	1.감시자, 감독 2.관찰자, 관측자	**ترقب** (타랏까바)	1.기다리다(숨어서) 2.기대하다
مراقبة (무라 - 까바)	1.관찰, 관측 2.감독, 검열, 검사	**ارتقب** (이르타까바)	기다리다, 대기하다, 기대하다
رقد (라까다)	1.자다 2.잠자리에 들다 3.침체하다	**رقبة** (라까바)	1.목 2.병목 3.노예
أرقد (아르까다)	1.재우다, 눕히다 2.안정시키다	**رقبة** (라끄바)	1.관찰 2.검열, 감시 3.경계, 주의
رقدة (라끄다)	잠, 선잠	**رقابة** (라까 - 바)	1.감시, 관찰, 관측 2.검열, 검사
راقد (라 - 끼드)	1.누워있는 2.경기가 없는(시장)	**رقوبة** (라꾸 - 바)	1.비상금, 밑천, 밑돈 2.밀알

تراقص (타라 - 까솨)	깡충깡충 뛰다	**رقاد** (루까 - 드)	1.잠 2.눕는 것
ارتقص (이르타까솨)	1.두근거리다 2.값이 오르다	**ترقيد** (타르끼 - 드)	휘묻이
رقص (라끄스)	무용, 춤	**ترقيدة** (타르끼 - 다)	1.묘목 2.싹
رقصة (라끄솨)	무용, 춤	**مرقد** (마르까드)	잠자리, 침대
راقصة (라 - 끼솨)	여자 무용수	**مرقد** (무랏끼드)	1.수면제 2.최면의
رقاص (랏까 - 스)	무용수	**رقش** (라까샤)	장식하다, 얼룩지게 하다
رقاصة (랏까 - 솨)	1.여자무용수 2.황무지	**أرقش** (아르까슈)	얼룩덜룩한
مرقص (마르까스)	1.무도장 2.무도회 3.춤놀이	**مرقاش** (미르까 - 슈)	붓, 화필, 솔
رقط (라까뜨)	1.얼룩지게 하다 2.얼룩지다	**رقص** (라까솨)	춤추다
ترقط (타랏까뜨)	반점이 생기다, 얼룩지다	**راقص** (라 - 까솨)	짝을 지어 춤추다, 함께 춤추다
رقطة (루끄따)	반점, 얼룩	**ترقص** (타랏까솨)	흔들다, 동요하다

رقمية (라끄미 - 야)	수량, 수효	**مرقط** (무랏까뜨)	반점이 있는, 얼룩진
رقيم (라끼 - ㅁ)	1.날짜를 적은, 기한이 적힌	**رقع** (라까아)	1.쾅 닫다(문을) 2.수리하다(옷을) 3.어리석다 4.경솔하다
ترقيم (타르끼 - ㅁ)	1.문장부호법 2.번호달기 3.계산	**رقعة** (루끄아)	1.기운 헝겊 2.줄무늬
مرقم (미르깜)	1.크레용 2.도안연필	**رقيع** (라끼 - 으)	1.경솔한 2.우둔한
مرقوم (마르꾸 - ㅁ)	1.기록된, 쓰여진 2.번호가 달린	**رقاعة** (라까 - 아)	1.무모함 2.우둔함, 미련함
رقن (랏까나)	1.줄을 긋다 2.장식하다	**أرقع** (아르까우)	우둔한, 어리석은, 미련한
أرقن (아르까나)	물들이다(손톱에)	**ترقيع** (타르끼 - 으)	깁는 것, 수리, 덧대는 것
ارتقن (이르타까나)	물들이다	**ترقيعي** (타르끼이 - 유)	1.수리의 2.성형의
رقوة (라꾸와)	주문(종교)	**رقم** (라까마)	1.점을 찍다 2.번호를 달다 3.날짜를 찍다
رقواني (루꾸와니 - 유)	무당	**رقم** (라끔)	1.숫자, 수 2.번호
رقى (라끼야)	1.주문을 외워 악령을 쫓아내다 2.오르다 3.전진하다 4.승진하다		

رقى 1.올리다 2.승진하다
(랏까)　　3.개선하다, 발전하다

ترقى 1.높아지다 2.승진되다
(타랏까)　　3.발전하다

ارتقى 1.오르다 2.진화하다
(이르타까)

رقى 1.상승 2.진보, 전진
(라끄유)　　3.주문(종교)

رقية 주문(종교)
(루끄야)

ترقية 1.개선 2.승진, 진급
(타르끼 - 야)　　3.발전

ارتقاء 1.오름 2.발전, 진화
(이르티까 - 으)

مرقاة 1.계단식 사다리 2.계단
(미르까 - 트)

مرتق 1.높은 2.발전된
(무르타낀)

ك 1.약하다 2.부정확하다(말이)
(랏카)　　3.위임하다

ك 기초, 토대, 발판, 기둥
(랏크)

ركة 물레(발로 돌리는)
(룻카)

ركاك 1.허약한 2.가련한
(루카 - 크)

ركاكة 1.허약, 약함 2.엉터리
(라카 - 카)

ركيك 1.병약한 2.서투른
(라키 - 크)　　(말이), 엉터리의

ركب 1.오르다(탈 것에)
(라카바)　　2.죄를 짓다

ركب 1.앉히다 2.가설하다
(랏카바) 3.조립하다(악기의 줄을)
　　4.조율하다 5.끼우다(보석을)

أركب 앉히다, 태우다
(아르카바)

تركب 구성하다, 조립하다,
(타랏카바)　　편성하다

ارتكب 저지르다(실수를)
(이르타카바)

ركب 1.카라반, 기마대 2.행렬
(라캅)　　3.승무원

라

ركبة (루크바)	무릎	ركد (라카다)	1.고이다(물이), 침체되다 2.불경기가 되다
ركاب (리카 - ㅂ)	행렬	راكد (라 - 키드)	1.고인, 침체한 2.불경기의 3.고인물
ركّاب (랏카 - ㅂ)	경마기수, 기수	ركود (루쿠 - 드)	1.고임(물의), 침체 2.불경기
ركبان (루크바 - ㄴ)	1.말탄 사람들 2.대상, 카라반	ركز (라카자)	1.꽂다 2.의지하다
تركيب (타르키 - ㅂ)	1.구성, 조립 2.조직 3.배합, 합성(의학)	ركّز (랏카자)	1.집중시키다 2.광을 내다(금속을)
تركيبة (타르키 - 바)	1.건설 2.구조 3.구성	أركز (아르카자)	1.설치하다 2.함유하다(금, 은을)
مركب (마르캅)	선박, 배	تركّز (타랏카자)	집중되다
مركّب (무랏캅)	1.복합의 합성의 2.조성된, 구성된	ارتكز (이르타카자)	1.의지하다 2.집중되다 3.머물다
مركبة (마르카바)	1.수레, 마차 2.차량	ركز (리크즈)	1.금광, 은광(지하의) 2.보물
مركّبة (무랏카바)	구성부분, 구성요소, 성분	ركز (라크즈)	1.안정 2.견고성
مركوب (마르쿠 - ㅂ)	구두, 장화	ركزة (라크자)	잠깐 동안의 휴식, 잠깐 동안의 정지

라

راكز (라 - 키즈)	1.견고한, 안전한 2.침착한
ركيزة (라키 - 자)	1.기둥 2.광맥 3.말뚝
تراكيز (타라키 - 즈)	집중
ارتكاز (이르티카 - 즈)	의지, 의탁, 의거
مركز (마르카즈)	1.중심, 2.장소 3.상황 4.신분
مركز (무랏키즈)	집중하는
مركزية (마르카지 - 야)	중앙집권제
مرتكز (무르타키즈)	1.거점, 지탱점 2.기초, 토대
ركس (라카싸)	뒤집다, 뒤집어 놓다
ارتكس (이르타카싸)	1.뒤집다 2.되돌아가다 (본래의 상태로)
ركض (라카돠)	1.뛰다 2.도망가다
تراكض (타라 - 카돠)	1.달리기 경주하다 2.함께 뛰다
ارتكض (이르타카돠)	1.움직이다 2.설레다
ركض (라크드)	달리기, 질주
ركاض (랏카 - 드)	달리기 선수
ارتكاض (이르티카 - 드)	태아의 움직임
ركع (라카아)	1.허리굽혀 인사하다 2.무릎을 꿇다
أركع (아르카아)	무릎을 꿇게 하다, 굴복시키다
ركعة (라크아)	허리구부림(인사할 때)
ركوع (루쿠 - 으)	무릎을 꿇는 것
ركل (라칼라)	발로 차다, 걷어차다
ركلة (라클라)	발로 차는 것, 발길질

라

ركم (라카마)	1.모으다 2.쌓다, 축적하다
ارتكم (이르타카마)	쌓이다, 축적되다
ركم (라캄)	뭉게구름
ركام (루카-ㅁ)	1.누더기 2.무리, 떼 3.뭉게구름
تراكم (타라-쿰)	축적
مركم (미르캄)	축전지
ركن (라카나)	1.의지하다 2.신임하다 3.기울어지다
أركن (아르카나)	1.믿다, 신뢰하다 2.의지하다
ارتكن (이르타카나)	1.기대다 2.의거하다, 입각하다
ركنة (루크나)	구석, 모서리
ركون (루쿠-ㄴ)	신임, 신뢰, 신용
ركانة (라카-나)	1.견실함 2.신중성, 엄숙함
ركين (라키-ㄴ)	1.튼튼한 2.기본적인 3.당당한
أركان (아르카-ㄴ)	1.기둥 2.구석 3.토대 4.기본요소 5.난 (신문이나 잡지의)
إركان (이르카-ㄴ)	신뢰, 믿음, 신용
مركن (미르칸)	대야, 세수대야
رم (람마)	썩다, 부패하다
رمم (람마마)	고치다, 수리하다
ترمم (타람마마)	수리되다
رم (람므)	수리, 수선
رمة (람마)	1.썩은 뼈 2.시체

رمة (룸마)	전체, 총체, 전부	**رمد** (라마다)	눈병을 앓다
رمام (루마-ㅁ)	썩은	**أرمد** (아르마다)	눈병에 걸리다
رميم (라미-ㅁ)	1.썩은, 부패한 2.썩은 뼈	**ترمد** (타람마다)	1.재로 변하다 2.눈병을 앓다
ترميم (타르미-ㅁ)	1.수리 2.복사	**رمد** (라마드)	눈병, 눈앓이, 결막염
ترميمات (타르미마-트)	수리작업	**رماد** (라마-드)	재
مرمم (무람밈)	1.수리하는 2.수리공	**رمدان** (룸다-ㄴ)	눈병을 앓고 있는
رمح (라마하)	1.창으로 찌르다 2.뒷발로 차다 3.뛰다	**رمادي** (라마디-유)	1.재의 2.잿빛의, 회색의
رمح (루므하)	창, 투창	**ترميد** (타르미-드)	시체화장
رماح (람마-흐)	1.창기병 2.창던지는 선수	**رمز** (라마자)	1.암시하다 2.상징하다
رماحة (리마-하)	달리기, 질주	**ترمز** (타람마자)	1.준비되다 2.약동하다 3. …로 특징 지워지다
مرمح (마르마흐)	1.경마장 2.곡마장	**ارتمز** (이르타마자)	1.준비되다 2.격동하다 3.특출하다

라

299

رمش (림슈)	속눈썹	**رمز** (람즈)	상징, 표시 2.암시 3.가명, 익명, 힌트
رمشة (람샤)	깜박거림(눈을)	**رمزية** (람지 - 야)	상징주의
رمض (라마돠)	무더워지다	**راموز** (라무 - 즈)	견본, 표본, 본보기
أرمض (아르마돠)	1.고통을 주다 2.내려쬐다(해가)	**رميز** (라미 즈)	1.헤아릴 수 없는 2.고요한 3.고귀한 4.총명한
رمض (라마드)	일사병	**رمس** (라마싸)	1.파묻다 2.흔적을 없애다
رمضاء (라마돠 - 으)	무더위, 불볕	**ارتمس** (이르타마싸)	잠기다(물에)
رمضان (라마다 - ㄴ)	라마단(이슬람력 9월 단식하는 달)	**رمس** (람쓰)	무덤, 묘
رماع (루마 - 으)	황달병	**رموس** (라무 - 쓰)	무덤, 묘
رمق (라마까)	1.눈여겨보다 2.관찰하다	**روموس** (루 - 미쓰)	뗏목
رمق (람마까)	1.뚫어지게 보다 2.간신히 처리하다	**رمش** (라마샤)	1.손끝으로 집다 2.눈을 깜박거리다
رامق (라 - 마까)	감시하다, 경계하다	**رمش** (라마슈)	결막염

أرملة (아르말라)	과부	رمق (라마끄)	1.여생 2.마지막 힘(생명의)
ترمل (타람물)	홀아비 생활, 과부생활	ترميق (타르미-끄)	잡동사니, 날림일
ترملة (타르말라)	과부신세	مرموق (마르무-끄)	1.중요한 2.현저한 3.유명한
مرملة (마르말라)	모래상자	رمك (라마카)	거주하다, 체류하다
رمان (룸마-ㄴ)	석류나무, 석류열매	رمكة (라마카)	1.종자말 2.허약한 사람
رمانة (룸마-나)	1.석류 2.손잡이 3.수류탄	رمل (람말라)	1.모래를 뿌리다 2.과부로 만들다
رمى (라마)	1.던지다 2.버리다 3.고찰하다 4.헐뜯다	أرمل (아르말라)	홀아비가 되다, 과부가 되다
ارتمى (이르타마)	1.눕다 2.몸을 던지다 3.엎드리다	ترمل (타람말라)	과부가 되다, 홀아비가 되다
رمى (라므)	1.던지기 2.사격, 발사	رمل (라믈)	모래
رام (라-민)	1.사격수 2.던지는	رملة (라믈라)	모래땅
رماية (리마-야)	사격	أرمل (아르말)	홀아비

라

مترنح (무타란니흐)	1.비틀거리는 2.술 많이 취한	**مرمى** (마르마)	1.사정거리 2.목표, 과녁 3.목표 4.골대
رنق (란나까)	1.찬찬히 보다 2.깨뜨리다(정적을)	**رن** (랏나)	1.딸랑거리다 2.소리치다 3.메아리치다
رنق (라나끄)	흐린	**رن** (란느)	울리는 소리
رونق (라우나끄)	화려함, 아름다움	**رنان** (란나 - ㄴ)	1.울리는 소리 2.낭랑한 4.허풍 치는
رنم (라니마)	노래하다	**رنة** (란나)	1.울리는 소리 2.메아리
ترنم (타란나마)	1.노래하다 2.흥얼거리다 3.찬미하다	**رنين** (라니 - ㄴ)	1.우뢰소리 2.메아리 3.구슬픈
ترنيمة (타르니 - 마)	노래	**مرن** (무란느)	쟁쟁한, 낭랑한
رنا (라나)	찬찬히 보다, 시선을 돌리다	**رنح** (란나하)	1.기울다, 휘다 2.흔들리다
رنى (란나)	1.노래하다 2.기쁘게 하다	**ترنح** (타란나하)	1.휘청거리다 2.비틀거리다
رهب (라하바)	겁내다, 두려워하다	**رنح** (란흐)	현기증, 어지러움
رهب (라흐하바)	위협하다, 겁을 주다	**مرنحة** (마르나하)	뱃머리

라

رهبنة (라흐바나) 수도원생활, 금욕생활	**أرهب** (아르하바) 1.무섭게 하다 2.테러를 행하다
رهبانية (라흐바니-야) 승려생활, 수도생활	**ترهب** (타라흐하바) 위협하다, 협박하다
مرهوب (마르후-브) 무서운, 무시무시한	**تراهب** (타라-하바) 서로 무서워하다
رهج (라하자) 1.먼지를 일으키다 2.불화를 조성하다	**رهبة** (라흐바) 무서움, 공포
أرهج (아르하자) 1.먼지를 일으키다 2.불화를 조성하다	**راهب** (라-히브) 중, 수도승, 승려
رهج (라흐즈) 1.먼지 2.성층 3.소동, 소란, 야단법석	**راهبة** (라-히바) 수녀, 여승
رهص (라하쏴) 1.토대를 닦다 2.짜내다 3.꾸짖다	**رهيب** (라히-브) 1.무서운 2.삼엄한
أرهص (아르하쏴) 기초를 닦다, 준비하다	**إرهاب** (이르하-브) 1.위협 2.테러행위
إرهاص (이르하-스) 1.기초 2.전제조건	**إرهابى** (이르하비-유) 1.폭력의 2.테러분자
رهط (라하뜨) 게걸스럽게 먹다	**ترهيب** (타르히-브) 위협, 공갈, 테러, 경고
رهط (라흐뜨) 1.무리, 떼 2.가죽 허리띠	**رهبن** (라흐바나) 수도승이 되다

라

مرهق (무르히끄)	힘겨운, 괴롭히는, 억압하는	**رهف** (라후파)	1.가늘다 2.날카롭다
مراهق (무라 - 히끄)	청년, 청춘	**رهف** (라하파)	갈다(칼을)
مراهقة (무라 - 하까)	성년기, 청춘기	**أرهف** (아르하파)	1.귀를 기울이다 갈다(칼을) 2.칼을 갈다 3.살피다
رهل (라할라)	맥이 풀리다, 무기력해지다	**ترهف** (타라흐하파)	가늘어지다, 엷어지다
ترهل (타라흐할라)	1.맥이 풀리다 2.처지다	**رهافة** (라하 - 파)	날카로움, 예리성
رهل (라할)	무기력한, 쇠퇴한	**رهيف** (라히 - 프)	1.예리한 2.얇은 3.날씬한
ترهل (타라흐할)	1.무기력, 쇠약 2.해이해짐	**مرهف** (무르하프)	1.예리한 2.예민한 3.첨예화 된
مترهل (무타라흐힐)	1.맥풀린 2.처진 3.연약한	**رهق** (라히까)	억압하다, 학대하다
رهن (라하나)	1.저당잡히다 2.머물다 3.지속되다	**راهق** (라 - 하까)	어른이 되다, 성숙하다
راهن (라 - 하나)	내기를 하다, 도박하다	**أرهق** (아르하까)	압박하다, 학대하다
أرهن (아르하나)	저당잡히다	**إرهاق** (이르하 - 끄)	억압, 학대, 박해

라

مرهون (마르후-나)	저당 잡힌	**تراهن** (타라-하나)	서로 내기를 하다
مراهنة (무라-하나)	1.내기, 도박 2.저당, 저당물	**ارتهن** (이르타하나)	1.저당을 잡다 2.의존하다
مرتهن (무르타하느)	저당권자	**استرهن** (이스타르하나)	담보를 요구하다
مرتهن (무르타히느)	전당포업자	**رهن** (라흔)	1.저당, 자당물, 담보 2.인질 3.의존된
راب (라-바)	응결되다(우유가), 쉬다	**رهن** (라흐나)	1.…의 대상으로 2.…에 의존되어
روّب (라우와바)	응결시키다, 엉키게 하다	**راهن** (라-힌)	1.현재의 2.현실의
أراب (아라-바)	응결시키다, 엉키게 하다	**رهان** (리하-ㄴ)	내기, 도박
رائب (라-이브)	엉킨, 응결된(우유가), 쉰	**رهين** (라히-ㄴ)	1.저당 잡힌 2.의존된 3.저당물
روب (루-브)	관복, 법관복, 망토	**رهين** (라히-나)	…을 조건으로
روبة (루-바)	1.수요 2.편안한 생활 3.야밤	**رهينة** (라히-나)	1.저당, 저당물 2.인질
روب (라우브)	시큼한 우유	**مرهن** (마르하느)	전당포

라

روح (라우와하)	1.부채질하다	**مروب** (무라우와브)	응결된(우유가), 쉰
أراح (아하 - 하)	안정시키다, 쉬게 하다	**رويصة** (라우바사)	몽유병
أروح (아르와하)	썩은 냄새가 나다, 악취를 풍기다	**ترويص** (타라우부스)	몽유병
تروح (타라우와하)	바람을 일으키다	**راث** (라 - 싸)	짐승이 똥을 싸다
تراوح (타라 - 와하)	1.왔다갔다하다 2.…의 사이에 있다	**روث** (라우쓰)	짐승의 똥
ارتاح (이르타 - 하)	1.쉬다 2.기뻐하다 3.안심하다	**راج** (라 - 자)	1.유통되다(화폐가) 2.퍼지다
استراح (이스티라 - 하)	1.휴식을 취하다 2.시름을 놓다	**روج** (라우와자)	1.유포시키다 2.유통시키다(화폐를)
راحة (라 - 하)	휴식, 안정, 여가	**رائج** (라 - 이즈)	1.유통되는 2.경기가 좋은
رائح (라 - 이흐)	1.지나간 2.앞으로의	**رواج** (라와 - 즈)	1.유통 2.통용
رائحة (라 - 이하)	냄새, 향기	**ترويج** (타르위 - 즈)	1.보급 2.유통
رواح (라와 - 흐)	1.출발 2.저녁에 돌아옴	**راح** (라 - 하)	1.떠나다 2.저녁에 돌아오다

라

تَرْوِيحَة (타르위-하)	산보, 산책	رُوح (루-흐)	1.영혼 2.마음 3.본질
تَرَاوِيح (타라위-흐)	타라위 예배	رَوْح (라우흐)	1.휴식, 안정 2.기쁨
اِرْتِيَاح (이르티야-흐)	만족, 기쁨	رُوحِي (루히-유)	1.정신적인 2.알코올의
اِسْتِرَاحَة (이스티라-하)	1.휴식 2.안정	رُوحِيَّة (루히-야)	유신론
اِسْتِرْوَاح (이스티라와-흐)	1.환기 2.호흡	رُوحَانِي (루하니-유)	1.정신적인 2.목사
مَرَاح (마라-흐)	1.저녁 2.야간 오락장	رِيَاح (리야-흐)	도랑, 수로
مُرَاح (무라-흐)	1.마구간, 우리 2.목장	رِيح (리-흐)	1.바람 2.냄새 3.방귀
مِرْوَحَة (미르와하)	1.부채, 기 3.통풍기	رَيْحَان (라이하-ㄴ)	향기나는 식물
مُرِيح (무리-흐)	편안한, 쾌적한	رِيحَة (리-하)	냄새
مُرْوِح (무르이흐)	배에 가스가 찬	إِرَاحَة (이라-하)	휴식을 취하는 것
مُرْتَاح (무르타-흐)	편안한, 만족스러운	تَرْوِيح (타르위-흐)	1.통풍 2.부채질

라

راز (라 - 자)	1.저울에 달다 2.시험하다(사람을)	**مستراح** (무스트라 - 호)	1.휴게실 2.화장실 3.편안한
روز (라우와자)	헤아리다, 평가하다	**راد** (라 - 다)	1.탐구하다 2.찾다 3.배회하다
رائز (라 - 이즈)	건축가	**راود** (라 - 와다)	1.기만하다 2.유혹하다 3.간청하다
ريازة (리야 - 자)	건축공학, 건축술	**أراد** (아라 - 다)	1.원하다 2.선택하다 3.염두에 두다
مرازة (마라 - 자)	무게, 중량	**ارتاد** (이르타 - 다)	1.연구하다 2.탐사하다 3. 방문하다
راض (라 - 돠)	1.짐승을 길들이다 2.훈련시키다	**رائد** (라 - 이드)	1.소년단 2.선구자 3.탐구자 4.안내자
راوض (라 - 와돠)	달콤한 말로 꾀다	**ريادة** (리야 - 다)	1.탐구 2.탐사
تريض (타라이야돠)	산보하다, 산책하다	**إرادة** (이라 - 다)	1.의지, 의도, 의향 2.희망 3.명령, 칙령
تراوض (타라 - 와돠)	1.경쟁하다 2.흥정하다	**مراد** (무라 - 드)	1.의도 2.목적3.요망되는
ارتاض (이르타 - 돠)	1.훈련하다 2.산보하다	**مراد** (마라 - 드)	공간, 범위, 무대
استراض (이스티라 - 돠)	산보하다, 기뻐하다	**مريد** (무리 - 드)	1.추종자(수피의) 2.연구생 3.수련생

ارتاع 놀라다, 공포에 질리다 (이르타 - 아)	**رائض** 1.말조련사 2.코치 (라 - 이드)
روع 마음, 심정 (루 - 으)	**رياض** 리야드(사우디아라비아 수도이름) (리야 - 드)
روع 아름다움, 훌륭함 (라와으)	**رياضي** 1.운동의 2.수학의 (리야디 - 유)
روع 두려움, 공포, 겁 (라우으)	**رياضيات** 수학 (리야디야 - 트)
روعة 1.공포, 놀람 2.매력 (라우아)	**رياضة** 1.초원 2.정원 3.체육 4.산보 5.수학 (리야 - 돠)
رائع 1.아름다운, 놀랄만한 2.무서운 (라 - 이으)	**ترويض** 훈련, 연습 (타르위 - 드)
رائعة 대표작 (라 - 이아)	**مروض** 1.길들이는 .훈련사, 조련사 (무라우위드)
أروع 보다 훌륭한, 걸출한 (아르와으)	**راع** 1.겁나게 하다 2.감동시키다 (라 - 아)
ارتياع 놀람, 당황, 경황 (이르티야 - 으)	**روع** 놀라게 하다, 겁나게 하다 (라우와아)
مروع 질겁한, 겁먹은, 놀란 (무라우와으)	**أراع** 놀라게 하다, 무섭게 하다 (아라 - 아)
مريع 무서운, 무시무시한 (무리 - 으)	**تروع** 겁에 질리다 (타라우와아)

مرتاع (무르타-으)	겁에 질린, 놀란	**أراق** (아라-까)	1.쏟다(물을), 흘리다(피를)
راغ (라-가)	잔꾀를 부리다, 발뺌하다	**تروَّق** (타라우와까)	조반을 먹다, 아침을 먹다
راوغ (라-와가)	속이다, 기만하다	**راق** (라-꼬)	지층, 층
أراغ (아라-가)	1.노리다 2.바라다	**رائق** (라-이꼬)	1.깨끗한, 투명한 2.훌륭한
رواغ (라와-그)	꾀, 기만, 술책, 교활	**رواق** (라와-꼬)	1.복도 2.특별석 3.베란다
روّاغ (라우와-그)	1.교활한 2.능구렁이	**إراقة** (이라-까)	유혈, 피가 흐름
رويغة (루와이가)	꾀, 간교, 기만, 술책	**تريقة** (타리-까)	빈정거림, 조소, 풍자
مراوغ (무라-위그)	교환한, 간교한	**ترويق** (타르위-꼬)	여과, 정화
مراوغة (무라-와가)	1.회피 2.음모, 책동	**مروَّق** (무라우와꼬)	깨끗한, 여관된
راق (라-까)	1.깨끗하다 2.마음에 들다 3.능가하다	**رَوَّل** (라우알라)	침을 흘리다
روَّق (라우와-까)	투명하게 하다, 정제하다	**رول** (루-울)	공판 일정표, 소송사건목록

أَروى (아르와)	1.물을 대다 2.물을 주다(화초에)	**روال** (루와 - ㄹ)	침, 타액
تروى (타라우와)	1.깊이 생각하다 2.관개되다	**رام** (라 - 마)	1.바라다 2.떠나다, 가버리다
ارتوى (이르타와)	1.관개되다 2.실컷 마시다	**ريم** (라이야마)	남아있다 2.속이다
رى (라이)	1.관개 2.갈증을 식히는 것	**تروم** (타라우와마)	비웃다
راو (라 - 윈)	서술자, 전언자, 전승가	**روم** (라움)	1.목적, 의도 2.희망, 소원
رواء (라와 - 으)	민물, 마실물	**ريم** (라임)	거품, 찌끼, 불순물
روائى (라와이 - 유)	1.소설가 2.극작가	**ريم** (라이무)	1.무덤 2.언덕, 동산
رواية (리와 - 야)	1.소식 2.소문 3.소설	**ريمة** (라이마)	거품, 찌꺼기
روية (라와야야)	사색, 사고	**مرام** (마라 - ㅁ)	희망, 염원, 소망
ريان (라이야 - ㄴ)	1.물을 댐(전답에) 2.즙이 많은	**روى** (라와)	1.이야기하다 2.인용하다 3.관개하다
رئة (리아)	위	**روى** (라위야)	1.관개하다 2.갈증을 덜다

라

مريب (무리-브)	수상한, 미심쩍은	إرواء (이르와-으)	관개
مرتاب (무르타-브)	의심하는, 의심스러운	تروية (타르위-야)	관개, 물공급
مستراب (무스타라-브)	혐의를 받고 있는	مروى (마르와)	관개수로
مستريب (무스타리-브)	의심스러운	مروي (마르위)	1.구전의 2.관개한
راث (라-싸)	느리다, 굼뜨다	راب (라-바)	1.의심을 하다 2..불안해하다
ريث (라이싸)	1.지치다 2.부드럽게 하다	ترّيب (타라이야바)	의심하다
تريّث (타라이야싸)	1.지체하다 2.대기하다	ارتاب (이르타-바)	1.의심하다 2.당황하다
ترّيث (타라이유쓰)	망설임, 주저함	استراب (이스트라-바)	의심하다, 의혹을 품다
راش (라-쇠)	1.깃털이 나다 2.축적하다(재물을)	ريب (라이브)	의심, 의혹
أراش (아라-쇠)	깃을 달다(화살에)	ريبة (라이바)	의혹, 의심, 불안
تريش (타라이야쇠)	부유해지다, 호강하다	ارتياب (이르타야-브)	의심, 의혹, 당황

라

ريش 1.새의 깃털 2.펜촉
(리 - 슈)

ريشة 1.깃, 깃털 2.붓(화가의)
(리 - 샤)　　3.수술칼 4.날개

راع 1.자라나다 2.놀라다
(라 - 아)

ريع 증가하다, 증대하다, 늘다
(라이야아)

ريع 1.생산물 2.수익, 소득
(라이으)　　3.증가

ريعان 1.한창때 2.개화기
(라이아 - ㄴ)

ريعة 낮은 언덕
(리 - 아)

مريع 1.풍작의 2.수입이 많은
(무리 - 으)

ريف 1.농촌 2.시골 3.강변
(리 - 프)

راق 1.흐르다 2.반짝이다
(라 - 까)

أراق 쏟다, 흘리다
(아라 - 까)

رائق 깨끗한
(라 - 이끄)

ريق 침, 타액
(리 - 끄)

ريق 1.개화, 번영 2.섬광
(라이끄)

رال 침을 흘리다
(랄 - 라)

ريال 1.침, 타액
(리야 - ㄹ)　　2.리얄(화폐단위)

مريول 행주치마, 내프킨
(마르유 - ㄹ)

راية 국기, 깃발
(라 - 야)

라

(الزّاء : 자이)

زَأَم (자아마)	급사하다
زُؤَام (주아-ㅁ)	급사
زبب (잡바바)	포도를 말리다
أَزَبّ (아잡부)	1.털이 많은 2.털보
زبّ (잡브)	남성 생식기
زَبِيب (자비-브)	마른포도
زبد (자바다)	버터를 만들다
أَزْبَد (아즈바다)	1.거품이 일다 2.부글부글 끓다(분노가)
زَبَد (자바드)	1.거품 2.찌꺼기
زُبْدة (주브다)	1.버터 2.본질, 요점
زبدية (자브디-야)	그릇, 단지
مزبدة (미즈바다)	큰 우유통
زبر (자바라)	1.베끼다 2.헐뜯다
ازدبر (이즈다바라)	베끼다
زبر (자브르)	음경, 페니스
زبور (자부-르)	다윗의 시편
مزبور (마즈부-르)	쓰여진, 기록된
زبق (자바까)	털을 뽑다
انزبق (인자바까)	스며들다, 침투하다
زبل (잡발라)	거름을 주다, 비료를 주다
زبل (지불)	거름, 두엄, 똥

أَزْجَى (아즈자)	1.움직이다 2.부추기다	**زَبَّال** (잡바 - ㄹ)	청소부, 미화원
زَجَرَ (자자라)	1.막다 2.비난하다	**زُبَالَة** (줍발 - 라)	쓰레기, 폐기물
اِزْدَجَرَ (이즈다자라)	억제하다, 자제하다	**مَزْبَلَة** (마즈발라)	1.쓰레기통 2.거름무더기
زَجْر (자즈르)	1.억제 2.질책, 비난	**زُبَان** (자바 - ㄴ)	침, 살(벌레의)
زَاجِرَة (자 - 지라)	억제, 제한, 제지	**زَبَانَة** (자바 - 나)	고객들
زَجَلَ (자잘라)	1.던지다 2.놓아주다(새를)	**زَبَانِيَة** (자바니 - 야)	앞잡이들
زَجَل (자잘)	아랍시의 일종, 아랍민요	**زَبُون** (자부 - ㄴ)	1.미련한 2.치열한 3.고객
زَجَلِيَّة (자잘리 - 야)	민요	**زَجَّجَ** (잦자자)	1.눈썹을 그리다 2.유리로 만들다
زَاجِل (자 - 질)	통신용 비둘기	**زُجَاج** (주자 - 즈)	유리, 글라스
زَجَّال (잣자 - ㄹ)	민요가수, 민요작곡가	**زُجَاجَة** (주자 - 자)	1.판유리 2.유리병
زَحَرَ (자하라)	이질에 걸리다	**زَجَّ** (자자)	1.밀어 넣다, 밀다 2.부추기다

자 이

315

زاحر (자 - 히르)	신음하는, 괴로워하는	تزحل (타자흐할라)	자리를 뜨다
زحار (주하 - 르)	심한 설사, 이질	زحل. (주할)	토성
زحف (자하파)	1.네발로 가다 2.행군하다	زحلق (자흘라까)	1.굴리다 2.미끄러지게 하다
زحف (자흐하파)	평평하게 고르다	تزحلق (타자흐라까)	지치다, 스케이트를 타다
تزحف (타자흐하파)	1.진격하다 2.아양 떨다	زحلقة (자흘라까)	얼음타기, 미끄럼타기
زحف (자흐프)	진격, 공격, 포복	زحلوقة (자흘루 - 까)	얼음판, 스케이트장
زاحف (자 - 히프)	기어가는, 포복하는	تزحلق (타자흐루끄)	얼음지치기, 스케이팅
زحافات (자하파 - 트)	1.파충류 2.삽, 가래	زحم (자하마)	1.조이다 2.누르다
زواحف (자와 - 히프)	파충류	زاحم (자 - 하마)	1.경쟁하다 2.조이다
زحل (자할라)	옮기다, 자리를 뜨다	تزاحم (타자 - 하마)	1.서로 밀치다 2.서로 경쟁하다
أزحل (아즈할라)	멀리 옮기다	ازدحم (이즈다하마)	1.붐비다 2.혼잡하다

تزخر (타잣카라)	1.부풀다 2.넘치다 3.가득 차다	**زحمة** (자흐마)	1.붐비는 것, 체증 2.곤경 3.떼, 무리
ازدخر (이즈다카라)	가득 차다, 넘치다	**زحام** (지하-ㅁ)	복잡, 만원
زاخر (자-키르)	넘쳐나는, 충만한	**ازدحام** (이즈디하-ㅁ)	1.붐비는 것 2.만원
تزخار (타즈카-르)	충만, 가득함	**تزاحم** (타자-후므)	상호경쟁
زخرف (자크라파)	장식하다, 꾸미다	**مزاحم** (무자-히무)	경쟁자, 적수
زخرف (주크라프)	1.장식 2.장식무늬	**مزاحمة** (무자-하마)	1.경쟁 2.비좁음
مزخرف (무자크리프)	실내장식가	**مزدحم** (무즈다히므)	복잡한, 혼잡한
زخم (자카마)	떠밀다, 강제로 밀어내다	**زخ** (잣카)	백열하다, 작열하다
زخم (자키마)	고가가 상하다, 썩다	**زخيخ** (자키-크)	백열, 작열
زخم (자키므)	변질된, 상한(고기가)	**زخة** (잣카)	폭우, 집중호우
زخم (자크므)	1.밀어붙힘 2.에너지	**زخر** (자카라)	1.부풀다 2. 범람하다 3.자랑하다

زخمة (자크마)	악취, 불쾌한 냄새	**زربية** (자르비-야)	우리(동물의), 울타리
زخمة (주크마)	1.채찍, 가죽띠 2.채(북의)	**مزرب** (무자르라브)	우리에 갇힌
أزخم (아즈카므)	변질된, 상한(고기가)	**مزراب** (미즈라-브)	배수관
زر (자르라)	1.눈을 감다 2.단추를 채우다	**زرد** (자라다)	1.질식시키다 2.삼키다
زر (지르르)	1.단추 2.식물의 짝	**تزرد** (타자르라다)	꿀꺽 삼키다
زرب (자라바)	배설하다(동물이)	**ازدرد** (이즈다라다)	삼키다
زرب (자리바)	물이 흐르다	**زرد** (자르드)	갑옷
زرب (자르라바)	우리에 몰아넣다	**زردة** (자라다)	고리, 쇠고리
زاروب (자루-브)	오솔길	**مزرد** (마즈라드)	인후, 후두, 식도
زربة (주르바)	무리, 떼	**زرع** (자라아)	1.씨를 뿌리다 2.경작하다
زربية (주르비-야)	1.베개 2.카펫, 융단	**زارع** (자-라아)	소작하다

자
이

أزرق (아즈라까)	푸르러지다	ازدرع (이즈다라아)	1.키우다 2.땅을 가꾸다
زرق (자르끄)	새똥	زرع (자르으)	1.재배 2.경작 3.이식(심장)
زرقة (주르까)	푸른 색	زرعة (자르아)	1.전답 2.곡식
زورق (자우라끄)	카누, 소형보트	زريعة (자리-아)	묘, 싹, 맹아
أزرق (아즈라끄)	푸른, 청색의	زراع (자르라-으)	1.농사짓는 2.농민, 농부
مزراق (미즈라-끄)	창	زراعة (지라-아)	1.농업, 경작 2.이식(심장)
زرى (자라)	책망하다, 비웃다	مزرعة (마즈라아)	경작지, 농경지, 농장
أزرى (아즈라)	1.업신여기다 2.비웃다	مزارع (무자-리으)	농부, 소작농
ازدرى (이즈다라)	깔보다, 업신여기다	مزارعة (무자-라아)	소작경작 계약
زراية (지라-야)	1.질책 2.멸시	زرق (자라까)	1.새가 똥을 싸다 2.박다
ازدراء (이즈디라-)	조소, 경멸, 멸시	زرق (자리까)	푸르다

زعج (자아자)	1.불안하게 하다 2.교란시키다	**زعزاع** (자으자 - 으)	강풍, 태풍, 폭풍
أزعج (아즈아자)	걱정을 시키다	**مزعزع** (무자으자으)	움직이는, 동요하는
انزعج (인자아자)	근심하다, 걱정하다	**متزعزع** (무타자으자으)	동요하는, 확고하지 못한
زعج (자으즈)	불안, 걱정	**زعط** (자아뜨)	1.교살하다 2.울다(당나귀 등이)
ازعاج (이즈아 - 즈)	교란, 불안케 함	**زعيط** (자이 - 뜨)	하층민, 부랑자
انزعاج (인지아 - 즈)	불안, 걱정	**زعف** (자아파)	즉사시키다
مزعج (무즈이즈)	걱정스러운, 불안한	**زعاف** (주아 - 프)	치명적인, 즉사시키는
زعزع (자으자아)	흔들다, 진동시키다	**زعافة** (자아 - 파)	종려나무 가지
تزعزع (타자으자아)	흔들리다, 동요하다	**تزعيف** (타즈이 - 프)	집안 대청소
زعزع (자으자으)	강풍, 태풍, 폭풍	**مزعف** (무즈아프)	치명적인, 즉사시키는
زعزعة (자으자아)	진통, 흔들림, 요동	**زعق** (자아까)	비명을 지르다

زعم (자음)	1.주장, 단언 2.가정, 가설	**زعق** (자으꼬)	고함소리
زعامة (자아 - 마)	주도권, 지도자적 지위	**زعاق** (주아 - 끄)	짭짤한, 짠
زعيم (자이 - 므)	1.보증하는 2.우두머리	**زعيق** (자이 - 끄)	외침소리, 비명
مزعوم (마즈우 - 므)	1.확인된 2.소위, 이른바 3.꾸며낸	**زعل** (자일라)	짜증나다, 지루하다
زغد (자가다)	1.탁 치다 2.누르다 3.밀치다	**أزعل** (아즈알라)	1.불안케 하다 2.화나게 하다
انزغد (인자가다)	충격을 받다	**زعل** (자알)	1.짜증 2.화가남
زغدة (자그다)	충격	**زعلان** (자울라 - ㄴ)	1.번거로운 2.불안스러운
زغرد (자그라다)	혀를 굴리며 환성을 지르다	**زاعولة** (자울 - 라)	화가남, 분노, 괴로움
زغردة (자그라다)	여성들이 혀를 굴려내는 소리	**زعم** (자아마)	1.주장하다 2.담보하다
زغرودة (자그루 - 다)	여성들이 혀를 굴려서 내는 소리	**أزعم** (아즈아마)	가능하게 되다, 순종하다
زغط (자가따)	삼키다	**تزعم** (타자으아마)	1.소문을 퍼뜨리다 2.지도자가 되다

자이

زفت (자파타)	1.채우다 2.피곤하게 하다 3.화나게 하다	**زغطة** (주구따)	딸꾹질
زفت (잣파타)	타르를 칠하다, 아스팔트 포장을 하다	**زغل** (자갈라)	1.조금씩 따르다(물을) 2.위조하다(화폐를)
زفت (지프트)	1.타르 2.아스팔트	**أزغل** (아즈갈라)	조금씩 쏟다
تزفيت (타즈피-트)	아스팔트포장	**زغل** (자갈)	1.가짜의 2.위조 3.위조화폐
مزفتة (미즈파타)	아스팔트포장 기계	**زف** (잣파)	신부를 데려가다
زفر (자파라)	한숨 쉬다, 탄식하다	**أزف** (아잣파)	1.서두르다 2.신부를 데려가다
زفر (잣파라)	버터를 바르다	**زفة** (잣파)	행렬
زفر (자파르)	지방, 기름기, 지방질	**زفاف** (자파-프)	결혼, 결혼잔치, 결혼식
زفر (자피르)	1.구린내 나는 2.더러운 3.기름진 4.짜증스러운	**زفوف** (자푸-프)	날랜, 빠른
زفرة (자프라)	탄식, 한숨, 신음	**أزف** (아잣프)	빠른, 날랜
زفارة (자파-라)	지방성, 기름진 것	**مزفة** (미잣파)	가마, 결혼식 마차, 꽃마차

زقّ (잣까)	새가 새끼에게 먹이를 주다	**زقّوم** (자꾸 - ㅁ)	지옥의 나무 이름
زقّ (짓꼬)	가죽부대, 가죽자리	**زكب** (자카바)	채우다, 가득 넣다
زقّة (잣까)	충격	**زكيبة** (자키 - 바)	주머니, 포대, 자루
زقاق (주까 - 끄)	1.골목길 2.해협	**زكم** (자카마)	1.절룩거리다 2.감기에 걸리다
زقطة (주끄따)	딸꾹질	**زكام** (주카 - ㅁ)	감기
زقل (자깔라)	던지다, 내동댕이 치다	**مزكوم** (마즈쿠 - ㅁ)	감기에 걸린
زقلة (주끌라)	곤봉	**زكن** (자카나)	파악하다, 이해하다
زقيلة (자낄 - 라)	오솔길, 좁은 길	**زاكن** (자 - 카나)	접근하다
زاقول (자꿀 - 르)	도적, 사기꾼	**زكانة** (자카 - 나)	건전한 생각, 견해
زقم (자까마)	1.꿀꺽꿀꺽 마시다 2.삼키다	**زكا** (자카)	1.유익하다 2.번영하다
أزقم (아즈까마)	먹이를 먹이다	**زكى** (자카)	깨끗하다, 순결하다

자
이

زكى (잣카)	1.무죄로 인정하다 2.발전시키다 3.추천하다	**أزلج** (아즐라자)	얼음을 타다
أزكى (아즈카)	증대하다, 강화하다	**تزلج** (타잘라자)	얼음을 타다
تزكى (타잣카)	1.순결해지다 2.의연금을 내다	**انزلج** (인잘라자)	미끄러지다
زكاة (자카 - 트)	1.깨끗함 2.이슬람세	**زلج** (잘리즈)	미끄러운
تزكية (타즈키 - 야)	1.육성 2.변명, 실증 3.추천 4.깨끗이하는 것, 결백	**زليج** (줄라이즈)	채색을 한 도자기, 채색 타일
زل (잘라)	1.미끄러지다 2.실수하다	**مزلاج** (미즐라 - 즈)	빗장, 걸쇠
أزل (아잘라)	미끄러지게 하다	**مزلجة** (미즐라자)	썰매
زلة (잘라)	실수, 잘못	**مزلجة** (마즐라자)	스케이트장
زلال (줄라 - ㄹ)	1.샘물 2.단백질	**متزلج** (무타잘리즈)	1.스케이트를 타는 2.스케이트 선수
مزلة (마잘라)	1.미끄러운 곳 2.잘못, 실수	**زلح** (잘라하)	1.맛보다 2.대머리가 되다
زلج (잘리자)	1.미끄러지다 2.스케이트를 타다	**أزلح** (아즐라흐)	대머리

زلحفة (질히파)	거북이	**تزلف** (타잘라파)	1.접근하다 2.아첨하다
زلخة (줄라카)	요통	**ازدلف** (이즈달라파)	아첨하다, 아양을 떨다
زلزل (잘잘라)	흔들다, 진동시키다	**زلف** (잘라프)	아첨, 아양, 아부
تزلزل (타잘잘라)	흔들리다, 진동하다	**زلفة** (줄파)	1.물통 2.접시 3.주전자
زلزلة (질잘라)	지진	**تزلف** (타잘루프)	아첨, 아양, 아부
زلزال (질자-ㄹ)	1.진동 2.지진	**متزلف** (무타잘리프)	아첨쟁이
زلط (잘라따)	1.빨리 가다 2.삼키다 3.벌거벗기다	**زلق** (잘리까)	미끄러지다
تزلط (타잘라따)	벌거벗다	**أزلق** (아즈라까)	미끄러지게 하다
زلط (잘뜨)	벌거숭이, 나체	**تزلق** (타잘라까)	미끄러지다
زلطة (잘라따)	자갈	**انزلق** (인잘라까)	1.미끄러지다 2.스케이트를 타다
زلف (잘라파)	1.접근하다 2.아부하다 3.과장하다	**زلق** (잘라끄)	1.흙탕 2.미끄러운 곳

자이

زَلْقَة (잘까)	미끄럼질, 지치기	زَمَامَات (지마마-트)	책임, 의무
اِنْزِلَاق (인질라-끄)	미끄럼타기, 얼음지치기	زَمُتَ (자무타)	엄숙하다, 심각하다
مَزْلَق (마즐라끄)	미끄럼대, 미끄럼판	تَزَمَّتَ (타잠마타)	심각한 표정을 짓다
مِزْلَق (미즐라끄)	스케이트장	زَمَاتَة (자마-타)	엄숙성, 심각성
مِزْلَقَة (미즐라까)	썰매	زَمِيت (자미-트)	엄숙한, 신중한
مَزْلَقَات (마즐라까-트)	1.언덕, 경사면 2.둑 3.건널목	تَزَمُّت (타잠마트)	엄격함, 침착함
مُنْزَلِق (문잘라끄)	1.미끄러운 곳 2.곤경	مُتَزَمِّت (무타잠미트)	엄숙한, 신중한
زَمّ (잠마)	1.동여매다 2.다물다(입을) 3.꿰다(짐승의 코를)	زَمَرَ (자마라)	피리를 불다
زَمَّمَ (잠마마)	1.목록을 작성하다 2.꿰다(짐승의 코를)	زَمْر (자므르)	1.피리, 퉁소 2.호른(음악)
اِنْزَمّ (인잠마)	묶이다, 얽매이다	زُمْرَة (주므라)	무리, 집단, 떼
زِمَام (지마-므)	1.고삐 2.끈, 줄 3.경작지	زَمَّار (잠마-르)	피리연주가

자이

زمل (자말라)	뒤따르다	**زمارة** (잠마 - 라)	피리, 퉁소
زامل (자 - 말라)	1.동반하다 2.친구가 되다	**مزمار** (미즈마 - 르)	피리, 퉁소, 클라리넷
تزمل (타잠말라)	둘러쓰다, 입다	**مزمور** (마즈무 - 르)	시편(종교)
زملة (주믈라)	1.친선 2.동반 3.집단	**زمرد** (주므르루드)	에메랄드
زمالة (자말 - 라)	친근한 관계, 동료관계	**زمزم** (잠자마)	중얼거리다
زميل (자미 - ㄹ)	동료, 친구, 급우	**زمزم** (잠잠)	1.풍부한 2.잠잠 우물
أزميل (아지미 - ㄹ)	끌, 정	**زمزمة** (잠자마)	1.중얼거리는 것 2.우뢰소리
زمن (자미나)	만성질환에 걸리다	**زمزمية** (잠잠미 - 야)	1.물통 2.보온병
أزمن (아즈마나)	1.오래 머물다 2.만성이 되다	**زمع** (잠마아)	결심하다, 결의하다
زمن (자민)	만성병 환자	**أزمع** (아즈마아)	결심하다, 결의하다
زمانة (자마 - 나)	만성질환, 고질병	**مزمع** (무즈마으)	예정된, 결심한

زمان (자마-ㄴ)	때, 시간, 시기, 시대	**زند** (자나드)	1.손목관절 2.팔뚝뼈 3.부싯돌
مزمن (무즈민)	1.장기적인 2.고질적인, 만성적인	**زناد** (자나-드)	1.부시 2.방아쇠
متزامن (무타자-민)	동시의, 동시적인 동시성의	**زندقة** (잔다까)	1.신앙이 깊은 척 하는 것 2.무신론
زنج (잔즈)	흑인	**زنديق** (진디-끄)	1.위선자 2.불신자, 무신론자
زنجبيل (잔자비-ㄹ)	생강	**زنر** (잔나라)	띠를 매어주다
زنخ (자나카)	변질하다(과일 등이)	**زنار** (잔나-르)	허리띠, 요대, 벨트
زنخ (자니크)	구리내나는	**زنطر** (잔따라)	건방지게 행동하다
زناخة (자나-카)	부패한 냄새	**زنطرة** (잔따라)	거만, 교만, 거드름
زند (자나다)	1.가득 채우다 2.부싯돌을 치다	**زنطارية** (잔따-리야)	이질(의학)
زند (자니다)	목이 마르다, 갈증을 느끼다	**زنق** (자나까)	1.조이다 2.인색하다 3.멍에를 씌우다(짐승에)
أزند (아즈나다)	늘어나다, 증가하다	**زنق** (잔나까)	1.꽉 조르다 2.인색하다

زناق (자나 - 끄)	목걸이	**استزهد** (이스타즈하다)	하찮게 여기다
زنقة (잔까)	압박, 구속, 누르는 것	**زهد** (주흐드)	1.무관심 2.금욕주의, 신앙심이 깊은 것 3.자제, 절제
زنقة (자나까)	골목, 좁은 거리		
منزقة (만자까)	목걸이	**زهادة** (자하 - 다)	1.무관심 2.금욕주의
زنى (자나)	간통하다, 간음하다	**زاهد** (자 - 히드)	금욕주의자, 수도승
زنى (지나)	1.간통 2.매춘	**زهيد** (자히 - 드)	1.하찮은 2.의미없는
زناء (지나 -)	1.간통 2.매춘	**تزهد** (타자흐후드)	금욕생활, 은둔생활
زان (자 - 닌)	간통자, 성폭행자	**زهر** (자하라)	빛나다, 잔짝이다
زانية (자 - 니야)	매춘부, 간음한 여성	**زهر** (자흐하라)	꽃피다, 개화하다
زهد (자하다)	1.단념하다 2.무관심하다	**زاهر** (자 - 하라)	번영하다, 융성하다
تزهد (타자흐하다)	수도생활을 하다	**أزهر** (아즈하라)	1.빛나다 2.꽃피다

ازدهر (이즈다하라)	번영하다, 융성하다	**مزهر** (미즈하르)	하프, 루트
زهر (자흐르)	1.꽃 2.선철, 주철	**مزهر** (무즈히히르)	1.빛나는 2.꽃피는
زهرة (자흐라)	1.꽃송이 2.전성기 3.아름다움	**مزهرية** (마즈하리 - 야)	꽃병
زهرة (주흐라)	1.아름다움 2.반짝임	**زهف** (자하파)	가깝다, 다가오다
زهرية (주하리 - 야)	매독	**ازتهف** (이즈타하파)	찰나에 있다
زهرة (주하라)	1.금성 2.비너스, 사랑의 여신	**زهق** (자하까)	1.사라지다 2.죽다 3.싫어하다
زاهر (자 - 히르)	1.번영하는 2.빛나는, 밝은	**أزهق** (아즈하까)	소멸하다, 없애다
زهار (자흐하 - 르)	꽃장사	**زاهق** (자 - 히꼬)	죽어가는, 사멸하는
أزهر (아즈하르)	1.빛나는 2.예쁜	**زهقان** (자흐까 - ㄴ)	지친, 맥빠진, 피로한
ازدهار (이즈디하 - 르)	번영, 번창, 번성	**زهم** (자하마)	소화불량에 걸리다
تزهير (타즈히 - 르)	번영, 개화	**زهم** (주훔)	구린내, 악취

자이

330

زهمة (주흐마)	구린내, 악취	**تزوّج** (타자우와자)	결혼하다
زهومة (주후-마)	구린내, 악취	**ازدوج** (이즈다와자)	1.쌍을 이루다 2.이중으로 되다
زها (자하)	1.빛나다 2.꽃이 피다	**زواج** (자와-즈)	결혼, 혼인, 결혼생활
أزهى (아즈하)	1.꽃피다 2.자랑하다	**زوج** (자우즈)	1.남편 2.아내 3.짝수
ازدهى (이즈다하)	1.감탄하다 2.깔보다	**زوجية** (자우지-야)	부부생활, 결혼생활
زهو (자흐우)	1.허영심 2.자만 3.광채 4.개화	**زوجة** (자우자)	아내, 부인, 처
زهوة (자호와)	번영, 개화	**تزوّج** (타자우와즈)	결혼, 혼인
زهاء (주하-)	1.대략 2.광채 3.약간의 양	**تزويج** (타즈위-즈)	결혼시킴
زوّج (자우와자)	결혼시키다, 시집보내다	**تزاوج** (타자-우즈)	근친결혼
زاوج (자-와자)	1.결혼시키다 2.결합시키다	**ازدواج** (이즈디와-즈)	이중
أزوج (아즈와자)	장가보내다, 시집보내다	**ازدواجية** (이즈디와지-야)	양면성, 이중성

자
이

331

تزويد (타즈위 - 드)	1.공급 2.장비	مزدوج (무즈다위즈)	이중의, 두 개의
مزادة (마자 - 다)	배낭	مزاوجة (마자 - 와자)	짝짓기
مزود (무자우위드)	계약자, 공급자	متزوج (무타자우위즈)	1.기혼자 2.결혼한
زار (자 - 라)	방문하다, 찾아가다	زاح (자 - 하)	1.떠나다 2.분산시키다 3.제거되다
زور (자우와라)	위조하다, 날조하다	أزاح (아자 - 하)	1.옮기다 2.제거하다
زاور (자 - 와라)	외면하다, 피하다	انزاح (인자 - 하)	1.떠나다 2.제거되다
ازور (이즈와우와라)	외면하다, 피하다	زود (자우와다)	1.주다 2.식량을 공급하다
استزار (이스티자 - 라)	손님으로 초청하다	أزاد (아자 - 다)	공급하다(식량을)
زائر (자 - 이르)	1.방문객 2.손님 3.방문하는	تزود (타자우와다)	1.휴대하다 2.공급받다 (식량을) 3.배우다
زور (주우르)	1.기만 2.위조 3.허위	زاد (자 - 드)	식량, 공급물자, 양식
زيارة (지야 - 라)	1.방문 2.성지순례 3.왕진	زوادة (자우와 - 다)	양식(여행자의)

زِير (지-르)	1.풍속 2.바람둥이
أزْوَر (아즈와르)	구부러진, 휘어진
تَزْوِير (타지위-르)	1.위조 2.기만
مَزَار (마자-르)	1.방문지 2.성지
مَزْوُور (무자우와르)	위조된, 조작된, 날조된
مُزَوِّر (무자우위르)	위조자, 날조자
زَوْرَق (자우라끄)	배, 보트
زَاغ (자-가)	1.벗어나다 2.빠져나가다
أزَاغ (아자-가)	빛나게 하다, 이탈시키다
زَوَغَان (자우가-ㄴ)	벗어남, 빗나감
زَوَّق (자우와까)	1. 장식하다 2.마음속에 그려보다

زَوَاق (자와-끄)	1.장식 2.금실로 수놓은 천
تَزْوِيق (타즈위-끄)	장식, 장식품
مُزَوَّق (무자우와끄)	1.단지 외모가 아름다운 2.장식된
زَال (잘-라)	1.끝나다 2.기울다 3.아직도 …하다
زَوَّل (자우왈라)	제거하다
زَاوَل (자-왈라)	노력하다, 시도하다
أزَال (아잘-라)	1.멀리하다 2.지워버리다 3.제거하다
زَائِل (자-일)	1.순간적인 2.덧없는
زَوْل (자울)	1.인물 2.형식, 외형 3.유령
زَوَال (자와-ㄹ)	1.종말 2.사라짐 3.일몰
زَوَلَان (자울라-ㄴ)	소멸, 사멸

أزالة (아잘 - 라)	제거	**زيت** (자이트)	기름
مزول (미즈왈)	1.사분면 2.해시계	**زيتون** (자이투 - ㄴ)	올리브, 올리브나무
مزاولة (무자 - 왈라)	수행, 집행, 실천	**زيتيات** (자이트이 - 트)	석유채취기업
زوى (자와)	1.구석에 놓다 2.감추다	**مزيتة** (마즈야타)	기름통, 오일버너
زوّى (자우와)	1.감추다 2.구부리다	**زاح** (자 - 하)	1.떠나가다 2.제거하다
انتزى (인타자)	1.떨어지다 2.숨다	**أزاح** (아자 - 하)	제거하다, 없애버리다
زاوية (자 - 위야)	1.구석 2.작은 기도실	**زيح** (지 - 흐)	1.선 2.헝겊조각
انزواء (인지와 -)	고립, 은둔	**زياح** (지이야 - 흐)	종교적 행렬
مزواة (미즈와 - 트)	각도계, 측각기	**إزاحة** (이자 - 하)	제거
زات (자 - 타)	기름을 넣다, 기름을 치다	**زاد** (자 - 다)	1.늘어나다 2.첨가되다 3.초과하다
زيّت (자이야타)	기름을 넣다	**زايد** (자 - 야다)	더 높은 가격을 치르다

تزيد 늘어나다, 가격이 오르다
(타자이다)

ازداد 늘어나다, 증가되다, 증대되다
(이즈다-다)

زائد 1.초과하는 2.더하기
(자-이드)

زائدة 여분, 첨가물, 부속물
(자-이다)

زيادة 1.첨가, 첨부 2.여분 3.증가
(지야-다)

تزيد 1.증가 2.과장 3.인상(가격)
(타자이유드)

ازدياد 확대, 증가, 증대, 강화
(이즈디야-드)

مزاد 경매, 공매
(마자-드)

مزايد 경매자, 입찰자
(무자-이드)

مزايدة 1.경매 2.값을 올리는 것 (경매에서)
(무자-야다)

مزيد 1.증대, 초과 2.증가된, 증가한
(마지-드)

متزائد 증대되는, 증가하는
(무타자-이드)

زاط 떠들다, 외치다
(자-뜨)

زيط 떠들다
(자이야뜨)

زياط 떠들썩한, 소란스러운
(자이야-뜨)

زيطة 소음, 소란, 무질서
(자이따)

زيطة 할미새(조류)
(지-따)

زاغ 1.기울어지다 2.이탈하다 3.흐려지다(시력이)
(자-가)

أزاغ 다른 데로 돌리다(시선을)
(아자-가)

زائغ 기울어진, 이탈한
(자-이그)

زيغ 이탈
(자이그)

زاف 위조하다(돈을)
(자-파)

자이

مزين (무자이야느)	이발사, 미용사	زيف (자이야파)	위조하다
زى (자야)	옷을 입다	زائف (자 - 이프)	위조한, 모조한
تزيى (타자이야)	옷을 입다, 옷을 갈아입다	تزييف (타즈이 - 프)	위조
زى (지이)	1.옷 2.정장 3.화장 4.모델(씬) 5.형태	مزيف (무자이이프)	위조자
		مزيف (무자이야프)	위조된
		زان (자 - 나)	꾸미다, 장식하다
		زين (자이야나)	1.장식하다 2.유혹하다
		تزين (타자이야나)	1.장식되다 2.면도하다
		زين (자인)	장식, 미화, 수식
		زينة (지 - 나)	1.장식 2.화장실 3.옷차림
		تزين (타즈이 - 인)	장식, 꾸밈

(السين : 씬)

سؤال (쑤와 - ㄹ)	1.부탁 2.의문, 질문
تسؤل (타쑤울)	구걸
مسألة (마쓰알라)	1.요구 2.주제 3.사건 4.과제
مسؤول (마쓰우 - ㄹ)	책임이 있는
مسؤولية (마쓰울리 - 야)	책임, 책임성
سئم (싸이마)	싫증나게 하다, 진저리나다
سأم (싸으므)	혐오, 싫증
سئم (싸이므)	싫증나는, 귀찮은
سآمة (싸아 - 마)	갑갑증, 진절머리
سؤوم (싸우 - 므)	심심한, 지긋지긋한
سب (쌉바)	1.비방하다 2.험담하다

سادة (싸 - 다)	1.단색의 2.단순한 3.설탕을 넣지 않은
ساروخ (싸루 - 크)	1.로켓 2.꽃불
سام (싸 - ㅁ)	셈(노아의 장남)
سئر (싸이라)	남다, 잔존하다
سائر (싸 - 이르)	1.나머지의 2.모든, 전체
سؤرة (싸우라)	나머지, 찌꺼기(음식의)
سأل (싸알라)	1.부탁하다 2.질문하다
ساءل (싸 - 알라)	물어보다, 질문하다
تسأل (타싸으알라)	구걸하다, 동냥하다
سائل (싸 - 일)	1.묻는 2.거지 3.액체

씬

سبب 야기시키다, 이유를 달다 (쌉바바)	**سبت** 쉬다, 휴식을 취하다 (싸바타)
تسبب 원인이 되다, 발생하다 (타쌉바바)	**أسبت** 안식일에 들어가다 (아쓰바타)
سب 욕, 저주, 비방, 중상 (쌉브)	**سبات** 1.인정 2.혼미상태 3.겨울잠 (쑤바 - 트)
سبب 1.원인 2.근원 3.이유 4.동기 5.방법 (싸바브)	**سبت** 1.안식일의 날 2.토요일 (쌉트)
سببية 인과관계 (싸바비 - 야)	**سبت** 광주리 (싸바트)
سباب 욕설, 저주, 모욕 (씨바 - 브)	**مسبت** 마취시키는, 최면의 (무쓰비트)
سبابة 둘째 손가락 (쌉바 - 바)	**سبح** 1.수영하다 2.항해하다 (싸바하)
مسبب 원인제공자 (무쌉비브)	**سبح** 찬양하다, 찬미하다 (쌉바하)
مسبب …에 의해 야기된 (무쌉바브)	**سبحة** 1.신주, 염주, 묵주 2.장엄, 위엄 (쑤브하)
مسببة 비방, 모욕적인 언사 (무쌉바바)	**سابحة** 글라이더, 활공기 (싸 비하)
متسبب 장본인 (무타쌉비브)	**سباح** 1.수영선수 2.헤엄치는 (쌉바 - 흐)

سَبْخَة (싸브카)	소금기가 있는 땅	سِبَاحَة (씨바 - 하)	수영, 헤엄
سِبَاخ (씨바 - ㅋ)	비료, 거름	سَبُوح (쑤부 - 흐)	탁월한 수영선수
تَسْبِيخ (타쓰비 - ㅋ)	깊은 잠, 혼수상태	تَسْبِيح (타쓰비 - 흐)	1.찬양, 찬미 2.신주, 염주, 묵주
سَبَرَ (싸바라)	1.측정하다 2.조사하다 3.밝혀내다	تَسْبِيحَة (타쓰비 - 하)	찬송가, 찬미가, 찬가
سَبْر (싸브르)	조사, 탐사, 측정	مَسْبَح (마쓰바흐)	수영장
سَبُور (싸부 - 르)	운동, 체육, 스포츠	مِسْبَحَة (미쓰바하)	신주, 염주, 묵주
سَبُّورَة (쌉부 - 라)	흑판, 칠판	مُسَبِّحَة (무쌉비하)	둘째 손가락
سَبْرُوت (쑤브루 - ㅌ)	1.가난한 2.가난뱅이	سَبَخَ (싸바카)	깊은 잠을 자다
مِسْبَار (미쓰바 - 르)	검사(의학)	سَبَّخَ (쌉바카)	거름을 주다
سَبْسَبَ (싸브싸바)	1.쓰다듬다 2.흘리다(눈물을)	سَبَخ (싸바ㅋ)	1.거름, 두엄 2.불모지
سَبْسَب (싸브싸브)	사막, 황폐한 땅	سَبِخ (싸비ㅋ)	짠, 소금기가 있는

سبعون (싸브우 - 나)	70	**سبسبة** (싸브싸바)	쓰다듬는 것
سبعينات (싸브이나 - 트)	70년대	**سبط** (싸부따)	가지런히 하다(머리카락을)
أسبوع (우쓰부 - 으)	일주일, 주일	**أسبط** (아쓰바따)	1…에 질리다 2.벙어리가 되다
مسبع (무쌉바으)	7각형, 7변형	**بسط** (비쓰뜨)	1.손자, 외손자 2.부족(이스라엘 민족의)
سبغ (싸바가)	1.완전하다 2.길다 3.넓다	**سبع** (싸바아)	1.일곱 번째가 되다 2.잡아먹다(짐승이)
أسبغ (아쓰바가)	1…을 완성하다 2.넓히다 3.부여하다	**سبع** (쌉바아)	1.일곱배하다 2.칠등분하다
سابغ (싸 - 비그)	1.넉넉한(옷이) 2.넓은 3. 길고 느슨한	**سبع** (싸브으)	1.맹수 2.사자
سبق (싸바까)	1.앞서다 2. 능가하다 3.앞서 도착하다	**سبع** (쑤브으)	7분의1
سبق (쌉바까)	선수를 쓰다, 미리 앞질러 …하다	**سبع** (쑵바으)	1.칠각형의 2.칠각형
سابق (싸 - 바까)	1.경주하다 2.경쟁하다	**سبعة** (싸브아)	일곱
تسابق (타싸 - 바까)	경쟁하다, 시합하다	**سابع** (싸 - 비으)	일곱 번째의

مسبوق (마쓰부-끄)	뒤떨어진, 추월당한, 압도된	**سبق** (싸브끄)	1.앞서는 것 2.일등 3.우선권
سبك (싸바카)	녹여 주조하다, 녹여 붓다	**سبق** (싸바끄)	경마에서 건 돈
سبك (싸브크)	1.주조, 주물 2.용해	**سابق** (싸-비끄)	1.앞서의, 선행의 2.과거의
سباك (쌈바-크)	용해공, 주조공	**سابقة** (싸-비까)	1.전례(법) 2.재범
سباكة (씨바-카)	주물업, 주조업	**سباق** (쌈바-끄)	1.항상 앞서는 2.우승자
مسبك (마쓰바크)	주물공장	**سباق** (씨바-끄)	1.경기, 시합 2.경쟁
سبل (쌈발라)	재물을 기증하다, 희사하다	**أسبقية** (아쓰바끼-야)	우선권
سابل (싸-발라)	현물교역을 하다	**تسابق** (타싸-부끄)	경쟁, 경기, 대항
أسبل (아쓰발라)	1.내리우다 2.흘리다(눈물) 3.감다(눈을)	**مسابق** (무싸-비끄)	1.경쟁하는 2.경쟁자
سبل (싸발)	1.비 2.이삭	**مسابقة** (무싸-바까)	경쟁, 시합, 경기
سبلة (싸발라)	1.이삭 2.콧수염	**متسابق** (무타싸-비끄)	1.경쟁하는 2.경쟁자, 적수

씬			
سبلة (싸블라)	거름	**ستة** (씻타)	여섯, 6
سابلة (싸 - 빌라)	길가는 사람들, 통행인, 보행자	**ستون** (씻투 - 나)	육십, 60
سبيل (싸비 - ㄹ)	1.길, 도로 2.수단, 방법	**ستينات** (씻티나 - 트)	60년대
أسبل (아쓰발르)	길고 부드러운 머리	**ستر** (싸타라)	1.씌우다 2.감추다 3.보호하다
مسبول (마쓰부 - ㄹ)	커튼이 내려진	**ساتر** (싸 - 타라)	1.숨기려고 애쓰다 2.품다(악의를)
سبى (싸바)	1.사로잡다 2.매혹하다 3.추방하다	**تستر** (타쌋타라)	1.은폐하다 2.가장하다 3.감싸주다
استبى (이쓰타바)	1.포로로 잡다 2.매혹하다	**استتر** (이쓰타타라)	1.은폐하다 2.가장하다
سبى (싸비)	1.포로로 잡는 것 2.추방	**ستر** (씨트르)	1.덮개 2.커튼 3.병풍
سبى (싸비 - 유)	1.포로가 된, 사로 잡힌 2.포로	**سترة** (싸타라)	커튼, 가리개
سبية (싸비 - 야)	여자포로	**ستار** (씻타 - 르)	막, 장막, 커튼
ست (씻트)	1.부인, 여자 2.노파	**تستر** (타쌋투르)	1.은폐 2.가장

سجّاد (쌋자-드)	주단, 양탄자, 카펫	مساترة (무싸-타라)	어릿광대
سجّادة (쌋자-다)	카펫, 예배용 카펫	مستتر (무스타티르)	1.숨은 2.은밀한 3.숨어있는
سجود (쑤주-드)	경배, 숭배	مستور (마쓰투-르)	1.가면을 쓴 2.순결한 3.정직한
مسجد (마쓰지드)	성원, 예배당, 사원	متستر (무타쌋티르)	익명의, 가명의
سجع (싸자아)	운을 맞춰 쓰거나 읊다	ستف (쌋타파)	저장하다, 넣어두다(상품)
سجع (싸즈으)	운을 맞춘 시	تسقيف (타쓰끼-프)	상품저장
سجف (싸자파)	장막이나 커튼을 치다	سجح (싸자하)	1.부드럽다 2.잘 생기다(얼굴이)
سجف (싸자프)	커튼, 베일	سجاحة (싸자-하)	온순함, 얌전함
سجف (씨즈프)	1.장막 2.막, 커튼, 베일	أسجح (아쓰자흐)	잘 생긴, 미모의
سجّل (쌋잘라)	1.등록하다(기록을) 2.돌파하다	سجد (싸자다)	1.절하다 2.예배하다
ساجل (싸-잘라)	1.교대로 하다 2.경쟁하다	سجدة (싸즈다)	1.절 2.경배

سجل (싸즐)	두레박, 큰 물통	**انسجن** (인싸자나)	구류되다, 투옥되다
سجل (씻질)	기록부, 등록부	**سجن** (싸즌)	감금, 구류, 구금
تسجيل (타쓰지-ㄹ)	등록, 기록, 기입	**سجن** (찌즌)	감옥, 형무소
مسجل (무싿질)	1.기록사 2.녹음기 3.공증인	**سجان** (싿자-ㄴ)	간수, 감옥지기
مساجلة (무싸-잘라)	1.경합 2.토론, 논쟁	**سجين** (싸지-ㄴ)	1.죄수, 수인 2.투옥된
سجم (싸자마)	1.흐르다 2.흘리다	**سجا** (싸자-)	1.조용하다 2.정겹다
أسجم (아쓰자마)	쏟다, 흘리다	**سجى** (싿자)	1.싸다(시체) 2.감싸주다
انسجم (인싸자마)	1.흐르다 2.유창하다 3.어울리다	**ساج** (싸-진)	1.고요한 2.정겨운
انسجام (인씨자-ㅁ)	1.유창함 2.어울림	**سجية** (싸지-야)	1.성격, 기질 2.천성, 본성
منسجم (문싸잠)	1.흐르는 2.유창한 3.어울린	**مسجى** (무싿자)	덮인, 수의를 입힌
سجن (싸자나)	감금시키다, 투옥시키다	**سحب** (싸하바)	1.잡아당기다 2.철수하다

مسحج (마쓰하즈)	대패	تسحب (타싸흐하바)	침투하다, 기어들다
مسحوج (마쓰후-즈)	벗겨진, 까진	انسحب (인싸하바)	1.철수하다 2.퇴각하다
سحر (싸하라)	1.감탄시키다 2.유혹하다	استحب (이쓰타하바)	많이 하다, 악용하다
سحر (싸흐르)	폐	سحب (싸흐브)	1.철수 2.회수 3.인출
سحر (싸하르)	이른 아침, 새벽	سحاب (싸하-브)	구름
سحر (씨흐르)	1.매혹 2.요술, 마술	سحبة (싸흐바)	단번에, 단숨에
ساحرة (싸-히라)	마녀, 무당	سحابة (싸하-바)	1.구름 2.…하는 동안
سحار (싸흐하-르)	마술사, 요술쟁이	انسحاب (인씨하-ㅂ)	1.퇴각 2.철수, 철퇴
سحارة (싸흐하-라)	1.궤짝 2.마술	مسحب (마쓰하브)	통풍장치
سحور (쑤후-르)	라마단 달 새벽참	سحج (싸하자)	1.할퀴다 2.껍질을 벗기다
مسحور (마쓰후-르)	마술에 걸린, 매혹된	سحجة (싸흐자)	할퀸 자리, 벗어진 자리

씬

씬

سحق (싸하까)	가루로 만들다	ساحل (싸 - 할라)	해변으로 가다
انسحق (인싸하까)	1.부서지다 2.상심하다	ساحل (싸 - 힐)	해변, 바닷가, 해안
سحق (싸흐끄)	누더기, 넝마, 헌옷	سحالة (쑤할 - 라)	대패밥, 깎임밥
سحق (쑤후끄)	1.먼 곳 2.깊이, 넓음	سحلية (씨흘리 - 야)	도마뱀
سحاق (씨하 - 끄)	여성간의 동성애	سواحلى (싸와 - 힐리)	1.해변의 2.수아힐리어의
ساحق (싸 - 히끄)	1.압도적인 2.치명적인	مسحل (미쓰할)	1.대패 2.줄칼
سحيق (싸히 - 끄)	1.먼, 아득한 2.깊은	مسحول (마쓰후 - ㄹ)	여윈, 허약한
انسحاق (인씨하 - 끄)	1.패배 2.후퇴	سحم (싸흠)	검정, 흑색
مسحوق (마쓰후 - 끄)	1.가루가 된 2.가루	سحمة (쑤흐마)	검정, 흑색
منسحق (문싸히끄)	상심한, 우울한, 뉘우치는	سحام (쑤하 - ㅁ)	검정, 흑색
سحل (싸할라)	1.깎아내다(대패로) 2.밀다	سحماء (싸흐마 -)	검은, 까만

سخرية (쑤크리-야)	1.웃음거리 2.희롱, 조소	**سحن** (싸하나)	찧다, 부수다
تسخير (타쓰키-르)	1.착취 2.복종시키는 것	**سحنة** (싸흐나)	외관, 겉모양, 용모
مسخرة (마쓰카라)	웃음거리, 가면무도회	**مسحنة** (미쓰하나)	절구, 찧는 도구
مسخر (무쌋키르)	압제자, 박해자	**سحا** (싸하-)	1.제거하다 2.면도하다
سخسخ (싸크싸카)	졸도하다, 기절하다	**سحاءة** (씨하-아)	뇌막
سخسخة (싸크싸카)	졸도, 기절, 실신	**مسحاة** (미쓰하-트)	삽
سخط (싸카따)	1.화내다 2.앙심을 품다	**سخر** (싸카라)	일만 시키다, 부려먹다
أسخط (아쓰카따)	약을 올리다	**سخر** (싸키라)	조롱하다, 놀려주다
تسخط (타쌋카따)	화를 내다, 분노하다	**سخر** (쌋카라)	1.강제노동을 시키다 2.종속시키다
سخط (쑤크뜨)	분노, 울분, 노여움, 불만	**سخر** (쑤크르)	조소, 조롱
سخطة (쑤크따)	발작, 분노의 폭발	**سخرة** (쑤크라)	1.강제노역 2.웃음거리

씬

씬	**سخام** (쑤카 - ㅁ)	1.매연 2.검은색	**مسخطة** (마쓰카따)	격분할 행위
	سخمة (싸키 - 마)	분노, 악의, 증오, 앙심	**مسخوط** (마쓰쿠 - 뜨)	1.징그러운 2.바보
	أسخم (아쓰카무)	검은	**سخف** (싸쿠파)	1.어리석다 2.언약하다
	سخن (싸쿠나)	1.따뜻하다 2.열이 나다	**استسخف** (이쓰타쓰카파)	1.우둔하다고
	أسخن (아쓰카나)	가열하다, 데우다	**سخف** (싸크프)	1.우둔한 것 2.황당무계
	تسخن (타쌋카나)	데워지다, 뜨거워지다	**سخافة** (싸카 - 파)	1.어리석음 2.불합리
	سخن (쑤큰)	뜨거운, 따뜻한	**سخيف** (싸키 - 프)	1.언약한 2.유치한
	سخانة (싸카 - 나)	1.따뜻함 2.열	**سخم** (쌋카마)	검게 하다
	سخانة (쌋카 - 나)	1.가열기 2.온수기	**تسخم** (타쌋카마)	앙심을 품다
	سخونة (쑤쿠 - 나)	1.따뜻함 2.오한, 열병	**سخم** (싸캄)	1.검정색 2.원한, 앙심
	سخين (싸키 - ㄴ)	1.뜨거운 2.흥분된	**سخمة** (쑤크마)	검은 색

سد (싿드)	1.폐쇄 2.장애물 3.댐, 제방
سدة (숫다)	1.문 2.문턱 3.왕좌, 옥좌
سداد (싸다 - 드)	1.정확성 2.합리 3.지불
سدادة (씨다 - 다)	1.마개, 덮개 2.폐쇄기
سديد (싸디 - 드)	1.명중의 2.정확한, 옳은
تسديد (타스디 - 드)	1.조준 2.지불
انسداد (인씨다 - 드)	1.막히는 것(혈관의) 2.폐색
مسد (마싿드)	막힌 곳
مسدود (마쓰두 - 드)	1.막힌 2.차단된
سدر (싸디라)	1.당황하다 2.눈부시다
سدر (싸디르)	당황한, 어리둥절한

مسخن (미쓰칸)	온수통
مسخنة (미쓰카나)	가마
مسخنات (무쌋카나 - 트)	가열기, 전기풍로
سخى (싸키야)	너그럽다, 온순하다
سخاء (싸카 -)	관대성, 너그러움
سخى (싸키)	너그러운, 관대한, 후한
سخاوة (싸카 - 와)	유연함, 온순함
سد (싿다)	1.닫다 2.틀어막다(빛을) 3.갚다
سدد (싿다다)	1.겨누다 2.갚다, 치르다
أسد (아싿다)	명중하다, 맞히다
انسد (인싿다)	1.막히다 2.차단되다

씬

씬	

سدرة (씨드라)	칠천에 있는 연나무	سدفة (쑤드파)	1.땅거미, 황혼 2.서광
سادر (싸 - 디르)	1.무관심한 2.무분별한	سدل (싸달라)	1.풀다(머리를) 2.내리다(막을)
سدارة (씨다 - 라)	태양이 있는 모자	أسدل (아쓰달라)	내리우다, 드리우다
سدس (싸다싸)	여섯 번째가 되다	تسدل (타쌋달라)	내리워지다, 드리우다
سدس (쌋다싸)	1.여섯배 하다 2.육각형으로 만들다	انسدل (인싸달라)	아래로 늘이다
سدس (쑤드쓰)	6분의1	سدل (씨들)	1.씌우개 2.막, 커튼 3.목걸이
سادس (싸 - 디쓰)	여섯 번째의	سدم (싸다마)	서글퍼하다, 후회하다
سداس (쑤다 - 쓰)	여섯 개씩	انسدم (인싸다마)	말리다, 말라붙다
مسدس (무쌋다쓰)	여섯으로 된	سدم (싸담)	후회와 슬픔
مسدسة (무쌋다싸)	권총	سديم (싸디 - ㅁ)	1.안개 2.성운, 별구름
سدف (싸다프)	1.땅거미, 황혼 2.서광	سادن (싸 - 딘)	카으바 신전 관리자

سدانة 카오바 신전의 관리직 (씨다-나)	**استسر** 은폐되다 (이쓰타싸르라)
سدى 주다, 선사하다 (싿다)	**سر** 1.비밀, 기밀 2.근원, 핵심 (씨르르)
أسدى 내밀다(손), 이익을 주다 (아쓰다)	**سر** 탯줄, 배꼽 (쑤르르)
سداة 실마리(이야기나 논쟁의) (싸다-트)	**سرة** 1.배꼽 2.복판, 중심 (쑤르라)
سدى 공연히, 쓸데없이 (수단)	**سرر** 손금, 이마의 주름살 (쑤루르)
ساذج 1.소박한 2.천진한 (싸-지즈)	**سرور** 기쁨, 환희, 반가움 (쑤루-르)
سذاجة 1.소박함 2.고지식함 (싸자-자)	**سراء** 기쁨, 행복, 안락 (싸르라-)
سر 1.기쁘게 하다 2.기뻐하다 (싸르라)	**سرار** 1.이맛살 2.손금 (씨라-르)
سار 비밀을 주고받다 (싸-르라)	**سرير** 침대, 옥좌 (싸리-르)
أسر 1.기쁘게 해주다 2.숨기다 (아싸르라)	**سريرة** 1.마음 2.의향 (싸리-라)
تسرر 첩을 두다 (타싸르라)	**سرية** 내연의 처 (쑤르리-야)

씬

سربة (쑤르바)	무리, 떼
سارِبة (싸 - 리바)	파충류 동물
سراب (싸라 - ㅂ)	1.신기루 2.하수도물
تسرّب (타싸르라브)	새는 것, 침투, 침습
مَسرَب (마쓰랍)	1.도랑 2.배수관, 하수도관
سربل (싸르발라)	입히다
تسربل (타싸르발라)	입다
سربال (씨르바 - ㄹ)	옷, 적삼
متسربل (무타싸르발)	젊음의 축복을 받은
سرج (싸라자)	엮다, 땋다(머리채를)
سرّج (싸르라자)	1.안장을 얹다 2.엮다, 땋다

استسرار (이쓰티쓰라 - ㄹ)	내연의 관계
مسرّ (무씨르르)	기쁘게 하는, 즐거운
مسرّة (마싸르라)	기쁨, 즐거움, 쾌락
مسرور (마쓰루 - ㄹ)	기쁜, 즐거운
سراط (씨라 - 뜨)	길
سرب (싸리바)	흐르다, 새다
سرب (싸라바)	1.방목하다 2.흐르다
سرّب (싸르라바)	방목시키다
انسرب (인싸라바)	침투하다, 기어들다
سرب (싸랍)	지하통로, 땅굴, 갱도
سرب (씨릅)	1.집단 2.마음, 심성

쎈

تسرح (타싸르라하)	머리 빗다	أسرج (아쓰라자) 1.안장을 풀다 2.불을 붙이다
انسرح (인싸라하)	1.석방되다 2.방임되다	سرج (싸르즈) 말의 안장
سرح (싸르흐)	방목떼	سراج (씨라-즈) 1.등잔, 등불, 램프
سرحة (싸르하)	공간, 공지	سيرج (씨-라즈) 참기름
سرحان (싸르하-ㄴ)	잡념에 사로잡힌	سرجين (씨르지-ㄴ) 비료, 거름, 두엄
سراح (싸라-흐)	1.석방 2.이혼	أسروجة (아쓰루-자) 거짓, 허위
سريح (싸리-흐)	행상인	مسرجة (마쓰라자) 등잔대
تسريح (타쓰리-흐)	1.집단해고 2.제대	سرح (싸라하) 1.방목하다 2.배회하다
تساريح (타싸리-흐)	허가, 인준	سرح (싸리하) 마음대로 …하다
تسريحة (타쓰리-하)	1.머리단장 2.화장대	سرح (싸르라하) 1.석방하다 2.이혼하다
انسراح (인씨라-흐)	해방, 자유롭게 함	أسرح (아쓰라하) 석방하다, 해방시키다

씬

مسرّح (무싸르라흐)	1.제대한 2.제대군인
مسرح (마쓰라흐)	1.극장, 무대 2.활동장소
مسرحية (마쓰라히 - 야)	희곡, 연극
منسرح (문싸리흐)	1.자유로운 2.빠른
سرد (싸라다)	1.열거하다 2.인용하다
سرد (싸르라다)	2.구멍 내다 2.꿰매다
سرد (싸르드)	인용, 인증
مسرد (마쓰라드)	색인표(책의)
سرداب (씨르다 - ㅂ)	지하통로, 땅굴
سرادق (싸라 - 디끄)	천막, 정자
سرسام (씨르쌈 - ㅁ)	뇌막염

سرط (싸리따)	삼키다, 꿀꺽 넘기다
استرط (이쓰타라따)	삼키다
سراط (시라 - 뜨)	길, 도로
سرطان (싸르따 - ㄴ)	1.게,가재 2.암, 종양
سرع (싸루아)	1.빠르다 2.서두르다
سرع (싸르라아)	재촉하다, 촉진하다
سارع (싸 - 라아)	1.서둘다 2.달리기 시합하다
أسرع (아쓰라아)	1.서두르다 2.촉진시키다
تسرع (타싸르라아)	서두르다, 빨리하다
سرع (쑤르으)	고삐
سرعة (쑤르아)	1.빠른 것, 속도 2.급한 것

مسرف (무쓰리프)	1.탕진하는 2.과소비자	**سريع** (싸리 - 으)	빠른, 급한
مسراف (미쓰라 - 프)	낭비가 심한	**إسراع** (이쓰라 - 으)	급행, 돌진, 가속
سرق (싸라까)	도적질하다	**أسروع** (아쓰루 - 으)	모충, 풀쐐기
سرق (싸르라까)	도둑으로 몰다	**تسرع** (타싸르루으)	1.서두는 것 2.조급성
انسرق (인싸르까)	1.약해지다 2.슬며시 가버리다	**تسريع** (타쓰리 - 으)	촉진, 앞당기는 것
سارق (싸 - 리끄)	도적, 약탈자	**مسرع** (무쓰리으)	빠른, 서두는, 조급한
سراق (싸라 - 끄)	1.도적 2.작은 톱	**مسارعة** (무싸 - 라아)	조급성
سرقة (싸리까)	1.약탈, 절도 2.절도범죄	**متسرع** (무타싸르리으)	서두는, 덤비는
سريقة (싸리 - 까)	훔친 물건	**سرف** (싸라파)	1.낭비하다 2.지나치다
مسرقات (마쓰루까 - 트)	장물	**سرف** (싸라프)	지나침, 과도함, 낭비
منسرق (문싸리끄)	약한	**إسراف** (이쓰라 - 프)	1.낭비 2.지나침

سرك (씨르크)	곡마단, 곡예단	سرى (싸라)	1.밤에 가다 2.효력을 발생하다
سركي (싸르키)	지불승인서	أسرى (아쓰라)	밤에 여행하다
سرمد (싸르마드)	영원, 무한	سار (싸 - 린)	1.전염하는(병이) 2.유효한
سرا (싸라)	고결하다, 관대하다	سرية (싸리 - 야)	분대, 중대(군대)
سرى (싸르라)	기쁘게 하다, 위안하다	سارية (싸 - 리야)	1.분위기 2.돛대
تسرى (타싸르라)	첩을 두다	إسراء (이쓰라)	밤여행
انسرى (인싸라)	없어지다(슬픔이)	سطح (싸따하)	1.평평하게 하다 2.눕히다
سراة (싸라 - 트)	1.중심 2.우두머리 3.고위층	تسطح (타싸ㅅ따하)	1.펴지다 2.평평해지다
سرى (싸리이)	명문, 귀족, 양반	انسطح (인싸따하)	1.평평해지다 2.깔리다
تسرية (타쓰리야)	기분전환, 오락	سطح (싸뜨흐)	1.지붕, 꼭대기 2.면, 표면
سروال (씨르와 - ㄹ)	바지	سطيح (싸띠 - 흐)	1.평평한 2.허약한

مِسْطَار (미쓰따-르)	1.미장칼 2.제도기	**تسطح** (타쌋뚜흐)	평행, 고름, 평평함
مُسَيْطِر (무싸이띠르)	1.감독 2.통치자	**مَسْطَح** (마쓰따흐)	표면, 겉
سَطَعَ (싸따아)	1.비치다 2.일다(먼지가)	**مُسَطَّح** (무쌋띠흐)	1.평면 2.면적
سُطْع (싸뜨으)	1.눈부심 2.일어나는 것(먼지가)	**مسطحات** (무쌋따하-트)	평지
سَاطِع (싸-띠으)	1.찬란한 2.명백한	**سَطَرَ** (싸따라)	1.선을 긋다 2.기록하다
سُطُوع (쑤뚜-으)	찬란함, 눈부심	**سَطْر** (싸뜨르)	1.줄, 선 2.열
سَطَلَ (싸딸라)	마취시키다	**سُطُور** (싸뚜-르)	큰 칼
انْسَطَلَ (인싸딸라)	마취되다	**سَيْطَرَة** (싸이따라)	지배, 통치권력
سَطْل (싸뜰)	물통, 바께스	**أُسْطُورَة** (우쓰뚜-라)	우화, 전설
أُسْطُول (우쓰뚤-르)	함대	**تَسْطِير** (타쓰띠-르)	기록
مَسْطُول (마쓰뚤-르)	마취된	**مِسْطَرَة** (미쓰따라)	1.자 2.견본, 표본

씬

أسطوانة (우쓰뚜와 - 나)	레코드판	**سعدانة** (싸으다 - 나)	1.원숭이 2.젖꼭지
سطو (싸따)	1.공격하다 2.침입하다	**سعيد** (싸이 - 드)	1.행복한 2.무사한
سطو (싸뚜)	1.공격, 습격 2.힘, 세력	**مساعد** (무싸 - 이드)	1.도와주는 2.조교
سطوة (싸뜨와)	1.습격 2.세력 3.통치	**مساعدة** (무싸 - 아다)	1.지원 2.지지
سعد (싸이다)	행복하다	**مسعود** (마쓰우 - 드)	행복한, 복받은
ساعد (싸 - 아다)	1.돕다 2.촉진시키다	**سعر** (싸아라)	1.불을 피우다 2.미치다(개가)
أسعد (아쓰아다)	행복하게 하다	**سعر** (싸으아라)	값을 매기다
سعد (싸으드)	행운	**ساعر** (싸 - 아라)	흥정하다
ساعد (싸 - 이드)	손, 팔	**أسعر** (아쓰아라)	불을 키다
ساعدة (싸 - 이다)	지류(강의)	**تسعر** (타싸으아라)	1.불타다 2.값이 정해지다
سعادة (싸아 - 다)	1.행복 2.귀하	**انسعر** (인싸아라)	미치다(개가)

سعط (싸아뜨)	코로 들어마시다		استعر (이쓰타아라)	타오르다
استعط (이쓰타아뜨)	코로 들이마시다		سعر (씨으르)	값, 가격, 시세
سعوط (쑤우-뜨)	코로 들이마심		سعرة (싸으라)	광증, 미치는 것
سعف (싸아파)	구원하다, 구제하다		سعار (쑤아-르)	1.폭식 2.광증
ساعف (싸-아파)	살리다, 구원하다		سعران (싸으라-ㄴ)	미친
أسعف (아쓰아파)	응급조치를 취하다		سعير (싸이-르)	불, 불길, 화염
سعف (싸으프)	구원, 구제		تسعير (타쓰이-르)	가격산정
إسعاف (이쓰아-프)	구제, 응급조치		تسعيرة (타쓰이-라)	1.요금 2.정가
إسعافات (이쓰아파-트)	구급약, 약품		مسعر (무싸으이르)	방화자
سعل (싸알라)	기침하다		مسعار (미쓰아-르)	1.방화자 2.불쏘시개
سعلة (쑤을라)	기침		مسعور (마쓰우-르)	미친, 정신나간

씬

سعال (쑤아 - ㄹ)	기침	**مسغبة** (마쓰가바)	굶주림, 기아
سعلاء (씨을라-)	마녀, 마귀할멈	**سف** (싸파)	1.삼키다 2.엮다
سعى (싸아)	1.걷다, 달리다 2.애쓰다	**أسف** (아쌋파)	1.찬찬히 보다 2.걷다(노선을)
سعى (싸이)	1.달리기 2.지향 3.노력	**استف** (이쓰탓파)	삼키다(가루약을)
ساع (싸 - 인)	1.중상모략자 2.배달자	**سفوف** (싸푸 - 프)	가루약
سعاية (싸아 - 야)	1.밀고 2.중상	**سفيف** (싸피 - 프)	여윈, 허약한
مسعى (마쓰안)	노력	**سفح** (싸파하)	흘리다(피를)
سغب (싸기바)	굶주리다, 배고프다	**سافح** (싸 - 파하)	간음하다
سغب (싸가브)	기아, 허기, 굶주림	**تسافح** (타싸 - 파하)	간음하다
سغابة (싸가 - 바)	굶주림, 기아	**سفح** (싸프흐)	1.산기슭 2.비탈 3.유혈
سغبان (싸그바 - ㄴ)	배고픈, 굶주린	**سفاح** (쌋파 - 흐)	피를 흘리게 하는 사람

سُفْرَة (쑤프라)	1.여행음식 2.식탁	سِفاح (씨파 - 흐)	간음, 간통
سافِرَة (싸 - 피라)	베일을 벗은 여자	سَفَدَ (싸파다)	교배시키다
سِفارَة (싸파 - 라)	1.중재 2.대사관	سَفَّدَ (쌋파다)	고기를 꼬챙이에 꿰다
سُفُور (쑤푸 - 르)	베일을 쓰지 않음	سافَدَ (싸 - 파다)	교배시키다
سَفير (싸피 - 르)	1.대사 2.중재자	سِفاد (씨파 - 드)	교배, 교배
سُفْرَجي (쑤프라지)	식당 종업원	سَفَرَ (싸파라)	1.베일을 벗다 2.여행하다
مُسافِر (무싸 - 피르)	여행자, 승객	سافَرَ (싸 - 파라)	여행하다
سَفْسَطَة (싸프싸따)	궤변, 궤변론	أَسْفَرَ (아쓰파라)	1.초래하다 2.노출시키다
مُتَسَفْسِط (무타싸프씻뜨)	궤변론자	سِفْر (씨프르)	경전, 성서, 성경, 꾸란
سَفْسَفَة (싸프싸파)	잡담, 공담	سَفَر (싸파르)	1.여행 2.통행 3.행군
سَفْساف (싸프싸 - 프)	어리석은, 공연한	سَفَرِيَّة (싸파리 - 야)	여행, 수학여행

씬

سفط (싸파따)	생선비늘을 벗기다	**سفل** (싸팔라)	낮다, 아래로 향하다
سفط (싸파뜨)	광주리, 바구니	**تسفل** (타싸팔라)	1.낮아지다 2.타락하다
سفط (싸프뜨)	생선비늘	**سفل** (씨플)	1.아래, 밑 2.깊은 곳
سفع (싸파아)	1.태우다 2.치다	**سافل** (싸필)	1.졸렬한 2.낮은
سفعة (쑤프아)	검은 얼룩, 흑점	**سفالة** (싸팔 - 라)	1.아래, 밑 2.토대
أسفع (아쓰파우)	가무잡잡한	**سفيل** (싸피 - ㄹ)	1.낮은 2.너절한
سفك (싸파카)	1.흘리다(피를) 2.붙다	**أسفل** (아쓰팔루)	1.밑바닥의 2.…보다 낮은
تسافك (타싸 - 파카)	서로 살상하다	**تسفل** (타싯풀)	졸렬한 것, 천한 것
انسفك (인싸파카)	흐르다	**سفلت** (싸플라타)	아스팔트를 깔다
سفك (싸프크)	흘리는 것(피를)	**أسفلت** (아쓰팔트)	아스팔트
سفاك (쌋파 - 크)	살인범, 살인자	**سفلقة** (싸플라까)	무위도식, 기생충생활

سفلاق (씨플라 - 끄)	밥벌레, 건달꾼	**أسفى** (아쓰파)	불다(바람이)
سفان (쌋파 - 누)	선박 제작사	**سافياء** (싸피야 - 우)	먼지
سفانة (씨파 - 나)	선박건조, 조선산업	**سقب** (싸끄브)	낙타새끼
سفينة (싸피 - 나)	배, 선박	**سقط** (싸까따)	1.떨어지다 2.상실되다(권리가)
سفه (싸피하)	1.어리석다 2.파렴치하다	**أسقط** (아쓰까따)	1.박탈하다(권리를) 2.유산시키다
سفه (싸푸하)	무례하다	**تسقط** (타쌋까따)	1.못쓰게 되다 2.타락하다
سفه (쌋파하)	경멸하다	**تساقط** (타싸 - 까따)	계속 떨어지다
سفه (싸파흐)	1.어림석음 2.파렴치함	**سقط** (싸까뜨)	1.부스러기 2.불합격품
سفاهة (싸파 - 하)	1.어리석음 2.낭비	**سقط** (싸끄뜨)	1.강우량 2.유산아 4.이슬
سفيه (싸피 - 흐)	1.어리석은 2.파렴치한	**سقطة** (싸끄따)	1.낙하 2.실수, 과오
سفى (싸파)	바람이 먼지를 일구다	**ساقط** (싸 - 끼뜨)	1.떨어지는 2.너절한

씬

ساقطة (싸 - 끼따)	매춘녀	**مسقف** (무쌋까프)	지붕을 한
سقوط (쑤꾸 - 뜨)	1.떨어지는 것 2.상실(권리의)	**سقالة** (싸깔 - 라)	잔교, 구름다리
سقيط (싸끼 - 뜨)	우박, 눈, 서리	**سقم** (싸끼마)	1.앓다 2.핼쑥해지다
إسقاط (이쓰까 - 뜨)	1.박탈 2.전복 3.유산(태아)	**أسقم** (아쓰까마)	병들게 하다
تساقط (타싸 - 꾸뜨)	빠짐(머리카락이)	**انسقم** (인싸까마)	허약해지다
مسقط (마쓰까뜨)	1.도면 3.무스카트(오만 수도)	**سقم** (싸끔)	병, 허약, 아픔
سقف (싸까파)	지붕을 씌우다	**سقم** (쑤끔)	1.허약함, 여윔 2.부족
سقف (싿까파)	1.천정을 하다 2.손뼉을 치다	**سقام** (싸까 - ㅁ)	병, 허약, 아픔
سقف (싸끄프)	1.지붕, 이영 2.천정	**سقيم** (싸끼 - ㅁ)	1.아픈 2.수척한
سقيفة (싸끼 - 파)	1.처마 2.헛간 3.정자(공원의)	**سقى** (싸까)	1.마실 물을 주다 2.관개하다
أسقف (아쓰까프)	대주교	**أسقى** (아쓰까)	1.물을 먹이다 2.관개하다

سكة (씻카) 1.주조한 화폐 2.도로	استقى (이쓰타까) 물을 긷다, 물을 청하다
أسك (아싹크) 1.귀먹은 2.귀머거리	استسقى (이쓰타쓰까) 비가 내리기를 빌다
مسكوكات (마쓰쿠카 - 트) 주조한 화폐, 쇠돈	سقى (싸끄이) 1.관개 2.관개한 밭
سكب (싸카바) 붓다, 쏟다	ساقية (싸 - 끼야) 1.술집 여자 2.수차
انسكب (인싸카바) 쏟아지다, 흘러나오다	سقاء (싸까 -) 가죽자루(물을 운반하는)
سكيب (싸키 - 브) 쏟아진, 부어진	سقاية (싸까 - 야) 관개, 관수
سكيبة (싸키 - 바) 술, 술잔치	استسقاء (이쓰티쓰까 -) 물고임(의학)
انسكاب (인씨카 - 브) 1.쏟아짐 2.새는 것	مسقى (마쓰까) 관개수로, 물도랑
مسكب (마쓰캅) 주조하는 솥	سك (싿카) 1.문을 잠그다 2.화폐를 주조하다
سكت (싸카타) 1.침묵하다 2.대답을 하지 않다	سكك (싸카카) 귀먹다
أسكت (아쓰카타) 침묵하게 하다	سك (싿크) 못, 나무못

씬

سكت (싸크트)	침묵, 정숙, 안정	سكر (쑷카르)	설탕
سكتة (싸크타)	1.마비, 중풍 2.침묵	سكرية (쑷카리 - 야)	설탕 그릇
سكوت (쑤쿠 - 트)	침묵, 무언, 묵묵함	سكريات (쑷카리야 - 트)	설탕, 사탕
سكيت (씻키 - 트)	피를 빠는 작은 모기	سكرين (싸카리 - ㄴ)	사카린
مسكت (무쓰키트)	확고한, 단호한	سكرة (싸크라)	1.술판 2.취기, 주정질
سكر (싸키라)	취하다	سكران (싸크라 - ㄴ)	1.술에 취한 2.주정뱅이
سكر (싸카라)	문을 닫다, 문을 채우다	سكاكر (싸카 - 키르)	당과, 설탕졸임의 과일
سكر (쌋카라)	1.취하게 하다 2.설탕을 치다	تسكير (타쓰키 - ㄹ)	색맹
أسكر (아싸카라)	취하게 하다	مسكر (무쌋카르)	설탕에 절인, 설탕졸임한
تساكر (타싸 - 카라)	취한체 하다	مسكرات (무쓰카라 - 트)	술, 주류
سكر (쑤크르)	주정, 취한 것	سكرتير (씨크리티 - ㄹ)	비서, 서기

تسكين (타쓰키-ㄴ)	진정시킴, 평정화	سكرتاية (씨크리타리-야)	1.비서국 1.비서직무
مسكن (마쓰칸)	집, 주거지	سكن (싸카나)	1.살다 2.고요하다
مسكنة (마쓰카나)	1.빈곤, 가난 2.비참한 처지	أسكن (아쓰카나)	거주시키다
مسكين (미쓰키-ㄴ)	1.가련한 2.비참한	تساكن (타싸-카나)	동거하다
مسكنات (무쌋키나-트)	진정제, 진통제	سكن (싸칸)	1.거주 2.살림집
مسكون (마쓰쿠-ㄴ)	1.거주하는 2.인구가 많은	سكنة (싸카나)	안정상태, 정지상태
مسكونة (마쓰쿠-나)	세계, 우주, 지구	ساكن (싸-킨)	1.조용한 2.거주하는
مساكن (무싸키-ㄴ)	이웃, 주민	سكون (쑤쿠-ㄴ)	1.평온 2.정적
مساكنة (무싸-카나)	동거, 동침	سكين (씻키-ㄴ)	칼
سل (쌀라)	1.몰래 빼내다 2.결핵을 앓다	سكينة (싸키-나)	1.칼 2.안정, 평온
تسلل (타쌀랄라)	침투하다, 잠입하다	إسكان (이쓰카-ㄴ)	거주시킴

سلب (쌀브)	1.약탈 2.약탈물	**انسل** (인쌀라)	1.침입하다 2.결핵을 앓다
سلاب (씰라-브)	약탈자, 강도	**استل** (이쓰탈라)	1.뽑다(칼을) 2.빼앗다
سليب (쌀리-브)	빼앗긴, 박탈당한	**سلة** (쌀라)	바구니, 광주리
أسلوب (우쓸루-브)	1.방식 2.문체	**سلالة** (쑬랄-라)	1.후손 2.품종 3.가문 4.왕조
استلاب (이쓰틸라-브)	약탈	**سليل** (쌀리-ㄹ)	1.결핵에 걸린 2.결핵환자
مسلوب (마쓸루-브)	1.약탈당한 2.미친	**مسلول** (마쓰룰)	결핵에 걸린, 결핵환자
سلح (쌀라하)	새가 똥을 싸다	**سلاطة** (쌀라-따)	샐러드
تسلح (타쌀라하)	무장하다	**سلب** (쌀라바)	1.약탈하다 2.무장을 해제하다 3.조산하다
سلح (쌀흐)	새똥	**انسلب** (인쌀라바)	약탈당하다
سلاح (씰라-흐)	무기, 무장	**استلب** (이쓰탈라바)	약탈하다
تسليح (타쓸리-흐)	무장화, 군비	**سلب** (쌀라브)	1.훔친 물건, 장물

تسلح (타쌀루흐)	재무장, 재군비	**سليخ** (쌀리-크)	1.맛이 없는 2.갈지 않은 땅
مسلح (무쌀라흐)	무장된, 무장의	**مسلخ** (마쌀라크)	도살장
مسلحة (마쓸라하)	1.무기고 2.수비대	**مسلاخ** (미쌀라-크)	1.가죽 2.탈, 가면
سلحفاة (쑬라흐파-)	거북이, 자라	**منسلخ** (문쌀리크)	껍질이 벗겨진
سلحفائية (쑬라흐파이-야)	1.거북이걸음 2.더딘 일	**منسلخ** (문쌀라크)	월 말
سلخ (쌀라카)	1.껍질을 벗기다 2.분리하다	**سلس** (쌀리싸)	1.온순하다 2.부드럽다 3.매끄럽다(문장이)
تسلخ (타쌀라카)	1.탈피하다 2.터져나오다(함성이)	**أسلس** (아쌀라싸)	1.순하게 하다 2.유연하게 하다
انسلخ (인쌀라카)	가죽을 벗다, 분리되다	**سلس** (쌀라쓰)	요실금(의학)
سلخ (씰크)	벗긴 가죽, 뱀가죽	**سلس** (쌀리쓰)	1.온순한 2.부드러운 3.유창한
سلخة (쌀카)	양새끼, 좁고 긴 땅떼기	**أسلس** (아쌀라쑤)	1.온순한 2.유연한 3.유창한
سلاخة (쌀라-카)	맛이 없는 것, 씁쓸함	**سلسل** (쌀쌀라)	1.쇠사슬로 연결하다 2.붓다

씬

سلطة (쌀따)	자켓	تسلسل (타쌀쌀라)	1.연결되다 2.연속되다
سلاطة (쌀라 - 따)	1.말재간 2.파렴치 3.샐러드	سلسل (쌀쌀)	1.작은 폭포 2.민물
سليط (쌀리 - 뜨)	1.첨예한 2.말재간이 있는	سلسلة (쌀쌀라)	1.쇠사슬 2.연속, 시리즈
تسلط (타쌀루뜨)	1.통치 2.장악 3.정권	تسلسل (타쌀쑬)	1.연속 2.기원, 유래
سلطن (쌀따나)	통치자로 선포하다	مسلسل (무쌀쌀)	연속된, 계속되는
تسلطن (타쌀따나)	술탄이 되다	متسلسل (무타쌀실)	1.연속적인 2.순차적인
سلطنة (쑬따나)	술탄 왕국, 군주국	سلط (쌀루뜨)	언변이 좋다
سلطان (쑬따 - ㄴ)	1.통치자 2.통치권력	سلط (쌀라따)	1.권한을 주다 2.사주하다
سلطانة (쑬따 - 나)	왕비, 술탄의 부인	تسلط (타쌀라따)	1.장악하다 2.통치하다
سلع (쌀리아)	1.트다(살결이) 2.문둥병에 걸리다	سلطة (쑬따)	1.통치권력, 권한 2.통치
سلع (쌀라아)	쪼깨다, 가르다	سلطة (쌀라따)	샐러드, 생채, 생채요리

سَلِيف (쌀리-프)	선구자	**انسلع** (인쌀라아)	갈라지다, 트다(살결이)
سِلْف (씰프)	1.동서 2.시동생	**سَلْع** (쌀으)	틈(살결이), 튼 자리
سِلْفة (씰파)	1.동서 2.제수	**سِلْعة** (씰아)	1.물자, 상품 2.피지성 낭포, 혹(의학)
سُلْفة (쑬파)	이자가 붙는 대부	**أَسْلَع** (아쓸라우)	1.튼(살결이) 2.문둥이
سُلْفات (쑬파-트)	유산염	**سَلَف** (쌀라파)	1.대부하다 2.앞서다 3.과거가 되다
سَالِف (쌀-리프)	1.앞서는 2.과거의, 선조	**أَسْلَف** (아쓸라파)	1.미리…하다 2.위에서 언급하다 3.대부하다
سُلافة (쑬라-파)	넥타, 가장 좋은 술	**تَسَلَّف** (타쌀라파)	1.대부받다 2.차관계약을 맺다
تَسْلِيف (타쓸리-프)	대부, 대여	**اِسْتَلَف** (이쓰탈라파)	대부받다, 빌리다
تَسْلِيفة (타쓸리-파)	신용, 대부	**سَلَف** (쌀라프)	1.선조, 조상 2.선임자 3.무이자대부
سَلْفَت (쌀파타)	아스팔트를 깔다	**سَلَفِيّة** (쌀라피-야)	대부금, 선불금
سَلْفَتة (쌀파타)	아스팔트 포장		

مسلفت (무쌀파트)	포장된, 포장한	**مسلوق** (마쓸루-끄)	끓인, 삶은
سلق (쌀라까)	1.고기를 끓여 요리하다 2.욕설을 퍼붓다 3.채소를 데치다	**مسلوقة** (마쓸루-까)	삶은 고기
تسلق (타쌀라까)	오르다(산을)	**متسلق** (무타쌀리끄)	기어오르는
انسلق (인쌀라까)	삶아지다, 익다	**سلك** (쌀라카)	1.처신하다 2.길을 따라가다
سلق (쌀끄)	끓이는 것, 데치는 것	**أسلك** (아쌀라카)	꿰다(실을)
سلاق (쌀라-끄)	요리사	**سلك** (쌀크)	이동, 가는 것, 운송
سلاقة (쌀라-까)	욕질, 파렴치, 철면피	**سلك** (씰크)	1.줄, 실 2.구성원 3.부서
سليق (쌀리-끄)	끓인, 삶은, 데친	**سالك** (쌀-리크)	1.트인 2.길이 트여 있는
سليقة (쌀리-까)	천성, 본능, 본성, 기질	**سلاكة** (쌀라-카)	이쑤시개
تسلق (타쌀루끄)	오르는 것(높은 곳을)	**سلوك** (쑬루-크)	1.행동, 품행 2.도덕, 윤리
		مسلك (마쏠라크)	1.길, 행로 2.품행 3.방법

		씬

سلام 1.평화 2.인사 3.애국가
(쌀라 - ㅁ)

سلامة 1.건전함 2.안전 3.구원
(쌀라 - 마)

سليم 1.건전한 2.결함이 없는
(쌀리 - ㅁ)

إسلام 1.이슬람종교 2.이슬람사상
(이쓸라 - ㅁ)

إسلامية 이슬람의 이념, 이슬람사상
(이쓸라미 - 야)

تسلم 받는 행위, 인수
(타쌀룸)

تسليم 1.승낙 2.항복 3.인계 4.인사
(타쓸리 - ㅁ)

استلام 수령, 인수
(이쓰틸라 - ㅁ)

استسلام 1.항복 2.복종
(이쓰티쓰라 - ㅁ)

مسلم 1.하나님을 믿는 자 2.이슬람 이념이나 사상을 따르는 자
(무쓸림)

سلم 1.무사하다 2.흠이 없다
(쌀리마)

سلم 1.인사하다 2.맡기다
(쌀라마)

سالم 화해하다, 타협하다
(쌀 - 라마)

أسلم 1.복종하다 2.넘겨주다(포로를)
(아쓸라마)

تسلم 받다, 수령하다
(타쌀라마)

تسالم 서로 화해하다
(타쌀 - 라마)

استلم 1.받다, 수신하다 2.장악하다, 인수하다
(이쓰탈라마)

استسلم 1.항복하다 2.양보하다
(이쓰타쌀라마)

سلمية 평화주의
(씰미 - 야)

سلم 사다리, 층계, 층층대
(쑬람)

سالم 1.건전한 2.온전한
(쌀 - 림)

씬

مسلم (무쌀람)	1.허용되는 2.논쟁의 여지가 없는
مسالم (무쌀 - 림)	1.평화애호가 2.관대한
مسالمة (무쌀 - 라마)	화해, 타협
مستلم (무쓰탈림)	1.받는 사람 2.수신기
سلا (쌀라)	1.위로되다 2.망각하다
سلى (쌀리야)	1.위로하다 2.즐겁게 하여주다
تسلى (타쌀라)	1.위로되다 2.즐기다
سلوان (쑬와 - ㄴ)	1.위로, 위안 2.망각
سلوى (쌀와)	1.위안, 위로 2.메추리
تسليات (타쑬리야 - 트)	유희, 오락
مسلاة (마쑬라 -)	오락장소
سم (쌈마)	중독시키다, 독살하다
سمم (쌈마마)	중독시키다, 독약을 넣다
تسمم (타쌈마마)	중독되다, 독약을 먹다
سم (쌈므)	1.바늘귀 2.독, 독소
سام (쌈 - 므)	독이 있는, 유독성의
سميات (쌈미야 - 트)	독해물, 독약
سمامة (싸마 - 마)	제비
سموم (쑤무 - ㅁ)	열풍
تسميم (타쓰미 - ㅁ)	독약을 넣는 것
تسمم (타쌈뭄)	중독
مسام (마쌈 - 므)	땀구멍

مسموم (마쓰무 - ㅁ) 중독된, 독이 스민	**سمح** (싸므흐) 1.너그러움 2.관대한
سمج (싸마자) 1.조잡하다 2.흉측하다	**سماح** (싸마 - 흐) 1. 용서, 관용 2.허락, 승인
سمج (쌈즈) 1.조잡한 2.보기흉한	**سماحة** (싸마 - 하) 1.너그러움 2.경칭어
سماجة (싸마 - 자) 조잡한 것, 흉측한 것	**سميح** (싸미 - 흐) 관대한, 너그러운
سميج (싸미 - 즈) 1.조잡한 2.보기흉한	**سموحات** (싸무하 - 트) 무관세 상품
سمح (싸마하) 1.허락하다 2.관대하다	**تسامح** (타싸 - 무흐) 관용, 관대, 너그러움
سمح (쌈마하) 간과하다, 묵과하다	**مسامحة** (무싸 - 마하) 1.관용 2.휴가
سامح (싸 - 마하) 용서하다, 관대하다	**مسماح** (미쓰마 - 흐) 너그러운, 관대한
تسمح (타쌈마하) 참다, 인내하다	**مسموح** (마쓰무 - 흐) 허락된, 허용되는
تسامح (타싸 - 마하) 너그럽다, 관대하다	**سمد** (싸마다) 우쭐대다
استسمح (이쓰타쓰마하) 1.관용을 바라다 2.사죄하다	**سمد** (쌈마다) 땅에 비료를 주다

씬

سماد (싸마-드)	거름, 비료	سمار (싸마-르)	거무스름한 색, 갈색
سميد (싸미-드)	소맥, 밀가루	سوامر (싸와-미르)	야유회, 저녁파티
تسميد (타쓰미-드)	비료주기, 거름주기	سمير (싸미-르)	말동무(밤에)
سمر (싸무라)	갈색이 되다	أسمر (아쓰마루)	거무스레한, 거뭇거뭇한
سمر (싸마라)	밤을 지새우다	مسمر (무쌈마르)	못박힌
سمر (쌈마라)	1.못을 박다 2.고정시키다	مسامرة (무싸-마라)	1.밤의 이야기 2.야회
تسامر (타싸-마라)	서로 담화하다(밤에)	مسمار (미쓰마-르)	못, 핀
اسمر (이쓰마르라)	거무스레해지다	سمسر (쌈싸라)	중개업을 하다
سمر (싸마르)	1.밤에 나누는 이야기 2.야회	سمسرة (쌈싸라)	1.중개 2.중개료
سمرة (쑤므라)	거무스름한(살결이)	سمسار (씸싸-르)	1.중개업 2.중개업자
سامر (싸-미르)	1.야회 2.말동무(밤에)	سمسم (씸씸)	참깨

تسمع (타쌈무으)	1.청취 2.청진(의학)	سمط (싸마따)	침묵하다
مسمع (미쓰마으)	청각기관, 귀	سمط (씸뜨)	목걸이
مسماع (미쓰마-으)	청진기	سماط (씨마-뜨)	1.식탁보 2.식탁, 밥상
مسموع (마쓰무-으)	1.들리는 2.뜬소문	سميط (싸미-뜨)	가락지빵, 꽈배기 과자
مستمع (무쓰타미으)	청취자	سمع (싸미아)	1.듣다 2.복종하다
سمق (싸마까)	높다, 키가 크다	سمع (쌈마아)	1.들려주다 2.모욕하다
تسامق (타싸-마까)	솟다, 올라가다	تسمع (타쌈마아)	귀담아 듣다
سامق (싸-미끄)	높은, 우뚝 솟은	استمع (이쓰타마아)	듣다, 청취하다
سمك (싸무카)	높다	سمعة (쑤므아)	명성, 평판, 소문
سمك (쌈마카)	두껍게 만들다	سماعة (쌈마-아)	1.수화기 2.청진기(의학)
سمك (싸므크)	1.높이, 깊이 2.두께	سماعيات (싸마이야-트)	음향학

377

سمانة (싸마-나)	살찐 것, 기름진 것	سمك (싸마크)	생선
سمين (싸미-ㄴ)	살찐, 뚱뚱한, 비대한	سماك (씨마-크)	지주, 받침대
سما (싸마)	1.숭고하다 2.올라가다	سماك (쌈마-크)	1.생선장수 2.어부
سمى (쌈마)	부르다, 호명하다	سماكة (씨마-카)	고기잡이, 어업
أسمى (아쓰마)	1.이름을 달다 2.높이다	سماكة (싸마-카)	1.높이 2.무게 3.밀도
تسامى (타싸-마)	1.명예를 다투다 2.우쭐대다	سميك (싸미-크)	두터운, 두툼한
سمو (쑤무우)	고상함, 숭고함, 거룩함, 위대함	مسمكة (마쓰마카)	어항, 수족관
سماء (싸마-)	1.하늘 2.천공 3.천국	سمن (싸미나)	1.지방이 많아지다 2.몸무게가 늘다
اسم (이씀)	1.이름, 명칭 2.명성 3.제목	أسمن (아쓰마나)	1.비대하게 하다 2.뚱뚱해지다
أسمى (아쓰마)	가장 숭고한, 고상한	سمن (싸믄)	녹인 버터, 요리용 버터
تسمية (타쓰미야)	1.작명 2.바스말라	سمنة (씨므나)	뚱뚱한 것, 비대함

씬

مسمى (무쌈마)	1.불리우는 2.정해진	**سنح** (싼나하)	1.관대하다 2.눈감아주다
سن (싼나)	1.칼날을 세우다 2.규정을 제정하다	**سانحة** (싸 - 니하)	1.기회 2.우연한 생각
أسن (아싼나)	나이가 들다	**سنخ** (싸나카)	변절되다(기름 등이)
استن (이쓰타나)	전통을 확립하다	**سنخ** (씬크)	뿌리, 근원, 토대
سن (씬느)	1.치아 2.나이, 연령	**سناخة** (싸나 - 카)	부패, 썩음
سنة (쑨나)	1.순나 2.규정 3.전통, 관습	**سند** (싸나다)	1.기대다 2.지지하다
سنة (씨나)	졸음	**ساند** (싸 - 나다)	지지하다, 성원하다
سنة (싸나)	해, 연도, 년	**أسند** (아쓰나다)	1.버티다 2.맡기다
سنبل (싼발라)	이삭이 패다	**استند** (이쓰타나다)	1.의탁하다 2…에 근거를 두다
سنبل (쑨불)	이삭	**سند** (싸나드)	1 문건, 문서 2.채권, 채무증서
سنح (싸나하)	1.생각나다 2.생기다(기회)	**سنادة** (씨나 - 다)	발판, 기둥, 받침대

씬

سنم (싸나마)	큰 혹을 가지고 있다	سندانة (씬다 - 나)	화분
تسنم (타싼나마)	낙타에 올라타다	إسناد (이쓰나 - 드)	1.받침대 2.증거 3.문헌 4.계보
سنمة (싸나마)	정상, 꼭대기	تساند (타싸 - 누드)	상호의지, 상호지지
سنام (싸나 - ㅁ)	낙타의 등	استناد (이쓰티나 - 드)	의거, 의지, 의탁
سهب (싸흐브)	황야, 사막, 스텝지역	مسند (미쓰나드)	1.베개 2.등받이
سهب (쑤흐브)	평원, 방대한 벌판	مسند (마쓰나드)	방석, 베개, 안락의자
مسهب (무쓰하브)	장황한, 자세한, 상세한	مساندة (무싸 - 나다)	1.지지, 지원 2.떠받침
سهد (싸히다)	잠이 오지 않다	مستند (무쓰타나드)	1.받침대 2.문서 3.문헌, 사료
أسهد (아쓰하다)	잠못이루게 하다	سنع (싸누아)	아름답다, 우아하다
تسهد (타싸흐하다)	불면증에 걸리다	سانع (싸 - 니으)	아름다운, 고운
ساهد (싸 - 히드)	잠못이루는, 불면증에 걸린	سنيع (싸니 - 으)	아름다운, 고운

تسهل (타싸흐할라)	용이하게 되다	سهاد (쑤하 - 드)	잠을 못자는 것
تساهل (타싸 - 할라)	쉽게 해주다, 묵과하다	سهر (싸히라)	1.밤을 새우다 2.보초서다
انسهل (인싸할라)	설사하다	سهر (싸흐르)	1.철야 2.경각성, 주목
سهل (싸흘)	1.벌판 2.쉬운 3.평평한	سهرة (싸흐라)	야회, 저녁파티
سهول (싸후 - ㄹ)	설사약	سهار (쑤하 - ㄹ)	밤을 지새우는 것
سهولة (쑤훌 - 라)	쉬운 것, 용이한 것	سهاري (싸하 - 리)	야간등
إسهال (이쓰하 - ㄹ)	설사	مسهر (마쓰하르)	야회장, 유흥장
تسهيل (타쓰히 - ㄹ)	용이함, 손쉽게 함	سهل (싸훌라)	1.쉽다 2.고르다
تسهيلات (타쓰힐라 - 트)	1.조치 2.우대 3.설비	سهل (하흐할라)	1.편하게 하다 2.닦다(길을)
تساهل (타싸 - 훌)	1.관대성 2.묵과 3.양보	ساهل (싸 - 할라)	너그럽게 대하다
مسهل (무쓰힐)	1.설사제 2.하제의	أسهل (아쓰할라)	완화시키다, 설사시키다

씬

씬	

مسهل (무쓰힐)	설사, 설사환자	**سهو** (싸흐우)	1.망각 2.무관심 3.방심
متساهل (무타싸 - 힐)	1.관대한 2.인정많은	**سهوان** (싸흐와 - ㄴ)	소홀히 하는
سهم (싸후마)	1.해쓱해지다 2.우울하다	**ساء** (싸 - 아)	1.나쁘다 2.악화되다
ساهم (싸 - 하마)	1.추첨하다 2.참가하다	**أساء** (아싸 - 아)	1.해치다 2.모독하다
أسهم (아쓰하마)	한몫하다, 기여하다	**استاء** (이쓰타 - 아)	1.화내다 2. 망신당하다
سهم (싸흠)	1.화살 2.몫 3.주식	**سوء** (쑤 - 으)	1.해악 2.우울 3.불행
ساهم (싸 - 힘)	1.창백한 2.생각에 잠긴	**سوأة** (싸우와트)	1.못된 짓 2.생식기
مساهم (무싸 - 힘)	1.주주 2.참가자들	**سيىء** (싸이이으)	나쁜, 악한, 추악한
مساهمة (무싸 - 하마)	1.기여 2.참가, 가담	**إساءة** (이싸 - 아트)	1.해악을 끼침 2.모독
سها (싸하)	등한히 하다	**استياء** (이쓰티야 -)	분노, 격분, 분개
ساهى (싸 - 하)	실수를 노리다	**مساءة** (마싸 - 아트)	1.못된 짓 2.불행

مسيء (무씨 - 으)	해악을 끼치는, 악영향을 미치는	**سائد** (싸 - 이드)	1.통치하는 2.지배적인
ساح (싸 - 하)	여행하다, 방랑하다	**سواد** (싸와 - 드)	1.검은색 2.다수, 군중
تسوح (타싸우와하)	여행하다	**سويداء** (쑤와이다 - 우)	우울증
ساحة (싸 - 하)	1.마당, 정원 2.공터 3.무대	**سيد** (싸이이드)	선생, 각하, 씨, 주인
سائح (싸 - 이흐)	여행자, 관광객	**سيدة** (싸이이다)	1.여사 2.부인 3.무당벌레
سياح (쑤이야 - 흐)	여행자, 관광객	**سيادة** (씨야 - 다)	1.통치 2.지배 3.귀하
ساد (싸 - 다)	1.다스리다 2.지배하다	**أسود** (아쓰와두)	1.암담한 2.새까만, 검은
سود (싸위다)	검다, 검어지다	**تسويدة** (타쓰위 - 다)	1.초고, 초안 2.교정지
سود (싸우와다)	초안을 쓰다, 초고를 쓰다	**مسؤود** (마쓰우 - 드)	우울증에 걸린
اسود (이쓰왈다)	검게 되다, 검어지다	**مسودة** (무싸우와다)	1.초고, 초안 2.메모
سادة (싸 - 다)	순수한, 있는 그대로의	**سودن** (싸우다나)	수단화하다

씬

سايس (싸 - 야싸)	1.비위를 맞추다 2.보조를 맞추다	**سودنة** (싸우다나)	수단화
سوس (쑤 - 쓰)	벌레, 좀, 유충	**سودان** (쑤우다 - ㄴ)	1.흑색인종, 흑인 2.수단
سويس (쑤위 - 쓰)	수에즈	**سار** (싸 - 라)	1.기어오르다 2.가다
سياسة (씨야 - 싸)	1.관리 2.정치 3.외교	**سور** (싸우와라)	담을 치다, 담을 쌓다
ساط (싸 - 따)	1.채찍으로 때리다 2.섞다	**ساور** (싸 - 와라)	공격하다, 달려들다
سوط (싸우뜨)	채칙, 회초리	**سورة** (쑤 - 라)	장(꾸란 혹은 책의)
متسوط (무타싸우와뜨)	매질하는 사람	**سور** (쑤 - ㄹ)	1.벽 2.장벽 3.울타리
ساع (싸 - 아)	넣다, 수용하다	**سوار** (씨와 - ㄹ)	1.팔찌 2.목걸이
ساعة (싸 - 아트)	1.육십분 2.시간 3.시계	**ساس** (싸 - 싸)	1.관리하다 2.돌보다
سويعة (쑤와이아)	잠시, 짧은 시간	**سوس** (싸우와싸)	1.좀슬다 2.썩다(이빨이)
ساغ (싸 - 가)	1.허용되다 2.순조롭게 되어가다	**ساوس** (싸 - 와싸)	일치하다, 부합되다

씬

ساق (싸 - 까)	1.몰다(짐승을) 2.비행하다
تسوق (타싸우와까)	장사하다, 사고팔다
ساق (싸 - 끄)	1.다리, 발 2.줄기, 대
سائق (싸 - 이끄)	1.운전사, 조종사 2.몰이꾼, 마부
سوق (싸우끄)	1.운전 2.징집, 동원(군인)
سوق (쑤 - 끄)	시장
سوقة (쑤 - 까)	1.평민 2.부하
سياق (씨야 - 끄)	1.흐름, 과정 2.중재자
سياقة (씨야 - 까)	운전, 조종
تسويق (타쓰위 - 끄)	시장성, 판매
تسويقة (타쓰위 - 까)	할인판매, 바겐세일

سوغ (싸우와가)	1.허가하다 2.세를 내다
استساغ (이쓰타싸 - 가)	1.승락하다 2.쉽게 소화하다
سائغ (싸 - 이그)	1.허용되는 2.맛있는
تسويغ (타쓰위 - 그)	임대
مساغ (마싸 - 그)	1.용이한 접근 2.가능성 3.허락
مسوغ (무싸우위그)	1.법적 근거 2.타당한 이유
سوف (싸우와파)	미루다, 늦추다
استاف (이쓰타 - 파)	냄새맡다
تسويف (타쓰위 - 프)	연기, 지체, 지연
مسافة (마싸 - 파)	거리, 간격, 사이
مسوف (무싸우와프)	1.지체되는 2.더딘

씬				
تساوق (타싸 - 우끄)	조화, 화합, 어울림		سول (싸우왈라)	충동질하다, 유혹하다
انسياق (인씨야 - 끄)	복종, 순종		تسول (타싸우왈라)	구걸하다, 동냥하다
مساق (마싸 - 끄)	1.인용 2.흐름, 과정(예문의)		تسول (타싸우왈)	구걸행위
ساك (싸 - 카)	1.문지르다 2.닦다(이빨을)		متسول (무타싸우윌)	거지
سوك (싸우와카)	1.비비다 2.닦다(이빨을)		سام (싸 - 마)	1.상품을 팔려고 내놓다 2.맡기다(일을)
تسوك (타싸우와카)	닦다(이빨을)		سوم (싸우와마)	1.맡기다 2.평가하다
سواك (씨와 - 크)	칫솔, 이쑤시개		ساوم (싸 - 와마)	흥정하다, 값을 깎다
مسواك (미쓰와 - 크)	칫솔, 이쑤시개		أسام (아싸 - 마)	방목장으로 내몰다
سوكر (싸우카라)	1.보험을 계약하다 2.보증하다		سائمة (싸 - 이마)	방목, 집짐승
مسوكر (무싸우카르)	보험에 가입된, 보험에 든		سيماء (씨마 -)	1.표적 2.용모
سال (쌀 - 라)	질문하다		سيمة (씨 - 마)	표식, 부호, 기호

استواء (이쓰타와 -)	1.평등 2.유사함	**مساومة** (무싸 - 와마)	흥정, 거래
مساواة (무싸와 -)	평등	**سوى** (싸위야)	동등하다, 평등하다, 같다
مستوى (무쓰타와)	1.수평, 수준 2.평면	**سوى** (싸우와)	1.고르게 하다 2.…을 행하다 3.끓이다
ساب (싸 - 바)	1.흐르다(물이) 2.방임하다	**ساوى** (싸 - 와)	1.균등하다 2.조정하다
سيب (싸이야바)	1.단념하다 2.놓아주다	**تساوى** (타싸 - 와)	동등하다, 같다
سائب (싸 - 이브)	1.방임된 2.방황하는	**استوى** (이쓰타와)	1.평탄하다 2.동일해지다
سائبة (싸 - 이바)	집짐승	**سواء** (싸와 -)	1.동일 2.평평한, 고른
سيب (싸이브)	1.흐르는 2.달리는	**سواء** (씨와 -)	동등한, 똑 같은
ساح (싸 - 하)	1.흐르다(물이) 2.녹다	**سوية** (싸위이야)	1.함께 2.평등, 동등
أساح (아싸 - 하)	1.녹이다 2.흐르게 하다	**سواسية** (싸와 - 씨야)	동등한, 유사한
سائح (싸 - 이흐)	1.관광객 2.녹는	**تسوية** (타쓰위야)	1.정돈 2.조정, 해결 3.화해

مَسِير (마씨-르)	걸음, 행군, 행진, 흐름	سَيَاح (쑤이야-흐)	관광객, 여행가
مَسِيرَة (마씨-라)	1.거리 2.행군	سِيَاحَة (씨야-하)	여행
سَيْطَرَ (싸이뜨라)	통치하다, 지배하다	تَسْيِيح (타쓰이-흐)	용해
تَسَيْطَرَ (타싸이뜨라)	통치하다, 관리하다	سَارَ (싸-라)	1.가다 2.출발하다 3.걷다
سَيْطَرَة (싸이뜨라)	1.지배 2.통제 3.통치권	سَيَّرَ (싸이야라)	1.보내다 2.운행하다
مُسَيْطِر (무싸이띠르)	1.통제자 2.통치자	سَايَرَ (싸-야라)	1.함께 가다 2.적응하다
سَاف (싸-파)	칼로 치다	أَسَارَ (아싸-라)	1.달리게 하다 2.운전하다
سَيْف (싸이프)	칼, 칼날	سَائِر (싸-이르)	1.모든 2.기타의
سِيف (씨-프)	1.해변 2.변두리	سَيْر (싸이르)	1.걸어가는 2.진행 3.행동 4.보행
سَيَّاف (싸이야-프)	교형리, 사형집행인	سِيرَة (씨-라)	1.명성 2.전기 3.생활양식
مُسَايَفَة (무싸-야파)	격검	سَيَّارَة (싸이야-라)	1.유성 2.카라반 3.자동차

سَالَ (쌀 - 라)	1.흐르다 2.액체가 되다	
أسَالَ (아쌀 - 라)	1.흘리다 2.녹이다	
سَيْل (싸일)	1.흐름 2.급류 3.개천	
سَائِل (싸 - 일)	1.액체 2.흐르는 3.수력의	
سِيَالَة (싸이얄 - 라)	하수도, 배수로, 도랑	
سِيلَان (씨일라 - ㄴ)	석류석(광물)	
سَيَلَان (싸일라 - ㄴ)	1.흐름 2.새는 것 3.임질(의학)	
سُيُولَة (쑤율 - 라)	유동성	
إِسَالَة (이쌀 - 라)	액화	
مَسِيل (마씨 - ㄹ)	1.하수도, 도랑 2.강바닥	

씬

(شين : شِن)

شاء (샤 -)	양
شاش (샤 - 쉬)	가제(소독)
شاشة (샤 - 샤)	영사막, 브라운관
شاكوش (샤쿠 - 스)	망치
شالية (샬 - 리야)	1.화분 2.질그릇
شام (샤 - ㅁ)	1.시리아 3.다마스쿠스
شاي (샤 - 유)	홍차, 차
شأم (샤아마)	불운이 닥치다
تشاءم (타샤 - 아마)	염세주의자가 되다
استشأم (이쓰타쉬아마)	재앙을 예고하다
شائم (샤 - 임)	불길한, 상서롭지 못한
شأمة (샤으마)	불길한 징조
شؤم (슈움)	불행, 불운, 흉조
شئمة (샤이마)	1.성질 2.특성 3.관습
تشاؤم (타샤 - 움)	비관주의, 염세주의
مشؤوم (마쉬우 - ㅁ)	불행한, 운이 나쁜
متشائم (무타샤 - 임)	비관적인, 비관주의자
شأن (샤은)	1.업무 2.연계 3.중요성 4.이해관계
شب (샵바)	1.청년이 되다 2.불타다
تشبب (타샵바바)	젊어지다
شب (샵브)	명반(화학)

شبث (샤비스)	매달리는, 집요한	شبة (샵바)	1.처녀 2.명반(화학)
متشبث (무타샵비쓰)	매달리는, 집착하는	شاب (샵 - 브)	청년, 젊은이
شبح (샵바하)	1.손을 내밀다 2.손짓하다	شابة (샵 - 바)	처녀
شبح (샤바흐)	1.환상 2.모습 3.영상	شباب (샤바 - 브)	1.청춘 2.청년(들)
شبحية (샤바히 - 야)	대물렌즈	شبابة (샵바 - 바)	피리, 퉁소
شبر (샤바라)	뼘으로 재다	شبيبة (샤비 - 바)	1.청춘 2.젊은이들
شبر (쉬브르)	한뼘	تشبب (타샵부브)	회춘, 젊어짐
شبور (샵부 - 르)	나팔	مشبوب (마슈부 - 브)	1.열렬한 2.타버린
شبورة (샵부 - 라)	안개(이집트에서)	متشبث (무타샵비트)	고집스러운, 집착하는
شبرق (샤브라까)	조각조각 찢다	شبث (샤비싸)	집착하다, 매달리다
شبرقة (샤브라까)	1.찢는 것 2.용돈	تشبث (타샵바싸)	1.붙잡다 2.견지하다

شبق (샤바끄)	방탕, 음탕, 색정	**شبشب** (쉽쉽)	슬리퍼
شبك (샤바카)	1.뒤섞다 2.복잡하게 하다	**شبط** (샤바따)	1.집착하다 2.반하다
تشبك (타샵바카)	1.얽히다 2.복잡해지다	**شباط** (슈바-뜨)	12월(샴 지역에서)
تشابك (타샤-바카)	엉키다, 얽히다	**شبع** (샤비아)	1.배부르다 2.가득 차다
اشتبك (이쉬타바카)	1.뒤엉키다 2.복잡해지다	**أشبع** (아쉬바아)	1.배불리 먹이다 2.충족시키다
شبكة (샤바카)	1.그물, 망 2.올가미	**تشبع** (타샵바아)	1.잔뜩 먹다 2.가득 차다
شبكة (샤부카)	약혼선물	**شبع** (샤바으)	1.배부름, 포화 2.만족
شبكية (샤바키-야)	망막(해부)	**شبعان** (샤브아-ㄴ)	1.배부른 2.포화된
شباك (쉽바-크)	1.창문 2.그물, 망	**إشباع** (이쉬바-으)	포화, 만족
تشابك (타샤-부크)	1.혼란 3.교착	**مشبع** (무샵바으)	1.포화된 2.충전된
اشتباك (이쉬티바-크)	1.개입, 휘말림 2.충돌, 교전	**شبق** (샤비까)	방탕하다

شبهة (슈브하)	1.유사성 2.의혹 3.혐의	**مشتبك** (무쉬타바크)	얽힌, 휘말린, 교착상태에 있는
شبيه (샤비-흐)	닮은, 유사한, 비슷한	**شبن** (샤바나)	부유하게 자라다, 풍요롭게 자라다
إشباه (이쉬바-흐)	유사, 근사, 닮음	**شبين** (샤비-ㄴ)	1.신랑들러리 2.대부, 스폰서
تشابه (타샤-부흐)	1.유사성 2.어렴풋함	**شبينة** (샤비-나)	신부들러리
تشبيه (타쉬비-흐)	1.비교 2.유사함	**شبه** (샤비하)	유사하다, 닮다,
اشتباه (이쉬티바-흐)	1.의혹 2.닮음 3.모호함	**شابه** (샤-바하)	닮다, 유사하다,
مشبه (무샤바흐)	까다로운, 애매모호한	**أشبه** (아쉬바하)	비슷하다, 유사하다
مشابهة (무샤-바하)	유사성, 근사성	**تشبه** (타샵바하)	모방하다, 본따다
متشابه (무타샤-비흐)	1.비슷한 2.모호한	**تشابه** (타샤-바하)	서로 비슷하다
مشتبه (무쉬타바흐)	의심스러운, 수상한	**اشتبه** (이쉬타바하)	1.혐의를 잡다 2.비슷하다
شت (샷타)	1.흩어지다 2.분리되다	**شبه** (쉬브흐)	1.유사한 2.유사함 3.형태 4.반, 준

쉬

쉰

مشتل (마쉬탈)	모판, 양모장	شتت (샷타타)	1.분산시키다 2.다양하게 하다
شتم (샤타마)	욕하다, 험담하다	تشتت (타샷타타)	흩어지다, 분산되다
تشاتم (타샤 - 타마)	서로 욕질하다	شت (샷트)	1.흩어진 2.다양한
شتم (샤틈)	욕설, 험담, 비방	شتى (샤타)	상이한, 개별적인
شتام (샷타 - ㅁ)	1.욕을 잘하는 2.욕설쟁이	تشتيت (타쉬티 - 트)	분산, 해산
شتيم (샤티 - ㅁ)	1.징그러운 2.욕먹는	تشتت (타샷투트)	분산
شتيمة (샤티 - 마)	욕, 꾸중, 험담	شتر (샤타라)	절단하다, 자르다
مشاتمة (무샤 - 타마)	꾸지람, 욕	شترات (쉬트라 - 트)	구연산염
شتا (샤타)	겨울을 지내다	شتل (샤탈라)	옮겨심다, 이식하다
شتى (샷타)	1.겨울을 나다 2.비가 오다	شتل (샤틀)	묘목, 모
تشتى (타샷타)	겨울을 보내다	شتلة (샤틀라)	1.이식 2.모, 묘목

شاجَرَ (샤 - 자라)	말다툼하다	شِتَاء (쉬타 -)	1.겨울 2.비, 우기철
تَشَاجَرَ (타샤 - 자라)	말다툼하다	مَشْتَى (마샤탄)	겨울 휴양소
شَجَر (샤자르)	나무	شَجَّ (샷자)	1.부수다 2.쪼개다
شَجَرِيَّة (샤자리 - 야)	수림, 수풀, 숲	شَجَّة (샷자)	두개골 골절
شُجَيْرَة (슈자이라)	관목, 작은 나무	شَجَبَ (샤자바)	규탄하다, 슬프게 하다
شِجَار (쉬자 - 르)	말다툼, 논쟁, 언쟁	أَشْجَبَ (아쉬자바)	슬프게 하다
شَجَار (샤자 - 르)	1.빗장 2.들 것	شَجَب (샤자브)	파괴, 파멸
شَجِير (샤지 - 르)	나쁜 친구	تَشْجِيب (타쉬지 - 브)	규탄, 비난
تَشْجِير (타쉬지 ㅣ - 르)	식목, 조림	مِشْجَب (미쉬자브)	옷걸이(벽에 걸린)
مُشَجِّر (무쉬지르)	나무가 많은	شَجَرَ (샤자라)	1.받치다 2.논쟁하다
مَشْجَر (마쉬자르)	산림지대	شَجَّرَ (샷자라)	나무를 심다

شَجِىَ (샤지아)	걱정하다, 슬퍼하다	مُشَاجَرَة (무샤-자라)	1.말다툼 2.주먹싸움질
أَشْجَى (아쉬자)	슬프게 하다	شَجُعَ (샤자아)	용감하다, 대담하다
شَجٍ (샤진)	슬픔, 애달픔, 구슬픔	شَجَّعَ (샷자아)	1.응원하다 2.격려하다
شَجْو (샤즈우)	슬픔, 비애, 애수	تَشَجَّعَ (타샷자아)	용기를 내다
شَجْوَى (샤자위)	근심에 찬, 수심에 찬	شُجَاع (슈자-으)	용감한, 대담한
شَجْوِيَّة (샤자위-야)	멜로드라마	شَجَاعَة (샤자-아)	대담성, 용기, 용맹
شَحَّ (샤흐하)	인색하다	شَجِيع (샤지-으)	용감한, 대담한
شُحّ (슈흐흐)	1.인색 2.결핍, 부족	تَشْجِيع (타쉬지-으)	1.격려, 장려 2.응원
شَحِيح (샤히-흐)	1.인색한 2.부족한	مُشَجِّع (무샷지으)	1.격려하는 2.응원자
شَحِيحَة (샤히-하)	가무는 해, 흉년	شَجَنَ (샤지나)	슬퍼하다
شَحَائِح (샤하-이흐)	건기철	شَجَن (샤잔)	슬픔, 비애, 애수

شحط (샤하따)	1.켜다(성냥불을) 2.좌초하다(배가)	شحب (샤자바)	창백해지다(얼굴이)
شاحط (샤 - 히뜨)	먼, 아득한	شحوب (슈후 - 브)	창백함, 핼쑥함
شحاطة (샤흐하 - 따)	성냥	شحت (샤하타)	구걸하다, 빌어먹다
شحم (샤후마)	기름지다, 살찌다	شحات (샤흐하 - 트)	거지
شحمة (샤흐마)	1.비개덩이 2.과일의 살	شحاتة (쉬하 - 타)	거걸, 동냥
مشحم (무샤흐함)	기름진, 살찐	شحذ (샤하자)	1.갈다(칼을) 2.구걸하다
شحن (샤하나)	싣다, 선적하다	شحذ (샤흐즈)	1.연마 2.구걸
شحن (샤히나)	증오하다, 앙심을 품다	شحاذ (샤흐하 - 즈)	거지, 걸인
أشحن (아쉬하나)	1.내쫓다 2.적재하다	شحر (샤흐하라)	검댕이를 칠하다
تشاحن (타샤 - 하나)	앙심을 품다	شحوار (슈흐와 - 르)	검댕이, 매연
انشحن (인샤하나)	가득 실리다	مشحر (무샤흐하르)	검댕이를 칠한

쉰

شحنة (샤흐나)	1.짐, 화물 2.충전	شخر (샷카라)	코를 드르렁거리다
شحنة (쉬흐나)	앙심, 적의, 악의	شخير (샤키 - 르)	코를 고는
شاحن (샤 - 힌)	가득 적재한	شخص (샤카쏴)	1.우뚝 솟다 2.나타나다
شاحنة (샤 - 히나)	1.화차 2.화물자동차	شخص (샷카쏴)	연기하다, 인격화하다
مشاحنة (무샤 - 하나)	1.악의 2.말다툼	تشخص (타샷카쏴)	출현하다, 나타나다
مشحون (마슈후 - ㄴ)	1.가득 실린 2.충전된	شخص (샤크스)	인물, 배역, 출연자
مشحونات (마슈후나 - 트)	짐, 화물	تشخيص (타쉬키 - 스)	1.연기 2.진단 3.의인화
شخ (샷카)	소변보다, 오줌누다	مشخص (무샷키쉬)	배우, 연기자, 출연자
شخة (샷카)	대변, 대변보는 것	مشخصة (무샷킷솨)	여배우
مشخات (마슛카 - 트)	공중화장실	مشخصات (무샷키솨 - 트)	특성, 특징
شخر (샤카라)	코를 풀다	شد (셔터)	1.당기다 2.묶다 3.조이다

شدد 1.강화하다 2.엄격히 처벌하다 (셔터다)	**مشدود** 강화된, 강조된 (마슈두 - 드)
تشدد 1.강화되다 2.엄격해지다 (타샷다다)	**متشدد** 1.완강한 2.엄격한 (무타샷디드)
تشاد 다투다, 옥신각신하다 (타샷 - 다)	**شدف** 용두레로 물을 푸다 (샤다파)
اشتد 강해지다, 더욱 더해지다 (이쉬탓다)	**تشادف** 흔들리다 (타샤 - 다파)
شدة 1.힘 2.강렬함 3.엄격성 (숏다)	**شادوف** 용두레 (샤두 - 프)
شديد 1.강한 2.어려운 3.엄한 (샤디 - 드)	**شدق** 턱, 턱뼈 (쉬드끄)
شديدة 불행, 재난 (샤디 - 다)	**متشدق** 허풍선이, 떠드는 (무타샷디끄)
تشدد 강화됨, 격화됨 (타샷두드)	**شده** 당황하게 하다 (샤다하)
اشتداد 강화, 격화 (이쉬티다 - 드)	**مشدوه** 어리벙벙한, 당황한 (마슈두 - 드)
مشدد 강화된, 강조된 (무샷다드)	**شدا** 1.찬양하다 2.지저귀다 (샤다 -)
مشادة 말다툼, 충돌, 싸움 (무샷 - 다)	**شاد** 1.가수 2.낭송자 (샤 - 딘)

شرار (샤르라 - 르)	불꽃튀는	**شذ** (샤르자)	불규칙적이다, 예외가 되다
شرارة (샤라 - 라)	불꽃, 섬광	**شذ** (샤즈)	1.예외 2.불규칙 3.변태
شرير (샤리 - 르)	악독한, 악한	**شاذ** (샷 - 진)	비정상적인, 예외의, 드문
شرير (쉬리 - 르)	흉악한, 악질적인	**شواذ** (샤와 - 즈)	예외
شرب (샤리바)	1.마시다 2.담배 피우다	**شذا** (샤자)	향기를 풍기다
أشرب (아쉬라바)	1.물을 먹이다 2.배게하다(냄새 등이)	**شذا** (샤자)	향기, 아로마향기
تشرب (타샤르라바)	1.가득 차다 2.스며들다	**شذو** (샤즈우)	향기
استشرب (이쓰타쉬라바)	빨아들이다	**شذى** (샤지이)	향기로운, 향기 그윽한
شرب (슈릅)	1.흡수 2.마시는 것	**شر** (샤르라)	흐르다, 새다
شربة (슈르바)	1.한모금 2.국물 3.물약	**شر** (샤르르)	1.악 2.손해 3.죄악
شربة (샤르바)	1.한모금 2.설사약	**شرة** (쉬르라)	1.짜증 2.사악 3.재앙

شربات (샤르바 - 트)	시럽, 청량음료	**شربكة** (샤르바카)	혼란, 혼잡, 뒤엉킴
شارب (샤 - 리브)	1.마시는 2.콧수염	**شرث** (샤리싸)	살갗이 트다
شراب (샤라 - 브)	1.음료수 2.시럽	**شرث** (샤라쓰)	틈(살갗이)
شراب (샤라라 - 브)	술고래, 술꾼	**شرج** (샤라자)	대강대강 꿰매다
شراب (슈라라 - 브)	양말, 긴 양말	**شرج** (사라즈)	1.올가미 2.단추구멍
شوربة (슈 - 루바)	국, 국물	**شيرج** (쉬이라즈)	참기름
تشرب (타샤르랍)	흡수, 스며듦	**شرح** (샤라하)	1.설명하다 2.썰다 3.열다(마음을)
مشرب (마슈라브)	1.경향 2.취미	**انشرح** (인샤라하)	1.열리다 2.기뻐하다
مشربية (마슈라비 - 야)	창살, 문살	**شرح** (샤르흐)	1.해석, 주해 2.논평, 비평
مشروب (마슈루 - 브)	음료수	**شرح** (샤리흐)	즐거운, 명랑한
شربك (샤르바카)	혼란시키다	**شرحة** (샤르하)	부스러기, 토막, 조각

쉰

تشرد (타샤르라다)	떠돌아다니다	شارح (샤 - 리흐)	1.해설자, 주해자
شرد (샤르드)	열풍	تشريح (타쉬리 - 흐)	해부, 분석
شارد (샤 - 리드)	유랑자, 방랑자	انشراح (인쉬라 - 흐)	기쁨, 즐거움, 만족
شاردة (샤 - 리다)	퍼뜩 떠오르는 생각	مشرح (무샤르리흐)	해부학자
شرود (슈루 - 드)	1.도주 2.유랑, 방랑	مشرحة (마쉬라하)	해부실
شريد (샤리 - 드)	떠돌아다니는, 유랑하는	منشرح (문샤리흐)	흥겨운, 기쁜, 즐거운
تشرد (타샤르루드)	방랑생활, 유랑생활	شرخ (샤라카)	1.쪼개다 2.자라다
تشريد (타쉬리 - 드)	1.방랑생활 2.추방	شرخ (샤르크)	틈, 갈라짐
مشرد (무샤르라드)	1.거리에 내쫓긴 2.피난민	مشروخ (마쉬루 - 크)	금이 간, 쪼개진
متشرد (무타샤르리드)	집없는, 살곳이 없는	شرد (샤라다)	1.도망가다 2.헤매다
شرس (샤리싸)	악독하다, 흉악하다	شرد (샤르라다)	추방하다, 내쫓다

쉬

شرط (샤라따)	1.베다 2.끊다(천을)	**شرس** (샤라쓰)	악의, 흉악, 악날함
شارط (샤 - 라따)	계약하다, 내기를 하다	**شراس** (샤라 - 쓰)	구두약
تشرط (타샤르라따)	부대조건을 내걸다	**شراسة** (샤라 - 싸)	간악함, 흉악함, 악날성
اشترط (이쉬타라따)	1.조건을 부여하다 2.규정하다	**شريس** (샤리 - 쓰)	악독한, 악날한, 흉악한
شرط (샤라뜨)	표적, 기호, 부호	**شرش** (샤르라샤)	뿌리를 내리다
شرط (샤르뜨)	1.규정화 2.규정, 조항	**تشريش** (타쉬리 - 싀)	뿌리를 내리게 함
شرطية (샤르뛰 - 야)	협정, 계약	**مشرش** (무샤르라싀)	뿌리 내린
شرطى (슈르뛰)	1.경찰의 2.경찰	**شرشر** (쉬르쉬르)	뿌리
شريط (샤리 - 뜨)	1.리본 2.댕기, 띠	**شراشر** (샤라 - 쉬르)	영혼, 자신, 본성
شريطة (샤리 - 따)	조건	**شرشف** (샤르샤프)	침대보, 홋이불
شرطوطة (샤르뚜 - 따)	1.넝마 2.방탕한 여자	**شرط** (샤라따)	조건을 붙이다, 조건으로 삼다

شراعة (슈르라 - 아)	부채형 창문	اشتراط (이쉬티라 - 뜨)	조건, 조항
شروع (슈루 - 으)	시작, 기도, 시도	مشارطة (무샤 - 라따)	협정, 협약, 계약
شريعة (샤리 - 아)	법, 이슬람법, 샤리아법	مشرط (미쉬라뜨)	수술칼
تشريع (타쉬리 - 으)	입법, 법률제정, 법령	مشترط (무쉬타리뜨)	조건이 붙은, 단서가 붙은
تشريعية (타쉬리이 - 야)	입법회의	شرع (샤리아)	1.법령을 제정하다 2.계획을 세우다
اشتراع (이쉬티라 - 으)	입법, 법률제정	أشرع (아쉬라아)	겨누다, 조준하다
مشروع (마슈루 - 으)	1.계획, 2. 초안 3.공사, 사업	اشترع (이쉬타라아)	법령을 제정하다
مشروعية (마슈루이 - 야)	1.합법성 2.사업 3.계획	شرع (샤르으)	1.종교법전 2.법률, 법령
متشرع (무타샤리으)	입법자, 법제정자	شرعية (샤르이 - 야)	합법성, 적법성
شرف (샤루파)	고상하다, 고결하다	شارع (샤 - 리으)	1.입법자 2.거리, 도로
شرف (샤리파)	높다, 솟다	شراعية (쉬라이 - 야)	돛단배

مشرف (무쉬리프)	1.사감 2.지도교수	شرف (샤르라파)	1.명예를 높이다 2.존중하다
مشرف (무쉬리프)	1.구릉 2.고지 3.베란다	أشرف (아쉬라파)	감독하다, 지휘하다
مشرف (무샤르라프)	존경하는, 경애하는	تشرف (타샤르라파)	명예를 갖다
شرق (샤라까)	1.뜨다(해가) 2.빛나다	شرف (샤라프)	1.영광 2.고결 3.위엄
شرق (샤리까)	목이 메이다	شرف (샤르프)	목도리
أشرق (아쉬라까)	1.떠오르다 2.빛나다	شرفة (슈르파)	1.베란다, 발코니 2.특별석
تشرق (타샤르라까)	동양화되다	شرافة (샤라 - 파)	발코니, 베란다
استشرق (이쓰타쉬라까)	동양을 연구하다	شريف (샤리 - 프)	1.고귀한 2.명예로운
شرق (샤르끄)	1.동쪽 2.동방국가들	إشراف (이쉬라 - 프)	관찰, 관리, 지도
شرقيات (샤르끼야 - 트)	동방학	تشريف (타쉬리 - 프)	1.명예 2.존경 3.의례
شروق (슈루 - 끄)	떠오르는 것, 일출	تشريفة (타쉬리 - 파)	성대한 초대연

405

쉰

شرك (샤라크)	1.그물 2.올가미, 덫	شراق (쉬라 - 끄)	학생, 소년
شرك (쉬르크)	우상숭배	إشراق (이쉬라 - 끄)	광채, 빛나는 것
شركة (샤리카)	1.협회, 단체 2.회사	استشراق (이쓰티쉬라 - 끄)	동양학
شريك (샤리 - 크)	1.동업자 2.공모자	مشرق (무쉬리끄)	1.빛나는 2.해가 솟는
تشارك (타샤 - 루크)	협력, 합작	مشرق (마쉬리끄)	동쪽, 동방, 해뜨는 곳
اشتراك (이쉬티라 - 크)	1.합작 2.참가 4.참가비	مستشرق (무쓰타쉬리끄)	동양연구가
اشتراكية (이쉬티라키 - 야)	사회주의	شرك (샤리카)	동참하다, 협력자가 되다
مشرك (무쉬리크)	우상숭배자, 다신론자	شارك (샤 - 라카)	참가하다, 협력하다
مشارك (무샤 - 리크)	참가자, 동참자,	أشرك (아쉬라카)	다신론자가 되다
مشاركة (무샤 - 라카)	1.참가 2.협력	تشارك (타샤 - 라카)	합작하다, 협력하다
مشترك (무쉬타라크)	1.연합의 2.일반적인	اشترك (이쉬타라카)	1.참가하다 2.신청하다

شرم (샤라마)	쪼개다, 째다, 가르다	شرى (샤라)	구매하다
انشرم (인샤라마)	쪼개지다, 갈라지다	أشرى (아스라)	불화를 조성하다
شرم (샤름)	베진 자리, 째진 자리	اشترى (이쉬타라)	사다, 구입하다
شرميتة (샤르미 - 타)	격전, 유혈전	شراء (쉬라 -)	구매, 구입
أشرم (아슈라므)	1.언청이 2.단정하지 못한	شروة (샤르와)	1.구입 2.거래, 교역
شرمط (샤르마따)	갈기갈기 찢다	شريان (쉬르야 - ㄴ)	동맥
شرموطة (샤루무 - 따)	1.누더기 2.매춘부	استشراء (이쓰티싀라 -)	격화, 악화
شرنقة (샤르나까)	누에고치, 번데기	مشتر (무싀타리)	구매자
شره (샤리하)	1.탐욕스럽다 2.게걸스럽다	شزر (샤자라)	흘겨보다, 곁눈질하다
شراهة (샤라 - 하)	1.탐욕 2.게걸스러운 것	شزراء (사즈라 -)	흘겨보는, 노기서린
شروال (싀르와 - ㄹ)	바지, 고쟁이	شسع (샤싸아)	1.아득하다 2.광활하다

쉰

تشطيب (타싀띠 - 브)	잘게 베내는 것	شاسع (샤 - 씨으)	1.아득한 2.드넓은
شطح (샤따하)	배회하다, 산보하다	شسوع (슈쑤 - 으)	아득함
شطحة (샤뜨하)	1.산보, 견학 2.인사불성	ششمة (샤싀마)	화장실, 변소
شطر (샤뚜라)	교활하다, 약삭빠르다	شط (샷따)	1.한도를 넘다 2.지나치다(가격이)
شطر (샷따라)	분활하다, 분산하다	اشتط (이싀탓따)	극단에 빠지다, 지나치다
شاطر (샤 - 따라)	같이하다(생사고락을)	شط (샷뜨)	1.학대 2.기슭, 연안
تشطر (타샷따라)	솜씨를 보이다	شطط (샤따뜨)	1.극단 2.실수, 실책
انشطر (인샤따라)	분할되다, 분열되다	شطيطة (솨띠 - 따)	고추, 후추의 종류
شطر (샤뜨르)	1.분할 2.절반 3.부분	شاطىء (샤 - 띠으)	해변, 연안, 기슭
شاطر (샤 - 띠르)	1.영리한 2.교활한	شطب (샤따바)	1.토막내다 2.취소하다
شطارة (샤따 - 라)	1.솜씨 2.교활 3.총명	شطب (샤뜨브)	1.상처 2.말살, 삭제

شظف (샤좌프)	1.쪼들림 2.고난	مشطور (마쉬뚜-르)	나누어진, 분산된
شظف (샤지프)	구차한, 쪼들린	شطف (샤따파)	1.씻다 2.가버리다
شظى (샤좌)	산산이 부서지다	شطف (샷따파)	말끔히 씻다
شع (샤으아)	1.유포되다 2.빛을 발산하다	تشطيف (타쉬띠-프)	세척
تشعع (타샤으아아)	빛나다, 퍼지다(빛이)	مشطوف (마쉬뚜-프)	1.경사진 2.말끔히 씻은
شعاع (슈아-으)	1.광선, 빛 2.반경	شطن (샤따나)	단단히 매다
شعاع (샤아-으)	1.분산 2.마음이 산란한	تشيطن (타샤이따나)	악마처럼 행동하다
شعاعة (샤아-아)	촬영	شطن (샤따느)	밧줄
إشعاع (이쉬아-으)	방사	شطون (샤뚜-ㄴ)	1.먼 2.깊은
اشعاعية (이쉬아이-야)	방사성, 방사능	شيطان (샤이따-ㄴ)	1.사탄 2.귀신, 유령
مشعاع (미쉬아-으)	방사선 사진	شظف (샤좌파)	정자나 난소를 제거하다

تشعب (타샤으우브)	분파, 지파	شعب (샤아바)	1.모이다 2.분산시키다
شعبذ (샤으바자)	요술을 피우다	شعب (샤으아바)	분리하다, 분할하다
شعبذة (샤으바자)	1.요술 2.협잡	تشعب (타샤으으바)	1.분리되다 2.서로 다르다(의견)
شعوذة (샤우 - 자)	주술, 마법, 마술	انشعب (인샤아바)	분리되다, 분할되다
شعر (샤아라)	1.느끼다, 인식하다 2.시를 짓다	اشتعب (이쉬타아바)	갈라지다(길이)
أشعر (아쉬아라)	알리다, 통지하다	شعب (샤으브)	1.국민 2.군중 3.부족
استشعر (이쓰타식아라)	알아차리다, 눈치채다	شعبية (샤으비 - 야)	1.국민성, 대중성 2.인기
شعر (샤으르)	1.머리, 머리털 2.지식	شعوبية (슈우비 - 야)	민족주의, 국민주의
شعر (시으르)	시	شعب (쉬으브)	1.산길, 오솔길 2.암초
شعرية (쇠으리 - 야)	국수	شعبان (샤으바 - ㄴ)	샤으반(이슬람력 8월)
شعرانى (샤으라 - 니)	털보의	شعبة (슈으바)	1.부문, 분야 2.과, 부

شاعر (샤 - 이르)	1.시인 2.느끼는	**شعطة** (샤으따)	화상
شاعرة (샤 - 이라)	여류시인	**شعف** (샤이파)	사랑에 빠지다
شعار (쉬아 - 르)	1.구호 2.상징 3.국장	**شعفة** (샤아파)	정상, 꼭대기
شعور (샤우 - 르)	1.느낌 2.감정 3.감수성	**شعل** (샤알라)	불피우다
شويعر (슈와이아르)	삼류시인	**أشعل** (아쉬알라)	불지르다
شعير (샤이 - 르)	보리	**اشتعل** (이쉬타알라)	불타다
شعيرة (샤이 - 라)	1.눈다래끼 2.의식(종교)	**شعلة** (슈을라)	1.불길 2.횃불, 봉화
إشعار (이쉬아 - 르)	통지, 기별	**شعيلة** (슈아일라)	모닥불
مشعر (미쉬아르)	1.느낌 2.감각기관	**شعليلة** (슈을라일라)	모닥불
مشعور (마쉬우 - 르)	1.느껴지는 2.미친	**إشعال** (이쉬아 - 르)	불을 피우는 것
شعط (샤아따)	화상을 입히다	**اشتعال** (이쉬티아 - 르)	연소, 불타는 것

쉰

شغر (샤가라)	자리가 비다, 결원되다	**مشعل** (무쉬일)	1.방화자 2.불을 지르는
شاغر (샤 - 기르)	빈, 텅빈, 결원된	**مشعل** (마쉬알)	1.횃불 2.등잔
شاغور (샤구 - 르)	폭포	**مشعال** (미쉬아 - ㄹ)	봉화, 횃불
شغف (샤가파)	사로잡다, 마음을 끌다	**مشتعل** (무쉬타일)	불타는, 불타고 있는
انشغف (인샤가파)	반하다, 매혹되다	**شعلق** (샤을라까)	달아매다, 걸다
شغف (샤가프)	사랑, 열정, 매혹	**تشعلق** (타샤을라까)	매달리다
شغوف (샤구 - 프)	사랑하는, 매혹된	**شغب** (샤가바)	소동을 피우다
شغاف (샤가 - 프)	심낭(해부)	**شاغب** (샤 - 가바)	말썽을 피우다
شغل (샤갈라)	1.차지하다 2.일감을 주다 3.바쁘다	**شغب** (샤가브)	1.반란, 봉기 2.소동, 말다툼
شغل (샷갈라)	1.일거리를 주다 2.분주하게 만들다	**شغاب** (샷가 - ㅂ)	1.폭도 2.말썽꾼
انشغل (인샤갈라)	염려하다, 근심하다	**مشاغبة** (무샤 - 가바)	1.반란 2.싸움, 다툼

اشتغل (이쉬타갈라)	1.분주하다 2.종사하다	شف (샷파)	1.내비치다 2. 드러내다
شغل (슈글)	1.일, 직업 2.고용, 노동	شفف (샷파파)	게 하다
شغال (샷가-ㄹ)	노동자, 근로자	انشف (인샷파)	그릇을 비우다(마셔서)
شغالة (샷갈-라)	파출부	شف (샷프)	투명한 천
شغلتية (샤갈티-야)	고용된 박수부대	شفة (샷파)	입술
اشغال (이쉬가-ㄹ)	일거리를 주는 것	شفاف (샷파-프)	1.투명한 2.투사지
تشغيل (타쉬기-ㄹ)	1.고용 2.조업	شفافية (샤파피-야)	투명함, 투명
انشغال (인쉬가-ㄹ)	1.염려, 우려 2.초과근무	شفوفة (샤푸-파)	면사포, 너울
مشغلة (마쉬갈라)	1.일, 사업 2.공장	شفيف (샤피-프)	투명한, 얇은, 비치는
مشغول (마쉬구-ㄹ)	1.바쁜 2.예약된 3.통화중	شفتر (샤프타라)	입을 삐죽거리다
مشغولية (마쉬굴리-야)	1.분주한 것 2.근심	شفتورة (샤프투-라)	아랫입술

쉰

مشفتر (무샤프티르)	입술이 두터운	شفع (샤프으)	짝, 쌍, 짝수
شفر (샤파라)	욕하다, 꾸짖다	شافع (샤-피으)	1.중재자 2.비호자
شفرة (샤프라)	변두리, 끝	شفاعة (샤파-아)	1.중재 2.변호
شفرة (쉬프라)	암호	شفيع (샤피-으)	1.중재자 2.비호자
شفير (샤피-르)	끝, 가장자리, 모서리	شفق (샤피까)	동정하다, 불쌍히 여기다
شفشف (샤프샤파)	젖을 다 짜내다	أشفق (아쉬파까)	1.동정하다 2.보살피다
شفشاف (샤프샤-프)	진눈깨비	شفق (샤파끄)	황혼, 저녁노을
شفط (샤파뜨)	1.빨다 2.홀짝마시다	شفقة (샤파까)	동정, 자비, 친절
شفاطة (샤파-따)	흡수관, 송풍기	شفيق (샤피-끄)	동정심이 많은, 인정있는
شفع (샤파아)	1.중재하다 2.짝을 짓다	إشفاق (이쉬파-끄)	1.동정 2.두려움 3.염려
تشفع (타샤프아아)	1.편들다 2.중재하다	شفاه (샤파-흐)	대화, 담화, 좌담

مشافهة (무샤-파하)	입으로, 말로	**شق** (샷까)	1.쪼개다 2.동녘이 트다
شفى (샤파)	1.치료하다 2.회복되다	**تشقق** (타샷까까)	쪼개지다, 금이 가다
أشفى (아쉬파)	…할 지경에 이르게 하다	**انشق** (인샷까)	1.분열되다 2.분리되다
تشفى (타샷파)	1.완치되다 2.값을 치르다	**اشتق** (이쉬탓까)	1.파생되다 2.기원하다
استشفى (이쓰타쉬파)	치료되다	**شق** (샷끄)	1.분열, 균열 2.갈라진
شاف (샤-프)	1.몸에 좋은 2.단호한	**شقة** (샷까)	주택, 아파트
شفاء (쉬파-)	1.회복 2.치료 3.약	**شقة** (쉿까)	1.균열 2.난관 3.고생
شفاخانة (쉬파카-나)	가축병원	**شقة** (숫까)	1.고달픈 여행 2.반달, 초승달
استشفاء (이쓰티쉬파-)	치료, 건강회복	**شقاق** (쉬까-끄)	1.분열 2.불화, 반목, 이간
مشفى (마쉬파)	병원, 치료기관	**شقيق** (샤끼-끄)	1.형제 2.절반
مستشفى (무쓰타쉬파)	1.병원 2.요양소, 양호실	**شقيقة** (샤끼-까)	1.자매 2.편두통(의학)

쉰

شَقْشَقَ (샤끄샤까)	1.지저귀다 2.지껄이다	**اِنْشِقَاق** (인시까 - 끄)	1.분열 2.이탈 3.알력
شَقْشَقَة (샤끄샤까)	1.수다스러움 2.지껄임	**اِشْتِقَاق** (이쉬티까 - 끄)	1.파생 2.기원, 어원
شِقْشِقَة (쉬끄쉬까)	낙타의 목주머니	**اِشْتِقَاقَات** (이쉬티까까 - 트)	파생어
شَقَعَ (샤까아)	차곡차곡 쌓다	**مَشَقَّة** (마샷까)	1.난관 2.애로, 곤란
شَقَلَ (샤깔라)	1.저울에 달다 2.물을 긷다	**مُتَشَقِّق** (무타샷끼끄)	금이 간, 쪼개진
شَقْل (샤끌)	저울질	**شَقُرَ** (샤꾸라)	연한 갈색이 나다
شَقْلَب (샤끌라바)	뒤집다	**شَقَرَ** (샤까라)	방문하다, 찾아가다
تَشَقْلَب (타샤끌라바)	뒤집히다	**شَقَر** (샤까르)	금빛(두발의)
شَقْلَبَة (샤끌라바)	뒤집히는 것	**أَشْقَر** (아쉬까르)	1.주홍색의, 2.금발머리
مُشَقْلَب (무샤끌라브)	뒤집힌	**شَقْرَقَ** (샤끄라까)	명랑하게 놀다
شَقِيَ (샤끼야)	불행하다, 비참하다	**شَقْرَقَة** (샤끄라까)	쾌활, 명랑

416

أشقى (아쉬까)	고생시키다	**شك** (샷크)	1.의심, 의혹 2.혐의
تشاقى (타샤-까)	독단을 부리다	**شكة** (샷카)	찌르는 것
شاق (샤-낀)	불행한	**شكك** (슈쿠크)	외상으로
شقاء (샤까-)	1.불행, 고통 2.유해	**شكوك** (샤쿠-크)	1.의심스러운 2.회의주의적인
شقوة (샤끄와)	1.가난, 빈궁 2.불행	**مشكوك** (마쉬쿠-크)	이상한, 수상한
شقاوة (샤까-와)	1.불행 2.전횡 3.강탈	**شكر** (샤카라)	감사를 드리다, 칭찬하다
شقى (샤끼이)	1.불행한 2.독단적인	**شكر** (슈크르)	1.감사, 사의 2.칭찬, 찬양
شك (샷카)	1.찌르다 2.의심하다	**شكران** (슈크라-ㄴ)	감사, 고마움
شكك (샷카카)	1.의심케 하다 2.외상으로 사고팔다	**شاكر** (샤-키르)	감사를 드리는, 고마운
تشكك (타샷카카)	의심하다	**شاكرية** (샤키리-야)	단검, 단도
انشك (인샷카)	찔리다	**شكارة** (슈카-라)	선물(감사의 표시로)

쉬

شاكل (샤 - 칼라)	1.유사하다 2.다투다	**شكور** (샤쿠 - 르)	고마움, 감사
أشكل (아시칼라)	1.애매하다 2.힘겨웁다	**شيكران** (샤이카라 - ㄴ)	독식물
تشكل (타샤칼라)	1.조직되다 2.이양을 떨	**مشكور** (마쉬쿠 - 르)	1.고마운 2.칭찬할만한
استشكل (이쓰타식칼라)	1.의심이 들다 2.힘겨웁다	**متشكر** (무타샷키르)	감사드리는
شكل (샤칼)	말다툼	**شكس** (샤키싸)	사악하다, 약을 올리다
شكلة (샤칼라)	애교있는 여자	**شاكس** (샤 - 카싸)	트집을 잡다
شكل (샤클)	1.외모 2.도안 3.방법	**تشاكس** (타샤 - 카싸)	서로 욕하다
شكلية (샤클리 - 야)	형식주의	**شكاسة** (샤카 - 싸)	1.못된 성미 2.신경질 3.까다로움
شكل (싀클)	1.애교 2.우아함	**مشاكسة** (무샤 - 카싸)	1.트집 2.싸움, 다툼질
شكال (쉬카 - ㄹ)	족쇄	**شكل** (샤칼라)	1.묶다 2.복잡하다
شاكلة (샤 - 킬라)	1.옆, 측면 2.모양, 부류	**شكل** (샷칼라)	구성하다, 조직하다

اشتكى 1.하소연하다 2.앓다 (이쉬타카)	**إشكال** 어려움, 복잡성 (이쉬카 - ㄹ)
شكاء 1.불평이 많은 2.원고(법) (샷카 -)	**تشكيل** 1.각양각색 2.구성, 조직 (타쉬키 - ㄹ)
شكاوة 1.불평, 하소연 2.고소 (샤카 - 와)	**تشكيلة** 1.꽃다발 2.구성 (타쉬킬 - 라)
شكوى 불평, 불만, 하소연 (샤크와)	**تشاكل** 1.유사함 2.일치, 적응 (타샤 - 쿨)
مشكو 피고, 범인 (마쉬쿠우)	**مشكلة** 1.난관 2.문제 (무쉬킬라)
مشتك 1.하소연하는 2.기소자 (무쉬탓크)	**مشكل** 여러가지의, 가지각색의 (무샷칼)
شل 마비시키다, 마비되다 (샬라)	**مشاكلة** 유사성, 비슷함 (무샤 - 칼라)
شلل 누비다, 시침하다 (샬랄라)	**شكم** 입을 틀어막기 위해 매수하다 (샤카마)
أشل 마비시키다 (아샬라)	**شكيمة** 1.기만 2.정력 (샤키 - 마)
انشل 마비되다 (인샬라)	**شكا** 1.불평하다 2.신고하다 3.앓다 (샤카)
شلة 1.목표, 목적 2.한때, 그룹 (샬라)	**تشاكى** 서로 신고하다 (타샤 - 카)

쉬

쉰

شلة 1.패거리 2.실타래, 실꾸리 (쉴라)	**استشلح** 옷을 벗다 (이쓰타쉴라하)
شلات 1.큰 폭포 2.여울, 급류 (샬라 - 트)	**مشلح** 실내에서 입는 편안한 옷 (마쉴라흐)
شلل 마비, 중풍 (샬랄르)	**مشلح** 탈의실 (무쉴라흐)
شلالة 시침, 누비기 (샬랄 - 라)	**شلفط** 1.갈겨쓰다 2.배다 (샬파따)
مشلول 마비된, 중풍에 걸린 (마쉴룰 - 르)	**شلفطة** 난필, 갈겨쓰는 것 (샬파따)
شلت 발로 차다 (샬라타)	**شلق** 쪼개다 (샬라까)
شلتة 매트리스 (샬타)	**شلوق** 열풍 (슐루 - 끄)
شلوت 발길질 (샬루 - 트)	**شم** 1.냄새 맡다 2.거만하게 행동하다 (샴마)
شليتة 자루, 포대 (샬리 - 타)	**تشمم** 1.냄새 맡다 2.탐지하다 (타샴마마)
شلتوتة 걸레 (샬투 - 타)	**استشم** 느끼다, 감촉하다 (이쓰타샴마)
شلح 1.벗어던지다 2.폭로하다 (샬라하)	**شم** 1.냄새를 맡는 것 2.후각 (샴므)

شَمِتَ (샤미타)	고소해지다	**شَمَم** (샤맘)	1.교만 2.고도
أَشْمَتَ (아쉬마타)	남의 불행을 고소해하다	**شَامَّة** (샴-마)	후각
شَمَاتَة (샤마-타)	남의 불행을 기뻐하는 것	**شَمَّام** (샴마-ㅁ)	참외
شَمْتَان (샤므타-ㄴ)	남의 불행을 고소해하는	**شَمِيم** (샤미-ㅁ)	향긋한 냄새
شَمَخَ (샤마카)	1.높다, 솟다 2.거만하다	**أَشَمّ** (아샴므)	1.높은 2.거만한
تَشَامَخَ (타샤-마카)	1.뽐내다 2.높이 솟다	**مِشَامّ** (미샤-ㅁ)	후각기관
شَمْخَة (샤므카)	거만, 교만	**مَشْمُوم** (마쉬무-ㅁ)	1.사향 2.냄새
شَامِخ (샤-미크)	1.우뚝 솟은 2.건방진	**شَمْأَز** (샤므아자)	1.몸서리치다 2.격분하다
شُمُوخ (슈무-크)	1.높이 2.거만, 자랑	**تَشَمَّز** (타샴마자)	인상을 쓰다, 찡그리다
تَشَامُخ (타샤-무크)	거만, 교만	**اِشْمِئْزَاز** (이쉬미으자-즈)	혐오감, 역겨움
مُتَشَامِخ (무타샤-미크)	거만한, 건방진	**مُشْمَئِزّ** (무쉬마잇즈)	몸서리나는, 징그러운

쉰

شَمْسِيَّة (샴씨-야)	우산, 양산, 파라솔	شَمَّرَ (샤마라)	1.서두르다 2.걷어올리다(소매를)
شَامِس (샤-미쓰)	1.햇빛이 난 2.반항하는	تَشَمَّرَ (타샴마라)	달라붙다, 착수하다
شَمُوس (샤무-쓰)	고집이 센	شِمَار (쉬마-르)	1.멜빵 2.브래지어
شُمَيْسَة (슈마이싸)	해님	شَمَزَ (샤마자)	1.몸서리치다 2.격분하다
مُشْمِس (무쉬미쓰)	햇빛이 잘 드는	تَشَمَّزَ (타샴맛자)	아니꼽게보다
مَشْمُوس (마쉬무-쓰)	더위 먹은	اِشْمَأَزَّ (이쉬마으자)	몸서리치다
مَشْمَسَة (마쉬마싸)	일광욕 장소	شَمَسَ (샤마싸)	반항하다
شَمَطَ (샤마따)	1.약탈하다 2.빼앗다	شَمِسَ (샤미싸)	햇볕이 나다
شَمِطَ (샤미따)	머리가 희다	شَمَّسَ (샴싸)	햇볕을 쪼이다
أَشْمَطُ (아쉬마뜨)	머리가 센	تَشَمَّسَ (타샴마싸)	일광욕을 하다
شَمَاطَة (샤마-따)	북새, 소란, 소동	شَمْس (샴쓰)	1.태양 2.햇빛이 잘 드는

شَمَالٌ (샤마 - ㄹ)	1.북쪽 2.북풍	شَمِعَ (샤마아)	놀다, 장난하다
شِمَالٌ (쉬마 - ㄹ)	1.왼쪽, 왼편 2.좌파	شَمَّعَ (샴마아)	왁스를 칠하다
شَمُولٌ (샤무 - ㄹ)	북풍	شَمْعَةٌ (샤므아)	1.초, 양초 2.촉수
شُمُولٌ (슈무 - ㄹ)	포함, 포괄	شَمَّاعَةٌ (샴아 - 아)	옷걸이
شَمِيلَةٌ (쇠밀 - 라)	천성, 성격	مُشَمَّعٌ (무샴마오)	1.왁스가 칠해진 2.비옷
مَشْمُولٌ (마쉬무 - ㄹ)	1.포함된 2.휩싸인	شَمِلَ (샤밀라)	1.포함하다 2.일반적이다
مُشْتَمَلٌ (무쉬타말)	산장, 작은 집	تَشَمَّلَ (타샴말라)	감싸이다, 휩싸이다
مُشْتَمَلَاتٌ (무쉬타말라 - 트)	내용, 목록	اِشْتَمَلَ (이쉬타말라)	1.구성하고 있다 2.포괄하다
شَنَّ (샨나)	1.쏟다 2.공격하다	شَمْلٌ (샤믈)	단합, 연합, 통합
أَشَنَّ (아샨나)	1.붓다 2.공격하다	شَمْلَةٌ (샤믈라)	1.터반 2.망토, 외투
اِسْتَشَنَّ (이쓰타샨나)	1.헐다 2.여리다	شَامِلٌ (샤 - 밀)	1.포괄적인 2.포함하는

쉰

쉰

مشنة (미샨나)	광주리	**تشنج** (타샨나즈)	경련, 쥐가 남
شنأ (샤나아)	증오하다, 원한을 품다	**شنر** (샨나라)	망신시키다
تشاءنا (타샤 - 아나)	서로 증오하다	**شنار** (샤나 - 르)	수치, 치욕
شانئ (샤 - 니으)	원한을 품은	**شنط** (샤나따)	매다, 묶다
شنآن (샤나 - 느)	증오하는	**شنطة** (샨따)	1.가방 2.배낭
شنأة (샤나아트)	증오, 원한	**شنيطة** (샤니따)	올가미
شنب (샤니바)	차가워지다	**شنع** (샤누아)	징그럽다, 추악하다
شنب (샤니브)	추운, 서늘한	**شنع** (샤니으)	1.추악한 2.끔찍스러운
شنب (샤나브)	수염	**شناعة** (샤나 - 아)	추악함, 징그러움
شنج (샤나자)	1.경련을 일으키다	**شنيع** (샤니 - 으)	1.추악한 2.섬뜩한
تشنج (타샨나자)	쥐가 나다	**شنق** (샤나까)	교살하다

انشنق (인샤나까)	교살되다	أَشهد (아쉬하다)	1.증인으로 요청하다
شنق (샤나끄)	목매는 밧줄	أُشهد (우쉬히다)	희생되다, 순교하다
شنق (샨끄)	교살	استشهد (이쓰타쉬하다)	인용하다
مشنقة (마쉬나까)	교살장	استشهد (이쓰투쉬히다)	순교하다, 전사하다
مشنقة (미쉬나까)	교수대	شهد (샤흐드)	벌꿀
منشوق (만슈 - 끄)	목매죽은	شاهد (샤 - 히드)	1.목격자, 증인 2.인용
شهب (샤후바)	회색빛이 나다	شاهدة (샤 - 히다)	1.사본 2.증거자료
شهاب (쉬하 - 브)	1.별 2.유성	شهادة (샤하 - 다)	1.증명 2.증언
أشهب (아쉬하브)	회색의	شهيد (샤히 - 드)	순교자, 전사자
شهد (샤히다)	1.참석하다 2.증인이 되다	استشهاد (이쓰티쉬하 - 드)	1.순교 2.입증
شاهد (샤 - 하다)	1.관찰하다 2.참관하다	مشهد (마쉬하드)	1.전경 2.장면

쉬

شَهِير (샤히-르)	저명한, 유명한	مُشَاهِد (무샤-히드)	참관자, 관찰자
إِشْهَار (이스하-르)	공포, 선포	مُشَاهَدَة (무샤-하다)	1.참관 2.대면
اِشْتِهَار (이스티하르)	1.명성 2.평판	مَشْهُود (마쉬후-드)	1.목격된 3.볼만한
مَشْهُور (마쉬후-르)	이름난, 유명한	مَشْهُودَات (마쉬후다-트)	보고들은 것
مُشَاهَرَة (무샤-하라)	월급, 봉급	شَهَّرَ (샤하라)	1.유명하게 만들다 2.알리다
شَهِقَ (샤히까)	1.숨을 들이쉬다 2.딸꾹질하다	شَاهَرَ (샤-하라)	고용하다, 채용하다
أَشْهَقَ (아스하다)	통곡하다, 엉엉울다	أَشْهَرَ (아스하라)	선포하다, 경매에 붙이다
شَهْقَة (샤흐까)	1.외침 2.헛기침	اِشْتَهَرَ (이스타하라)	1.저명해지다 2.퍼지다
شَاهِق (샤-히끄)	높이 솟은	شَهْر (샤흐르)	1.월 2.공고, 알림
شَاهِقَة (샤-히까)	마천루, 고층건물	شُهْرَة (슈흐라트)	1.명성, 명예 2.평판
شَهِيق (샤히-끄)	1.숨을 들이쉼 3.흐느낌	شَهْرِيَّة (샤흐리-야)	월급, 봉급

شهية (샤히 - ㅇ)	1.입맛 2.희망	**شهل** (샤흐할라)	1.급송하다 2.촉진시키다
شهوان (샤흐와 - ㄴ)	성욕이 강한	**شهل** (샤흘)	신속한(업무에 있어)
اشتهاء (이스티하 -)	1.희망 2.입맛	**شهلة** (샤흘라)	파란 눈
مشهيات (무스히야 - 트)	전채	**أشهل** (아스할르)	파란 눈
مشتهى (무스타하)	열망하는, 바라는	**شهم** (샤후마)	1.용감하다 2.총명하다
شاب (샤 - 바)	1.섞이다 2.더럽히다	**شهامة** (샤하 - 마)	1.대담성 2.명철
شائبة (샤 - 이바)	1.결함 2.얼룩	**شهى** (샤히야)	1.갈망하다 2.식욕이 들다
شوبة (샤우바)	1.열, 더위 2.기만	**تشهى** (타샤호하)	1.맛있게 먹다 2.갈망하다
مشوب (마슈 - 브)	1.얼룩이 간 3.상한	**اشتهى** (이스타하)	원하다, 바라다
شوحة (슈 - 하)	매(조류)	**شهوة** (샤흐와)	1.식욕 2.성욕, 정욕
شوحية (슈히 - 야)	서까래	**شهى** (샤히이)	입맛을 당기는

쉰

쉬

تشاور (타샤 - 우르)	협상, 협의	تشويح (타싀위 - 흐)	손짓, 손시늉
استشارة (이쓰티샤 - 라)	협상, 협의	شار (샤 - 라)	1.끌어모으다 2.지시하다
مشار (무샤 - 르)	위에서 지적한	شور (샤우와라)	1.지시하다 2.신호하다
مشاورة (무샤 - 와라)	협의, 협상, 의논	شاور (샤 - 와라)	1.협의를 하다 2.신호하다
مشوار (미싀와 - 르)	1.용무 2.심부름	أشار (아샤 - 라)	1.가리키다, 신호하다
مشورة (마싀와라)	충고, 권고	تشور (타샤우와라)	산보하다, 거닐다
مشير (무싀 - 르)	1.가리킴 2.가리키는	تشاور (타샤 - 와라)	협상하다, 협의하다
مشيرة (무싀 - 라)	둘째손가락	استشار (이쓰티샤 - 라)	1.자문을 구하다 2.협의하다
مستشار (무쓰타샤 - 르)	1.고문 2.참사	شارة (샤 - 라)	표식, 부호
شوربة (슈 - 르바)	국물, 수프	شورى (슈 - 라)	1.협의 2.충고
شاش 아픔을 느끼다, 아프다		إشارة (이샤 - 라)	1.지적 2.신호

شاف (샤 - 파)	보다, 구경하다	شوش (샤우와샤)	1.교란하다 2.혼돈시키다
شوف (샤우와파)	1.장식하다 2.보여주다	تشوش (타샤우와샤)	1.왜곡되다 2.매독에 걸리다
تشوف (타샤우와파)	1.내려다보다 2.열망하다	شاش (샤 - 쉬)	가제, 하얀천
شوفة (샤우파)	외모, 모습, 풍경	شاشة (샤 - 샤)	영화스크린
شائف (샤 - 이프)	보는, 보고 있는	تشوش (타샤우와슈)	혼란, 무질서
تشوف (타샤우와프)	열망, 갈망	تشويش (타쉬위 - 슈)	1.교란 2.왜곡 3.매독
شاق (샤 - 까)	1.즐겁게 하다 2.갈망을 유발하다	مشوش (무쇠우와슈)	1.매독환자 2.왜곡된
شوق (샤우와까)	마음을 끌다	شاط (샤 - 따)	타다, 눋다(밥이)
تشوق (타샤우와까)	갈망하다, 열망하다	شوط (샤우와따)	먼 여행을 하다
اشتاق (이쉬타 - 까)	1.갈망하다 2.그리워하다	شوط (샤우뜨)	1.목적 2.거리 3.횟수
شائق (샤 - 이끄)	1.매혹적인 2.아름다운	شوطة (샤우따)	전염병

쉰

쉰

شَوْكَة (샤우카)	1.가시 2.삼지창 3.위력 4.용감	**شَوْق** (샤우끄)	1.열정 2.갈망, 그리움
شَالَ (샬 - 라)	1.오르다 2.옮기다	**شَيِّق** (샤이이끄)	1.절실한 2.재미있는
أَشَالَ (아샬 - 라)	1.들다 2.운반하다	**اِشْتِيَاق** (이쉬티야 - 끄)	갈망, 소망
شَال (샤알)	숄(머리 어깨를 가리는 것)	**مَشُوق** (마샤우위끄)	아기자기한
شَالِيَة (샬 - 리야)	항아리, 화분	**مَشُوقَات** (마샤우위까 - 트)	재미있는 대목
شُول (샤울)	신속한, 빠른	**مُشْتَاق** (무쉬타 - 끄)	갈망하는, 그리워하는
شَوْلَة (샤우왈라)	반점, 콤마(,)	**شَاك** (샤 - 카)	가시가 돋다
شُوَال (슈와 - ㄹ)	자루, 포대	**أَشَاك** (아샤 - 카)	찌르다
شَوَّال (샤우와 - ㄹ)	이슬람력 9월	**شَائِك** (샤 - 이크)	1.가시있는 2.어려운
شَيَّال (샤이야 - ㄹ)	짐꾼, 포터	**شَوْك** (샤우크)	1.가시 2.포크
شَيَّالَة (샤이얄 - 라)	짐 운반비	**شَوِك** (샤위크)	가시가 돋친

مشوه (무샤우와흐)	1.불구가 된 3.왜곡된	شيلة (샤일라)	짐
شوى (샤와)	1.굽다(고기를) 2.태우다	أشول (아쉬왈르)	왼손잡이
شواء (쇠와 -)	구운 고기, 불고기	شون (샤우와나)	곡식을 창고에 저장하다
شواء (샤우와 -)	불고기 요리사	شونة (슈 - 나)	곡식창고
شواية (샤우와 - 야)	적쇠	شاه (샤 - 하)	보기흉하다
مشوى (마쉬위)	구운 불고기	شوه (샤우와하)	1.훼손시키다 2.왜곡하다
مشواة (미쉬와 -)	적쇠	تشوه (타샤우와하)	1.왜곡되다 2.병신이 되다
شاء (샤 - 아)	원하다, 바라다	شاه (샤 - 하)	페르시아 군주
شيء (샤이으)	1.사물 2.그 어떤 것	شائه (샤 - 이흐)	1.보기흉한 2.불구가 된
شوية (쉬와이 - 야)	약간, 조금	شوه (샤와흐)	1.기형 2.왜곡
شاب (샤 - 바)	백발이 되다	شوهة (슈 - 하)	보기흉한 것

쉰

شياحة (쉬야 - 카)	쉐이크 칭호	**شائب** (샤 - 이브)	1.백발이 된 2.백발
شاد (샤 - 다)	건축하다, 짓다	**شيب** (샤이브)	1.백발 2.노년
شيد (샤이야다)	건축하다, 짓다	**شيبة** (샤이바)	쑥(식물)
أشاد (아샤 - 다)	1.짓다 2.찬양하다	**أشيب** (아싀야브)	1.백발이 된 2.백발
إشادة (이샤 - 다)	칭송, 칭찬	**مشيب** (마싀 - 브)	1.백발 2.노령
تشييد (타싀이 - 드)	건설, 건축	**شاخ** (샤 - 카)	늙다, 노인이 되다
مشيد (무샤이야드)	건설된, 건축된	**شيخ** (샤이야카)	족장으로 임명하다
شيش (쉬 - 슈)	긴 칼	**شائخ** (샤 - 이크)	1.늙은 2.낡은
شيشة (쉬 - 샤)	물담배, 쉬샤	**شيخ** (샤이크)	1.노인 2.족장 3.이슬람석학 4.상원의원
شاط (샤 - 따)	타다, 그슬다	**شيخة** (샤이카)	1.노파 2.이슬람여성 학자
أشاط (아샤 - 따)	그슬리다, 태우다	**شيخوخة** (샤이쿠 - 카)	노년, 고령

شايع 1.추종하다 2.편을 들다 (샤 - 야아)	**تشيط** 타다, 눋다(음식이) (타샤이야따)
أشاع 소식을 전하다 (아샤 - 아)	**اشتشاط** 타오르다 (이쉬티샤 - 따)
تشيع 시야파의 일원이 되다 (타샤이야아)	**شياط** 타는 냄새 (쉬야 - 뜨)
تشايع 의견의 일치를 보다 (타샤 - 야아)	**شيطن** 악마처럼 행동하다 (샤이따나)
شائعة 소문, 풍문 (샤 - 이아)	**تشيطن** 장난하다 (타샤이따나)
شيوع 퍼짐, 유포, 전파 (슈유 - 으)	**شيطنة** 도깨비 짓, 추잡한 술책 (샤이따나)
شيوعية 공산주의 (슈유이 - 야)	**شيطان** 1.도깨비, 귀신, 악마 (샤이따 - ㄴ) 2.장난꾸러기
شيعة 분파, 종파, 교파, 학파 (쉬 - 아)	**شيطانية** 잔인성, 도깨비 장난 (샤이따니 - 야)
إشاعة 1.풍문 2.유포 (이샤 - 아)	**شاع** 소문이 나다,.일반화하다
تشييع 장례식 (타쉬이 - 으)	**شيع** 1.배웅하다 2.동행하다 (샤이야아) 3.고인에게 마지막 인사를 하다 5.고수하다 6.보내다
مشاع 공동의, 공동소유의 (무샤 - 으)	

쉬

쉰

شيمية (쉬미 - 야)	소용돌이	**مشاعية** (무샤이 - 야)	공동체
مشيمة (마쉬 - 마)	태반, 태(해부)	**مشايع** (무샤 - 이으)	지지자, 옹호자
شان (샤 - 나)	모독하다	**مشايعة** (무샤 - 야아)	지지, 신봉, 옹호
شين (샤인)	1.수치 2.나쁜	**مشيع** (무샤이야으)	대담한, 용감한
شائن (샤 - 인)	창피한, 불명예스러운	**شيك** (쉬 - 크)	1.수표 2.우아한
مشاين (마샤 - 이느)	못된 짓, 악습	**شياكة** (샤야 - 카)	문제의 화려함
مشين (마쉬 - 느)	1.수치 2.나쁜	**شام** (샤 - 마)	1.간파하다 2.추측하다
		شام (샤 - ㅁ)	샴지역, 시리아
		شامة (샤 - 마)	복점
		شائم (샤 - 임)	…의 성질을 가진
		شيمة (쉬 - 마)	1.습관 2.기질

(쏴드 : الصاد)

صابون 비누
(쏴부 - ㄴ)

صاروخ 로켓
(쏴루 - 크)

صالة 홀, 응접실
(쌀 - 라)

صالون 응접실, 홀
(쌀루 - ㄴ)

صب 1.붓다 2.주물하다 3.그리워하다
(쏩바)

تصبب 1.흐르다 2.매혹되다
(타쏩바바)

انصب 흘러들어가다, 몰두하다
(인쏩바)

صب 1.붓는 것 2.사랑에 빠진
(쏩브)

صبابة 열애, 갈망
(쏴바 - 바)

صبيب 1.쏟아진 2.피 3.땀
(쏴비 - 브)

مصب 1.하구(송유관의) 2.종점
(마쏩브)

مصبوب 1.쏟아진 2.주조된
(마스부 - 브)

مصبوبات 주조물
(마스부바 - 트)

صبح 아침에 일어나다
(쏴바하)

صبح 아침인사를 하다
(쌉바하)

أصبح 아침이 되다
(아스바하)

استصبح 불을 켜다
(이쓰타스바하)

صبح 아침, 새벽
(수브흐)

صباح 아침, 새벽
(쏴바 - 흐)

صباحة 신선한 것
(쏴바 - 하)

صبوح 1.아름다운 2.신선한
(사부 - 흐)

صبور (쇼부-르)	끈기있는, 강인한	صبيح (쇼비-흐)	아름다운, 우아한
صبار (숩바-르)	선인장(식물)	مصباح (미스바-흐)	등, 등불
صبارة (숩바-라)	1.황무지 2.정찰병	صبر (쇼바라)	참다, 자제하다
صبير (수바이르)	가시가 있는 무화과	صابر (쇼-바라)	참아내다
صبير (쇼비-르)	흰구름	تصبر (타쇱바라)	안정되다, 진정되다
تصبيرة (타스비-라)	요기, 입가심	اصطبر (이스따바라)	참다, 견디다
صبع (쇼바아)	손가락으로 가리키다	صبر (쇼브르)	인내성, 참을성
صباع (수바-으)	손가락	صبرة (쇼브라)	혹한, 몹시 추운
إصبع (이스바으)	1.손가락 2.발가락	صبر (수브르)	끝, 모서리
مصبوع (마스부-으)	교만한, 오만한	صبرة (수브라)	더미, 무더미
صبغ (쇼바가)	1.염색하다 2.세례를 주다	صابر (쇼-비르)	참을성 있는,

صابون (쏴부-ㄴ)	비누	انصبغ (인쏴바가)	물들다, 염색되다
مصبنة (마스바나)	비누공장	اصطبغ (이스따바가)	1.물들다 2.세례받다
صبا (쏴바)	그리워하다, 사모하다	صبغ (시브그)	양념, 조미료
صبي (쏴비야)	아이처럼 행동하다	صبغة (시브가)	1.세례 2.염료 3.양식
تصبى (타쏩바)	젊어지다	صباغ (시바-그)	물감, 염료, 안료
استصبى (이쓰타스바)	철없이 놀다	صباغة (시바-가)	염색업, 염색공업
صبا (쏴바)	동풍	صبوغة (쏴부-가)	절인 물고기
صبا (싀바)	1.그리움 2.청춘	مصبغة (마스바가)	염색공장
صباء (쏴바-)	청춘, 젊음	مصبوغ (마스부-그)	1.염색된 2.감염된
صبوة (쏴브아)	1.젊음 3.그리움	صبن (쏴바나)	농간을 부리다, 속이다
صبوة (수브와)	청춘	صبن (쏩바나)	비누로 씻다

쏴드

أَصْحَبَ (아스하바)	동행시키다, 호위하다	صَبِيّ (쏴비이)	소년, 사내아이
اِسْطَحَبَ (이쓰타스하바)	1.동행하다 2.호위하다	صَبِيَّة (쏴비 - 야)	1.소녀 2.처녀
صُحْبَة (수흐바)	1.동행 2.우의	صَحَّ (쏴흐하)	1.회복되다 2.사실이다
صُوَيْحِب (수와이히브)	남자친구, 애인	صَحَّحَ (쏴흐하하)	시정하다, 교정하다
صُوَيْحِبَة (수와이히바)	여자친구, 애인	تَصَحَّحَ (타쏴흐하하)	1.시정되다 2.완치되다
صَاحِب (쏴 - 히브)	1.동료 2.친구	صِحَّة (시하)	건강, 위생
صَاحِبَة (쏴 - 히바)	1.여주인 2.여자친구	صَحِيح (쏴히 - 흐)	1.옳은 2.진정한
صَحَابَة (쏴하 - 바)	교우 또는 동료	تَصْحِيح (타스히 - 흐)	1.교정 2.건강회복
اِصْطِحَاب (이스띠하 - 브)	1.동행 2.호위	مَصَحَّة (마쏴흐하)	요양원, 휴양소
مُصَاحِب (무쏴 - 히브)	동반자, 애인	صَحِبَ (쏴히바)	1.동행하다 2.친구로 사귀다
مُصَاحَبَة (무쏴 - 히바)	1.동반 2.우정	صَاحَبَ (쏴 - 하바)	1.사귀다 3.함께하다

صحن (솨흔)	1.접시 2.요리	مصحوب (마스후-브)	동반된, 동행한
صحا (솨하)	1.깨다 2.정신을 차리다 (잠에서)	صحراء (솨흐라-)	사막, 황야, 무인지경
أصحى (아스하)	1.깨우다 2.깨다(술에서)	صحارة (사흐하-라)	상자
صاح (솨-힌)	1.맑은 2.정신을 차린	صحف (솨흐하파)	틀리게 읽다, 잘못 쓰다
صخب (사키바)	1.떠들썩하다 2.꾸짖다	صحف (수후프)	신문, 출판물
تصاخب (타솨-카바)	서로 외쳐대다	صحفي (수후피)	기자, 저널리스트
اصطخب (이스따카바)	소란을 피우다	صحفة (솨흐파)	큰 접시, 사발
صخب (솨카브)	고함소리, 소음	صحافية (솨하피-야)	여기자
صاخب (솨-키브)	소란한, 떠들썩한	صحيفة (솨히-파)	1.쪽, 페이지 2.신문
اصطخاب (이스띠카-브)	고함, 소음	مصحف (무스하프)	1.꾸란 2.책
صخر (솨크르)	돌, 바위	صحن (솨하나)	찧다

쏴드

صدر (솟다라)	1.수출하다 2.발행하다	صخرة (솨크라)	바위, 바위돌
صادر (솨-다라)	몰수하다, 박탈하다	صد (솟다)	1.제지하다 2.방해하다
أصدر (아스다라)	1.출간하다 2.수출하다	صدد (솟다다)	상처가 곪다
صدر (솨드르)	1.가슴, 마음 2.여명기	تصدد (타솟다다)	직면하다, 맞서다
صدرية (솨드리-야)	폐병, 호흡기 질환	صد (솟드)	1.제지 2.격퇴
صادرات (솨디라-트)	수출품	صدد (솨다드)	1.관계 2.목적
إصدار (이스다-르)	1.수출 2.출판, 발행	صديد (솨디-드)	고름
تصدير (타스디-르)	1.수출 2.서두	صدئ (솨디아)	녹이 슬다
استصدار (이쓰티스다-르)	1.발행 2.공표	صداءة (솨다-아)	녹, 산화
مصدر (마스다르)	1.근원 2.발생	صدئ (솨디으)	녹이 쓴
مصادرة (무솨-다라)	몰수	صدر (솨다라)	1.가다 2.발간하다

صدف (쏴다프)	1.조가비 2.자개	صدع (쏴다아)	1.쪼개다. 2.머리가 아프다
صدفة (수드파)	우연한 일, 우연성	صدع (쏴드으)	틈, 터진구멍, 금, 균열
مصادفة (무쏴 - 다파)	우연한 만남, 우연성	صداع (수다 - 으)	두통
صدق (쏴다까)	1.진실을 말하다 2.옳다	مصدوع (마스두 - 으)	1.금이 간 2.머리가 아픈
صدق (쑷다까)	1.신뢰하다 2.비준하다	صدغ (쏴다가)	1.막다 2.잡다
صادق (쏴 - 다까)	1.사귀다 2.비준하다	صدغ (시드그)	뻔뻔스러운
أصدق (아스다까)	혼인금을 주다	مصدغة (미스다가)	베개
تصدق (타쌋다까)	자선을 베풀다	صدف (쏴다파)	1.거절하다 2.우연히 일어나다
صدق (시드끄)	1.진실 2.사실 3.정직	صادف (쏴 - 다파)	1.뜻밖에 만나다 2.일치하다
صدقة (쏴다까)	희사, 동냥, 헌금	تصدف (타쌋다파)	외면하다, 피하다
صادق (쏴 - 디끄)	1.진실한 2.사실의	تصادف (타쏴 - 다파)	1.서로 만나다 2.일치하다

تصادم (타쏴 - 둠)	1.충돌 2.충격	صداق (쏴다 - ㄲ)	혼인금, 마흐르
اصطدام (이스띠다 - ㅁ)	1.충돌 2.완충기	صداقة (쏴다 - 까)	친선, 우의, 우정
مصادمة (무쏴 - 다마)	충돌, 충격	صديق (쏴디 - ㄲ)	1.진실한 2.진실한 친구
صدى (쏴디야)	심한 갈증을 느끼다	تصديق (타스디 - ㄲ)	1.신뢰 2.비준
أصدى (아스다)	메아리치다	مصدق (무쏫다끄)	믿을 만한
تصدى (타솟다)	1.도전하다 2.간섭하다	مصادقة (무쏴 - 다까)	1.동의 2.비준
صدى (쏴드이)	메아리, 산울림, 반향	مصداق (미스다 - 끄)	1.표준 2.시금석
صديان (쏴드야 - ㄴ)	목이 마른	صدم (쏴다마)	1.충돌하다 3.상충되다
تصدية (타스디 - 야)	손뼉치는 소리	صادم (쏴 - 다마)	부딪치다, 충돌하다
صر (쏴르라)	1.묶다 2.갈다(이빨을)	تصادم (타쏴 - 다마)	서로 부딪치다
صرر (쏴르라라)	귀를 기울이다	صدمة (쏴드마)	1.일격, 타격 2.충격

صرح (쏴르흐)	궁전, 고층건물	أصر (아쏴르라)	1.집착하다 2.결심하다
صراح (쏴라 - 흐)	1.뚜렷한 2.순수한	صرة (수르라)	꾸러미, 보따리
صراحة (쏴라 - 하)	명료성, 솔직성	صرور (쏴루 - 르)	독신, 홀아버지
صراحية (수라히 - 야)	술통	صريرة (쏴리 - 라)	돈가방, 돈주머니
صريح (쏴리 - 흐)	1.명백한 2.확실한	إصرار (이스라 - 르)	고집, 완고성
تصريح (타스리 - 흐)	1.선언 2.승인, 허가	مصر (무시르르)	1.완강한 2.결심이 선
مصارحة (무쏴 - 라하)	솔직성	صرح (쏴라하)	설명하다, 밝히다
صرخ (쏴라카)	비명을 지르다	صرح (샤르라하)	1.선포하다 2.허락하다
تصارخ (타쏴 - 라카)	서로 외치다	أصرح (아스라하)	선언하다, 언명하다
استصرخ (이쓰타스라카)	살려달라고 외치다	تصرح (타사르라하)	허락되다, 허용되다
صرخة (쏴르카)	외침소리, 비명	انصرح (인쏴르라하)	명백해지다

쏴드

صراخ (수라 - 크)	고함, 외침소리	صرع (쏴라아)	넘어뜨리다
صاروخ (쏴루 - 크)	로켓	صرع (수리아)	지랄병에 걸리다
صاروخة (쏴루 - 카)	어뢰	صارع (쏴 - 라아)	씨름하다
صريخ (쏴리 - 크)	고함, 외침소리	تصارع (타쏴 - 라아)	서로 격투하다
صرد (쏴라다)	명중하다	انصرع (인쏴라아)	1.넘어지다 2.질겁하다
أصرد (아스라다)	명중하다	صراعة (시라 - 아)	씨름, 레슬링
صرد (쏴르드)	혹독한 추위	صراع (수라 - 으)	발작, 지랄병
صرصر (쏴르쏴라)	강풍이 불다	صريع (쏴리 - 으)	1.넘어짐 2.간질병에 걸린
صرصر (쏴르쏴르)	강추위, 강풍	مصرع (마스라으)	1.죽음 2.씨름터
صرصر (수르수르)	귀뚜라미	مصارع (무쏴 - 리으)	씨름, 싸움, 격투
صراط (시라 - 뜨)	길	مصروع (마스루 - 으)	지랄병에 걸린

쏴 드

تصريف 1.처분(상품의) 2.배수 (타스리 - 프)	**صرف** 1.소비하다 2.환전하다 (쏴라파)
تصرف 1.처분 2.행위 (타쏴르라프)	**صرّف** 1.처분하다 2.바꾸다(작은 돈으로) (쏴르라파)
تصاريف 인생의 허무함 (타쏴리 - 프)	**أصرف** 해고하다, 해임시키다 (아스라파)
انصراف 1.떠남 2.포기 (인쓰라 - 프)	**تصرف** 제멋대로 하다 (타사르라파)
مصرف 1.판매 2.용돈 3.은행 (마스리프)	**انصرف** 떠나다, 물러가다 (인쏴라파)
مصرف 배수로, 배수관 (미스라프)	**صرف** 1.환전 2.소비 (쏴르프)
مصارفة 환율 (무쏴 - 라파)	**صراف** 1.회계원 2.환전상 (쏴르라 - 프)
مصروف 경비, 비용, 지출 (마스루 - 프)	**صرافة** 여출납원 (쏴르라 - 파)
متصرف 통치자, 도지사 (무타쏴르리프)	**صرافة** 1.환전 2.출납업무 (시라 - 파)
متصرفية 1.지역, 성 2.당국 (무타쏴르리피 - 야)	**صروف** 운명의 우여곡절 (수루 - 프)
منصرف 1.출구 2.판매, 처분 (문쏴라프)	**صريف** 삐걱소리 (쏴리 - 프)

쏴드

مصطبة (마스따바)	돌의자, 옥외의 돌벤치	صرم (쏴라마)	1.자르다 2.떠나다
صعب (쏴우바)	어렵다, 힘들다	صرم (수리마)	죽다, 숨을 거두다
صعب (쏴으브)	어려운, 힘든, 고달픈	صرم (쏴루마)	엄격하다, 냉혹하다
صعوبة (수우 - 바)	1.난관 2.고집	صرم (쏴르라마)	헤어지다, 인연을 끊다
مصاعب (마쏴 - 이브)	애로, 난관	انصرم (인쏴라마)	1.종말이 되다 2.죽다
صعد (쏴이다)	1.올라가다 2.이륙하다	صرم (쏴름)	절교, 단교
تصعد (타쏴으아다)	1.올라가다 2.증발하다	صرم (수름)	직장(해부)
تصاعد (타쏴 - 아다)	앙양되다	صارم (쏴 - 림)	1.예리한 2.잔인한
استصعد (이쓰타스아다)	올라가다	صرامة (쏴라 - 마)	1.엄격성 2.날카로움
صعدة (쏴으다)	1.상승 2.높은 곳	مصارمة (무쏴 - 라마)	이간질, 분열, 조장
صعداء (수아다 -)	한숨	منصرم (문쏴림)	지나간, 과거의

쏴 드

مصعوق (마스우-끄)	벼락맞은	**صعود** (수우-드)	상승, 오르는 것
صعلكة (솨을라카)	빈곤, 가난, 빈궁	**صعيد** (솨이-드)	1.고지 2.범위, 분야
صعلوك (수을루-크)	빈민, 거지	**تصاعد** (타솨-우드)	상승, 앙양
تصعلك (타솨을라크)	방랑	**مصعد** (마스아드)	양극(전기)
متصعلك (무타솨을리크)	1.가난한 2.방랑자	**مصعدة** (미스아다)	승강기, 엘리베이터
صغر (솨기라)	1.작다 2.어리다	**متصاعد** (무타솨-이드)	오르는, 상승하는
صغر (솻가라)	1.줄이다 2.깎아내리다	**صعق** (솨아까)	번개치다, 벼락치다
أصغر (아스가라)	과소평가하다	**صعق** (수이까)	놀라다
تصغر (타솻가라)	어린체 하다	**أصعق** (아스아까)	아연케 하다
استصغر (이쓰타스가라)	하찮게 여기다	**صعق** (솨아끄)	천둥소리, 우레소리
صغر (시가르)	작은 것,	**صاعقة** (솨-이까)	번개, 벼락

إصغاء (이스가-)	1.청취 2.주목	**صغرة** (시그라)	막내동이
صف (솻파)	정렬시키다, 줄을 세우다	**صغار** (솨가-르)	1.멸시 2.불명예
تصاف (타솻-파)	정렬하다, 줄을 서다	**صغارة** (솨가-라)	1.작은 것 2.비열
صف (솻프)	1.대열 2.등급 3.학년	**صغير** (솨기-르)	1.작은, 적은 2.어린
صفة (숫파)	1.선반 2.돌의자	**صغيرة** (솨기-라)	1.경범죄 2.사소한 것
صفح (솨파하)	용서하다, 관용을 베풀다	**صغير** (수가이야르)	작은, 어린
صفح (솻파하)	1.벼리다 2.무장하다(칼을)	**تصغير** (타스기-르)	1.축소 2.천대
صافح (솨-파하)	1.악수하다 2.인사하다	**تصاغر** (타솨-구르)	굴종, 비굴
تصفح (타솻파하)	1.유심히 보다, 어보다	**مصغر** (무솻가르)	줄어진, 축소된
تصافح (타솨-파하)	악수를 나누다	**صغا** (솨가)	기울다, 주목하다
استصفح (이쓰타스파하)	용서를 빌다	**أصغى** (아스가)	귀를 기울이다

쌰드

أَصْفَرَ (아스파라)	1.비우다 2.가난해지다	**صَفْح** (쏴프흐)	용서, 관용
اِصْفَرَّ (이스파르라)	1.누렇게 되다 2.창백해지다	**صَفْحة** (쏴프하)	1.표면 2.쪽, 페이지
صَفَر (쏴파르)	1.사파르(이슬람력 2월) 2.황달병	**صَفَّاح** (쌋파 - 흐)	용서하는, 관대한
صَفْر (쏴프르)	휘파람, 호각소리	**صَفِيح** (쏴피 - 흐)	1.표면 2.철판
صِفْر (시프르)	1.영, 제로 2.텅빈 것	**مُصَفَّح** (무쏫파흐)	1.도금한 2.납작한
صُفْر (수프르)	1.금 2.놋, 청동, 황동	**مُصَفَّحة** (무쏫파하)	장갑차
صُفْرة (수프라)	1.노란색 2.창백한 것	**مُصَافَحة** (무싸 - 파하)	악수
صَفَّارة (쌋파 - 라)	경적, 고동, 휘파람	**صَفَد** (쏴파다)	수갑을 채우다
صِفْرِيت (시프리 - 트)	가난한, 빈곤한	**أَصْفَد** (아스파다)	구속하다
صَفْراء (수프라 -)	열, 담즙	**صَفَد** (쏴파드)	족쇄, 쇠사슬
صَفِير (쏴피 - 르)	1.휘파람 2.경적	**صَفَر** (쏴파라)	비어있다, 휘파람을 불다

صفاقة (쏴파 - 까)	1.두께 2.철면피	أصفر (아스파르)	1.노란 2.창백한
صفيق (쏴피 - ㄲ)	1.두터운 2.철면피한	مصفر (무스피르)	빈손의, 빈털터리의
إصفاق (이스파 - ㄲ)	수혈	صفصف (쏴프쏴파)	머리를 빗다
تصفيق (타스피 - ㄲ)	박수, 손뼉	صفصف (쏴프쏴프)	평야, 평야, 벌판
مصفق (무쌋피끄)	박수치는, 손뼉치는	صفصافة (쏴프쏴 - 파)	버드나무
صفا (쏴파)	1.정제하다 2.숙청하다	صفع (쏴파아)	뺨을 때리다
صافى (쏴 - 파 -)	상냥하게 대하다	صفق (쏴파까)	1.치다 2.문을 쾅 닫다
أصفى (아스파)	진실하다, 성실하다	صفق (쏫파까)	1.박수를 치다 2.축하하다
تصفى (타쏫파)	정제되다, 정화되다	انصفق (인쏴파까)	쾅 닫히다(문이)
اصطفى (이스따파)	선택하다	صفقة (쏴프까)	거래, 계약
استصفى (이스타스파)	몰수하다	صفاق (시파 - ㄲ)	외피, 피부(해부)

صاف (솨 - 핀)	1.순수한 2.깨끗한	**صقع** (솨까아)	수탉이 울다
صفاء (솨파 -)	1.맑음 2.진실성	**صقع** (수끼아)	얼다, 냉각되다
صفا (솨파)	돌, 바위	**صقع** (수끄으)	1.지방 2.터전, 땅
صفوة (솨프와)	1.선택 2.정수	**صقعة** (솨끄아)	지독한 추위
تصفية (타스피야)	1.여과 2.청산	**صاقع** (솨 - 끼으)	거짓말쟁이
اصطفاء (이스띠파 -)	1.선정 2.도태	**صقاع** (시까 - 으)	방독면
استصفاء (이쓰티스파 -)	몰수, 압수	**صقعان** (솨끄아 - ㄴ)	얼어붙은
مصفاة (미스파 -)	1.여과기 2.채, 조리	**صقيع** (솨끼 - 으)	1.서리 2.얼음
مصطفى (무스또파)	1.선택된 2.선택을 받은 자	**صقل** (솨깔라)	1.연마하다 2.단련시키다
صقر (솨끄르)	매(조류)	**انصقل** (인솨깔라)	반들반들해지다
صاقورة (솨꾸 - 라)	곡괭이	**صقل** (솨끌)	윤이 나는

쏴 드

صلب (쌀라바)	십자가에 못박다	صقال (시까-ㄹ)	연마
تصلب (타쌀라바)	굳어지다	صقالة (쏴깔-라)	1.발판 2.받침대
صلب (쌀라브)	1.척추 2.골수	صقيل (쏴끼-ㄹ)	윤이 나는
صلبة (쌀바)	고임대, 받침대	مصقلة (미스깔라)	연마기
صلب (쌀리브)	1.견고한 2.십자형	مصقول (마스꾸-ㄹ)	반들반들한
صلب (술브)	1.등뼈 2.본질 3.강철	صك (쏫카)	1.잠그다 2.치다
صلابة (쌀라-바)	견고성, 견실성	صك (쏫크)	서류, 영수증
صليب (쌀리-브)	십자가, 십자형	صكة (쏫카)	절정, 한창
تصلب (타쌀루브)	경화, 굳어짐	صل (쌀라)	짤랑거리다
صلجة (술라자)	누에고치	صل (쌀르)	독사
صلح (쌀라하)	1.건전하다 2.부합하다	صلب (쌀루바)	딱딱해지다

쏴드

تصالح (타쌀 - 루흐)	화해	صالح (쌀 - 라하)	화해하다
اصطلاع (이스띨라 - 흐)	1.관습 2.전문용어	أصلح (아슬라하)	1.조정하다 2.개혁하다
استصلاح (이쓰티슬라 - 흐)	개간	تصلّح (타쌀라하)	1.시정되다 2.수리되다
مصلح (무슬리흐)	1.개혁가 2.조정자	تصالح (타쌀 - 라하)	서로 화해하다
مصلحة (마슬라하)	1.복리 2.행정부서	انصلح (인쌀라하)	1.개선되다 2.시정되다
مصالحة (무쌀 - 라하)	화해, 평화구축	صلح (쑬흐)	1.평화 2.화해
مصطلحات (무스딸라하 - 트)	전문용어	صالح (쌀 - 리흐)	1.좋은 2.공익
صلخ (쌀라카)	아무 것도 들리지 않다	صلاح (쌀라 - 흐)	1.실용성 2.복리
أصلخ (아슬라크)	1.귀먹은 2.귀머거리	صلاحية (쌀라히 - 야)	1.합리성 2.전권
صلد (쌀라다)	1.견고하다 2.무정하다	إصلاح (이슬라 - 흐)	1.개선 2.개혁
تصلّد (타쌀라다)	굳어지다	تصليح (타슬리 - 흐)	수리

쌔드

أصلى (아슬라)	불태우다	صلد (쌀드)	굳은, 단단한(돌이)
تصلى (타쌀라)	불을 쬐다	صلود (쌀루-드)	1.견고한 2.인색한
صلاية (쌀라-야)	양념찧는 절구통	صلودة (쌀루-다)	1.단단함 2.인색함
صلاة (쌀라-)	1.예배, 기도 2.축복	صلصال (쌀쌀-ㄹ)	진흙, 점토
مصلى (무쌀라)	임시 예배소	صلع (쌀리아)	대머리가 되다
مصطلى (무스딸라)	날로, 벽난로	صلعة (쌀아)	대머리, 빈대머리
صم (쌈마)	1.마개를 막다 2.귀먹다	أصلع (아슬라으)	대머리, 빈대머리
صمم (쌈마마)	1.설계하다 2.고집하다	صلف (쌀라파)	자랑하다, 허풍떨다
تصام (타쌈-마)	귀먹은척 하다	صلف (쌀라프)	1.허풍 2.거드름
صمام (시마-ㅁ)	1.마개 2.밸브	متصلف (무타쌀리프)	허풍을 떠는
أصم (아쌈므)	1.귀먹은 2.굳은	صلى (쌀라)	예배를 드리다

صمود (쑤무-드)	견고성, 강인성	**صميم** (쑤미-ㅁ)	1.순수한 2.절정(더위 등)
صمغ (쌈마가)	송진을 바르다	**تصميم** (타스미-ㅁ)	1.작정 2.설계
صمغ (쑤므그)	송진, 껌	**مصمم** (무쌈밈)	1.결심이 선 2.설계사
مصمغ (무쌈마그)	풀칠한	**صمت** (쑤마타)	침묵하다
صنبور (쑨부-르)	수도꼭지	**أصمت** (아스마타)	입을 막다
صنوبر (쑤나우바르)	사철나무	**صمت** (쌈트)	침묵
صنت (쑤나타)	듣다, 엿듣다	**صميت** (쑤미-트)	말없는, 덤덤한
تصنت (타쑨나타)	엿듣다	**صمد** (쑤마다)	완강히 버티다
صندوق (쑨두-ㄲ)	1.상자 2.관 3.금고	**صامد** (쌰-마다)	투쟁하다
صنارة (신나-라)	1.낚시대 2.갈쿠리바늘	**صمد** (쑤마드)	1.영원한 2.튼튼한
صنع (쑤나아)	1…을 만들다 2.생산하다	**صامد** (쌰-미드)	견실한, 강인한

مصنعية (마스나이 - 야)	제작비, 생산비	صانع (솨 - 나아)	1.아첨하다 2.매수하다
مصنوع (마스누 - 으)	1.생산된 2.인위적인	اصطنع (이스타나아)	날조하다
مصنوعات (마스누아 - 트)	제품, 생산품	صنع (솨느으)	제작, 제조, 생산
مصطنع (무스따니으)	1.인조의 2.가짜의	صنع (수느으)	은혜, 은덕
صنف (쏜나파)	1.분류하다 2.집필하다	صنعة (솨느아)	1.기교, 기술 2.직업
صنف (신프)	1.부류 2.등급, 계급	صناعة (시나 - 아)	1.산업 2.직업 3.생산
تصنيف (타스니 - 프)	1.분류 2.저술	صناعات (시나아 - 트)	공업, 산업
تصنيفة (타스니 - 파)	선별, 유별	صنيع (솨니 - 으)	1.은덕 2.
تصانيف (타솨니 - 프)	작품, 저작	صنيعة (솨니 - 아)	1.행위 2.선행 3.장난감
مصنف (무쏜나프)	저서, 작품	تصنع (타솬누으)	위선, 위장
مصنف (무쏜니프)	저자, 작가	مصنع (마스나으)	공장

صهير (쇠히 - 르)	용해된	صنم (쏴남)	우상, 동상
مصهر (미스하르)	휴즈(전기)	صهد (쏴하다)	얼굴을 태우다
مصاهرة (무쏴 - 하라)	사돈관계	صهد (쏴흐드)	열
مصهور (마스후 - 르)	용해된	صهيد (쏴히 - 드)	더위, 무더위
مصهورات (마스후라 - 트)	용해물	صهر (쏴하라)	녹이다, 용해하다
صهين (쏴흐야나)	간과하다	صاهر (쏴 - 하라)	친척이 되다(결혼으로)
صهيونية (시흐유니 - 야)	시온니즘	تصاهر (타쏴 - 하라)	사돈이 되다
صاب (쏴 - 바)	1.향하다 2.명중하다	انصهر (인쏴하라)	녹다, 용해되다
صوب (쏴우와바)	1.조준하다 2.수정하다	صهر (쏴흐르)	용해
أصاب (아쏴 - 바)	1.명중하다 2.닥치다(불행이) 3.얻다(행운을)	صهر (시흐르)	1.사위 2.매부
		صهار (쏴흐하 - 르)	용해공

쏴드

صابون (쇼부 - ㄴ)	비누	أُصيب (우시 - 바)	1.앓다 2.피살되다
صات (쇼 - 타)	소리치다, 외치다	صوب (쇼우브)	1.방향 2.…을 향해
صوت (쇼우와타)	투표하다	صواب (쇼와 - ㅂ)	1.이성 2.의식
صوت (쇼우트)	1.소리 2.투표	صوابة (쇼와 - 바)	온실, 스토브
صوات (수와 - 트)	고함소리	صوابية (쇼와비 - 야)	정확성, 정당성
صيت (시 - 트)	명예, 명성	أصوبية (아스와비 - 야)	완전무결
صيت (쇼이이트)	성량이 큰	إصابة (이쇼 - 바)	1.명중 2.불상사
تصويت (타스위 - 트)	1.고함 2.투표	مصاب (무쇼 - ㅂ)	1.재난을 당한 2.부상을 당한
مصوت (무사우위트)	1.소리나는 2.투표자	مصيب (무시 - ㅂ)	1.명중하는 2.정확한, 옳은
صور (쇼우와라)	1.그림을 그리다 2.사진을 찍다	مصيبة (무시 - 바)	불행, 재난, 재해
تصور (타쇼우와라)	상상하다	صوين (쇼우바나)	비누로 빨다

صوف (수 - 프)	1.털(양의) 2.모직	صور (수 - 르)	나팔
صوفى (수 - 피)	1.양털의 2.수피의	صورة (수 - 라)	1.그림, 초상화 2.형태 3.복사
صوفية (수피 - 야)	이슬람 신비주의	تصوير (타스위 - 르)	1.그리기 2.묘사 3.촬영
صواف (쏴우와 - 프)	포목장사	تصور (타쏴우와르)	1.상상 2.환상 3.개념
تصوف (타쏴우우프)	이슬람 신비주의	مصور (무쏴우위르)	1.화가 2.사진사
متصوفة (무타쏴우와파)	수피인들	مصورة (무쏴우와라)	카메라
صال (쌀 - 라)	덤벼들다	صاغ (쏴 - 가)	1.만들다 2.주조하다
صول (쏴우왈라)	물에 적시다	صائغ (쏴 - 이그)	보석공
صاول (쏴 - 왈라)	1.공격하다 2.싸우다	صيغة (시 - 가)	1.형태, 형식, 양식
تصاول (타쏴 - 왈라)	서로 덤벼들다	مصوغات (마수가 - 트)	금은보석
صولة (쏴울라)	힘, 세력, 권력	صوف (쏴우와파)	반죽하여 만들다

쏴드

صاح (솨 - 하)	1.부르다 2.외치다	**صوال** (솨우와 - ㄹ)	맹렬한, 사나운
صيحة (쏴이하)	고함, 외침소리	**صيال** (시야 - ㄹ)	싸움, 투쟁
صائحة (솨 - 이하)	고함, 아우성	**مصولة** (미스왈라)	마당비, 빗자루
صياح (쏴이야 - 흐)	소란한, 떠들썩한	**صام** (솨 - 마)	1.피하다 2.금식하다
صاد (솨 - 다)	1.사냥하다 2.낚다	**صائم** (솨 - 임)	금식하는 사람
تصيد (타솨이야다)	사냥하다	**صوم** (솨움)	1.절제 2.금식
اصطاد (이스따 - 다)	사냥하다	**صيام** (시야 - ㅁ)	1.절제 2.금식
صيد (솨이드)	사냥, 사냥물	**صان** (솨 - 나)	1.보존하다 2.수호하다
صياد (솨이야 - ㄷ)	어부 1.사냥꾼	**صون** (솨운)	1.보존 2.보호 3.예방
صيادة (솨이야 - 다)	새총	**صيانة** (시야 - 나)	1.옹호 2.수리
مصيدة (마스야다)	낚시터	**مصون** (마수 - ㄴ)	보존된

쏴 드

مصيدة (미스야다)	덫, 올가미	صيف (쏴이프)	여름
صيدلة (쏴이달라)	약, 약학	صيفية (쏴이피 - 야)	여름철
صيدلية (쏴이달리 - 야)	약방, 약국	اصطياف (이스띠야 - 프)	피서
صار (쏴 - 라)	1…가 되다 2…로 끝나다	مصيف (마시 - 프)	피서지, 별장
أصار (아쏴 - 라)	유도하다, 이끌어가다	مصطاف (무스따 - 프)	피서지
صير (시 - 르)	균열, 틈	صين (쉬 - ㄴ)	중국
صيرورة (쏴이루 - 라)	1.전환 2.결과	صيني (시 - 니)	1.중국인 2.도자기
مصير (마시 - 르)	1.운명 2.결말	صينية (시니 - 야)	쟁반
صاف (쏴 - 파)	여름이 되다		
تصيف (타쏴이야파)	여름을 보내다		
اصطاف (이스따 - 파)	피서를 보내다		

쏴 드

(الضاد : 돠드)

ضَؤُل (돠울라) 1.약해지다 2.적어지다

ضَاءَل (돠 - 알라) 경시하다

تَضَاءَل (타돠 - 알라) 1.차츰 약해지다

ضَؤُولة (두울 - 라) 1.쇠약 2.하찮은 것

ضَئِيل (돠이 - ㄹ) 1.허약한 2.소량의

ضَأن (돠은) 양

ضَائِن (돠 - 인) 연약한, 힘이 없는

ضَائِنة (돠 - 이나) 암양

ضَبّ (돱바) 빗장을 지르다

أَضَبّ (아돱바) 안개가 끼다

ضَبّ (돱브) 1.도마뱀 2.턱

ضَبَّة (돱바) 빗장

ضَبَاب (돠바 - 브) 안개

ضَبَط (돠바따) 1.붙잡다 2.시간이 정확하다

اِنْضَبَط (인돠바따) 몰수되다

ضَبْط (돠브뜨) 1.체포 2.몰수 3.정확성

ضَابِط (돠 - 비뜨) 1.장교 2.규칙

اِنْضِبَاط (인듸바 - 뜨) 질서, 규율

مَضْبَطة (마드바따) 의정서

مَضْبُوط (마드부 - 뜨) 1.차압된 2.체포된

مَضْبُوطات (마드부따 - 트) 물질적 증거

ضَجَّ (닷자)	떠들다, 웅성거리다	ضَجَعَ (돠자아)	1.눕다 2.잠자다
ضَجَّة (닷자)	소음, 떠들썩함, 소동	ضَاجَعَ (돠 - 자아)	여자와 동침하다
ضَجَاج (닷자 - 즈)	떠들썩한, 소란한	أَضْجَعَ (아드자아)	눕히다
ضَجِيج (돠지 - 즈)	소음, 소동	اضْطَجَعَ (이드따자아)	동침하다
ضَجِرَ (돠자라)	불안해하다, 고민하다	ضُجْعَة (두자아)	건달, 게으름뱅이
أَضْجَرَ (아드자라)	싫증나게 하다	ضَجْعَة (돠즈아)	휴식, 잠깐의 수면
تَضَجَّرَ (타닷자라)	권태감을 느끼다	ضَجِيع (돠지 - 으)	침대동료
ضَجَر (돠자르)	1.노여움 2.싫증	مَضْجَع (마드자으)	1.침대 2.침실
ضَجِر (돠지르)	1.화가난 2.갑갑한	مُضْطَجِع (무드따지으)	누워있는
تَضَجُّر (타닷자르)	불안, 번뇌, 권태감	ضَحِكَ (돠히카)	1.웃다 2.비웃다
مُتَضَجِّر (무타닷지르)	1.화가난 2.갑갑한	أَضْحَكَ (아드하카)	1.웃기다 2.비웃다

تضحى (타다흐하)	희생되다	تضاحك (타다-하카)	서로 눈짓하며 비웃다
ضاحية (돠-히야)	교외	استضحك (이쓰타드하카)	웃음을 자아내다
ضحاء (돠하-)	늦은 아침	ضحكة (두흐카)	농담, 웃음거리
ضحى (두하)	아침	ضحكة (디흐카)	미소, 방긋웃음
ضحية (돠히-야)	1.희생 2.희생물	ضاحكة (돠-히카)	앞니
أضحية (우드히-야)	도살된 짐승	ضحاك (돠흐하-크)	1.잘 웃는 2.익살꾼
تضحية (타드히야)	희생	أضحوكة (아드후-카)	1.농담 2.웃음거리
ضخ (돗카)	물을 끌어올리다	مضحك (무드히크)	익살꾼, 어릿광대
مضخة (마돗카)	1.펌프 2.분무기	مضحكة (마드하카)	농담, 익살
ضخم (돠쿠마)	육중하다, 거대하다	ضحا (돠하)	나타나다
تضخم (타돗카마)	커지다, 부풀어오르다	أضحى (아드하)	1.되다 2.밝히다

مضاد (무닷 - 드)	반대되는	**ضخم** (닥큼)	1.거대한 2.큰(부피나 양이)
مضادة (무닷 - 다)	대립, 정반대	**ضخامة** (다카 - 마)	1.웅장함 2.뚱뚱함
ضر (돠르라)	해를 끼치다	**تضخيم** (타드키 - ㅁ)	1.확대 2.과장
ضرر (돠르라라)	엄청난 손실을 주다	**ضد** (돳다)	승리하다, 이기다
أضر (아돠르라)	1.해를 끼치다 2.강요하다	**ضاد** (돳 - 다)	1.저항하다 2.모순되다
تضرر (타돠르라라)	못쓰게 되다	**أضاد** (아돳 - 다)	반작용하다
انضر (인돠르라)	손실을 보다	**تضاد** (타돳 - 다)	서로 반대하다
اضطر (이드따르라)	강요당하다	**ضد** (딧드)	1.적수 2.반대
اضطر (이드뚜르라)	부득이 …해야 한다	**ضد** (딧다)	반대하여
ضر (돠르르)	손실, 손해	**ضدية** (딧디 - 야)	적대
ضرة (돠르라)	일부다처	**تضاد** (타돳 - 드)	대립, 반대

تضرب (타돠르라바)	고동치다, 떨다	**ضرر** (돠라르)	손실, 손해
تضارب (타돠 - 라바)	충돌하다, 서로 싸우다	**ضراء** (돠르라 -)	고통, 슬픔, 불행
اضطرب (이드따라바)	1.흥분하다 2.초조해하다	**ضرورة** (돠루 - 라)	필요, 필요성
ضرب (돠르브)	1.구타 2.부과(세금)	**ضروري** (돠루 - 리)	필요불가결한
ضربة (돠르바)	1.일격 2.재앙 3.흑사병	**ضرير** (돠리 - 르)	1.눈먼 2.소경
ضراب (돠르라 - 브)	1.투사 2.권투선수	**اضطرار** (이드따라 - 르)	1.부득이함 2.강요
ضريب (돠리 - 브)	1.세금 2.과세	**مضرة** (무돠르라)	상처, 손실, 손상
إضراب (이드라 - 브)	파업	**مضطر** (무드따르르)	1.어쩔 수 없는 2.필요로 한
ضوارب (돠아 - 리브)	구타, 때림	**ضرب** (돠라바)	1.때리다 2.폭격하다 3.과세하다
تضارب (타돠 - 루브)	1.모순 2.충돌	**ضارب** (돠 - 라바)	1.투기하다 2.교배시키다
اضطراب (이드따라 - 브)	1.흥분 2.소요	**أضرب** (아드라바)	버리다, 단념하다

مضرب (무드리브)	파업하는	**ضرح** (다라하)	무덤을 파다
مضربة (무돠르라바)	누빈이불	**ضريح** (다리 - 흐)	고분, 무덤
مضارب (무돠 - 리브)	1.투기꾼 2.경쟁자	**ضرس** (다라싸)	무디어지다
مضاربة (무돠 - 라바)	1.경쟁 2.투기	**ضرس** (디르쓰)	어금니
مضروب (마드루 - 브)	얻어맞은	**ضروس** (다루 - 쓰)	참혹한, 비참한
متضارب (무타돠 - 리브)	1.충돌하는 2.모순되는	**تضريس** (타드리 - 쓰)	울퉁불퉁한 것
مضطرب (무드따르리브)	1.흥분된 2.불안한	**ضرط** (다리따)	방귀를 뀌다
ضرج (다라자)	피로 물들이다	**ضرط** (다르뜨)	방귀
تضرج (타다르라자)	붉게 물들다	**ضرع** (다라아)	1.빌다 2.순종하다
انضرج (인다라자)	비행기에서 낙하하다	**ضارع** (돠 - 라아)	유사하다, 닮다
مضرج (무다르라즈)	물든(피로)	**تضرع** (타다르라아)	빌다, 기원하다

다
드

ضرع (다르으)	젖통, 젖꼭지	ضرام (디라 - ㅁ)	불타는 것, 연소
ضرعيات (다르이야 - 트)	포유동물	إضرام (이드라 - 므)	방화
ضراعة (다라 - 아)	애원, 강구(신에게)	مضطرم (무드따리므)	불타는, 불붙는
تضرع (타다르라으)	1.애원 기원 2.복종	ضاعف (다아파)	두 배가되다
مضارع (무다 - 리으)	유사한, 비슷한	ضعف (다우파)	허약하다
مضارعة (무다 - 라아)	유사성	أضعف (아드아파)	약화시키다
ضرم (다리마)	불타다, 연소하다	تضاعف (타다 - 아파)	두 배가 되다
أضرم (아드라마)	방화하다	ضعف (디으프)	배가, 곱절
تضرم (타다르라마)	불타다	ضعف (두으프)	허약함, 무기력
اضطرم (이드따라마)	불타오르다	ضعيف (다이 - 프)	약한, 허약한
ضرمة (다라마)	불, 불덩이	إضعاف (이드아 - 프)	1.약화 2.완화

تضايف (타다-이프)	내용, 취지, 요지	**تضاغط** (타다-구뜨)	압박, 강압
مضاعف (무다-아프)	두 배의, 배가 된	**ضغن** (다가나)	앙심을 품다
مضاعفة (무다-아파)	1.배가 2.악화	**ضغن** (디근)	악의, 원한, 증오
ضغث (다가싸)	헛갈리게 하다(말을)	**ضغن** (다긴)	원한을 품은
ضغث (디그쓰)	1.묶음 2.공상	**ضغينة** (다기-나)	앙심, 증오
ضغط (다가따)	1.압박하다 2.강요하다	**صفف** (솨파프)	곤경, 빈궁, 빈곤
ضاغط (다-가따)	누르다, 조이다	**ضفة** (둣파)	해안, 연안, 강변
ضغط (다그뜨)	압력, 억압, 죄임	**ضفر** (다파라)	1.땋다 2.꼬다
ضاغطة (다-기따)	압착기	**ضافر** (다-파라)	돕다, 협조하다
ضاغوط (다구-뜨)	악몽	**تضفر** (타닷파라)	엮어지다, 땋아지다
ضغوطية (두구띠-야)	1.압축된 2.부득이한	**تضافر** (타다-파라)	서로 협력하다

다
드

ضفيرة (돠피 - 라)	머리댕기	**استضلع** (이쓰타들라아)	…에 조예가 깊다
تضافر (타돠 - 푸르)	상호협력	**ضلع** (딜르으)	1.갈비 2.변, 평방근
ضفا (돠파)	넘쳐흐르다	**ضالع** (돨 - 리으)	…에 노련한
أضفى (아드파)	1.부여하다 2.첨가하다	**ضليع** (돨리 - 으)	1.힘이 센 2.박식한
ضفوة (돠프와)	여유있는 생활	**تضلع** (타돨루으)	정통, 능력, 조예
ضل (돨라)	헤매다, 방황하다	**اضطلاع** (이드딸라 - 으)	1.수완 2.수행
ضال (돨 - 린)	1.잘못된 2.방황하는	**متضلع** (무타돨리으)	능숙한, 정통한
ضلالة (돨랄 - 라)	1.오류 3.기만, 현혹	**ضم** (돔마)	합병하다
تضليل (타들리 - ㄹ)	기만, 속임	**تضام** (타돰 - 마)	통일하다, 단결하다
ضلع (돨루아)	튼튼하다, 강하다	**انضم** (인돔마)	합병하다, 포함하다
تضلع (타돨라아)	박식하다	**ضم** (돔므)	1.첨가, 첨부 2.병합

ضمار (되마 - ㄹ)	돈을 떼임, 불량대부	ضميمة (되미 - 마)	친구, 벗
ضمير (되미 - ㄹ)	1.대명사 3.양심	تضام (타돰 - ㅁ)	…와 공동으로
إضمار (이드마 - ㄹ)	1.은폐 2.모략	انضمام (인되마 - ㅁ)	합병, 가맹, 연합
مضمر (무담마르)	1.내재된 2.함축된	ضمد (되마다)	붕대로 감다
مضمار (미드마 - ㄹ)	무대, 활동무대	ضمد (되므드)	애인, 정부(남자)
ضمن (되미나)	보험을 계약하다	ضماد (되마 - ㄷ)	1.붕대 2.일처다부
تضمن (타돰마나)	포함하다, 포괄하다	ضمر (되마라)	여위다, 위축되다
تضامن (타돠 - 마나)	상호보증하다, 뭉치다	أضمر (아드마라)	1.품다(악의를) 2.감추다
انضمن (인되마나)	보증되다, 보장되다	تضمر (타돰마라)	여위다, 홀쭉해지다
ضمن (되므느)	1.내부 2.가운데	انضمر (인돠마라)	메마르다, 시들다
ضمين (되미 - 느)	1.보장된 2.보증인	ضامر (돠 - 미르)	1.여윈 2.발육불능의

되드

ض_نی (돠니야)	허약해지다	**ضامن** (돠 - 민)	보증인, 담보자
ضنو (돠느우)	쪼무레기들	**ضمان** (돠마 - ㄴ)	1.보증 2.보험
ضن (돠닌)	1.지친 2. 여윈	**ضمانة** (돠마 - 나)	보장, 보증, 담보
ضنى (돠난)	여윔, 피로, 고달픔	**تضامن** (타돠 - 마느)	1.공동책임 2.단결, 단합
مضنی (무드난)	1.지친 2.여윈	**مضمون** (마드무 - ㄴ)	1.보험이 된 2.의미, 내용
ضهد (돠하다)	억합하다	**متضامن** (무타돠 - 미느)	1.상호간 2.단합된
اضطهد (이드따하다)	학대하다	**ضن** (돠나)	인색하다
اضطهاد (이드따하 - 드)	1.박해 2.억압	**ضنين** (돠니 - ㄴ)	1.인색한 2.빈약한
مضطهد (무드따히드)	1.압박하는 2.억압자	**مضنة** (마돤나)	보물, 귀중품
مضطهد (무드따하드)	1.억압받는 2.학대받는	**ضنك** (돠누카)	쪼들리다, 구차하다
ضهی (돠히이)	비슷한, 흡사한	**ضنك** (돤크)	곤난, 빈궁, 궁핍

ضور (다우르)	허기, 배고픔, 굶주림	**مضاه** (무돠 - 힌)	비슷한, 유사한
ضوضى (돠우딴)	소동, 야단법석	**مضاهاة** (무돠하 - 트)	1.유사성 2.비교
ضوضاء (돠우돠 -)	소음, 야단법석	**ضاء** (돠 - 아)	빛나다, 비치다
ضار (돠 - 라)	해를 끼치다	**أضاء** (아돠 - 아)	비치다, 조명하다
ضائر (돠 - 이르)	해로운	**ضوء** (돠우으)	빛, 광선
ضير (돠이르)	불행, 난관, 손상	**ضياء** (디야 -)	빛
ضاع (돠 - 아)	1.잃다 2.멸망하다	**إضاءة** (이돠 - 아)	조명
ضيع (돠이야아)	낭비하다, 탕진하다	**مضىئ** (무디으)	밝은, 눈부신
أضاع (아돠 - 아)	놓치다, 잃다	**ضار** (돠 - 라)	굶주리다
ضائع (돠 - 이으)	1.없어진 2.불행한	**أضر** (아돠르라)	해치다
ضياع (돠야 - 으)	1.분실 2.파멸	**تضرر** (타돠르라라)	아픔을 느끼다

돠
드

إضافة (이돠 - 파)	1.첨가 2.합병	**ضيعة** (다이아)	1.영지 2.부동산
إضافية (이돠피 - 야)	상대성이론	**إضاعة** (이돠 - 아)	상실
مضاف (무돠 - 프)	보충된, 첨가된	**مضيع** (무듸 - 으)	1.낭비하는 2.낭비자
مضافة (무돠 - 파)	손님방	**مضيعة** (마듸 - 아)	1.멸망 2.상실, 손실
مضيف (무듸 - 프)	1.대접하는 2.주인	**ضاف** (돠 - 파)	대접하다(손님으로)
مضيفة (무듸 - 파)	접대여주인, 여승무원	**ضيف** (돠이야파)	대접하다
مضيفة (마드야파)	응접실, 접대실	**أضاف** (아돠 - 파)	첨가하다, 부가하다
ضاق (돠 - 까)	1.좁다 2.짜증나다	**انضاف** (인돠 - 파)	첨가되다, 합류하다
ضيق (돠이야까)	억압하다, 억누르다	**استضاف** (이쓰타돠 - 파)	손님접대를 받다
تضايق (타돠 - 야까)	답답함	**ضيف** (돠이프)	1.손님 2.방문객
ضيق (듸 - 끄)	1.협소 2.근심 3.궁핍	**ضيافة** (듸야 - 파)	환대, 접대

ضيق   1.비좁은 2.난처한
(돠이이끄)

تضيق   1.좁히는 것
(타드이끄)   2.억압, 구속

مضيق   1.해협 2.오솔길
(마듹 - 끄)

مضايق   1.짜증나는 5.불편한
(무돠 - 야끄)

مضايقة   1.구속
(무돠 - 야까) 2.귀찮게 하는 것

متضايق   1.화난 2.난처한
(무타돠 - 이끄)

ضام   박해하다
(돠 - 마)

استضام   박해하다
(이쓰타돠 - 마)

ضيم   박해, 학대
(돠이므)

مستضام   박해받는
(무쓰타돠 - 므)

(الطاء : 따)

طابق (따부 - 끄)	1.요리 2.접시
طابونة (따부 - 나)	빵집
طابية (따 - 비야)	보루, 작은 요새
طازج (따 - 지즈)	신선한, 싱싱한
طاغوت (따구 - 트)	악마, 악귀
طاق (따 - 끄)	1.아치 2.층, 지층
طاقة (따 - 까)	창문
طاولة (따 - 윌라)	탁자, 테이블
طب (땁바)	치료하다
طيب (따이야바)	치료하다
تطيب (타따이야바)	치료받다
طب (띱브)	1.치료 2.의학
طبابة (띠바 - 바)	1.의료업 2.의료실습
طبيب (따비 - 브)	의사
طبيبة (따비 - 바)	여의사
متطبب (무타땁비브)	돌팔이의사
طبخ (따바카)	요리하다
طبخ (따바카)	성장하다(어린이가)
انطبخ (인따바카)	요리되다(음식이)
طبخ (따브크)	요리된 음식
طباخ (땁바 - 크)	요리사

انطبع (인따바아)	1.스탬프가 찍히다 2.출판되다	**طباخة** (띠바-카)	1.요리업 2.요리법
طبع (따브으)	1.천성 2.기질 3.인쇄	**طبيخ** (따비-크)	요리된 음식
طبعة (따브아)	1.판(출판물의)	**مطبخ** (마뜨바크)	1.식당 2.부엌
طبيعة (따비-아)	1.자연 2.천성, 본성	**مطبخ** (미뜨바크)	요리용 풍로
طباع (띠바-으)	성격, 성질, 본성	**مطبوخ** (마뜨부-크)	요리된
طباعة (띠바-아)	인쇄, 출판, 출판업	**طبر** (따브르)	도끼, 전쟁용 도끼
انطباع (인띠바-으)	인상, 감명, 감상	**طابور** (따부-르)	대대, 대부대(군대)
انطباعية (인띠바이-야)	인상주의	**طبردار** (따바르다-르)	공병(군대)
مطبعة (마뜨바아)	인쇄소	**طباشير** (따바쉬-르)	분필, 백묵
مطبعة (미뜨바아)	인쇄기	**طبع** (따바아)	도장을 찍다, 인쇄를 하다
مطبوع (마뜨부-으)	1.인쇄된 2.서식용지	**طبع** (따바아)	길들이다(짐승을)

따

따

طباق (딸바 - 끄) 담배	مطبوعة (마뜨부 - 아) 판(책)
طابوق (딸부 - 끄) 벽돌	طبق (딸바까) 1.닫히다 2.널리 퍼지다
طبيق (딸비 - 끄) 적응한, 상응한	طابق (따 - 바까) 1.적합하다 2.적용하다
تطبيق (타뜨비 - 끄) 1.적용, 응용 2.실습	أطبق (아뜨바까) 1.닫다 2.동의하다
تطبيقة (타뜨비 - 까) 편자, 말발굽철	تطبق (타땁바까) 1.닫히다 2.적용되다
تطبيقات (타뜨비까 - 트) 연습, 연습문제	تطابق (타따 - 바까) 상호부합되다
تطابق (타따 - 부끄) 1.적응 2.유사성	طبق (따바끄) 1.접시 2.덮개
مطبق (무뜨바끄) 입힌, 코팅이 된	طبقة (따바까) 1.층 2.급, 등급 3.계급
مطابق (무따 - 비끄) 부합하는, 일치하는	طبق (따비끄) 1.닫힌 2.갇힌
مطابقة (무따 - 바까) 1.대칭 2.적합, 부합	طابق (따 - 비끄) 1.층, 층계 2.뚜껑
طبل (따발라) 북을 치다	طباق (띄바 - 끄) 1.대비 2.일치, 부합

طجن (따자나)	기름으로 튀기다	طبل (따블)	북, 드럼
طاجن (따 - 진)	1.프라이팬 2.옹기	طبلية (따블리 - 야)	원형 회전식탁
طحل (따할라)	가득 채우다(그릇에)	طبال (땁바 - ㄹ)	드럼치는 사람, 북치는 사람
طحل (따힐라)	비장염을 앓다	تطبل (타땁불)	1.허세 2.뱃속에 가스가 찬
طحل (뚜흘)	앙금, 침전물	طبن (따바나)	불을 파묻다
طحال (띠하 - ㄹ)	비장(의학)	طبن (따비나)	정통하다
طحال (뚜하 - ㄹ)	비장염	طبن (따반)	무리, 떼
مطحول (마뜨후 - ㄹ)	비장염을 앓고 있는	طبن (따빈)	정통한, 잘 아는
طحلب (뚜훌루브)	이끼, 곰팡이	طبنة (띠브나)	지혜, 예지, 총명
طحن (따히나)	가루로 만들다, 빻다	طبونة (따부 - 나)	빵집
تطاحن (타따 - 하나)	적대시하다, 반목하다	طابية (따 - 비야)	요새, 성채

따

انطحن (인따하나)	가루가 되다, 빻아지다	**طاخية** (따 - 키야)	어둠
طاحن (따 - 히느)	1.빻는 2.처참한	**طر** (따르라)	1.자라다(수염이) 2.몰다(짐승을)
طاحنة (따 - 히나)	어금니	**طر** (뚜르르)	예외없이, 모두, 전체가
طحان (따흐하 - 느)	방앗간 주인	**طرة** (뚜르라)	1.이마 2.머리냐 꼬리냐
طحانة (띠하 - 나)	제분업	**طرار** (따르라 - 르)	소매치기
طاحونة (따후 - 나)	제분소, 방앗간	**طرير** (따리 - 르)	금방 수염이 돋아난
طحين (따히 - 느)	가루	**طرابزون** (따라바주 - 나)	계단의 손잡이
طحينة (따히 - 나)	참기름 깻묵	**طرابيزة** (따라비 - 자)	책상
تطاحن (타따 - 후느)	적대시, 반목	**طرأ** (따라아)	1.갑자기 닥치다(일이) 2.발생하다
مطحن (미뜨하느)	1.방앗간 2.제분기계	**أطرأ** (아뜨라아)	칭찬하다, 찬양하다
طخا (따카)	어두워오다	**طرئ** (따리으)	신성한, 생생한

따

مطرب	1.가수 2.기쁘게 하는	**طارئ**	1.이상한 2.뜻밖에
(무뜨리브)		(따 - 리으)	
مطربة	여가수, 여성 음악가	**طارئة**	1.뜻밖의 일 2.불상사
(무뜨리바)		(따 - 리아)	
طربوش	빨간색의 터키형 모자	**طرب**	즐거워하다, 기뻐하다
(따르부 - 쉬)		(따리바)	
مطربش	따라부쉬 모자를 쓴	**طرّب**	노래하다
(무뜨리바쉬)		(따르라바)	
متطربش	상류층 구성원, 교육자층	**أطرب**	즐겁게 하여주다
(무타따르비쉬)		(아뜨라바)	
طرح	물건을 던지다, 제출하다	**استطرب**	노래를 요청하다
(따라하)		(이쓰타뜨라바)	
طرّح	유산시키다	**طرب**	1.기쁨, 즐거움 2.음악
(따르라하)		(따라브)	
أطرح	던지다	**طرب**	유쾌한, 기쁜, 흥겨운
(아뜨라하)		(따리브)	
اطّرح	1.던지다 2.거절하다	**طربة**	자루, 포대, 마대
(잇따라하)		(뚜르바)	
طرح	1.던지는 것 2.조산	**طروب**	기쁨, 즐거움
(따르흐)		(따루 - 브)	
طرحة	면사포, 베일, 너울	**إطراب**	흥겨움, 즐거움
(따르하)		(이뜨라 - 브)	

따

استطرد (이쓰타뜨라다)	벗어나다(주제에서)	**طرح** (따라흐)	먼 고장
طرد (따르드)	1.해고 2.추방 3.소포	**طراحة** (따르라 - 하)	매트리스, 침대깔개
طراد (띠라 - 드)	순양함	**طريح** (따리 - 흐)	1.던져진 2.제출된
طريد (따리 - 드)	1.쫓겨난 2.버림받은	**طريحة** (따리 - 하)	도급으로, 도급제로
طريدة (따리 - 다)	쫓기는 사냥감	**أطروحة** (우뚜루 - 하)	학위논문
إطراد (이뜨라 - 드)	계속, 지속	**مطرح** (마뜨라흐)	1.쓰레기장 2.매트리스
استطراد (이쓰티뜨라 - 드)	벗어남(주제에서)	**مطروح** (마뜨루 - 흐)	1.던져진 2.제기된
مطرد (뭇따리드)	1.예외없이 2.연속적인	**منطرح** (문따리흐)	1.버려진 2.추방된
مطارد (무따 - 리드)	1.추격자 2.사냥꾼	**طرد** (따라다)	1.추방하다, 축출하다
مطاردة (무따 - 라다)	추격	**طارد** (따 - 라다)	쫓아가다, 추격하다
طرز (따르라자)	수놓다, 문양을 놓다	**انطرد** (인따라다)	쫓기다, 추방되다

따

طرْطرة (뜨르뜨라) 1.자만 2.벼슬자리	**طرز** (따르즈) 1.모델, 유행 2.방법, 방식
طرْطور (뜨르뚜 - 르) 1.키다리 2.인체모형	**طِراز** (띠라 - 즈) 1.형태 2.양식(건축)
طرْطير (뜨르띠 - 르) 치석, 이똥	**تطريز** (타뜨리 - 즈) 수예
طرَف (따라파) 눈을 깜박이다, 눈짓하다	**طرِش** (따리샤) 귀먹다, 듣지 못하다
طرُف (따루파) 1.새롭다 2.흥미있다	**طرَش** (따라샤) 토하다, 구토하다
تطرَّف (타따르라파) 극도에 이르다, 과도하다	**تطارش** (타따 - 라샤) 못듣는체 하다
طرَف (따르프) 1.눈, 시선 2.가장자리	**طرْشة** (뜨르샤) 귀먹은 것
طرْفة (따르파) 순간, 찰나	**طرْشى** (뜨르쉬) 피클
طرْفة (뚜르파) 1.희귀한 것 2.재치있는 말	**أطرَش** (아뜨라쉬) 귀먹은 , 귀머거리
طرافة (따라 - 파) 1.벼락출세한 2.독창성	**مطرش** (무따르리쉬) 구토제
طريف (따리 - 프) 1.독창적인 2.우스운	**طرْطر** (뜨르따라) 자만하다, 우쭐대다

따

طريق 1.통로, 길 2.방법, 방식 (따리 - ㄲ)	**طريفة** 1.진귀한 물건 (따리 - 파) 2.희한한 이야기
طريقة 1.방법, 방식 2.학파 (따리 - 까)	**أطراف** 1.끝 2.말단 3.교외 (아뜨라 - 프) 4.사지
انطراق 순응성, 유순성(금속의) (인띠라 - ㄲ)	**تطرف** 극단적인 것, 극단주의 (타따르라프)
استطراق 통행허가, 자유통행 (이쓰타뜨라 - ㄲ)	**متطرف** 1.과격한 2.엄청난 (무타따르리프)
مطرق 침묵하는, 묵묵한 (무뜨리ㄲ)	**طرق** 생각이 떠오르다, 두드리다 (따라까)
مطرقة 망치 (마뜨라까)	**أطرق** 1.침묵하다 2.숙이다 (아뜨라까)
مطروق 1.버린 2.길이 난 (마뜨루 - ㄲ)	**تطرق** 1.길을 가다 2.다루다(주제를) (타따르라까)
طرم 뽑다(이빨을) (따르라마)	**طرقة** 1.횟수, 번 3.두드림, 노크 (따르까)
طارمة 작은 정자, 방가로 (따 - 리마)	**طرقة** 올가미 (따라까)
طرمذ 허풍떨다 (따르마자)	**طارق** 1.밤손님 2.격침(군대) (따 - 리ㄲ)
طرمذة 자랑, 허풍 (따르마자)	**طارقة** 재난, 불행 (따 - 리까)

طَرْمَاذ (띠르마 - 즈)	허풍쟁이	طَعِم (따이마)	1.먹다 2.맛보다
طَرُو (따르와)	1.신선하다 2.연하다	طَعَّم (따으아마)	1.접목하다 2.접종하다
طَرِي (따리야)	1.싱싱하다 2.부드럽다	أَطْعَم (아뜨아마)	먹이다, 먹여살리다
أَطْرَى (아뜨라)	극찬하다, 칭찬하다	طَعْم (따음)	1.맛 2.풍미, 맛
تَطَرَّى (타따르라)	연해지다	طُعْم (뚜음)	1.뇌물 2.종도, 완친 3.접목
طَرِي (따리이)	1.야들야들한 2.신선한	طَعِم (따임)	맛있는, 맛좋은
إِطْرَاء (이뜨라 -)	찬양, 칭찬, 칭송	طُعْمَة (뚜으마)	모이, 먹이
طَسِم (따싸마)	소화불량증에 걸리다	طَعَام (따아 - ㅁ)	음식, 음식물
طَسْم (따쌈)	어둠	إِطْعَام (이뜨아 - ㅁ)	영양을 공급하는 것
مُصْلِق (마슬라까)	건성으로 하다	تَطْعِيم (타뜨이 - ㅁ)	1.접종 2.접목
مُصْلَقَة (마슬라까)	날림으로 하는 것	مُطَعَّم (무따으암)	1.접종한 2.접목한(나무를)

따

طغمة (뚜그마)	도당, 무리, 오합지중	**مطعم** (마뜨암)	식당
طغا (따가)	1.범람하다(강이) 2.한계를 넘다	**مطعوم** (마뜨우 - ㅁ)	맛이 소문난
طاغية (따 - 기야)	폭군, 압제자	**طعن** (따아나)	1.찌르다 2.비난하다
طاغوت (따구 - 트)	1.우상 2.악마, 사탄	**طعن** (뚜이나)	페스트병에 걸리다
طغيان (꾸그야 - ㄴ)	1.범람 2.폭행, 전횡	**طعن** (따은)	항의, 공소, 상소
طفف (똣파파)	1.인색하다 2.줄이다(무게)	**طاعن** (따 - 인)	비방하는, 중상하는
طف (똣프)	1.기슭, 모서리, 옆 2.강기슭	**طاعون** (따우 - ㄴ)	전염병, 흑사병
طفة (똣파)	무리, 집단, 떼	**مطعن** (마뜨안)	급소, 요진통
طفاف (똣파 - 프)	쌀장사, 빵장사	**مطاعن** (마따 - 이느)	욕설
طفيف (따피 - 프)	1.하찮은 3.사소한	**مطعون** (마뜨우 - ㄴ)	흑사병에 걸림
طفئ (따피아)	불이 꺼지다	**طغام** (따가 - ㅁ)	천민, 평민, 백성

طفأ (따파아)	불을 끄다	**طفح** (따프흐)	1.충만 2.발진(의), 여드름
أطفأ (아뜨파아)	끄다, 죽이다(불을)	**طافح** (따 - 피흐)	1.넘쳐나는 2.만취한
انطفأ (인따파아)	꺼지다(불이)	**طفاحة** (뚜파 - 하)	거품
طافئ (따 - 피으)	소방대원	**مطفحة** (미뜨파하)	국자
طفاية (똣파 - 야)	1.소화기 2.재털이	**طفذ** (따파자)	파묻다, 매장하다
إطفاء (이뜨파 -)	끄는 것(불을)	**طفذ** (따파즈)	묘, 무덤
إطفائية (이뜨파이 - 야)	소방대	**طفر** (따파라)	1.뛰다 2.샘솟다
مطفأ (무뜨파으)	1.꺼진(불이) 2.뿌연한	**أطفر** (아뜨파라)	뛰어넘게 하다
مطفأة (미뜨파아)	소화기, 소방펌프	**طفرة** (따프라)	도약, 뛰어넘기
طفح (따파하)	넘쳐나다	**طافر** (따 - 피르)	뛰는, 건너뛰는
أطفح (아뜨파하)	넘치게 하다	**طفران** (따프라 - ㄴ)	가난뱅이

따

طفولة (뚜풀 - 라)	유년기, 어린시절	**طفس** (따파싸)	어지러워지다
طفيلي (투파이일리)	1.불청객 2.식객, 건달	**طفس** (따피쓰)	어지러운, 더러운
طفيلية (뚜팔이일리 - 야)	기생적 생활	**طفش** (따파샤)	도망가다, 도주하다
طفيليات (뚜파이일리야 - 트)	기생충, 기생물	**طفشان** (따프샤 - ㄴ)	탈주자, 도주자
طفا (따파)	1.물위에 뜨다 2.표면에 떠오르다	**طفشانة** (따프샤 - 나)	쇠갈고리
طفو (따프우)	물에 뜨는 것	**طفل** (따팔라)	1.지다(해가) 2.뜨다(해가)
طق (땃까)	1.쉴새없이 지껄이다 2.파열되다	**أطفل** (아뜨팔라)	창간되다
طق (땃끄)	잡담, 공담	**تطفل** (타땃팔라)	불청객으로 오다
طقة (땃까)	1.부서지는 소리 2.끼니	**طفلة** (따플라)	점토, 찰흙
طقس (따끄쓰)	1.기상상태 2.기후	**طفل** (띠풀)	아이, 애기, 아동
طقيسى (뚜까이씨)	광, 헛간	**طفالة** (따팔 - 라)	1.유년기 2.초기단계

따

طقطوقة (따끄뚜 - 까)	1.딸랭이 2.소곡, 가요	**طالب** (딸 - 라바)	1.찾다 2.간청하다
طقم (똣까마)	안장을 채우다	**طلب** (딸라브)	1.탐구 2.요구 3.수요
طقم (따끔)	1.한 조 2.정원	**طلبة** (딸리바)	1.수요, 요구 2.수요가 있는 물건
طاقم (따 - 낌)1	.한 벌 2.승무원	**طلبية** (딸라비 - 야)	1.주문, 신청 2.수요
طل (딸라)	1.방문하다 2.보슬비가 내리다	**طالب** (딸 - 리브)	1.학생 2.지원자 3.원고(법원)
أطل (아딸라)	1.향하다(창문이 …에로) 2.돌출하다	**مطلب** (마뜰라브)	1.추구 2.수요 3.주제
طل (띨르)	큰 독사	**مطالب** (무따 - 리브)	요구자, 신청자, 청구자
طلل (딸랄르)	1.옛터, 폐허 2.휴게실	**مطلوب** (마뜰루 - 브)	1.만기일이 된 2.요구 3.수요
مطل (무딸르)	1.경치, 풍경 2.베란다	**مطلوبات** (마뜰루바 - 트)	1.부채 2.의무, 책임
مطل (무띨르)	1.돌출한 2.향한(창문이 …에로)	**مطالبة** (무딸 - 라바)	요구, 추구
طلب (딸라바)	1.탐구하다 2.요구하다	**متطلبات** (무타딸리바 - 트)	요구

طلح 나빠지다, 사악해지다 (딸라하)	**استطلع** 알아내다, 탐지하다 (이쓰타뜰라아)
طالح 1.나쁜 2.악한, 고약한 (딸 - 리흐)	**طلعة** 1.외모 2.비탈길 3.이륙 (딸아)
طلس 지우다, 삭제하다 (딸라싸)	**طالع** 1.징조 2.외모 3.출현 (딸 - 리으)
طلس 지움, 삭제 (딸쓰)	**طالعة** 시초, 시발, 출발 (딸 - 리아)
طلس 불분명한, 읽기 어려운 (띨쓰)	**طلوع** 1.출현 2.부스럼, 종기 (뚤루 - 으)
أطلس 지도, 지도첩 (아뜰루쓰)	**طليعة** 선봉대, 전위대 (딸리 - 아)
طلسم 비밀쪽지, 부적, 암호문건 (띨라쌈)	**إطلاع** 1.지식 2.보는 것 (이뜰라 - 으)
طلع 1.나타나다 2.뜨다(해가) (딸라아)	**تطلع** 1.열망, 기대 2.호기심 (타딸루으)
طالع 1.책을 읽다 2.살펴보다 (딸 - 라아)	**تطلعات** 지향, 갈망 (타딸라아 - 트)
أطلع 통보하다, 통지하다 (아뜰라아)	**استطلاع** 1.탐사 2.정찰, 탐지 (이쓰티뜰라 - 으)
تطلع 1.바라보다 2.열망하다 (타딸라아)	**مطلع** 1.사다리 2.서문 3.징조 (마뜰라으)

طلاقة (딸라 - 까)	생기, 활기, 활달	مطالع (무딸 - 리으)	1.읽는 2.독자
طالق (딸 - 리끄)	이혼당한	مطالعة (무딸 - 라아)	1.독서, 읽기 2.연구
طليق (딸리 - 끄)	1.자유로운 2.쾌활한	متطلع (무타딸리으)	열망하는
إطلاق (이뜰라 - 끄)	1.발사 2.해방 3.총괄	طلق (딸라까)	1.자유롭게 되다 2.이혼하다
انطلاق (인띨라 - 끄)	1.출발 2.자유로움	أطلق (아뜰라까)	1.발사하다 2.석방하다
تطليق (타뜰리 - 끄)	이혼	تطلق (타딸라까)	명랑해지다, 밝아지다(얼굴이)
مطلق (무뜰라끄)	1.자유로운 2.전적인	انطلق (인딸라까)	1.떠나다 2.해방되다
مطلقة (무뜰라까)	이혼당한 여성, 이혼녀	استطلق (이쓰타뜰라까)	설사가 나다
طلم (딸라마)	반죽을 반반하게 만들다	طلقة (딸라까)	1.사격, 발사 2.탄알, 총탄
طلمة (뚤마)	작으며 둥근 빵	طلق (딸끄)	1.열린 2.명랑한 4.산후복통
مطلمة (미뜰라마)	밀대(반반하게 미는)	طلاق (딸라 - 끄)	이혼

따

491

طلى (딸라)	페인트를 칠하다, 코팅하다	اطمئنان (이뜨미으나 - ㄴ)	1.안심 2.신용 3.평안
انطلى (인딸라)	성공하다	طمأنينة (뚜므아니 - 나)	1.안심 2.믿음, 신임
طلاء (딸라 -)	도장공	مطمئن (무뜨마인느)	1.안심하는 2.신임하는
طلاوة (딸라 - 와)	1.우아한 것 2.재미	طمث (따미싸)	생리하다, 월경하다
مطلى (마뜰라)	도색한, 칠한	طمث (따므쓰)	생리, 월경
مطلى (무딸라)	중병	طمح (따마하)	갈망하다, 탐을 내다
طم (땀마)	넘쳐나다, 범람하다	طماح (땀마 - 흐)	1.갈망하는 2.탐욕적인
طم (땀므)	많은 양, 대량	طموح (뚜무 - 흐)	1.야심, 탐욕 2.포부
طامة (따 - 마)	커다란 불행, 재난	مطمح (마뜨마흐)	추구하는 목적
طمأن (따므안나)	안심시키다, 안정시키다	طمر (따마라)	매장하다, 파묻다
اطمأن (이뜨마안나)	믿다, 신용하다	انطمر (인따마라)	매장되다, 파묻히다

따

طمطم (땀따마)	중얼거리다	طمر (띠므르)	누더기, 넝마
طماطم (따마 - 띰)	토마토	طومار (뚜마 - 르)	규격, 판형(책 등의)
طمطام (땀따 - 므)	넓은 바다	مطمار (미뜨마 - 르)	추, 연추
طمع (따미아)	1.갈망하다 2.야망을 갖다	مطمور (마뜨무 - 르)	파묻힌, 매장된
أطمع (아뜨마아)	유혹하다, 야심을 갖게 하다	مطمورة (마뜨무 - 라)	지하실, 지하창고
طمع (따므으)	1.갈망, 열망 2.탐욕	طمس (따마싸)	1.지우다 2.눈이 멀다
طماعة (따마 - 아)	1.탐욕, 욕심 2.갈망	انطمس (인따마싸)	지워지다, 삭제되다
طمعان (따므아 - ㄴ)	탐욕적인, 욕심이 많은	طمس (따므쓰)	지우는 것, 삭제하는 것
مطمع (마뜨마으)	1.갈망 2.바라는 것	طامس (따 - 미쓰)	지워진, 희미한
مطمعة (마뜨마아)	1.유혹 2.유혹물	طميس (따미 - 쓰)	소경, 장님, 맹인
طمن (따마나)	안심시키다, 믿게 하다	مطموس (마뜨무 - 쓰)	장님, 맹인

إِطْنَابَة (이뜨나 - 바)	천막	طُمَأْن (따마 - ㄴ)	1.평온함 2.안도감
مَطْنَب (마뜨나브)	어깨	تَطْمِين (타뜨미 - ㄴ)	진정, 완화
طُنْبُر (딴바르)	짐마차, 말수레	طَمَا (따마)	범람하다, 넘쳐흐르다
طُنْبُور (뚠부 - 르)	1.하프 2.원통, 기통	طَمِي (따마)	흙탕물이 되다
طَهُرَ (따하라)	깨끗하다, 청결하다	طَامٍ (따 - 민)	1.범람하는 2.흙탕물의
طَهَّرَ (따흐하라)	1.씻다 2.할례하다	طَنَّ (딴나)	올리다(종이)
تَطَهَّرَ (타따흐하라)	깨끗해지다	طُنّ (뚠느)	1.몸집 2.톤 3.단, 묶음
طُهْر (뚜흐르)	1.순결, 결백 2.무죄	طَنَّان (딴나 - ㄴ)	1.쟁쟁한 2.유명한
طَاهِر (따 - 히르)	1.깨끗한 2.처녀의	طَنَّبَ (딴나바)	1.거처하다 2.천막을 치다
طَهَارَة (따하 - 라)	1.청결 2.순결 3.할례	أَطْنَبَ (아뜨나바)	과장하다
طَهُور (뚜후 - 르)	깨끗함	إِطْنَاب (이뜨나 - 브)	과장, 정도를 벗어남

따

طوب (뚜 - ㅂ)	벽돌	تطهير (타뜨히 - ㄹ)	1.소독 2.정화 3.할례 4.말살
طوبى (뚜 - 바)	축복, 아름다움	مطهر (마뜨하르)	연옥
طاح (따 - 하)	1.방황하다 2.파멸하다	مطهر (무따흐히르)	1.정수기 2.소독제
أطاح (아따 - 하)	파멸시키다, 타도하다	مطهرة (무따흐하라)	소독기
تطوح (타따와하)	비틀비틀하다	طهق (따하까)	1.서둘러 가다 2.싫어하다
طوائح (따와 - 이흐)	역경, 운명의 고난	طهقان (따흐까 - ㄴ)	흉한, 혐오스러운
مطوحة (무따우위하)	모험	طها (따하)	1.기름에 튀기다 2.끓이다
طار (따 - 라)	접근하다, 가까이 오다	طهى (뚜한)	요리된 음식
طور (따우와라)	발전시키다, 변화시키다	طهاية (따하 - 야)	요리, 요리업
تطور (타따우와라)	1.발전하다 2.진화하다	طواشى (따와 - 쉬)	환관, 유약한 남자
طور (따우르)	1.단계 2.한도 3.상태	طوب (따우와바)	미화하다, 좋게 하다

따

طواشى (따와 - 쉬)	환관, 내시	طور (뚜 - 르)	산, 시나이 산
طوشة (뚜 - 샤)	소동, 소란	طارة (따 - 라)	1.소북(방울이 달린) 2.테
طاع (따 - 아)	복종하다, 순종하다	طوار (뚜와 - 르)	보도, 인도, 옆길
أطاع (아따 - 아)	복종하다, 말을 듣다	طوار (따와 - 르)	정원, 뜨락
تطوع (타따우와아)	자원하다, 자진하다	تطور (타따우우르)	1.발전 2.진화 3.변화
استطاع (이쓰타따 - 아)	…할 수 있다	تطورات (타따우우라 - 트)	사태의 발전
طاعة (따 - 아)	1.순종, 복종 2.경건한 행위	تطوير (타뜨위 - 르)	발전, 발달
طوع (따우으)	1.공손한 2.복종, 순종	طوس (따우와싸)	장식하다, 치장하다
إطاعة (이따 - 아)	순종, 복종	تطوس (타따우와싸)	치레하다, 차려입다
تطوع (타따우와으)	자원, 자원봉사	طاووس (따우 - 쓰)	공작새
استطاعة (이쓰타따 - 아)	가능성, 능력, 힘	طوش (따우와샤)	거세하다

طوف (따우프)	흙집, 흙담
طواف (따우와 - 프)	1.순회, 순찰 2.배회
طوافة (따우와 - 프)	경비정
طوفان (뚜파 - ㄴ)	1.큰 물, 2.홍수
مطاف (마따 - 프)	1.순찰구역 2.순회
طاق (따 - 까)	1.능력이 있다 2.참다
طوق (따우까)	둘러싸다, 에워싸다
أطاق (아따 - 까)	1.가능하다 2.참다
انطاق (인따 - 까)	참다, 견디다
طاق (따 - 끄)	1.아치(건축) 2.층
طاقة (따 - 까)	1.힘, 에너지 2.참을성
مطوع (무따우위으)	자원자, 자원봉사
مطيع (무띠 - 으)	고분고분한, 공손한
متطوع (무타따우위으)	1.자원자 2.지원병
مستطاع (무쓰타따 - 으)	할 수 있는
طاف (따 - 파)	1.주위를 돌다 2.배달하다
طوف (따우와파)	빙빙돌다, 떠돌아다니다
أطاف (아따 - 파)	1.둘러싸다 2.정통하다
تطوف (타따우와파)	1.돌다 2.배회하다
طائف (따 - 이프)	순찰대원, 방범대원
طائفية (따이피 - 야)	1.당파주의 2.종파주의
طائفة (따 - 이파)	1.등급 2.약간 3.당파

따

طوق (따우끄)	1.힘, 능력 2.참는 것	طول (따울)	힘, 세력, 위력
تطويق (타뜨위 - 끄)	포위, 봉쇄	طولى (뚤 - 리)	경도의, 세로의
مطاق (무따 - 끄)	참을 수 있는	طاولة (따 - 윌라)	탁자, 책상, 상
مطوق (무따우와끄)	둘러싸인, 포위된	طوال (따와 - ㄹ)	동안, 내내, 중에
طال (딸 - 라)	1.길다 2.능가하다	طوالى (따왈 - 리)	곧바로, 곧바른
أطال (아딸 - 라)	오래 끌다, 오래 …하다	طويل (따위 - ㄹ)	1.키가 큰, 긴 2.오랜
تطول (타따우왈라)	1.연장되다 2.지연되다	طيلة (띨 - 라)	동안, 기간
تطاول (타따 - 왈라)	1.길어지다 2.목에 힘을 주다	إطالة (이딸 - 라)	1.연장 2.긴 것
انطال (인딸 - 라)	빠지다, 걸려들다	تطويل (타뜨위 - ㄹ)	1.긴 것 것 2.연장
طائل (따 - 일)	1.막대한 2.힘 3.이익	استطالة (이쓰타딸 - 라)	연장(경기에서)
طائلة (따 - 일라)	힘, 효력(법령의)	مطول (무따우왈)	1.매우 긴 2.연장된 3.지루한

따

مطاول (무따 - 윌)	길쭉한, 늘어진	طية (따이야)	주름, 구김살
مطاولة (무따 - 왈라)	1.연장 2.침해 3.협박	انطواء (인띄와 -)	내향성, 내성
متطاول (무타따 - 윌)	길게 늘어진	انطوائية (인띄와이 - 야)	1.유연성 2.내성적인 것
مستطيل (무쓰타띠 - ㄹ)	1.긴 2.직사각형	مطوى (마뜨와)	주름, 구김살
طوى (따와)	1.말다 2.덮다(책을)	مطواة (미뜨와 -)	접는 칼, 호주머니칼
انطوى (인따와)	1.휘다 2.내포하다	منطوى (문따윈)	말린, 감긴
طى (따이)	마는 것, 접는 것	طاب (따 - 바)	1.좋다 2.즐겁다
طوى (따완)	1.기아, 굶주림 2.굴곡	طيب (따이야바)	향수를 뿌리다, 치료하다
طوية (따위야)	1.심정 2.주름, 구김살	أطاب (아따 - 바)	유쾌하게 하다, 상쾌하게 하다
طواية (따우와 - 야)	프라이팬	تطيب (타따이야바)	향수를 바르다
طية (띠이야)	의도, 의향, 목적	طياب (따이야 - 브)	안마사, 맛사지하는 사람

따

طُوبَى (뚜 - 바)	1.행복, 쾌락 2.천국	تَطَيَّرَ (타땨이야라)	나쁜 징조로 여기다
طِيب (띠 - 브)	1.향료, 향기 2.상쾌함	طَائِر (따 - 이르)	1.새 2.비행중에, 활동중에
طِيبَة (띠 - 바)	1.좋은 것 2.선량함	طَائِرَة (따 - 이라)	비행기
طَيِّب (따이이브)	1.좋은 2.건강한	طَيْر (따이르)	1.새, 날짐승 2.파리
طَيَاب (띠야 - 브)	북쪽바람, 북풍	طَيْرَة (따이라)	1.새 2.파리 3.경솔함
مُطَايَبَة (무따 - 야바)	조롱, 놀림, 농담	طِيرَة (띠 - 라)	불길한 징조
مُطَيِّبَاتِى (마띠이바 - 티)	고용된 박수부대	طَيَرَان (따이라 - ㄴ)	비행, 항공
مُسْتَطَاب (무쓰타따 - 브)	좋은, 훌륭한	طَيَّار (따이야 - 르)	비행사
طَارَ (따 - 라)	날다, 비행하다	طَيَّارَة (따이야 - 라)	1.여비행사 2.비행기 3.연
طَيَّرَ (따이야라)	1.날려보내다 2.자르다(목을)	تَطَيُّر (타따이유르)	비관주의
أَطَارَ (아따 - 라)	날게 하다, 날려보내다	مَطَار (마따 - 르)	공항, 비행장

따

مطير (마띠-르)	비행
متطير (무타따이르)	비관주의자
مطيور (마뜌-르)	경솔한, 경박한
طاش (따-샤)	경솔하다, 무모하다
طائش (따-이쉬)	1.경솔한 2.무의미한
طياشة (따야-샤)	경솔함, 무모함
طاف (따-파)	꿈에 나타나다
طائف (따-이프)	유령, 환상, 망령
طيف (따이프)	1.환상 2.유령, 망령
مطياف (미뜨야-프)	분광기
طين (따이야나)	진흙을 바르다
طين (띠-ㄴ)	1.진흙, 진탕 2.땅, 토지
طينة (띠-나)	1.진흙덩이 2.본성, 본질

(الظاء : 좌)

ظرف 1.총명하다 2.우아하다
(좌루파)

ظرّف 1.장식하다 2.봉투에 넣다
(좌르라파)

تظرّف 화려해지다
(타좌르라파)

ظرْف 1.영특함 2.우아함 3.봉투
(좌르프)

ظرافة 1.영특 2.우아함
(좌라 - 파)

ظريف 1.우아한 2.영특한
(좌리 - 프)

ظريفة 1.재치있는 언변 2.총명
(좌리 - 파)

تظريف 1.재치 2.영특함
(타즈리 - 프)

تظرّف 우아함, 매력
(타좌르루프)

متظرّف 우아한
(무타좌리리프)

ظفر 1.승리하다 2.달성하다
(좌피라)

أظفر 승리를 가져오다
(아즈파라)

تظافر 일치단결하다
(타좌 - 파라)

ظفر 손톱, 발톱
(주프르)

ظفر 승리, 성공
(좌파르)

ظافر 1.승리자 2.백전백승의
(좌 - 피르)

أظفور 1.손톱 2.발톱
(우즈푸 - 르)

مظفّر 1.승리하는 2.승리자
(무촤프파르)

ظلّ 1.계속하다 2.남다 3.그늘지다
(좔라)

تظلّل 그늘에 들어서다
(타좔랄라)

استظلّ 그늘을 찾다
(이쓰타좔라)

ظلمة (줄마)	어둠, 암흑	**ظل** (좔르)	1.그늘, 그림자 2.보호
ظلوم (좔루-ㅁ)	1.부당한 2.억압하는	**ظلة** (줄라)	1.천막, 텐트 2.헛간
ظلومة (좔루-마)	학대, 억압	**ظليل** (좔릴-르)	1.그늘진 2.서늘한
ظالم (좔-림)	1.잔인한 2.폭군	**مظلة** (미좔라)	1.우산 2.낙하산 3.차양
ظلام (줄라-ㅁ)	어둠, 암흑	**ظلع** (좔라아)	발을 절다, 절룩거리다
إظلام (이즐라-ㅁ)	어둠, 암흑	**ظلع** (좔으)	1.결함, 흠집 2.절룩거림
تظلم (타좔룸)	하소연	**ظلم** (좔리마)	어두워지다
مظلم (무즐림)	어두운, 캄캄한	**ظلم** (좔라마)	억압하다, 박해하다
ظمئ (좌미아)	갈증을 느끼다	**تظلم** (타좔라마)	하소연하다
ظماء (좌마-)	갈증	**انظلم** (인좔라마)	학대받다
ظمأ (좌므으)	갈증, 목마름	**ظلم** (줄므)	1.불공평 2.압박, 박해

좌

أَظْهَر (아즈하라)	1.노출시키다 2.현상하다	**ظَمْآن** (좌므으아 - ㄴ)	목말라하는
تَظَاهَر (타좌 - 하라)	1…체 하다 2.시위하다	**ظَنّ** (좐나)	1.추측하다 2.의심하다
ظَهْر (좌흐르)	1.뒷면 2.표면 3.등	**أَظَنّ** (아좐나)	수상히 여기다
ظُهْر (주흐르)	1.정오 2.정오예배	**ظَنّ** (좐느)	1.생각 2.상상, 추측
ظُهُور (주후 - 르)	출현	**ظِنَّة** (진나)	의심, 의혹
ظَاهِر (좌 - 히르)	1.명백한 2.외면의 3.외형	**ظَنُون** (좌누 - ㄴ)	미심쩍은
ظَاهِرَة (좌 - 히라)	1.외부, 외면 2.현상	**مَظِنَّة** (마진나)	1.예견, 예측 2.의심
ظِهَار (지하 - 르)	이슬람 이전 이혼의 한 형태	**مَظْنُون** (마즈누 - ㄴ)	예상되는, 간주되는
ظَهِير (좌히 - 르)	지지자, 후원자	**ظَهَر** (좌하라)	나타나다, 나오다(결과가)
إِظْهَار (이즈하 - 르)	1.노출 2.제출 3.해명	**ظَهَّر** (좌흐하라)	이서하다(수표에)
تَظْهِير (타즈히 - 르)	이서(수표의)	**ظَاهَر** (좌 - 하라)	지지하다, 후원하다

تظاهر 1. …인척 하는 것
(타좌 - 후르) 2. 시위

تظاهرة 시위
(타좌 - 하라)

مظهر 1. 현상, 양상
(마즈하르) 2. 외모, 모양

مظهرية 현상, 표상
(마즈하리 - 야)

مظاهرة 1. 시위, 소요
(무좌 - 하라) 2. 후원, 지지

متظاهر 시위자, 시위참가자
(무타좌 - 히르)

(العين : 아인)

عبأ 주의하다, 유의하다
(아바아)

عبّأ 1.마련하다 2.짐을 꾸리다
(압바아)

عبء 짐, 부담, 책임
(이브으)

عباء 아바야, 망토, 베일
(아바 -)

عباءة 아바야, 베일, 망토
(아바 - 아)

تعبئة 1.가득 넣는 것 2.갖춤
(타으비아)

عبث 1.섞다 2.혼동하다
(아바싸)

عبث 1.장난하다 2.유린하다
(아비싸)

عبث 1.쓸데없는 2.효과없는
(아바쓰)

عابث 1.장난하다 2.조롱하다
(아 - 바싸)

عبث 1.장난, 농담 2.조롱
(아바쓰)

أعبوثة 1.농담 2.조롱 3.익살
(아으부 - 싸)

معبث 장난, 놀음, 오락
(마으바쓰)

معابثة 장난, 놀음, 오락
(무아 - 바싸)

عبد 1.숭배하다 2.복종하다
(아바다)

عبد 1.화내다 2.꾸짖다
(아비다)

عبد 1.예속시키다 2.도로를 포장하다
(압바다)

تعبد 종교에 전념하다
(타압바다)

استعبد 노예화하다
(이쓰타브아다)

عبد 1.노예, 종 2.사람
(압드)

عباد 인간, 인류, 사람
(이바 - 드)

عبر (아바라)	1.횡단하다 2.지나가다	**عبادة** (이바-다)	숭배, 경배
عبّر (압바라)	1.해석하다 2.표현하다	**عبيد** (아비-드)	1.노예, 종 2.흑인
اعتبر (이으타바라)	1.고려하다 2.교훈을 얻다	**تعبيد** (타으비-드)	1.노예화 2.포장
استعبر (이쓰타으바라)	눈물을 짓다	**تعبّد** (타압부드)	경건함, 숭배
عبر (아브르)	1.횡단, 통과 2.통행	**استعباد** (이쓰티브아-드)	노예화
عبرة (아브라)	눈물, 눈물방울	**معبد** (마으바드)	교회, 성원, 사원, 절
عبرة (이브라)	1.교훈 2.본보기 3.경고	**معبّد** (무압바드)	포장된
عابر (아-비르)	1.건너가는 2.순간적인	**معبود** (마으부-드)	1.알라 하나님 2.우상
عبارة (이바-라)	1.해설 2.문구, 숙어	**معبودة** (마으부-다)	여신
عبور (우부-르)	건너가는 것, 횡단	**متعبّد** (무타압비드)	신앙심이 깊은
عبير (아비-르)	1.향수 2.향내, 향기	**مستعبد** (무쓰타으바드)	노예화 된

عباطة (아바 - 따)	우둔함, 미련함	تعبير (타으비 - 르)	1.해설 2.표현 3.해몽
عبيط (아비 - 뜨)	1.우둔한 2.바보	اعتبار (이으티바 - 르)	1.존중 2.고려 3.관계
عبق (아비까)	냄새가 퍼지다, 풍기다	معبر (마으바르)	1.나룻터 2.통로
تعبق (타압바까)	자욱하다(연기가)	معبر (무압바르)	불리우는, 표현되는
عبق (아바끄)	향기	عبس (아바싸)	눈살을 찌푸리다
عبق (아비끄)	1.향기로운 2.자욱한	عبس (아브쓰)	1.우울, 침울 2.엄한 것
عبيق (아비 - 끄)	향기	عباس (압바 - 쓰)	1.우울한 2.엄한
عبقر (아브까라)	요정의 나라, 도원경	عبوس (아부 - 쓰)	1.스산한 2.엄격한
عبقري (아부까리)	천재, 영재	عبوسة (우부 - 싸)	1.우울, 침울 2.엄한 것
عبقرية (아브까리 - 야)	만능, 선천적인 재주	عبط (아바따)	꼭 껴안다, 포옹하다
عبل (아발라)	1.자르다, 베다 2.격퇴하다	انعبط (인아바따)	둔해지다, 미련해지다

عتد (아투다)	준비되다, 마련되다	**عبال** (아바 - ㄹ)	산장미, 들장미
أعتد (아으타다)	준비하다, 준비시키다	**أعبل** (아으발르)	화강암
عتاد (아타 - 드)	1.준비, 채비 2.장비	**عبى** (압바)	1.동원하다 2.짐을 지우다
عتيد (아티 - 드)	1.준비된 2.튼튼한	**تعبى** (타압바)	가득 차다
عتر (이트르)	1.기원, 시원 2.종, 품종	**عباية** (아바 - 야)	아바야
عترة (이트라)	가족, 친척	**عتب** (아타바)	주의를 주다
معتر (무앗타르)	1.너절한 2.어리석은	**عاتب** (아 - 타바)	욕하다, 꾸짖다
عترس (아트라싸)	혹독하게 대하다	**تعاتب** (타아 - 타바)	서로 비난하다
عترسة (아트라싸)	1.강압 2.반항, 저항	**عتبة** (아타바)	1.문지방 2.계단, 층계
عتريس (이트리 - 쓰)	1.강한 2.맹렬한	**عتاب** (이타 - 브)	비난, 책망, 질책
عتق (아타까)	해방시키다, 놓아주다	**معاتبة** (무아 - 타바)	비난, 질책

아인

معتقات (무앗타까 - 트)	유물, 유적, 고적	عتق (아투까)	낡다, 오래되다
متعوق (마으투 - ㄲ)	1.해방된 2.묵은 닭	أعتق (아으타까)	해방시키다, 석방시키다
عتل (아탈라)	운반하다, 나르다	انعتق (인아타까)	석방되다
عتل (우툴)	1.힘센 2.꺽다리	عتق (아트끄)	1.해방 2.오래된 것
عتلة (아탈라)	쇠막대, 지렛대	عاتق (아 - 티끄)	1.어깨 2.소녀, 처녀
عتال (앗타 - ㄹ)	운반인, 짐꾼, 포터	عتيق (아티 - 끄)	1.오랜, 옛적의 2.해방된
عتم (아타마)	1.늦추다 2.꾸물거리다	عتيقة (아티 - 까)	성숙된, 잘 익은(포도주가)
أعتم (아으타마)	지체시키다, 미루다	اعتاق (이으타 - 끄)	해방, 석방
عتمة (아트마)	암흑, 어둠, 불분명	انعتاق (인이타 - 끄)	해방, 석방
عاتم (아 - 팀)	1.희미한 2.지체된	معتق (무으티끄)	노예해방자
معتم (무으팀)	어두운, 캄캄한	معتق (무앗타끄)	1.잘 익은(포도주) 2.낡은

아인

عته (우티하)	바보가 되다	**عثرة** (아쓰라)	1.추락 2.헛디딤 3.실수
عاته (아 - 티흐)	1.미친 2.분별없는	**عاثور** (아쑤 - 르)	1.함정 2.어려움
عتاهة (아타 - 하)	1.얼빠진 것 2.분별없는 것	**عثور** (우쑤 - 르)	발견
عتاهية (아타 - 히야)	바보, 백치, 머저리	**عثير** (이쓰야르)	먼지, 가는 모래
معتوه (마으투 - 흐)	1.미련한 2.저능한	**معثر** (무앗싸르)	1.불쌍한 2.집 없는
عتا (아타)	전제정치를 하다	**عج** (앗자)	1.외치다 2.우굴거리다
عتو (우투우)	1.횡포 2.무례, 오만	**عج** (앗즈)	1.고함침, 소리지름 2.소란
عات (아 - 틴)	1.폭군 2.거만한 3.격렬한	**عجة** (웃자)	오믈렛(계란으로 만든)
عثر (아싸라)	1.헛디디다 2.찾아내다	**عجاج** (아자 - 즈)	1.연기 2.먼지 3.평민
أعثر (아으싸라)	걸려넘어지게 하다	**عجيج** (아지 - 즈)	1.고함 2.우뢰소리
تعثر (타앗싸라)	넘어지다, 걸리다	**عجب** (아자바)	1.놀라다 2.감탄하다

아인

أعجب (아으자바)	1.감탄케하다 2.마음에 들다.	**استجاب** (이쓰티으자 - 브)	경탄, 감탄
تعجب (타앗자바)	놀라다, 감탄하다	**معجب** (무으지브)	놀라운, 신기한
استعجب (이쓰타으자바)	감탄하다	**معجب** (무으자브)	좋아하는
عجب (아자브)	1.감탄, 경탄 2.신기하군!	**عجر** (아자르)	돌출, 돌기, 돌출부
عجب (우즈브)	허영심, 자만	**عجر** (우즈르)	1.미숙한 2.익지 않은
عجيب (아지 - 브)	1.놀라운 2.신기한	**عجرة** (우즈라)	1.매듭 2.결함 3.결핵
عجيبة (아지 - 바)	기적, 이상한 일	**عجرف** (아즈라파)	교만하다, 거만하다
إعجاب (이으자 - 브)	1.감탄 찬미 2.숭배	**تعجرف** (타아즈라파)	잘난체하다
أعجوبة (우으주 - 바)	기적	**عجرفة** (아즈라파)	1.교만, 거만 2.무례
تعجب (타앗주브)	놀라움, 경탄, 감탄	**متعجرف** (무타아즈리프)	거만한, 건방진
تعاجيب (타아 - 지브)	기적	**عجز** (아자자)	늙다, 노쇠하다

معجزة (무으지자)	기적	**عجز** (아지자)	적자가 나다
عجف (아자파)	1. 삼가다 2.여위게 하다	**أعجز** (아으자자)	1.무능하게 하다 2.모자라다
عجيف (아지-프)	야윈, 깡마른, 허약한	**عجز** (아자즈)	1.노년 2.눈이 먼 것
أعجف (아으자프)	여윈, 홀쭉한	**عجز** (아즈즈)	1.무능 2.결핍 3.미납금, 적자
عجل (아질라)	서두르다, 빨리하다	**عجوز** (아주-즈)	노파, 노인, 늙은이
عجل (앗잘라)	1.앞당기다 2.재촉하다	**عجوزة** (아주-자)	노파, 할머니
عاجل (아-잘라)	1.앞지르다 2.…보다 먼저하다	**عجز** (우즈즈)	1.줄기 2.뒷부분 3.엉덩이
أعجل (아으잘라)	재촉하다, 촉진하다	**عجزة** (우즈자)	막내, 막내둥이
تعجل (타앗잘라)	서두르다	**عجيزة** (아지-자)	1.엉덩이 2.허벅지
عجل (아잘)	1.서두름 2.속력	**إعجاز** (이으자-즈)	1.웅변 2.기적(꾸란의)
عجلة (아잘라)	1.서두름 2.바퀴	**معجز** (무으지즈)	기적적인

مستعجلة (무쓰타으잘)	1.더 빠른 2.긴박한	عجلان (아즐라-ㄴ)	서두르는, 바쁜
عجم (아자마)	1.실험하다 2.관찰하다	عجل (이즐)	송아지
أعجم (아으자마)	1.해석하다 2.풀다(문제를)	عاجل (아-질)	1.당면한 2.긴급한 3.속달의
انعجم (인아자마)	애매하다, 불명확하다	عاجلة (아-질라)	덧없는 존재, 현세의 인생
استعجم (이쓰타으자마)	외국 억양으로 말하다	عجول (아주-ㄹ)	1.급한 2.새끼낙타
عجمة (우즈마)	1.불명료 2.야만, 미개	تعجيل (타으지-ㄹ)	촉진, 앞당김, 가속화
عجمى (아자미)	1.비아랍인 2.페르시아인	استعجال (이쓰티으자-ㄹ)	재촉, 서두름
عجمية (아자미-야)	농축된 꿀	معجل (무앗질)	가속기
أعجم (아으자무)	1.비아랍인 2.벙어리, 무언	معجل (무앗잘)	1.급박한 2.이른 3.미리
أعجمية (아으자미-야)	외국식 발음	متعجل (무타앗질)	1.조급한 2.기한 전의
معجم (무으잠)	1.모호한 2.사전, 어휘집	مستعجل (무쓰타으질)	긴급한, 속달의

عجن 1.반죽하다 2.반복하다 (아자나)	**اعتد** 1.자신하다 2.고려하다 (이으탓다)
تعجن 반죽되다, 이겨지다 (타앗자나)	**استعد** 1.준비하다 2.장비를 갖추다 (이쓰타앗다)
اعتجن 반죽하다, 이기다 (이으타자나)	**عد** 1.계산, 헤아림 2.열거 (앗드)
عجين 반죽 (아지 - 느)	**عدد** 수, 수량, 숫자 (아다드)
عجينة 1.반죽 2.연고, 고약 (아지 - 나)	**عدة** 준비 2.장비, 설비 (웃다)
معجنة 반죽그릇 (미으자나)	**عدة** 1.약간, 몇 몇 2.많은 3.도구 (잇다)
معجون 1.반죽된 2.연고 3.치약 (마으주 - 느)	**عداد** 동등한, …와 같은 (이다 - 드)
معجونات 반죽해서 만든 음식 (마으주나 - 트)	**عداد** 1.계산기 2.계산원 (앗다 - 드)
عد 1.세다 2.간주하다 (앗다)	**عديد** 1.많은 2.다수의 (아디 - 드)
أعد 준비하다, 마련하다 (아앗다)	**عدية** 계수, 계산, 계산법 (아디 - 야)
تعدد 1.수가 많다 2.초과하다 (타앗다다)	**إعداد** 1.준비, 마련 2.육성 (이으다 - 드)

아
인

عدسة (아다싸)	확대경, 확대 렌즈	تعدد (타앗두드)	다수, 대량
عدل (아둘라)	공정하다, 공평하다	تعداد (타으다 - 드)	1.통계 2.인구조사 3.총량
عدل (아달라)	1.물러서다 2.거절하다 3.바로잡다	اعتداد (이으티다 - 드)	1.고려, 계산 2.기대
عدل (앗달라)	1.고치다 2.조절하다 3.변경하다	استعداد (이쓰티으다 - 드)	1.준비 2.경향, 소질
عادل (아 - 달라)	1.균형을 맞추다 2.동등하다	معد (무앗드)	준비된
أعدل (아으달라)	1.펴다, 바르게 하다 2.고치다	معدات (무앗다 - 트)	도구, 공구, 기구
تعدل (타앗달라)	1.바로잡히다 2.변화되다	معداد (미으다 - 드)	주산, 수판
تعادل (타아 - 달라)	1.비기다 2.중립을 지키다	معدود (마우두 - 드)	1.얼마 안되는 2.탁월한, 뛰어난
انعدل (인아달라)	1.평등해지다 2.수정되다	متعدد (무타앗디드)	1.많은, 수많은 2.몇 몇의
اعتدل (이으타달라)	온건하게 되다, 중용을 지키다	مستعد (무쓰타잇드)	준비된
عدل (아들)	1.공평 2.공명정대 3.올바른	عدس (아다쓰)	편두(식물), 렌즈콩

عدلية (아들리 - 야)	사법, 사법제도	**معتدل** (무으타딜)	1.알맞은, 적당한 2.온화한
عادل (아 - 딜)	1.공정한 2.똑바로	**عدم** (아디마)	잃다, 상실하다
عدول (우두 - ㄹ)	포기, 거절	**أعدم** (아으다마)	1.처형하다 2.전멸시키다
عديل (아 - 딜)	1.대등한 2.처남, 매부	**انعدم** (인아다마)	소멸되다, 사라지다
تعديل (타으디 - ㄹ)	1.변경 2.조정 3.삭감	**عدم** (아담)	1.비존재 2.없는 것 3.부족, 결핍
اعتدال (이으티다 - ㄹ)	1.온건 2.평등 3.춘분	**عدمية** (아다미 - 야)	1.허무주의 2.허무
تعادل (타아 - 둘)	1.비, 비율 2.평등 3.평형	**عدم** (우둠)	궁핍, 가난, 손실
معادل (무아 - 딜)	1.평등한 2.같은 값의	**عادم** (아 - 딤)	1.교정할 수 없는 2.쓸모없는
معدل (무앗달)	1.평균 2.비율 3.단위	**عوادم** (아와 - 디므)	배기가스
معادلة (무아 - 달라)	1.동등 2.균형, 평등	**عديم** (아디 - ㅁ)	1.빼앗긴 2.…이 전혀 없는
متعادل (무타아 - 딜)	1.평등한 2.공평한	**إعدام** (이으다 - ㅁ)	1.소멸, 소탕 2.사형, 처형

아
인

تعدى (타앗다)	1.넘다(한계를) 2.침입하다(권리를)	انعدام (인이다 - ㅁ)	없는 것, 무중력 상태
انعدى (인아다)	전염되다, 감염되다	معدم (무으딤)	1.가난한, 빈곤한 2.빈민, 영세민
اعتدى (이으타다)	1. 침략하다 3.적대시하다	معدوم (마으두 - ㅁ)	존재하지 않는, 없는
عدا (아다)	…외에, …을 제외하고	عدن (아다나)	파내다(돌 등을), 채굴하다
عدو (아두으)	적, 적수, 원수	عدن (아든)	에덴의 동산, 낙원, 천국, 천당
عدو (아드우)	달리기, 뛰기	عدنان (아드나 - ㄴ)	아드난 (아랍인 조상 이름)
عدى (우단)	적들	تعدين (타으디 - ㄴ)	1.채광 2.야금, 채탄
عدوة (우드와)	강기슭, 강안	معدن (마으딘)	1.광산 2.광물 3.무기물
عدوى (아드와)	전염, 감염	عدا (아다)	1.달리다 2.적대시하다
عدوان (우드와 - ㄴ)	1.적대 2.침략, 침범	عدى (앗다)	1.떠나다 2.건너가다
عداوة (아다 - 와)	1.적대, 적의 2.증오, 원한	عادى (아 - 다)	적대시하다, 싸우다

아인

عذب (아주바)	1.달콤하다 2.즐겁다	أعداء (아으다 -으)	적들
عذب (앗자바)	고통을 주다, 괴롭히다	تعد (타앗딘)	1.위반, 침해 2.침공 3.초월
تعذب (타앗자바)	괴로워하다	تعدية (타으디 - 야)	나룻배, 연락선
استعذب (이쓰타으자바)	1.즐기다 2.맛보다	اعتداء (이으티다 -)	1.침략, 침범 2.공격
عذاب (아자 - 브)	괴로움, 고통, 고민	معاداة (무아다 - 트)	적대, 적의, 반감
عذب (아즈브)	1.단, 달콤한 2.상쾌한	معدى (마으다)	나룻터
عذوية (우주 - 바)	1.단맛 2.상쾌함	معداوى (마앗다 - 위)	뱃사공
تعذيب (타으지 - 브)	괴롭히는 것, 고문	معدية (마으디 - 야)	나룻배
معذب (무앗지브)	1.괴롭히는 2.고문자	متعد (무타앗딘)	침범하는, 침해하는
مستعذب (무쓰타으잡)	1.달콤한 2.유쾌한	معتد (무으타딘)	1.침략하는 2.침략자
عذر (아자라)	1.용서하다 2.변명하다	معتدى (무으타다)	침략당한, 침해당한

아

인

عذل (아잘)	욕, 꾸짖음, 책망, 질책	**اعتذر** (이으타자라)	1.용서를 빌다 2.변명하다
عاذل (아 - 질)	1.욕하는 2.욕쟁이	**عذر** (우즈르)	1.용서 2.변명, 구실
عرّ (아르라)	굴욕을 주다, 망신시키다	**عذرة** (우즈라)	1.처녀다움 2.처녀막
انعرّ (인아르라)	망신당하다	**عذار** (이자 - 르)	1.수줍음 2.순결
عرّ (아르르)	1.결함 2.수치, 불명예	**عذراء** (아즈라 - 으)	1.처녀 2.요정 3.번데기
عرّة (우르라)	1.옴 2.매춘부	**عذراوية** (아즈라위 - 야)	처녀성, 순결성
عارور (아루 - 르)	부끄럼, 수치스러움	**تعذر** (타앗주르)	곤란, 어려움, 불가능함
معرّة (마아르라)	1.불명예 2.오점, 결함	**اعتذار** (이으티자 - 르)	1.사죄 2.변명 3.결계계
عرب (아루바)	1.순수 아랍인이다 2.분석하다	**معذرة** (마으자라)	1.용서 2.실례합니다.
عرّب (아르라바)	자신을 표현하다	**متعذر** (무타앗지르)	1.힘겨운 2.불가능한
أعرب (아으라바)	1.표명하다 2.분석하다	**عذل** (아잘라)	꾸짖다, 비난하다

520

معرب (무아르라브)	1.아랍어로 번역된 2.아랍화 된	**تعرب** (타아르라바)	아랍화되다
معربات (무아르라바 - 트)	외래에서 차용한 아랍어 단어들	**عرب** (아랍)	아랍 사람들, 베두인들
مستعرب (무쓰타으리브)	1.아랍화된 2.아랍어 전문가	**عربية** (아라비 - 야)	1.아랍여성 2.아랍어
عربد (아르바다)	1.트집을 잡다 2.폭동을 일으키다	**عربة** (아라바)	1.마차, 수레 2.자동차
عربدة (아르바다)	폭동, 소동, 난동	**عراب** (아르라 - 브)	1.대부, 보증인 2.후원자
عربيد (이르비 - 드)	부랑자, 말썽꾸러기	**عرابة** (아르라 - 바)	대모, 여보증인
عربس (아르바싸)	엉클어지게 하다	**عارب** (아 - 리브)	순수 아랍인, 순수혈통
عربسة (아르바싸)	엉클어짐, 엉망진창	**عروبة** (우루 - 바)	1.아랍출신 2.아랍주의
معربس (무아르바쓰)	뒤엉킨, 뒤죽박죽 된	**إعراب** (이으라 - 브)	1.표시 2.분석
عربن (아르바나)	1.선금을 주다 2.저당잡히다	**تعريب** (타으리 - 브)	번역(아랍어로), 아랍화
عربون (우르부 - 느)	1.선불 2.저당	**معرب** (무아르리브)	아랍어 통역자

아인

عرج (아라자)	1.절뚝거리다 2.오르다	**أعرس** (아으라싸)	피로연을 베풀다
عرج (아르라자)	1.멈춰서다 2.휘다	**عرس** (이르쓰)	배우자, 신랑, 신부
تعرج (타아르라자)	지그재그로 가다	**عرسة** (이르싸)	족제비
تعارج (타아 - 라자)	발을 저는체 하다	**عروس** (아루 - 쓰)	신부, 새색씨
عرج (아라즈)	절름발이, 발을 절기	**عروسة** (아루 - 싸)	인형
تعريج (타으리 - 즈)	굴곡, 만곡, 굴절	**عروسان** (아루싸 - 니)	신혼부부
تمرج (타마르루즈)	꾸불꾸불함, 굴곡	**عريس** (아리 - 쓰)	신랑
معراج (미으라 - 즈)	1.사다리 2.천상여행	**عرش** (아라샤)	1.짓다 2.감겨올라가다
منعرج (문아리즈)	1.꼬부라짐 2. 굽음, 굴곡	**عرش** (아르쉬)	1.옥좌, 왕위 2.천장, 지붕
متعرج (무타아르리즈)	1.꾸불꾸불한 2. 휜	**عرشة** (아르샤)	정자, 초막
عرس (아르라싸)	결혼하다	**عريش** (아리 - 쉬)	1.정자 2.마차 3.덩굴

استعرض 사열하다, 돌아보다 (이쓰타으라돠)		**معرش** 포주, 뚜쟁이 (무아르라시)	
عرض 1.사유재산 2.본질, 본성 (아르드)		**عرص** 명랑하다, 유쾌하다 (아리쏴)	
عرض 1.제출 2.전시, 전람 3.폭 (아르드)		**عرصة** 정원 (아르쏴)	
عرض 1.쪽, 측, 편, 면 2.대부분 (우르드)		**معرص** 뚜쟁이, 포주 (무아르라스)	
عرضة 1.목적, 목표 2.보임, 노출 (우르돠)		**عرض** 1.전시하다 2.제안하다 (아라돠)	
عرض 1.명예, 체면 2.정조 (이르드)		**عرض** 미치다, 정신이 나가다 (우리돠)	
عروض 시형론, 운율학 (아루 - 드)		**عرض** 넓어지다 (아루다)	
عارض 1.사건 2.장애 3.광기 (아 - 리드)		**عارض** 1.저항하다 2.반대하다 (아 - 라돠)	
عارضة 1.대들보 2.용감성 (아 - 리돠)		**أعرض** 1.피하다 2.저버리다 (아으라돠)	
عريض 넓은, 광범한, 광활한 (아리 - 드)		**تعرض** 1.당하다 2.드러내다 (타아르라돠)	
عريضة 청원서, 신청서 (아리 - 돠)		**اعترض** 1.항의하다 2.이의를 제기하다 (이으타라돠)	

아
인

إعراض (이으라 - 드)	회피, 도피	**تعرف** (타아르라파)	1.인지하다 2.사귀다
تعارض (타아 - 루드)	충돌, 불일치	**اعترف** (이으타라파)	1.승인하다 2.자백하다
اعتراض (이으티라 - 드)	1.반대 2.반항 3.항의	**استعرف** (이쓰타으라파)	알아내다, 분간하다
استعراض (이쓰티으라 - 드)	1.회상 2.열병식 3.시위행진	**عرف** (아르프)	향기, 향수, 향료
معرض (마으리드)	1.전시, 전람 2.전시회 3.진열실	**عرف** (우르프)	1.선행, 덕행 2.습관, 관례
معارض (무아 - 리드)	1.반대자, 항의자 2.반대하는	**عرفى** (우르피)	1.재래의 2.조건부의
معارضة (무아 - 라돠)	1.저항, 항소 2.반대파	**عارفة** (아 - 리파)	선물
معروضات (마으루돠 - 트)	전시품, 진열품	**عراف** (아으라 - 프)	점쟁이, 점술가, 예언자
معترض (무으타리드)	1.가로의 2.반대하는	**عرافة** (아르라 - 파)	점치기, 점술, 예언
عرف (아라파)	1.알다 2.발견하다 3.여자를 알다	**عريف** (아리 - 프)	1.조교, 모니터 2.강사
عرف (아르라파)	1.알리다 2.해석하다	**أعراف** (아으라 - 프)	연옥, 일시적인 고난

아인

تعرفة (타으리파)	요금표, 운임표, 목록	**عراق** (이라 - 끄)	해변, 해안
تعريف (타으리 - 프)	1.알림, 통지 3.소개	**عراقة** (아라 - 까)	고귀한 신분, 고대적인 것
تعارف (타아 - 루프)	사귀는 것	**عرقان** (아르까 - ㄴ)	땀에 젖은, 땀이 난
اعتراف (이으티라 - 프)	1.인정 2.자백 2.참회(종교)	**عريق** (아리 - 끄)	1유구한 3.명문출신의
معرفة (마으리파)	1.지식, 학문 2.얼굴, 용모	**معروق** (마으루 - 끄)	야윈, 깡마른
معارف (마아 - 리프)	아는 사람들, 벗들	**عرقل** (아르깔라)	장애물을 놓다, 방해하다
معروف (마으루 - 프)	1.알려진 2.유명한 3.호의, 친절	**تعرقل** (타아르깔라)	어려워지다, 엉클어지다
عرق (아라까)	1.논쟁하다 2.벗기다	**عراقيل** (아라낄 - 르)	난관, 장애물
عرق (아리까)	땀을 흘리다, 땀이 나다	**عرك** (아라카)	문지르다, 비비다
عرق (아루까)	뿌리가 깊이박히다	**عارك** (아 - 라카)	싸우다, 다투다
عرق (이르끄)	1.뿌리, 기초 2.정맥, 혈관	**اعترك** (이으타라카)	싸우다, 다투다

아인

اعترى (이으타라)	닥치다, 발생하다	عرك (아르크)	경험, 시련, 단련
عروة (우르와)	1.올가미 2.고리, 연계	عركة (아르카)	싸움, 투쟁
عرى (아리야)	1.발가벗다 2.…이 없다	عريكة (아리-크)	성질, 기질, 성격
عرّى (아르라)	1.발가벗기다 2.폭로하다	معركة (마으라카)	1.싸움, 전투 2.운동, 캠페인
تعرّى (타아르라)	1.발가벗다 2.드러나다	معترك (무으타리크)	1.싸움터, 전쟁터 2.무대
عرٍ (아린)	1.나체의, 벌거벗은 2.…이 전혀 없는	عرم (아르라마)	1.섞다 2.축적하다
عارية (아-리야)	1.무이자 대부 2.허구적인	تعرّم (타아르라마)	1.기뻐하다 2.쌓이다
عراء (아라-)	옥외, 야외, 노천	عرم (아람)	퇴적, 더미
عريان (우르야-ㄴ)	1.벌거벗은 2.알몸의	عرمة (아리마)	1.둑 2.세찬 물살 3.폭우
عريانية (우르야니-야)	나체주의	عرام (우라-ㅁ)	1.사악한 2.거셈(성격이)
تعرية (타으리야)	1.폭로, 노출 2.침식, 풍화	عرّ (아라)	1.일어나다(감정이), 생기다

아인

معرى (마으라)	드러난 곳, 노출된 부분	**اعتزاز** (이으티자-즈)	자기과시, 자만
عز (앗자)	1.강하다 2.드물다	**معتز** (무으탓즈)	승리를 뽐내는, 당당한
عزز (앗자자)	1.떠받치다 2.강화하다	**عزب** (아자바)	1.떠나다 2.미혼으로 있다
أعز (아앗자)	좋아하다, 강력하게 만들다	**عزب** (아자브)	독신, 독신자
تعزز (타앗자자)	강화되다, 긍지를 가지다	**عزبة** (우즈바)	독신생활
اعتز (이으탓자)	1.높이 평가하다 2.강해지다	**عزبة** (이즈바)	농장, 농원, 재배지
عز (잇즈)	1.영광, 명예 2.절정 3.힘, 세력	**عازب** (아-지브)	미혼자, 총각
عزة (잇자)	1.영광 2.자랑, 긍지	**عازبة** (아-지바)	독신녀, 미혼여성
عزيز (아지-즈)	1.강한 2.친애하는	**عزوية** (우주-바)	독신생활
إعزاز (이으자-즈)	1.강화 2.애정 3.존경	**عزوبية** (우주비-야)	독신생활
تعزيز (타으지-즈)	강화, 후원	**عزيب** (아지-브)	독신, 총각, 홀아비

عزل (아잘라)	1.격리하다 2.해고하자	عزر (아자라)	나무라다, 꾸짖다
انعزل (인아잘라)	1.해임되다 2.고립되다	عزر (아즈르)	꾸짖음, 비난, 꾸지람
اعتزل (이으타잘라)	1.피하다 2.사직하다	تعزير (타으지-르)	꾸짖음, 비난
عزل (아잘)	맨손의, 비무장의	اعتزار (이으티자-르)	자제
عزل (아즐)	1.격리 2.면직, 해고, 해임	عزف (아자파)	노래하다, 부르다(노래를)
عزلة (우즐라)	1.퇴직 2.고독, 외로움	عزاف (앗자-프)	연주가, 음악가
انعزال (인이자-ㄹ)	1.고립 2.해임, 면직	معزفة (미으자파)	하프(악기)
انعزالية (인이잘리-야)	쇄국주의, 고립주의	معزوف (마으주-프)	버림받은, 내버려둔
اعتزال (이으티자-ㄹ)	1.2.사직, 면직, 퇴직	معزوفة (마으주-파)	연주곡
معزل (마으질)	은거처, 외진 곳, 벽촌	عزق (아자까)	고랑을 내다
معزول (마으주-ㄹ)	떨어진, 격리된, 유리된	معزقة (미으자까)	괭이, 곡괭이, 호미

아인

معتزل (무으타질)	따로 떨어진, 고립된	**معزوم** (마으주-ㅁ)	1.초청된 2.초청객
عزم (아자마)	1.결심하다 2.촉구하다	**معزم** (무으타짐)	결정된
انعزم (인아자마)	초청되다	**عزا** (아자)	…의 탓으로 하다, 위로받다
اعتزم (이으타자마)	결심하다, 작정하다	**عزو** (아즈우)	1.귀속 2.비난, 비방, 규탄
عزم (아즘)	1.결심, 결의 2.힘, 세기	**عزوة** (이즈와)	1.관계 2.친척, 친족, 일가
عزمة (아즈마)	의도, 결의, 결심	**عزى** (아자야)	돌리다, …탓으로 하다
عازم (아-짐)	1.결심한 2.확고한, 단호한	**عزى** (앗자)	위로하다, 애도를 표시하다
عزوم (아주-ㅁ)	과감한, 결단성 있는	**تعزى** (타앗자)	위로받다
عزومة (우주-마)	초청, 초대	**عزاء** (아자-)	1.위로, 애도 2.인내, 참음
عزيمة (아지-마)	1.주문을 욈 2.결심 3.초청	**تعزية** (타으지야)	위로, 위안, 애도
تعزيم (타으지-ㅁ)	주문(무속의)	**عس** (앗싸)	1.야간경비를 하다 2.만지다

아 인

أعسر (아으싸르)	왼손잡이	**عسة** (앗싸)	경호원
إعسار (이으싸 – 르)	1.가난 2.지불불능	**عسس** (아싸쓰)	야간경비원들
عسير (아씨 – 르)	어려운, 곤란한, 힘든	**عسر** (아싸라)	1.누르다 2.괴롭히다
تعسر (타앗쑤르)	어려움, 난관	**عسر** (아쑤라)	1.어렵다 2.가난하다
معسر (무으씨르)	1.가난한 2.지불능력이 없는	**عسر** (아씨라)	왼손잡이가 되다
معسرة (마으싸라)	1.난관 2.가난, 빈곤, 빈궁	**عاسر** (아 – 싸라)	못살게 굴다
متعسر (무타앗씨르)	어려운, 힘든, 곤란한	**أعسر** (아으싸라)	1.돈이 궁색하다 2.파산하다
عسف (아싸파)	억압하다, 강압하다	**تعسر** (타앗싸라)	어렵다, 어려워지다
أسعف (아쓰아파)	무거운 짐을 지우다	**اعتسر** (이으타싸라)	좌지우지하다
تعسف (타앗싸파)	전횡을 부리다	**عسر** (아씨르)	어려운, 곤란한, 힘든
اعتسف (이으타싸파)	강요하다, 강박하다	**عسرة** (우쓰라)	어려움, 곤궁, 난관

아인

عسف 압박, 억압, 강압, 강제 (아쓰프)		**عسل** 1.꿀을 바르다 2.눈이 감기다 (앗쌀라)	
عساف 폭군, 압제자, 박해자 (앗싸 - 프)		**عسل** 꿀, 벌꿀, 화밀 (아쌀)	
عسوف 1.가혹한 2.폭군 (아쑤 - 프)		**عسلى** 충충한, 갈색의 (아쌀리)	
عسيف 막노동자, 품팔이꾼 (아씨 - 프)		**عسّال** 양봉가, 꿀을 파는 사람 (앗싸 - ㄹ)	
تعسف 강압, 강제, 전횡 (타앗쑤프)		**تعسيلة** 졸음, 단잠 (타으씰 - 라)	
اعتساف 1.강요 2.이탈 (이으티싸 - 프)		**معسلة** 벌집, 벌통 (마으쌀라)	
عسكر 1.소집하다 2.야영하다 3.주둔하다 (아쓰카라)		**معسول** 꿀을 바른, 꿀 같은, 달콤한 (마으쑤 - ㄹ)	
عسكر 1.군대, 군인 2.부대 (아쓰카르)		**عسا** 시들다(식물이), 마르다 (아싸)	
عسكرة 1.야영 2.군국화 (아쓰카라)		**عاس** 마른, 물기 없는 (아 - 씬)	
عسكرية 1.군대, 군인 2.군복무 (아쓰카리 - 야)		**عسى** 1.아마도 2.…이 가능하다 (아싸)	
معسكر 1.캠프장 2.동아리 (무아쓰카르)		**عشب** 풀이 자라다 (아쉬바)	

아인

عشرون (이슈루 - 나)	이십, 20	عشاب (앗샤 - 브)	식물학자, 약초학자
عشري (이샤리 - 유)	사교적인, 부침성이 좋은	عشب (우슈브)	풀
عشرينات (이슈리나 - 트)	20년대	عشب (아쉬브)	풀이 무성한
عاشر (아 - 쉬르)	열번째의	معشب (무으쉬브)	수풀이 우거진
عاشوراء (아슈 - 라)	이슬람력 1월 10일째 되는 날	عشر (아샤라)	10분의 1을 모으다
عشار (앗샤 - 르)	십일조를 거두는 사람	عشر (앗사라)	10분의 1로 나누다, 열개로 나누다
عشير (아쉬 - 르)	친구, 벗, 한패	عاشر (아 - 샤라)	1.연합시키다 2.열개를 만들다
عشيرة (아쉬 - 라트)	1.종족, 씨족 2.여자친구	تعاشر (타아 - 샤라)	서로 교제하다, 서로 사귀다
أعشور (우으슈 - 르)	열흘간, 십일간	عشر (아슈르)	열, 열개
تعشير (타으쉬 - 르)	혼례, 선보임	عشرة (이슈라)	교제, 사귐
معشر (마으샤르)	1.무리, 집단 2.열개씩	عشر (우슈르)	10분의 1

아인

معاشر (무아 - 쉬르)	동료, 동업자, 친구	**عشم** (앗샤마)	희망을 주다
معاشرة (무아 - 샤라)	1.교제, 사귐 2.성생활	**تعشم** (타앗샤마)	바라다, 기대하다
معشار (미으샤 - 르)	10분의 1	**عشم** (아샴)	1.탐욕, 욕심 2.희망, 기대
عشق (아쉬까)	열정적으로 사랑하다	**عشا** (아샤)	밤눈이 어둡다, 야맹증이 있다
تعشق (타앗샤까)	사랑하다, 반하다	**أعشى** (아으샤)	야맹증을 일으키다
عشق (이슈끄)	사랑, 열애	**تعشى** (타앗샤)	저녁 먹다, 만찬을 갖다
عاشق (아 - 쉬끄)	1.사랑하는 2.연인, 애인	**عشاء** (아샤 -)	1.만찬 2.야맹, 야맹증
عشيق (아쉬 - 끄)	1.사랑을 받는 2.연인, 애인	**عشوة** (아슈와)	1.어둠 2.초저녁 3.저녁식사
تعشيق (타으쉬 - 끄)	결합, 맞물림	**عشاوة** (아샤 - 와)	야맹증, 시력이 약한 것
معشوق (마으슈 - 끄)	남자 애인	**عشية** (아쉬 - 야)	늦은 저녁
معشوقة (마으슈 - 까)	여자 애인	**عصب** (아솨바)	1.접히다 2.동여매다

مُعْتَصِب (무으타싀브)	파업을 하는, 파업자	تَعَصَّبَ (타앗솨바)	붕대로 감싸다
عَصَرَ (아솨라)	과즙을 짜내다, 압착하다	اِعْتَصَبَ (이으타솨바)	파업하다
عَاصَرَ (아 - 솨라)	…와 동시대 사람이다	عَصَب (아솨브)	1.신경 2.힘줄, 건
تَعَاصَرَ (타아 - 솨라)	같은 시대에 살다	عَصَبِيَّة (아솨비 - 야)	1.신경과민 5.종파주의
اِعْتَصَرَ (이으타솨라)	눈살을 찌푸리다	عُصْبَة (우스바)	1.일당, 패거리 2.연맹, 동맹
عَصْر (아스르)	1.짜는 것 2.시대 3.한낮 시간대	عَاصِب (아 - 싀브)	아버지쪽의 친척
عَصْرِيَّة (아스리 - 야)	1.현대성 2.현대적 사고방식	عِصَابَة (이솨 - 바)	1.도당, 악당 2.연맹
عَصِير (아싀 - 르)	주스, 즙, 액	عَصِيب (아싀 - 브)	1.어려운 2.뜨거운
إِعْصَار (이으솨 - 르)	회오리바람, 태풍, 허리케인	تَعَصُّب (타앗수브)	1.열중, 열의 2.광신적인 것
مَعْصَر (마으솨르)	기름공장	اِعْتِصَاب (이으티솨 - 브)	파업, 노동쟁의
مِعْصَرَة (미으솨라)	프레스, 압착기	مُتَعَصِّب (무타앗싀브)	광신적인, 열성분자

아인

اعتصم (이으타쏴마)	1.피하다 2.고수하다	معاصر (무아 - 쓰르)	동시대의, 동연대의
اعتصام (이으티쏴 - 므)	1.집착, 고수 2.보호	معصرات (무으쏘라 - 트)	비구름
عصمة (이스마)	1.보호 2.결백 3.과오가 없음	عصف (아쏴파)	1.폭풍우가 일다 2.흥분하다
عصمة (우스마)	목걸이	عصفة (아쓰파)	돌풍, 폭풍
عاصمة (아 - 쓰마)	수도, 중심도시	عاصف (아 - 쓰프)	날씨가 사나운, 바람이 부는
معصوم (마으수 - 므)	1.신성불가침의 2.결함이 없는	عاصفة (아 - 쓰파)	사나운 바람, 강풍, 폭풍우
عصا (아쏴)	매로 때리다	عصفور (우스푸 - 르)	1.참새, 작은 새 2.멋쟁이
عصا (아쏴)	1.지팡이, 막대기 2.지팡이	عصفورة (우스푸 - 라)	나무 못, 나무쐐기
عصاية (아쏴 - 야)	막대기, 지팡이	عصفورية (우수푸리 - 야)	멋을 부리는 것
عصى (아쏴)	거역하다(부모에게)	عصم (아쏴마)	1.막다 2.보전하다
عاصى (아 - 쏴)	반란을 일으키다	أعصم (아으쏴)	단단히 묶다, 동이다

아인

عضد (아다다)	돕다, 지원하다, 지지하다	**تعصى** (타앗)	1.어려워지다 2.폭동을 일으키다
تعاضد (타아 - 다다)	서로 돕다, 협력하다	**عصى** (아씨 - 유)	1.반란의 2.어려운
اعتضد (이으타다다)	원조를 바라다	**عصيان** (이쓰야 - ㄴ)	1.거역, 반항 2.폭동
عضد (아드드)	협조, 원조, 지지, 도움	**عاص** (아 - 씬)	1.거역하는 2.반란자, 폭동자
عضد (아두드)	팔, 팔뚝	**معصية** (마으씨야)	1.거역 2.죄, 과오
تعضيد (타으딕 - 드)	원조, 지지, 지원	**متعص** (무타앗씬)	1.힘든, 어려운 2.불치의
تعاضد (타아 - 두드)	상호원조, 상호협력	**عض** (앗돠)	1.물어뜯다 2.달라붙다 3.집착하다
عضل (아딜라)	억세다	**انعض** (인앗돠)	물리다
عضل (아딸라)	방해하다	**عض** (앗드)	무는 것, 깨무는 것
عضل (아딸)	근육의, 튼튼한(근육이)	**عضاض** (앗돠 - 드)	무는, 물어 뜯는, 사나운
عضلة (아딸라)	근육, 힘줄	**معضوض** (마으두 - 드)	물린

عُضَال (우돠-ㄹ)	불치의, 고치기 힘든
مُعْضِل (무으딜)	1.어려운 2.할바를 모르는
مُعْضِلة (무으딜라)	어려움, 궁지, 딜레마
عُضْو (우드우)	1.일부분(신체의), 회원 2.기관
عُضْوِيَّة (우두위-야)	회원자격, 회원의 신분
عَطِب (아띠바)	멸망하다, 사라지다
أَعْطَب (아으따바)	손해를 입히다, 망쳐놓다
تَعَطَّب (타앗따바)	상하다, 못쓰게 되다
اِنْعَطَب (인아따바)	소멸되다, 없어지다
اِعْتَطَب (이으타따바)	1.멸망하다 2.상하다, 썩다
عَطْب (아뜨브)	1.손해, 손상 2.파멸, 멸망, 파산
إعْطاب (이으따-브)	못쓰게 만드는 것
مَعْطِب (마으따브)	여물통, 구유, 물통
مُعْطَب (무앗따브)	상한, 썩은
مَعْطُوب (마으뚜-브)	상한, 썩은, 못쓰게 된
عَطِر (아띠라)	향기를 풍기다
عَطَّر (앗따라)	향기를 풍기다, 향수를 뿌리다
تَعَطَّر (타앗따라)	향기롭다, 향기로워지다
عِطْر (이뜨르)	1.향료, 향유 2.향수
عِطْرِيَّات (이뜨리야-트)	향료, 화장품
عاطِر (아-띠르)	향기로운, 향긋한
عُطُورات (우뚜라-트)	향수

아인

عطف (앗따파)	1.접다 2.겹치다, 포개다	**معطر** (무앗따르)	향기로운, 향수를 바른
تعطف (타앗따파)	1.동정하다 2.친절히 대하다	**عطس** (아따싸)	재채기하다
انعطف (인아따파)	방향을 바꾸다(자동차)	**عطاس** (우따 - 쓰)	재채기
اعتطف (이으타따)	외투를 입다	**عاطوس** (아뚜 - 쓰)	코담배
استعطف (이쓰타으따파)	1.탄원하다 2.달래다(마음을)	**معطس** (마으띠쓰)	후각
عطف (아뜨프)	1.성향, 편향 2.동정, 애정	**عطش** (아띄샤)	1.목마르다 2.열망하다
عطف (이뜨프)	옆, 측면	**تعطش** (타앗따샤)	1.목말라하다 2.갈망하다
عطفة (아띄파)	정서, 공감, 동정, 친절	**عطاش** (우따 - 슈)	심한 갈증, 갈증병
عطفة (아뜨파)	1.전환(방향의) 2.골목, 뒷골목	**عطشان** (아뜨샤 - 느)	목마른
عاطف (아 - 띠프)	다정한, 친절한	**تعطش** (타앗뚜슈)	열망, 갈망
عاطفية (아띄피 - 야)	1.정서주의 2.다정다감	**عطف** (아따파)	1.애착을 느끼다 2.동정하다

عطل (아뜰)	실업	عطاف (아따-프)	외투
عطل (우뚤)	1.전혀 없는 2.고장, 파손	عطوف (우뚜-프)	사랑하는, 인자한
عطلة (우뜰라)	1.실업, 실직 2.여가 3.쉼, 휴식	عطوفة (아뚜-파)	자애, 정, 다정함
عطالة (아뚤-라)	실업, 무직업, 실직	تعاطف (타아-뚜프)	동정
عطلان (우들라-ㄴ)	1.실업의 2.고장난	انعطاف (인이따-프)	1.경사 2.애착 3.전환
تعطيل (타으띠-ㄹ)	1.정회(회의를) 2.휴업	معطف (미으따프)	외투
تعطل (타앗뚤)	1.실업, 무직 2.고장, 파손	متعاطف (무타아-띠프)	동정어린, 동정하는
معطل (무앗딸)	1.고장난 2.실업의	منعطف (문아따프)	1.골목 2.굽이
متعطل (무타앗띨)	고장난, 작용하지 않는	عطل (아띨라)	전혀 없다, 일자리가 없다
عطن (아따나)	담가서 부드럽게 하다	عطل (앗딸라)	1.정회하다(회의 등을) 2.연기하다
عطن (아띠나)	썩다, 부식하다, 부패하다	تعطل (타앗딸라)	실업자가 되다, 고장나다

아
인

إِعْطَاء (이으따 -)	제공, 주는 것	عَطَن (아따느)	1.친가, 고향집 2.썩는
اِسْتِعْطَاء (이쓰티으따 -)	구걸, 동냥	عَطِين (아띠 - 느)	썩은, 곰팡이 낀
مُعْطٍ (무으띠)	기증자, 주는 사람	تَعْطِين (타으띠 - 느)	부드럽게 하는 것
مِعْطَاء (미으따 -)	너그러운, 후한	عَطَا (아따)	주다
مُعْطَيَات (무으따야 - 트)	1.논거 2.통계자료	أَعْطَى (아으따)	1.주다 2.갚다 3.수여하다
مُسْتَعْطٍ (무쓰타으띠)	1.빌어먹는 2.거지	تَعَاطَى (타앗따)	사무나 일을 보다 (은행 등에서)
عَظُمَ (아주마)	위대하다, 거대하다	تَعَاطَى (타아 - 따)	1.수령하다 2.종사하다
عَظَّمَ (앗좌마)	1.찬미하다 2.과장하다	اِسْتَعْطَى (이쓰타으따)	적선을 구하다
أَعْظَمَ (아으좌마)	과장하다, 중시하다	عَطَا (아따)	선물
تَعَظَّمَ (타앗좌마)	자랑하다, 자만하다	عَطَاء (아따 -)	1.주는 것 2.선물 3.입찰
عَظْم (아즘)	뼈, 골격, 유골	عَطِيَّة (아띠 - 야)	선물

عظمة (아좌마)	1.자존심 2.장엄 3.폐하	**عفيف** (아피 - 프)	1.순결한, 정숙한 2.미덕
عظم (이좜)	1.위대함, 거대함 2.중요성	**عفر** (아파라)	더럽히다
عظيم (아쥐 - ㅁ)	1.위대한 2.중대한, 웅대한	**عافر** (아 - 파라)	싸우다
عظيمة (아쥐 - 마)	큰 재난, 큰 불행	**تعفر** (타앗파라)	먼지가 끼다
تعظيم (타으쥐 - ㅁ)	확대, 과장	**عفر** (우프르)	멧돼지
تعاظم (타아 - 주므)	과시, 자랑	**عفار** (우파 - 르)	먼지
معظم (무으잠)	1.대부분, 대다수	**عفارة** (앗파 - 라)	분무기
عف (앗파)	1.정숙하다 2.삼가다	**أعفر** (아으파르)	뿌연
تعفف (타앗파파)	1.고매하다 2.순결하다	**تعفرت** (타앗파라트)	1.흉악해지다 2.교활해지다
عفة (잇파)	1.순결, 정숙 2.성실, 정직	**عفرتة** (아프라타)	악마의 짓, 마법
عفاف (아파 - 프)	순결, 정숙, 순수	**عفريت** (이프리 - 트)	1.도깨비 2.교활한 3.개구쟁이

아
인

تعفى (타앗파)	지워지다	عفريتة (이프리 - 타)	마귀할멈, 마녀
تعافى (타아 - 파)	회복되다, 완쾌되다	عفش (아파샤)	모으다, 축적하다(재산을)
استعفى (이쓰타으파)	1.용서를 구하다 2.사임하다	عفش (아프슈)	1.폐물 2.짐, 보따리
عفاء (아파 -)	1.먼지 2.멸망, 사멸	عفاشة (우파 - 샤)	쓰레기, 폐물
عافية (아 - 피야)	1.왕성한 건강 2.힘, 기력	عفن (아피나)	1.썩다 2.변질되다
عفو (아프우)	1.없애는 것(흔적을) 2.용서	عفونة (우푸 - 나)	부패, 변질, 썩음
عفو (아푸우)	용서해 주는, 인자한, 자애로운	تعفن (타앗푼)	썩는 것, 부패, 변질
عفوية (아파위 - 야)	방임, 자연발생	معفن (무아판)	썩은, 부패한, 상한
إعفاء (이으파 -)	1.면제 2.해방	عفا (아파)	1.지우다 2.용서하다
استعفاء (이쓰티으파 -)	1.용서를 바라는 것 2.사직	عافى (아 - 파)	1.회복하다(건강을) 2.해방시키다
معافاة (무아파 -)	1.회복 2.해방, 면제 3.취소	أعفى (아으파)	1.해방시키다 2.해고하다

معافى (무아 - 파)	1.건강한 2.해방된	**اعتقب** (이으타까바)	뒤따르다, 뒤를 밟다
عق (앗까)	불효하다, 거역하다	**عقب** (아끼브)	1.발꿈치 2.아들, 후손, 3.결말
عق (앗끄)	불효의, 순종치 않는	**عقب** (우끄브)	1.끝, 종료 2.결말 3.나머지
عاق (앗 - 끄)	1.불효하는 2.불효자식	**عقبة** (아까바)	1.장애, 장애물 난관 2.산길
عقوق (우꾸 - 끄)	1.말을 듣지않는 2.애먹이는 것	**عقبى** (우끄바)	1.끝, 종료 2.결과, 결말
عقيق (아끼 - 끄)	협곡, 골짜기	**عاقب** (아 - 끼브)	총독, 지방장관
عقب (아까바)	1.뒤따르다 2.물려받다	**عاقبة** (아 - 끼바)	1.끝, 종료 2.결말
عقب (앗까바)	1.비난하다, 나무라다	**عقاب** (이까 - 브)	처벌, 벌
عاقب (아 - 까바)	1.처벌하다 2.뒤따르다	**عقوبة** (우꾸 - 바)	1.처벌, 형벌 2.제재
أعقب (아으까바)	1.개혁하다 2.낳다(아이를)	**تعقيب** (타으끼 - 브)	1.추적 2.조사 3.비평 4.공소
تعقب (타앗까바)	1.추적하다 3.조사하다	**تعقيبة** (타으끼 - 바)	임질, 성병

아
인

تعقّب (타앗꾸브)	추적, 추격, 조사	**عقد** (우끄드)	1.목거리(가톨릭) 2.묵주
تعاقب (타아 - 꾸브)	1.연속, 계승 2.시간의 교체	**عقدة** (우끄다)	1.어려운 일 2.골치거리 3.망상
معقّب (무앗끼브)	해설자, 논평자	**عقود** (우꾸 - 드)	계약서, 협정서, 합의서
معاقبة (무아 - 까바)	1.추궁 2.처벌 3.교대	**عقيد** (아끼 - 드)	계약당사자, 계약자
متعاقب (무타아 - 끼브)	1.잇따른 2.번갈아하는	**عقيدة** (아끼 - 다)	1.신념 2.교리 3.관념
عقد (아까다)	1.개회하다 2.계약하다	**عقائد** (아까 - 이드)	사상, 관념
عقد (아끼다)	굳어지다, 단단해지다	**اعتقاد** (이으티까 - 드)	1.확신 2.신념 3.생각
تعقّد (타앗까다)	1.굳어지다 2.복잡해지다	**تعقيد** (타으끼 - 드)	복잡, 말려듬
تعاقد (타아 - 까다)	계약을 체결하다	**تعقيدات** (타으끼다 - 트)	얽히고설킨 문제들
انعقد (인아까다)	1.소집되다 2.체결되다	**تعاقد** (타아 - 꾸드)	협약, 협정, 합의
عقد (아끄드)	1.증서, 서류(서명한) 2.임대차계약	**انعقاد** (인이까 - 드)	모임, 회기, 개회중(회의)

اعتقادات (이으티까다 - 트)	교리, 사상, 믿음	**عاقر** (아 - 끼르)	1.불임의 2.불모의
معقد (무앗까드)	1.뒤엉킨, 복잡한 2.어려운, 힘든	**عقار** (아까 - 르)	부동산, 소유지, 영지
معقود (마으꾸 - 드)	1.체결된 2.굳어진	**عقار** (앗까 - 르)	약, 약품, 약재
معتقد (무으타까드)	신앙, 신념, 신조, 견해	**عقار** (우까 - 르)	잔여재산
متعاقد (무타아 - 끼드)	1.계약한 2.계약자	**عقارة** (아까 - 라)	불임
عقر (아까라)	1.상처를 입히다 2.물어뜯다	**عقيرة** (아끼 - 라)	목소리
عقر (아꾸라)	임신을 못하다	**معقر** (마으까르)	부동산
عاقر (아 - 까라)	열중하다, 몰두하다, 빠지다	**معقور** (마으꾸 - 르)	물린, 물어뜯긴
أعقر (아으까라)	깜짝놀라게 하다, 아찔하게 하다	**عقرب** (아끄랍)	1.전갈 2.바늘(시계의)
عقر (우끄르)	1.꽃을 땀, 처녀를 능욕함 2.불임	**عقارب** (아까 - 리브)	재난, 불행
عقور (아꾸 - 르)	무는, 깨무는, 사나운	**معقرب** (무아끄라브)	구부러진, 꼬브라진

عقف (아까파)	굽히다, 구부리다	**عقال** (이까 - ㄹ)	1.쇠고랑 2.밧줄, 포승
عقف (아끄프)	굽은 것, 굴곡	**عقول** (아꾸 - ㄹ)	1.이해하는 2.설사를 멎게 하는
معقفان (무아까파 - 니)	1.괄호 2.따옴표, 인용표	**عقيلة** (아낄 - 라)	1.여성 2.부인, 배우자
عقل (아깔라)	속박하다, 변비를 일으키다 3.이해하다	**تعقل** (타앗꿀)	이해하는 것, 분별, 사려
تعقل (타앗깔라)	생각하다, 사색하다, 납득하다	**اعتقال** (이으티까 - ㄹ)	체포, 구금, 구류, 억류
اعتقل (이으타깔라)	강제수용하다, 구금하다	**معقول** (마으꾸 - ㄹ)	1.합당한 2.당연한
عقل (아끌)	1.지능 2.지성 3.합리성	**معقل** (마으깔)	1.피난소, 은신처 2.지하엄폐호
عقلية (아끌리 - 야)	지적수준, 사고방식	**معقلة** (마으깔라)	살인 사례금
عقليون (아끌리유 - 나)	합리주의자들	**معتقل** (무으타깔)	1.강제수용소 2.억류된, 갇힌
عقلانية (아끌라니 - 야)	합리성	**متعقل** (무타앗낄)	똑똑한 영리한 이지적인
عاقل (아 - 낄)	1.이성적인 2.분별있는	**عقم** (아까마)	임신을 못하다

아인

عقم (앗까마)	1.불임케하다 2.살균하다
أعقم (아으까마)	불임케하다
تعقم (타앗까마)	1.임신 못하다 2.살균되다
عقم (아끔)	생식불능
عقيم (아끼 - ㅁ)	1.불임의 2.쓸데없는
تعقيم (타으끼 - ㅁ)	1.피임 2.살균, 소독
معقم (무앗낌)	1.소독기 2.살균제, 소독
معقم (무앗깜)	소독된, 살균된
عك (앗카)	무덥다, 찌는듯이 덥다
عكة (앗카)	무더운
عكيك (아키 - 크)	무더운, 찌는듯이 더운
عكر (아카라)	흐리다, 혼탁하다
تعكر (타앗카라)	1.혼탁해지다 2.악화되다(상황이)
عكر (아카르)	혼탁, 앙금, 침전물
عكر (아키르)	1.흐린, 탁한 2.불안한
عكارة (아카 - 라)	앙금, 침전물, 퇴적물
معكر (무앗카르)	흐린, 탁한, 우울한
عكز (아카자)	기대다(지팡이에), 의지하다
تعكز (타앗카자)	기대다, 의지하다
عكاز (웃카 - 즈)	지팡이, 목발
عكس (아카싸)	1.뒤집다 2.반사하다, 비치다
عاكس (아 - 카싸)	1.반대하다 2.괴롭히다

아인

تعاكس 1.모순되다 2.반사되다		**عكاشة** 거북함, 어색함	
(타아 - 카싸)		(아카 - 샤)	
انعكاس 1.뒤집어지다 2.반사되다		**معكوش** 헝클어진, 뒤엉킨	
(인아카싸)		(마으쿠 - 슈)	
عكس 1.뒤집는 것, 대조 2.반사		**عكف** 1.여념이 없다 2.은둔하다	
(아크쓰)		(아카파)	
عاكسة 반사경, 반사체		**تعكف** 1.은퇴하다 2.은둔생활을 하다	
(아 - 키싸)		(타앗카파)	
عكيس 어린가지, 새싹		**انعكف** 숨어서 살다, 은퇴하다	
(아키 - 쓰)		(인아카파)	
انعكاس 반사, 반영		**اعتكف** 1.바깥출입을 하지 않다 2.전념하다	
(인이카 - 쓰)		(이으타카파)	
معاكسة 1.반작용, 반대 2.투쟁		**عاكف** 1.열중하는 2.세상을 등진	
(무아 - 카싸)		(아 - 키프)	
معكوس 1.반사된 2.상반되는		**معتكف** 은둔생활을 하는	
(마으쿠 - 쓰)		(무으타키프)	
متعاكس 대조되는, 상반되는		**عكم** 1.묶다 2.삼가다 3.저축하다	
(무타아 - 키쓰)		(아카마)	
عكش 엉클어지게 하다 (머리카락을)		**عكم** 묶음, 뭉치, 꾸러미	
(아키샤)		(이큼)	
عكاشة 1.거미집, 거미줄 2.거미		**عكام** 낙타몰이꾼	
(우카 - 샤)		(앗카 - ㅁ)	

عَلَّ (알라)	앓다, 병중에 있다	**مَعْلُول** (마을루 - ㄹ)	1.앓은 2.결함이 있는
عَلَّلَ (알랄라)	1.원인을 밝히다 2.위로하다	**مُعْتَلّ** (무으탈)	앓는, 몸이 약한
تَعَلَّلَ (타알랄라)	1.위로하다 2.구실을 대다	**عَلَبَ** (알라바)	소인을 찍다
اِعْتَلَّ (이으탈라)	1.앓다, 병들다 2.변명을	**عُلْبَة** (울바)	1.우유통 2.작은 곽, 함 3.깡통
عِلَّة (알라)	첩, 내연의 처	**تَعْلِيب** (타을리 - 브)	통조림 생산
عِلَّة (일라)	1.병, 아픔 2.결함 3.원인 4.핑계	**مُعَلَّب** (무을라브)	1.통조림한 2.곽에 넣은
عُلَالَة (울라 - 라)	1.위로, 위안 2.나머지	**عَالَجَ** (알 - 라자)	1.치료하다 2.문제를 해결하다
عَلِيل (알리 - ㄹ)	1.앓은 2.결함이 있는	**اِعْتَلَجَ** (이으탈라자)	1.싸우다 2.마음이 동요하다
تَعِلَّة (타일라)	구실, 핑계, 미봉책	**عِلْج** (일즈)	1.무신론자 2.시골뜨기
تَعْلِيل (타을리 - ㄹ)	1.원인을 밝히는 것 2.핑계	**عِلَاج** (일라 - 즈)	1.치료 2.약, 치료약
مُعَلّ (무알르)	앓는, 건강하지 못한	**تَعَالُج** (타알 - 루즈)	치료, 의료행위

تعلق (타알라까)	1.매달다 2.관계하다	**معالجة** (무알 - 라자)	1.치료 2.장려 3.가공
علق (알라끄)	1.거머리 2.응고된 피 (의료용의)	**علف** (알라파)	1.사료를 주다 2.살찌우다
علقة (알까)	때림, 매질, 구타	**انعلف** (인알라파)	살찌다
علق (일끄)	1.귀중한 2.귀중품 3.협잡꾼	**اعتلف** (이으탈라파)	먹이를 먹다
علاقة (알라 - 까)	1.애착 2.관계 3.간통 4.걸이	**علف** (알라프)	먹이, 여물
عليقة (알리 - 까)	가축의 먹이	**علاف** (알라 - 프)	사료상인
عليقة (울라이이까)	수풀, 덤불, 관목	**عليف** (알리 - 프)	살찐
أعلق (아을라끄)	마음이 더 내키는	**معلف** (미을라프)	구유, 여물통
تعليق (타을리 - 끄)	1.매달기 2.지연 3.주석	**معلوف** (마을루 - 프)	살찐, 기름진
تعليقة (타을리 - 까)	주석, 주해, 해석	**علق** (알리까)	1.달라붙다 2.좋아하다 3.논평하다
تعلق (타알루끄)	1.접착 2.애착 3.관계	**أعلق** (아을라까)	매달다, 거머리를 붙이다 (치료 목적으로)

علم (알라마)	1.가르치다 2.훈련하다	**معلق** (무알리끄)	해설자, 평론가
أعلم (아을라마)	1.알리다 2.공포하다	**معلق** (무알라끄)	1.매달린 2.해결 못한 3.의존된
تعلم (타알라마)	1.배우다 2.교육을 받다	**معلقة** (마을라까)	숟가락, 티수푼
تعالم (타알 - 라마)	학자티를 내다	**معلقة** (무알라까)	현수막, 플랑카드, 포스터
استعلم (이쓰타을라마)	알아보다, 조회하다	**معلاق** (미으라 - 끄)	동물의 내장, 혀
علم (알람)	1.기, 국기 2.간판	**متعلق** (무타알리끄)	1.관계되는 2.의존하는
علم (일므)	1.지식 2.학식 3.인식, 지각	**علك** (알라카)	씹다(말이 자갈을), 자꾸 씹다
علمانى (알마니 -)	1.평신도 2.아마추어, 문외한	**علك** (일크)	1.껌 2.유향수(식물)
عالم (알 - 람)	세계, 우주, 세상	**علك** (알크)	잡담, 객담, 수다
عالمية (알라미 - 야)	1.세계주의 2.세속성	**علكة** (일카)	껌
عالم (알 - 리므)	1.석학 2.과학자 3.이슬람 학자	**علم** (알리마)	1.알다 2.오관으로 지각하다

아랍어	한국어	아랍어	한국어
علاّم (알라-ㅁ)	1.해박한, …에 정통한 2.학자	مَعلَم (마을람)	1.자국 2.푯말 3.용모, 인상
علامة (알라-마)	1.표식, 기호 2.상표 3.저명한 학자	مُعَلِّم (무알림)	1.선생, 교원, 교사 2.가르치는
عليم (알리-ㅁ)	1.박식한 2.현명한 3.전지전능한	مُعَلِّمة (무알리마)	여교사
علماء (울라마-)	학자들	مَعلَمة (마을라마)	백과사전
أُعلومة (아울루-마)	팻말, 이정표 2.표시, 기호	مَعلومات (마을루-마트)	지식, 인식, 지각
إعلام (이을라-ㅁ)	알림, 통지, 통보, 기별, 보도	مُتَعَلِّم (무타알림)	1.교양있는 2.배운 사람
تعليم (타을리-ㅁ)	1.강의 2.교육, 훈련 3.안내	عَلَن (알라나)	명백하다, 뚜렷하다
تعليمات (타을리마-트)	지시, 교시	أعلَن (아을라나)	1.공포하다 2.통지하다 3.광고하다
تعلُّم (타알룸)	배우는 것, 공부하는 것	علَني (알라니)	공개적인, 노골적인
استعلام (이쓰티을라-ㅁ)	문의, 조회, 알아보는 것	علَنية (알라니-야)	공개적인 것
استعلامات (이쓰티을라마-트)	정보, 안내	علانية (알라니-야)	노골적이고 공개적인 것

아인

عليا (울야)	높은 곳	**إعلان** (이을라 - ㄴ)	1.공표 2.간행 3.광고 4.선전
علية (울리 - 야)	다락방	**علا** (알라)	1.높아지다 2.오르다
علية (일야)	상류층, 걸출한 민족	**أعلى** (아을라)	1.위로 올리다 2.승진시키다
علياء (알야 -)	하늘	**تعالى** (타알 - 라)	높아지다, 올라가다
عليون (일리유 - ㄴ)	1.가장 위에 있는 하늘 2.상류층	**اعتلى** (이으탈라)	1.오르다 2.왕자에 오르다
استعلاء (이쓰티을라 -)	1.우월, 우세 2.거만, 교만	**عال** (알 - 린)	1.높은 2.저명한
إعلاء (이을라 -)	올리기, 높임, 들어올림	**علاء** (알라 -)	1.고도 2.높은 위치
تعال (타알 - 린)	1.높이, 고도 2.거만, 교만	**علوى** (알라위 -)	1.천상의 2.위쪽의
تعلية (타을리야)	향상, 높임	**علوي** (울루위 -)	하늘의, 신성한
معلاة (마을라 -)	1.명예 2.공로 3.존엄	**علاوة** (알라 - 와)	증가, 첨가, 첨부, 추가
متعال (무타알 - 린)	1.높은 2.숭고한	**على** (알라)	1.…위에 2.…에 반대하여

아인

عمّ (암마)	1.일반화되다 2.포함하다	تعميم (타으미 - ㅁ)	1.일반화, 보편화 2.전파
عمّم (암마마)	1.일반화하다 2.모자를 씌우다	معمّم (무암맘)	모자를 쓴, 머리에 수건을 감은
تعمّم (타암마마)	모자를 쓰다, 대중화되다	عمد (아마다)	1.의지하다 2.결심하다
اعتمّ (이으탐마)	머리수건을 쓰다	عمّد (암마다)	세례를 주다, 기독교인으로 만들다
عمّ (암므)	1.삼촌, 큰 아버지 2.아저씨	أعمد (아으마다)	지지하다, 받치다, 버티다
عمّة (암마)	고모	تعمّد (타암마다)	1.의도하다 2.세례를 받다
عامّ (암 - ㅁ)	일반적인, 공동의, 사회적인	اعتمد (이으타마다)	1.의존하다 2.빌려주다 3.신임하다
عامّة (암 - 마)	1.전체의, 일반의 2.대중, 평민	عمد (암드)	1.버티는, 지지하는 2.의지, 목적
عمامة (이마 - 마)	머리에 두르는 것, 모자	عمدة (움다)	1.버팀, 지주 2.기초, 토대 3.촌장
عموم (우무 - ㅁ)	널리 행해짐, 유행	عماد (이마 - 드)	1.세례 2.버팀대, 지주, 기둥
عميم (아미 - ㅁ)	일반적인, 널리 유행하는	عمود (아무 - 드)	1.기둥 2.신문의 난 3.주요부분

عميد (아미 - 드)	1.장, 책임자 2.교장 3.고등판무관
تعميد (타으미 - 드)	세례, 세례주는 것
تعمد (타암무드)	고의적인 것
اعتماد (이으티마 - 드)	1.믿음 2.허가 3.대부, 대여
معتمد (무의타마드)	1.믿을 만한 3.대표, 특사 4.위임된
عمر (아마라)	1.번창하다 2.살다 3.건설하다
أعمر (아으마라)	1.거주시키다, 살게하다
تعمر (타암마라)	번영하다, 장수하다, 오래 살다
اعتمر (이으타마라)	1.방문하다 2.소순례를 하다
استعمر (이쓰타으마라)	1.이주시키다 2.식민지로 만들다
عمر (아마르)	여성의 머리수건, 스카프
عمر (우므르)	1.생명, 일생 2.생활 3.나이, 연령
عمرة (아므라)	1.모자, 터반 2.수리, 수선
عمرة (우므라)	메카 소순례
عامر (아 - 미르)	1.인구가 조밀한 2.사람이 살고
عمارة (이마 - 라)	1.빌딩, 건물 2.부동산
عمار (우마 - 르)	1.개간지 2.건설 3.문화
عمران (우므라 - ㄴ)	1.빌딩 2.문명 3.번영
تعمير (타으미 - 르)	1.건축 2.재건 3.개간
استعمار (이쓰티으마 - 르)	1.식민화 2.제국주의
استعمارية (이쓰티마리 - 야)	제국주의, 식민주의
معمر (무암마르)	1.선배 2.오래사는, 다년생의

아인

عمل (아말)	1.행위, 행동 2.일, 업무, 사업	معمار (미으마-르)	건축가, 석수
عملية (아말리-야)	1.외과수술 2.군사행동	معمور (마으무-르)	인구가 조밀한, 개간된
عمليات (아말리야-트)	실제문제, 실질적 문제	مستعمرة (무쓰타으마라)	식민지, 정착지
عملة (우믈라)	1.임금, 노임 2.화폐, 돈	عمق (아무까)	깊다, 심원하다
عامل (아-밀)	1.근로자, 노동자 2.요인, 요소	أعمق (아으마까)	깊게 하다
عمالة (이말-라)	1.도, 군, 면 2.임금, 급료	تعمق (타암마까)	1.깊이 파고들다 2.심화되다
عمالة (우말-라)	월급, 봉급, 노임	عمق (우므끄)	1.깊이, 깊음 2.밑바닥
عمولة (우물-라)	1.가간 중개 2.위임 위탁	عميق (아미-끄)	깊은, 심오한, 심원한
عميل (아미-르)	1.대표, 대리인 2.고객, 단골손님	عمل (아밀라)	1.만들다 2.실행하다
تعمل (타암물)	매너리즘, …체 함, 가상적인 것	عامل (아-말라)	1.다루다 2.행동하다 3.교역하다
تعامل (타아-물)	상거래, 무역관계, 취급, 거래	استعمل (이쓰타으말라)	1.이용하다 2.기계를 돌리다

استعمال (이쓰티으마-ㄹ)	1.사용, 실행 2.고용
معمل (마으말)	1.공장, 제조소 2.연구실, 실험실
معمول (마으무-ㄹ)	1.만들어진 2.완성된
معاملة (무아-말라)	교역, 상호관계, 사교, 사회생활
مستعمِل (무쓰타으밀)	사용자
مستعمَل (무쓰타으말)	1.고용된 2.중고의
عملاق (이믈라-끄)	1.거인 2.귀골이 장대한
عُمان (우마-ㄴ)	오만
عَمان (암마-ㄴ)	요르단의 수도
عمي (아미야)	1.장님이 되다 2.모호하다
تعمى (타암마)	장님이 되다, 소경이 되다
تعامى (타아-마)	1…인체하다 2.묵과하다
عماية (아마-야)	시력상실
عماوة (아마-와)	1.비구름 2.맹목적인 것 3.혼돈
عميان (아므야-ㄴ)	장님, 소경
عمية (아미-야)	문맹, 무식, 무지몽매
أعمى (아으마)	1.눈이 먼 2.장님, 소경
تعمية (타으미야)	눈속임, 변장, 위장
معمى (무암마)	1.수수께끼 2.골치거리
عن (안)	1…을 위하여 2…로부터 3…에 대하여
عن (안나)	1.나타나다, 출현하다 2.나타나다
عناء (이나-)	고삐, 굴레

아인

أَعْنَتَ (아으나타)	괴롭히다, 애먹이다	**عَنَانٌ** (아나 - ㄴ)	구름
تَعَنَّتَ (타안나타)	1.난처하게 하다 2.트집잡다	**عَنَانَةٌ** (이나 - 나)	1.무기력 2.발기불능
عَنَتٌ (아나트)	1.악의 2.박해 3.고난 4.트집	**عَنِينَةٌ** (아니 - 나)	1.무능력 2.생식불능
إِعْنَاتٌ (이으나 - 트)	1.강제, 강압 2.구속	**عَنَّبَ** (안나바)	포도가 맺히다
تَعَنُّتٌ (타안누트)	1.고집, 억지 2.트집	**عِنَبٌ** (이나브)	포도
مُتَعَنِّتٌ (무타안니트)	1.완고한 2.트집잡기 좋아하는	**عُنَّابٌ** (운나 - ㅂ)	종려나무 열매
عَنْتَرَ (안타라)	용감하다, 영웅적 자질을 보이다	**عُنَّابَةٌ** (운나 - 바)	종려나무
عَنْتَرَةٌ (안타라)	용감성, 대담성	**عَنْبَرٌ** (안바르)	1.향유고래 3.가게, 상점 4.기숙사
عَنَدَ (아나다)	1.벗어나다 2.완고하다 3.집요하다	**عَنْبَرَةٌ** (안바라)	한겨울
عِنْدَ (인다)	1… …에서 2…때에 3……할 때	**عَنِتَ** (아니타)	어려움을 겪다
عِنْدِيَّاتٌ (인디아 - 트)	자기멋대로의 판단, 주관주의	**عَنَّتَ** (안나타)	억지로 …을 시키다

عنيد (아니 - 드)	1.완고한 2.고집이 센	**عنصرة** (안쏴라)	오순절, 성신강림절
تعند (타안누드)	1.고집, 완고성 2.독단	**عنعبات** (안아바 - 트)	전설, 전통
معاند (무아 - 니드)	완고한, 고집이 센	**عنف** (아누파)	엄격히 하다, 날카롭게 하다
معاندة (무아 - 나다)	1.반대, 저항 2.완고 3.독단적인	**أعنف** (아으나파)	1.비난하다 2.거칠게 대하다
عندلة (안달라)	나이팅게일의 노래, 지저귐	**عنف** (안프)	엄격, 가혹, 엄함, 격렬
عندليب (안달리 - 브)	꾀꼴새, 나이팅게일	**عنيف** (아니 - 프)	1.가혹한 2.완강한
عنس (아니싸)	노처녀로 남아있다	**عنفة** (운파)	다시, 다시금, 또
عانس (아 - 니쓰)	노처녀, 늙은 처녀	**عنفوان** (운프와 - ㄴ)	전성기, 청춘시대
عانسة (아 - 니싸)	노처녀	**تعنيف** (타으니 - 프)	질책, 신랄한 비난
عنصر (운수르)	1.기원 2.인종 3.구성요소	**معتنف** (무으타니프)	간접적인, 이차적인
عنصرية (운수리 - 야)	민족, 국적	**عنق** (안나까)	…의 목덜미를 잡다

عنا (아나)	1.복종하다 2.탈취하다, 점령하다	**عانق** (아 - 나까)	1.포옹하다 2.…을 사모하다
عنوة (안와)	강제, 폭력	**تعانق** (타아 - 나까)	서로 포옹하다, 얼싸안다
عنون (안와나)	1.주소를 쓰다 2.제목을 달다	**اعتنق** (이으타나까)	1.서로 껴안다 2.받아들이다(종교)
عنوان (우느와 - ㄴ)	1.주소 2.제목 3.기호	**عنق** (우느끄)	목, 목덜미
عنى (아나)	1.의미하다 2.보살피다 3.관심을 가지다	**عناق** (이나 - 끄)	포옹
عنى (아니야)	1.수고하다 2.염려하다	**أعنق** (아으나끄)	목이 긴
تعنى (타안나)	수고하다, 염려하다	**اعتناق** (이으티나 - 끄)	종교나 이념을 받아들임
اعتنى (이으타나)	1.주의하다 2.돌보다 3.걱정하다	**معانقة** (무아 - 나까)	포옹
استعنى (이쓰타으나)	주의를 환기시키다	**عنكبوت** (안카부 - 트)	거미
عناء (아나 -)	1.고생 2.피로 3.불안, 걱정	**عنم** (안나마)	손톱에 빨간 물을 들이다
عناية (이나 - 야)	1.보살핌 2.간호, 시중	**تعنيم** (타으니 - ㅁ)	손톱에 물들이기

아인

تعنية (타으니야)	고통, 아픔, 괴로움	**استعهد** (이쓰타으하다)	생명보험을 계약하다
اعتناء (이으티나 -)	1.근심 2.간호 3.관심	**عهد** (아흐드)	1.이행 2.우호관계 3.계약
معنى (마으나)	1.의미, 뜻, 생각 2.감각	**عهدة** (우흐다)	1.책임, 의무 2.보증, 신용 3.약함
معنوي (마으나위)	1.뜻있는 2.의미상의 3.정신적인	**عهدئذ** (아흐다이딘)	그 시대에, 그 때에
معنوية (마으나위 - 야)	정신, 정신상태	**عهود** (우후 - 드)	1.책임 2.서약 3.계약
معنويات (마으나위야 - 트)	군인정신, 군인의 사기	**عهيد** (아히 - 드)	1.동맹자, 동맹국 2.고대의
معاناة (무아나 - 트)	1.난관 2.노력하는 것	**تعهد** (타아흐후드)	1.계약, 협약 2.약속, 보증
عهد (아히다)	1.지키다 2.약속하다 3.위임하다	**تعاهد** (타아 - 후드)	조약, 협정
عاهد (아 - 하다)	1.계약하다 2.맺다(동맹을)	**استعهاد** (이쓰티으하 - 드)	보험, 보증
تعهد (타아흐하다)	1.보증하다 2.옹호하다	**معهد** (마으하드)	1.연구소 2.학회, 협회
تعاهد (타아 - 하다)	서로 약속을 하다, 합의를 하다	**معهود** (마으후 - 드)	알려진, 유명한

아인

معاهدة 1.협정 2.계약 3.동맹 (무아 - 하다)	**تعوج** 구부러지다, 굴곡하다 (타아우와자)
متعهد 계약자, 청부인 (무타아흐하드)	**عاج** 코끼리의 상아 (아 - 즈)
متعاهد 계약당사자, 계약측 (무타아 - 히드)	**عوج** 1.휜 것, 굴곡 2.부정확성 (이와즈)
عهر 1.간통하다 (아하라) 2.매춘부와 관계하다	**عواجة** 불구자, 병신 (아우와 - 자)
عهر 1.간음, 간통 2.매춘, 매음 (아흐르)	**أعوج** 1.구부러진, 휜 2.꼽추의 (아으와즈)
عاهر 간부, 간통자 (아 - 히르)	**معوج** 구부러진, 휜 (무아우와즈)
عاهرة 매춘부, 매음부, 창부 (아 - 히라)	**عاد** 돌아오다, (아 - 다) 이자가 발생하다
عهارة 간통, 간음 (아하 - 라)	**عيد** 1.명절을 맞다 (아이야다) 2.명절을 축하다
عاهل 황제, 통치자, (아 -힐) 군주, 왕자	**أعاد** 1.돌려주다 2.반복하다 (아아 - 다)
عاج 1.길이 갈라지다 (아 - 자) 2.지나가다	**تعود** 익숙케하다, 습관들이다 (타아우와다)
أعوج 구부러지다, 굴곡하다 (아으와자)	**اعتاد** 1.습관되다 2.버릇되다 (이으타 - 다)

اعتياد (이으티야 - 드)	습관, 습성, 버릇
استعاد (이쓰티아 - 다)	1.소환하다 2.되살리다
استعادة (이쓰티아 - 다)	회복, 복구, 재생
عادة (아 - 다)	1.습관, 버릇, 풍습 2.월경, 생리
معاد (마아 - 드)	1.행선지 2.저승 3.돌아가는 것
عائد (아 - 이드)	1.돌아오는 2.반복, 되풀이
معيد (무이 - 드)	조교, 개인교사, 대학조교
عائدة (아 - 이다)	이익, 수익, 이윤, 이득
متعود (무타아우위드)	습관의, 습관이 된, 길든
عائدات (아이다 - 트)	총수입, 소득총액
عاذ (아 - 자)	1.보호를 요구하다 2.피난하다
عودة (아우다)	1.돌아오는 것 2.회복 3.반복
عوذ (아우와자)	1.보호하다 2.주문을 외우다
عود (우 - 드)	1.막대기 2.체격 3.힘, 세기
استعاذ (이쓰티아 - 자)	보호하다
عيادة (이야 - 다)	환자방문, 의사의 왕진
عياذ (이야 - 즈)	피난, 보호, 구원
عيادات (이야다 - 드)	진료소, 진찰실
تعويذ (타으위 - 즈)	주문을 외우는 것, 주문
إعادة (이아 - 다)	1.반복 2.재생, 회복
تعويذة (타으위 - 자)	1.주문, 마력 2.보호, 부적
تعود (타아우와드)	습관	

إعارة (이아-라)	빌려주기, 대여, 대출	**معاذ** (마아-즈)	구원, 피난, 피난처, 수용소
تعاور (타아-우르)	교대, 교체, 변화, 변동	**عار** (아-라)	1.죽이다 2.외눈이 되다
استعار (이쓰티아-라)	1.빌리는 것 2.은유, 은유법	**عور** (아우와라)	1.한쪽 눈을 빼다 2.상처를 입히다
مستعار (무쓰타아-르)	1.빌린 2.그릇된 가짜의	**أعار** (아아-라)	1.빌려주다, 대부하다 2.주위를 돌다
مستعير (무쓰타이-르)	빌린 사람, 채무자	**تعور** (타아우와라)	1.병신이 되다
عاز (아-자)	1.가난하다 2.요구하다	**عار** (아-린)	벌거벗은, 나체의
عائز (아-이즈)	1.요구하는 2.가난한, 빈곤한	**عارية** (아-리야)	1.빌린 물건 2.이자없는 대여
عازة (아-자)	1.부족, 결핍 2.가난, 빈궁	**عارة** (아-라)	대부, 대출, 대여
عوز (아와즈)	필요, 소용, 부족, 요구	**عورة** (아우라)	1.결함 2.약점 3.생식기, 외음부
عوز (아위즈)	가난한, 빈곤한, 궁핍한	**عيرة** (이-라)	1.가공의, 인공의 2.의치 3.가발
أعوز (아우와즈)	가난한, 궁핍한, 빈곤한	**أعور** (아우와르)	1.애꾸눈 2.애꾸눈의

عوض (이와드)	1.대체 2.배상 3.보답 4.동등한	**إعواز** (이으와 - 즈)	1.필요 2.가난, 빈곤
تعويض (타으위 - 드)	1.보상, 배상 2.교체, 대치	**معوز** (무으위즈)	가난한, 궁핍한
تعويضات (타으위돠 - 트)	1.동등한 2.보답	**معتوز** (무타와즈)	필요, 소용, 부족
اعتياض (이으티야 - 드)	교체, 대리, 대신	**عوص** (아위쏴)	이해가 난해하다
استعاضة (이쓰티아 - 돠)	대체, 교체, 교환	**اعتوص** (이으타와쏴)	1.일이 엉키다 2.분명하다(말이)
عاق (아 - 까)	1.미루다 2.방해하다, 훼방하다	**عويص** (아위 - 스)	1.난해한, 불명료한 2.엉킨, 혼란된
أعاق (아아 - 까)	1.연기하다 2.훼방하다	**اعتياص** (이으티야 - 스)	불명확, 이해되지 않는 것
تعوق (타아우와까)	1.지연되다 2.곤란해지다	**عاض** (아 - 돠)	1.환불하다 2.보상하다
اعتاق (이으타 - 까)	1.미루다 2.방해하다	**عوض** (아우와돠)	1.지불하다 2.표창하다
عاقة (아 - 까)	1.방해, 훼방 2.지체, 지연	**أعاض** (아아 - 돠)	1.갚다 2.대신하다
عائق (아 - 이끄)	장애, 방해, 훼방	**تعوض** (타아우와돠)	1.보상하다 2.보수를 받다

아
인

عائقة (아 - 이까)	장애물, 방해물	**عائل** (아 - 일)	1.가난한 2.지지자, 후원자
عايقة (아 - 야까)	포주, 창녀	**عائلة** (아 - 일라)	가정, 가족
عوق (아우꾸)	1.지연, 지체, 연기 2.방해, 장해, 훼방	**عول** (아울)	1.부정, 불의 2.부양 3.부양자
عياق (우이야 - 꾸)	멋쟁이	**عول** (이왈)	신뢰, 의지, 신임
عياقة (이야 - 까)	멋을 피우는 것	**عويل** (아위 - ㄹ)	1.비탄 2.식객 3.기생동물
إعاقة (이아 - 까)	1.지연, 지체 2.방해, 장해	**عيل** (아이일)	1.가족, 부양, 가족 2.어린아이
عال (알 - 라)	많은 식솔을 거느리다	**عيال** (이야 - ㄹ)	부양가족, 식객
عول (아울왈라)	1.애도하다 2.결심하다, 마음먹다	**إعالة** (이알 - 라)	1.부양, 양육 2.지탱, 떠받침
أعول (아으왈라)	애도하다, 슬퍼하다, 울다	**تعويل** (타으위 - ㄹ)	의거, 의존
أعال (아알 - 라)	1.먹여 살리다 2.버티다	**معول** (무아우왈)	희망, 기대
عالة (알 - 라)	1.우산, 양산 2.짐, 장애물	**معول** (무아윌)	결심한, 단호한

مَعِيل (무이 - ㄹ)	가족의 부양자, 양육자	**عانة** (아 - 나)	음모(털)
عام (아 - 마)	1.헤엄치다 2.뜨다, 떠나다	**عون** (아운)	1.협조, 조력 2.구원, 구조 3.협력자
عاوم (아 - 와마)	일년간 고용하다	**عونة** (아우나)	강제노동, 무보수노동, 근로봉사
عام (아 - ㅁ)	해, 년, 연도	**عوان** (아와 - ㄴ)	1.중년의 나이 2.중간의
عامة (암 - 마)	평민, 서민	**إعانة** (이아 - 나)	1.협조 2.보조금, 지원금
معاومة (무아 - 와마)	연간 계약	**تعاون** (타아 - 우느)	협력, 협조, 협동
عون (아우와나)	돕다, 조력하다, 지원하다	**تعاونية** (타아우니 - 야)	협력정신, 협동정신
عاون (아 - 와나)	1.원조하다 2.구원하다	**استعانة** (이쓰티아 - 나)	1.도움요청 2.사용
أعان (아나 - 나)	1.해방하다 2.협조하다 3.구원하다	**معونة** (마우 - 나)	도움, 원조, 조력, 지지
تعاون (타아 - 와나)	서로돕다, 협력하다	**معاون** (무아 - 위느)	협력자, 지지자, 조수
استعان (이쓰티아 - 나)	도움을 청하다, 도움을 호소하다	**معاونة** (무아 - 와나)	도움, 원조, 조력, 지지

아
인

عار (아 - 르)	부끄럼, 수치, 창피, 불명예	معاونية (무아위니 - 야)	경찰서
عير (이 - 르)	사막의 대상, 카라반	مُعين (무이 - 느)	협력자, 조수, 지원자
عيرة (이 - 라)	1.위조품 허위 2.떨어진	عوه (아우와하)	사람을 불구로 만들다
عيار (이야 - 르)	1.표준규격 2.금이나 은의 순도	عاهة (아 - 하)	병, 질환 3.불구, 흠집
عيار (아이야 - 르)	1.방랑자, 부랑자 2.교활한	عاب (아 - 바)	1.비난하다 2.비웃다, 놀리다
معاير (마아 - 이르)	1.결함, 흠집, 오점 2.나쁜 버릇	عيب (아입)	1.허물 2.약점, 흠 3.부끄럼
معيار (미으야 - 르)	표준, 기준, 수준	عيبة (아이바)	1.결함, 흠집 3.모욕, 모독
عاش (아 - 샤)	1.살다, 생존하다 2.먹고 살다	معابة (마아 - 바)	흠집, 결함, 허물, 오점
تعيش (타아이야샤)	생계를 꾸려가다	معيب (무이 - 브)	수치스러운, 불명예스러운
تعايش (타아 - 야샤)	함께 살다, 함께 살다	عير (아 - 라)	헤매다, 돌아다니다, 방랑하다
عيش (아이슈)	1.생활, 생존 2.빵, 먹을 것	عير (아이야라)	1.빈난하다 2.학대하다

عال (알 - 라)	가난하다, 빈곤하다	عائش (아 - 이슈)	사는, 살아 있는
أعيل (아으알라)	많은 식구를 가지다	إعاشة (이아 - 샤)	음식, 자양분, 먹을 것
عالة (알 - 라)	1.부양가족 2.짐, 부담	تعايش (타아 - 유슈)	공존, 병립
عائل (아 - 일)	1.가난한 2.가난한 사람	معاش (마아 - 슈)	1.생계 2.노임, 봉급 3.연금
عائلة (아 - 일라)	가족, 가정	معيشة (마이 - 샤)	1.생활 2.생계 3.양육, 부양
عيالة (이얄 - 라)	부양, 양육	معايشة (무아 - 야샤)	공생, 공존
معيل (무이 - ㄹ)	가장, 세대주, 부양자	عاف (아 - 파)	1.혐오하다 2.예언하다
عين (아이야나)	1.상술하다 3.임명하다	عيف (아이프)	싫증, 혐오, 증오
عاين (아 - 야나)	1.보다 2.조사하다	عياف (아이야 - 프)	점쟁이, 예언자
أعان (아아 - 나)	돕다, 지원하다	عيوف (아유 - 프)	오만한, 거만한
تعين (타아이야나)	1.임명되다 2.기대하다	عيفان (아아피 - ㄴ)	싫증, 혐오, 증오

عين   1.눈 2.작은 구멍
(아인)   3.경화, 금화

عينة   견본, 샘플
(아이이나)

عينة   작은 구멍, 작은 눈
(우아이나)

أعيان   고관, 귀족, 양반
(아으야 - ㄴ)

تعيين   1.임명 2.상술 3.할당
(타으이 - ㄴ)

معين   샘물
(마이 - ㄴ)

معاين   1.구경꾼 2.감사원
(무아 - 이느)

معاينة   1.목격 2.관찰 3.검사
(무아 - 야나)

(الغين : 가인)

غار 월계수
(가 - 르)

غاز 1.가스, 기체 2.석유
(가 - 즈)

غبّ 주기적으로 방문하다
(갑바)

أغبّ 재발하다, 되풀이되다
(아갑바)

تغيّب 결과를 기다리다
(타가이야바)

غبّ 1.결과, 결말 2.주기적 방문
(깁브)

غبّ 작은 만(해안의), 작은 항구
(굽브)

غبيّ 상한, 신선하지 않는
(가비 브)

مغبّة 결과, 결말
(마갑바)

غبر 1.경과하다 2.재빛으로 되다
(가바라)

اغبرّ 재빛나다, 회색빛나다
(이그바르라)

تغبّر 먼지투성이가 되다
(타갑바라)

غبرة 먼지, 우주진운
(가바라)

غبرة 먼지 색, 회색, 재빛, 흙색
(구브라)

غبر 증오, 원한
(기브르)

غابر 1.과거의, 지난 2.과거
(가 - 비르)

غبار 1.먼지, 재, 티끌 2.꽃가루
(구바 - 르)

إغبار 원한, 증오
(이그바 - 르)

مغبّر 먼지가 낀, 먼지투성이의
(무갑바르)

غبس 어두워지다, 캄캄하다
(가바싸)

غبس 어둠, 암흑
(가브쓰)

غبش (가비샤)	어두워지다, 흐려지다	**مغتبط** (무그타비뜨)	1.기쁜, 즐거운 2.만족한
تغبش (타갑바샤)	1.흐려지다 2.기만당하다	**غبن** (가바나)	1.속이다, 기만하다 2.유린하다
غبش (가바슈)	1.어둠(새벽의) 2.땅거미, 황혼	**تغابن** (타가 - 바나)	서로 속이다
غبش (가비슈)	어두운 (밤이), 불투명한	**غبن** (가븐)	1.사기 2.모욕 3.인권모독
غباشة (가바 - 샤)	1.불투명 2.시력약화	**غبنة** (가브나)	주름, 주름살
مغبش (무갑바슈)	어두운, 컴컴한	**غبانة** (가바 - 나)	우둔함, 어리석음
غبط (가바따)	부러워하다, 질투하다	**غبينة** (가비 - 나)	기만, 사기, 거짓
اغتبط (이그타바따)	1.기뻐날뛰다 2.의기양양하다	**تغابن** (타가 - 분)	서로 속이는 것
غبطة (기브따)	행복, 만족, 큰 기쁨	**غبى** (가비야)	1.알려지지 않다 2.우둔하다
اغتباط (이그티바 - 뜨)	1.기쁨, 환희 2.유쾌	**غبى** (구비야)	기절하다, 의식을 잃다
مغبوط (마그부 - 뜨)	1.행복한 2.성인으로 추앙된	**تغبى** (타갑바)	바보로 인정하다

تغابى 1.알지 못하다 2.바보짓을 하다
(타가 - 바)

غباوة 1.무지 2.어리석음, 우둔
(가바 - 와)

غبى 1.무지한 2.바보, 얼간이
(가비이)

أغبى 바보, 얼간이, 정신박약자
(아그바)

غث 1.야위다 2.상처가 곪다
(갓싸)

غث 1.야윈 2.빈약한, 부족한
(갓쓰)

غثاثة 야윈 것, 여윈 것
(가싸 - 싸)

غثيث 1.야윈 2.빈약한 3.고름
(가씨 - 쓰)

غثى 1.혼돈되다 2.구역질나다
(가싸)

غثاء 물에 떠있는 찌꺼기
(구싸 -)

غثيان 메스꺼움, 구역질, 멀미
(가싸야 - ㄴ)

غجر 꾸짖다, 욕설을 퍼붓다
(갓자라)

غجرى 1.집시, 방랑자 2.집시의
(가자리 -)

تغجير 욕설, 책망
(타그지 - 르)

غدر 1.배반하다 2.포기하다
(가다라)

غادر 떠나다, 출발하다
(가 - 다라)

أغدر 비가 억수로 오다
(아그다르)

انغدر 속다, 기만당하다
(인가다라)

غدر 배신, 변절, 반역, 배반
(가드르)

غدار 배신자, 배반자, 변절자
(갓다 - 르)

غدور 배신적인, 반역적인
(가두 - 르)

غدير 1.연못, 늪 2.시내, 개울
(가디 - 르)

اغتدى (이그타다)	1.아침에 떠나다 2...이 되다	مغادرة (무가 - 다라)	출발, 떠남
غد (가두)	내일	غدف (가다프)	풍부한 것, 풍족, 풍부
غداء (가다 -)	아침밥, 아침식사	غداف (구다 - 프)	갈가마귀
غادية (가 - 디야)	아침구름	غدفة (구드파)	머리수건 (여성의), 터번
غدوة (가드와)	점심식사	غدق (가디까)	비가 억수로 오다
غدوة (구드와)	이른 아침	غدق (가디꼬)	1.풍부한(비, 물이) 2.기름진(땅이)
غذا (가자)	먹이다, 자양분을 주다	غدا (가다)	1.아침에 가다 2...이 되다 3.떠나다
غذى (갓자)	공급하다, 양육하다	غدوة (가드와)	1.아침 2.오는 것 3.점심
تغذى (타갓자)	1.먹고살다 2.공급받다	غدى (가디야)	아침을 먹다
اغتذى (이그타자)	영양을 섭취하다	غادى (가 - 다)	...에게 이른 아침에 가다
غذاء (기자 -)	자양분, 영양분, 음식물	تغذى (타갓다)	1.점심을 먹다 2.아침에 먹다

أغذية (아그지야)	식료품, 음식, 양식	**غار** (가 - 르르)	가짜의, 허위적인
تغذية (타그지야)	영양공급, 영양섭취	**غرارة** (가라 - 라)	1.무경험 2.소박성 3.무분별
غر (가르라)	1.유혹하다 2.현혹시키다	**غرارة** (기라 - 라)	1.자루, 마대 2.투박한 양탄자
غرر (가르라라)	속이다, 유혹하다	**غرار** (가르라 - 르)	현혹시키는, 유혹하는
أغرر (아가르라)	깜짝놀라게 하다	**غرور** (가루 - 르)	1.유혹하는 2.사기의, 거짓의
انغر (인가르라)	속다, 기만당하다	**غرور** (구루 - 르)	1.기만 2.허무 3.허영 4.유혹
اغتر (이그타르라)	1.현혹되다 2.실수하다	**غرير** (가리 - 르)	1.속은 2.유혹당한
غر (기르르)	1.미숙한 2.풋내기, 초심자	**أغر** (아가르루)	우아한, 기품있는, 풍채가 좋은
غرة (기르라)	1.태만, 방심 2.방심한 찰라에	**مغرور** (마그루 - 르)	1.속은 2.허영심이 강한
غرة (구르라)	1.최고 2.시초, 처음 3.본보기	**غرب** (가라바)	1.해가 지다 2.숨다
غرر (가라르)	위험, 위태로움	**غرب** (가루바)	1.낯설다 2.난해하다

가
인

تغريب (타그리ー브)	추방, 축출	غرب (가르라바)	1.서쪽으로 가다 2.추방하다
تغرب (타가르루브)	1.망명, 이주 2.서구화	تغرب (타가르라바)	타국으로 이주하다
اغتراب (이그티라ー브)	1.이민생활 2.이민	اغترب (이그타라바)	타향살이 하다
استغراب (이쓰티그라ー브)	경이, 놀라움, 경악	استغرب (이쓰타그라바)	서양인이 되다, 서구화되다
مغرب (마그리브)	1.서쪽, 서양 2.서부 아프리카	غرب (가르브)	1.서쪽, 서양 2.먼 거리, 먼 곳
مغربية (마그리비ー야)	저녁, 해질무렵	غربة (구르바)	1.타향살이 2.국외추방
متغرب (무타가르라브)	국외로 추방된	غراب (구라ー브)	1.까마귀 2.가장자리
مستغرب (무쓰타그리브)	서양화 된	غرابة (가라ー바)	이상함, 기이함, 괴상함
مستغرب (무쓰타그라브)	기이한, 기묘한	غروب (구루ー브)	지는 것(해, 달이)
غرث (가리싸)	굶다, 배고파하다	غريب (가리ー브)	1.낯선, 생소한 2.이상한
غرث (가라쓰)	굶주림, 기아	غريبة (가리ー바)	기묘함, 이상함, 놀라운 것

انغرز (인가라자)	1.찔리다 2.몰락하다	غارث (가 - 리쓰)	굶주린.배고픈 사람
اغترز (이그타라자)	1.꿰뚫다 2.삽입되다	غرثان (가르싸 - ㄴ)	1.굶주린 2.굶은 사람
غريزة (가리 - 자)	1.본능, 본성 2.직관	غرد (가리다)	새가 지저귀다, 찍찍 울다
مغرز (마그라즈)	농담, 못된 장난	تغرد (타가르라다)	새가 노래하다, 지저귀다
غرس (가라싸)	나무를 심다.접부치다	غرد (가라드)	지저귐(새가), 노래함
غرسة (가르싸)	묘목, 모종	غرد (구르드)	해변의 모래언덕
غراس (기라 - 쓰)	1.식목, 나무심기 2.묘목	غريد (가리 - 드)	지저귀는, 노래하는
غراسة (기라 - 싸)	나무를 경작, 재배	أغرودة (우그루 - 다)	새가 지저귐, 노래함
غريسة (가리 - 싸)	묘목, 모종	مغرد (무가르리드)	지저귀는, 찍찍 우는
مغرس (마그리쓰)	묘상, 종묘원	غرز (가라자)	1.끼우다, 삽입하다 2.심다
مغرسات (마그루싸 - 트)	심겨진 나무들	تغرز (타그르라자)	1.관통하다 2.찔리다

غرض (가라드)	1.목적 2.취지, 요지 3.소원	**أغرق** (아그까)	1.물에 빠뜨리다 2.범람시키다
غرضية (가라듸 - 야)	1.편견 2.사리사욕	**تغرق** (타가르라까)	물에 빠지다, 익사하다
غريض (가리 - 드)	1.신선한 2.부드러운(고기가)	**اغترق** (이그타라까)	빨아들이다 (공기를), 흡입하다
تغرض (타가르루드)	편견, 선입관, 편향적인 태도	**استغرق** (이쓰타그라까)	1.깊이 빠져들다(시간) 2.걸리다
مغرض (무그리드)	치우친, 편견을 가진, 편향의	**غرق** (가라꼬)	1.침수, 침몰 2.범람
غرف (가라파)	1.국자로 푸다 2.음식을 차려내다	**غرقان** (가르까 - ㄴ)	1.물에 잠긴 2.파묻힌
اغترف (이그타라파)	국자로 푸다, 떠내다	**غاروقة** (가루 - 까)	감채기금(금융)
غرفة (기르파)	샌들	**غريق** (가리 - 꼬)	1.물에 잠긴 2.마음을 빼앗긴
غرفة (구르파)	1.다락방 2.방, 회의실, 칸막이	**إغراق** (이그라 - ㄲ)	1.과장 2.과장법 3.침수
مغرفة (미그라파)	큰 숟가락, 국자, 바가지	**تغريق** (타그리 - ㄲ)	침수, 침몰
غرق (가리까)	1.침몰하다 2.익사하다 3.잠기다(사색)	**مستغرق** (무쓰타그리꼬)	빠진, 잠긴

غرى (구리야)	…에 애착을 갖다, 애정을 갖다	**غرم** (가리마)	1.손해를 입다 2.벌금을 물다
أغرى (아그라)	1.선동하다 2.유혹하다	**أغرم** (아그라마)	벌과금을 지우다, 부과하다
أغرى (우그리야)	열중하다, 사랑하다	**أغرم** (우그리마)	…을 아주 좋아하다
تغرى (타가르라)	달라붙다, 들러붙다	**تغرم** (타가르라마)	벌금을 물다
غراء (기라 -)	풀, 접착제, 아교	**غرم** (구름)	1.손해, 손실 2.배상
إغراء (이그라 -)	1.부추김, 선동 2.유혹	**غرام** (가라 - ㅁ)	1.사랑 2.벌금, 과태료
مغريات (무그리야 - 트)	유혹물, 매력적인 것	**غرامة** (가라 - 마)	1.벌금, 과태료 2.배상금
غزر (가주라)	1.풍부하다 2.광활하다	**غريم** (가리 - 므)	채권자 2.채무자
غزر (가즈르)	풍부, 많음, 다량	**مغرم** (마그람)	1.손해, 2.빚, 부채 3.벌금
غزارة (가자 - 라)	풍부, 많음, 다량	**مغرم** (무그람)	사랑에 빠진, …을 좋아하는
غزير (가지 - 르)	1.풍부한 2.빽빽히 자라는	**غرا** (가라)	아교로 붙이다, 접착제로 붙이다

غَزْل (가잘라)	실을 잣다, 방적하다	**مُغازَلة** (무가 - 잘라)	남녀간의 희롱, 장난
غَزِل (가질라)	1.구애하다 2.칭찬하다	**غَزا** (가자)	군사원정을 하다, 정복하다
غازَل (가 - 잘라)	구애하다, 여자를 쫓아다니다	**غَزْو** (가즈우)	1.공격, 침략, 원정 2.정복
تَغَزَّل (타갓잘라)	1.칭찬하다 2.구애하다	**غَزْوة** (가즈와)	1.침략 2.군사원정 3.정복
اِغْتَزَل (이그타잘라)	실을 잣다, 방적하다	**غازية** (가 - 지야)	여자 무용수
غَزَل (가잘)	1.아양, 교태 2.사랑 3.애정시	**مَغْزاة** (마그자 -)	1.군사원정, 침입, 침공
غَزْل (가즐)	1.방적, 방사 2.실, 방적사	**مَغْزُو** (마그주)	침략당한, 정복된
غَزالة (갓잘 - 라)	1.계략을 꾸미는 자 2.거미	**مَغْزى** (마그자)	1.감각 2.의의 3.모토
تَغَزُّل (타갓줄)	성희롱	**غَسَق** (가싸까)	어두워지다, 캄캄해지다
مِغْزَل (마그잘)	방적공장	**غَسَق** (가싸꼬)	황혼, 땅거미
مُغازِل (무가 - 질)	난봉꾼, 제비족	**غَسَل** (가쌀라)	1.물로 씻다 2.깨끗이 하다

اغتسل (이그타쌀라)	1.몸을 씻다 2.목욕하다	**مغتسل** (무그타쌀)	화장실, 세면소
غسل (가쓸)	세탁, 빨기, 씻기, 세척	**غش** (갓샤)	기만하다, 배반하다
غسل (구쓸)	1.세척 2.손과 발 씻는 것	**غشش** (갓샤샤)	눈이 침침해지다
غسال (갓싸 - ㄹ)	세탁인, 세탁업자	**انغش** (인갓샤)	속다, 기만당하다
غسالة (갓쌀라 - 라)	세탁기, 세척기	**غش** (갓스)	1.속임, 기만 2.사기, 협잡, 배반
غسالة (굿쌀 - 라)	씻어낸 물, 구정물	**غشاش** (갓샤 - 스)	1.사기꾼 2.거짓의
غاسول (가쑤 - ㄹ)	1.비누 2.잿물, 알카리액	**مغشوش** (마그슈 - 스)	1.속은, 기만당한 2.변조된, 위조된
غسيل (가씨 - ㄹ)	1.세탁 2.빨래, 빨래감	**غشم** (가샤마)	포악하게 다루다
مغسل (마그쌀)	세탁소, 빨래터	**تغاشم** (타가 - 샤마)	모르는 체하다
مغسل (미그쌀)	1.세면대 2.빨래통	**استغشم** (이쓰타그샤마)	얼간이로 알다
مغسلة (마그쌀라)	세면대, 화장대	**غشم** (구슘)	무지, 미숙, 무지목매, 무경험

가
인

غاشم (가 - 쉼)	1.부당한 2.포악한 3.폭군	**غشاء** (기샤 -)	1.싸개, 보자기 2.피부, 살갗
غشوم (가슈 - ㅁ)	1.부당한 2.포악한	**غشاوة** (기샤 - 와)	1.덮개, 보자기 2.백내장(의학)
غشومة (구슈 - 마)	무경험, 미숙련, 미숙	**غاشية** (가 - 쉬야)	심낭(해부), 심포 2.재난, 재해
غشيم (가쉬 - ㅁ)	1.미숙한, 서투른 2.설익은	**غشيان** (가샤야 - ㄴ)	무의식, 의식불명, 실신, 기절
غشا... (가샤)	...을 씌우다, ...에 걸치다	**غشيان** (가쉬야 - ㄴ)	실신한, 의식불명의, 기절한
غشي (가쉬야)	1.종종 방문하다 2.여자와 동침하다	**مغشى** (마그샤)	덮인, 씌워진
غشي (구쉬야)	의식을 잃다, 실신하다, 기절하다	**غص** (갓솨)	1.숨이 막히다, 목메다 2.꽉차다
غشّى (갓샤)	1.덮다, 씌우다 2...에 퍼지다	**أغص** (아갓솨)	질식시키다, 숨막히게 하다
أغشى (아그샤)	어두워지다, 밤이 되다	**اغتص** (이그탓솨)	꽉차다, 혼잡하다
تغشّى (타갓샤)	1.덮다, 씌우다 2.가리워지다	**غصة** (굿솨)	고통, 고뇌, 비탄
غشية (가쉬야)	1.실신, 기절 2.동물의 겨울잠	**غصص** (갓솨스)	숨막힘, 목이 메임

غَضّ (갓드)	1.시선을 낮추는 것 2.울창한, 번성한	**غَاصّ** (갓 - 쉰)	1.가득 찬, 포만한 2.혼잡한
غَضَّة (굿돠)	1.결점 단점 2.모욕, 천대 3.수치, 창피	**غَصَب** (가쏴바)	1.강탈하다 2.권력을 찬탈하다
غَضَاضَة (가돠 - 돠)	1.단점 4.오점 5.이별의 고통	**اِغْتَصَب** (이그타쏴바)	억지로 …를 시키다
غَضِيض (가되 - 드)	신선한, 수분이 많은, 부드러운	**غَصْب** (가스브)	1.강제, 강압 2.강간
غَضِب (가되바)	1.화를 내다 2.방어하다	**غَاصِب** (가 - 시브)	약탈자, 강탈자, 침략자
أَغْضَب (아그돠바)	화나게 하다, 괴롭히다	**غَصْبَانِيَّة** (구스바니 - 야)	강제, 강박, 강압
غَضَب (가돠브)	화, 분노, 노여움, 불만	**غَصِيب** (가시 - 브)	강점된, 빼앗긴
غَضْبَة (가드바)	격분, 노발대발, 화	**اِغْتِصَاب** (이그티쏴 - 브)	1.강탈 2.권리침해
غَضْبَان (가드바 - 누)	화난, 성난, 격분한	**مُغْتَصَب** (무그타쏴브)	약탈당한, 빼앗긴, 강점당한
إِغْضَاب (이그돠 - 브)	1.격분 2.성가심	**مُغْتَصِب** (무그타시브)	1.격렬한, 맹렬한 2.강탈자
مَغْضُوب (마그두 - 브)	분노의 대상	**غَضّ** (갓돠)	1.시선을 아래로 하다 2.값을 깎아내리다

غضر (가다라)	1.거절하다 2.찬성하다	**غطرة** (구뜨라)	이깔 안에 두르는 머리수건
غضر (가되르)	1.무성한 2.수분이 많은	**غطرس** (가뜨라싸)	위압하다, 과시하다
غضارة (가돠 - 라)	1.번성, 무성 2.행복한 생활	**تغطرس** (타가뜨라싸)	과시하다, 뽐내다
غضير (가되 - 르)	무성한, 울창한, 우거진	**غطرسة** (가뜨라싸)	1.오만, 거만 2.뽐냄
غضن (갓돠나)	주름살지게 하다	**غطريس** (기뜨리 - 쓰)	오만한, 거만한, 건방진
غاضن (가 - 돠나)	여성에게 윙크하다	**متغطرس** (무타가뜨리쓰)	오만한, 거만한
تغضن (타갓돠나)	주름이 지다	**غطس** (가따싸)	1.물에 뛰어들다 2.가라앉다
غضن (가든)	1.주름, 구김 2.고생, 수고 3.피로	**تغطس** (타갓따싸)	1.물에 잠기다 2.세례를 받다
مغاضنة (무가 - 돠나)	곁눈질, 추파를 던짐	**غطس** (가뜨쓰)	잠수, 물속에 잠그는 것
غضا (가돤)	바늘방석위에, 참을 수 없는 상황에	**غطاس** (기따 - 쓰)	세례
إغضاء (이그돠 -)	1.눈감아줌 2.묵과, 못본체 함	**غطسان** (가뜨싸 - 누)	물에 잠긴, 물밑에 있는

غطيس (가띠 - 쓰)	어두운(색갈이)	**غطم** (기Em므)	바다가 거대한, 광대한
تغطيس (타그띠 - 쓰)	1.물에 잠금, 침수 2.세례	**غطا** (가따)	덮다, 씌우다
مغطس (미그따쓰)	1.욕조 2.잠수도구	**غطى** (갓따)	1.감싸다, 싸다 2.비용을 충당하다
مغطيس (마그띠 - 쓰)	자석	**تغطى** (타갓따)	…를 씌우다, 숨기다, 감싸다
غطش (가따샤)	밤이 어두워지다	**غطاء** (기따 -)	1.덮개 2.의복 3.뚜껑
غطش (가띠샤)	눈이 어두워지다, 침침해지다, 시력이 약해지다	**تغطية** (타그띠 - 야)	1.비용 충당 2.씌우는 것
تغطش (타갓따샤)	눈이 어두워지다, 침침해지다, 시력이 약해지다	**غف** (갓파)	1.불시에 습격하다 2.붙잡다, 붙들다
غطش (가뜨슈)	어둠, 암흑	**غفر** (가파라)	용서하다, 사면하다
غطش (가따슈)	시력이 약한 것, 약시	**غفر** (갓파라)	1.덮다, 씌우다 2.경계하다
أغطش (아그따슈)	시력이 약한, 근시의	**استغفر** (이쓰타그파라)	용서를 빌다, 사죄하다
		غفر (가파르)	보초병, 위병대, 경비대

غفر (가프르)	용서	أغفل (아그팔라)	무시하다, 묵살하다
غفرة (구프라)	덮개, 뚜껑, 씌우개	تغافل (타가-팔라)	경시하다, 무시하다
غفارة (기파-라)	1.머리수건, 덮개 2.원추형 모자	استغفل (이쓰타그팔라)	바보취급하다, 속이다
غفران (구프라-ㄴ)	용서, 면죄	غفل (가팔)	태만, 부주의, 방심, 소홀
غفور (가푸-르)	용서하는, 너그러운	غفل (구플)	1.출신이 비천한 2.가공되지 않은
غفير (가피-르)	1.많은 양, 많은 수 2.보초, 파수	غفلة (가플라)	1.소홀함, 무관심 2.미련함
مغفر (미그파르)	헬멧, 철모	غفلان (가플라-누)	1.소홀한 2.졸리는
مغفرة (마그피라)	용서, 면죄	إغفال (이그파-ㄹ)	경멸, 무시, 경시
مغفور (마그푸-르)	용서된, 면죄된	تغافل (타갓풀)	1.무시 2.무관심한 체함
غفل (가팔라)	1.게을리하다 2.졸다, 자다	تغافل (타가-풀)	태만, 부주의
غافل (가-팔라)	불시에 습격하다	مغفل (무그팔)	익명의, 무명의

가인

مغفل (무갓팔)	어리석은, 우둔한, 바보 같은	**غلة** (갈라)	1.소득, 수익 2.생산물, 농작물
متغفل (무타갓필)	열등생, 저능아, 바보, 멍청이	**غلة** (굴라)	1.갈증 2.갈망, 열망
غفا (가파)	졸다, 꾸벅꾸벅 졸다	**غليل** (갈릴 - ㄹ)	1.갈증 2.악의 3.열망 4.탈진된
غفوة (가프와)	졸음, 겉잠, 졸기	**غليلة** (갈릴 - 라)	1.갑옷 2.잠수복, 속옷
غل (갈라)	수갑을 채우다 2.농작물을 산출하다	**تغلل** (타갈룰)	침투
غلل (갈라라)	수갑을 채우다	**استغلال** (이쓰티그랄)	1.결실 2.투자 3.개발
أغل (아갈라)	농산물을 수확하다	**مغلل** (무갈랄르)	수갑을 찬
تغلل (타갈랄라)	들어가다, 통과하다	**مغلول** (마글루 - ㄹ)	1.갈증이 심한 2.원한을 품은
استغل (이쓰타갈라)	투자하다, 돈을 들이다	**مستغل** (무쓰타갈르)	1.생산물 2.수익 3.식량
غل (길르)	원한, 악의, 증오, 앙심	**مستغل** (무쓰타길르)	이용자, 착취자
غل (굴르)	1.쇠고랑, 수갑 2.갈증, 욕구	**غلب** (갈라바)	1.이기다 2.승리를 거두다

가
인

تغلب (타갈라바)	이겨내다, 극복하다, 앞도하다	أغلبية (아글라비 - 야)	대부분, 대다수
تغالب (타갈 - 라바)	서로 싸우다	تغلب (타갈루브)	1.승리 2.정복 3.통치, 지배
انغلب (인갈라바)	정복되다, 극복되다	مغلب (무갈라브)	압도당한, 패배한, 무너진
غلب (갈브)	승리, 정복, 타도	مغلوب (마글루 - 브)	1.패배한 2.패배자
غلبة (갈라바)	1.수다 2.승리 3.소동, 소음	مغالبة (무갈 - 라바)	1.전투, 투쟁 2.경쟁
غلبان (갈바 - ㄴ)	가엾은, 불쌍한, 가련한	متغلب (무타갈리브)	1.이기는, 승리하는 2.승리자
غلباوى (갈바 - 위)	수다쟁이, 말 많은 사람	غلط (갈리따)	실수하다, 틀리다
غالب (갈 - 리브)	1.정복자 2.뛰어난, 우세한	غالط (갈 - 라따)	1.실수하다 2.속이다
غالبية (갈리비 - 야투)	대부분, 대다수	أغلط (아글라따)	…를 실수하게 하다
غلاب (길라 - 브)	싸움, 전투, 투쟁, 경쟁	غلط (갈라뜨)	잘못, 실수, 과오, 착오
أغلب (아글라부)	1.…의 대부분, 대다수 2.힘센, 강한	غلطة (갈따)	한번의 실수, 잘못, 과오

غَالِط 틀린, 잘못된, 실수하는 (갈 - 리뜨)	**غَلْغَلَ** 1.잠입하다 2.잠수하다 (갈갈라)
غَلْطَان 실수, 잘못 (갈따 - 누)	**تَغَلْغَلَ** 1.잠입하다 2.참견하다 (타갈갈라)
أُغْلُوطَة 1.헐뜯는 질문 2.궤변 (우글루 - 따)	**تَغَلْغُل** 침투, 침입 (타갈갈)
مَغْلَطَة 억지질문, 궤변 (마글라따)	**غَلَفَ** 1.봉하다 2.책을 포장하다 (갈라파)
مُغَالَطَة 속임, 사취, 사기, 협잡 (무갈 - 라따)	**تَغَلَّفَ** 밀봉하다, 포장되다 (타갈라파)
مَغْلُوط 잘못된, 그릇된 (마글루 - 뜨)	**غِلَاف** 1.봉투 2.책 표지 3.껍질 (길라 - 프)
غَلُظَ 1.끈적이다 2.거칠게 대하다 (갈라좌)	**أَغْلَف** 1.봉한 2.할례를 받지 않은 (아글라푸)
أَغْلَظَ 거칠게 말하다 (아글라좌)	**مُغَلَّف** 1.봉해넣는 2.할례받지 않은 (무갈라프)
غِلْظَة 거칠음, 무례함 (갈좌)	**غَلَقَ** 문을 닫다, 잠그다 (갈라까)
غَلِيظ 1.투박한 2.거친 3.무례한 (갈리 - 즈)	**أَغْلَقَ** 애매하다, 모호하다 (아글라까)
مُغَلَّظ 선서, 맹세 (무갈라즈)	**انْغَلَقَ** 1.애매하다 3.외출을 하지 않다 (인갈라까)

가
인

غلق (갈라끄)	1.자물쇠, 빗장 2.바구니, 광주리	مستغلق (무쓰타글리끄)	애매한, 모호한
غلق (갈리끄)	모호한, 애매한	غلم (갈리마)	1.튼튼하다 2.흥분되다
غلاق (길라 - 끄)	계정, 미지급 차감 잔액	اغتلم (이그탈리마)	1.원기왕성하다 2.사로잡히다
غلاقة (갈라 - 까)	계정, 잔액	غلم (갈리므)	성적으로 흥분된
إغلاق (이글라 - 끄)	1.폐쇄함 2.파산	غلام (굴라 - ㅁ)	1.소년, 젊은이 2.하인, 종
انغلاق (인길라 - 끄)	불명료, 모호함 점, 난해한 점	غلامية (굴라미 - 야)	1.젊은이, 청년 2.청춘기
مغلق (마글라끄)	1.제목 2.소득이 있는 기업	غلمة (굴마)	1.욕망, 갈망 2.육체적인 욕구
مغلق (무글라끄)	1.닫힌, 잠긴 2.애매한	غلومة (굴루 - 마)	1.청춘 2.성적 충동, 정욕
مغلقات (무글라까 - 트)	비밀	غلا (갈라)	1.비싸다 2.가격을 올리다
مغلاق (미글라 - 끄)	1.자물쇠 2.잠금장치	غالى (갈 - 라)	과장하다, 높이 평가하다
مغلوق (마글루 - 끄)	차월계정	أغلى (아글라)	가격을 올리다, 칭찬하다

استغلى (이쓰타글라)	귀중하게 여기다	**مغلى** (무글라)	끓인
غال (갈 - 린)	1.소중한, 사랑하는 3.귀중한, 비싼	**غم** (감마)	1.덮다, 씌우다 2.슬프게 하다
غلاء (갈라 -)	고가, 비싼 가격	**غم** (굼마)	모호하다, 어두컴컴하다
غلاة (갈라 -)	고물가, 값이 비싼 것	**أغم** (아감마)	1.슬프게 하다 2.흐리다
إغلاء (이글라 -)	1.찬양, 칭찬 2.감탄, 찬탄	**انغم** (인감마)	슬퍼하다, 수심에 잠기다
مغالاة (무갈라 -)	1.낭비 2.과장, 과대	**غمة** (굼마)	슬픔, 비탄에 잠김, 비애
غلى (갈라)	1.펄펄 끓다 2.끓이다	**غام** (감 - 므)	1.무더운 2.슬픈 3.흐린
غالية (갈 - 리야)	사향과 용연향으로 만든 향료	**غمام** (가마 - 므)	구름, 먹구름
غلاية (갈라 - 야)	보일러, 끓이는 용기(주전자 등)	**غمامة** (가마 - 마)	눈싸리개
غليان (갈리야 -)	비등, 끓어오름	**اغتمام** (이그티마 - ㅁ)	슬픔, 비애, 근심
غليون (갈유 -)	수도관	**مغم** (무김무)	1.무더운 2.우울한 3.구름이 낀

가
인

مغموم (마그무 - ㅁ)	1.슬픈 2.모호한, 애매한	**غمار** (가마 - 르)	사람의 무리, 집단, 떼
غمر (가마라)	물이 범람하다, 꼭 껴안다	**غمار** (기마 - 르)	위험
غمر (가무라)	많다, 풍부하다	**غمارة** (가마 - 라)	1.미숙함 2.인간의 무리
غامر (가 - 마라)	위험에 내맡기다	**مغامر** (무가 - 미르)	1.무모한 2.모험가
انغمر (인가마라)	1.물에 잠기다 2.몰두하다	**مغامرة** (무가 - 마라)	1.모험 2.괴이한 사건
اغتمر (이그타마라)	삼키다, 들이키다	**مغمور** (마그무 - 르)	1.모호한 2.잠긴, 침수된
غمر (가므르)	1.침수, 범람 2.대홍수 3.대양	**غمز** (가마자)	1.더듬다 2.눈짓하다
غمرة (가므라)	1.고민 2.범람 3.일진일퇴, 고난	**اغتمز** (이그타마자)	하찮게 보다, 비방하다
غمر (구므르)	1.초심자 2.속기 쉬운	**غمزة** (감자)	1.눈짓, 윙크 2.비웃음
غمر (기므르)	경험이 없는, 미숙한	**غمازة** (감마 - 자)	1.얼굴의 보조개 2.방아쇠
غامر (가 - 미르)	1.풍부한 2.황폐한 3.물에 잠긴	**غميزة** (가미 - 자)	1.성격의 결점 2.비방, 중상

غمس (감마싸)	가라앉다, 잠기다, 빠지다	**غامض** (가 - 미드)	1.모호한 2.신비한
انغمس (인가마싸)	가라앉다, 잠기다	**غامضة** (가 - 미돠)	신비, 불가사의
غموس (가무 - 쓰)	1.힘든 일 2.불길한	**غموض** (구무 - 드)	1.애매, 모호 2.불확실
مغموس (마그무 - 쓰)	잠긴, 빠진	**غموضة** (구무 - 돠)	애매, 불가사의, 불확실
غمص (가마쏴)	얕잡아 보다, 멸시하다	**غميضاء** (구마이돠 -)	숨바꼭질, 장님놀이
أغمص (아그마쑤)	눈이 잘 보이지 않는	**مغمض** (무감마드)	닫힌, 폐쇄된
غمض (가마돠)	1.난해하다 2.눈을 감다	**غمغم** (감가마)	중얼거리다
أغمض (아그마돠)	눈을 감다, 눈감아주다	**تغمغم** (타감가마)	중얼거리다
انغمض (인가마돠)	눈이 감기다, 자다	**غمغمة** (감가마)	함성(투쟁 등의), 외침
غمض (굼드)	잠, 수면	**غمق** (가미까)	축축하다, 젖다, 습기 차다
غمضة (굼돠)	눈을 깜박임, 눈짓, 윙크	**اغمق** (이그맛까)	색갈이 어둡다(색갈이)

가
인

مغمى (마그미이)	덮인, 씌우진	غمق (구미끄)	축축한, 눅눅한, 습기 찬
غنّ (간나)	콧소리를 내다, 비음화하다	غمق (구므끄)	깊이, 심도
غنّ (간느)	비음, 콧소리 발음	غامق (가 - 미끄)	어두운(색깔), 어두침침한
غنّة (군나)	비음, 콧소리	غميق (가미 - 끄)	1.깊은, 심오한 2.어두운
غنج (가니자)	교태를 짓다(여자가)	غمى (구미야)	기절하다, 실신하다
تغنّج (타간나자)	아양을 부리다	غمّى (감마)	눈을 감싸다, 눈을 싸매다
غنج (가니즈)	애교를 부리는, 아양을 떠는	أغمى (우그미야)	기절하다, 실신하다
غنج (구느즈)	애교, 교태, 아양	غمي (가므이)	기절, 실신, 무의식
غناجة (간나 - 자)	교태를 부리는 여자	غميان (가므야 - ㄴ)	기절한, 실신한
تغنّج (타간누즈)	애교, 교태, 아양	إغماء (이그마 -)	기절한, 실신한, 무의식의
مغناج (미그나 - 즈)	애교, 교태, 아양	استغماية (이쓰티굼마 - 야)	술래잡기, 장님놀이

غندر (간다라)	몸치장하다, 단장하다	غانم (가 - 님)	1.승리하는 2.승리자
تغندر (타간다라)	멋을 부리다	غنام (간나 - ㅁ)	목동, 양치기, 목자
غندرة (간다라)	멋을 부리는 것	غنيمة (가니 - 마)	전리품, 노획물
غندر (군두르)	살찐, 풍만한	مغنم (마그남)	전리품, 노획물
غندور (간두 - 르)	멋쟁이, 맵시꾼	غني (가니야)	1.부유하다 2 …할 수 있다
غنم (가니마)	1.전리품을 취하다 2.강탈하다	غنى (간나)	1.노래하다 2.친찬하다
أغنم (아그나마)	사심없이 주다, 수여하다	أغنى (아그나)	1.대신하다 5.보호하다
اغتنم (이그타나마)	1…을 틈타다 2.기회를 잡다	تغنى (타간나)	1.노래하다 2.찬양하다
استغنم (이쓰타그나마)	1…을 이용하다 2.기회를 잡다	استغن (이쓰타그)	1.부자가 되다 2.필요하지 않다
غنم (가남)	양	غنى (기난)	1.부, 재산, 풍요 2.만족
غنم (구늠)	전리품, 노획물	غناء (가나 -)	1.풍부, 부유 2.가능성 .

가인

غواث (구와 - 쓰)	구제, 구조, 원조	غناء (기나 -)	노래, 멜로디
إغاثة (이가 - 싸)	도움, 구조, 원조	غانية (가 - 니야)	아름다운 여자, 미녀
استغاثة (이쓰티가 - 싸)	구원요청, 도움요청	أغنية (우그니야)	노래, 멜로디
مغيث (무기 - 쓰)	1.원조자 2.구세주, 하나님	مغن (무간닌)	가수, 성악가
غار (가 - 라)	1.스며들다 2.마르다(샘이)	مغنية (무간니야)	여가수, 여성 성악가
أغار (아가 - 라)	1.침공하다 2.침략하다	مغنى (마그나)	주택, 별장
غار (가 - 르)	1.동굴, 굴 2.월계수(잎)	مستغنى (무쓰타그나)	여분의, 필요없는
غارة (가 - 라)	침공, 침입, 습격, 공격	غاث (가 - 싸)	도와주다, 살려주다
غور (가우르)	1.밑, 밑바닥, 밑창 2.깊이	أغاث (아가 - 싸)	돕다, 구제하다
إغارة (이가 - 라)	공격, 공습, 습격	استغاث (이쓰타가 - 싸)	도움을 간청하다
مغارة (마가 - 라)	동굴, 굴	غوث (가우쓰)	도움, 구조, 원조

غويص (가위 - 스)	1.복잡한, 풀기 어려운 2.깊은	**مغوار** (미그와 - 르)	1.침략자 2.무모한
غياصة (기야 - 쏴)	1.진주캐기 2.잠수하는 일	**مغير** (무기 - 르)	공격자, 침입자
غوط (가우와따)	깊게 파다(우물을)	**غاز** (가 - 자)	가다, 떠나다
تغوط (타가와따)	배설하다, 똥을 누다	**غوز** (가우와자)	가스로 만들다, 가스화하다
غوط (가우뜨)	1.저지, 오지 2.깊이	**غاز** (가 - 즈)	1.가스, 기체 2.석유, 기름
غوط (구 - 뜨)	깊이, 깊음	**غاص** (가 - 쏴)	잠수하다, 뛰어들다(물)
غائط (가 - 이뜨)	1.배설물, 대변, 똥 2.분지	**غوص** (가우스)	1.잠수 2.추락(비행기의)
غويط (가위 - 뜨)	깊은	**غائص** (가 - 스)	잠수부
غال (갈 - 라)	1.기습을 하다 2.암살하다	**غائصة** (가 - 이쏴)	해녀, 잠수부
غول (가우왈라)	귀신처럼 놀다	**غواص** (가우와 - 스)	1.잠수부 2.진주 채집자
تغول (타가우왈라)	외모를 바꾸다	**غواصة** (가와 - 사)	잠수함

| اغتال (이그탈 - 라) | 살해하다, 암살하다 | استغوى (이쓰타그와) | 유혹하다, 꾀다 |

| غائل (가 - 일) | 1.뜻밖의 2.괴물, 요물 | غاو (가 - 원) | 유혹자, 유인자 |

| غائلة (가 - 일라) | 재난, 재해, 황폐 | غواة (구와 - 트) | 애호가, …광 |

| غول (구울) | 1.악마, 괴물 2.고릴라 3.재난 | غوية (가위 - 야) | 1.취미 2.유혹 3.애착 |

| غولة (굴 - 라) | 여자 귀신 | غواية (가와 - 야) | 1.잘못, 실수 2.방황 |

| غيلة (길 - 라) | 1.교활, 속임 2.암살, 살해 | أغوية (아그위 - 야) | 함정, 덫, 올가미 |

| اغتيال (이그티야 - ㄹ) | 1.암살 2.교활, 간계 | إغواء (이그와 -) | 사주, 유혹, 유인 |

| مغتال (무그탈 - 르) | 살인자, 암살자 | مغواة (무가우와 - 트) | 함정, 올가미 |

| غوى (가와) | 길을 잃다, 몹시 사랑하다 | غيى (가이야) | 내걸다(깃발을), 올리다(국기를) |

| أغوى (아그와) | 현혹시키다, 유혹하다, 꾀다 | أغيى (아그야) | 목표를 세우다, 한계를 정하다 |

| تغاوى (타가 - 와) | 모르는 척하다 | غائية (가이이 - 야) | 궁극적 목적 |

غاية (가 - 야)	1.깃발 2.의향 3.목표	**غيبوبة** (가이부 - 바)	기절, 실신상태
غاب (가 - 바)	1.결석하다 2.지다(해가)	**غياب** (기야 - 브)	1.일몰 2.결석 3.불가시계
غيب (가이아바)	1.이전시키다 2.추방하다	**مغيب** (마기 - 브)	일몰, 전기, 하늘의 조화
تغيب (타가이야바)	1.결석하다 2.사라지다	**مغيب** (무기 - 브)	별거중인 여자, 이혼녀
اغتاب (이그타 - 바)	헐뜯다, 중상하다	**مغيب** (무가이야브)	1.숨은, 보이지 않는
استغاب (이쓰티가 - 바)	헐뜯다, 욕하다	**مغيب** (무가이이브)	1.마취제 2.마취시키는
غائب (가 - 이브)	1.결석한 2.숨은 3.제삼자	**مغيبات** (무기바 - 트)	마취제
غابة (가 - 바)	1.갈대밭 2.숲 3.정글	**مغتاب** (무그타 - 브)	비방자, 중상자, 비난자
غيوب (구유 - 브)	숨겨져 있는 것	**غاث** (가 - 싸)	하나님께서 비를 내리다
غيب (가이브)	1.결석 2.숨겨진	**غيث** (가이쓰)	비, 많은 비
غيبة (가이바)	결석, 불참석	**غيد** (가이다)	가냘프다, 날씬하다

غيرة	1.질투, 샘 2.열심, 열중	**تغايد**	우아하게 걷다
(가이라)		(타가 - 야다)	
غيري	사심이 없는, 이기적이 아닌	**غيد**	날씬함(여성의), 부드러움
(가이리 -)		(가야드)	
غيرية	이타주의	**غادة**	1.처녀 2.신분이 높은 처녀
(가이리이 - 야)		(가 - 다)	
غيرة	변화, 변경	**أغيد**	어리고 가냘픈
(기 - 라)		(아그야두)	
غيران	질투심이 많은	**غار**	1.질투하다 2.열정을 보이다
(가이라 - 누)		(가 - 라)	
تغير	변경, 변화	**غير**	바꾸다, 변경하다
(타그이 - 르)		(가이야라)	
تغيرة	1.교환, 변경 2.도서대출	**غاير**	1.다르다 2.흥정하다
(타그이 - 라)		(가 - 야라)	
تغير	변경, 변화	**أغار**	질투나게 하다
(타가이유르)		(아가 - 라)	
تغاير	차별, 구별	**تغير**	변경되다, 바뀌다
(타가 - 유르)		(타가이야라)	
مغاير	얌전하지 않는, 부도덕한	**غيور**	1.질투가 많은 2.열심인
(무가 - 이르)		(가유 - 르)	
مغايرة	구별, 차이	**غير**	1.다른 2.… 이 아닌
(무가 - 야라)		(가이르)	

متغير (무타가이야르)	변화되는, 바뀌는	**أغاظ** (아가 -)	화를 내게하다
غاض (가 - 돠)	1.값이 내리다 2.물이 빠지다	**تغيظ** (타가이야좌)	노하다, 화를 내다
أغاض (아가 - 돠)	1. 물을 빼다 2.값을 낮추다	**غيظ** (가이즈)	격노, 노염, 분노, 화
تغيض (타가이야돠)	마르다, 고갈되다	**اغتياظ** (이그티야 - 즈)	분노, 화
غيض (가이드)	1.조산의, 유산의 2.약간	**مغيظ** (마기 - 즈)	성난, 화난, 노한
غيضة (가이돠)	수풀, 밀림	**غام** (가 - 마)	1.구름이 끼다 2.안개가 끼다
غاط (가 - 따)	몰래 들어가다, 잠입하다	**تغيم** (타가야마)	구름이 뒤덮다
غيط (가이뜨)	벌판, 들, 밭	**غائم** (가 - 임)	구름이 낀, 흐린
غيطاني (가이따 - 니)	농부, 농장주	**غيام** (기야 - ㅁ)	1.구름 2.안개
مغايطة (무가 - 야따)	논쟁, 싸움	**غيوم** (구유 - ㅁ)	구름이 낀, 구름이 뒤덮인
غاظ (가 - 좌)	1.화내다 2.괴롭히다	**غيماء** (가이마 - 우)	목마른

مُتَغَيِّم 구름이 낀, 구름이 뒤덮인

(무타가이임)

(파 : الفاء)

فَأَد 1.심장을 찌르다
(파아다) 2.사로잡다(감정을)

فُؤَاد 1.심장 2.지혜 3.마음
(푸아 - 드)

مَفْؤُود 1.심장병에 걸린
(마프우 - 드) 2.심장병 환자

فَانِلا 내의, 속옷
(파 - 닐라)

فَانُوس 등, 초롱, 램프
(파누 - 쓰)

فَأْر 쥐
(파으르)

فَأْس 1.도끼 2.호미, 괭이
(파으쓰)

فَأَل 좋은 징조로 여기다
(파알라)

فَأْل 전조, 길조, 징후
(파을)

تَفَاؤُل 1.낙천주의 2.좋은 징조
(타파 - 울)

مُتَفَائِل 1.낙관적인 2.낙천주의자
(무타파 - 일)

فِئَة 1.떼, 집단 2.떼거리
(피아) 3.세금율

فِئَام 단체의, 무리의
(피아 - 므)

فَتّ 약화시키다,
(팟타) 용기를 잃게 하다

تَفَتَّت 분열되다(핵이)
(타팟타타)

تَفْتِيت 분열(원자력의)
(타프티 - 트)

تَفَتُّت 1.부서짐 2.속상함
(타팟투트)

فَتَح 1.열다 2.정복하다
(파타하)

فَاتَح 대화를 시작하다
(파 - 타하)

تَفَتَّح 감동하다
(타팟타하)

اِفْتَتَح 1.열다(마음이),응하다
(이프타타하) (회의를) 2.열리다

افتتاح (이프티타 - 흐)	시작, 개막
افتتاحية (이프티타히 - 야)	1.사설, 논설 2.서곡
استفتاح (이쓰티프타 - 흐)	시작, 개시, 착수
مفتح (무팟티흐)	입맛을 돋구는
مفتح (무팟타흐)	이성적인, 이지적인
مفتاح (미프타 - 흐)	1.열쇠 2.페달
مفتوح (마프투 - 흐)	1.열린 2.정복된, 점령된
مفتتح (무프타타흐)	시작, 개시
فتر (파타라)	1.약화되다 2.식다
أفتر (아프타라)	1.식히다 2.약화시키다
تفتر (타팟타라)	1.약화되다 2.차지다

استفتح (이쓰타프타하)	시작하다, 착수하다
فتح (파트흐)	여는 것, 개막, 시작
فتحة (푸투하)	1.여는 것 2.틈, 구멍, 틈새
فاتح (파 - 티흐)	1.정복자 2.가벼운(색이)
فاتحة (파 - 티하)	1.처음 2.서문 3.꾸란의 첫장
فتاح (팟타 - 흐)	개시자, 정복자
فتاحة (파타 - 하)	깡통따개, 병마개따개
فتوح (푸투 - 흐)	승리, 정복
فتوحات (푸투하 - 트)	1.점령지 2.성과, 업적
تفتح (타팟투흐)	열리는 것, 피는 것(꽃이)
انفتاح (인피타 - 흐)	1.개방(지적인) 2.발전

파

فترة (파트라)	1.휴지 2.기간, 동안 3.권태	مفتشية (무팟티쉬 야)	검찰직, 검사직
فاتر (파 - 티르)	1.미지근한 2.허약한	فتق (파타까)	1.옷을 찢다 2.폭로하다
فتور (푸투 - 르)	1.미지근함 2.허약, 쇠약	تفتق (타팟타까)	1.공개되다 2.궁리하다
فاتورة (파투 - 라)	1.송장, 계산서 2.견본	انفتق (인파타까)	공개되다, 폭로되다
مفتر (무팟타르)	1.언약한 2.미지근한, 식은	فتاق (피타 - 끄)	탈장(의학)
متفتر (무타팟티르)	간헐적인	مفتوق (마프투 - 끄)	1.째진, 2.탈장에 걸린
فتش (파타샤)	1.검사하다 3.수사하다	فتك (파타카)	1.공격하다 2.죽이다
فتش (팟타샤)	샅샅이 찾다	فتك (파트크)	1.살인, 살육 2.소멸, 전멸
فتيش (파티 - 쉬)	꽃불, 봉화	فتكة (파트카)	파괴, 황폐
تفتيش (타프티 - 쉬)	1.수색 2.사찰, 조사	فتن (파타나)	1.유혹하다 2.탄핵하다
مفتش (무팟티쉬)	검사원, 감독원, 감사원	فتن (푸티나)	현혹되다, 미치다

파

فتية (파티 - 야)	젊음, 청춘	**أفتن** (아프타나)	유혹하다, 매혹시키다
فتوى (파트와)	1.법적 견해 2.면제	**افتتن** (이프타타나)	유혹받다, 황홀해지다
فتاء (파타 -)	젊음, 청춘	**فتنة** (피트나)	1.유혹 2.선동 3.추문, 불명예
فتاة (파타 - 트)	처녀, 젊은 여성	**فاتن** (파 - 티느)	1.매력적인 2.악마, 사탄
فتوة (푸투 - 와)	1.귀족 2.청춘, 젊음	**فتان** (팟타 - 느)	1.유혹하는 2.밀고자, 고발자
افتاء (이프타 -)	이슬람법의 공식의견	**فتين** (파티 - 느)	1.매혹된 2.미친, 미치광이
استفتاء (이쓰티프타 -)	국민투표, 일반투표	**مفاتن** (무파 - 티누)	1.아름다움, 매력 2.마력
مفتى (무프티)	공식적인 이슬람법 해석자	**مفتون** (마프투 - 느)	1.유혹받는 2.사랑에 빠진
فج (팟자)	성큼성큼 걷다	**فتى** (파티야)	젊어지다, 청춘이 되다
فج (핏진)	1.익지 않은 2.말이 무뚝뚝한	**أفتى** (아프타)	1.판결을 내리다 2.해설하다
فجاج (푸자 - 즈)	산길, 계곡길	**فتى** (파탄)	1.젊은이 2.소년 3.하인, 머슴

انفجر (인파자라)	1.폭발하다 2.급습하다	**فجاجة** (파자 - 자)	익지 않은 것
فجر (파즈르)	1.새벽, 여명 2.시초, 시작	**فجأ** (파자아)	1.갑자기 오다, 뜻밖에 오다
فجر (푸즈르)	간음, 방탕	**فاجأ** (파 - 자아)	습격하다, 공격하다
فاجر (파 - 지르)	1.방탕아 2.간음자 3.거짓말쟁이	**فاجئ** (파 - 지으)	뜻밖의, 예상외의
فاجرة (파 - 지라)	창녀, 간음녀	**فجاءة** (푸자 - 아)	갑작스러움, 돌연성
تفجير (타프지 - 르)	폭발	**مفاجأة** (무파 - 자아)	놀람, 경악
تفجر (타팟주르)	폭발	**مفاجئات** (무파지아 - 트)	놀랄만한 일
انفجار (인피자 - 르)	1.폭발, 폭파 2.돌발	**فجر** (파자라)	1.새어나오다 2.간음하다
متفجر (무타팟지르)	폭발의, 폭발성의	**فجر** (팟자라)	폭발시키다
منفجرات (문파지라 - 트)	폭발물, 폭발물질	**أفجر** (아프자라)	간통하다, 간음하다
فجع (파자아)	1.괴롭히다 2.불쌍하게 만들다	**تفجر** (타팟자라)	1.샘솟다, 분출하다(화산)

파

فجا (파자)	열대(문을)
فجوة (파즈와)	1.구멍 2.비석 3.비밀장소
فحش (파후샤)	1.지나치다 2.음탕하다
تفاحش (타파-하샤)	음탕한 말을 하다
فحش (푸흐슈)	1.혐오, 증오, 극악무도
فاحش (파-히슈)	1.지나친 2.음탕한
فاحشة (파-히샤)	1.매춘부, 창녀 2.간통, 매춘
فحاش (파흐하-슈)	1.점잖치 못한 2.방탕자
فحشاء (파흐샤-)	1.간통, 매춘 2.혐오, 못된 짓
فواحش (파와-히슈)	혐오, 못된 것
تفاحش (타파-후슈)	혐오, 극악무도

فجع (푸지아)	슬픔을 겪다, 괴로워하다
تفجع (타팟자아)	괴로워하다, 비통해하다
فاجع (파-지으)	고통스러운, 괴로운, 아픈
فاجعة (파-지아)	불상사, 불행
فجاع (팟자-으)	파멸적인, 참담한, 비참한
فجاعة (파자-아)	대식, 폭식
فجوع (푸주-으)	아픈, 고통스러운, 괴로운
فجيعة (파지-아)	불행, 재난, 재해
فجعان (파즈아-느)	게걸스럽게 먹는
تفجع (타팟주으)	고민, 고통, 고뇌
مفجعات (무팟자아-트)	공포, 전율, 겁

파

استفحال (이쓰티프하 - ㄹ)	1.무서움 2.중대함	مفحشة (무프히샤)	매춘부, 창부
مستفحل (무쓰타프힐)	1.무서운 2.심각한	متفاحش (무타파 - 히슈)	지나친, 과분한
فحم (파후마)	검다, 검게 되다	فحص (파하솨)	1.조사하다 5.검사하다
فحم (파하마)	어이없어 말을 못하다	تفحص (타파흐하솨)	1.조사하다 2.검사하다
فحم (푸히마)	1.엉엉 울다 2.침묵하다	فحص (파흐스)	1.실험 2.검진 3.조사, 수사
انفحم (인파하마)	붉으락 푸르락하다	فاحص (파 - 히스)	1.시험관 2.진찰하는, 검진하는
فحم (파흠)	1.숯, 목탄 2.석탄, 연탄	فحل (파할라)	1.뚱뚱해지다 2.커지다
فحام (파흐하 - ㅁ)	1.연탄장사 2.광부	استفحل (이쓰타프할라)	심각하다, 중대하다
فحوم (푸후 - ㅁ)	검은 색	فحل (파흘)	1.뛰어난 인물 2.귀감, 본보기
فحيم (파히 - ㅁ)	새까만	فحلة (파흘라)	여장부, 표독스러운 여자
مفحم (무프힘)	1.침묵하게 하는 2.확고한	فحولة (푸훌 - 라)	우수, 탁월, 뛰어남

파

مفحمة (마프하마)	광산지대, 석탄지대	**فخار** (팟카-르)	토기, 질그릇, 도기
فحوى (파흐와)	1.의미, 뜻 2.취지, 요지	**فخاري** (팟카-리이)	도공, 도예가
فحواء (파흐와-)	1.의미, 뜻 2.취지, 요지	**فخور** (파쿠-르)	1.교만한 2.자랑하는
فخر (파카라)	1.자랑으로 여기다 2.자랑하다	**فاخورة** (파쿠-라)	도자기 공장
تفخر (타팟카라)	자랑하다, 뽐내다	**تفاخر** (타파-쿠르)	오만, 자부, 자만
افتخر (이프타카라)	영광으로 생각하다	**افتخار** (이프티카-르)	자랑, 자존심, 오만
استفخر (이스타프카라)	영광으로 생각하다	**مفخرة** (마프카라)	자랑거리
فخر (파크르)	1.자랑, 긍지 2.영광, 명예	**مفاخر** (무파-키르)	자랑하는, 허풍떠는
فخرة (푸크라)	명예, 영광, 자랑	**مفاخرة** (무파-키라)	자랑, 허풍떰
فاخر (파-키르)	1.거만한 2.뛰어난 3.화려한	**مفاخرة** (무파-카라)	1.오만 2.자랑, 자존심
فخار (파카-르)	자랑, 긍지, 영광	**مفتخر** (무프타카르)	1.거만한 2.뛰어난

파

فدم (파두마)	1.우둔하다 2.힘들다(이해가)	فخم (파쿠마)	1.거대하다 2.화려하다
فدم (파담)	1.둔한 2.귀찮은, 싫증나는	تفخم (타팟카마)	1.화려해지다 2.이름을 떨치다
فدام (피나 - 므)	덮개, 마개, 뚜껑	فخم (파큼)	1.당당한, 웅대한 2.우아한
فدى (파다)	1.되사다 2.희생하다	فخامة (파카 - 마)	1.장대, 장엄 2.각하, 폐하
فادى (파 - 다)	희생하다, 바치다(신에게)	مفخم (무팟캄)	높이 존경받는 2.어세가 강한
تفادى (타파 - 다)	1.보호하다 2.면하다	فدح (파다하)	…에게 짐을 지우다
افتدى (이프타다)	…를 해방하다	فادح (파 - 디흐)	1.힘든 2.중대한 3.과대한
فدية (피드야)	1.구원, 구출 2.몸값, 배상금	فادحة (파 - 디하)	불행, 재난, 참사, 참극
فداء (피아 -)	1.구원, 되찾음 2.몸값, 배상금	فدع (파다아)	부수다, 금가게 하다
فدائية (피다이 - 야)	자기 희생정신	تفدع (타팟다아)	부서지다, 깨지다
فدائيون (피다이유 - 나)	특공대, 유격대	فدع (파다오)	기형 관절염

파

فرار (피라 - 르)	도망, 도주	**مفدى** (마프디)	1.귀중한 2.헌신적인 사람
فرار (파르라 - 르)	1.도망치는 3.탈주자	**مفاداة** (무파다 -)	희생, 헌신
مفر (마파르르)	1.도망 2.탈출구, 배출구	**فذ** (팟즈)	1.유일한 2.보통이 아닌, 이상한
فراولة (파라 - 왈라)	딸기	**أفذاذ** (아프자 - 즈)	비상한 사람들
فرات (푸라 - 트)	1.민물 2.유프라테스 강	**فذلك** (파즐라카)	결산하다, 청산하다
فرتونة (푸르투 - 나)	1.행운의 여신 2.폭풍	**فذلكة** (파즐라카)	1.요약, 개요 2.결산
فرج (파라자)	1.분리하다 3.없애다(근심)	**فر** (파르라)	도망치다, 도주하다
أفرج (아프라자)	석방하다, 해방하다	**فرر** (파르라라)	도주시키다
تفرج (타파르라자)	1.즐기다 2.관찰하다	**افتر** (이프타르라)	미소짓다, 웃다
إفراج (이프라 - 즈)	해방, 석방	**فر** (파르르)	도망, 탈주
فرج (파라즈)	1.긴장을 품 2.행복한 결말	**فار** (파 - 르르)	탈영병, 군무이탈자

أفرح (아프라하)	기쁘게, 행복하게 하다	**فرج** (파르즈)	1.음부, 외음부 2.갈라진 틈
فرح (파라흐)	1.기쁨, 환희 2.결혼 3.잔치	**فرج** (푸라즈)	무분별한, 경솔한, 지각없는
فرح (파리흐)	기쁜, 유쾌한, 즐거운, 행복한	**فرجة** (푸르자)	1.갈라진 틈 2.행복한 상태
فرحة (파르하)	1.기쁨, 즐거움 2.결혼식	**فروج** (푸루-즈)	닭, 병아리
فرحان (파르하-느)	기쁜, 유쾌한, 즐거운	**تفرجة** (타르리자)	깊은 상처, 갈라진 틈
تفريح (타프리-흐)	즐거움, 유쾌, 상쾌	**تفرج** (타파르라즈)	1.검사, 조사 2.감시, 감찰
مفرح (무프리흐)	즐겁게 하는, 흥겹게 하는	**انفرج** (인파라자)	1.이완, 풀림 2.열리는 것
مفارح (마파-리흐)	즐거운 일	**مفرج** (마프라즈)	1.경감 2.행복한 결말
فرخ (파르라카)	1.품다(알을) 2.싹트게 하다	**متفرج** (무타파르리즈)	관람자, 구경꾼
فرخ (파르크)	1.어린 새, 병아리 2.새싹	**منفرج** (문파리즈)	1.벌어진 2.명랑한
فرخة (파르카)	어린 암컷의 새	**فرح** (파리하)	즐겁다, 기뻐하다, 좋아하다

파

613

فريدة (파리-다)	귀중한 보석, 진주	**فراخ** (피라-크)	가금, 닭
تفريدى (타프리-디)	상세한, 정밀한	**تفريخ** (타프리-크)	부화, 알을 품음
انفراد (인피라-드)	1.고독 2.격리, 고립	**مفرخ** (마프라크)	부화장, 알까는 장소
مفرد (무프라드)	1.유일한 2.단어	**فرد** (파라다)	1.유일하다 2.물러가다
مفردة (무프라다)	약초	**فرد** (파르라다)	고립시키다, 분리시키다
مفردات (무프라다-트)	어휘	**أفرد** (아프라다)	1.제쳐두다 2.선발하다
متفرد (무타파르리드)	1.외로운 2.독특한	**انفرد** (인파라다)	1.홀로 서다 2.고립되다
منفرد (문파리드)	1.고립된 2.홀로 3.개별적인	**فرد** (파르드)	1.하나 2.개인 3.유일의
فردوس (파르다우쓰)	1.낙원, 천국 2.정원	**فردية** (파르디-야)	개인주의
فرز (파라자)	1.분리하다 2.가려내다	**فردة** (피르다)	인두세
أفرز (아프라자)	1.배설하다 2.검사하다	**فريد** (파리-드)	1.유일한 2.비할데 없는

파

فرز (파라즈)	1.분리 2.선별 3.배설	فرسنة (파르싸나)	용감성, 대담성
فريز (파리-즈)	테두리, 모서리	فارس (파-리쓰)	1.기사 2.영웅 3.이란인
إفراز (이프라-즈)	분비(땀 등의), 배설	فراسة (피라-싸)	1.관상학 2.총명, 예민
مفرزة (마프라자)	일대, 떼, 무리	فروسة (푸루-싸)	1.미술, 기마술 2.기사도
مفرزات (무프라자-트)	배설물, 분비물	فروسية (푸루씨-야)	영웅적 기질
مفروز (마프루-즈)	1.분리된 2.구분된	فريسة (파리-싸)	희생물, 잡은 동물
فرس (파라싸)	1.잡아먹다 2.죽이다	فرش (파라샤)	1.전개하다 2.포장하다(길 등을)
تفرس (타파르라싸)	1.노려보다 2.알아보다	فرش (파르라샤)	포장하다, 타일을 붙이다
افترس (이프타라싸)	능욕하다, 강간하다	انفرش (인파라샤)	깔리다
فرس (파라쓰)	말(가축), 암말	افترش (이프타라샤)	1.내뻗다 2.여자와 동침하다
فرس (푸르쓰)	1.이란 사람 2.이란, 페르시아	فرش (파르슈)	1.가구를 갖춤 2.가구

파

فرشة (파르샤)	침대, 침대요, 매트리스	فرص (파르라솨)	공휴일로 만들다
فراش (파라 - 슈)	나방, 나비	افترص (이프타라솨)	붙잡다, 포착하다
فراشة (파라 - 샤)	1.나방 2.경솔한 사람	فرصة (푸르솨)	1.기회, 호기 2.차례 3.휴가
فراش (피라 - 슈)	1.매트리스 2.방석 3.담요	مفرص (무파르리스)	피서객, 관광객
فراش (파르라 - 슈)	1.하인, 시종 2.사환	فرض (파라돠)	1.추측하다 2.판결하다
فروشات (푸루샤 - 트)	가구, 살림살이	فرض (파르라돠)	1.법제화하다 2.해석하다
مفرش (미프라슈)	1.덮는 것 2.침대보	افترض (이프타라돠)	1.규정하다(책임을) 2.지우다
مفرشة (미프라샤)	깔개, 까는 담요	فرض (파르드)	1.상상, 추측 2.의무, 책임
مفروش (마프루 - 슈)	가구가 가추어진	فارض (파 - 리드)	오래된, 늙은
مفروشات (마프루샤 - 트)	가구, 살림살이	فرضية (파르듸 - 야)	가설, 가정, 상상
فرص (파라솨)	절개하다, 해부하다	فريضة (파리 - 돠)	1.의무예배 2.신의 명령

فراطة (푸라-따)	잔돈, 동전
فارط (파-리뜨)	지난, 흘러간
فروط (푸루-뜨)	불쑥 튀어나온 말
إفراط (이프라-뜨)	무절제, 사치
تفريط (타프리-뜨)	태만, 부주의
مفرط (무프리뜨)	지나친, 과도한
فرع (파라아)	1.높다 2.능가하다
تفرع (타파르라아)	1.갈라지다 2.기원하다
انفرع (인파라아)	분할되다, 분리되다
افترع (이프타라아)	…의 처녀성을 빼았다
فرع (파르으)	1.가지 2.부, 과 3.지점

افتراض (이프티라-드)	가설, 가상, 추측
مفروض (마프루-드)	1.예측되는 2.규정된
مفروضات (마프루돠-트)	의무들, 책임들
فرط (파라따)	1.놓치다 2.등한시하다
فرط (파르라따)	1.낭비하다 2.남용하다
أفرط (아프라따)	극단으로 흐르다
انفرط (인파라따)	1.벗겨지다 2.용해되다
فرط (파르뜨)	1.과도함 2.가혹 3.풀린
فرط (파라뜨)	이익, 이자
فرط (피르뜨)	값이 싼, 저렴한, 저가의
فرطة (푸르따)	짧은 거리, 구간

파

617

تفرغ 1.한가하다 2.쏟다(정력을) (타파르라가)	**فرعى** 1.부분적인 2.지협적인 (파르이)
استفرغ 1.써버리다 2.토하다 (이쓰타프라가)	**فارع** 1.날씬한 3.풍채 좋은 (파 - 리으)
فرغ 1.빈, 공허한 2.한가한 (파리그)	**أفرع** 키가 큰, 호리호리한 (아프라으)
فارغ 1.텅 빈 2.바쁘지 않는 (파 - 리그)	**تفرع** 1.다재다능 2.이차적인 것 (타파르루으)
فراغ 1.텅 빔 2.공간 3.틈, 여가 (파라 - 그)	**مفرع** 분파된, 갈라진 (무파르라으)
فروغ 1.공석, 공백 2.종료 (푸루 - 그)	**متفرع** 1.갈라지는 2.가지가 많은 (무타파르리으)
تفريغ 1.철거 2.하역함 3.소모 (타프리 - 그)	**فرعن** 1.거만하다 2.잔인하다 (파르아나)
مفروغ 1.해결된 2.다 써버린 (마프루 - 그)	**فرعنة** 1.전횡 2.교만 3.악의 (파르아나)
متفرغ 한가한, 일 없는 (무타파르리그)	**فرعون** 1.파라오 2.폭군 (피르아운)
فرفش 성원하다, 응원하다 (파르파샤)	**فرغ** 1.비다 2.전념하다 (파라가)
فرفشة 편안, 안락, 안일 (파르파샤)	**أفرغ** 1.비우다 2.짐을 부리다 (아프라가)

파

مفرفش (무파르파슈)	기분이 좋은, 유쾌한	**فرق** (파라끄)	공포, 두려움, 무서움
فرك (파르파카)	문지르다, 비비다	**فرق** (파르끄)	1.차이 2.구별 3.차액
فرفكة (파르파카)	마찰, 비비는 것	**فرق** (피르끄)	1.무리 3.국, 과, 반
فرق (파라까)	1.구별하다 2.분리하다	**فرقة** (피르까)	.국, 과, 반 2.등급 3.분파
فرق (파리까)	1.무서워하다, 두려워하다	**فرقة** (푸르까)	분할, 분리, 분열
فرق (파르라까)	1.분배하다 2.이간시키다	**فراق** (피라-끄)	1.이별, 작별 2.차이점
فارق (파-라까)	1.갈라서다 2.떠나다	**فاروق** (파루-끄)	아주 겁 많은
تفرق (타파르라까)	분리되다, 해체되다	**فروق** (파루-끄)	1.겁 많은 2.이스탄불
تفارق (타파-라까)	1.헤어지다 2.흩어지다	**فروقة** (파루-까)	겁쟁이
انفرق (인파라까)	분리되다, 이탈하다	**فريق** (파리-끄)	1.일행 2.일대 3.팀 4.당파
افترق (이프타라까)	해산되다	**فرقان** (푸르까-ㄴ)	1.증거 2.식별 3.꾸란

파

فرقعة (파르까아)	총소리, 폭발음
مفرقع (무파르끼으)	1.폭파의 2.폭발물
فرك (파라카)	문지르다, 비비다
تفرك (타파르라카)	1.비비다 2.마찰하다
فركة (파르카)	비비는 것, 문지르는 것
مفروك (마프루 - 크)	1.문지른 2.부드러운
فرم (파라마)	잘게 썰다(고기 등을)
فرمة (파르마)	부스러기, 조각
فرمان (파라마 - ㄴ)	칙령, 법령, 포고
مفرمة (미프라마)	분쇄기, 절단기
مفروم (마프루 - ㅁ)	잘게 썰어진, 다져진

تفرق (타파르루끄)	1.분산 2.분리, 분할, 격리
تفريق (타프리 - 끄)	1.분리, 분산 2.분배 3.차별
تفريقة (타프리 - 까)	1.분할 2.구별, 차별
افتراق (이프티라 - 끄)	분리, 격리, 분할
مفرق (마프라끄)	1.분기점 2.교차로, 십자로
مفرق (무파르리끄)	1.소매상인 2.우체부
مفارقة (무파 - 라까)	1.이별, 작별 2.구별
متفرق (무타파르리끄)	흩어진, 분산된
متفرقات (무타파르리까 - 트)	갖가지의, 잡다한
مفترق (무프타라끄)	1.분기점 2.교차로
فرقع (파르까아)	폭발하다, 파열시키다

فرملة (파르말라)	제동기, 브레이크	**فاره** (파 - 리흐)	1.활기에 넘친 2.미모의
فرن (푸른)	오븐, 화덕, 화실(기관차의)	**فراهة** (파라 - 하)	1.민첩, 활발 2.미모
فرنية (푸르니 - 야)	과자, 생과자	**فرهد** (파르하다)	지치다, 녹초가 되다
فرنج (파르나자)	유럽화하다, 구라파화하다	**فرهدة** (파르하다)	녹초, 기진맥진
تفرنج (타파르나자)	유럽을 모방하다	**فروة** (파르와)	모피, 모피제품
افرنج (이프란즈)	유럽사람	**فرى** (파라)	1.날조하다 2.중상하다
تفرنج (타파르란즈)	유럽화, 서구화	**أفرى** (아프라)	째다, 자르다
متفرنج (무타파르란즈)	유럽화 된	**افترى** (이프타라)	1.날조하다 2.비방하다
فرند (피린드)	1.검도솜씨 2.광채, 섬광	**فرية** (피르야)	1.거짓말 2.중상, 비방
فرندة (파란다)	베란다, 뒷마루	**افتراء** (이프티라 -)	1.비방, 중상 2.날조
فره (파루하)	1.민첩하다 2.아름답다	**مفتريات** (무프타리야 - 트)	거짓말들

فزّ (팟자)	1.깜짝놀라다 2.달아나다	أفزع (아프자아)	위협하다, 놀라게 하다
تفزّز (타팟자자)	마음이 들뜨다	تفزّع (타팟자아)	무서워하다, 놀래다
استفزّ (이쓰타팟자)	자극하다, 부추기다	انفزع (인파자아)	놀라다, 무서워하다
فزّة (팟자)	펄쩍 뜀, 급격한 돌진	فزع (파자으)	두려움, 무서움, 공포
استفزاز (이쓰티프자 - 즈)	부추김, 선동	فزع (파지으)	두려운, 겁에 질린
مستفزّ (무쓰타핏즈)	도발자, 선동자	فزعة (파즈아)	허수아비
فزر (파자라)	파열하다, 찢다, 째다	فزعة (푸즈아)	비겁한 사람
تفزّر (타팟자라)	찢다, 째다, 쪼개다	فزعان (파즈아 - 느)	두려운, 겁에 질린
فزارة (파자 - 라)	암표범	مفزع (마프자으)	피난처, 은신처, 피신처
فزورة (파주 - 라)	수수께끼	مفزعة (마프자아)	1.피신처 2.허수아비
فزع (파자아)	1.무서워하다 2.피하다	مفزع (무프자으)	겁나는, 놀라는

فستان (푸쓰타 - 느)	드레스, 부인복	فسخ (파싸카)	1.시들다 2.무효로 하다
فستق (푸쓰투끄)	땅콩의 일종	فسخ (파쌋카)	1.째다 2.소금에 절이다
فسح (파쑤하)	넓다, 넓게 되다	انفسخ (인파싸카)	취소되다, 폐기되다
أفسح (아프싸하)	1.자리를 내주다 2.개방하다	فسخ (파쓸크)	취소, 폐지, 폐기
تفسح (타팟싸하)	1.넓다 2.걷다 3.배설하다	فساخة (파싸 - 카)	생선 통졸임 공장
فسحة (파싸하)	1.로비, 넓은 방 2.안뜰	فسيخ (파씨 - 크)	소금에 절인 작은 생선
فسحة (푸쓰하)	1.널찍함 2.공간 3.산책	مفسوخ (마프쑤 - 크)	취소된, 폐기된
فسحات (푸쓰하 - 트)	1.빈, 공간 2.유람	متفسخ (무타팟씨크)	타락한, 퇴화한
فساحة (파싸 - 하)	공간, 넓은 곳	فسد (파싸다)	1.썩다 2.부패하다
فسيح (파씨 - 흐)	넓은, 광범위한	أفسد (아프싸다)	1.못쓰게 만들다 2.무효로 하다
انفساح (인파싸 - 흐)	넓음, 넓힘, 확장	استفسد (이쓰타프싸다)	선동하다, 부추기다

مفسر (무팟씨르)	해설자, 주석자, 설명자	فاسد (파-씨드)	1.타락한 2.부패한
فسفس (파쓰파싸)	빈대	فساد (파싸-드)	1.부패, 타락 2.비행
فسفوسة (파쓰푸-싸)	여드름(의학), 뾰루지, 농포	إفساد (이프싸-드)	파락, 부패, 퇴패
فسيفساء (푸싸이피싸-)	모자이크, 모자이크 작품	مفسدة (마프싸다)	1.나쁜 짓 2.음모
فسق (파싸까)	간음하다(여자를), 능욕하다	مفاسد (마파-씨드)	사악한 행동, 속임수
فسق (피쓰끄)	1.방탕 2.간통, 간음, 방탕한 생활	فسر (파싸라)	검사하다(소변), 실험하다
فسقية (파쓰끼-야)	분수, 우물	فسر (팟싸라)	1.해석하다 2.주석을 달다
فاسق (파-씨끄)	1.방탕한 2.죄인 3.경건치 않은	تفسير (타프씨-르)	1.해석 2.뜻풀이 3.번역
مفسقة (마프싸까)	창녀집	تفسرة (타프씨라)	검사용의 소변
فسل (파쌀라)	나쁘다, 저열하다	تفسيرات (타프씨라-트)	주해, 범례
فسل (파쓸르)	1.비천한 2.야비한, 비열한	استفسار (이쓰티프싸-르)	…에 대한 문의, 질문

파

فشخة (파슈카)	큰 걸음, 활보	**فسولة** (푸쑬 - 라)	낮음(신분이), 비천함
فشر (파샤라)	허풍떨다, 떠벌리다	**فسلج** (파쓸라자)	생리학
فشار (피샤 - 르)	튀긴, 옥수수, 팝콘	**فسا** (파싸)	소리없이 방귀를 뀌다
فشار (팟샤 - 르)	허풍쟁이, 거짓말쟁이	**فساء** (푸싸 -)	체내의 가스, 방귀
فشل (파쉴라)	1.낙담하다 2.실패하다	**فش** (팟샤)	1.가라앉다 2.열쇠없이 열다
أفشل (아프샬라)	훼방놓다, 실패하게 하다	**انفش** (인팟샤)	가라앉다
تفشل (타팟샬라)	실패하다, 잘못되다	**فشاش** (파샤 - 슈)	도둑(열쇠를 부수고 들어온)
فشل (파샬)	실패, 실망, 실수	**فشاشة** (팟샤 - 샤)	자물쇠를 여는 사람이나 도구
فاشل (파 - 쉴)	1.실패한 2.가치 없는	**فشوش** (파슈 - 슈)	실패한, 망친
فشا (파샤)	1.유포되다 2.드러나다	**مفش** (미팟슈)	허풍쟁이
تفشى (타팟샤)	퍼지다(병이), 유행하다	**فشخ** (파샤카)	1.찰싹 때리다 2.활보하다

تفصح (타팟쏴하)	허풍을 떨다	انفشى (인파샤)	폭로되다, 드러나다
فصح (파스흐)	1.부활절 2.유월절 3.순수한 언어	فشو (파슈우)	돌발, 퍼짐, 유포
فصاحة (파쏴-하)	웅변, 말재간	فاش (파-쉰)	소문난, 전파되는, 누설된
فصيح (파시-흐)	1.순수한 아랍어 2.능변의	تفشّ (타파쉰)	펼쳐짐, 전파됨, 누설
تفاصح (타파-수흐)	과장된, 말, 호언장담	مفشى (마프쉬)	전파된(병이), 누설된(기말이)
مفصح (무프시흐)	1.분명한 2.쾌청한	فصص (팟쏴쏴)	껍질을 벗기다
فصد (파쏴다)	피를 뽑다, 방혈을 하다	فص (팟스)	1.기본, 본질 2.돌보석
انفصد (인파쏴다)	피가 나다, 흐르다(코피가)	مفصصص (무팟쏴스)	1.조각난 2.껍질이 벗겨진
افتصد (이프타쏴다)	피를 뽑다	فصح (파수하)	말을 유창하게 하다
فصد (파스드)	1.채혈 2.코피가 나는	فصح (팟쏴하)	표준 아랍어를 사용하다
فصل (파쏼라)	1.분리하다 2.해고하다	أفصح (아프쏴하)	1.선언하다 2.표준어를 사용하다

مفصل (마프실)	관절, 마디, 절
مفصّل (무팟쌀)	1.상세한 2.맞춤의(옷 등)
مفصو (마프수 - ㄹ)	1.분리된 2.해임된
منفصل (문파실)	1.분리된 2.해임된, 제명된
فصم (파쏘마)	1.절단하다 2.부수다
انفصم (인파쏘마)	1.단절되다 2.풀리다
انفصام (인피쏘 - ㅁ)	1.분열 2.정신분열증
فض (팟돠)	1.해산시키다(의회) 2.결말을 짓다(분쟁)
فضض (팟돠돠)	은을 도금하다
تفضض (타팟돠돠)	도금이 되다
انفض (인팟돠)	1.해산하다 2.끝내다

فصل (팟쌀라)	1.상술하다 2.재단하다(옷)
فاصل (파 - 쌀라)	1.흥정하다 2.분리되다
انفصل (인파쌀라)	1.분리되다 2.사임하다
فصل (파슬)	1.분할 2.책의 장 3.학년 4.계절
فاصل (파 - 실)	1.결정적인 2.사이, 구간
فصيل (파실 - ㄹ)	1.젖을 땐 2.젖 땐 아이
فصيلة (파실 - 라)	종(생물의), 종류
فيصل (파이쌀루)	1.결정적인 기준 2.중재인
تفصيل (타프시 - ㄹ)	1.상술, 진술 2.재단(옷)
انفصال (인파쌰 - ㄹ)	1.분리 2.해방 3.탈퇴
انفصالية (인파쌀리 - 야)	분리주의, 독립주의

فضحة (파드하)	수치, 창피한 일	**افتضّ** (이프탓돠)	처녀성을 빼앗다
فاضح (파 - 디흐)	수치스러운, 창피한	**فضّ** (팟드)	1.분산, 해산 2.해결 3.종결, 폐회
فضاحة (파돠 - 하)	수치, 불명예, 망신	**فضة** (핏돠)	은
فضيح (파드 - 흐)	1.수치스러운 2.폭로된	**تفضيض** (타프딕 - 드)	은도금
فضيحة (파드 - 하)	수치, 굴욕, 불명예	**انفضاض** (인피돠 - 드)	1.해산 2.종결, 폐회
فضائح (파돠 - 이흐)	1.창피 2.추행, 비행	**افتضاض** (이프디돠 - 드)	능욕(처녀를), 유린
انفضاح (인피돠 - 흐)	1.폭로, 노출 2.수치	**مفضّض** (무팟돠드)	은을 도금한
افتضاح (이프티돠 - 흐)	파렴치한 행위	**فضح** (파돠하)	들추어내다, 망신시키다
مفضوح (마프두 - 흐)	1.망신시키는 2.폭로된	**انفضح** (인파돠하)	폭로되다, 모욕당하다
فضل (파돨라)	나머지가 있다, 보다 좋다	**افتضح** (이프타돠하)	폭로되다, 노출되다
فضّل (팟돨라)	좋아하다, 선호하다	**فضح** (파드흐)	폭로, 들춤, 치욕, 굴욕

فاضل (파-딜라)	…와 우열을 다투다, 경쟁하다	**فضولية** (푸둘리-야)	1.호기심 2.간섭, 참견
أفضل (아프딸라)	은혜를 베풀다	**فضيل** (파듸-ㄹ)	1.뛰어난 2.박식한
تفضل (타팟딸라)	친절하다, …하여 주다	**فضيلة** (파딜-라)	1.미덕 2.장점, 우월
فضل (파들)	1.호의 2.장점 3.공로 4.우월	**أفضلية** (아프딸리-야)	1.선택 2.우선권, 특혜
فضلة (파들라)	1.나머지 2.과잉 3.자투리	**أفاضل** (아파-딜루)	학식 있는 사람
فضلات (파달라-트)	배설물, 똥	**تفضل** (타팟둘)	겸손, 친절, 호의, 예의
فاضل (파-딜)	1.잔액 3.정숙한 4.기특한	**تفضيل** (타프듸-ㄹ)	1.우선권 2.편애 3.존중
فاضلة (파-딜라)	1.공로, 공적 2.덕성 3.증가	**مفضل** (무팟딸)	1.바람직한 2.좋아하는
فضالة (푸딸-라)	1.나머지, 여분 2.찌꺼기	**مفضلة** (미프딸라)	실내복, 간편한 복장
فضلاء (푸딸라-우)	1.뛰어난 2.박식한	**مفضلات** (미프딸라-트)	아마포, 린넨
فضول (푸두-ㄹ)	1.호기심 2.참견, 간섭	**مفاضلة** (무파-딸라)	비교, 대조

파

فطرة (피뜨라)	1.창조 2.창조 3.본성	**مفضول** (마프두-르)	열등한, 제일 나쁜
فاطر (파-띠르)	1.조물주 2.창작자, 제작자	**فضا** (파돠)	1.넓다 2.비다, 공허하다
فطور (파뚜-르)	아침식사, 조반	**أفضى** (아프돠)	1.알리다 2.공헌하다
فطير (파띠-르)	누룩을 넣지 않는 빵	**تفضى** (타팟돠)	1.몰두하다 2.한가하다
إفطار (이프따-르)	금식을 깨뜨리는 식사	**فاض** (파-딘)	1.빈, 공허한 2.한가한
فطس (파따싸)	죽다, 소멸하다	**فضاء** (파돠-)	1.공간 2.우주 3.광활한 공간
فطسان (파뜨싸-누)	질식사한, 목졸라 죽인	**فطر** (파따라)	1.창조하다 2.조반을 먹다
فطيس (파띠-쓰)	질식하는, 숨막히는	**أفطر** (아프따라)	단식을 깨다, 아침을 먹다
فطيسة (파띠-싸)	1.시체, 송장 2.짐승의 시체	**فطر** (파프뜨르)	갈라진 금, 틈
فطم (파따마)	젖을 떼다, 이유시키다	**فطر** (푸뜨르)	버섯
فطام (피따-ㅁ)	젖을 뗀 아이	**فطر** (피뜨르)	금식을 깨는 것

فاطمة (파 - 티마)	예언자 무함마드의 딸 이름	**فظ** (팟좌)	무례하다, 버릇이 없다
فطيم (파띰 - ㅁ)	젖을 뗀	**فظ** (팟즈)	버릇없는, 무례한, 거치른
مفطوم (마프뚬 - ㅁ)	젖을 뗀	**فظاظة** (파좌 - 좌)	난폭, 무례한 것
فطن (파띠나)	1.영리하다 2.회상하다	**فظع** (파주아)	무섭다, 끔찍하다
تفطن (타팟똬나)	이해하다, 파악하다	**فظع** (팟좌아)	만행을 하다
فطن (파띠느)	1.총명한, 재치있는 2.교활한	**فظاعة** (파좌 - 아)	1.공포, 전율 2.잔인, 흉악
فطنة (피뜨나)	1.총명, 영민 2.이해, 파악	**فظيع** (파지 - 으)	무서운, 끔찍한, 추한
فاطن (파 - 띠느)	1.영리한, 총명한 2.교활한	**مفظع** (무프지으)	끔찍한 죄
فطونة (푸뚜 - 나)	영리함, 재치있음, 이해력	**فعل** (파알라)	1…을 하다 2.영향을 미치다
فطين (파띠 - 느)	1.영리한, 총명한 2.교활한	**تفاعل** (타파 - 알라)	상호작용하다
تفطن (타팟뚜느)	지능, 이해력, 이해	**انفعل** (인파알라)	1.영향을 받다 2.흥분되다

مفعولية 1.행동, 작용 2.분노 (마프울리 - 야)	**افتعل** 1.조작하다 2.위조하다 (이프타알라)
منفعل 1.흥분한 2.성격이 급한 (문파일)	**فعل** 1.행동, 행위, 일 2.영향 3.기능 (피을)
فعم 가득 채우다, 채워넣다 (파아마)	**فعلة** 행동, 행위 (파을라)
مفعم 가득 찬, 충만한 (무프아므)	**فاعل** 1.행위자 2.가해자 3.유효한 (파 - 일)
فغر 입을 열다, 하품을 하다 (파가라)	**فاعلية** 효과, 효능, 효력 (파일리 - 야)
فغرة 계곡 어귀, 골짜기 입구 (푸그라)	**تفاعل** 1.상호작용 2.화학반응 (타파 - 울)
فاغر 결원 된, 빈 (파 - 기르)	**انفعال** 1.흥분 2.노여움 3.반작용 (인파아 - ㄹ)
فغم 냄새가 코를 찌르다 (파가마)	**انفعالات** 흥분, 동요, 소동 (인피알라 - 트)
فاغم 냄새가 코를 찌르는 (파 - 김)	**انفعالية** 흥분잘하는 성질 (인파알리 - 야)
فاغية 헤나 꽃 (파 - 기야)	**افتعال** 꾸며내는 것, 날조 (이프티아 - ㄹ)
فغوة 향기 (파그와)	**مفعول** 1.영향 2.효력 3.끝난 (마프우 - ㄹ)

파

تفقد (타팟꾸드)	1.탐색 2.방문 3.검사 4.필요	**فقأ** (파까아)	1.도려내다 2.린넷으로 절개하다
مفقود (마프꾸-드)	행방(생사)불명의 사람	**تفقأ** (타팟까아)	파열하다, 폭발하다, 터지다
متفقد (무타팟끼드)	1.검사하는 2.검사관	**فقحة** (파끄하)	항문, 똥구멍
مفتقدات (무프타끼다-트)	잃은 물건	**فقد** (파까다)	1.잃다 2.놓치다(기회를)
فقر (파까라)	멍을 뚫다, 꿰뚫다, 찌르다	**أفقد** (아프까다)	빼앗다, 강탈·약탈하다
فقر (파꾸라)	가난하다	**تفقد** (타팟까다)	1…을 찾다 2.시찰하다
افتقر (이프타까라)	1.필요하다 2.부족하다	**استفقد** (이쓰타프까다)	부족감을 느끼다
فقر (파끄르)	1.가난, 빈곤 2.부족, 결핍	**فقد** (파끄드)	1.잃음, 상실 2.사별
فقرة (파끄라)	척추골, 허리뼈	**فاقد** (파-끼드)	…을 잃은, …이 없는
فقرة (피끄라)	1.문장, 절, 단락 2.사슬의 고리	**فقدان** (푸끄다-ㄴ)	1.잃음, 상실 2.사별
فاقرة (파-끼라)	불행, 재난, 재해	**فقيد** (파끼-드)	1.잃어버린 2.죽은, 고…

파

فقط (파까뜨)	1.다만, 오직 2.합계하여	**فقارة** (파까 - 라)	등뼈대, 척추
فقع (파까아)	1.노란색이 되다 2.일사병으로 죽다	**فقير** (파끼 - 르)	1.가난한 2.가난뱅이
انفقع (인파까아)	벌어지다, 활짝피다	**افتقار** (이프티까 - 르)	요구, 필요, 결핍
فقع (푸끄으)	버섯	**مفقور** (마프꾸 - 르)	허리를 다친
فاقع (파 - 끼으)	1.색갈이 밝은 2.샛노란	**فقس** (까파싸)	알을 까다, 부화하다
فاقعة (파 - 끼아)	1.물집(의학), 수포 2.농포	**مفقس** (미프까쓰)	부화기, 조산아 보육기
فقاعة (풋까 - 아)	거품, 기포	**فص** (파까솨)	알을 품다, 까다
فقوع (푸꾸 - 으)	1.터진 틈 2.바보, 천치	**فقوص** (팟꾸 - 스)	큰 오이
فقم (파끼마)	심상치 않다, 위험하다	**تفقيص** (타프끼 - 스)	부화, 알을 품음
تفاقم (타파 - 까마)	심상치 않다	**فقط** (팟까따)	숫자를 문자로 쓰다
أفقم (아프까무)	뻐드렁니의	**تفقط** (타팟까따)	숫자가 문자로 쓰이다

파

634

تفكك 분열, 해체, 분할 (타프키ー크)	**تفاقم** 악화, 격화 (타파ー꿈)
تفكّك 분열, 분리, 분해, 파괴 (타팟쿠크)	**فقه** 법률적 지식을 가지다 (파끼하)
انفكاك 1.해방 2.해약 (인피카ー크)	**أفقه** 알게 하다, 가르치다 (아프까하)
مفكوك 풀린, 매지 않은 (마프쿠ー크)	**تفقّه** 이슬람법률을 연구하다 (타팟까하)
مفكّك 말이 앞뒤가 맞지 않는 (무팟카크)	**فقه** 1.지식, 학식 (피끄흐) 2.이슬람 법률
فكر 생각하다, 사색하다, 명상하다 (파카라)	**فقيه** 이슬람 법률학자 (파끼ー흐)
تفكّر 회상하다, 생각해내다 (타팟카라)	**فكّ** 1.옷을 벗기다 (팟카) 2.노예를 석방하다
افتكر 생각하다, 사색하다, 명상하다 (이프타카라)	**تفكّك** 1.분해되다 2.와해되다 (타팟카카)
فكر 1.사상, 생각 2.견해 (피크르) 3.근심, 염려	**فكّ** 1.분해, 해체, 분리 2.탈골 (팟크)
فكرة 1.이념, 의견 (피크라) 2.불안, 걱정, 주저	**فكّة** 1.잔돈, 거스름돈, 동전 (팟카) 2.만족
فكريات 이데올로기, (피크리야ー트) 이념, 사상	**فكاك** 1.해방, 노예해방 (파카ー크) 2.몸값, 배상금

파

فكير (팟키-르)	생각에 잠긴, 사려 깊은	
تفكر (타팟쿠르)	1.생각, 사색, 명상 2.고려	
تفكرة (타프키라)	1.회상, 회고, 상기 2.수첩	
تفكير (타프키-르)	1.심사숙고 2.고려 3.사상	
مفكر (무팟키르)	사상가, 사색가	
مفكرة (무팟키라)	수첩, 비망록, 공책	
مفكرات (무팟키라-트)	생각, 의견, 견해	
فكه (파키하)	즐겁다, 기쁘다, 익살스럽다	
فكه (팟카하)	1.즐겁게 하다 2.과일을 먹다	
فاكه (파-카하)	농담을 하다, 익살을 부리다	
تفكه (타팟카하)	1.재미있어 하다 2.농담을 하다	

فكه (파키흐)	1.유쾌한 2.농담의 3.맛있는	
فاكه (파-키흐)	1.즐거운 2.유머러스한, 해학의	
فاكهاني (파키하-니)	과일장수	
فكاهة (푸카-하)	1.웃기는 것, 우스개 말 2.유모	
فكاهى (푸카-히)	1.유머러스한 2.익살꾼, 해학자	
فكيه (파키-흐)	맛있는, 맛좋은	
أفكوهة (우프쿠-하)	1.우스개소리 2.유머, 해학	
أفاكيه (아파키-흐)	농담, 익살맞은 말이나 행동	
تفكه (타팟쿠흐)	1.기쁨, 즐거움 2.유머러스한 말	
مفاكهة (무파-카하)	1.놀리는 말 2.유머	
فل (팔라)	1.무디게 하다 2.도망가다	

فلة (필라)	빌라, 시골집	**فلج** (팔라좌)	1.무찌르다 3.경작하다
فلال (풀라 - ㄹ)	패배한, 참패한	**فلج** (풀리좌)	마비되다
فلت (팔라타)	1.해방하다 2.가버리다	**انفلج** (인팔라좌)	마비되다
أفلت (아플라타)	해방시키다, 구출하다	**فلج** (팔즈)	개천, 시냇물
انفلت (인팔라타)	1.석방되다 2.달아나다	**فالج** (팔 - 리즈)	마비, 중풍
فلت (팔라트)	도망, 도주	**فيلج** (파일라좌)	누에고치
فلتة (팔타)	과실, 잘못, 착오, 실패	**مفلوج** (마플루 - 즈)	마비된, 중풍에 걸린
فالت (팔 - 리트)	1.구속 없는 2.방탕자	**فلح** (팔라하)	1.경작하다 2.성공하다
إفلات (이플라 - 트)	1.도주 2.해방, 석방	**أفلح** (아플라하)	성공하다, 행복을 누리다
انفلات (인필라 - 트)	도망, 탈출, 벗어남	**فلح** (필호)	1.시골, 농촌 2.농촌생활
مفلت (마플리트)	출구, 빠져 나가는 길	**فلاح** (팔라 - 흐)	1.성공 2.복지 3.농부

파

فلاس (팔라 - 쓰)	환전상인	فلاحة (필라 - 하)	1.경작 2.농사, 농업
إفلاس (이플라 - 쓰)	1.파산 2.지불불능 3.실패	مفلح (무플리흐)	1.성공한 2.유복한 사람
تفليسة (타플리 - 싸)	파산, 도산	فلز (필즈)	금속, 광물
تفليس (타플리 - 쓰)	파산선언	فولاذ (풀라 - 즈)	강철
تفاليس (타팔리 - 쓰)	파산, 지불불능, 실패	فولاذى (풀라 - 지)	강철의, 강철 같은, 강인한
مفلس (무플리쓰)	1.판산한 3.파산자	أفلاذ (아플라 - 즈)	땅속의 보물
فلسطين (필리스티 - ㄴ)	팔레스타인	فلس (팔라싸)	파산하다, 실패하다
فلسف (팔싸파)	철학적으로 해석하다	أفلس (아플라싸)	1.파산하다 2.몰락하다
فلسفة (팔싸파)	철학	فلس (팔라쓰)	가난, 빈궁
فيلسوف (파일라쑤 - 프)	철학가	فلس (팔쓰)	1.돈 2.작은 동전
متفلس (무타팔씨프)	철학자인체 하는 사람	فلوس (풀루 - 쓰)	돈, 현금

فلط (풀뜨)	볼트(전기)	**فلقة** (팔라까)	매질, 곤장(발바닥 때리는)
فلطية (풀띄 - 야)	전압, 전기량	**فلاق** (팔라 - 끄)	노상강도
فلفل (팔팔라)	고추가루를 뿌리다	**فيلق** (파일라끄)	대군, 군단, 여단
فلفل (필필)	후추, 고추	**انفلاق** (인필라 - 끄)	분열
مفلفل (무팔팔)	고추를 친 후추를 넣은	**مفلق** (무플리끄)	뛰어난, 탁월한
فلق (팔라까)	쪼개다, 찢다, 가르다	**مفلوق** (마플루 - 끄)	쪼개진, 균열이 생긴
تفلق (타팔라까)	쪼개지다, 갈라지다	**فلك** (팔라카)	소녀가 큰 젖가슴을 가지다
انفلق (인팔라까)	1.갈라지다 2.틈이 생기다	**فلك** (팔라크)	1.궤도(천문) 2.천구 3.천체, 별
فلق (팔라끄)	새벽, 동녘, 여명	**فلك** (풀크)	배, 방주(노아의)
فلق (팔끄)	갈라진 틈, 균열	**فلكة** (팔라카)	엉덩이, 궁둥이
فلقة (팔까)	1.반쪽, 반개 2.조각, 파편	**فلكة** (필카)	도르래

파

فلوكة (팔루 - 카)	돛단배, 작은 배, 보트	فن (판느)	1.종류, 견본 2.예술, 기술
فلكي (팔라키)	천문학자, 점성가	فنان (판나 - 느)	1.예술가 2.얼룩말
فلائكي (팔라 - 이키)	뱃사공, 뱃사람	فنانة (판나 - 나)	여류 예술가
مفلك (무팔리크)	가슴이 큰 소녀	فنية (판니 - 야)	예술성, 예술적 기교
مفلوك (마플루 - 크)	운수가 나쁜, 불행한	فنون (푸누 - 느)	예술, 기술
فلان (풀라 - ㄴ)	아무개, 누구누구	أفانين (아파니 - 누)	변화, 다양
فلى (팔라)	1.기생충을 없애다 2.조사하다	تفتن (타팟투느)	1.다양성 2.재주 3.전문기술
افتلى (이프탈라)	꼼꼼히 보다, 샅샅이 뒤지다	فنار (파나 - 르)	1.등대 2.초롱
فم (팜므)	1.입 2.하구(강의) 3.입구(운하의)	فنجان (판자 - 느)	찻잔, 컵
فنن (판나나)	1.섞다 2.분류하다, 가르다	فنجر (판자라)	관대함을 보이다
تفتن (타팟타나)	전문가가 되다, 대가가 되다	تفنجر (타판자라)	1.자랑하다 2.관대하다

파

فند (판나다)	1.논박하다 2.상술하다	**فناء** (피나 -)	1.안뜰 2.앞마당 3.공간, 공회당
أفند (아프나다)	논박하다, 반박하다	**إفناء** (이프나 -)	1.소멸, 사라짐 2.파멸, 파괴
تفنيد (타프니 - 드)	논박, 반박	**فهرس** (파흐라싸)	책에 색인을 넣다
فندق (판다까)	활짝 열다(문을)	**فهرس** (피흐리쓰)	1.목차, 목록 2.일람표
فندق (푼두끄)	여관, 호텔	**فهرسة** (파흐라싸)	목차를 다는 것
فانوس (파누 - 쓰)	호롱등, 램프	**فهرسية** (피흐리씨 - 야)	참고서 목록
فنى (파니야)	1.소멸하다 2.끝나다	**فهق** (파히까)	철철 넘치다
أفنى (아프나)	1.타파하다 2.소비하다	**تفيهق** (타파이하까)	장황하다, 이야기가 길다
تفانى (타파 - 나)	마음과 정성을 바치다	**فاهق** (파 - 히끄)	괴로운, 쓰라린
فان (파 - 닌)	1.소멸하는 2.사라지는 3.죽는	**فيهقة** (파이하까)	장황, 지루
فناء (파나 -)	1.소멸 2.고갈 3.죽음 4.자아소멸	**فهم** (파히마)	1.이해하다 2.듣다, 알다

파

مفهومية (마프후미 - 야)	이해력, 지력	**أفهم** (아프하마)	인식시키다, 가르치다
مفاهيم (마파히 - ㅁ)	개념	**تفهم** (타파흐하마)	1.통찰하다 2.깨닫다
فات (파 - 타)	1.경과하다 2.능가하다	**تفاهم** (타파 - 하마)	합의에 이르다
تفاوت (타파 - 와타)	서로 다르다, 틀리다	**استفهم** (이쓰타프하마)	묻다, 문의하다
افتات (이프타 - 타)	1.조작하다 2.위반하다	**فهم** (파흠)	1.이해 2.지력, 두뇌 4.식별력
فائت (파 - 이트)	1.일시적인 2.무상한	**فهم** (파히 - ㅁ)	총명한, 현명한
فوت (파우트)	1.탈출, 도망 2.차이, 다툼	**تفهيم** (타프히 - 므)	지도, 교육, 가르침
فوات (파와 - 트)	경과, 지나가는 것	**تفهم** (타파흐훔)	점진적 이해, 납득
فويت (푸와이트)	제멋대로 하는, 독단적인	**تفاهم** (타파 - 훔)	합의, 일치
تفاوت (타파 - 우트)	1.차이, 대조 2.부조화	**استفهام** (이쓰티프하 - ㅁ)	물음, 문의, 질문
افتيات (이프티야 - 트)	반역, 배반	**مفهوم** (마프후 - ㅁ)	1.이해되는 2.의미, 뜻

파

متفاوت (무타파 - 위트)	구별되는, 차이나는	**فور** (파우라)	곧, 즉시, 바로
فوج (파우즈)	1.군중, 집단 2.패거리	**فورة** (파우라)	확타오름, 감정의 폭발
فاح (파 - 하)	향기를 발산하다, 풍기다	**فوارة** (파우와 - 라)	분수
فوح (파우흐)	냄새가 나는, 풍기는	**فوري** (파우리)	즉시의, 조속한, 즉석의
فوحة (파우하)	향기발산	**فورشة** (푸 - 르샤)	침대, 침대요
فواح (파우와 - 흐)	향긋한, 향기로운	**فاز** (파 - 자)	1.이기다 2.득점하다
فار (파 - 라)	1.끓어 넘치다 2.거품이 일다	**فوز** (파우와자)	사막을 가로지르다
فور (파우와라)	1.물을 끓이다 2.선동하다	**فائز** (파 - 이즈)	1.이긴 2.성공한 3.승리자
فار (파 - 르)	쥐, 새앙쥐	**فوز** (파우즈)	1.승리 2.성공 3.성취, 쟁취
فائرة (파 - 이라)	1.소란, 소동 2.동요	**مفازة** (마파 - 자)	황야, 광야, 사막
فور (파우르)	1.비등 2.현금지불로	**فوض** (파우와돠)	위임하다, 권한을 주다

파

تفوق (타파우와까)	능가하다, 보다 낫다	**فاوض** (파 - 와돠)	교섭하여 결정하다
فائق (파 - 이끄)	1.뛰어난 2.현저한 3.탁월한	**فوضى** (파우돠)	1.무질서, 혼란 2.무정부 상태
فاقة (파 - 까)	가난, 빈곤, 결핍	**فوضوية** (파우돠위 - 야)	무정부상태, 혼란
فوق (파우끄)	1.위로, 위에 2…에 더하여	**تفويض** (타프위 - 드)	1.위임, 위탁 2.위임장
فواق (푸와 - 끄)	딸꾹질	**تفاوض** (타파 - 우드)	회담, 교섭, 협상
إفاقة (이파 - 까)	1.각성 2.회복, 완쾌	**مفوض** (무파우와드)	대리, 대리인
أفاويق (아파위 - 끄)	친절, 호의, 은혜	**مفوضية** (무파와듸 - 야)	전권대표부, 공사관
تفوق (타파우끄)	1.우월 2.재능 3.최우수	**مفاوضة** (무파 - 와돠)	1.협상, 회담 2.협력
متفوق (무타파우위끄)	1.우수한 2.능숙한	**فوطة** (푸 - 따)	1.앞치마 2.수건, 타월
مفيق (무피 - 끄)	1.정신이 든 2.잠에서 깬	**فاق** (파 - 까)	1.능가하다 2.초월하다
فول (푸울)	콩, 완두콩	**أفاق** (아파 - 까)	1.깨닫다 2.회복하다

파

أفاد (아파 - 다)	1.알리다 2.이익이 되다	فولاذ (풀라 - 즈)	강철
استفاد (이쓰티파 - 다)	1.이용하다 2.추론하다	فوم (푸 - ㅁ)	마늘
فائدة (파 - 이다)	1.이익 2.성과 3.수익	فاه (파 - 하)	1.발음하다 2.말하다
إفادة (이파 - 다)	알림, 통지, 통보	تفوه (타파우와하)	말하다, 발언하다
استفادة (이쓰티파 - 다)	이용, 사용	فوه (푸 - 흐)	입
مفيد (무피 - 드)	1.유익한 2.도움이 되는	فوهة (파우하)	중상, 비방
فيزياء (피지야 -)	물리학	فوية (푸 - 야)	은박지, 호일
فيسيولوجيا (피씨율루 - 지야)	생리학	مفوه (무파우와흐)	능변의, 말재간 있는
فاش((파 - 샤)	1.뽐내다 2.부풀다	فى (피)	1…에, 안에 2.때에
فائش (파 - 이슈)	뽐내는, 교만한	فاد (파 - 다)	1.이롭다 2.이자가 붙다
فياش (파이야 - 슈)	허풍선이	فيد (파이야다)	이자를 주다

파

فاض (파 - 돠)	1.넘치다 2.풍부하다
أفاض (아파 - 돠)	1.눈물을 흘리다 2.보고하다
فيض (파이드)	1.풍부 2.홍수, 범람
فيوض (푸유 - 드)	시내, 개울
فائض (파 - 이드)	1.넘치는 2.풍부한 3.여분
فوائض (파와 - 이드)	이자, 나머지
فياض (파이야 - 드)	1.넘치는 2.인색하지 않은
فيضان (파이돠 - 느)	1.홍수 2.범람, 홍수
مفيض (무피 - 드)	1.배출구, 배수관
مستفيض (무쓰타피 - 드)	정밀한, 정교한
فاظ (파 - 좌)	죽다
فائظ (파 - 이즈)	1.고리대금업 2.이자
فيظ (파이즈)	죽음, 사망
فيل (파이얄라)	비방하다, 모독하다
تفيل (타파이얄라)	불건전해지다
فيل (피 - ㄹ)	코끼리
فيال (파이야 - ㄹ)	코끼리 몰이꾼

(القاف : 까프)

قب 천정을 둥글게 건설하다
(깝바)

اقتب 절단하다, 잘라내다
(이끄탑바)

قبة 1.둥근 천정 2.돔형의 성원
(꿉바)

مقبب 1.둥근지붕의. 2.볼록한.
(무깝바브)

قبح 1.추하다. 2.상스럽다
(까부하)

قبح 1.추한 것 2.부끄러운 행위
(꾸브흐)

قباحة 부끄럼 없음, 무례함
(까바 - 하)

قبيح 1.못생긴 2.수치스러운
(까비 - 흐)

قبيحة 추악한 행위
(까비 - 하)

مقبحة 1.나쁜 점 2.나쁜 행위
(마끄바하)

قبر 파묻다, 매장하다
(까바라)

قبر 1.무덤, 분묘, 묘 2.매장
(까바르)

قبرة 종달새
(꿉바라)

قبرية 비문, 묘비명
(까브리 - 야)

مقبرة 무덤, 묘, 공동묘지
(마끄바라)

مقبري 묘지 관리인
(마끄부리)

قبس 1.얻다 2.걸리다(질병에)
(까바싸)

اقتبس 인용하다, 따라쓰다
(이끄타바싸)

قبس 근원, 원천, 기원, 출처
(끼브쓰)

قبسة 횃불, 불붙는 석탄
(까브싸)

اقتباس 1.인용, 차용 2.습득
(이끄티바 - 쓰)

까프

اقتباسات (이끄티바싸-트)	인용문, 인용구	**قبضية** (까브듸-야)	월급, 봉급, 임금
مقباس (미끄바-쓰)	햇불	**قابض** (까-비드)	1.수취인 2.변비의
مقتبسات (무끄타바싸-트)	대부, 대여, 차관	**قباضة** (끼바-돠)	징수(세금), 거둘어임
قبص (까바솨)	손가락으로 집다	**انقباض** (인까바-드)	1.변비 3.압박, 억압
قبص (까브스)	모래더미	**مقبوض** (마끄부-드)	풀이 죽은, 슬픈, 우울한
قبض (까바돠)	1.움켜쥐다 2.체포하다	**مقبوضات** (마끄부돠-트)	영수증, 인수증
قبض (꾸비돠)	죽다	**قبط** (깝바따)	찌프리다, 오만상을 하다
تقبض (타깝바돠)	1.줄어들다 2.변비에 걸리다	**قبط** (꿉뜨)	1.콥트 사람 2.콥트교인
انقبض (인까바돠)	기죽다, 편치않다	**قبع** (까바아)	머리나 몸을 움츠리다
قبض (까브드)	1.변비 2.체포, 구류, 억류	**تقبع** (타깝바아)	모자를 쓰다
قبضة (까브돠)	1.움켜쥠 2.한움큼	**قبع** (꾸브으)	트럼펫, 나팔

까프

قَبْعَة (꿉바아)	모자(테가 있는), 중절모	**قُبْل** (끼발)	힘, 능력, 할 수 있는 힘
مقبع (무깝바으)	모자를 쓴	**قابلة** (까 - 빌라)	1.그릇 2.조산원 3.초기
قَبِل (까빌라)	1.받아들이다 2.용인하다	**قابلية** (까빌리 - 야)	1.기질 2.식욕 3.능력
قَبَّل (깝발라)	입맞추다, 키스하다	**قبالة** (끼발 - 라)	조산술, 산과학
قابل (까 - 발라)	1.마주치다 2.면접하다	**قبالة** (까발 - 라)	1.책임, 보증 2.계약, 협약
أقبل (아끄발라)	1.접근하다 2.착수하다	**قبيل** (까비 - ㄹ)	1.담보인 2.종류, 견본
تقبل (타깝발라)	1.수락하다 2.들어주다(기도를)	**قبيلة** (까빌 - 라)	1.부족, 종족 2.어족(언어)
استقبل (이쓰타끄발라)	1.환영하다 2.떠맡다	**قبيل** (꾸바일라)	…직전에
قُبلة (꾸블라)	입맞춤, 키스	**إقبال** (이끄바 - ㄹ)	1.도착, 도래 2.행운, 복지
قِبلة (끼블라)	예배방향	**تقبيل** (타끄비 - ㄹ)	입맞춤, 키스하는 것
قَبْل (까블라)	…앞서, …전에	**تقبل** (타깝불)	감수성, 수용성

까프

قبن (깝바나)	큰 저울로 달다, 저울질 하다	اقتبال (이끄티바 - ㄹ)	받아들임, 수용, 접수
قبان (깝바 - ㄴ)	1.큰 저울 2.저울대 3.계량대	استقبال (이쓰티끄바 - ㄹ)	1.접견, 영접 2.만월
قبانة (끼바 - 나)	1.계량요금 2.저울 질	مقبل (무끄빌)	다가오는, 앞으로
قبانى (깝바 - ㄴ)	검량원, 계량원	مقبلات (무깝빌라 - 트)	입맛을 돋구는 음식
قتر (까타라)	잔소리하다, 바가지 긁다	مقابل (무까 - 빌)	1.상대 2.보답 4.보수
قتر (까트르)	인색, 극도의 절약	مقابلة (무까 - 빌라)	1.면회 2.대화 3.면접
قترة (까트라)	먼지, 티끌	مقبول (마끄부 - ㄹ)	1.만족한 2.합당한 3.합격
قاتر (까 - 티르)	인색한, 극도로 절약하는	مقتبل (무끄타발)	청년시대(21-28세 사이)
تقتير (타끄티 - ㄹ)	1.인색 2.빈곤, 빈궁	متقابل (무타까 - 빌)	대치된, 맞서는
مقتر (무깟티르)	1.인색한 2.구두쇠, 깍쟁이	مستقبل (무쓰타끄발)	1.정면 2.미래, 장래
قتل (까탈라)	죽이다, 살해하다,	مستقبل (무쓰타끄빌)	수신기, 수신장치

까프

قاتَلَ	싸우다, 전투하다	مَقتَلة	전쟁터, 전장
(까 - 탈라)		(무끄탈라)	

قَتل 1.살해, 사살 2.살인행위 3.암살
(까틀)

مُقاتِل 1.투사, 전사 2.싸우는
(무까 - 틸)

قَتلة 살인사건
(까틀라)

مُقاتَلة 싸움, 투쟁, 전투, 격투
(무까탈라)

قاتِل 살인자, 살범, 해자
(까 - 틸)

قَتَمَ 올라가다(먼지 등이)
(까타마)

قاتِلات 살인대행자, 청부살인자
(까틸라 - 트)

اِستَقتَمَ 어두워지다, 검게 되다
(이쓰타끄타마)

قِتال 싸움, 전투, 전쟁
(끼타 - ㄹ)

قُتمة 1.암흑 2.검은 색
(까트마)

قَتيل 1.피살된 2.사상자, 희생자
(까티 - ㄹ)

قاتِم 1.어두운, 검은
(까 - 팀)

تَقتيل 도살, 살육, 학살
(타끄티 - ㄹ)

قَحَّ 1.진짜다, 순종이다 2.기침하다
(까흐하)

تَقاتُل 싸움, 전쟁
(타까 - 툴)

قُحّ 순수한, 순결한, 진짜의
(꾸흐)

مَقتَل 1.살해 2.유일한 약점
(마끄탈)

قَحّة 기침
(꾸흐하)

مَقتَلة 살육, 학살, 대량학살
(마끄탈라)

قَحَطَ 1.가물다 2.건조하다
(까하따)

قحط (까흐뜨)	1.가뭄, 한발 2.기근, 굶주림	**أقحم** (아끄하마)	1.강요하다 2.다져넣다
قحط (까히뜨)	가문, 메마른	**تقحم** (타까흐하마)	대담하게 달려들다
قحطان (까흐따 - 누)	굶주리는, 배고픈	**اقتحم** (이끄타하마)	1.돌진하다 2.참견하다
قحيط (까히 - 뜨)	가문, 메마른	**قحمة** (꾸흐마)	1.난관, 곤경 2.위험한 모험
قحف (까하파)	1.참다 2.휩쓸어가다	**اقتحام** (이끄티하 - ㅁ)	1.침입 2.돌진, 돌격
قحاف (꾸하 - 프)	급류, 세찬 물결	**مقحام** (미끄하 - ㅁ)	1.모험적인, 대담한
قحل (까힐라)	1.마르다, 건조하다, 시들다	**قد** (깟드)	절단하다, 자르다, 베다
قحل (까힐)	마른, 척박한, 메마른	**قدد** (깟다다)	잘라서 말리다
قاحل (까 - 힐)	마른, 시든, 척박한	**قد** (깟드)	1.뼈대, 구조 2.크기, 넓이, 치수
قحولة (꾸훌 - 라)	건조, 메마름	**قد** (까드)	이미, 벌써
قحم (까하마)	대담하게 달려들다, 돌진하다	**قدح** (까다하)	비난하다, 꾸짖다,

تقدير (타끄디 - 르)	1.평가 2.예측 3.판단	انقدح (인까다하)	불꽃이 일다
تقديرات (타끄디라 - 트)	예측, 판단	اقتدح (이끄타다하)	신중하게 고려하다
مقدرة (마끄디라)	1.힘, 능력 2.능력, 재능	قدح (까드흐)	1.트집 2.비방 3.훼손 4.절하
مقدر (무깟디르)	1.감정인 2.과세평가인	مقدحة (미끄다하)	라이타, 부싯돌
مقدر (무깟다르)	1.함축된 2.예정된	قدر (까다라)	힘이 있다, 능력이 있다
مقدرات (무깟디라 - 트)	1.운명 2.귀중품	قدر (깟다라)	1.평가하다 2.추정하다
مقدار (미끄다 - 르)	1.분량, 수량 2.범위	قدر (까다르)	1.숙명, 운명 2.예정
مقدور (마끄두 - 르)	예정된, 미리 정해진	قدرية (까다리 - 야)	운명론, 숙명론
قدس (까두싸)	거룩하다, 신성하다	قدر (까드르)	1.양, 율(세금의) 2.정도 3.예측
قدس (깟다싸)	1.봉헌하다 3.찬미하다	قدرة (까드라)	1.힘, 세기 2.능력, 재능
قدس (꾸드쓰)	1.신성한 곳 2.신성, 거룩함	قادر (까 - 디르)	1.할수 있는 2.유능한

까프

653

أقدم (아끄다마)	착수하다, 종사하다	**قدسية** (꾸드씨 - 야)	신성, 거룩함
تقدم (타깟다마)	1.전진하다 2.앞서다	**قداس** (끗다 - 쓰)	미사, 예배
قدم (끼담)	1.이전 2.낡음 3.옛날에	**قداسة** (까다 - 싸)	목사, 사제의 지위
قدمية (까다미 - 야)	변호사나 성직자에게 주는 돈이나 사례금	**قدوس** (꾸두 - 쓰)	거룩한, 신성한
قادم (까 - 딤)	다가오는, 도착하는	**تقديس** (타끄디 - 쓰)	1.축하, 찬양 2.숭배
قدام (꾸다 - ㅁ)	1.앞부분, 앞 2.…앞에, …전에	**مقدس** (마끄디쓰)	성지, 성당
قدوم (꾸두 - ㅁ)	도착, 도래, 오는 것	**مقدس** (무깟다쓰)	거룩한, 신성한
قدومية (꾸두미 - 야)	오솔길, 산길	**قدم** (까다마)	…에 선행하다, 앞서다
قديم (까디 - ㅁ)	1.낡은 2.고대의	**قدم** (까디마)	도착하다, 오다
أقدمون (아끄다무 - 나)	고대,옛날 사람들	**قدم** (까두마)	낡다, 오래되다
أقدمية (아끄다미 - 야)	연상임, 선임자임(지위)	**قدم** (깟다마)	1.제출하다 2.제시하다

تقدم (타깟둠)	전진, 발전, 발달	**قذر** (까지르)	더러운, 불결한, 때묻은
تقدمة (타끄디마)	1.예물 2.봉헌 3.희생	**قاذورة** (까주 - 라)	1.불결함 2.나쁜 행실
تقديم (타끄디 - ㅁ)	증여, 수여, 증정	**قاذورات** (까주라 - 트)	쓰레기, 오물, 폐물
مقدم (무깟딤)	제공자, 제출자, 기증자	**قذع** (까자아)	욕하다, 험담하다
مقدمة (무깟다마)	1.서문 2.전주곡 3.전제(논리)	**قذيعة** (까지 - 아)	1.욕, 욕설 2.모욕
متقدم (무타깟딤)	앞서가는, 전진하는	**مقذع** (무끄지으)	모욕적인
قدى (까디야)	맛있다(음식이), 짭짤하다	**قذف** (까자파)	중상하다, 비방하다
اقتدى (이끄타다)	본보기가 되다, 예를 따르다	**قذف** (까즈프)	비방, 중상, 욕질
اقتداء (이끄티다 -)	모델이나 예를 따르는 것	**قاذف** (까 - 지프)	1.욕하는 3.비방하는
قدوة (꾸드와)	본보기, 예, 모범, 표본	**قاذفة** (까 - 지파)	폭격기
قذر (까지라)	더럽다, 불결하다	**قذيفة** (까지 - 파)	1.발사체 2.뇌관, 신관

까프

مقذوف (마끄주 - 프)	1.미사일 2.발사체	**قارورة** (까루 - 라)	1.병, 유리병 2.여자
فذى (파지야)	눈에 티끌이 들어가다	**قارون** (까루 - ㄴ)	부자, 백만장자
قذى (끼잔)	고운 먼지	**قرار** (까라 - ㄹ)	1.결정, 결의 6.판결(법의)
قر (까르라)	1.정주하다 2.승인하다	**قرير** (까리 - ㄹ)	행복한, 즐거운, 기쁜
قرر (까르라라)	1.규정하다 2.선언하다	**إقرار** (이끄라 - ㄹ)	공인, 승인, 인정
أقر (아까르라)	1.동의하다 2.인정하다	**تقرير** (타끄리 - ㄹ)	1.보고서 2.규정 3.결산
تقرر (타까르라)	1.수립되다 2.결정되다	**استقرار** (이쓰티끄라 - ㄹ)	1.정착 2.지속 3.안착
استقر (이쓰타까르라)	1.정착하다 2.안정되다	**مقر** (마까르르)	본부, …하는 장소
قرة (끼르라)	추음, 추위	**مقرر** (무까르리르)	보고자, 보도기자
قرة (꾸르라)	즐거음, 기쁨	**مقرر** (무까르라르)	1.안정된 2.결정된
قارة (까 - 르라)	대륙, 본토	**مقررات** (무까르라라 - 트)	교육과정

مُقْرِئ (무끄리으)	1.꾸란 낭송가 2.꾸란 낭송교사	**مُسْتَقِرّ** (무쓰타끼르르)	1.안정된 2.고정된
قَرُبَ (까루바)	1.가까이 있다 2.접근하다	**مُسْتَقَرّ** (무쓰타까르르)	1.거처 2.좌석 3.거주
قَرَّبَ (까르라바)	1.제물로 바치다 2.친구로 삼다	**قَرَأَ** (까라아)	1.읽다 2.외우다 3.배우다
قَارَبَ (까 - 라바)	1.…에 가깝다 2.…와 거의 같다	**اسْتَقْرَأَ** (이쓰타끄라아)	수사하다, 탐험하다
أَقْرَبَ (아끄라바)	출산 날이 가까오다	**قُرْء** (꾸르으)	1.운율, 리듬 2.월경
تَقَرَّبَ (타까르라바)	1.접근하다 2.영성체를 받다	**قَارِئ** (까 - 리으)	1.독자, 독서가 2.암송가
اقْتَرَبَ (이끄타라바)	접근하다, 가까이 하다	**قِرَاءَة** (끼라 - 아)	1.독서 2.암송
اسْتَقْرَبَ (이쓰타끄라바)	지름길을 택하다	**قُرَّاء** (꾸르아 -)	금욕주의자, 고행자
قُرْب (꾸르브)	가까움, 접근, 근접	**قُرْآن** (꾸르아 - ㄴ)	1.읽음 2.낭송 3.꾸란
قِرْبَة (끼르바)	가죽부대(물을 넣는)	**اسْتِقْرَاء** (이쓰티끄라 -)	조사, 연구, 탐험
قَارِب (까 - 리브)	작은 배, 보트, 쪽배	**مَقْرَأ** (미끄라으)	독서대

까
프

مقارب (무까 - 리브)	1.중용의 2.근접한	قراة (까라 - 바)	친족관계, 혈족관계
قرت (까라타)	응고되다(피가), 엉키다, 굳다	قرابة (꾸라 - 바)	태략, 약
قرت (까라트)	응고, 굳어짐	قربان (꾸르바 - ㄴ)	1.희생제물 2.미사
قربط (까르바따)	1.인색하다 2.절약하다	قربانة (꾸르바 - 나)	성체, 미사의 빵
قربطة (까르바따)	1.인색 2.아낌, 절약	قواربى (까와 - 리비)	뱃사공, 선원
قرح (까리하)	궤양이 생기다, 곪다	قريب (까리 - 브)	1.가까운 2.친척
تقرح (타까르라하)	상처를 입다, 곪다	أقارب (아까 - 리부)	1.친척, 일가 2.가족관계
اقترح (이끄타르라하)	1.창작하다 3.제의하다	تقرب (타까르루브)	접근, 근사
قرحة (꾸르하)	궤양, 종양, 종기	اقتراب (이끄티라 - 브)	1.접근 2.근사 3.친밀
قارح (까 - 리흐)	1.교활한 3.능숙한	مقرب (마끄라브)	지름길, 첩경
قريح (까리 - 흐)	맑은(물이), 투명한	مقرب (무까르라브)	마음에 드는 사람

까프

قارس (까 - 리쓰)	차가운, 추운, 혹독한
قريس (까리 - 쓰)	1.혹한 2.굳어진
قرش (까라샤)	돈을 벌다, 부양하다
أقرش (아끄라샤)	부유해지다
اقترش (이끄타라샤)	가족을 부양하다
قرش (끼르슈)	이집트의 화폐 단위
قريش (꾸라위슈)	부족 이름
قريش (까리 - 슈)	1.시큼한 치즈 2.응고된 우유
مقرش (무끄리슈)	부유한, 돈 많은
قرص (까라솨)	1.꼬집다 2.쏘다, 물다
قرص (까르라솨)	알약으로 만들다

قريحة (까리 - 하)	1.직관 2.재주, 재능
اقتراح (이끄티라 - 흐)	1.창작 3.제의, 제안
مقترح (무끄타라흐)	제의, 제안, 제기, 제언
مقترح (무끄타리흐)	궤양이 생긴,퍼진
قرد (까르라다)	진드기를 잡다, 없애다
قرد (끼르드)	1.원숭이 2.악마, 귀신
قرد (꾸르드)	진드기
مقرود (마끄루 - 드)	기운이 빠진
قرس (까라싸)	모질다 , 심하다(추위가)
أقرس (아끄라싸)	감각을 잃다, 마비되다
قرس (까라쓰)	혹한, 강추위

까
프

659

قارض (까 - 리드)	1.깨무는 2.갉아먹는	قارص (까 - 리스)	1.할퀴는 2.괴로운
قريض (까리 - 드)	시, 시가, 시문학	قريصة (꾸라이쏴)	작은 알
انقراض (인끼라 - 드)	1.사멸, 퇴화 2.소멸	قرصان (꾸르쏴 - 느)	해적선, 해적
اقتراض (이끄티라 - 드)	채용, 빌리는 것	قرصنة (꾸르쏘나)	표절, 저작권 침해
استقراض (이쓰티끄라 - 드)	대부, 차관	مقراص (미끄라 - 스)	집게, 못뽑이
مقرض (무끄리드)	대여자, 채권자	قرض (까라돠)	좀먹다, 부식하다
منقرض (문까리드)	꺼진(불이), 끊어진(생명이)	قرض (까르라)	1.물다, 씹다 2.먹다
مقترض (무끄타리드)	채무자	أقرض (아끄라돠)	돈을 빌려주다
قرط (까라뜨)	잘게 자르다, 썰다	اقترض (이끄타라돠)	빌리다, 꾸다
قرط (까르라뜨)	1.엄격하다 2.괴롭히다	استقرض (이쓰타끄라돠)	대출을 요청하다
تقرط (타까르라뜨)	귀고리를 끼다	قرض (까르드)	대부, 대여, 차관

قرط (꾸르뜨)	1.귀고리 2.다발, 송이	**قرع** (까르라아)	1.꾸짖다 2.비웃다
قيراط (끼라 - 뜨)	1.길이의 단위 2.캐럿	**قارع** (까 - 라아)	1.제비를 뽑다 2.괴롭히다(병이)
تقريط (타끄리 - 뜨)	복통	**اقترع** (이끄타라아)	1.투표하다 2.주사위를 던지다
قرطس (까르따싸)	표적을 맞이다	**قرع** (까라으)	1.대머리 2.텅 빔, 공허
قرطاس (끼르따 - 쓰)	1.종이 2.과녁	**قرعة** (까르아)	1.노크 2.박, 호박
قرطاسية (끼르따씨 - 야)	문구, 사무용품	**قرعة** (꾸르아)	제비, 주사위던지기, 추첨
قرظ (까르라좌)	찬양하다, 찬미하다	**قارعة** (까 - 리아)	불행, 재난, 역경
قريظ (까리 - 즈)	찬송, 칭찬	**قريع** (까리 - 으)	1.절묘한, 가려낸 2.영웅
تقريظ (타끄리 - 즈)	1.찬송, 칭찬 2.서평	**أقرع** (아끄라우)	1.대머리의 2.빈, 공허한
قرع (까라아)	1.부딪치다 2.울리다(종, 벨이)	**تقريع** (타끄리 - 으)	질책, 잔소리, 비난
قرع (까리아)	1.대머리가 되다 2.텅 비다	**اقتراع** (이끄티라 - 으)	투표, 표결, 추첨

까프

661

مقرعة (미끄라아)	채찍, 매, 몽둥이	**مقترف** (무끄타리프)	범인, 범죄자
مقارعة (무까 - 라아)	1.투쟁 2.내기, 도박	**قرقوز** (까르꾸 - 즈)	꼭두각시 놀음, 인형극
قرف (까라파)	껍질을 벗기다	**قرم** (까라마)	물다, 물어뜯다
قرف (까리파)	몹시 싫어하다	**قرم** (까르라마)	인색하다
اقترف (이끄타라파)	범죄를 저지르다	**قرم** (까름)	영주, 주인
قرف (까라프)	혐오, 몹시 싫어함	**مقرم** (미끄)	침대보, 침대커버
قرافة (까라 - 파)	공동묘지	**قرمد** (까르마다)	회반죽을 바르다
قرفان (까르파 - ㄴ)	1.메스꺼운 2.싫증나는	**قرمد** (까르마드)	소석고, 회반죽
قريفة (까리 - 파)	불쾌감, 불쾌한 기분	**قرميد** (끼르미 - 드)	1.붉은 벽돌 2.회반죽
اقتراف (이끄티라 - 프)	죄를 저지름	**قرن** (까라나)	1.연결하다 2.협력하다
مقرف (무끄리프)	1.추한 2.메스꺼운	**قارن** (까 - 라나)	비교하다, 대조하다

مقارنة (무까 - 라나)	1.비교, 대조 2.연결	**تقارن** (타까 - 라나)	비교되다, 대조되다
مقرون (마끄루 - ㄴ)	연결된, 결합된	**اقترن** (이끄타라나)	1.연결되다 2.결혼하다
مقترن (무끄타린)	결혼한	**استقرن** (이쓰타끄라나)	곪다(상처가)
قرى (까라)	환대하다, 대접하다	**قرن** (까른)	1.뿔(동물) 2.일세기(100년)
اقترى (이끄타라)	환대하다, 대접하다	**قرنية** (까르니 - 야)	각막(해부)
قروية (까라위야)	시골여성, 농촌처녀	**قرين** (까리 - ㄴ)	1.연결된 2.남편, 배우자
قرية (까르야)	1.농촌 2.읍, 작은 도시	**قرينة** (까리 - 나)	1.처, 아내 2.연결
استقراء (이쓰티끄라 -)	귀납법(철학)	**قران** (끼라 - ㄴ)	1.결혼 2.결합, 연결
قز (깟자)	몹시 싫어하다, 혐오하다	**قرنان** (까르나 - ㄴ)	뿔이 난, 뿔이 있는
قزز (깟자자)	유리를 끼우다	**اقتران** (이끄티라 - 느)	1.결혼 2.연결
تقزز (타깟자자)	넌저리나하다, 싫어하다	**مقارن** (무까 - 리누)	비교의, 대비의

까프

قزاز (끼자 - 즈)	유리	**قزعة** (꾸즈아)	난쟁이, 꼬마동이
قزاز (깟자 - 즈)	1.비단장사 2.방직공	**قزل** (까잘라)	절뚝거리다
قازوزة (까주 - 자)	1.작은 유리병 2.탄산음료	**قزل** (까잘)	절뚝거림
تقزز (타깟주즈)	1.혐오감 2.구역질, 메스꺼움	**قزم** (까잠)	1.난쟁이 2.건방진놈
قزح (깟자하)	재미있게 하다(연설을)	**قزمة** (까즈마)	가래, 삽, 곡갱이
قزح (까즈흐)	양념, 조미료	**سق** (깟싸)	1.쫓다 2.갈망하다
قزح (꾸자흐)	무지개	**سق** (깟쓰)	무당, 점쟁이
قزحة (꾸즈하)	무지개 빛	**قساس** (깟싸 - 쓰)	헐뜯는 사람
مقزحة (미꼬자하)	양념병(식탁용의)	**قسيس** (낏씨 - 쓰)	목사, 신부, 성직자
قزع (까자으)	1.새털구름 2.머리칼의 술	**قسحر** (까쓰하라)	온도를 재다
قزعة (까즈아)	머리칼의 술	**قسحر** (끼쓰하르)	온도계, 한란계

قسر (까싸라)	1.강요하다 2.정복하다	**أقسم** (아끄싸마)	맹세하다, 선서하다
قاسر (까-씨르)	강요하는, 강제적인	**تقاسم** (타깟싸마)	1.분배되다 2.일소하다
اقتسار (이끄티싸-르)	정복	**انقسم** (인까싸마)	흩어지다, 분산되다
قسط (까싸따)	공평하게 하다	**قسم** (끼씀)	1.과, 국 2.분과위원회 3.종류
قسط (깟싸따)	할부로 지불하다	**قسم** (까쌈)	맹세, 선서, 서약
أقسط (아끄싸따)	공정하게 행하다	**قسمة** (까싸마)	용모, 얼굴 생김새, 면모
قسط (끼쓰뜨)	1.공정 2.월부, 할부 3.채권	**قسام** (까싸-ㅁ)	아름다움, 미
تقسيط (타끄씨-뜨)	분할지불, 할부지불	**قسيمة** (까씨-마)	1.쿠폰 2.수증
مقسط (무끄시뜨)	공정한, 공평한, 정직한	**تقسيم** (타끄씨-ㅁ)	1.분할 2.할당, 배당
قسم (까싸마)	1.나누다 2.할당하다	**انقسام** (인끼싸-ㅁ)	1.분할, 분배 2.분리
قسم (깟싸마)	1.성직에 임명하다 2.마귀를 쫓아내다	**مقاسم** (무까-씸)	참가자, 동참자, 가담자

مقاسمة (무까 - 싸마)	1.동참 2.공동협력	قشيش (까싀 - 슈)	쓰레기, 오물
مقسوم (마꾸쑤 - ㅁ)	이익배당당금	قشب (까샤바)	독약을 넣다(음식에)
قسا (까싸)	1.잔인하다 2.학대하다	قشيب (까싀 - 브)	1.새로운 2.깨끗한
قاسى (까 - 싸)	견디다, 인내하다	قشر (까샤라)	껍질을 벗기다
أقسى (아끄싸)	무자비하다, 가혹하다	قشر (까슈르)	1.딱지(상처의) 2.비듬, 때
قاس (까 - 씬)	1.가혹한, 엄격한 2.어려운	قشارة (꾸샤 - 라)	껍질, 껍데기, 외피
قسوة (까쓰와)	1.엄격, 가혹 2.잔인	قشعر (까슈아라)	1.떨다(추워서) 2.전율하다(공포로)
مقاساة (무까싸 -)	괴로움, 고통, 인내	قشعريرة (꾸샤으리 - 라)	1.전율, 몸서리 2.소름
قش (깟샤)	1.구걸하다 2.청소하다	قشعم (까슈아므)	1.재난, 참화 2.전쟁, 싸움
قش (깟슈)	1.짚, 밀짚 2.폐물	قشف (까쉬파)	곤궁하게 살다, 비참하다
قشاش (깟샤 - 슈)	청소부, 미화원	تقشف (타깟샤파)	절제하며 살다, 소박하게 살다

까프

قشف (까샤프)	절제, 절약, 겸손	**قص** (깟스)	가위질, 깍기
تقشف (타깟슈프)	금욕주의, 소박한 생활	**قصص** (까솨스)	이야기, 서술
متقشف (무타깟쉬프)	금욕주의자, 절제하는	**قصة** (낏솨)	이야기, 설화
فشل (파쉴라)	가난하다, 구차하다	**قصاص** (끼솨 - 스)	1.벌, 형벌 2.앙갚음, 보복
فشل (파샬)	가난한 것, 돈이 없는 것	**قصاصة** (깟솨 - 솨)	이발기계
فشلة (파쉴라)	1.막사 2.병원, 진료소	**أقصوصة** (우끄수 - 솨)	1.소설 2.단편소설
فشلان (파쉴라 - 느)	무일푼의, 무척 가난한	**اقتصاص** (이끄티솨 - 스)	1.처벌, 징벌 2.대응조치
قص (깟솨)	1.가위로 자르다 2.이야기하다	**مقص** (미깟스)	가위
قاص (깟 - 솨)	1.앙갚음하다 2.보상하다	**قصب** (까솨바)	베다, 고기를 자르다
تقصص (타깟솨솨)	…의 뒤를 쫓다, 밟다	**قصاب** (깟솨 - 브)	백정, 도살업자
اقتص (이끄탓솨)	1.보복하다 2.벌하다	**قصابة** (깟솨 바)	피리, 퉁소, 관악기

까프

مقتصد (무끄타시드)	검소한, 절약하는, 알뜰	**قصابة** (낏쏴 - 바)	도살업, 육류판매업
قصر (까수라)	1.한정하다 2.억제하다	**قصد** (까쏘다)	1.향하다 2.의도하다, 뜻하다
قصر (까쏴라)	1.태만하다 5.축소하다	**قصد** (깟쏴다)	시를 쓰다
أقصر (아끄쏴라)	1.생략하다(말을) 2.그만두다	**انقصد** (인까쏴다)	깨지다, 쪼개지다
اقتصر (이끄타쏴라)	1.만족하다 2.제한하다	**اقتصد** (이끄타쏴다)	1.검소하다 4.절약하다
قصر (까쏴르)	1.게으름 2.태만, 소홀, 부주의	**قصد** (가스드)	1.목적, 의도 2.동기 3.의미
قصر (끼쏴르)	1.간결 2.어린 것, 어린 나이	**قصيدة** (까시 - 다)	1, 고대 아랍의 정형시
قصر (까스르)	1.성, 성곽 2.궁전, 궁궐 3.청사	**اقتصاد** (이끄티쏴 - 드)	1.절약 2.경제 3.검약
قصرية (가스리 - 야)	1.화분 2.변기, 요강	**مقصد** (마끄시드)	1.목적지 2.의향, 의지
قصارة (끼쏴 - 라)	1.표백 2.표백업	**مقصود** (마끄수 - 드)	고의의, 의도된, 기도된
قصارى (꼿쏴 - 라)	1.극도의 힘 2.결국 …이다	**متقصد** (무타깟시드)	고의적인, 의도적인

مقصف 1.뷔페 2.술집 3.매점 (마끄솨프)	**قصور** 1.게으름, 나태 2.부족, 결핍 (꾸수-르)
قصل 베다, 베어내다, 자르다 (까쌀라)	**قصير** 1.짧은 2.작은(키가) (까씨-르)
قصال 끝이 뾰족한, 예리한 (깟솨-르)	**تقصير** 1.단축 2.무능 3.태만 (타끄씨-르)
مقصل 끝이 뾰족한, 예리한 (미끄솰)	**اقتصار** 1.축소, 간소 2.간결성 (이끄티솨-르)
مقصلة 단두대 (미끄솰라)	**قيصرية** 1.제국주의 2.제왕절개 (까이솨리-야)
قصم 똑 끊다, 박살내다 (까솨마)	**مقصر** 1.태만한, 소홀한 2.늦은 (무깟씨르)
انقصم 부서지다, 끊어지다 (인까솨마)	**مقصور** 1.축소된 2.짧아진 3.제한된 (마끄수-르)
قصيمة 간상균(의학) (까씨-마)	**مقصورة** 1.저택 2.특별관람석 3.피고석 (마끄수-라)
قصا 1.멀다, 2.물러나다 (까솨)	**مقتصر** 1.개략, 요점, 요약 2.간결한 (무끄타솨르)
أقصى 1.멀리하다 2.해고하다 (아끄솨)	**قصف** 1.애먹이다 2.폭격하다 (까솨파)
تقصى 1.파악하다 2.타진하다 (타깟솨)	**قصف** 1.폭음 2.폭격 (가스프)

까프

اقتضاب (이끄티돠 -)	1.즉흥장착 2.요약 3.초록	**أقصى** (아끄솨)	1.가장 먼 곳 2.최대한도
قضع (까돠아)	복종시키다, 굴복시키다	**استقصاء** (이쓰티끄솨 -)	조사, 심리, 연구
قضاع (꾸돠 - 으)	복통, 배앓이	**قض** (깟돠)	1.폭파하다 2.제거하다
قضم (까돠마)	1.물어뜯다 2.갉아먹다	**قضض** (까돠드)	자갈, 조약돌
قضم (까돰)	1.검, 칼 2.용감한, 대담한	**انقضاض** (인끼돠 - 드)	1.하강 2.돌진
قضى (까돠)	1.집행하다 2.보내다(시간)	**قضب** (까돠바)	베다, 자르다
قاضى (까 - 돠)	1.호소하다 2.기소하다	**اقتضب** (이끄타돠바)	1.삭제하다 2.요약하다
تقضى (타깟돠)	1.지나다 2.끝나다	**قضب** (까드브)	절단, 가지치기(나무)
قضى (까돠)	1.재판, 판결 2.사법부 3.이슬람법	**قضابة** (꾸돠 - 바)	가지치기, 정돈, 다듬질
قضية (까듸 - 야)	1.소송, 고소 2.문제(법적)	**قضيب** (까듸 - 브)	1.막대 2.음경 3..철도
قاض (까 - 듸)	1.판사 2.결정적인	**تقضيب** (타끄듸 - 브)	가지치기, 나무손질

قضاء (까다 -)	1.이행 2.판결 3.운명	**قطب** (꾸뜨브)	1.축(천문, 지리), 굴대 2.극
انقضاء (인끼돠 -)	1.종료, 만료 2.소멸	**قاطب** (까 - 띠브)	찡그린, 찌푸린, 우울한
اقتضاء (이끄티돠 -)	필요, 요구	**قاطبة** (까 - 띠바)	모두 함께, 전부, 전체
مقضى (마끄되)	1.실행된 2.결심한, 확정된	**قطر** (까따라)	1.물방이 똑똑 떨어지다 2.타르를 칠하다
مقتضى (무끄타돠)	1.필요한 2.필수품	**قطر** (깟따라)	1.정제하다
قط (깟따)	1.파다(조각칼로), 조각하다	**تقاطر** (타까 - 따라)	모이다, 떼지어 모이다
قط (깟뜨)	1.결코 …않았다	**قطر** (까따르)	카타르(나라이름)
قط (낏뜨)	고양이	**قطر** (꾸뜨르)	1.지역, 지대 2.나라 3.직경(원의)
قطاط (까따 - 뜨)	1.선반공 2.조각가	**قطار** (끼따 - 르)	1.기차, 열차 2.횡대, 종대
قطاط (끼따 - 뜨)	모형, 본, 표본, 모델	**تقطير** (타끄띠 - 르)	1.증류 2.여과
قطب (까따바)	1.모으다 2. 찡그리다	**استقطار** (이쓰티끄따 - 르)	증류

671

مقطر (무깟따르)	증류된	قطع (끼뜨으)	1.면, 단면 2.벤 조각, 부분
مقطرات (무깟따라 - 트)	독한 술, 화주	قطعة (끼뜨아)	1.일부 2.부, 과
مقطورة (마끄뚜 - 라)	매춘부, 창녀	قاطع (까 - 띄으)	1.예리한 2.결정적인 3.가로지르는
قطع (까따아)	1.베다 2.절단하다 3.가로막다	قاطعة (까 - 띄아)	회로 차단기(전기)
قاطع (까 - 따아)	1.단절하다 2.분리하다	قطيعة (까띄 - 아)	1.멀리함 2.영지, 봉토
أقطع (아끄따아)	1.할당하다 2.친구관계를 끊다	إقطاعة (이끄따 - 아)	영지, 받은 봉토
تقطع (타깟따아)	1.단절되다 2.단전되다	تقطيع (타끄띄 - 으)	1.분할 2.복통 3.방해, 혼란
تقاطع (타까 - 따아)	1.교차하다 2.참견하다	تقاطع (타까 - 뚜으)	1.교차, 가로지름 2.단절
انقطع (인까따아)	1.꺼지다(전기) 2.끝나다	انقطاع (인끼따 - 으)	1.분리 2.정지 3.불화
اقتطع (이끄타따아)	발췌하다, 표절하다	انقطاعية (인끼따이 - 야)	분리주의
قطع (까뜨으)	1.절단 2.분리 3.가로지름(국토를)	استقطاع (이쓰티끄따 - 으)	공제, 뺌

까프

مقاطعة (무까 - 따아)	1.거부 2.지역 3.분리 4.단절	**مقتطف** (무끄타띄프)	1.발췌 것 2.선발, 선택
مقطوع (마끄뚜 - 으)	1.절단된 2.가망 없는	**قطل** (까딸라)	베다, 자르다
مقطوعة (마끄뚜 - 아)	소품, 음악작품	**قطيلة** (까띨 - 라)	1.수건, 타월 2.마루걸레
متقطع (무타깟띄으)	앞뒤가 맞지 않는	**قطم** (까따마)	1.물어뜯다, 물어 끊다 2.잘라내다(가지를), 치다
منقطع (문까띄으)	1.끊어진 2.단전된(전기) 3.중단된	**قطمة** (까뜨마)	1.무는 것(한번) 2.조각, 단편
مستقطع (무쓰타끄따으)	공제(월급에서), 뺌, 감봉	**قطن** (까따나)	살다, 거주하다
قطف (까따파)	1.꺾다, 따다 2.수확하다	**قطن** (꾸뜬)	솜, 면화, 목화
اقتطف (이끄타따파)	골라내다, 선택하다	**قطنية** (꾸뜨니 - 야)	면직물
قطف (끼뜨프)	땀, 수확한 과일, 열매	**قاطن** (까 - 띈)	1.거주자, 주민 2.거주하는, 사는
اقتطاف (이끄티따 - 프)	거둠(과일 등을), 땀	**قطين** (까띠 - ㄴ)	노예, 하인
مقطف (마끄따프)	왕골로 만든 바구니	**مقطنة** (마끄따나)	목화농장

قَعَدَ (까아다)	앉다 2.매복하여 기다리다
تقعد (타까으아다)	그만두다, 중지하다
تقاعد (타까ー아다)	1.삼가다, 참다 2.퇴직하다
قاعد (까ー이드)	1.게으른 2.병역기피자
قاعدة (까ー이다)	1.기초, 토대 2.기지(군대) 3.규칙
قعادة (까으아ー다)	실내용 변기
قعيد (까이ー드)	1.친구, 동료 2.약한, 무능한
قعيدة (까이이ー다)	1.여자 친구 2.부인, 아내
تقاعد (타까ー우드)	1.예비 2.퇴직 3.태만
مقعد (마끄아드)	1.의자, 걸상 2.의석(국회 등의)
مقعد (무끄아드)	1.저지된 2.약한, 무능한
متقاعد (무타까ー이드)	1.퇴직한 2.연금 수령자
قعر (까아라)	깊게 하다, 깊게 파내다
قعر (까으르)	1.밑바닥 2.굴착 3.구덩이
قعير (까이ー르)	깊은, 밑바닥이 깊은
قعس (까이싸)	가슴이 불쑥 나오다
قعس (까아싸)	가슴을 내밀고 가다
تقاعس (타까ー아싸)	1.망설이다 2.이해관계가 없다
قفر (까파라)	발자취를 따라가다
قفر (까프르)	1.황무지 땅 2.황폐한
قفرة (까프라)	사막, 불모지
قفراء (까프라ー)	건조한 사막

قفص	1.새장 2.혈관 3.바구니	**قفير**	벌집, 벌통
(까파스)		(까피 - 르)	
تقفيصة	닭장, 새장	**مقفر**	1.황폐한 2.전혀 없는
(타끄피 - 솨)		(무끄피르)	
قفع	1.수축되다 2.주름살지다	**قفز**	1.껑충뛰다
(파끼아)		(까파자)	2.이륙하다, 출발하다
تقفع	1.오그라들다 2.시들다	**تقفز**	1.장갑을 끼다
(타깟파아)		(타깟파자)	2.손톱에 물들이다
قفل	1.닫다 2.잠그다 3.끄다	**قفزة**	뛰기, 도약, 비약
(까팔라)		(까프자)	
قفل	1.공급을 끊다 2. 잠그다	**قفاز**	장갑
(깟팔라)		(꿋파 - 즈)	
أقفل	1.폐쇄하다	**مقفز**	뜀판(수영의),
(아끄팔라)	2.잠그다, 끄다	(마끄피즈)	도약판(체조의)
قفل	1.자물쇠	**قفش**	1.수집하다
(꾸플)	2.수문, 갑문 3.빗장	(까파샤)	2.붙들다, 잡다
قافل	잠그는, 채우는	**انقفش**	잡히다, 붙잡히다
(까 - 필)		(인까파샤)	
قافلة	1.낙타대열 2.종대, 종렬	**قفش**	지껄임
(까 - 필라)		(까프슈)	
قفال	자물쇠 제조공	**قفشة**	농담, 익살
(깟파 - ㄹ)		(까프샤)	

까프

675

إقفال (이끄파 - ㄹ)	1.폐쇄 2.잠금 3.중단	**قلة** (꿀라)	1.정상, 꼭대기 2.절정, 정점
مقفل (무끄팔)	잠겨진, 채워진, 닫힌	**قليل** (깔리 - ㄹ)	1.작은, 적은 2.부족한
قفا (까파)	발자취를 따르다, 따라가다	**أقلية** (아깔리 - 야)	1.소수파 2.소수 민족
اقتفى (이끄타파)	1.따라가다 2.모방하다	**تقليل** (타끌리 - ㄹ)	감소, 축소
قافية (까 - 피야)	1.운, 각운 2.익살 3.목덜미	**استقلال** (이쓰티끌라 - ㄹ)	독립, 자립
اقتفاء (이끄티파 -)	1.추적 2.모방	**استقلالية** (이쓰티끌랄 - 리야)	자치권, 독립권
قل (깔라)	1.적다, 작다 2.부족하다, 희귀하다	**مستقل** (무쓰타낄)	1.독립한 2.별개의, 다른
قلل (깔라라)	줄이다, 축소하다	**قلب** (깔라바)	뒤집다, 전복시키다
استقل (이쓰타깔라)	1.깔보다 2.독립하다	**تقلب** (타깔라바)	1.전복되다 2.변동하다
قلة (낄라)	1.약간 2.부족 3.소수 4.진기	**انقلب** (인깔라바)	1.전복하다 2.거역하다
قلة (깔라)	1.회복(병, 가난 등) 2.부활, 부흥	**قلب** (깔브)	1.전환 2.마음 3.중앙

مقلد (무깔라드)	1.모조의 2.위조된 3.모방하는	**قالب** (깔 - 리브)	형, 주형, 모형, 틀
مقلاد (미끌라 - 드)	열쇠	**قلاب** (꿀라 - 브)	심장병
مقلود (마끌루 - 드)	꼬인, 꼬여진	**قلاب** (깔라 - 브)	1.뒤집을 수 있는 2.투매자
قلس (깔라싸)	1.춤추고 노래하다 2.토하다	**قليب** (깔리 - 브)	우물, 샘
أنقليس (안낄리 - 쓰)	뱀장어	**تقلب** (타깔루브)	1.전복, 변경 2.물가의 변동
تقليس (타끌리 - 쓰)	1.토함, 구토 2.비꼼	**انقلاب** (인낄라 - 브)	1.변화 2.전복, 혁명
قلص (깔라솨)	1.줄어들다 2.물러나다	**مقلب** (마끌라브)	1.절정 2.음모
أقلص (아끌라수)	더 간결한, 간단한	**متقلب** (무타깔리브)	가변적인, 변할수 있는
تقلص (타깔루쓰)	수축, 줄임, 움추림	**قلد** (깔라다)	1.주다(권력, 지위를) 2.모방하다
متقلص (무타깔리쓰)	1.수축된 2.오무린(입술)	**تقلد** (타깔라다)	1.졸라매다 2..지다(책임을)
قلط (깔라따)	대변을 보다, 뒤를 보다	**تقليد** (타끌리 - 드)	1.모방 2.전통 3.관례

까프

قليط (깔리 - 뜨)	1.탈장(의학), 탈장환자	**اقتلاع** (이끄틸라 - 으)	뽑아냄, 추출, 발췌
قيليط (낄리 - 뜨)	탈장으로 괴로워하는	**مقلع** (마끌라으)	채석장
قلع (깔라아)	1.뽑아내다 2.벗다(옷 등)	**قلف** (깔라파)	벗기다(나무껍질을)
أقلع (아끌라아)	1.출항하다 2.이륙하다 3.끊다(담배 등을)	**قلفة** (깔파)	1.십장, 감독 2.품팔이꾼
انقلع (인깔라아)	빠지다, 제거되다	**قلفة** (꿀파)	포피(해부)
اقتلع (이끄탈라아)	1.빼내다 2.벗다(옷 등)	**أقلف** (아끌라푸)	할례를 받지 않은
قلع (낄으)	뽑아냄, 추출, 발췌	**قلق** (깔리까)	1.걱정하다 2.잠못이루다
قلعة (깔아)	성채, 요새, 보루	**أقلق** (아끌라까)	1.당황케 하다 2.흥분시키다
قلاع (꿀라 - 으)	구강(의학), 구내염	**تقلق** (타깔라까)	1.불안하다 2.잠못이루다
إقلاع (이끌라 - 으)	1.항해, 출항 2.이륙	**قلق** (깔라끄)	1.안달 3.불면 4.근심 5.동요, 흥분
تقليعة (타끌리 - 아)	1.쇄신, 혁신 2.변덕	**قلق** (깔리끄)	1.걱정하는 2.불면의 3.안달하는

까프

قلاء (깔라 -)	증오, 싫어함	**قلقان** (깔깐 - ㄴ)	1.근심에 싸인 2.불면의
مقلى (마끌리)	튀긴, 볶은	**إقلاق** (이끌라 - 끄)	1.불안, 걱정 2.소동, 혼란
قم (깜마)	1.청소하다 2.요기하다	**قلم** (깔라마)	1.깎다(손톱) 2.치다(가지)
قمة (낌마)	꼭대기, 정상, 수뇌	**أقلم** (아끌라마)	외국의 풍토나 기후에 순응하다
قمامة (까마 - 마)	오물, 쓰레기통	**قلم** (깔람)	1.펜 2.필체, 문체 3.과, 국
قمائم (까마 - 이무)	쓰레기	**قلما** (깔라마)	거의 …이 아니다
قمح (깜마하)	월부로 지불하다	**اقليم** (이끌리 - ㅁ)	1.지역, 지방 2.구역
أقمح (아끄마하)	밀의 이삭이 익다	**تقليم** (타끌리 - ㅁ)	1.절단 2.가지치기
قمح (까므흐)	1.밀 2.밀 이삭	**مقلم** (무깔림)	자르는, 깎는
قمر (까미라)	도박을 하다	**مقلمة** (미끌라마)	필통, 연필통
قمر (깜마라)	불그레하다	**قلا** (깔라)	기름에 튀기다

قمس (까마싸)	잠그다, 담그다	أقمر (아끄마라)	달이 밝다
قومس (까우마쓰)	1.바다의 깊이 2.재앙, 불행	قمر (까마르)	1.달 2.위성
قاموس (까무 - 쓰)	1.사전 2.대양, 해양	قمرة (까마라)	1.들창(다락의) 2.달빛
قمش (까마샤)	쓰레기를 모으다	قمرية (까마리 - 야)	1.정자 2.들창
تقمش (타깜마샤)	입다(옷을)	قمار (끼마 - 르)	도박
قماش (꾸마 - 슈)	1.직물 2.쓰레기, 폐물	قمارتى (꾸마 - 라티)	도박꾼
قماش (깜마 - 슈)	비단장사, 포목장사	مقمر (무깜마르)	잘 구워진(빵이)
قمص (까마쏴)	1.질주하다 2.걷어차다	مقمر (무끄미르)	달이 밝은
قمص (깜마쏴)	1.질주하다 2.옷을 입다	مقمر (마끄마르)	도박장
تقمص (타깜마쏴)	1.변모되다 2.윤회하다(종교)	مقامر (무까 - 미르)	도박꾼, 투기꾼
قمى (까미 - 스)	1.껍질 2.셔스 3.화신	مقامرة (무까 - 미라)	도박, 투기

까프

680

قمل (까밀라)	이가 득실거리다	**تقميص** (타끄미 - 스)	윤회, 화신
قمل (까믈)	이	**تقمص** (타깜무스)	1.변모 2.옮아가는 것
مقمل (무깜믈)	이가 득실거리는	**قمط** (까마뜨)	1.기저귀를 채우다 2.붕대를 감다
قمن (까미나)	어떤 특징을 가진, 어떤 성질을 가진	**تقمط** (타깜마뜨)	기저귀를 차다
قمين (까미 - ㄴ)	1.가마, 화로 2.…할 자격이 있는	**قماط** (끼마 - 뜨)	기저귀
قمينة (까미 - 나)	난로, 화로	**قمع** 1.진압하다(화재를) 2.끄다 (까마아)	
قنن (깐나나)	1.제정하다(법을) 2.곰팡이가 쓸다	**أقمع** (아끄마아)	1.탄압하다 2.방해하다
اقتن (이끄탄나)	농노로 취급하다	**تقمع** (타깜마아)	맵시를 내며 걷다
قن (낀느)	노예, 농노, 종	**انقمع** (인까마아)	진압되다, 탄압되다
قنانة (까나 - 나)	노예신분	**قمع** (까므으)	1.진압(화재를) 2.억제 3.끄는 것
قنونة (꾸누 - 나)	농노제도	**قمع** (끼므으)	1.깔때기 2.손잡이 3.꽁초

까
프

681

قانون (까누-ㄴ)	1.법, 법률 2.법칙, 규칙	**قنديل** (낀디-ㄹ)	등, 등불, 초롱불
قانونية (까누니-야)	합법성	**مقندل** (무깐달)	나쁜, 불행한
قنينة (낀니-나)	병, 향수병, 유리병	**قنص** (까나쏴)	사냥하여 잡다, 사냥하다
تقنين (타끄니-느)	입법화	**اقتنص** (이끄타나쏴)	사냥하다, 잡다
مقنن (무깐니느)	법제자, 입법자	**قنص** (까나스)	1.들새 2.사냥한 짐승
قنال (까나-ㄹ)	운하	**قناص** (꾼나-스)	사냥꾼, 명사수
قنبل (깐발)	1.부대 2.무리 3.기마병단	**مقنوص** (마끄누-스)	사냥감, 사냥한 짐승
قنبلة (꾼불라)	포탄, 폭탄	**قنصل** (꾼술)	영사
قنت (까나타)	순종하다, 기도문을 읽다	**قنصلية** (꾼술리-야)	영사관
قانت (까-니트)	경건한, 신앙심이 깊은	**قنط** (까누따)	실망하다, 절망하다
قنوت (꾸누-트)	신에게의 복종, 순종	**أقنط** (아끄나따)	실망케 하다, 절망케 하다

قناطة (까나 - 따)	실망, 절망, 낙심	**قناع** (끼나 - 아)	1.면사포, 베일 2.가면 3.마스크
قنوط (꾸누 - 뜨)	실망, 절망, 낙심	**قناعة** (까나 - 아)	1.만족, 확신 2.까다롭지 않는 것
قنطر (깐따라)	궁륭식으로 짓다	**قنوع** (꾸누 - 으)	만족해하는
تقنطر (타깐따라)	궁륭식으로 건축하다	**إقناع** (이끄나 - 으)	1.설득시키는 것 2.만족해하는
قنطرة (깐따라)	1.궁륭식 다리 2.아치	**اقتناع** (이끄티나 - 으)	1.만족 2.확신
قنطرى (낀따리)	백만장자	**مقنع** (무끄니으)	1.만족한, 흡족한 2.설득력 있는
مقنطر (무깐따르)	궁륭식으로 지어진	**قنا** (까나)	1.얻다 2.소유하다 3.기르다(가축을)
قنع (까나아)	1.만족해하다 2.확신하다	**قنى** (까나)	파다(운하를)
قنع (깐나아)	베일을 씌우다	**اقتنى** (이끄타나)	1. 소유하다 2.획득하다
أقنع (아끄나아)	1.만족시키다 2.설득시키다	**قناة** (까나 - 트)	1.운하, 수로, 도랑 2.관 3.하수도
تقنع (타깐나아)	1.면사포를 쓰다 2.마스크를 끼다 3.위장하다	**قنية** (꾼야)	소유, 획득

قهرمانة (까흐라마 - 나)	1.주부 2.가정교사	**تقنية** (타끄니야)	운하파기, 도랑파기
قهقر (까흐까라)	후퇴하다	**اقتناء** (이끄티나 -)	획득, 소유
قهقرة (까흐까라)	1.퇴각, 후퇴 2.퇴보, 퇴화	**قهر** (까하라)	1.극복하다 2.강요하다
تقهقر (타까흐까르)	1.퇴보 2.퇴각	**انقهر** (인까하라)	1.굴복하다 2.슬퍼하다
قهوة (까흐와)	1.커피원료 2.커피 3.다방	**قهر** (까흐르)	1.정복 2.강요, 강압 3.슬픔, 설음
قهواتى (까화와 - 티)	다방주인	**قهرة** (까흐라)	강요, 강제, 강압
مقهى (마끄하)	다방, 카페	**قاهر** (까 - 히르)	1.극복하는 2.강요하는
قاب (까 - 바)	부리로 알을 까다	**قاهرة** (까 - 히라)	카이로
تقوب (타까우와바)	깨지다(달걀이)	**قهار** (까하 - 르)	전지전능한, 전능하신
قاب (까 - 브)	거리, 구간	**قهران** (까흐라 - ㄴ)	1.모욕당한 2.서러운
قوب (꾸 - 브)	병아리	**مقهور** (마끄후 - 르)	1.굴복한 2.강요된 3.슬픈

قواد (까와 - 드)	1.뚜쟁이, 포주 2.남창	**قوباء** (꾸바 -)	버짐, 습진
قيد (까이이드)	온순한, 잘 길든	**قات** (까 - 타)	1.먹여 살리다 2.영향을 공급하다
قيادة (끼야 - 다)	1.지휘 2.지도력 3.운전	**قوت** (까우와타)	1.부양하다 2.기르다
انقياد (인끼야 - 드)	1.순종, 복종 2.추종	**تقوت** (타까우와타)	먹다
منقاد (문까 - 드)	온순한, 고분고분한	**قوت** (꾸 - 트)	1.음식 2.양식, 영양
قار (까 - 라)	1.발끝으로 걷다 2.도려내다	**إقاتة** (이까 - 타)	양육
قارة (까 - 라)	언덕, 야산	**تقوت** (타까우와트)	영양
قارة (까 - 르라)	대륙	**مقيت** (무끼 - 트)	1.알라 하나님 2.영양이 있는
تقويرة (타끄위 - 라)	홈, 패인자리	**قاد** (까 - 다)	1.지휘하다 2.조종하다, 운전하다
قوس (까위싸)	구부러지다, 휘여지다	**انقاد** (인까 - 다)	1.끌리다 2.빠지다(꼬임에)
قوس (까우와싸)	1.사격하다 2.구부리다	**قائد** (까 - 이드)	1.안내자 2.지도자 3.운전수

까 프

قائف (까 - 이프)	예언자, 점쟁이	**قوس** (까우쓰)	1.활 2.무지개형, 활모양형
قال (깔 - 라)	1.말하다 2.주장하다	**قواس** (까우와 - 쓰)	1.사수, 궁수 2.사냥꾼
قاول (까 - 왈라)	1.흥정하다 2.계약을 맺다	**مقوس** (무까우와쓰)	구부러진, 휜
أقول (아끄왈라)	둘러씌우다(말했다고)	**قاض** (까 - 돠)	부수다, 파괴하다
تقول (타까우왈라)	비방하다, 소문을 퍼뜨리다	**تقوض** (타까우와돠)	무너지다, 붕괴되다
قائل (까 - 일)	1.말하기를 2.말하는 자	**انقاض** (인까 - 돠)	허물어지다, 파괴되다
قول (까울)	1.말, 발언 2.이론, 학설	**تقويض** (타끄위 - 드)	파괴
قولة (꾸왈라)	수다쟁이	**مقاوضة** (무까 - 와돠)	교환, 상호교환
أقاويل (아까윌 - 루)	1.수다스러운 2.수다쟁이	**قاع** (까 - 으)	1.평지, 분지 2.바닥
مقال (마까 - ㄹ)	논설, 글, 논문, 원고	**قاعة** (까 - 아)	1.강당, 홀 2.병실
مقاول (무까 - 윌르)	청부업자	**قاف** (까 - 파)	1.예언하다 2.뒤따르다

까프

مقاولة 1.논쟁 2.계약 3.청부업
(무까 - 왈라)

قولب 규격화하다
(까울라바)

قولبة 규격화
(까울라바)

قولنج 대장염, 결장염
(까울란즈)

قولون 결장, 대장전체
(까울루 - 느)

قام 1.일어서다 2.수행하다
(까 - 마)

قوّم 1.바로잡다 4.값을 정하다
(까우와마)

قاوم 대항하다, 저항하다
(까 - 와마)

أقام 1.설치하다 2.머물다
(아까 - 마)

استقام 1.정직하다 2.지속되다
(이쓰티까 - 마)

قامة 1.키(사람의) 2.체격, 체구
(까 - 마)

قائم 1.서 있는 2.존재하는
(까 - 임)

قائمة 1.기둥 2.목록, 명부 3.계획표
(까 - 이마)

قوم 1.민족 2.사람들, 백성 3.종족
(까움)

قومة 1.일어나는 것 2.봉기, 폭동
(까우마)

قومية 1.민족성 2.민족주의
(까우미 - 야)

قوام 1.정직성 2.밀도 3.정력 4.체구
(까와 - ㅁ)

قِوام 1.토대, 기둥 2.의미 4.지지
(끼와 - ㅁ)

قِوامة 후견, 간호, 보호, 시중
(끼와 - 마)

قوّام 1.준비된 2.책임자
(까우와 - 므)

قيام 1.출발 2.존재 3.수행, 집행
(끼야 - ㅁ)

قيامة 1.부활, 소생 2.후견 3.소동
(끼야 - 마)

까프

687

مقومات (무까우와마-트)	귀중품	**قويم** (까위-ㅁ)	1.곧바른 2.정직한
مقاوم (무까-웜)	1.반항, 대항 2.적, 적수	**قيم** (까이임)	1.귀중한 2.유익한
مقاومة (무까-와마)	저항, 반항, 대항	**قيمة** (끼-마)	1.값, 가치, 가격 2.량
مقيم (무끼-ㅁ)	1.거주하는 2.집행하는	**قيوم** (까이유-ㅁ)	영원한 것, 하나님
مقيمية (무끼미-야)	거주지, 관저	**إقامة** (이까-마)	1.설립 2.창설 3.체류
مستقيم (무쓰타끼-ㅁ)	1.곧바른 2.정직한	**تقويم** (타끄위-ㅁ)	1.수정 3.평가 4.달력
قوى (까와)	황량하다, 인적이 없다	**تقييم** (타끄이-ㅁ)	가격사정, 평가
قوى (까위야)	1.강하다 2.극복하다	**استقامة** (이쓰티까-마)	1.정직성, 솔직성 2.정확성
قوى (까우와)	1.강화하다 2.지지하다	**مقام** (마까-ㅁ)	1.체류 2.위치 3.자리 4.묘, 고분
قاوى (까-와)	싸우다, 힘겨루기 하다	**مقامة** (마까-마)	범위, 영역
أقوى (아끄와)	1.황량하다 2.가난하다	**مقومات** (무까우위마-트)	성분, 구성요소, 요인

تقوى (타끄와)	1.강화되다 2.고무되다	**مقيئات** (무까이아 - 트)	구토제
قواء (까와 -)	굶주림, 기아, 기근	**قاح** (까 - 하)	곪다
قواء (끼와 -)	황야, 무인지경	**قيح** (까이흐)	고름
قوة (꾸우와)	1.힘, 위력 2.능력 3.폭력	**قيد** (까이야다)	1.제한하다 3.결박하다
قوى (까위)	1.튼튼한 2.독한(술이) 3.힘센	**تقيد** (타까이야다)	1.제한되다 2.염격히 준수하다
تقوية (타끄위야)	1.지지 2.강화 3.자극	**قيد** (까이드)	1.족쇄 2.매듭 3..제한,
مقويت (까위야 - 트)	강장제, 보약	**قيودات** (꾸유다 - 트)	1.제약 2.등록부
قاء (까 - 아)	토하다, 구토하다	**تقييد** (타끄이 - 드)	1.결박 2.기입 3.제한
أقاء (아까 - 아)	토하게,구역질나게 하다	**مقيد** (무까이야드)	1.묶인 2.제한된 3.기록된
تقيأ (타까이야아)	토하다, 구토하다	**مقيدات** (무까이야다 - 트)	기록부, 등록부
قىء (까이)	구토, 구역질	**قاس** (까 - 싸)	1.측량하다 2.비교하다

까프

689

قيس 표준화하다, 규격화하다 (까이야싸)	**انقاض** 무너지다(담벽이) (인까 - 돠)
قايس 비교하다, 대조하다 (까 - 야싸)	**قياض** 동일한, 동등한, 꼭 같은 (끼야 - 드)
اقتاس 1.재다 2.모방하다 (이끄타 - 싸)	**مقاية** 1.교환 2.교역, 물물교환 (무까 - 야돠)
قياس 1.측정 2.비교 3.유추 4.치수 (끼야 - 쓰)	**قاظ** 무덥다, 덥다 (까 - 좌)
قياس 측량사 (까이야 - 쓰)	**قائظ** 무더운, 찌는 듯한 (까 - 이즈)
مقاس 크기, 치수, 분량 (마까 - 쓰)	**قيظ** 1.찜통더위 2.가뭄 3.한여름 (까이즈)
مقايسة 1.비교, 대조 2.평가, 평점 (무까 - 야싸)	**قال** 낮잠을 자다 (깔 - 라)
مقياس 1.표준, 기준 2.측정기 3.치수 (미끄야 - 쓰)	**قيل** 낮잠자다 (까이얄라)
قيسارية 바자회, 자선시장 (끼싸리 - 야)	**أقال** 1.면직하다 2.폐기하다 (아깔 - 라)
قاض 1.바꾸다 2.쪼개다 (까 - 돠)	**تقيل** 낮잠자다 (타까이얄라)
تقيض 깨지다, 쪼개지다 (타까이야돠)	**استقال** 사직하다 (이쓰티깔 - 라)

قائلة 1.낮잠 2.한낮, 정오
(까 - 일라)

قيل 1.추장, 족장 2.우두머리
(까일)

قيالة 낮더위
(까아얄 - 라)

قيلولة 오침, 낮잠
(까일룰 - 라)

إقالة 1.해임, 해고(계약) 2.폐기
(이깔 - 라)

استقالة 1.사직서 2.사직
(이쓰티깔 - 라)

(الكاف : 카프)

كَأَد (카아다)	괴롭히다, 속태우다
إكتَأَد (이크타아다)	장애로 되다
كَؤود (카우ー드)	어려운, 힘든
كَأس (카으쓰)	잔, 컵
كَؤول (쿠우ー르)	알코올
كَبّ (캅바)	1.넘어뜨리다, 2.붓다
أكبّ (아캅바)	1.몰두하다 2.착수하다
كَباب (카바ー브)	꼬치불고기, 카밥
كَبَاية (쿱바야)	컵, 잔
كُبّة (쿱바)	1.공, 알 2.흑사병, 페스트
كَبَت (카바타)	1.무찌르다 2.억제하다
كارِثة (카ー리싸)	재앙
كاريكاتور (카리카투ー르)	만화
كافور (카푸ー르)	장뇌
كالون (칼루ーㄴ)	자물쇠
كَئِب (카이바)	서러워하다, 침통하다
إكتِئاب (이크티아ー바)	쓸쓸해하다
كَأب (카으브)	슬픔, 설음, 괴로움
كَئيب (카이ー브)	슬픈, 애달픈, 애틋한
إكتِئاب (이크티아ー브)	슬픔, 비애, 서러움
مُكتَئِب (무크타이브)	우울한, 침울한, 슬픈

까프

كبوت (캅부 - 트)	1.비옷 2.덮개 3.콘돔	كبّر (캅바라)	1.확대하다 2.과장하다 3.찬미하다
كبح (카바하)	억제하다, 억누르다	كابر (카 - 바라)	1.뽐내다 2.완강하다 3.반박하다
كبح (카브흐)	1.억제, 제압 2.제동	أكبر (아크바라)	1.존중하다 2.찬양하다
مكبح (미크바흐)	제동기	تكبّر (타캅바라)	1.우쭐대다 2.자만하다
كبد (카바다)	괴롭히다, 고생시키다	إستكبر (이쓰타크바라)	자랑하다, 뽐내다
كابد (카 - 바다)	겪다, 참다, 당하다	كبر (카브르)	1.거만 2.자만 3.위대함
كبد (카브드)	간, 간장	كبر (키바르)	1.웅대함, 거대함 2.고령
كبد (카바드)	중심, 가운데, 중앙의	كبرة (카브라)	노년, 늘그막
كباد (쿠바 - 드)	간장염, 간염	كبرى (쿠브리 -)	다리
كبر (카부라)	1.크다 2.위대.중요하다	كبرياء (키브리야 - 으)	1.교만 2.자랑, 자만
كبر (카바라)	나이가 들다, 늙다	كبير (카비 - 르)	1.큰 2.위대한 3.중요한 4.늙은

كبيرة (카비-라)	1.큰 죄 2.엄중한 과오	كبس (카브쓰)	압착, 압축, 프레스
تكبير (타크비-르)	1.확대 2.찬양 3.존중	كبس (쿠브쓰)	휴즈
كبار (쿠바-르)	1.위대한, 거대한 2.중대한	كبسة (카브싸)	1.습격 2.포위망
كبارات (쿠바라-)	위인들, 명인들	كبيس (카비-쓰)	1.절인 2.통조림 한
تكبر (타캅부르)	1.자랑, 자만 2.교만, 거만	تكبيس (타크비-쓰)	안마
مكبر (무캅비르)	1.확성기 2.확대하는	كابوس (카부-쓰)	악몽, 악마
متكبر (무타캅비르)	교만한, 거만한	مكبس (미크바쓰)	1.압착기 2. 피스톤
مكابر (무카-비르)	1.고집이 센 2.반박하는	مكبسات (무캅바싸-트)	통조림
مكابرة (무카-바라)	1.교만 2.고집 3.반박	مكبوس (마크부-쓰)	1.압축된 2.절인 3.통조림 한
كبرتة (키브리타)	성냥	كبل (카발라)	1.수갑을 채우다 2.지불을 연기하다
كبس (카바싸)	1.통조림하다 2.붙잡다	كابل (카-발라)	연장하다(지불을)

까프

تكبل (타캅발라)	묶이다, 얽매이다	**كاتب** (카 - 티브)	1.쓰는 2.서기 3.비서 4.작가
كبل (카블)	수갑, 족쇄	**كتاب** (쿳타 - 브)	소학교, 서당
مكبل (무캅발)	묶인, 족쇄에 채인	**كاتبة** (카 - 티바)	여비서
كتب (카타바)	1.글을 쓰다 2.기록되다	**كتاب** (키타 - 브)	1.책, 서적 2.편지, 서한
كاتب (카 - 타바)	1.서신거래를 하다 2.통보하다	**كتابة** (키타 - 바)	1.쓰기, 2.글씨, 필적
أكتب (아크타바)	불러주다, 받아쓰게 하다	**كتيب** (쿠타이브)	소책자
تكتب (타캇타바)	정열하다, 대열을 짓다	**كتيبة** (카티 - 바)	1.부대, 연대 2.서류
إنكتب (인카타바)	1.필사하다 2.조인하다	**إكتتاب** (이크티타 - 브)	서명, 조인
إكتتب (이크타타바)	복사하다, 베끼다	**إستكتاب** (이쓰티크타 - 브)	받아쓰기
كتب (카트브)	1.쓰기, 서법 2.문건 3.계약	**مكتب** (마크탑)	1.학교 2.사무실 3.책상
كتبة (키트바)	글씨, 필적	**مكتبة** (마크타바)	1.도서관 2.책방

까
프

كتل (카탈라)	모으다, 쌓아두다
كتل (캇탈라)	동맹을 결성하다, 연합을 형성하다
تكتل (타캇탈라)	1.단합되다 2.불럭이 형성되다
كتلة (쿠틀라)	1.대중 2.불럭, 동맹 3.핵심, 중심부
تكتل (타캇툴)	불럭형성
تكتلات (타캇툴라 - 트)	파벌, 분파
كتم (카타마)	1.감추다 2.억제하다 3.숨을 죽이다
تكتم (타캇타마)	비밀에 붙이다, 숨기다
انكتم (인카타마)	1.은폐되다 2.침묵하다
اكتتم (이크타타마)	숨기다, 감추다
كتمة (카트마)	무더위, 숨막히게 하는 공기
مكاتبة (무카 - 타바)	서신거래, 통신
مكتوب (마크투 - 브)	쓰여진, 기록된
مكتوب (마크투 - 브)	편지, 서한
كتف (카타파)	손을 뒤로 묶다
تكاتف (타카 - 타파)	나란히 가다, 서로 돕다
إستكتف (이쓰타크타파)	팔짱을 끼다
كتف (카트프)	1.어깨 2.경사, 비탈
كتاف (키타 - 프)	수갑
تكاتف (타카 - 타프)	단결, 단합, 단결력
مكتوف (마크투 - 프)	묶이운
متكتف (무타캇티프)	팔짱을 낀

كتوم (카투-므)	말없는, 덤덤한, 과묵한	**كثرة** (카쓰라)	다량, 풍족함, 넉넉함
كتيم (카티-므)	1.밀봉한 2.빈틈없는 3.숨막히는	**كثير** (카씨-르)	많은, 수많은, 풍부한
كتام (키타-므)	변비	**أكثرية** (아크싸리-야)	대부분, 대다수
تكتم (타캇툼)	비밀, 숨김	**تكاثر** (타카-쑤르)	확대, 증가, 증식
مكتوم (마크투-므)	1.숨은, 감추어진	**مكثور** (마크쑤-르)	빚을 잔뜩 짊어진
كث (캇싸)	숱이 많은, 조밀한	**كثف** (카싸파)	1.무성하다 2.진하다, 짙다
كثيث (카씨-쓰)	조밀한, 빽빽한	**كثافة** (카싸-파)	1.밀도, 농도 2.두께, 굵기
كثب (카싸바)	근처, 부근, 근방	**كثيف** (카씨-프)	1.무성한 3.둔한 4.조잡한
كثيب (카씨-브)	모래언덕	**كحل** (카할라)	눈을 새까맣게 하다
كثر (카쑤라)	1.많다 2.증가하다	**كحال** (캇할-르)	안과의사
تكثر (타캇싸라)	말이 많다, 장황히 늘어놓다	**كحيل** (카히-일)	검은, 까맣게 그린

까프

كدر (카다라)	1.침울하다 2.화내다
تكدر (타캇다라)	1.흐려지다 2.슬퍼하다
إنكدر (인카다라)	우울하다, 침울하다
كدر (카다르)	1.걱정, 번뇌 2.슬픔, 비애
كدر (카디르)	1.흐린, 희미한 2.적적한
مكدر (무캇다르)	희미한, 어슴푸레한
متكدر (무타캇디르)	1.화난 2.슬픔에 잠김
كدس (카다싸)	쌓다
إنكدس (인카다싸)	쌓이다, 가득 차다
كداس (쿠다-쓰)	1.무더기, 더미 2.낟가리
مكدس (무캇다쓰)	1.쌓아올린 2.축적된

كحول (쿠후-ㄹ)	알코올, 술
أكحل (아크할르)	눈이 새까만
كد (캇다)	1.내쫓다 2.일하다 3.힘들게 하다
إكتد (이크탓다)	1.몰아내다 2.독촉하다
كد (캇드)	일, 노력, 노고
كدود (카두-드)	근면한, 부지런한
مكدود (마크두-드)	기진맥진한, 맥이 풀린
كدح (카다하)	일하다
إكتدح (이크타다하)	일해서 벌다
كدح (카다흐)	노력, 노동
كادح (카-디흐)	근로자, 노동자

까프

698

كدم (카다마)	1.물다 2.타박상을 입히다	كذبة (키드바)	거짓말, 허구, 날조
كدمة (카드마)	타박상, 멍	كذاب (캇다 - 브)	거짓말쟁이, 허풍쟁이
كدى (카다 -)	깍쟁이 노릇하다	تكذيب (타크디 - 브)	1.반박, 논박 2.거짓말
كدى (캇다 -)	구걸하다, 동냥하다, 빌어먹다	أكذوبة (아크두 - 바)	거짓말, 허구
تكدى (타캇다 -)	구걸하다, 빌어먹다	مكذوب (마크두 - 브)	허위적인, 허황한, 가상적인
كدية (카드야)	구걸	كر (카르라)	1.퇴각하다 2.습격하다
كدية (쿠드야)	지렛대, 쇠몽둥이	كرر (카르라라)	1.반복하다 2.정제하다
كداية (키다 - 야)	걸식, 구걸	تكرر (타카르라라)	1.거듭되다 2.정제되다
كذا (카다)	그렇게, 이와 같이	كر (카르르)	1.공격 2.경과, 흐름(시간의)
كذب (카다바)	1.거짓말하다 2.비방하다	كرة (카라르라)	1.공격, 습격 2.한번, 한차례
كذب (카디브)	거짓, 허위	كرة (카르라)	10만

까프

كرب (카르브)	1.슬픔, 비애 2.고민, 번뇌	كرار (카라 - 르)	헛간, 고간, 창고, 광
كربة (쿠르바)	슬픔, 애수, 설음	كراجي (카라르지 -)	창고지기
مكروب (마크루 - 브)	애수에 찬, 슬픔에 잠긴	تكرير (타크리 - 르)	1.반복 2.정제, 정류
مكروب (마크루 - 브)	미생물	تكرار (타크라 - 르)	반복
كربون (카르부 - 느)	1.탄소 2.먹지	مكرر (무카르라르)	1.반복된 2.정제된
كربونات (카르부나 - 트)	탄산염	متكرر (무타카르리르)	빈번한, 거듭되는
كرث (카리싸)	슬프게 하다, 근심시키다	كراج (카라 - 즈)	1.차고 2.자동차 정비업소
اكترث (이크타라싸)	관심을 돌리다	كراكة (카르라 - 카)	준설기, 준첩선
اكتراث (이크티라 - 쓰)	관심, 주의	كرب (카라바)	1.상심시키다 2.시작하다
كارث (카 - 리쓰)	불행한, 비참한	أكرب (아크라바)	1.서두르다 2.슬프게 하다
كارثة (카 - 리싸)	불행, 재난, 재해, 불상사	إنكرب (인카라바)	서러워하다, 비애에 잠기다

까프

كريث (카리 - 쓰)	비참한, 끔찍한, 불행한	**كراسة** (쿠르라 - 사)	공책, 소책자
كرج (카리자)	곰팡이 쓸다	**كرسي** (쿠르시 -)	1.의자 2.강좌 3.수세식 변기
كرج (카라즈)	곰팡이	**كروسة** (카르루 - 사)	마차
كرز (카라자)	1.설교하다 2.잠복하다	**مكرس** (무카르라스)	공헌된, 봉헌된, 신성한
كرز (카르즈)	설교, 전도	**كرش** (카라샤)	1.쫓다, 내쫓다 2.재촉하다
كرزة (카르자)	설교, 전도	**تكرش** (타카르라샤)	얼굴을 찡그리다
تكريز (타크리 - 즈)	성직수업	**انكرش** (인카라샤)	1.축출되다 2.서두르다
كاروز (카루 - 즈)	설교자, 전도사	**استكرش** (이스타크라샤)	뚱뚱해지다, 배가 커지다
كرس (카르라사)	1.신성화하다 2.헌신하다	**مكترش** (무크타리쉬)	배가 나온
تكرس (타카르라사)	1.바쳐지다 2.신성화되다	**كرع** (카라아)	마시다(물을)
تكريس (타크리 - 스)	1.헌신, 공헌 2.신성화	**تكرع** (타카르라아)	1.트림하다 2.발을 씻다

كريم (카리 - 므)	1.너그러운 2.인자한 3.고결한	**تكرية** (타크리 - 아)	트림
كريمة (카리 - 마)	귀동녀, 딸	**كرب** (카카바)	1.교란시키다 2.괴롭히다
تكريم (타크리 - 므)	1.존경, 존중 2.경축, 축하	**ركبة** (카르카바)	1.무질서, 혼란 2.소음
إكرام (이크라 - 므)	존경, 존중, 대접	**كركوبة** (카르쿠 - 바)	1.노파 2.낡아빠진 가구
إكرامية (이크라미 - 야)	상금, 상여금, 보너스	**كرم** (카루마)	1.귀중하다 2.너그럽다
مكرم (무크라므)	존경하는, 존중하는	**كرم** (카르라마)	존경하다, 존중하다
كره (카리하)	1.미워하다 2.마지못해 하다	**أكرم** (아크라마)	존경하다, 존대하다
كره (카루하)	징그럽다, 추악하다	**تكرم** (타카르라마)	1.너그럽다 2.친절하다
أكره (아크라하)	강요하다, 하게끔하다	**كرم** (카라므)	1.너그러움, 아량 2.은혜, 은덕
تكره (타카르라하)	괘씸히 여기다	**كرم** (카름)	1.포도 2.정원, 과수원
استكره (이스타크라하)	1.증오하다 2.강요하다	**كرامة** (카라 - 마)	1.고결, 존경 2.존엄, 위엄

كَرِيَ (카리아)	졸다	**كَرَاهَة** (카라-하)	증오감, 반감, 증오심
أَكْرَى (아크라-)	빌려주다, 임대하다	**كَرُوهِيَّة** (쿠루히-야)	증오, 증오심
تَكَرَّى (타카르라-)	졸다	**كَرِيه** (카리-흐)	밉살스러운, 징그러운
اكْتَرَى (이크타라-)	세를 내고 빌리다	**كَرِيهَة** (카리-하)	불행, 재난, 불상사
كَرًى (카라-)	졸음, 토끼잠, 노루잠	**إِكْرَاه** (이크라-흐)	1.강요, 강압 2.폭력사용
كِرْوَة (키르와)	1.임차, 빌리는 것, 2.소작료	**مَكْرُوح** (마크루-흐)	1.바람직스럽지 못한 2.나쁜, 미운
اكْتِرَاء (이크티라-으)	빌리는 것, 소작	**مَكْرُوهَة** (마크루-하)	불행, 재난
مُكْتَرٍ (무크타린)	임차인	**مُتَكَرِّه** (무타카르리흐)	마음에 내키지 않는 마지못하여
مُسْتَكْرٍ (무스타크린)	임차인	**كَرَا** (카라-)	1.파다, 파내다 2.놀다
كَزَّ (캇자)	1.꽉 조이다 2.마르다, 시들다	**كُرَة** (쿠라)	공, 구
كَزّ (캇즈)	1.마른, 시든 2.수축된, 꽉 다문	**كَرَوِيَّة** (쿠라위-야)	둥근 모양, 원형

مكتسبات (무크타사바-트)	성과	كزاز (쿠자-즈)	파상풍
كسح (카사하)	1.쓸다 2.씻어내다	كزازة (카자-자)	마른 것, 굳어진 것
كسح (카시하)	발을 절다, 절뚝거리다	كسب (카사바)	1.얻다, 벌다 2.이익을 보다
تكسح (타캇사하)	절뚝거리다, 절룩거리다	تكسب (타캇사바)	벌다, 밥벌이 하다
اكتسح (이크타사하)	1.쓸다 2.배척하다(상품)	اكتسب (이크타사바)	1.얻다 2.이기다 3.죄를 짓다
كسيح (카시-흐)	1.허약한 2.절름발이	كسب (카스브)	1.획득 2.이윤, 이익, 소득
كساحة (쿠사-하)	쓰레기	كسبان (카스바-ㄴ)	얻은, 획득한, 쟁취한
مكسحة (미크사하)	비, 빗자루	كسبة (쿠스바)	찌끼, 깻묵
مكسح (무캇사흐)	1.절름발이 2.불구자	اكتساب (이크티사-브)	획득, 쟁취
كسد (카사다)	1.고이다(물이) 2.경기가 침체하다	مكسب (마크사브)	1.획득 2.획득물 3.이윤, 이익
كساد (카사-드)	침체, 불경기	مكتسب (무크타사브)	얻어진, 쟁취된, 획득한

كيسد	팔리지 않는, 체화된
(카시 - 드)	

كاسد	1.재고의
(카 - 시드)	2.침체된, 불경기의

كسر	1.깨뜨리다(협정을)
(카사라)	2.어기다

كسر	1.박살내다
(캇사라)	2.잔돈으로 바꾸다

كاسر	값을 낮추려고 흥정하다
(카 - 사라)	

انكسر	1.깨지다 2.좌절되다
(인카사라)	

كسرة	1.파손, 부스는 것 2.패배
(카스라)	

كسور	1.주름 2.여분, 나머지
(쿠수 - 르)	

كسير	1.부서진
(카시 - 르)	2.괴로운, 상심하는

كسير	1.출납원 2.출납
(캇시 - 르)	

كسارة	분쇄기
(캇사 - 라)	

تكاسير	사소한 일,
(타카시 - 르)	대수롭지 않은 일

تكسر	1.파괴, 파손 2.굴절
(타캇수르)	3.불편(몸의)

انكسار	1.파괴, 파손
(인키사 - 르)	2.패배, 좌절

مكسر	파괴하는, 깨뜨리는
(무캇시르)	

مكسر	박살이 난, 깨진,
(무캇사르)	파괴된

مكسور	1.부서진 2.파산된
(마크수 - 르)	3.패배한

كسف	1.가리우다
(카사파)	2.핀잔을 주다

انكسف	일식하다,
(인카사파)	쑥쓰러워하다

كسوف	1.쑥쓰러움 2.일식
(쿠수 - 프)	

انكساف	일식
(인키사 - 프)	

مكسوف	1.해가 가린 2.창피한
(마크수 - 프)	

까프

تكسى (타캇사-)	입다	كسل (카실라)	게으르다, 태만하다
كسوة (키스와)	1.옷 2.덮개	أكسل (아크살라)	놀고먹게하다
كشح (카샤하)	1.내쫓다 2.증오하다	تكاسل (타카-살라)	놀고먹다, 빈둥빈둥 놀다
انكشح (인카샤하)	흩어지다, 분산되다	كسل (카살르)	1.게으름 2.권태, 싫증
كشاحة (쿠샤-하)	악의, 적의, 앙심	كسلان (카슬라-ㄴ)	1.게으른 2.건달
كشر (카샤라)	보이다, 드러내다(이를)	تكاسل (타카-술르)	게으름, 건달
كاشر (카-샤라)	헤벌쭉이 웃다, 씽웃다	كسم (카사마)	벌다, 벌이를 하다
كشارة (카샤-라)	1.우울, 침울 2.무뚝뚝함	كسم (캇사마)	치장하다, 장식하다
مكشر (무캇샤르)	우울한, 침울한	كسم (카슴)	1.모양, 형식 2.유행
كشف (카샤파)	1.벗기다 2.폭로하다	كسيم (카시-므)	1.의무 2.세율, 세금
كاشف (카-샤파)	1.털어놓다 2.통지하다	كسا (카사-)	1.씌우다 2.덮다, 포장하다

انكشف (인카샤파)	1.드러나다 2.제거되다	**مكتشفات** (무크타샤파 - 트)	발명품, 고안품
اكتشف (이크타샤파)	1.드러나다 2.적발하다	**مكشوف** (마크슈 - 프)	1.드러난 2.숨김없는
استكشف (이스타크샤파)	1.폭로, 정찰하다	**كظم** (카다마)	1.억제하다 2.침묵을 지키다
استكشاف (이스티크샤 - 프)	1.정탐 2.폭로	**كظيم** (카듸 - 므)	분노로 가득 찬
اكتشاف (이크티샤 - 프)	1.발견 2.정찰 3.탐험	**كاظمة** (마 - 듸마)	보온병
انكشاف (인키샤 - 프)	노출, 발로	**كعب** (카아바)	젖이 볼록 나오다
كشاف (캇샤 - 프)	1.폭로자 2.정찰병 3.탐험가	**كعاب** (카아 - 브)	젖가슴이 큰 처녀
كشافة (캇샤 - 파)	1.정찰대 3.소년단	**كعب** (카으브)	1.영광, 명예 2.입방체
كشافة (키샤 - 파)	1.정찰 2.탐험, 탐색	**كعب** (쿠으브)	여성의 젖가슴
كشف (카쉬프)	1.명단 2.목록 3.명세서	**كعبة** (카으바)	입방, 입방체
كشيف (카쉬 - 프)	드러난, 노출된, 폭로된	**كعبة** (쿠으바)	처녀성, 동정, 순결

까프

707

مكفوف (마크푸 - 프)	장님, 소경	كف (캇파)	1.말리다 2.삼가하다
كفأ (카파아)	1.물러서다 2.뒤집다	تكفف (타캇파파)	구걸하다, 빌어먹다
كافأ (카 - 파아)	1.표창하다 2.보상하다	انكف (인캇파)	그만두다, 버리다
تكافأ (타카 - 파아)	동등하다, 평등하다	استكف (이스타캇파)	빌어먹다, 구걸하다
تكافؤ (타카 - 푸우)	1.평등, 동등 2.등가	كافة (캇 - 파)	모두, 예외 없이, 총체
كفاء (카파 - 으)	1.평등, 동등 2.보상, 보수	كف (캇프)	1.손, 손바닥 2.접시(저울의)
كفاية (키파 - 야)	충분	كفاف (카파 - 피)	그만 하시요! 됐소!
كفاءة (카파 - 아)	1.동등 2.재능 3.자격	كفاف (키파 - 프)	테두리, 가장자리, 변두리
مكافأة (무카 - 파아)	1.상, 표창 2.보상, 배상	كفة (킷파)	저울
كفت (카파타)	1.모으다 2.막다 3.붓다	كفة (쿳파)	테두리, 변두리, 가장자리
انكفت (인카파타)	죽다	كفيف (카피 - 프)	소경, 장님

كفر (쿠프르)	신의 존재 불신, 배은망덕	**كفت** (카프트)	죽음
كفران (카프라-느)	1.화가 난 2.적대한	**كفح** (카파하)	적과 맞서다
كافور (카푸-르)	장뇌	**كافح** (카-파하)	1.싸우다 2.수호하다
كفور (카푸-르)	은혜를 모르는, 배은망덕의	**كفاح** (키파-흐)	1.투쟁 2.싸움, 전투
كفل (카팔라)	1.보증하다 2.보호하다 3.책임을 지다	**مكافحة** (무카-파하)	싸움, 전투, 투쟁
كافل (카-팔라)	계약을 체결하다	**كفر** (카파라)	1.덮다 2.신을 부정하다
تكافل (타카-팔라)	일치단결하다	**كفر** (캇파라)	1.속죄하다 2.용서해주다
كفيل (카피-일)	1.보증인 2.보호자	**تكفير** (타크피-르)	1.용서 2.속죄 3.배교
كفالة (카팔-라)	1.보증, 담보 2.보호, 후견	**كافر** (카-르)	1.불신자 2.배은망덕한
كافل (카-필르)	1.보증인 2.보호자, 후견인	**كفارة** (캇파-라)	1.속죄 2.속죄물
تكافل (타카-풀르)	1.상호보증 2.단결, 단합	**كفر** (카프르)	작은 마을, 고을, 촌락, 시골

까프

مكفول 1.보장된 2.담보된 (마크푸 - 울)	**تكلل** 1.결혼하다 2.끝나다 (타칼랄라)
كفن 수의를 입히다 (카파나)	**كل** 1.전체, 전부 2.모든, 온갖 (쿨르)
كفن 수의, 시체를 감싸는 흰 천 (카판)	**كل** 1.지친, 피곤한 2.쇠약, 허약 (칼르)
كفى 1.충분하다 2.살리다 (카파 -)	**كلة** 모기장 (킬라)
كافى 갚다, 보상하다, 보답하다 (카파 -)	**كلية** 1.보편성 2.학부, 단과대학 (쿨리 - 야)
اكتفى 1.만족하다 2.제한되다 (이크타파 -)	**كلا** 아니다, 전혀 그렇지 않다 (칼라 -)
اكتفاء 충족, 만족 (이크티파 - 으)	**كليل** 1.지친, 피곤한 2.둔한 3.약한(시력이) (칼리 - ㄹ)
كفاية 1.충분함 2.정량 3.능력 (키파 - 야)	**تكليل** 즉위식, 대관식 (타클리 - 일)
مكافأة 1.상, 상장 2.보수, 보상 (무카 - 파아)	**إكليل** 1.화환, 꽃다발 2.왕관 (이클리 - 일)
كل 1.지치다, 피곤하다 2.무디다 (칼라)	**مكلل** 1.왕관을 쓴 2.결혼한 (무칼랄르)
كلل 1.왕관을 씌우다 2.결혼시키다 (칼랄라)	**كلب** 1.미치다, 2.간청하다 (칼리바)

까프

مكلوب (마클루-브)	미친, 광견병에 걸린	**كلب** (칼라바)	개를 훈련시키다
كلح (칼라하)	1.우울하다 2.색이 날다	**تكالب** (타칼-라바)	미쳐날뛰다, 발광하다
أكلح (아클라하)	찌푸리다, 찡그리다	**استكلب** (이스타클라바)	1.미치다 2.미쳐날뛰다
كالح (칼-리흐)	우울한, 침울한	**كلب** (칼라브)	1.광증, 광견증 2.갈증
كلس (칼라사)	회칠하다, 석회화하다	**كلب** (칼브)	개, 수캐
كلس (칼스)	생석회, 석회	**كلب** (칼리브)	1.미친 2.탐욕스러운
كلسة (칼사)	양말	**كلبية** (칼비야)	냉소, 자유주의
كلف (칼리파)	1.사랑하다 2.주근깨투성이다	**كلاب** (쿨라-브)	갈고리
كلف (칼라파)	1.위임하다 2.부과하다	**كليب** (칼리-브)	미친, 광견병에 걸린
تكلف (타칼라파)	1.담당하다 2.고생하다	**كليب** (쿨라이브)	강아지
كلف (칼라프)	1.주근깨 2.열렬한 사랑	**مكلب** (무칼리브)	개수련사

까프

711

كلفة (쿨파)	1.수고 2.가격 3.비용	كلمة (칼리마)	1.단어 2.말, 토론, 연설
تكليف (타클리-프)	1.위임 2.부과 3.의무	كلام (칼라-므)	1.대화 2.말 3.회화 4.언어
تكلف (타칼루프)	1.엄살, 어색함 2.체면	كليم (칼리-므)	1.말동무 3.연설가 4.대변인
تكلفة (타클리파)	값, 가격, 비용	مكالمة (무칼-라마)	담화, 대화
تكاليف (타칼리-프)	1.지출, 비용 2.세금	كلى (칼리아)	신장염을 앓다
مكلف (무칼라프)	1.책임진 2.부과된 3.값진	كلوة (쿨와)	콩팥, 신장
مكلفة (무칼라파)	토지대장	كلية (쿨야)	신장, 콩팥
متكلف (무타칼리프)	꾸며진, 가짜의	كم (쿠므)	굴레를 씌우다
كلم (칼라마)	1.상처를 입히다 2.슬프게 하다	كمم (캄마마)	1.억누르다(비판을) 2.소매를 달다
كلم (칼르라마)	1.이야기 하다 2.상처를 입히다	كم (쿠므)	소매
تكلم (타칼르라마)	이야기하다, 담화하다	كمامة (키마-마)	1.굴레 2.마스크

كم (캄)	1.몇개인가 2.얼마나 많이 3.많이	كماخ (쿠마 - 크)	꺼만, 오만, 교만
كم (캄므)	수량, 분량, 정량, 정액, 양	كمد (카미다)	1.슬퍼하다 2.색이 바래다
كمية (캄미 - 야)	수량, 양	كمد (캇마다)	찜질하다
كما (카마 -)	처럼, 듯이, 마냥, 같이	انكمد (인카마다)	가슴아파하다
كمان (카마 - 느)	바이올린의 일종	اكتمد (이크타맛다)	색이 날다, 색이 바라다
كمانجى (카마느지 -)	바이올리스트	أكمد (아크마드)	쌕이 바랜, 희미한
كمء (캄으)	버섯	تكميد (타크미 - 드)	찜질
كمح (카마하)	제지하다, 억제하다	كامد (카 - 미드)	1.비통한 2.색이 퇴색한
كماحة (캄마 - 하)	제동기, 브레이크	كمد (카마드)	슬픔, 괴로운, 쓰라림, 고민
كمخ (카마카)	거만하다	كمد (카미드)	1.슬픈 2.색이 달은
كامخ (카 - 미크)	건방진, 거만한, 오만한	كميد (카미 - 드)	슬픈, 애달픈, 쓰라린

까프

كمل (캇말라)	1.보충하다 2.완성하다	كمر (카마라)	밀봉하다
أكمل (아크말라)	1.보충하다 2.완결짓다	كمر (카마르)	띠, 허리띠, 허리주머니
استكمال (이스티크말 - 르)	1.완결 2.충만	كمش (카마샤)	줄어들다, 수축되다
اكتمال (이크티말 - 르)	1.완성, 완결 2.성숙	كمش (카마샤)	1.집다 2.구기다 3.꽉쥐다
إكمال (이크말 - 르)	완성, 완결, 완공	انكمش (인카마샤)	줄어들다, 수축되다
تكامل (타카 - 물르)	1.완전, 완비 2.충만	انكماش (인키마 - 쉬)	1.수축 2.통화수축
تكملة (타크밀라)	첨가, 첨부, 보충	كماشة (캇마 - 샤)	집게
تكميل (타크밀 - 르)	1.완성 2.보충, 첨가	كمع (카마아)	끊다, 베내다
كامل (카 - 밀르)	1.완전한 2.절대적인 3.완성된	كامع (카 - 마아)	동침하다, 포옹하다
كمال (카말 - 르)	1.완전무결 2.완성 3.만원	كميع (카미 - 으)	잠자리를 같이하는
كمالة (카말 - 라)	1.첨부, 추가 2.첨가물	كمل (카물라)	완전하다, 완성되다

아랍어	한국어	아랍어	한국어
كمه (카미하)	눈이 멀다	كماليات (카말리야-트)	사치품
أكمه (아크마흐)	소경	مكمل (무캇말르)	1.완성된 2.보충된
كن (칸나)	1.품다 2.가리다(얼굴을)	كمن (카미나)	1.숨다 2.잠복하다
أكن (아칸나)	1.숨기다 2.품다	أكمن (아크마나)	숨기다, 감추다
استكن (이스타칸나)	둥지를 틀다	اكتمن (아크타마나)	숨기다, 비밀에 붙이다
كنة (칸나)	며느리, 형수, 제수, 시누이	استكمن (이스타크마나)	숨다, 은폐하다
كنة (쿤나)	1.현관 2.천막집 3.정자	كمان (카마-느)	1.역시 2.바이올린
كنين (카니-느)	1.숨은, 은폐된 2.잠복한	كمنجة (카만자)	바이올린
مستكن (무스타칸느)	둥지, 굴(짐승의)	كمون (쿠무-느)	은폐, 잠복, 매복
كنب (카니바)	감각이 둔해지다	كمين (카미-느)	1.숨은 2.매복, 잠복
كنب (카나브)	경결(피부의), 무감각	مكمن (마크마느)	1.매복지점 2.매장지

까프

كنيس (카니-스)	1.마대, 자루 2.꼴망태	كنبة (카나바)	소파
كنيسة (카니-사)	1.유대사원 2.교회	مكنب (무크니브)	경결의(피부의), 무감각의
كنيست (카니-사트)	이스라엘 의회	كند (카나다)	은혜를 잊다, 배은망덕하다
كناسة (쿠나-사)	쓰레기	كنود (쿠누-드)	은혜를 모르는
كناس (칸나-스)	미화원, 청소부	كنز (카나자)	1.저축하다, 모으다 2.파묻다
كناسة (칸나-사)	여자 미화원	كنز (칸즈)	1.저축, 축적 2.보물, 보배
مكنسة (미크나사)	빗자루	كناز (키나-즈)	살찐, 피둥피둥한
كنف (카나파)	보호하다, 포위하다, 둘러싸다	إكتناز (이크티나-즈)	축적, 저축
أكنف (아크나파)	도와주다	مكنوز (마크누-즈)	1.숨은, 파묻힌 2.축적된
اكتنف (이크타나파)	포위하다, 에워싸다	مكتنز (무크타니즈)	뚱뚱한, 몸이 난
كنف (카나프)	1.날개 2.보호, 보살핌	كنس (카나사)	쓸다, 쓸어내다, 청소하다

까
프

716

مكهرب (무카흐라브)	충전된, 감전된	كنيف (카니-프)	수세식 화장실
كهف (카흐프)	큰 동굴, 움푹 들어간 곳	مكانفة (마카-나파)	원조, 후원, 지원
كهل (카훌라)	어른이 되다, 성인이 되다	كنى (카나-)	1.별명을 붙이다 2.암시하다
اكتهل (이크타할라)	어른이 되다	كنية (쿤야)	별명
كهولة (쿠훌-라)	성년, 중년, 장년	كناية (키나-야)	1.암시 2.기호, 신호 3.칭호
كهم (카후마)	1.노쇠하다 2.지치다	مكنى (무칸나-)	...의 별명을 가진
كهامة (카하-마)	1.쇠약, 노쇠 2.피로	كهرب (카흐라바)	전기를 일으키다
كهن (카하나)	예언하다, 짐작하다	كهرب (카흐르브)	전자
كهن (카후나)	승려가 되다, 신부가 되다	كهربة (카흐라바)	전기화, 전기
كهنة (쿠흐나)	1.낡은, 다 해진 2.넝마	كهربائية (카흐라바이-야)	전기, 전력
كهانة (카하-나)	짐작, 추측, 예언	كهيرب (쿠하이리브)	전자, 양전자

까프

تكور (타카우와라)	1.동그랗게 되다 2.말리다	**كهين** (카히-느)	교활한, 앙큼한, 능글맞은
كورة (쿠-라)	1.구역 2.고을, 마을 3.공, 알	**كاهن** (카-히느)	1.신부, 목사, 승려 2.점쟁이
كارة (카-라)	꾸러미, 보따리, 무치	**كوب** (쿠-브)	잔, 컵
مكورة (미크와라)	머리수건, 터반	**كوبة** (쿠-바)	1.잔, 컵 2.공이, 절구
كورنيش (쿠르니-쉬)	해안거리	**كوت** (쿠-트)	강변마을, 어촌
كوريا (쿠리야-)	한국, 대한민국	**كويت** (쿠와이트)	쿠웨이트
كوري (쿠리-)	1.한국의 2.한국사람	**كوثر** (카우싸르)	많은, 풍부한, 허다한
كاف (카-파)	거의...하다, 하마터면...하다	**كاد** (카-다)	하마터면 ... 할뻔하다
تكوف (타카우와파)	1.쌓이다 2.모이다	**كاد** (카-다)	가까스로, 거의, 하마터면
كوف (쿠-프)	쿠파(이라크의 도시명)	**كودة** (카우다)	무더기, 더미
كوفي (쿠피-)	쿠피체 (아랍 서체의 일종)	**كور** (카우와라)	1.말다 2.둥글게 하다

까 프

아랍어	한국어	아랍어	한국어
كون (카우느)	1.실재, 본질 2.정체, 상태 3.우주세계	كوفية (쿠피 - 야)	머리수건
استكانة (이스타카 - 나)	순종, 복종, 굴복	كوكب (카우카브)	1.별 2.백내장 3.책임자
تكوّن (타카우우느)	조성, 형성, 구성	كوكبة (카우카바)	1.무리, 떼 2.별, 성좌
تكوين (타크위 - 느)	1.구성 2.몸집 3.기원	كولان (쿨라 - 느)	파피루스
تكوينات (타크위나 - 트)	구조	كوم (카우와마)	수북히 쌓다, 축적하다
كائن (카 - 이느)	있는, 존재하는, 현존하는, 실재의	تكوّم (타카우와마)	1.쌓이다 2.응결되다
كيان (키야 - 느)	1.존재 2.자연, 천성, 본성, 본질	كومة (쿠 - 마)	무더기, 더미
كينونة (카이누 - 나)	1.존재 2.존재의 가능성	كومية (쿠와이마)	작은 더미
مكان (마카 - 느)	1.곳, 장소 2.위치, 지위, 공간, 여지	كان (카 - 나)	1.존재하다, 있다 2.발생하다
مكانة (마카 - 나)	1.지위, 직위, 신분 2.의의	كوّن (카우와나)	구성하다, 형성하다
مكوّن (무카우와느)	형성된, 구성된, 이루어진	تكوّن (타카우와나)	구성되다, 형성되다

까프

كيس (카이야사)	문질러주다, 마사지해주다	مكون (무카우위느)	1.조물주 2.창작가
كويس (쿠와이 - 스)	1.훌륭한 2.좋다	مكونات (무카우우나 - 트)	성분, 구성요소
كياسة (키야 - 사)	1.통찰력 2.아름다움	كوى (카와 -)	1.태우다 2.다리다 (옷을)
كيس (카이스)	1.명석함 2.재치, 민첩	مكواة (미크와 -)	다리미, 인두
كيس (키 - 스)	주머니, 자루, 포대, 봉투	مكوى (마크위 -)	1.태운, 지진 2.다린, 다림질한
كيف (카이야파)	1.형태를 만들다 2.기쁘게 하다	كى (카이 -)	위하여, ...려고, ...도록
تكييف (타크이 - 프)	1.가공 2.조절 3.환기	كاد (카 - 다)	1.속이다 2.모략하다 3.화나게 하다
كيف (카이프)	1.상황, 상태 2.기질 3.기호	كيد (카이드)	1.속임 2.음모 3.분노, 격분
كيف (카이파)	어떻게, 얼마나	كيدى (카이디 -)	교활한, 간교한
مكيفة (무카이 - 파)	공기조절기, 에어콘디션	مكيدة (마키 - 다)	음모, 계략, 모략
مكيفات (무카이파 - 트)	마취제	كاس (카 - 사)	1.총명하다 2.아름답다

까
프

720

كيما ...을 위하여
(카이마 -)

كيماوى 1.화학의 2.화학자
(키마위 -) 3.연금기술자

كيمياء 1.화학 2.연금술
(키미야 - 우)

كيمياويات 화학제품, 화학약품
(키미야위야 - 트)

람

(اللام : 람)

لا 1.아니요 2.…이 아니다
(라 -)

لَأْلَأ 1.반짝이다 2. 꼬리를 치다
(라라 -)

لُؤْلُؤ 진주
(루으루우)

لُؤْلُؤَة 진주알
(루울루아)

لأَم 1.고치다 3.용접하다
(라아 마)

لاءَم 1.적합하다 2.화해시키다
(라 - 아마)

التَأَم 1.아물어붙다 2.단결되다
(일타아마)

إِسْتَلأَم 1.뭉치다 2.갑옷을 입다
(이쓰탈라 - 마)

لأْمَة 갑옷
(라 - 마)

لِئَم 1.화목, 화해 2.일치 3.한마음
(리암)

لَئِيم 1.비굴한 2.인색한 3.간교한
(라이 - ㅁ)

تَلاؤُم 1.화해, 화목 2.단결, 단합
(탈라 - 움)

مُلائِم 어울리는, 알맞은, 적당한
(물라임)

مُلاءَمَة 1.적절함 2.조화, 일치
(물라아마)

مُلْتَئِم 1.뭉친 2.아무는(상처가)
(물타임)

لَب 명철해지다, 총명해지다
(랍바)

لَبَّب 1.여물다, 영글다 2.붙잡다
(랍바바)

تَلَبَّب 준비하다(일, 전투)
(탈랍바바)

لُب 1.알맹이, 진짜 2.본질, 내용
(룹부)

لُباب 1.지혜 2.심정 3.정수
(루바 - ㅂ)

لَبِيب 영리한, 명철한, 총명한, 지적인

لبث (라비싸)	1.체류하다 2.계속하다	لبس (라바싸)	모호하게 하다, 애매하게 하다
تلبث (탈랍바싸)	지체하다, 머물다, 멎다	لبس (라바싸)	입다, 신다
لبث (라바쓰)	1.체류 2.지체	ألبس (알바싸)	1.입히다 2.도금하다 3.혼동시키다
لبخ (라바카)	때리다, 패다	تلبس (탈랍바싸)	1.옷을 입다 2.모호해지다
لبخ (랍바카)	1.찜질하다 2.미장하다	إلتبس (일타바싸)	1.혼돈되다 2.뒤엉키다 3.숨기다
لبخة (라브카)	찜질약	لبس (루브쓰)	혼돈, 애매모호함
لبيخ (라비-크)	뚱뚱한, 피둥피둥한	لبسة (리브싸)	1.옷 2.옷차림새
لبد (라바다)	1.달라붙다 2.숨기다 3.거주하다	لبوسة (라부-싸)	애매함, 모호함
لبد (라비드)	엉킨, 응집성의, 밀착한	لبيس (라비-쓰)	해진, 낡은
لبيد (라비-드)	성욕, 성적충동	لباس (리바-쓰)	옷
متلبد (무탈랍바드)	드리운, 엉킨	تلبس (탈랍바쓰)	범죄행위에의 관여

람

람			
إلتساس (일티사-쓰)	혼란, 모호함, 혼동	لبك (라바카)	당황하게 하다, 교란시키다
ملبس (말바쓰)	옷	تلبك (탈랍바카)	1.혼동되다 2.문란해지다
ملابسة (물라바싸)	형편, 사태, 형세	لبكة (라브카)	1.혼란 2.곤경
ملبس (물랍바쓰)	알사탕	تلبك (탈랍비크)	1.혼란, 혼잡 2.장애(건강상태의)
متلبس (무탈랍비쓰)	1.모호한 2.범죄행위에 가담한	لبن (랍바나)	벽돌을 만들다, 벽돌을 굽다
لبط (라바뜨)	1.땅에 넘어뜨리다 2.차다	ألبن (알바나)	젖을 분비하다
ملابطة (물라바뜨)	씨름	التبن (일타바나)	젖을 빨다
لبق (라비까)	어울리다, 적합하다	لبن (라반)	1.젖 2.우유 같은 즙
لبق (라바끄)	1.예의 2.수완 3.알맞는 것	لبنيات (라바니야-트)	우유제품
لباقة (라바-까)	1.예절 2.재간, 능력 3.우아함	لبان (라바-ㄴ)	젖가슴
لبيق (라비-끄)	1.귀여운 2.솜씨있는 3.화려한, 수려한	لبونات (라부나-트)	포유동물

لُبَانَة (루바-나)	1.일, 임무 2.요구, 소원	لَثَمَ (랏싸마)	마스크를 쓰다
لِبَانَة (라바-나)	우유제품생산	لَاثَمَ (라-싸마)	서로 입맞추다
لُبَانَة (리바-나)	껌	اِلتَثَمَ (일타싸마)	1.얼굴을 싸다 2.마스크를 쓰다
لُبْنَان (루브나-ㄴ)	레바논	لِثَام (리싸-ㅁ)	면사포, 너울, 수건
مَلْبَة (말바)	1.젖소목장 2.우유가공공장	لُثْمَة (라쓰마)	입맞춤, 키스
لَبَّى (랍바야)	1.응답하다 2.수락하다(초청)	لَجَّ (랏자)	완강성을 보이다, 주장하다
تَلْبِيَة (탈비야)	1.수락(초청) 2.응답, 호응	لَاجَّ (라앗자)	다투다, 논쟁하다
لَتَّ (랏타)	1.찧다 2.수다스럽다	لَجَّة (랏자)	소음, 설레임 소리
لَتّ (랏트)	지껄임, 수다스러움	لُجَّة (룻자)	심연, 깊은 바다
لَتَّات (랏타-트)	수다쟁이	لَجُوج (라주-즈)	1.완강한 2.귀찮은
لَثَمَ (라싸마)	입맞추다	لَجّ (랏즈)	완강한, 끈덕진

람

람

لحد (라하다)	1.매장하다 2.무덤을 파다 3.믿지 않다
ألحد (알하다)	1.매장하다 2.신의 존재를 부정하다
التحد (일타하다)	1.물러서다, 포기하다 2.기울어지다
لحد (라흐드)	묘, 무덤
إلحاد (일하 - 드)	1.이교, 이단 2.무신론
إلحادية (일하 - 디야)	무신론
ملحد (물히드)	1.무신론자 2.이단자
لحس (라하사)	1.핥다(벌레가) 2.쓸다
لحس (라흐스)	핥음
ملحوس (말후 - 스)	1.경박한 2.핥은 3.미치광이
لحظ (라하자)	1.보다, 살피다 2.준수하다

لجأ (라자아)	1.피난처를 찾다 2.의지하다
ألجأ (알자아)	1.대피시키다 2.보호하다
التجأ (일타자아)	1.피신하다 2.매달리다
لاجى (라 - 지유)	망명자, 피난민
ملجأ (말자으)	1.피난처, 은신처 2.대피호
لجم (라자마)	1.깁다 2.자갈을 물리다
ألجم (알자마)	자갈을 물리다, 억제하다
لجن (라지나)	붙다, 들어붙다
لجنة (라즈나)	위원회
لحب (라하바)	때리다
لاحب (라 - 히브)	1.큰 길, 도로 2.전극

726

ملحفة (밀하파)	1.이불, 씌우개 2.외투	**لاحظ** (라 - 하자)	1.주시하다 2.감시하다
ملتحف (물타히파)	싸여진, 덮어진, 씌워진	**لحظة** (라흐자)	1.순간 2.시선, 눈길
لحق (라히까)	1.입학하다 4.뒤따르다	**لحاظ** (라하 - 즈)	눈곱, 눈귀
لاحق (라 - 하까)	1.뒤따르다 2.주의 깊게 살피다	**ملحظ** (말하즈)	1.시선 2.의견, 소견
ألحق (알하까)	1.첨가하다 2.합병하다 3.덧붙이다	**ملاحظ** (물라히즈)	1.감시하는 2.감독
إستلحق (이스탈하까)	가입시키다, 가담하다	**ملاحظة** (물라하좌)	1.관찰, 감시 2.소견
لحق (라흐끄)	부록(잡지의)	**لحف** (라하파)	이불을 덮어주다
لاحق (라 - 히끄)	1.따라가는 2.최근의	**ألحف** (알하파)	주장하다, 성가시게 굴다
ملحق (물하끄)	1.부록 2.보충재료	**التحف** (일타파하)	뒤집어쓰다, 덮다
ملاحقة (물라하까)	1.추격 2.추종	**لحف** (리흐프)	산기슭, 산밑
متلاحق (무탈라히끄)	연속된, 연계되는	**إلحاف** (일하 - 프)	완강성, 집요함

람

람			
لحم (라하마)	1.결합하다 2.아물다(상처)	تلاحم (탈라훔)	1.싸움 2.응집 3.단결
لحم (라후마)	살찌다, 뚱뚱해지다	التحام (일티하-ㅁ)	1.유착 2.싸움 3.결합
لاحم (라-하마)	1.결합하다 2.용접하다	ملحمة (말하마)	1.혈전, 전투 2.서사시
التحم (일타하마)	1.결합되다 2.아물다 (상처를)	متلاحم (무탈라힘)	1.단합된 2.결합된
لحم (라힘)	살찐, 비대한, 뚱뚱한	لحن (라히나)	1.엉터리로 말하다 2.암시하다
لحم (라훔)	용접	لحن (랏하나)	1.작곡하다 2.노래하다
لحم (라훔)	고기, 살	لاحن (라-하나)	이해하다
لحمة (라흐마)	1.고기덩이 2.접착제, 아교	لحن (라흔)	1.곡, 음조 2.말투, 방언 3.뜻, 의미
لحمة (루흐마)	친척, 혈통관계	لحن (라힌)	1.이해하는 2.영리한, 총명한
لحيم (라히-ㅁ)	살찐, 비대한	ملاحنة (물라하나)	은어, 결말
لحام (리하-ㅁ)	용점	ملحون (말후-ㄴ)	부정확한, 엉터리로 말하는

ملخصات (물랏카사-트)	발췌문, 요약문	لحا (라하-)	욕하다, 비방하다, 모욕하다
لخم (라카마)	1.뺨을 때리다 2.방해하다	تلاحى (탈라하아)	1.서로 욕하다
لخمة (루크마)	1.굼뜬 2.굼벵이, 느린사람	التحى (일타하아)	수염을 기르다
لخمة (라크마)	1.당황, 곤경 2.몸이 불편한 것	لحى (라흐으)	1.턱, 아래턱 2.턱수염
لد (랏다)	극히 적대시하다, 심하게 싸우다	لحاء (리하-우)	상호비난, 상호비방
لدد (랏다다)	1.비방하다 2.당황케 하다	لحية (리흐야)	턱수염
لدود (라두-드)	불구대천의, 철천지의	ملاحاة (물라하-)	서로 비방하는 것
ألد (알랏두)	철천지의, 불구대천의	ملتح (물타힌)	턱수염을 길게 기른
متلدد (무탈랏디드)	적대시하는, 고집하는	لخص (랏카사)	개괄하다, 요약하다
لدغ (라다가)	1.쏘다 2.욕설을 퍼붓다	تلخيص (탈키-스)	개괄, 개요, 요약
ملدوغ (말두-그)	쏘인, 물린	ملخص (물랏카스)	1.개요 2.요약된

لدن (라두나) 부드러워지다, 연해지다	لذع (라다가) 1.물다, 쏘다 2.욕하다, 모욕하다
لدن (라단) 부드러운, 연한, 무른	لاذع (라 - 디그) 1.쏘는 듯한 2.날카로운, 신랄한
لدن (라둔) 1.에게 2.때	لاذعة (라 - 디가) 풍자, 조소, 조롱
لدونة (라두 - 나) 유연성, 부드러운 것	لزب (라자바) 1.견고해지다 2.붙다
لدى (라다아) 1.에게, 때 2.앞에서	لزب (라지브) 적은, 보잘나위 없는
لذ (랏다) 1.유쾌하여지다 2.달콤해지다	لزبة (라즈바) 불행, 재난
تلذذ (탈랏다다) 즐겨하다, 쾌감을 주다	لازب (라 - 지브) 1.고정된 2.들어붙은
التذ (일탓다) 즐기다, 쾌락을 느끼다	لزق (라지까) 붙다
لذة (랏다) 유쾌함, 만족, 쾌락	ألزق (알자까) 붙이다
لذيذ (라디 - 드) 1.달콤한, 맛있는 2.미묘한	التزق (일타자까) 붙다, 접착되다
ملذة (말랏다) 1.쾌락 2.욕망 3.식욕	لزق (라지꼬) 접착성 있는, 찐득찐득한

لزاق (리자-끄)	접착제	التزام (일티자-ㅁ)	1.의무 2.책임 3.준수
لزم (라지마)	1.필요하다 2.지키다, 준수하다	ملازمة (물라자마)	1.관련 2.불가분리 3.동반
ألزم (알자마)	…하게끔하다, 강요하다	ملتزم (물타짐)	계약자
التزم (일타자마)	1.지키다 2.담당하다	لسع (라사아)	1.쏘다, 물다 2.욕하다
استلزم (이스탈자마)	1.필요하다고 보다 2.요구하다	لاسع (라-시으)	1.쏘는 2.예리한, 신랄한
لزوم (루주-ㅁ)	필요, 요구, 수요	لسيع (라시-으)	물린, 쏘인
لوازمات (라와지마-트)	1.필수품 2.장비	لسن (라사나)	말을 잘하다, 구변이 좋다
لازم (라-짐)	1.필요한 2.요구되는 3.반드시	لاسن (라-사나)	서로 비방하다
لازمة (라-지마)	1.필수품 2.부속품 3.장비	لسن (라산)	웅변, 말재간, 말주변
إلزام (일자-ㅁ)	강박, 강요, 강압, 강제	لسان (리사-ㄴ)	1.혀 2.언어
إلزامية (일자미-야)	책임, 의무	ألسنية (알사니야)	언어학

람

لاصق (라 - 쑈까)	1.붙다 2.치근거리다, 달라붙다	ملاسنة (물라사나)	상호비방
ألصف (알쑈까)	1.붙이다 2.강요하다	لاشى (라 - 샤)	소멸하다, 없애버리다
التصق (일타쑈까)	1.의지하다 2.교제하다, 사귀다	تلاشى (탈라샤 -)	사멸하다, 사라지다
لصق (라스끄)	풀기있는, 끈끈한	ملاشاة (물라샤 -)	소멸, 사멸
لصقة (라스까)	고약, 반창고	متلاش (무탈라쉰)	1.사멸하는 2.죽어가는
لصيق (라스 - 끄)	1.인접한 2.가까운 3.연관된	لص (랏사)	1.훔치다 2.몰래하다
تلاصق (탈라수끄)	밀착	تلصص (탈랏사사)	1.물건을 훔치다 2.내탐하다
التصاق (일티쑈 - 끄)	1.결합, 접합 2.교제	لص (릿스)	도둑, 강도, 도적
ملصقات (물쑈까 - 트)	광고, 포스터	لصوصية (루수싀 - 야)	도적질, 강도질
ملاصق (물라스끄)	인접한	لصق (라스끼까)	붙다
ملاصقة (물라사까)	1.결합, 연결, 접합 2.인접	لصق (랏쏘까)	붙이다, 달다

لطخ (라따카)	더럽히다, 어지럽히다	**لطيفة** (라띠 - 파)	1.섬세성 2.일화 3.인자
تلطخ (탈랏따카)	어지러워지다, 얼룩지다	**تلطف** (탈랏뚜프)	상냥함, 친절, 인자함
لطخة (라뜨카)	반점, 얼룩	**ملاطفة** (물라 - 따파)	1.친절, 상냥함 2.애무
لطخة (루뜨카)	1.우둔한, 미련한 2.바보	**ملاطفات** (물랏띠파 - 트)	진정제, 진통제
لطف (라따파)	친절하게 대하다	**لعب** (라이바)	1.놀다, 장난하다 2.속이다
لطف (라뚜파)	섬세하다, 부드럽다	**لعب** (라아바)	침을 흘리다
لاطف (라 - 따파)	1.친절히 대하다 2.귀여워하다	**لاعب** (라 - 아바)	장난하다, 데리고 놀다
تلطف (탈랏따파)	1.친절을 베풀다 2.비위를 맞추다	**تلعب** (탈랏아바)	놀다, 장난하다, 뛰어놀다
لطف (라따프)	선물	**تلاعب** (탈라아바)	속이다, 음모를 꾸미다
لطف (루뜨프)	부드러운 것, 친절, 인자함, 예의	**لعبة** (루으바)	1.장난감 2.농담 3.놀이
لطيف (라띠 - 프)	1.상냥한 2.귀여운	**لعبة** (라으바)	한판

람

| 람 |

لعيبة (루아이바)	작은 인형, 작은 장난감	لعل (라알라)	아마, 모름지기
لاعب (라 - 이브)	1.노는 2.유쾌한 3.운동선수	لعن (라아나)	1.저주하다 2.내쫓다
لاعبة (라 - 이바)	1.쾌활한 여성 2.여성 운동선수	لعن (리안)	간음을 증거로 한 이혼행위
تلاعب (탈라웁)	1.거짓, 협잡 2.주인행세 3.놀음	لعنة (라으나)	저주
ملاعب (물라이브)	거짓말쟁이, 사기꾼	لعين (라이 - ㄴ)	1.저주스러운 2.간악한
ملعب (말아브)	1.경기장, 놀이터, 운동장 2.무대	لعيان (라아야 - ㄴ)	구역질, 메스꺼움
ملعبة (말아바)	놀이감	ملعون (말우 - ㄴ)	악마, 사탄, 귀신
ملعوب (말우 - 브)	술책, 간계, 획책	لغب (라기바)	지치다, 기진맥진 하다
لعق (라이까)	핥다	لاغب (라 - 기브)	피로한, 고달픈
لعوق (라우 - ㄲ)	불행한 사람, 불행아	لغوب (루구 - 브)	피곤, 피로, 지침
ملعقة (밀아까)	수저, 숟가락	لغز (라가자)	수수께끼를 말하다

لغز (루그즈)	1.수수께끼, 퀴즈 2.비밀	**ألغى** (알가아)	무효로 선언하다, 폐기하다
لغاز (랏가 - 즈)	비방자, 시비꾼	**لغو** (라그우)	1.어리석은 말 2.실없는 말
ملغز (물가즈)	애매모호한, 분명치 않은	**لغة** (라가)	1.말, 언어 2.구, 이디엄
لغم (라가마)	지뢰를 묻다, 매설하다	**لاغ** (라 - 그)	1.폐지된 2.취소된 3.무효의
ألغم (알가마)	지뢰를 묻다	**إلغاء** (일가 - 으)	취소, 철폐, 폐지
لغم (라감)	지뢰, 수뢰, 폭약	**ملغى** (물간)	1.폐지된, 2.취소된 3.만기가 된
لغام (루가 - ㅁ)	거품	**لف** (랏파)	1.싸다, 포장하다 2.말다, 감다
إلغام (일가 - ㅁ)	매설	**لف** (랏프)	1.감기 2.싸기, 포장 3.꼬기 4.말기
ملغوم (말구 - ㅁ)	지뢰,수뢰가 있는	**لف** (릿프)	덤불, 잡목 숲
لغا (라가 -)	말하다	**لفة** (랏파)	1.터반 2.짐꾸러미 3.순서, 차례
لغى (라기아)	실없는 소리를 하다	**لفافة** (리파 - 파)	1.포장지 2.붕대

람

람

لفات (라파-트) 성질이 나쁜	لفيف (라피-프) 1.군중 2.무리, 집단
التفات (일티파-트) 1.관심, 주의 3.염두	تلافيف (탈라피-프) 무성한 수림
ملفت (물피트) 주목할 만한 것은	ألفاف (알파-프) 포대기, 기저귀
لفح (라파하) 1.때리다 2.화상을 입히다	ملف (밀라프) 1.보자기 2.포장지 3.서류철
تلفح (탈랏파하) 덮다, 뒤집어쓰다, 걸치다	ملفة (밀랏파) 문건, 문서
لفحة (라프하) 1.불 2.열 3.화상 4.타격	ملفوف (말푸-프) 1.배추 2.첨부된
لفوح (라푸-호) 타는, 작렬하는, 뜨거운	لفت (라파타) 1.돌리다 2.향하게 하다
تلفيحة (탈피-하) 머플러	تلفت (탈랏파타) 주위를 살피다, 주위를 모다
ملفوح (말푸-호) 탄, 그을린	التفت (일타파타) 1.주의하다 3.고려하다
لفظ (라파돠) 1.말을 내뱉다 2.발음하다	لفت (리프트) 무
لفظ (라프드) 1.발음 2.단어 3.표현	لفتة (라프타) 1.곁눈질 2.몸짓, 제스쳐

لافى (라 - 파아)	수정하다, 교정하다	**لفيظ** (라피 - ㄷ)	1.분출된 2.발음된
ألفى (알파아)	1.찾다, 발견하다	**تلفظ** (탈랏파드)	발음
تلاف (탈라프)	수정, 개정, 수리	**ملفوظ** (말푸 - ㄷ)	1.분출된 2.발음된
ملافاة (물라파 -)	수정, 개정, 시정	**لفع** (라파아)	백발이 되다
لقب (랏까바)	별명을 짓다	**تلفع** (탈랏파아)	뒤집어쓰다
لاقب (라 - 까바)	별명으로 부르다	**التفع** (일타파아)	뒤집어쓰다
تلقب (탈랏까바)	별명을 얻다, 칭호가 붙다	**لفاع** (리파 - 으)	머플러
لقب (라끕)	1.별명 2.칭호 3.성씨, 칭호	**لفق** (랏파까)	1.위조하다 2.옷을깁다
ملقب (물랏깝)	별명을 가진	**تلفيق** (탈피 - ㄲ)	1.날조, 위조 2.장식
لقح (라까하)	1.수정하다 2.접목하다 3.접종하다	**تلفيقة** (탈피 - 까)	허구, 꾸며낸 이야기
لقح (랏까하)	1.접목하다 2.접종하다 3.비웃다	**ملفق** (물랏피끄)	거짓말투성이의, 꾸며낸

람

람	

لقطة (루끄따)	1.주은 물건 2.찾은 물건	**ألقح** (알까하)	수정하다, 수태시키다
لقيط (라끼 - 뜨)	1.주은 2.찾은	**تلقح** (탈랏까하)	새끼를 배다
ملقط (밀까뜨)	집게, 핀셋	**تلاقح** (탈라까하)	1.수정되다 2.번식되다
ملقوط (말꾸 - 뜨)	1.주운 2.수집한 3.채집한	**لقاح** (라까 - ㅎ)	1.접종 2.수정, 수분
ملتقط (물타까뜨)	주운	**لفاح** (리파 - ㅎ)	1.수정 2.꽃가루 3.정액
لقم (라끼마)	1.입으로 물다 2.삼키다	**تلقيح** (탈끼 - ㅎ)	1.수정 2.접목 3.접종
لقم (라까마)	막다, 틀어막다	**لقط** (라까따)	줍다
ألقم (알까마)	1.입에 넣다 2.삼키게 하다	**لقط** (랏까따)	줍다
لقمة (루끄마)	부스러기(빵), 조각(빵)	**تلقط** (탈랏까따)	줍다, 수집하다
لقمان (루끄마 - ㄴ)	현자	**التقط** (일타까따)	1.줍다 2.본따다 3.듣다
لقمى (라끄미 -)	대추야자 술	**لقاط** (루까 - 뜨)	논밭에 있는 이삭

738

لقن (라끼나)	이해하다, 알아차리다	**تلقاء** (틸까 - 으)	1.상봉 2.앞에 3.맞은 편에
تلقين (탈끼 - ㄴ)	1.훈시, 지시 2.제의	**تلقائي** (틸까 - 이)	자동적인, 자의적인
لقى (라끼아)	1.만나다 2.수취하다 3.겪다	**تلاق** (탈라 - 끄)	상봉, 만남
لاقى (라 - 까아)	1.만나다 2.체험하다	**استلقاء** (이스틸까 - 으)	눕는 것
ألقى (알까아)	1.던지다 2.연설하다	**ملقى** (말깐)	네거리, 사거리
تلقى (탈랏까아)	1.만나다 2.받다	**ملتقى**	1.교차점 2.만남, 상봉
التفى (일타까)	만나다, 상봉하다	**لكع** (라키)	비열하게 놀다
استلقى (이스탈까)	반듯이 눕다	**تلكع** (탈랏카아)	우물거리다, 주저하다
لقى (루꼬아)	상봉, 만남	**لكع** (라키으)	느린, 우물거리는
لقية (라끼 - 야)	1.찾은 물건 2.주은 물건	**لكيع** (라키 - 으)	비열한, 추악한, 너절한
لقاء (리까 - 으)	상봉, 회견, 만남	**لكاعة** (라카 - 아)	1.지체, 지연 2.너절함

람

التم (일탐마)	1.모이다, 단합하다 2.방문하다	**لكم** (라카마)	주먹으로 때리다, 때리다
لمة (람마)	1.집회, 회의 2.재난 3.무리, 떼	**لكمة** (라크마)	권투, 주먹으로 때림
لمة (룸마)	여행단체, 무리 떼, 동행자	**ملاكم** (물라 - 킴)	권투선수
لما (람마 -)	1.때에, …한 후에 2.아직	**لكن** (라키나)	말을 더듬다
إلمام (일마 - ㅁ)	1.지식, 학식 2.경험, 체험	**لكن** (라킨)	그러나
ملم (말림므)	1.청춘기의 2.통달한	**لكنما** (라킨나마)	그러나
ملمة (물림마)	불행, 재난, 재앙	**لكنة** (루크나)	1.말을 더듬는 것 2.서툰 발음
لمج (라마자)	입가심하다, 약간 먹다	**لكى** (리카이)	위하여, ….도록
تلمج (탈람마자)	요기하다, 조금먹다	**لم** (람)	부정사
لمجة (룸자)	조금 먹는 것, 요기	**لم** (람마)	1.모으다 2.오다(…에게로)
لمح (라마하)	1.얼핏보다 2.반짝이다	**ألم** (알람마)	1.닥치다(불행이…에게) 2.잘 알다

람

لامس (라 - 마사)	1.접촉하다 2.성교하다	لمح (람마하)	1.암시하다 2.눈짓하다
تلمس (탈람마사)	더듬어 찾다, 모색하다	لامح (라 - 마하)	몰래보다, 엿보다
تلامس (탈라 - 마사)	1.맞붙다 2.합선되다(전기가)	ألمح (알마하)	1.가리키다 2.슬쩍보다
التمس (일타마사)	1.찾다 2.요구하다, 청원하다	لمح (라므흐)	1.시선 2.순간
لمس (라므스)	1.감촉 2.만지는 것	لمحة (라므하)	1.시선 2.순간 3.모습
لميس (라미 - 스)	부드러운, 연한, 연약한	تلميح (탈미 - 흐)	암시, 지시, 힌트
تلامس (탈라 - 무스)	1.접촉 2.합선(전기의)	ملامح (말라 - 미후)	모습, 용모
التماس (일티마 - 스)	청원, 요구, 신청	لمز (라마자)	1.비웃다 2.비방하다
ملمس (말마스)	접촉, 촉감	لمز (라므즈)	1.비웃음, 조소 2.비방, 중상
ملامسة (물라 - 마사)	접촉	لماز (람마 - 즈)	비웃기 좋아하는 사람
ملتمس (물타마스)	신청서, 청원서	لمس (라마사)	1.만지다 2.보다 3.찾다

람

لهب (라히바)	불타다
ألهب (알하바)	불태우다
تلهب (탈랏하바)	불타다
التهب (일타하바)	불타다, 끓어오르다(욕망으로)
لهبان (라흐바 - ㄴ)	1.심한 갈증 2.불길, 화염
لهيب (라히 - ㅂ)	불길, 불
لهاب (루하 - ㅂ)	1.심한 갈증 2.불길, 화염
لاهب (라 - 히브)	불타는, 뜨거운
إلهاب (일하 - ㅂ)	발화, 점화
التهاب (일티하 - ㅂ)	1.연소 2.염증(의학)
ملتهب (물타히브)	1.불타는 2.열정적인

ملموس (말무 - ㅅ)	1.접촉되는 2.구체적인
ملموسات (물무사 - ㅌ)	물체, 물건
لمع (라마아)	1.번쩍이다 2.휘두르다(칼을)
ألمع (알마아)	암시하다
تلمع (탈람마아)	빛나다, 반짝이다
لمعة (라므아)	1.섬광, 광택 2.개요
لمعة (루므아)	1.섬광, 번쩍임 2.소량
لميع (라미 - 으)	빛나는, 휘황한
لامع (라 - 미으)	빛나는, 휘황한, 찬란한
ألمعية (알마이야)	명철함, 현명함, 총명함
لن (란)	결코 … 하지 않을 것이라

ملهبات (물히바-트)	자극제, 흥분제	**لهف** (라흐프)	1.슬픔, 비애 2.그리움 3.열망
لاهوت (라후-트)	1.자극제 2.신학	**لهفة** (라흐파)	1.애도 2.그리움 3.불안 4.열정
لاهوتى (라후-티)	1.신학의 2.신학자	**لهيف** (라히-프)	1.성급한 2.슬픈 3.후회하는
لهث (라하싸)	1.헐떡거리다(개가) 2.혀를 내놓다	**لاهف** (라-히프)	서글픈, 애수에 찬
لهاث (루하-쓰)	가쁜 숨	**تلهف** (탈랏하프)	갈망, 열망
لاهث (라-히쓰)	헐떡이는, 숨가빠하는	**ملهوف** (말후-프)	1.슬퍼하는 2.열망하는
لهج (라히자)	1.빠지다(주색에) 2.열심히 하다	**لهم** (라히마)	먹다, 삼켜버리다
ألهج (알하자)	말을 시키다	**ألهم** (알하마)	1.고무하다 2.삼키게 하다
لهجة (라흐자)	1.방언 2.어조 3.허풍	**التهم** (일타하마)	삼켜버리다
لهف (라히파)	1.한숨을 쉬다 2.후회하다	**لهوم** (라후-ㅁ)	게걸스러운, 탐욕스러운
تلهف (탈랏하파)	1.슬퍼하다 2.열망하다	**إلهام** (일하-ㅁ)	1.고무 2.영감 3.계시

람

람

تلوث (탈라우와쓰)	오염, 더러워지는 것
ملوث (물라우와쓰)	얼룩진, 불결한
لاح (라 - 하)	1.드러나다 2.생각되다
لوح (라우와하)	1.흔들다 2.신호하다
لوحة (라우하)	1.문패, 간판 2.화폭 3.판넬
تلويحة (탈위 - 하)	1.주석 2.의견 3.단평
لائح (라 - 이흐)	1.명백한, 명료한 2.보기 좋은
لائحة (라 - 이하)	1.설명서 2.통계표 4.규정 5.명부
لاذ (라 - 자)	숨다, 은신하다, 도피하다
ملاذ (말라즈)	은신처, 망명지, 대피소
لاط (라 - 따)	1.애착을 갖다 2.간음을 하다

لها (라하 -)	1.놀다, 장난하다 2.즐기다
لهى (라히야)	1.즐기다 2.무관심하다 3.잊다
ألهى (알하야)	즐겁게 하다, 재미있게 하다
التهى (일타하야)	즐기다, 놀다
لهو (라흐우)	오락, 유희, 놀음, 유흥
تلهية (탈하야)	오락, 심심풀이, 카드놀이
ألهية (울히야)	1.오락, 심심풀이 2.도박
ملهى (말한)	1.오락, 유희 2.오락장, 유흥장
لوث (라우싸)	우물거리다, 머뭇거리다
لاث (라 - 싸)	더럽히다, 오염시키다
تلوث (탈라우와싸)	오염되다, 더러워지다

744

لون (라운)	1.색, 색깔 2.물감 3.종류	التاط (일타 - 뜨)	1.애착을 가지다 2.아첨을 하다
تلوين (탈위 - ㄴ)	색칠, 채색	لواطة (리와 - 뜨)	동성연애
ملون (물라우윈)	색칠하는	لام (라 - 마)	비난하다, 꾸짖다
لوى (라와아)	1.비틀다, 꼬다 2.방향을 돌리다	لوم (라우와마)	신랄하게 비난하다
ألوى (알와아)	1.손짓하다 2.올리다(깃발)	تلوم (탈라우와마)	질질 끌다, 늦추다
تلاوى (탈라 - 와아)	합의를 보다, 약속하다	لومة (라우마)	책망, 질책, 나무람
لوى (라완)	복통, 위의 통증	لوام (라우와 - ㅁ)	비난자, 비방자
لواء (리와 -)	깃발	تلويم (탈위 - ㅁ)	호된 비난, 질책
ليبيا (리비야 -)	리비아	لائمة (라 - 이마)	비난, 질책, 욕, 책망
ليت (라이타)	만일…이라면	ملوم (말루 - ㅁ)	비난 받을만한, 욕먹을
ليس (라이싸)	용감하다	لون (라우와나)	색칠하다

람

745

람				
أليس (알아수)	용감한, 용맹스러운		**لين** (라이얀)	1.온순한 2.부드러운 3.탄력있는
ليس (라이싸)	1.없다, 아니다 2.외에, 제외하고		**لين** (리 - ㄴ)	1.설사 2.온순함 2.연한 것
ليسانس (리싼 - 쓰)	학사		**لينة** (리 - 나)	1.부드러운 것 2.온순한 것
لاق (라 - 까)	어울리다, 적합하다, 알맞다		**ليونة** (루유 - 나)	부드러움, 유연성, 유순함
ليق (라이야까)	부드럽게하다, 연하게하다		**ملاينة** (물라 - 야나)	친절, 상냥함, 유연함
لائقة (라 - 이까)	1.적합한 2.유익성		**ملينات** (물라이나 - 트)	설사약
ليقان (라이까 - ㄴ)	어울림, 적합함, 알맞음			
ليل (라일)	밤, 저녁			
ليلة (라일라)	하룻밤, 한밤			
لان (라 - 나)	부드럽다, 연하다, 유연하다			
لين (라이야나)	부드럽게 하다			

(ميم : 밈)

ما (마)	1.무엇, 무엇인가? 2.아니다 3.없다	
ماجستير (마지스티 - 르)	석사학위	
ماس (마 - 쓰)	금강석	
مكياج (미크야 - 즈)	얼굴화장	
ماكنة (마 - 키나)	기계, 기구	
ماهية (마히 - 야)	본질, 본성, 성격	
مأتم (마으탐)	1.추도식, 추도회 2.장례, 장례식	
مأن (마아나)	식량을 공급하다	
مأنة (마으나)	배꼽	
مؤنة (무우나)	1.양식, 식량 2.곤경, 곤란	
مؤونة (마우 - 나)	식량, 양식, 예비양식	
مائة (미아)	100, 백 개	
مترو (미트루)	지하철도	
متراس (미트라 - 쓰)	보루, 성채	
متع (마타아)	1.확고하다 2.가져가다	
متع (맛타아)	1.즐겁게 하다 2.수여하다	
تمتع (타맛타아)	누리다, 즐기다, 향유하다	
استمتع (이쓰탐타아)	누리다, 즐기다	
متعة (무트아)	1.향유 2.이용 3.레크리에이션	
متاع (마타 - 으)	1.생활필수품 2.재물 3.짐	
استمتاع (이쓰팀타 - 아)	1.즐김 2.향락주의	

مَثَل (마쌀)	1.속담, 격언 2.교훈 3.모범, 본보기	مُمتِع (뭄티으)	재미있는, 매력있는
مِثل (미쓸루)	1.비슷한, 유사한 2.유사, 비슷	مَتُن (마투나)	단단하다, 견고하다
ماثِلة (마 - 씰라)	샹들리에, 장식등	مَتَّن (탓타나)	단단하게 하다, 강화하다
مِثال (미싸 - ㄹ)	1.실례, 예 2.교훈 3.본보기	مَتن (마튼)	1.등 2.원문, 본문
مَثالة (마쌀 - 라)	1.우월성 2.학파 3.과제	مَتين (마티 - ㄴ)	튼튼한, 견고한, 질긴
مَثيل (마씨 - ㄹ)	1.비슷한 2.대상, 적수, 상대	مَتى (마타)	1.언제, 어느 때 2.…할 때
أمثَلية (암쌀리 - 야)	관념론	مَثَل (마쌀라)	1.닮다 2.모방하다 3.비교하다
مَثُولة (움쑬 - 라)	1.격언 2.학파	مَثَّل (맛쌀라)	1.대표하다 2.무대에 서다
تِمثال (팀싸 - ㄹ)	1.동상, 조각 2.인체모형	ماثَل (마 - 쌀라)	모방하다, 모범을 따르다
تَمثيل (탐씨 - ㄹ)	1.연출 2.대표, 대리 3. 공연	تَمَثَّل (타맛쌀라)	1.상상하다 2.구현되다
تَمثيلية (탐씰리 - 야)	연극, 희곡작품	امتَثَل (임타쌀라)	복종하다, 본보기로 삼다

밈

ماجد (마 - 지드)	1.명예로운 2.우수한 3.고상한	امتثال (임티싸 - ㄹ)	순종, 복종
مجيد (마지 - 드)	1.영광스러운 2.찬양받을	ممثل (무맛씰)	1.배우, 연극인 2.대표, 대리인
أمجاد (암자 - 드)	유명한 인물들, 우수한 인재들	ممثلة (무맛씰라)	여배우
تمجيد (탐지 - 드)	찬양, 찬미, 칭찬	مماثل (무마 - 씰)	비슷한, 유사한, 닮은
مجر (마자라)	갈증을 느끼다	مماثلة (무마 - 씰라)	유사성, 비슷한 것
مجر (마자르)	1.항아리 2.항아리 사람	متمثل (무타맛씰)	복종하는, 순종하는, 순응하는
مجر (마즈르)	수많은(군인의 숫자가)	متماثل (무타마 - 씰)	유사한, 비슷한
ماجريات (마자라야 - 트)	사고, 사건	مجد (마자다)	영광스럽다, 영광을 누리다
مجل (마잘라)	물집이 생기다, 부르트다	مجد (맛자다)	찬양하다, 찬미하다, 칭찬하다
مجلة (마잘라)	1.물집 2.잡지	تمجد (타맛자다)	명성을 떨치다, 찬양하다
مجن 1.철면피하다 2.농담하다 (마자나)		مجد (마즈드)	1.영광, 명예 2.위대함

믿

밈

محيص (마히 - 스) 빛나는, 번쩍이는(칼날)	**ماجن** (마 - 자나) 1.제멋대로 하다 2.웃기다
تمحيص (탐히 - 스) 1.정화, 정제 2.시험	**تمجن** (타맛자나) 희롱하다, 조롱하다
ممحص (무마흐히스) 1.연구하는 2.정제하는	**ماجن** (마 - 진) 1.철면피한, 뻔뻔스러운, 파렴치한
محض (마후돠) 순수하다, 순결하다	**مجان** (맛자 - 느) 1.무료로, 무상의 2.익살꾼, 농담꾼
محض (마하돠) 진실하다, 성실하다	**مجانية** (맛자니 - 야) 무상, 무료
تمحض (타마흐하돠) 모든 정성을 다하다	**مجون** (마주 - 느) 1.철면피2.익살, 농담
محض (마흐드) 순수한, 섞이지 않은	**مح** (마흐) 1.헤진 것 2.정수, 핵심 3.노란자위
أمحوضة (움후 - 돠) 진실한 충고, 조언	**ماح** (마 - 히흐) 헤진(옷이), 초라한
محق (마하까) 1.파괴하다 2.제거하다 3.무효로 하다	**محص** (마하솨) 1.정제하다, 순화하다 2.밝게 하다
تمحق (타마흐하까) 1.말라버리다 2.죽어가다	**محص** (마흐하솨) 1.정제하다 2.시험하다
ماحق (마 - 히끄) 치명적인, 파괴적인	**تمحص** (타마흐하솨) 정제되다, 명백해지다

مَحاق (마하 - 끄)	그믐, 이지러짐(달이)	**مُمْحِل** (뭄힐)	1.흉년의 2.메마른
مَحْق (마흐끄)	1.소멸, 섬멸 2.지워짐, 삭제됨	**مَحَن** (마하나)	시험하다, 검사하다, 실험하다
مَحَك 1.말다툼하다 2.트집잡다 (마하카)		**اِمْتَحَن** (임타하나)	시험하다, 검사하다, 실험하다
مَحِك (마히크)	말씨름을 일삼는	**مِحْنة** (미흐나)	시련, 불행
ماحِك (마 - 히크)	1.종알거리는 2.떠벌이	**اِمْتِحان** (임티하 - ㄴ)	1.시험 2.실험
مُماحَكة (무마 - 하카)	1.말다툼, 논쟁 2.트집	**مُمْتَحِن** (뭄타히누)	1.심사원 2.출제위원
مَحَل (마할라)	1.흉년이 들다 2.음모 꾸미다 3.헐뜯다	**مَحا** (마하)	지우다, 삭제하다
مَحُل (마훌라)	1.불모지다, 메마르다 2.흉년이 들다	**مَحَى** (마하)	지우다, 삭제하다
تَمَحَّل (타마흐할라)	1.모략으로 쟁취하다 2.회피하다	**اِمْتَحى** (임타하)	1.지워지다, 삭제되다 2.없어지다, 사라지다
مَحْل (마흘)	1.불모 2.교활 4.기아, 기근 5.장소	**مَحْو** (마흐우)	제거, 폐지, 삭제, 지워버림
إمْحال (임하 - ㄹ)	1.가뭄, 한발 2.흉작 3.기아	**ماحِية** (마 - 히야)	지워버림

مخمض (마크마다)	양치질하다	**محاية** (마흐하 - 야)	1.걸레 2.지우개
مخمضة (마크마다)	양치질	**ممحاة** (밈하 -)	지우개
مخول (마크왈라)	놀라게 하다, 정신나가게 하다	**ممحى** (맘히)	제거된, 지워진, 삭제된
مخولة (마크왈라)	놀람, 경탄	**مخخ** (맛카카)	골수를 뽑아내다
مد (맛다)	1.늘리다 2.돕다 3.밀려들다(바닷물이)	**مخ** (무크)	1.뇌, 대뇌 2.정수, 알짜
مدد (맛다다)	1.연장하다 3.펼치다	**مخيخ** (마키 - 크)	골수가 있는, 뇌수의
أمد (아맛다)	1.돕다 2.공급하다	**مخر** (마카라)	밭갈이 하다
تمدد (타맛다다)	.늘어나다	**ماخرة** (마 - 키라)	배, 선박
امتد (임탓다)	1.연장되다 3.가설되다(전선, 관이)	**مخور** (마쿠 - 르)	창녀촌
استمد (이쓰타맛다)	1.도움을 청하다 2.얻다	**مخض** (마카다)	1.버터를 만들다 2.신중히 생각하다
مد (맛드)	1.연장 2.밀물 3.부설	**تمخض** (타맛카돠)	1.아이를 낳다 2.응결되다(우유가)

밈

752

مدد (마다드)	1.원조, 지원 2.강화(군대), 지원병
مدة (뭇다)	1.기한, 기간 2.시기, 시간
مدة (밋다)	고름
مداد (미다 - 드)	1.잉크 2.비료 3.본보기
مادة (맛 - 다)	1.물질, 재료 2.규정 3.자료 4.과목 5.주제
مادية (맛 - 디야)	1.물질주의 유물론 2.현실성, 실제성
مديد (마디 - 드)	1.긴, 오랜 2.늘어난, 연장된, 넓혀진
إمداد (임다 - 드)	1.원조, 지원 2.공급, 보급 3.증원병
أمدود (움두 - 드)	습관, 풍습, 관습
تمديد (탐디 - 드)	연장, 확장
تمدد (타맛두드)	1.연장 2.확장 3.팽창
امتداد (임티다 - 드)	1.연장 2.확장 3.펼침
استمداد (이쓰팀다 - 드)	1.지원 2.공급 3.지원요청(군사)
ممدود (맘두 - 드)	1.뻗은 2.긴 3.연장된 4.넓은
ممتد (뭄탓드)	1.확장된, 넓혀진 2.펼쳐진 3.넓은
مستمد (무쓰타맛드)	1.원천, 근원, 기원 2.파생된
مدح (마다하)	칭찬하다, 찬양하다
تمدح (타맛다하)	1.자랑하다 2.찬양하다
امتدح (임타다하)	칭송하다, 송덕시를 짓다
مديحة (마디 - 하)	1.칭찬, 찬양 2.송시
أمدوحة (움두 - 하)	찬사, 찬양, 칭찬
تمدح (타맛두흐)	1.극찬, 찬양 2.자기미화

밈

مذيق (마지 - 끄)	묽은, 물에 탄	ممادح (마마 - 디흐)	공적, 공훈
مر (마르라)	1.지나가다 2.쓰다(맛이)	ممدوح (맘두 - 흐)	칭찬을 받는
مرر (마르라라)	1.통과시키다 2.주고받다(공을)	مدن (마다나)	살다, 거주하다
استمر (이쓰타마르라)	1.계속되다 2.이어가다	مدن (맛다나)	1.건설하다(도시를) 2.개화시키다
مر (마르르)	1.경유, 통과 2.몰약, 몰약나무	مدينة (마디 - 나)	도시
مرة (마르라)	한번, 한차례	مدنية (마다니 - 야)	문명, 문화
مرة (미르라)	1.담즙 2.힘, 위력	متمدن (무타맛딘)	개화된, 세련된, 교육을 받은
مار (마 - 르르)	보행자, 길손, 통행인	مادى (마 - 다)	1.연기하다 2.같다, 동등하다
مرارة (마라 - 라)	1.쓴맛 2.쓸개, 담낭	تمادى (타마 - 다)	1.오래 끌다 2.완고하다
مرور (무루 - 르)	1.통과, 경과(시간의) 2.흐름	مذق (마자까)	묽게 하다, 물을 타다
مريات (무르라야 - 트)	쓴 약	مذاق (맞자 - 끄)	1.위선자 2.불성실자

مرير 1.쓴 2.고통스러운 3.완강한 (마리 - 르)	**إمرؤ** 1.남자 2.남편 (이므루)
مريرة 1.견고성 2.불변성 (마리 - 라)	**إمرأة** 1.부인, 여자 2.아내, 처 (이므라아)
استمرار 계속, 연속, 지속 (이쓰티므라 - 르)	**مرج** 문란해지다, 무질서하다 (마리자)
ممر 1.통과 2.통로 3.복도 4.가로수길 (마마르르)	**مرج** 방목하다(짐승을) (마라자)
ممرور 1.담즙의 2.어리석은 3.바보의 (마므루 - 르)	**مرج** 1.방목장 2.초원, 풀밭 (마르즈)
مستمر 끊임없는, 지속적인 (무쓰타미르르)	**مرج** 문란, 소란, 무질서, 혼잡 (마르즈)
مرؤ 1.대담하다 2.구미에 맞다 (마루아)	**مرجان** 1.산호초, 산호 2.진주 (마르자 - ㄴ)
مرأ 맛있다 (음식이), 입에 맞다 (마라아)	**مرجانة** 산호 (마르자 - 나)
مرء 1.남자, 사람 2.남편 (마르으)	**مرجح** 흔들다 (마르자하)
مرأة 1.부인, 여자 2.아내, 처 (마르아)	**تمرجح** 1.흔들리다 2.휘다 (타마르자하)
مروءة 1.용기 2.너그러움 (무루 - 아)	**مرجحة** 진동, 흔들림, 요동 (마르자하)

밈

مرجونة (마르주-나)	바구니, 광주리	مرد (마라다)	봉기하다, 폭동을 일으키다
مرح (마리하)	기뻐하다, 즐거워하다, 활기차다	مرد (마루다)	거인이 되다
مرح (마르흐)	환희, 무척 기쁜 것	مرد (마리다)	턱수염이 나지 않다
مرحى (마르하)	부라보! 잘한다! 멋있다!	تمرد (타마르라다)	1.봉기하다 2.거만스럽다
مراح (마라-흐)	기쁨, 환희, 반가움	مارد (마-리드)	1.거인 2.반란자 3.악마, 마귀
ممراح (밈라-흐)	활발한, 활기있는, 생기있는	مردى (마르디)	불쌍한, 가련한, 불행한
مرحب (마르하바)	환영하다	مريد (마리-드)	폭도, 봉기자, 반란자
مرخ (마라카)	칠하다, 바르다(기름을)	تمرد (타마르루드)	1.반란, 폭동, 봉기 2.오만, 거만
مرخ (마리크)	1.부드러운, 연한 2.시들은	متمرد (무타마르리드)	반란자, 폭도, 봉기자
مروخ (마루-크)	연고	مرس (마라싸)	풀다(물에), 적시다
مريخ (마리-크)	화성(천문)	مرس (마리싸)	일이 꼬이다

밈

مارس (마 - 라싸)	1.착수하다 2.행사하다(직권을)	**تمارض** (타마 - 라돠)	아픈척 하다, 꾀병을 부리다
تمرس (타마르라싸)	1.비비다 2.경험을 얻다	**مرض** (마라드)	병, 아픔
تمارس (타마 - 라싸)	1.다투다 2.협상하다	**مرضان** (마르돠 - ㄴ)	몸이 몹시 불편한
مرس (마리쓰)	1.노련한 2.정력적인	**مريض** (마리 - 드)	1.환자 2.병든 3.병에 걸린
مراسة (마라 - 싸)	힘, 기력, 원기, 정력	**تمريض** (타므리 - 드)	간호, 환자시중
مريس (마리 - 쓰)	열대성 남풍	**تمارض** (타마 - 루드)	꾀병
تمرس (타마르루쓰)	실행, 실천, 실습	**ممرض** (무마르리드)	간호사
ممارسة (무마 - 라싸)	1.실습, 연습 2.협상 3.실행	**ممرضة** (무마르리돠)	여자 간호사
مرض (마리돠)	앓다, 병에 걸리다, 아프다	**متمرض** (무타마르리드)	허약한, 쇠약한
مرض (마르라돠)	간호하다, 병나게 하다	**مرط** (마라따)	뽑다(털이나 깃을)
تمرض (타마르라돠)	1.병들다, 앓다 2.질질끌다	**مريط** (마리 - 뜨)	털이 없는, 대머리의

밈

مرقعة (마르까아)	1.연약성, 나약성 2.여성다움
مركز (마르카자)	집중되다
تمركز (타마르카자)	1.집중되다 2.발판을 굳히다
تمركز (타마르쿠즈)	집중
مرن (마루나)	1.탄력이 있다 2.습관화되다
مرّن (마르라나)	가르쳐주다, 훈련시키다
تمرّن (타마르라나)	훈련하다, 연습하다
مرونة (무루 - 나)	탄력, 신축성
مرانة (마라 - 나)	1.실습, 견습 2.탄력
تمرين (타므리 - ㄴ)	1.연습, 실습 2.훈련
ممرّن (무마르린)	노련한, 숙련된, 단련된

أمرط (아므라뚜)	털이 빠진, 대머리의
مرع (마라아)	1.기름을 바르다 2.망치다
مرع (마루아)	기름지다, 비옥하다
مرع (마르으)	1.사료, 먹이 2.목장, 방목지
مرعة (마르아)	지방, 기름
مريع (마리 - 으)	비옥한, 기름진
مرق (마라까)	1.관통하다 2.돌진하다
مرّق (마르라까)	1.노래하다 2.묽게 하다
مارق (마 - 리끄)	1.배신자 2.이교도, 배교자
مروق (무루 - 끄)	1.이단, 배교 2.편향
مرقع (마르까아)	1.나약해지다 2.여성답다

밈

مزج (마즈즈)	혼합, 배합	**متمرن** (무타마르린)	훈련생, 견습생, 실습생
مزاج (미자-즈)	1.기질 2.기분 3.몸집	**مرى** (마라)	부인하다, 거절하다, 반박하다
مزاجى (미자-지)	여성의 머리수건	**تمارى** (타마-라)	논쟁하다, 언쟁하다
مزيج (마지-즈)	1.혼합된 2.혼합물 3.잡종	**امترى** (임타라)	1.의심하다 2.짜다(젖을)
تمازج (타마-주즈)	1.혼합, 혼성 2.결합	**امرية** (미르야)	1.논쟁, 반박 2.의심, 의혹
امتزاج (임티자-즈)	1.혼합, 배합 2.결합	**مماراة** (무마라-)	1.의심 2.반박, 논쟁
ممزوج (맘주-즈)	1.혼합한 2.합성물	**مزج** (마자자)	혼합하다, 뒤섞다, 섞다
ممتزج (뭄타지즈)	혼합된, 섞인, 합성된	**مزج** (맛자자)	누렇게 되다(이삭이)
مزح (마자하)	웃기다, 농담하다, 익살을 부리다	**مازج** (마-자자)	1.섞다, 타다 2.사귀다
مازح (마-지흐)	익살꾼, 농담꾼, 어릿광대	**امتزج** (임타자자)	1.섞이다, 혼합되다 2.화합되다(화학)
مزاحة (무자-하)	농담, 익살, 웃기는 것	**استمزج** (이쓰탐자자)	자세히 알아내다, 탐지하다

مِساس (미싸 - 쓰)	1.접촉 2.필요, 필요성	مَزق (마자까)	째다, 찢다
مَسِيس (마씨 - 쓰)	1.접촉 2.필요	مَزّق (맛자까)	갈기갈기 찢다
أمَسّ (아맛쑤)	절실히, 필요한	تمَزّق (타맛자까)	째지다, 찢기다
تَماسّ (타맛 - 쓰)	1.접촉, 접근 2.연락, 관계	تمزيق (탐지 - 끄)	찢기, 째기
مُماسَة (무마 - 싸)	1.접촉 2.연계	مُزقَة (무즈까)	나이팅게일 새
مَمسُوس (맘쑤 - 쓰)	1.미친, 정신나간 2.접촉된	مِزقَة (미즈까)	조각, 덩어리, 부스러기
مَسَح (마싸하)	1.닦아내다 2.지우다 3.측량하다	مُمَزّق (무마자끄)	찢어진, 째진
ماسَح (마 - 싸하)	1.어루만지다 2.악수하다	مَزيَة (마지 - 야)	1.공덕, 공훈 2.우월 3.특성
تمَسّح (타맛싸하)	1.닦다 2.문지르다	مَسّ (맛싸)	1.만지다 2.여자와
امتَسَح (임타싸하)	1.닳다, 해지다 2.빼다(칼을)	مَسّ (맛쓰)	1.만지는 것 2.미침, 광증, 광란
مَسح (마싸흐)	1.씻는 것 2.닦는 것 3.측량, 측정 4.삭제	ماسّ (맛 - 쓰)	1.만지는2.간절한

ماسخ (마-씨크)	무미건조한, 취미없는	مساح (맛싸-흐)	측량사
مسيخ (마씨-크)	1.왜곡된 2.변형된	مساحة (마싸-하)	1.측량 2.면적, 넓이
ممسوخ (맘쑤-크)	1.왜곡된 2.변형된	مساحة (맛싸-하)	고무지우개
مسد (맛싸다)	문지르다, 안마하다	مسيح (마씨-흐)	1.예수 2.세례를 받은 3.해진, 낡은
تمسد (타맛싸다)	안마받다	مسيحى (마씨-히)	기독교의, 기독교 신자
تمسيد (탐씨-드)	안마, 문지르는 것	ممسحة (밈싸하)	1.헝겊, 누더기 2.걸레, 신발털이
مسط (마싸똬)	짜다, 짜내다(손으로)	ممسوح (맘쑤-흐)	1.평평한 2.지워진 3.해진, 닳은
مسطرة (마쓰따라)	견본, 샘플	مسخ (마싸카)	왜곡하다, 애매모호하게 하다
مسك (마싸카)	1.붙잡다 2.변비에 걸리다 3.소유하다	انمسخ (인마싸카)	왜곡되다, 애매모호하게 하다
مسك (맛싸카)	사향냄새를 풍기다	مسخ (마쓰크)	1.변태, 변형, 변화 2.왜곡
أمسك (암싸카)	1.쥐다 2.자제하다 3.준수하다	مسخة (무쓰카)	어릿광대

밈

مسيك 1.인색한 2.꽉 붙잡는 (마씨 - ㅋ)	**تمسك** 1.준수하다 2.매달리다 (타맛싸카)
إمساك 1.인색 2.절약 3.변비 (임싸 - ㅋ) 4.금식준수	**تماسك** 1.합치다 2.억제하다 (타마 - 싸카)
إمساكية 라마단 달 (임싸키 - 야) 금식시간 일정표	**انمسك** 손안에 있다, 체포되다 (인마싸카)
تمسك 1.준수, 고수 2.고집 (타맛쑤크) 3.충성	**استمسك** 고수하다, 그만두다 (이쓰탐싸카)
تماسك 연합, 결합, 단결 (타마 - 쑤크)	**مسك** 1.잡는 것, 장악 (마쓰크) 2.관리 3.경리
استمساك 1.고수, 집착 2.충성 (이쓰팀싸 - ㅋ)	**مسك** 양식, 식량 (무쓰크)
ممسك 1.인색한 2.붙잡은 (뭄씨크) 3.절약하는	**مسك** 인색한 (무쑤크)
ممسك 사향냄새가 나는, (무맛씨크) 냄새가 향기로운	**مسك** 사향 (미쓰크)
متماسك 1.단결한 2.지속적인 (무타마 - 씨크)	**مسكة** 1.발판 2.지지 3.인색 (무쓰카)
مسكنة 빈곤, 궁핍, 가난 (마쓰카나)	**مساك** 1.인색한 2.깍쟁이 (맛싸 - ㅋ)
مسكين 불쌍한, 가련한, 거지 (미쓰키 - ㄴ)	**مسكان** 선금, 예약금 (무쓰카 - ㄴ)

مشط (무쉬뜨)	1.빗 2.발바닥	مسمر (마쓰마라)	박다(못을)
مشطة (미쉬따)	털빗, 말솔	مسى (맛싸)	저녁인사를 하다
ماشطة (마 - 쉬뜨)	1.머리를 빗는 2.이발사	أمسى (암싸)	1.~이 되다 2.저녁이 되다
ماشطة (마 - 쉬따)	하녀, 몸종	مساء (마싸 -)	저녁
مشيط (마쉬 - 뜨)	가지런히 빗은	أمسية (움씨 - 야)	저녁시간
ممشوط (맘슈 - 뜨)	가지런히 빗은	ممسى (뭄싸)	황혼, 저녁, 저녁때
مشق (마샤까)	1.머리를 빗다 2.찢다, 째다	مش (맛샤)	1.흡수하다 2.썩다 3.절이다(소금에)
مشق (마슈끄)	1.날씬한 2.모범, 본보기, 모형	مشش (맛샤샤)	썩다, 상하다, 변질하다
ممشوق (맘슈 - 끄)	균형잡힌, 단정한, 날씬한	مشوش (마슈 - 슈)	내프킨
مشى (마샤)	1.걷다 2.행진하다 3.움직이다(기계가)	ممشش (뭄샤슈)	썩은(달걀이)
أمشى (암샤)	1.걷게 하다 2.관장시키다, 설사시키다	مشط (마샤따)	머리를 빗다

밈

밈

مص (맛솨)	1.빨다 2.흡수하다	تمشى (타맛샤)	1.걷다 2.부합되다 3.뒤를 따르다
امتص (임탓솨)	1.흡수하다 3.삼키다	ماش (마 - 쉬)	1.떠나는3.보행자 4.보병
ماص (맛 - 스)	1.빨아먹는 2.흡수하는	مشى (마싀)	1.걷기, 보행 2.이동 3.행군
ماصة (맛 - 솨)	양수펌프	مشو (마슈)	설사약
امتصاص (임티솨 - 스)	1.빠는 것 2.흡수	ماشية (마 - 쉬야)	가축, 집짐승
ممتص (뭄탓스)	흡수하는	مشية (마쉬 - 야)	요구, 욕망, 희망
مصر (맛솨라)	1.정착하다 2.살다	مشيان (마쉬야 - ㄴ)	1.보행, 걷기 2.설사
تمصر (타맛솨라)	문명도시가 되다	ممشى (맘샤)	1.인도 2.복도 3.오솔길
مصر (미스르)	1.경계 2.도시 3.이집트 4.수도(이집트의)	مشهر (마슈하라)	거닐다, 떠돌아다니다
مصارى (마솨 - 리)	돈	مشورة (마슈와라)	산보
مصير (마싀 - 르)	내장	مشوار (미슈와 - 르)	1.방랑 2.산보 3.용무, 업무

ضمضم (마드마돠)	1.양치질하다 2.씻다	تمصير (탐쉬-르)	1.정착 2.문명화
مضمضة (마드마돠)	1.양치질 2.빨래, 세탁	متمصر (무타맛싀르)	이집트화 된
مضى (마돠)	1.떠나다 2.종료되다 3.서명하다	مض (맛돠)	아파하다
أمضى (암돠)	1.보내다(시간을) 2.이서하다	أمض (아맛돠)	아프게 하다
ماض (마-듸)	1.지나간 2.이전의, 종전의	مض (맛드)	아픈, 고통스러운
إمضاء (임돠-)	1.서명, 이서 2.실행	مضض (마돠드)	1.아픔, 고통 2.증오 3.쉰 우유
إمضاءة (임돠-아)	서명, 이서	مضاضة (마돠-돠)	아픔, 고통
ممضٍ (뭄듸)	1.서명자, 이서자 2.조인하는	مضغ (마다가)	씹다, 새김질하다
ممضى (뭄듸이)	서명된, 이서된	مضغة (무드가)	1.한입 2.새김질
مط (맛따)	늘리다, 연장하다	ماضغ (마-듸그)	어금니
مطط (맛따따)	1.힘껏 당기다 2.헐뜯다	مضاغة (무돠-가)	1.씹는 껌 2.새김질

밈

765

밈

تمطط (타맛따따)	늘어나다, 연장되다	مطير (마띠-르)	늘 비가 오는, 비가 많이 오는
مط (맛뜨)	1.늘어나는 것, 연장 2.당기는 것	ممطر (뭄띠르)	늘 비가 오는, 비가 많이 오는
مطاط (맛따-뜨)	1.탄력성이 있는 2.용수철	ممطرة (밈따라)	비옷
تمطط (타맛뚜뜨)	탄력성, 신축성	مطل (마똴라)	1.끌다, 당기다 2.가설하다
مطر (마따라)	1.비가 오다 2.뛰어가다	ماطل (마-똴라)	1.연기하다(지불) 2.녹이다
أمطر (암따라)	뿌리다, 살포하다	مطالة (마똴-라)	지연, 지체
استمطر (이쓰탐따라)	도움을 청하다, 빌다	مطيلة (마띨-라)	철판
مطر (마따르)	비	مماطلة (무마-똴라)	연기, 지연, 지체
مطرة (마따라)	소나기	ممطول (맘뚜-ㄹ)	1.지연된, 지체된 2.압연된
مطرية (마따리-야)	우산	مع (마아)	1…와 함께 2…에 관하여
ماطر (마-띠르)	음산한, 날씨가 궂은	معج (마아자)	파도치다, 물결치다

متمعّج (무타마으이즈)	구불구불한, 굽은	مَعَضَ (마아돠)	화를 내다, 분개하다
مَعِدَ (무이다)	위병에 걸리다	اِمْتِعَاض (임티아 - 드)	1.분개, 분노 2.불만, 불평
مَعِدَة (마이다)	위	مُمْتَعِض (뭄타이드)	화가난, 격분한
مَعْمُود (마으무 - 드)	위병을 앓은	مَعَطَ (마아따)	뽑다(털, 깃털을)
مَعِرَ (마이라)	빠지다(털, 깃, 머리가)	أَمْعَط (암아뚜)	1.털이 없는 2.대머리, 빈대머리
مَعَرَ (마아라)	과장하다, 허풍떨다	مَعْمَعَة (마으마아)	1.소란 2.싸움 3.무더위 4.절정
أَمْعَرَ (암아라)	가난해지다, 빈곤해지다	مَعْمَعَان (마으마아 - ㄴ)	절정, 극치, 최고점
أَمْعَر (암아루)	대머리, 빈대머리	مَعْمَعَانِي (마으마아 - 니)	무더운
مَعْز (마으즈)	염소	أَمْعَنَ (아므아나)	1.신중하다 2.주의 깊게 검토하다
مَاعِز (마 - 이즈)	염소, 산양	تَمَعَّنَ (타마으아나)	자세히 연구하다
مَعَاز (마으아 - 즈)	염소키우는 목동	إِمْعَان (임아 - ㄴ)	주의, 관심, 심사숙고

밈

تمغط (타맛가따) 길어지다, 연장되다	**تمعن** (타마으안) 주의, 관심, 심사숙고
متمغط (무타감미뜨) 탄력있는, 탄성이 있는	**ماعون** (마우 - ㄴ) 1.도구 2.뭉치
مغنط (마그나따) 자석화 하다	**ماعونة** (마우 - 나) 화물선, 짐배
مغنطة (마그나따) 자석화	**معين** (무이 - ㄴ) 조수, 조교
مغنطيس (마그나띠 - 스) 1.자석 2.자성, 자력	**معونة** (마우이와나) 원조, 지원, 협조
مغنطيسية (마그나띠씨 - 야) 자성(물리)	**مغص** (마기사) 배가 아프다
ممغنط (무마그나뜨) 자석화 된	**تمغص** (타맛가사) 배가 아프다, 배앓이 하다
مقت (마까타) 1.증오하다 2.여위다	**مغص** (마그스) 복통, 배앓이
إنمقت (인마까타) 미움을 사다	**ممغوص** (맘구 - 스) 배앓이 하는
مقت (마끄트) 미움, 증오	**مغط** (마가따) 늘리다, 연장시키다, 펴다
مقيت (마끼 - 트) 1.증오, 미운 2.여윈	**مغط** (맛가따) 쭉 늘리다, 연장시키다

مكر (마카라)	속이다, 기만하다	ممقوت (맘꾸-트)	1.증오, 2.해쓱한
ماكر (마-키르)	교활한, 간교한, 음흉한	مقع (마까아)	쭉들이키다
مكار (맛카-르)	교활한 사람	أمتقع (암투끼아)	안색이 변하다
مكر (마크르)	1.교활, 꾀 2.거짓, 사기	ممتقع (뭄타끼으)	창백한, 안색이 변한
مكس (마카사)	1.징수하다 2.흥정하다	مك (맛카)	빨다
مكس (마크스)	세금 징수, 통행료 징수	تمكك (타맛카카)	빨다
مكاس (맛카-스)	세무공무원	مكوك (맛쿠-크)	1.술잔 2.북(방직기계의)
مكن (마카나)	견고하다, 영향력이 있다	مكة (맛카)	메카, 막카
أمكن (암카나)	1.가능케 하다 2.가능하다	مكث (마카싸)	1.체류하다 2.남아 있다
تمكن (타맛카나)	1.가능하다 2. …할 능력이 있다	مكث (마크쓰)	1.거주하는 2.남아있는
مكان (마카-안)	1.장소 2.공간 3.지위, 위치	مكوث (마쿠-쓰)	1.거류, 체류 2.잔류

믹

밈

مكانة (마카-나)	1.지위 2.세력 3. 중요성, 의의	مل (말라)	답답해하다, 싫증을 느끼다
تمكين (탐키-느)	1.강화 2.확립 3.수여, 서임	أمل (아말라)	1.괴롭히다 2.짜증나게 하다
ماكنة (마키 나)	기계	تململ (타말랄라)	1.피로하다 4.미신을 믿다
إمكان (임카-느)	1.능력 2.가능성 3.힘	مل (말)	1.권태, 가깝증 2.피곤, 피로
إمكانية (임카니-야)	1.가능성 능력 2.잠재력	ملّي (밀리-)	1.민족의 2.종파의, 교파의
مكين (마키-느)	1.견고한, 견실한 2.지위가 있는	مليل (말리-일)	갑갑한, 적적한, 피곤한
ممكن (뭄킨)	1.가능한 2.가능성 있어 보이는	ملال (말-랄)	1.싫증, 권태 2.피곤
ممكنات (뭄키나-트)	가능성	ملة (밀라)	종교적 공동체, 교리, 종파
ممكنة (뭄키나)	1.능력, 재능 2.힘, 역량	ملة (말라)	1.뜨거운 재 2.피로 3.땀
متمكن (무타맛키느)	1.단단한 2.지속적인	ممل (무밀)	1.답답한 2.피곤
ماكياج (마키아-즈)	화장, 분장	ملا (물라)	물라(이슬람 대학자에 대한 존칭)

ملح (말루흐)	짜다, 소금 맛이 있다	ملا (밀라)	다름 아닌, 바로
ملح (말라하)	아름답다, 재치가 있다	ملأ (말라아)	1.가득 채우다 2.써넣다
مالح (마 - 알리흐)	동석하여 식사하다	إمتلأ (임탈라아)	차다, 충만되다
تملح (타말르라하)	1.짜다 2.즐거워하다	ملأ (말라아)	1.무리 2.명문, 귀족
ملح (밀흐)	1.소금 2.대접, 환대 3.흥미	ملاءة (물라 - 아)	1.밀라야(여성의 겉옷) 2.홑이불
ملح (말라흐)	1.백내장 2.위트, 재치	إمتلاء (임틸라 - 으)	1.충족, 충만 2.비대, 살찐 것
ملحة (물하)	1.말재간 2.맛있는 요리	ملانة (말라 - 나)	1.가득 찬 2.충분한 3.살찐
ملحة (밀하)	계약, 조약, 동맹	مليان (말야 - 느)	가득 찬, 충만된
ملوحية (말루히 - 야)	짠맛	مماألة (무마 - 알라아)	1.협조, 협력 2.편견, 편애
مليح (말리 - 흐)	1.고운, 멋진 2.잘 생긴 3.짠	ممتلىء (뭄탈리 - 으)	가득 찬, 충만 된
ملاح (말라 - 흐)	1.선원 2.해병 3.소금장사	مملوء (맘루 - 으)	가득 찬, 충만된

밈

مملوخ (마믈루-크)	삐인, 접지른, 위골된	**ملاحة** (말라-하)	1.우아함 2.짠맛 3.염전 4.항해
ملس (말리사)	반들반들하다, 매끈하다	**مالح** (마-알리흐)	잔, 염분이 있는
ملس (말라사)	뽑아내다, 빼내다	**أملح**	눈이 크고 눈에 빛이 나는 사람
تملس (타말라사)	뺑소니치다, 슬그머니 가버리다	**أملوحة** (아믈루-하)	날카로운 비판
انملس (인말라사)	슬그머니 가버리다	**مويلح** (무와일리흐)	약간 짭잘한
ملس (말리스)	1.반들반들한 2.평탄한 3.미끈미끈한	**مملح** (무말라흐)	짠, 소금에 절인
ملط (말라따)	회칠하다(벽에), 칠하다	**مستملح** (무스타믈라흐)	영리한, 재치있는
ملط (말뜨)	벌거숭이, 벌거벗은, 나체의	**ملخ** (말라카)	1.뽑다 2.삐다(발목을)
مليط (말리-뜨)	빈대머리	**إمتلخ** (임탈라카)	뽑다(칼을)
ملاط (밀라뜨)	1.교활한 2.분별이 없는	**ملخ** (말크)	1.삐는 것 2.빼는 것(칼 등을)
أملط (아믈라뜨)	빈대머리	**مليخ** (말리-크)	맛없는

ملق (말리까)	아양을 부리다, 아첨, 아부하다	تملك (타말라카)	1. 점유하다 2. 통치하다
ملق (말라까)	아첨하다, 아양을 부리다	تمالك (타말 - 라카)	참다, 자제하다
أملق (아믈라까)	빈곤하다, 가난하다	امتلك (임탈라카)	1. 차지하다 2. 습득하다
تملق (타말라까)	아첨하다	ملك (물크)	1. 재산, 부동산 2. 소유, 점유
ملق (말라끄)	1. 아첨, 아부 2. 빈 땅, 공터	ملكة (말리카)	1. 여왕 2. 황태후 3. 왕비
تمليق (타믈리 - 끄)	아첨, 아부, 환심사기	ملكية (물키야 -)	1. 소유제 2. 소유권
ملاق (말라 - 끄)	아첨쟁이	ملوكية (물루키 - 야)	군주제도, 군주정치
إملاق (이믈라 - 끄)	빈곤, 빈궁, 극빈, 가난	ملاك (말라 - 크)	천사
تملق (타말루끄)	아첨, 아부	مالك (마 - 알리크)	1. 왕, 통치자 2. 소유자
متملق (무타말리끄)	1. 아첨하는 2. 아첨쟁이	مالكية (말리키 - 야)	말리키 법학파
ملك (말라카)	1. 소유하다 2. 지배하다 3. 왕으로 모시다	تملك (타말루크)	1. 획득, 습득 2. 소유

믜

امتلاك (임틸라 - 크)	1.소유 2.지배 3.소유권	من (만)	누구
مملكة (마믈라카)	1.왕국, 제국 2.왕위, 왕권	من (민)	1. …부터, …이래로 2. …을 지나서, 걸쳐서
مملوك (마믈루 - 크)	1.소유된, 재산 2.매혹된	منّ (만나)	1.베풀다 2.좋은 일을 하다
مملوك (마믈루 - 크)	1.노예 2.근위병	تمنن (타만나나)	책망, 질책하다, 비난하다
ممتلك (뭄탈리크)	1.소유권 2.소유물	امتنّ (임탄나)	1.감사하다 2.너그럽다
ممتلكات (뭄탈리카 - 트)	1.재산, 재물 2.영토	منّ (만느)	1.은혜, 사은 2.선물, 예물
ملنخوليا (말른쿨리야 -)	우울증	منّان (만나 - 느)	너그러운, 인자한
ملا (말라 -)	서둘러 걷다, 뛰다, 달리다	منّة (민나)	1.인자, 선행, 친절 2.은혜 3.감사
أملى (아믈라 -)	받아쓰게 하다	منّة (문나)	정력, 지구력, 힘
تملّى (타말라 -)	1.즐기다 2.장수하다	منون (마누 - 느)	1.감사 2.죽음 3.운명
ملا (말라 -)	1.공지, 공터 2.사막, 광야	امتنان (임티나 - 느)	1.친절 2.감사 3.사은

ممنون (맘누-느)	1.매우 감사한 2.친절한	تمنع (타맛나아)	1.저항하다 2.비호하다
ممنونية (맘누니-야)	1.감사 2.친절성	امتنع (임타나아)	1.자제하다 2.거절하다
منح (마나하)	주다, 수여하다, 제공하다	منع (만으)	1.금지 2.방해 3.방지, 예방
منح (만흐)	수여, 증정, 제공	منعة (만아)	힘, 위력
منحة (민하)	1.선물 2.장학금 3.수당	منيع (마니-으)	1.견고한 2.면역성을 가진
منديل (민디-일)	손수건	مناعة (마나-아)	1.견고성 2.난공불락
منذ (문두)	이래로, 부터, 전에	مانع (마-니으)	1.거절하는, 사절하는 2.방해가 되는
منشوية (만슈비-야)	골방, 지하실 방	ممانعة (무마-나아)	1.저항 2.반대, 반박
منع (마나아)	1.금지하다 2.거절하다	تمنع (타맛누으)	1.거절, 거부, 사절 2.사퇴, 포기
منع (마누아)	1.강하다 2.도달할 수 없다	امتناع (임티나-으)	1.거절, 사절 2.사퇴 3.불가능
مانع (마-나아)	1.저항하다 2.거절하다	ممنوع (맘누-으)	금지되는, 허용되지 않는

775

밈

مهد (마하다)	1.길을 포장하다 2.편하게 하다
مهد (마흐다)	1.준비하다 2.시작하다, 개시하다
مهد (마흐드)	요람, 보금자리
مهاد (미하 - 드)	잠자리, 침대, 이부자리
تمهيد (타므히 - 드)	1.정리 2.준비 3.머리말, 서문
ممهد (무마흐하드)	1.평탄한 2.준비된 3.개통된
مهر (마하라)	1.능숙하다 2.혼임금을 주다
مهر (마흐르)	혼인금
مهر (무흐르)	직인, 도장, 인장, 스탬프
مهارة (마하 - 라)	재간, 솜씨, 기능, 기교
ماهر (마 - 히르)	능숙한, 능란한, 노련한

ممتنع (뭄타니으)	1.불가능한 2.도달할 수 없는
منا (마나 -)	시험하다, 시련을 겪다
مني (마나 -)	1.체험하다 2.행운을 맞다
تمنى (타맛나 -)	원하다, 바라다, 기원하다
استمنى (이스탐나 -)	성적 자위행위를 하다
مني (마니 -)	정액
منى (마나 -)	운명, 숙명
منية (마니 - 야)	1.운명, 숙명 2.죽음, 사망
أمنية (암니야)	희망, 기대, 소망, 바람
استمناء (이스티므나 - 으)	성적자위행위
متمنيات (무타만니야 - 트)	기원, 축원, 희망

مهرجان (마흐라자-느)	명절, 경축, 축전	**مهلا** (마홀란)	천천히
مهردار (무흐라다-르)	옥쇄를 관리하는 사람	**مهلة** (무흘라)	1.연장된 기한 2.여가, 짬
مهك (마하카)	가루로 만들다, 빻다	**إمهال** (임하-알)	연기, 지연, 지체
انمهك (인마하카)	가루가 되다	**تمهل** (타맛훌)	완만성, 굼뜬 것
مهكة (마호카)	청춘	**متمهل** (무타마흐힐)	느린, 굼뜬, 완만한
ممهكة (밈하카)	분쇄기	**متماهل** (무타마-힐)	여유있게, 편안하게
مهل (마할라)	1. 굼뜨다, 서두르지 않다 2.연기하다	**مهما** (마흐마-)	어떻든 간에, 아무튼
مهل (맛할라)	연기하다, 시간을 더 주다	**مهمة** (무힘마)	수수료, 커미션
أمهل (아므할라)	1.연기하다 2.주저하다	**مهن** (마하나)	1.복무하다 2.종사하다
تمهل (타맛할라)	질질끌다, 우물쭈물하다	**مهن** (마후나)	너절하다, 졸렬하다
مهل (마홀)	1.완만, 지체, 주저 2.여가, 여유	**امتهن** (임타하나)	1.멸시하다 2.부려먹다

밈

موتان (무타 - 느)	가축의 유행병	مهنة (미흐나)	1.일, 직업 2.직무, 직책
ميتون (마이투 - 느)	시체	مهين (마히 - 느)	시시한, 보잘것없는, 천한
ميتة (마이타)	시체	ماهن (마 - 히느)	하인, 일꾼, 머슴, 종
ميت (미 - 트)	농촌, 부락	امتهان (임티하 - 느)	1.멸시 2.침범 3.남용(권리를)
ميتة (마이타)	동물의 죽음, 동물의 시체	ممتهن (뭄타한)	1.가련한 2.헐어진, 낡은
موات (마와 - 트)	1.황무지, 불모지 2.무생물	مات (마 - 타)	1.죽다 2.남기다 3.멸망하다
مائت (마 - 이트)	죽을 운명의, 생기가 없는	موت (마우와타)	자살하다
إماتة (이마 - 타)	1.살해 2.억제, 자제	أمات (아마 - 타)	1.살해하다 2.누르다, 억제하다
استماتة (이스티마 - 타)	결사적 노력, 자기희생	استمات (이스타마 - 타)	목숨을 걸다
ممات (마마 - 트)	죽음, 사망	موت (마우트)	1.죽음 2.사망, 서거 3.사멸, 멸망
مميت (무미 - 트)	죽이는, 치명적인, 살해하는	موتان (마우타 - 느)	가축의 폐사

밈

ماج (마 - 자)	1.파도가 치다 2.흥분하다
موج (마우즈)	물결, 파도
موجة (마우자)	1.물결, 파도 2.파장, 진동
تمويج (타므위 - 즈)	웨이브(머리카락의),
مواج (마우와 - 즈)	1.물결이 이는 2.격동하는(감정이)
متموج (무타마우위즈)	1.물결치는 2.흥분하는, 격동하는
مودة (무 - 다)	모양, 유행, 패션
ماس (마 - 사)	면도하다
موسى (무사 -)	1.면도날, 면도칼 2.모세
ماس (마 - 스)	금강석, 다이아몬드
ماسة (마 - 사)	유리칼
موضة (무 - 다)	모양, 유행, 패션
مال (말 - 라)	1.부자가 되다 2.융자하다
مول (마우왈라)	1.융자해주다 2.세금을 물다
تمول (타마우왈라)	자금을 얻다, 융자를 얻다
استمال (이스티말 - 라)	부유해지다, 부자가 되다
مال (말 - 르)	1.재산, 재물 2.돈 3.세금
مالية (말리 - 야)	1.재정, 금융 2.금융상태
تمويل (타므위 - 일)	1.융자 2.세금지불(이집트)
موال (마우와 - ㄹ)	1.자본가 2.민요
مموال (무마우와 - 알)	1.납세자 2.자본가
مان (마 - 나)	부양하다

밈

밈

ماث (마 - 싸) 풀다, 용해하다(물에)	مون (마우와나) 식량을 공급하다
ماد (마 - 다) 1.진동하다 2.현기증을 느끼다	مونة (무 - 나) 1.식량, 양식 2.횟가루
تميد (타마이야다) 1.비틀거리다 2.현기증을 느끼다	تموين (타므위 - 느) 1.공급, 부양 2.식량
مائد (마 - 이드) 1.비틀거리는 2.어지러운	ماه (마 - 하) 물을 혼합하다, 섞다
مائدة (마 - 이다) 식탁, 밥상, 책상, 탁자	موه (마우와하) 1.과장하다 5.위장하다
ميدان (마이다 - 느) 1.광장, 마당 2.무대, 활동분야	أماه (아마 - 하) 1.혼합하다 2.물을 묻히다
ماز (마 - 자) 1.분리하다 2.베풀다, 특혜를 주다	ماء (마 - 으) 1.물 2.즙, 액 3.백내장
ميز (마이야자) 1.구분하다 2.특권을 주다	تمويه (탐위 - 흐) 1.도금 2.과장, 기만, 날조
تميز (타마이야자) 구별되다, 구분되다, 식별되다	مموه (무마우와흐) 1.도금된 2.가짜의 허위의
امتاز (임타 - 자) 우월하다, 특권을 가지다	ماهية (마히 - 야) 1.본질 핵심 2.급여 봉급
ميزة (미 - 자) 1.특징, 특색, 특성 2.우월, 우월성	ميتافيزيقية (미타피지 - 야) 형이상학

تمييز (타미 - 즈)	1.편애 2.특혜, 우대 3.구별 4.차별	**أمال** (아말 - 라)	기울어지게 하다, 쏠리게 하다
امتياز (임티야 - 즈)	1.특권 2.이권 3.특허 4.우세	**تميل** (타마이얄라)	1.기울어지다 2.흔들리다
مميز (무마이야즈)	1.뛰어난, 탁월한 2.특권이 있는	**ميل** (마일르)	1.기움 2.경사 3.탈선 4.경향 5.취미
متميز (무타마이야즈)	1.탁월한, 훌륭한 2.특징이 있는	**تمايل** (타마 - 율)	연약성, 나약성, 신축성
ماع (마 - 아)	1.스며들다 2.녹다, 용해되다	**متمايل** (무타마 - 일)	1.동요하는 2.연약한, 나약한
ميع (마이으)	액체	**ممل** (마말 - 르)	경사도
ميعة (마이아)	1.액체 2.한창시절 3.유연성	**مان** (마 - 안)	거짓말하다, 날조하다
ميعان (마이아 - 느)	액체상태	**مين** (마인)	거짓말, 유언비어
مائع (마 - 이으)	1.용액, 액체 2.묽은, 멀건	**ميان** (마이야 - 느)	거짓말쟁이
إماعة (이마 - 아)	용해, 액화	**ميناء** (미나 -)	항구, 부두
مال (말 - 라)	1.기울다 2.애착을 갖다 3.벗어나다		

밈

(ن : النون) 눈

ناس 사람들
(나 - 스)

ناسوت 1.본성 2.인류 3.인간성
(나수 - 트)

نافورة 분수
(나푸 - 라)

ناقوس 종
(나꾸 - 스)

ناموس 1.법률 2.규칙 3.양심
(나무 - 스)

ناموس 1.총명한 2.교활한 3.막연한 친구
(나무 - 스)

ناؤوس 묘, 고분, 릉
(나우 - 스)

ناي 피리, 퉁소
(나이 -)

ناياتي 피리 연주가
(나야티 -)

نأى 1.멀다, 아득하다 2.멀리하다
(나아)

أنأى 멀리하다, 떼어놓다
(아나 -)

تناءى 1.벗어나다 2.멀어지다
(타나 - 아)

نأي 도랑, 작은 구덩이
(나아)

منأى 먼 곳, 벽지, 외지
(문아 -)

متناء 먼, 멀리 있는, 아득한
(무타나)

أنبوب 관, 파이프
(안부 - 브)

أنبوبة 관, 작은 관
(안부 - 바)

أنبوبيات 균, 관상균
(안부비야 - 트)

نبأ 1.높다 2.구역질나다 3.장악하다
(나바아)

نبأ 1.알려주다 2.보여주다
(낫바아)

أنبأ 1.통지하다 2.예고하다
(안바아)

تَنْبِيت (탄비-트)	묘종, 식목	تَنَبَّأ (타낫바아)	예언하다, 예고하다
مَنْبِت (만비트)	1.모판 2.근원 3.발원지 4.온상	نَبِيّ (나비-)	예언자
نَبَذَ (나바다)	1.버리다 2.위반하다	نَبْأَة (나브아)	바스락 소리, 설레임 소리
نَابَذَ (나-바다)	1.반항하다 2.적대시하다	نُبُوءَة (누부와아)	예언
أَنْبَذَ (안바다)	술을 빚다, 술을 담그다	مُتَنَبِّىء (무타낫비-으)	예언하는, 예고하는
اِنْتَبَذَ (인타바다)	물러나다, 이탈하다	نَبَتَ (나바타)	1.자라다 2.싹트다 3.무르익다
نَبْذ (나브드)	1.거절, 거부, 배척 2.취소, 단념, 포기	أَنْبَتَ (안바타)	1.재배하다 2.움트게 하다
نُبْذَة (누브다)	1.과, 부 2.소개소책자, 팜플렛	نَبْت (나브트)	식물, 초목 2.싹, 움, 새싹
نَبِيذ (나비-드)	1.배척당한 2.술	نَبُّوت (낫부-트)	몽둥이, 긴 막대기
تَنَابُذ (타나-부드)	반목, 알력	نَبَات (나바-트)	1.초목 2.식물, 채소
مُنَابَذَة (무나-바다)	거절, 거부, 배척	نَبَاتِيّ (나바-티-)	1.식물학자 2.채식주의자

눈

눈

نبش (낫바샤)	샅샅이 뒤지다, 면밀히 조사하다	منبوذ (만부 - 드)	1.거절당한 2.취소된 3.버린 아이
استنبش (이스탄바샤)	조사하다, 깊이 연구하다	نبر (나바라)	1.외치다 2.강조하다
نبيش (나비 - 쉬)	파내는, 도굴하는	انتبر (인타바라)	1.강단에 올라서다 2.붓다(상처가)
نباش (낫바 - 쉬)	1.파내는 2.도굴자	أنبار (안바 - 르)	창고
أنبوشة (안부 - 샤)	발굴한 유품	منبر (민바르)	교단, 강단, 설교단
منباش (민바 - 쉬)	불갈구리	منبار (문바 - 르)	내장
منبوش (만부 - 쉬)	파헤친, 파낸	نبراس (니브라 - 스)	1.전등, 호롱불 2.가로등
نبض (나바다)	고동치다, 맥박이 뛰다	نبز (나바자)	별명을 붙이다
نبض (나브드)	맥박, 고동, 약동	نابز (나 - 바자)	말다툼하다, 논쟁하다
نبضة (나브다)	약동	نبز (나바즈)	별명
نابض (나 - 비드)	1.두근거리는 2.두근거림	نبش (나바샤)	1.파내다 2.발굴하다 3.폭로하다

نبع (나브으)	수원(강의), 발원지	منبض (만비드)	맥, 맥박
منبع (만바으)	수원(강의), 발원지	نبط (나바따)	1.분출하다 2.발견하다
منبوع (만부 - 으)	발원지, 샘터, 샘, 우물	نبط (낫바따)	1.트집을 잡다 2.조소하다
نبغ (나바가)	1.특출하다 2.퍼지다	أنبط (안바따)	채굴하다, 발견하다
نبغ (나브그)	1.특출, 월등 2.재간, 재능	استنباط (이스틴바 - 뜨)	1.고안 2.추출 3.추리
نبوغ (누부 - 그)	뛰어남, 재능, 우월함	نبط (나바뜨)	1.깊이, 심도 2.평민, 백성
نابغة (나 - 비가)	1.탁월한 2.천재	تنبيط (탄비 - 뜨)	조롱, 비웃음, 조소
نبل (나발라)	고결하다, 고상하다	مستنبط (무스탄바뜨)	1.발견된 2.발명된
تنبل (타낫발라)	고상해지다	مستنبط (무스탄비뜨)	1.발명가 2.탐사대원
نبل (누블)	1.명문출신 2.고귀함, 고상함	مستنبطات (무스탄바따 - 트)	발명품
نبل (나블)	화살	نبع (나바아)	샘솟다, 시작되다(강이)

눈

نَبِيل (나비 - 일)	1.명문출신의 2.귀족, 양반
نَبَّال (낫발 - 르)	궁수
نَبَالَة (나발 - 라)	1.명문출신 2.고귀함
مُتَنَبِّل (무타낫빌)	고상한, 고결한
نَبُهَ (나부하)	1.유명하다 2.유식하다
نَبِهَ (나비하)	1.깨나다, 각성하다 2.보다
نَبَّهَ (낫바하)	1.상기시키다 2.경고하다
تَنَبَّهَ (타낫바하)	1.깨닫다 2.조심하다
انْتَبَهَ (인타바하)	1.깨닫다 2.주의하다
نَبِيه (나비흐)	1.총명한, 명철한 3.저명한, 유명한
نَبَاهَة (나바 - 하)	1.품위, 교양 2.명성, 명망

تَنْبِيه (탄비 - 흐)	1.일깨움 2.경고 3.충고
انْتِبَاه (인티바 - 흐)	1.주의, 조심, 신중 2.각성
مُنَبِّه (무낫비흐)	1.깨우는 2.자명종시계
مُنَبِّهَات (무낫비하 - 트)	자극제, 흥분제
مُنْتَبِه (문타비흐)	주의 깊은, 조심스러운
نَتَجَ (나타자)	1.유래하다 2.결과가 나오다
أَنْتَجَ (안타자)	1.생산하다 3.빚어내다(결과를)
اسْتَنْتَجَ (이스탄타자)	1.결론짓다 2.추리하다
نِتَاج (니타 - 즈)	1.산물 2.제품, 공산품
نَتِيجَة (나티 - 자)	1.결과 2.영향, 효과
نَاتِج (나 - 티즈)	초래되는, 빚어지는

إنتاج (인타-즈)	생산, 제조, 제작
استنتاج (이스틴타-즈)	1.결론 2.결과
منتجات (문타자-트)	생산품, 제품
مستنتج (무스탄티즈)	생산자
منتوج (만투-즈)	1.생산된 2.생산제품
منتوجات (만투자-트)	생산품, 제품
نتر (나타라)	1.뽑다, 빼다 2.살포하다 3.던지다
نترات (니트라-트)	〈화〉 질산염
نتن (나타나)	1.악취를 풍기다 2.썩다, 부패하다
نتن (나튼)	1.부패, 썩음 2.악취
نتانة (나타-나)	1.부패, 썩음 2.악취
منتن (문티느)	악취를 풍기는
نثر (나싸라)	1.뿌리다 2.산문을 쓰다
انتثر (인타싸라)	뿌려지다, 흩어지다
استنثر (이스탄싸라)	콧속에 물을 넣어 씻어내다
نثر (나쓰르)	1.뿌리는 것 2.산문
نثريات (나쓰리야-트)	1.잡동사니 2.잡화
نثير (나씨-르)	뿌려진, 흩어진
نثارة (누싸-라)	부스러기
ناثر (나-씨르)	산문작가
انتثار (인티싸-르)	흩어지는 것, 확산
متناثر (무타나-씨르)	흩어진, 널려진, 뿌려진

눈

نجح (나즈흐)	성공	**نجب** (나주바)	1.명문출신이다 2.우량종이다
نجاح (나자 - 흐)	성공, 성과	**أنجب** (안자바)	낳다, 출산하다
ناجح (나 - 지흐)	성공한, 성공적인	**انتجب** (인타자바)	고르다, 선택하다, 선정하다
انجاح (안자 - 흐)	성공	**استنجب** (이스탄자바)	선택하다, 선정하다
نجد (나자다)	도와주다, 구제하다	**نجب** (나즈브)	1.명문출신의 2.너그러운, 관대한
نجد (나지다)	땀을 흘리다, 땀이 나다	**نجيب** (나지 - 브)	1.훌륭한 2.혈통이 좋은 3.영리한
نجد (낫자다)	장식하다, 치장하다	**نجيبة** (나지 - 바)	종자말, 종자낙타
أنجد (안자다)	도와주다, 보호하다	**نجابة** (나자 - 바)	1.고결 2.우월함 3.재능, 재간
استنجد (이스탄자다)	구조 청하다	**إنجاب** (인자 - 브)	낳는 것(아이를)
نجد (나즈드)	1.고원, 고지 2.구제, 구원	**انتجاب** (인티자 - 브)	선발, 선택, 선정, 선출
نجدة (나즈다)	1.구원, 구제 2.용감성	**نجح** (나자하)	1.성공하다 2.번성하다

نجز (나자자)	완성하다, 달성하다	**تنجيد** (탄지 - 드)	실내장식(업)
ناجز (나 - 자자)	다투다, 싸우다	**إنجاد** (인자 - 드)	구원, 구제
أنجز (안자자)	1.완성하다 2.실행하다	**منجد** (문지드)	1.구원하는 2.구원자 3.참고서
نجاز (나자 - 즈)	1.수행 2.완료, 완수	**منجد** (무낫지드)	가구장식가
إنجاز (인자 - 즈)	1.집행 2.달성 3.성과	**نجر** (나자라)	대패질하다, 나무를 다듬다
مناجزة (무나 - 자자)	전투, 격투, 싸움	**نجار** (누자 - 르)	1.근본, 근원 2.천성, 본성
منجزات (무나자자 - 트)	성과, 업적	**نجار** (낫자 - 르)	목수, 목공
نجس (나지사)	더럽다, 불결하다	**نجارة** (누자 - 라)	대팻밥
نجس (나주사)	더럽다, 불결하다	**نجارة** (니자 - 라)	목수업, 목공업
تنجس (타낫자사하)	더러워지다	**منجر** (민자르)	대패
نجس (나지스)	1.불결한 2.추악한	**منجرة** (만자라)	목공소

نجف (나자프)	언덕, 둑, 제방	تنجيس (탄지-스)	더러움, 불결, 오염
نجفة (나즈파)	샹들리에	نجاسة (나자-사)	불결, 더러운 것
نجل (나잘라)	1.낳다(아이를) 2.경작하다	نجش (나자샤)	1.부추기다 2.가격을 인상하다
أنجل (안잘르)	눈매가 아름다운, 큰 눈을 가진	نجاشى (나자쉬-)	고대 이디오피아의 황제
نجل (나즐르)	1.아들, 자식 2.후손, 자손, 후대	نجع (나자아)	효과가 있다(약이), 유익하다
منجل (민잘)	낫(풀베는)	أنجع (안자아)	효능, 효과가 있다
منجلة (만잘라)	압착기	انتجع (인타자아)	찾다(방목지를)
إنجيل (인지-일)	소식, 복음	نجع (나즈으)	마을, 고을, 부락, 촌락
نجم (나자마)	1.나타나다(별) 2.기인하다	نجيع (나지-으)	1.유익한 2.사료, 먹이
نجم (낫자마)	1.미래를 예언하다 2.할부로 지불하다	نجاعة (나자-아)	1.건강에 좋은 것 2.성과
تنجم (타낫자마)	별을 관찰하다	منجع (만자으)	1.방목지 2.휴양소

نَجْوة (나즈와)	1.고지, 구릉, 고원 2.구원	**نَجْم** (나즘)	1.분할지불 2.별
نَجَاة (나자 -)	1.구원, 해방 2.안전 3.면함, 벗어남	**نُجَيْم** (누자임)	작은 별, 애기 별, 새끼 별
تَنْجِيَة (탄지 - 야)	구원, 구제	**نُجَيْمَة** (누자이마)	1.작은 별 2.소행성
مَنْجَاة (마나자 -)	1.대피소 2.보호 3.구원, 구제	**تَنْجِيم** (탄지 - 므)	점성학
مُنَاجَاة (무나자 -)	밀담, 대화, 밀회	**مَنْجَم** (만자므)	1.원천, 출처 2.광산, 탄광
نَحْب	울다, 통곡하다	**مُنَجِّم** (무낫지므)	점성가
نَحْب (나흐브)	1.기한, 시기 2.죽음, 사망	**نَجَا** (나자)	구원되다, 벗어나다
نَحِيب (나히 - 브)	통곡	**نَجَّى** (낫자)	구원하다, 살리다
نَحَتَ (나하타)	1.다듬다(돌을) 2.조각하다	**نَاجَى** (나자)	1.귀띔해주다 2.밀담하다
نَحْت (나흐트)	조각	**أَنْجَى** (안자 -)	구원하다, 살리다
نِحَاتَة (나하 - 타)	1.석공 2.조각	**اسْتَنْجَى** (이스탄자 -)	1.씻다 2.구원을 바라다

눈

نحات (나흐하 - 트)	1.석공 2.조각가	نحز (나하자)	찧다, 빻다
منحوتة (만후 - 타)	조각	نحيزة (나히 - 자)	천성, 성질, 성격
نحر (나하라)	가축을 도살하다	منحاز (민하 - 즈)	절구
تناحر (타나 - 하라)	서로 살해하다	نحس (나후사)	불행하다, 운수가 나쁘다
انتحر (인타하라)	자살하다	نحس (나흐하사)	도금하다
نحر (나흐르)	도살	نحس (나흐스)	불행, 불운
نحر (니흐르)	유능한, 노련한, 경험이 풍부한	نحوسة (누후 - 사)	불운, 불길함
تناحر (타나 - 후르)	싸움, 충돌	نحاس (누하 - 스)	1.구리 2.천성, 기질
انتحار (인티하 - 르)	자살	نحاسة (누하 - 사)	1.동전 2.놋그릇
منحر (만하르)	목	تنحيس (탄히 - 스)	구리도금
منحور (만후 - 르)	1.도살된, 살해된 2.화난	منحوس (만후 - 스)	1.불행한 2.불길한, 기구한

نحف (나후파)	여위다, 홀쭉해지다
نحيف (나히 - 프)	여윈, 갸름한, 홀쭉한
نحافة (나하 - 파)	여윈 것, 허약, 빈약
منحوف (만후 - 프)	빼빼마른, 여윈, 해쓱한
نحل (나할라)	여위다, 해쓱하다
تنحل (타낫할라)	사취하다, 사칭하다
انتحل (인타할라)	1.가로채다 2.믿다(종교)
نحل (나홀)	꿀벌
نحلة (니홀라)	1.선물, 예물 2.종파, 교파
نحول (누훌 - 르)	여윈 것, 쇠약
نحيل (나힐 - 르)	1.여윈, 빼빼마른 2.가련한
نحالة (니할 - 라)	1.양봉 2.선물, 예무
انتحال (인티할 - 르)	1.가로챔 2.두둔, 비호
منحل (만할)	양봉장
منتحل (문타힐)	표절자
منتحل (문타할)	표절한 사칭하여 가로챈
منحول (만훌 - 르)	1.조작한 2.너덜너덜한)
نحا (나하)	1.향하다 2.전철을 밟다
تنحى (타낫하)	1.물러나다 2.해임되다
نحو (나흐우)	1.방향, 방면 2.변방, 지방
نحو (나흐와)	1.향하여 2.대략, 약 3.처럼
تنحية (탄히 - 야)	1.해임, 해고 2.삭제

ناحية (나히 - 야)	1.방향 2.관점 3.지역 4.측면	**منخوب** (만쿠 - ㅂ)	비겁한, 겁이 많은
انتحاء (인티하 - 으)	1.방향선택 2.지향	**نخر** (나카라)	코를 풀다
منحى (만하 -)	1.방향, 방면 2.목적, 목표 3.태도	**نخر** (나키라)	1.파괴되다 2.썩다 3.좀먹어 들어가다
نخب (나카바)	1.선택하다 2.선거하다	**نخر** (나크르)	부패
نخب (나키바)	비겁하다	**نخير** (나키 - 르)	코고는 소리
انتخب (인타카바)	1.선택하다 2.선거하다	**نخيرة** (나키 - 라)	탈저, 골저
نخب (나크브)	선택, 선발, 선출	**منخار** (만카 - 르)	코, 콧구멍
نخبة (누크바)	알맹이, 알짜, 정수	**منخور** (만쿠 - 르)	1.좀먹은 2.썩은(이빨이)
ناخب (나 - 키브)	1.선택하는 2.투표자	**نخع** (나카아)	승인하다, 인정하다
انتخاب (인티카 - 브)	1.선거, 선출 2.도태	**نخع** (나카아)	1.학살하다 2.흔들다
منتخب (문타카브)	1.선출된 2.선별된	**تنخع** (타낫카아)	뱉다(침을)

نخاع (누카 - 으)	척수, 등골	تناتّ (타낫 - 다)	사분오열되다
نخاعة (누카 - 아)	가래, 담, 점액	ندّ (낫드)	높은 언덕
نخل (나칼라)	체로 치다	نديد (나디 - 드)	동등한, 맞먹는
نخل (나클)	종려나무	تنديد (탄디 - 드)	비난, 질책, 신랄한 비판
نخيل (나키 - 일)	종려나무	ندب (나다바)	1.애도하다 2.위임하다
نخم (나키마)	뱉다(가래를)	ندب (나디바)	아물다(상처가)
نخامة (나카 - 마)	가래, 침, 점액	انتدب (인타다바)	1.파견하다 2.위임하다
نخا (나카 -)	1.거만하다 2.완화시키다	ندب (나드브)	애도, 곡을 하는 것
نخوة (나크와)	1.용감성, 의협성 2.거만	ندبة (나드바)	허물, 베인 자리
ندّ (낫다)	도망치다, 빠져나가다	ندبة (누드바)	1.장송곡, 애도가 2.애도
ندّد (낫다다)	1.욕하다 2.퍼트리다(비밀)	نادبة (나 - 디바)	고용되어 곡을 하는 여성

눈

نادر 1.드문, 희귀한 2.신기한 (나 - 디르)	انتداب 1.대표임명 2.위임장 3.위임통치 (인티다 - 브)
نادرة 1.희귀한 것, 진귀한 것 (나 - 디라)	منتدب 위임된, 전권이 부여된 (문타다브)
مندرة 응접실, 사랑방 (만다라)	مندوب 1.전권대표 2.대리자 (만두 - 브)
منادرات 재미있는 이야기들 (무나다라 - 트)	مندوبية 대표단 (만두비 - 야)
ندل 붙잡다, 잡아채다 (나달라)	ندح 넓히다, 확장하다, 확대하다 (나다하)
ندل 더러워지다(손이) (나딜라)	ندحة 공간, 광활한 땅 (누드하)
نادل 접대원, 시중꾼, 웨이터 (나 - 딜르)	منتدح 1.공간, 여지 2.자유 (문타다흐)
مندل 1.마술, 요술 2.향, 향료 (만달)	منتدح 1.대안 2.행위의 자유 (문타다흐)
منديل 수건, 손수건 (민디 - 일)	ندر 1.희귀하다 2.보잘 것 없다 (나다라)
ندم 뉘우치다, 후회하다 (나디마)	ندر 이상하다, 비정상적이다 (나두라)
نادم 1.사귀다 2.같이 마시다(술) (나 - 다마)	ندرة 1.희귀한 것 2.약간 (나드라)

눈

796

تندم (타낫다마)	뉘우치다, 후회하다	**ند** (나드)	물기있는, 젖은, 축축한
ندم (나다므)	후회	**ندا** (나단)	이슬
نديم (나디 - 므)	1.술친구 2.친구, 동료	**نداء** (니다 - 으)	1.부름, 호소 2.구호
ندامة (나다 - 마)	후회, 뉘우침	**ندوة** (나드와)	1.협회 2.집회장, 클럽 3.토론회
مندم (만다므)	후회, 뉘우침	**نداوة** (나다 - 와)	습기, 누기
منادم (무나 - 디므)	친구, 술친구	**ندى** (나단)	1.습기, 누기 2.이슬 3.관대
منادمة (무나 - 다마)	1.깊은 우정 2.술판 3.이야기	**نديان** (나드야 - 느)	1.축축한 2.즙이 많은
ندا (나다)	모여들다, 모이다, 회합하다	**ناد** (나 - 드)	클럽, 모임, 협회, 동아리
ندى (나디 -)	1.축축하다, 젖다 2.두드러지다	**مناداة** (무나다 -)	1.선포, 선언 2.호출
نادى (나다 -)	1.부르다 2.호출하다(법정)	**منتدى** (문타다 -)	모임, 동아리, 클럽
انتدى (인타다 -)	1.시원하다 2.모여들다	**نذر** (나다라)	1.봉헌하다 2.선서하다

눈

نرفزة (나르파자)	신경질	نذر (나디라)	주의하다, 유의하다
نروزة (나르와자)	신경질, 신경과민	أنذر (안다라)	1.경고하다 2.통지하다
نزح (나자하)	1.멀리 떠나다 2.이주하다	نذر (나드르)	1.예고 2.통지 3.권고
أنزح (안자하)	퍼내다(물을)	نذير (나디 - 르)	1.경고자 2.선구자, 예언자
انتزح (인타자하)	이주하다, 망명하다	انذار (인다 - 르)	1.권고 2.경고 3.통지
نزح (나자흐)	흙탕물, 흐린 물	منذر (문디르)	1.예고하는 2.경고자
نزوح (나주 - 흐)	먼, 멀리 떨어진	نذل (나둘라)	1.너절하다 2.비굴하다
نزع (나자아)	1.제거하다 2.해임하다	نذلة (누둘라)	1.비굴, 비열 2.저열
نزع (낫자아)	1.제거하다 2.뺏다	نذيل (나디 - 일)	1.저열한 2.비굴한, 비열한
نازع (나 - 자아)	1.임종의 고통을 겪다 2.말다툼하다	نذالة (나달 - 라)	1.비굴, 비열 2.저열
تنازع (타나 - 자아)	논쟁하다, 말다툼하다	نرفز (나르파자)	신경을 거슬리다

متنازع (무타나 - 자으)	논쟁하는, 부딪치는	**انتزع** (인타자아)	1.몰수당하다 2.해임되다
منزوع (만주 - 으)	빼앗긴, 몰수된, 해체된	**نزع** (나즈으)	1.제거 2.박탈, 몰수 3.모짐(임종의)
نزغ (나자가)	1.부추기다 2.이간시키다	**نزعة** (나즈아)	1.경향 2.특징 3.욕망 4.견해, 관념
نزغة (나자가)	선동, 부추김 2.유혹	**نزوع** (누주 - 으)	동경, 욕망, 열망
نزف (나자파)	1.피흘리다 2.퍼내다(물을)	**نزيع** (나지 - 으)	1.빼앗는 2.낯설은
استنزف (이스탄자파)	1.고갈케하다 2.퍼내다	**نزاع** (니자 - 으)	1.논쟁, 충돌 2.임종의 모짐
نزف (나즈프)	1.퍼내는 것 2.출혈 3.쇠약	**نازعة** (나 - 지아)	지향, 동경, 갈망, 열망
نزيف (나지 - 프)	출혈	**تنازع** (타나 - 주으)	1.싸움 2.논쟁 3.경쟁
استنزاف (이스틴자 - 프)	고갈(자원의)	**انتزاع** (인티자 - 으)	1.탈취, 강탈 2.제거
منزوف (만주 - 프)	쇠약해진(출혈로)	**منزع** (만자으)	1.의향 2.경향 3.품위
نزق (나자까)	1.경솔하다 2.신경질적이다	**منازعة** (무나 - 자아)	1.충돌 2.싸움 3.임종의 모짐

نزلة (나즐라)	1.감기 2.하강 3.체류	**نزّق** (낫자까)	박차를 가하다
نزول (누주 - 울)	1.착륙 2.거주 5.감기	**نزق** (나자끄)	1.경솔, 경박 2.신경질
نزيل (나질 - 르)	1.손님, 나그네 2.하숙생	**نزق** (나지끄)	1.신경질적인 2.경솔한
تنزيل (탄지 - 일)	1.낮추는 것 2.계시	**نزل** (나잘라)	1.내리다 2.머물다 3.착륙하다
نازل (나 - 질르)	1.세들어사는 사람 4.거주하는	**نزل** (나질라)	감기들다
نازلة (나 - 질라)	1.불행, 재난 2.소송	**نزّل** (낫잘라)	1.퇴위시키다 2.짐을 풀다
تنازل (타나 - 줄르)	1.양도 2.포기 3.투쟁	**نازل** (나 - 잘라)	1.경쟁하다 2.교전하다
منزل (문잘)	계시된, 하늘에서 내려진	**أنزل** (안잘라)	1.계시하다 2.낮추다(값을)
منزل (만질)	1.집 2.주택, 주거지	**تنزّل** (타낫잘라)	1.양보하다, 양도하다 2.물러서다
منزلة (만질라)	1.지위 2.직급 3.위신	**تنازل** (타나 - 잘라)	1.물러서다 2.양도하다(권리)
متنازل (무타나 - 질르)	1.포기하는 2.양보하는	**نزل** (누즐)	여관, 호텔, 여인숙

눈

متنازل (무타나 - 잘르)	양도된	**منتزه** (문타자)	공원, 유원지, 놀이터
منزول (만줄 - 르)	마취제	**نزا** (나자 -)	1.흥미시키다 2.마음을 끌다
نزه (나주하)	1.시원하다(공기) 2.결백하다	**تنزى** (타낫자 -)	두근거리다 (심장이), 흥분하다
تنزه (타낫자하)	1.산보하다, 산책하다 2.멀리하다	**نزوة** (나즈와)	1.발작 2.뛰는 것 3.변덕, 괴벽
نزه (나자흐)	순결, 정직, 결백, 청렴	**نزاء** (니자 - 으)	교배(동물의)
نزهة (누즈하)	1.산보, 산책 2.견학, 소풍 3.오락	**نسأ** (나사아)	1.미루다 2.외상으로 팔다
نزاهة (나자 - 하)	순결, 정직, 결백, 청렴	**نساء** (나사 - 으)	장수, 만수
نزيه (나지 - 흐)	결백한, 정직한	**نساء** (니사 - 으)	여인들, 부인들
تنزه (타낫주흐)	산보, 산책	**نسأة** (나스아)	1.지불연기 2.신용대부
منزه (만자흐)	공원, 유원지	**نسيئة** (나지 - 아)	1.기한연장 2.신용대부
منزه (무낫자흐)	1.결백한, 청렴한 2.벗어난	**نسب** (나사바)	1.귀착시키다 2.거슬러 올라가다

눈

눈

ناسب 적절하다, 친척이 되다 (나 - 사바)	**مناسبة** 1.연계, 관련 2.이유 3.비례 (무나 - 사바)
تناسب 1.서로 조화를 이루다 (타나 - 사바) 2.균형이 잡히다	**متناسب** 1.비례되는 2.어울리는 (무타나 - 시브)
انتسب 1.소속되다 2.관련되다 (인타사바) 3.가입하다	**منتسب** 회원 (문타시브)
نسب 1.사돈관계 2.친족관계 (나사브)	**منسوب** 수준, 수위, 수평 (만수 - 브)
نسبة 1.비율 2.관계 3.친척 (니스바)	**منسوبية** 1.족벌주의 2.혈통관계 (만수비 - 야)
نسبية 상대성 (니스비 - 야)	**ناسوت** 인성, 인간의 속성 (나수 - 트)
نسيب 1.친척 2.사돈, 사위 (나시 - 브)	**ناسوسية** 인간의 속성, 인성 (나수시 - 야)
نسابة 1.족벌주의 2.혈통관계 (나사 - 바)	**نسج** 짜다, 뜨다, 편직하다 (나사자)
تناسب 1.연계, 연관 2.상호관계 3.균형 (타나 - 수브)	**نسيج** 1.텍스타일, 천 2.조직 (나시 - 즈)
انتساب 1.관계, 관련 2.가입 (인티사 - 브)	**نساج** 방직공 (낫사 - 즈)
مناسب 1.적합한 2.잘 어울리는 3.비례하는 (무나 - 시브)	**نساجة** 방적, 편직 (나사 - 자)

ناسور (나수-르)	종양(의학)	منسج (만사즈)	1.방직공장 2.방직기
منسر (만사르)	악당, 도당, 깡패무리	منسوجات (만수자-트)	직물, 천, 텍스타일
نسف (나사파)	1.발파하다 2.수뢰를 발사하다	نسخ (나사카)	1.복사하다 2.취소하다, 폐지하다
نسف (나사프)	현무암(광물)	نسخ (나스크)	1.폐기, 취소 2.필사, 복사
نسف (나스프)	폭파, 발파, 폭파	نسخة (누스카)	복사본, 필사본
نسيفة (나시-파)	어뢰	تناسخ (타나-수크)	윤회
نسافة (낫사-파)	어뢰정	استنساخ (이스틴사-크)	복사, 필사, 전사
ناسفة (나-시파)	폭약, 다이나마이트	تناسخية (타나수키-야)	윤회설
نسق (낫사까)	1.배열하다 2.조직하다	منسوخ (만수-크)	1.폐기된 2.복사된, 필사된
تنسق (타낫사까)	배치되다, 균형이 잡히다	نسر (나사라)	1.갈기갈기 찢다 2.벗기다(껍질을)
نسق (나사끄)	1.조화 2.정돈 3.배열	نسرة (나스라)	부스러기, 조각

눈

눈

نَسْل (나슬르)	자손, 후손, 후예	**نَسِيق** (나시-끄)	균형 잡힌, 조화를 이룬
نَسِيل (나실-르)	…의 후손, 자손	**تَنْسِيق** (탄시-끄)	1.정돈 2.배열 3.조직
نَسِيلة (나실-라)	발췌 인쇄, 재판	**مُنَسَّق** (무낫사끄)	질서정연한, 조화를 이룬
تَنَاسُل (타나-술르)	증식, 번식, 생식, 출산	**مُتَنَاسِق** (무타나-시끄)	잘 정돈된, 균형이 잡힌
نَسَمَ (나사마)	불다, 솔솔불다(바람이)	**نَسَكَ** (나수카)	금욕생활을 하다
نَسِمَ (나시마)	달라지다, 변화되다	**نُسُك** (누스크)	1.경건함 3.은거생활
تَنَسَّمَ (타낫사마)	1.숨쉬다 2.냄새나다	**نَاسِك** (나-시크)	1.금욕주의자 2.수도승
نَسَمة (나사마)	1.호흡 2.사람, 명, 숫자 3.생명체	**مَنْسَك** (만시크)	1.의식, 예씩 2.절간, 수도원
نَسِيم (나시-므)	미풍, 산들바람, 실바람	**نَسَلَ** (나살라)	낳다(아이를), 번식하다
نِسَاء (니사-으)	여인들, 여성들, 아낙네들	**أَنْسَلَ** (안살라)	낳다, 번식시키다
نِسْوة (니스와)	여인들, 여성들, 아낙네들	**تَنَاسَلَ** (타나-살라)	1.번식되다 2.기원하다

نَشْء (나쉬 - 으)	1.발생 2.기원 3.성장	نِسَائِيَّات (니사이야 - 트)	여성사업, 여성문제
نَشْأَة (나쉬아)	청년	نُسْوَنَة (나스와나)	여성적임, 나약
تَنْشِئَة (탄쉬아)	육성, 교양	نَسِيَ (나시아)	1.망각하다, 잊다 2.소홀히 하다
نَاشِئ (나쉬 - 으)	1.시작하는 2.초보자	تَنَاسَى (타나사 -)	1.잊은체 하다 2.잊으려고 애쓰다
نَاشِئَة (나 - 쉬아)	청년, 자라나는 세대, 젊은이	نِسْيَان (니스야 - 느)	기억상실증
إِنْشَاء (인샤 - 으)	1.설립, 창립 2.저술 3.건설	مَنْسِيّ (만시 -)	기억에서 사라진, 잊어버린, 망각한
مَنْشَأ (만샤아)	1.발원지, 발생지 2.원산지, 출생지	نَشَأَ (나샤아)	1.시작하다 2.발생하다 3.성장하다
مُنْشَأَة (마나샤아)	1.시설물 2.상부구조	نَشَّأَ (낫샤아)	키우다, 육성하다
مُنْشِئ (문쉬이 -)	1.창시자 2.설립자 3.저자	أَنْشَأَ (안샤아)	1.설립하다 2.집필하다 3.건설하다
نَشِبَ (나쉬바)	1.달라붙다 2.발발하다(전쟁이)	تَنَشَّأَ (타낫샤아)	1.자라다, 발육하다 2.발생하다
أَنْشَبَ (안샤바)	찌르다, 시작하다(전쟁)	اِسْتَنْشَأَ (이스탄샤아)	알아내다, 탐지하다

منشد (문쉬드)	1.가수 2.낭송자(시를 낭송하는)	**تنشب** (타낫샤바)	붙들고 매달리다
مناشدة (무나 - 샤다)	간청, 강구, 탄원	**نشب** (나샤브)	재산, 재물, 부동산
منشود (만슈 - 드)	1.추구하는 2.바라던, 염원하던	**نشوب** (나슈 - 브)	발생, 발발
نشر (나샤라)	1.펼치다 2.발간하다 3.전파하다	**نشاب** (낫샤 - 브)	궁수
أنشر (안샤라)	재생시키다, 부활시키다	**نشاب** (눗샤 - 브)	화살
تنشر (타낫샤라)	1.보급되다 2.퍼지다 3.뿌려지다	**نشد** (나샤다)	1.추구하다 2.간청하다 3.노래하다
انتشر (인타샤라)	퍼지다(소문, 전염병이)	**ناشد** (나 - 샤다)	애원하다, 빌다, 원하다
نشر (나쉬르)	1.출판, 발행 2.부활 3.전파 4.보급	**أنشد** (안샤다)	1.노래부르다 2.낭송하다
نشرة (나쉬라)	1.공시 2.광고 3.발표 4.팜플렛	**نشيد** (나쉬 - 드)	1.노래, 가곡 2.서사시
نشور (누슈 - 르)	재생, 부활	**إنشاد** (인샤 - 드)	낭송, 읊음
نشير (나쉬 - 르)	잠옷, 가운	**أنشودة** (안슈 - 다)	노래

눈

ناشر (나 - 쉬르)	1.발행자 2.발표자
انتشار (인티샤 - 르)	1.퍼짐, 전파 2.보급
منشرة (만샤라)	제재소
منشار (민샤 - 르)	톱
منتشر (문타쉬르)	1.널리 통용되는 2.보급된
منشور (만슈 - 르)	1.회람, 팜플렛 2.전파된
نشز (나샤자)	1.앙탈을 부리다 (부인이 남편에게)
نشاز (나샤 - 즈)	1.고지 2.불협화음(음악)
نشوز (나슈 - 즈)	1.앙탈, 고집 2.반목
نشط (나샤따)	1.활발하다 2.활동적이다
أنشط (안샤따)	1.용기 북돋워주다 2.격려하다
تنشط (타낫샤따)	고무적이다, 활동적이다
نشطة (나쉬따)	활기, 민첩성, 쾌활
نشاط (나샤 - 뜨)	1.열성 2.활기 3.힘, 활력
نشيط (나쉬 - 뜨)	1.적극적인 2.활기찬
تنشيط (탄쉬 - 뜨)	1.고무, 격려 2.활기
أنشوطة (안슈 - 따)	올가미, 고리, 매듭
متنشط (무타낫쉬뜨)	활발한, 활기를 띤
متنشطات (무타낫쉬따 - 트)	자극제, 활력소
نشف (나쉬파)	마르다
نشف (나샤파)	1.흡수하다 2.말리우다
نشف (낫샤파)	말리다(젖은 것을), 건조시키다

تَنْشِيقَة (탄쉬 - 까)	코로 약간 들이쉬는 것	تَشَفَّفَ (타낫샤파)	닦아내다(물기), 훔치다
تَنَشَّقَ (타낫쉬끄)	1.숨쉬는 것 2.알아내는 것(소식을)	نَشَفَ (나쉬프)	물기를 흡수하는.
اسْتِنْشَاق (이스틴샤 - 끄)	콧속에 물을 들이 마시는 것	نَشَّافَة (낫샤 - 파)	수건, 타올
نَشَلَ (나샬라)	1.훔쳐내다 2.구출하다	نَشْفَان (나샤판 - 느)	쇠약, 허약
اِنْتَشَلَ (인타샬라)	구출하다(어려움에서)	نَشْوفَة (누슈 - 파)	메마름
نَشْل (나쉴)	소매치기	نَشْوفَات (누슈파 - 트)	말린 과실
اِنْتِشَال (인티샬 - 르)	1.훔침 2.구출	مِنْشَفَة (민샤파)	수건, 타올
نَشَّنَ (낫샤나)	1.겨누다 2. 표적을 하다	نَشَقَ (나쉬까)	1.숨을 들이쉬다 2.냄새를 맡다
نِشَان (니샤 - 느)	1.조준, 겨냥 2.목표, 과녁	تَنَشَّقَ (타낫샤까)	1.숨쉬다 2.냄새 맡다 3.알아내다(소식을)
نَصَّ (낫사)	1.내용을 담고 있다 2.규정하다	اِنْتَشَقَ (인타샤까)	1.숨을 쉬다 2.공기를 마시다
تَنْصِيص (탄시 - 스)	인용	اِسْتَنْشَقَ (이스탄샤까)	물로 콧속을 싯다

نص (낫스)	1.조항, 규정 2.본문, 원문	**نصب** (누스바)	앞에
منصة (미낫사)	좌석, 강단	**نصب** (나사브)	1.피곤, 고달픔 2.고역, 힘든 일
منصوص (만수 - 스)	1.규정된 2.본문에서 이야기되고 있는	**نصيب** (나시 - 브)	1.몫, 부분 2.운명, 팔자
نصب (나사바)	1.속이다 2.밝히다 3.설치하다	**نصاب** (니사 - 브)	1.근원, 시원 2.정족수
نصب (나시바)	1.피곤해지다 2.애쓰다, 노력하다	**نصاب** (낫사 - 브)	사기꾼, 절도범, 협잡꾼
ناصب (나 - 사바)	앙심을 품다	**تنصيب** (탄시 - 브)	임명
أنصب (안사바)	몫을 나누다, 할당하다	**ناصب** (나 - 시브)	피곤한, 지친
تنصب (타낫사바)	임명되다	**منصب** (만시브)	1.직위, 위치 2.직책
انتصب (인타사바)	1.일어나다 2.임명되다	**منصوب** (만수 - 브)	1.세워진, 설치된 2.임명된
نصب (나스브)	1.병, 아픔 2.임명 3.기만	**نصت** (나사타)	1.경청하다 2.잠잠해지다
نصب (누스브)	1.동상, 우상 2.기념비	**نصتة** (나스타)	경청, 듣는 것

눈

انتصر (인타사라)	1.승리하다 2.지지하다	نصح (나사하)	충고하다, 성실히 대하다
استنصر (이스탄사라)	도움을 청하다	انتصح (인타사하)	충고를 받아들이다
نصر (나스르)	1.승리 2.협조, 원조	استنصح (이스탄사하)	상담하다
نصرة (누스라)	1.협조, 원조 2.승리	نصوح (나수-흐)	진실한, 진정한
نصير (나시-르)	지지자, 옹호자, 신봉자, 수호자	نصيحة (나시-하)	1.조언, 충고 2.성실성
نصراني (나스라니-)	1.기독교의 2.기독교인	ناصح (나-시흐)	1.조언자 2.충고하는
تنصير (탄시-르)	복음화, 세례	نصر (나사라)	1.도와주다 2.수호하다
ناصر (나-시르)	1.돕는 2.지지자 3.협조자	نصّر (낫사라)	기독교인으로 만들다
ناصور (나수-르)	후원, 지지, 원조	ناصر (나-사라)	1.지지하다 2.옹호하다
انتصار (인티사-르)	승리	تنصّر (타낫사라)	1.기독교인이 되다 2.편을 들다
منصر (만사르)	도당, 악당	تناصر (타나-사라)	서로 돕다

أنصف (안사파)	공정하다, 시중을 들다	مناصر (무나 - 시르)	1.지지하는 2.후원자, 지지자
تنصف (타낫사파)	시중을 들다, 보복하다	منتصر (문타시르)	승리한
استنصف (이스탄사파)	공정을 요구하다	منصور (만수 - 르)	1.승리한 2.승리자
نصف (니스프)	1.절반, 반조각 2.중반의	نصع (나사아)	1.순수하다 2.인정하다
نصفة (나사파)	공정, 공평	أنصع (안사아)	인정하다, 승인하다, 공인하다
نصيف (나시 - 프)	베일	نصيع (나시 - 으)	1.명백한 2.순결한
تنصيف (탄시 - 프)	이등분	نصاعة (나사 - 아)	1.순수함 2.명백함
إنصاف (인사 - 프)	공평, 공정, 공명정대	ناصع (나 - 시으)	1.순수한 2.눈부신
منصف (민사프)	하인, 시중드는 사람	منصع (만사으)	공중변소
مناصفة (무나 - 사파)	이등분, 50대50	نصف (나사파)	1.절반에 이르다 2.공정하다
منتصف (문타시프)	절반, 중반	نصف (낫사파)	이등분하다

눈

منضدة (민다다)	1.상, 탁자 2.스탠드 3.침대	**منصف** (문시프)	공정한, 공평한, 공명정대한
نضر (나두라)	1.생기발랄하다 2.아름답다	**نضب** (나다바)	1.2.고갈되다 2.죽다
نضر (나디르)	1.참신한 2.아름다운 3.푸른	**نضوب** (나두-브)	고갈
نضير (나디-르)	1.꽃피는 2.아름다운	**ناضب** (나-디브)	1.메마른 2.비생산적인
نضارة (누다-라)	1.신선함 2.아름다움	**نضج** (나디자)	1.성숙하다 2.요리되다(음식이)
ناضر (나-디르)	1.신선한 2.아름다운 3.번성하는	**أنضج** (안다자)	1.잘 익히다 2.성숙시키다
نضل (나달라)	우세하다	**نضج** (나드즈)	성숙
ناضل (나-달라)	1.투쟁하다 2.옹호하다	**نضيج** (나디-즈)	1.무르익은 2.잘 익은
تناضل (타나-달라)	경쟁하다	**نضد** (나다다)	1.쌓다 2.정리하다
نضال (니달-르)	1.논쟁 2.대항 3.방어	**نضيد** (나디-드)	1.정연하게 쌓인 2.가지런히 놓인
نضالية (니달리-야)	전투 능력	**نضيدة** (나디-다)	1.침대깔개, 매트리스 2.베개

مناضل (무나 - 딜르)	1.투사 2.수호자	**نطق** (나따까)	1.말하다 2.발음하다
مناضلة (무나 - 달라)	1.투쟁 2.방어 3.경쟁	**تنطق** (타낫따까)	띠를 두르다, 매다
نطح (나따하)	받다(머리나 뿔로)	**استنطق** (이스탄따까)	1.심문하다 2.매스껍다
تناطح (타나 - 따하)	서로 받다(머리나 뿔로)	**نطق** (누뜨끄)	1.말 2.발음
ناطح (나 - 띠하)	고층건물, 마천루	**نطاق** (니따 - 끄)	1.구역, 영역 2.규모, 범위
منطوح (만뚜 - 흐)	받친(뿔에)	**ناطق** (나 - 띠끄)	1.말하는 2.지적인
نطر (나따라)	1.지키다 2.기다리다	**استنطاق** (이스틴따 - 끄)	1.심문, 위조 2.구토
نطار (늣따 - 르)	허수아비	**منطق** (만띠끄)	1.말, 언어 2.논리, 논법
ناطر (나 - 띠르)	경비, 감시인	**منطقة** (민따까)	1.범위 2.지역, 구역
نطف (나따파)	조금씩 조금씩 떨어지다	**منطقية** (만띠끼 - 야)	1.논리성 2.변증법
نطفة (누뜨파)	1.정액(남녀의) 2.물방울	**منطيق** (민띠 - 끄)	논리적인, 사리정연한

눈

مستنطق 1.심문하는 2.예심원 (무스탄띠끄)	**نظيرة** 1.사본, 복사 3.표본 (나지-라)
منطوق 1.진술한 2.의미, 내용 (만뚜-끄)	**نظرية** 1.이론 2.학설 (나좌리-야)
نطل 1.긷다(물을) 2.찜질하다 (나딸라)	**نظارة** 1.안경 2.망원경 3.구경꾼 (낫돠-라)
نطالة 물을 퍼 올리는 두레박 (낫딸-라)	**ناظر** 1.경영자, 행정관 2.교장 (나-지르)
نطول 찜질 (나뚤-르)	**انتظار** 1.기대 2.기다리는 것 (인티좌-르)
منطل 샤워장 (민딸르)	**منظر** 1.안경 2.망원경 (민좌르)
نظر 1.주시하다 2.견해를 갖다 (나좌라)	**منظر** 1.전경, 전망 2.모습, 용모 3.망루 (만자르)
انتظر 기다리다, 세심히 살피다 (인타돠라)	**منظرة** 1.전망대, 망루 2.응접실, 접견실 (만좌라)
نظر 1.시력 2.식견 3.고려, 참고 (나자르)	**منظار** 1.망원경, 현미경 2.안경 (민좌-르)
نظرة 1.시선 2.개요 3.동정 (나즈라)	**مناظر** 1.유사한 2.적수 (무나-디르)
نظير 1.동등한 2. …와 유사한 (나지-르)	**مناظرة** 1.토론 2.감독 3.진찰 (무나-좌라)

منتظر (문타좌르)	기대되는, 예상되는	نظم (나듬)	1.조직 2.정돈, 정리 3.시, 운문
منظور (만주-르)	1.눈에 띄는 2.예견된	نظام (니좌-므)	1.질서, 체계 제도, 법규
نظف (나좌파)	깨끗하다, 청결하다	تنظيم (탄듸-므)	1.정리, 정돈 2.조직, 편성
نظف (낫좌파)	깨끗이 하다, 닦다	تنظيمات (탄즈마-트)	기관
تنظف (타낫좌파)	말끔해지다, 깨끗해지다	انتظام (인티좌-므)	1.질서, 규칙 2.체계성
نظافة (나좌-파)	청결, 깨끗함	منظم (무낫좌므)	1.정리된, 정연한 2.조직된
نظيف (나즤-프)	깨끗한, 청결한, 말끔한	منظمة (무낫좌마)	조직, 단체, 기구
تنظيف (탄즤-프)	깨끗이 함, 청결하게 함	منتظم (문타듸므)	규칙적인, 정규적인, 정확한
نظم (나좌마)	1.정돈하다 2.조직하다	منظومة (만두-마)	1.시 2.체계, 열, 줄
تنظم (타낫좌마)	1.정리되다 2.조직되다	نعت (나아타)	1.묘사하다 2.수식하다
انتظم (인타좌마)	1.조직되다 2.가입하다	نعت (나으트)	1.묘사, 형용 2.속성, 특질

눈

منعوت (만우 - 트)	수식을 받는, 피수식어	**إنعاش** (인아 - 쉬)	1.복구 2.호황
نعس (나아사)	1.자다, 졸다 2.침체되어 있다	**انتعاش** (인티아 - 쉬)	1.재생 2.활기 3.완쾌 4.호황
أنعس (안아사)	잠재우다	**منعش** (문이쉬)	생기있는, 소생시키는
تناعس (타나 - 아사)	자는 체하다	**منعشات** (문위샤 - 트)	청량음료
نعسة (나으사)	풋잠, 선잠, 토끼잠	**نعظ** (나아좌)	서다, 꼿꼿해지다(성기가)
نعاس (누아 - 스)	단잠, 졸음	**أنعظ** (안아좌)	흥분되다, 뜨거워지다
نعسان (나으사 - 느)	잠이오는, 졸리는	**نعظ** (나으즈)	1.음란 2.지속적인 발기
منعسات (무나으사 - 트)	수면제	**ناعوظ** (나우 - 즈)	1.성욕을 촉진하는 2.최음제
نعش (낫아샤)	소생시키다, 회복하다	**إنعاظ** (인아 - 즈)	오르가슴, 성쾌감의 절정
انتعش (인타아샤)	1.되살아나다 2.활기띠다	**نعل** (나알라)	신을 신기다, 편자를 박다
نعش (나으쉬)	1.관, 널 2.영구차	**نعل** (나을)	1.샌달, 신발 2.편자

نعم (나이마)	1.호화생활하다 2.누리다	**نعومة** (누우 - 마)	부드러운 것, 야들야들한 것
نعم (나우마)	1.부드럽다 2.보드랍다	**نعيم** (나이 - 므)	1.안락한 생활 2.행복
أنعم (안아마)	1.선물하다 2.은혜를 베풀다	**ناعم** (나 - 임)	1.부드러운 2.호화로운
نعم (나암)	1.예, 그렇소! 2.뭐라구요?, 예?	**إنعام** (인아 - 므)	1.선물, 예물 2.은혜
نعم (나암)	가축, 집짐승	**منعم** (문이므)	1.은덕을 베푸는 2.은인
نعم (누음)	행복한 생활, 유복한 생활	**نعنع** (나으나으)	〈식〉박하
نعم (니암)	얼마나 훌륭한가? 멋있는가!	**نعى** (나아 -)	1.부고하다 2.애도하다 3.질책하다
نعمة (나으마)	행복한 생활, 유복한 생활	**نعية** (나으야)	사망통지
نعمة (니으마)	1.행복 2.은혜, 은덕, 덕택	**منعاة** (만아 -)	사망통지, 부고
نعمى (누으마 -)	행복, 호강, 호사	**نغش** (나가샤)	분주하다, 안절부절하다
نعامة (나아 - 마)	1.타조 2.혼, 영혼	**ناغش** (나 - 가샤)	희롱하다(여성을)

눈

눈

نغم (나가마)	노래하다	**انتغش** (인타가샤)	욱실거리다, 와글거리다
تناغم (타나 - 가마)	합창하다	**نغشة** (니그샤)	1.매혹적인 여성 2.간사한 여성
نغم (나감)	곡, 멜로디	**نغاشى** (누가쉬 -)	1.키가 작은 2.난쟁이
نغمة (나그마)	1.곡 2.음정, 멜로디	**مناغشة** (무나 - 가샤)	성의 장난
تناغم (타나 - 굼)	화음	**نغص** (낫가샤)	1.방해하다 2.싫증나다
منغوم (만구 - 므)	곡이 아름다운	**تنغص** (타낫가샤)	1.고민하다 2.고달파지다
نغا (나가)	차근차근 말하다	**نغصة** (누그사)	1.고민, 번뇌 2.방해 3.불쾌
ناغى (나가)	1.달래다 2.희롱하다	**منغصات** (무낫가사 - 트)	장애, 방해
نغوة (나그와)	1.이야기, 좋은 말 2.소문	**نغل** (나길라)	1.썩다, 곪다 2.앙심을 품다
نغى (나가 -)	이야기해주다, 차근차근 말하다	**نغل** (나글)	사생아, 서출
نغية (나그야)	1.이야기, 좋은 말 2.소문	**نغولة** (누굴 - 라)	서출, 서자

نفث (나프싸)	1.뱉다(침을) 2.분출하다(화산이)
نفث (나프쓰)	가래, 침, 타액
نفثة (나프싸)	1.분출(화산의) 2.침, 타액 3.사고
نفاثة (낫파 - 싸)	여자마술사
نفاثة (누파 - 싸)	침, 타액
منفث (무낫피쓰)	거담제
نفج (나파자)	1.허풍을 떨다 2.뛰어오르다(경기에서)
نفج (나프즈)	허풍, 자만, 자랑
نفاج (낫파 - 즈)	허풍쟁이, 자만하는 사람
نفح (나파하)	1.풍기다(향기) 2.선물하다
نافح (나 - 파하)	1.싸우다 2.보위하다

نفحة (나프하)	1.냄새 2.주는 것, 선물
نفخ (나파카)	1.세게 불다 2.고취하다
تنفخ (타낫파카)	1.팽창하다 2.우쭐대다
انتفخ (인타파카)	1.부풀어오르다 2.뽐내다
نفاخ (낫파 - 크)	거드름을 피우는
نفاخ (눗파 - 크)	1.거품 2.충치, 부스럼
تنفخ (타낫파크)	거드름, 교만성
منفخ (민파크)	1.풀무 2.펌프(바람을 넣는)
منفوخ (만푸 - 크)	1.부푼 2.바람을 넣은
نفد (나파다)	1.소멸되다 2.절판되다 3.매진되다
انفد (안파다)	소비하다, 소모하다

눈

نافذة 1.창문, 통풍구 2.구멍 (나 - 피다)	**استنفد** 1.소비하다 2.탕진하다 (이스탄파다)
إنفاذ 1.발송, 송출 2.수행 (인파 - 드)	**نفاد** 1.결핍, 결여 2.소모 (나파 - 드)
منفذ 1.출구 2.통풍구 3.구멍 (만피드)	**نافدة** 텅빈 것, 공백 (나 - 피다)
منفذ 집행자 (무낫피드)	**استنفاد** 1.소모, 소비 2.탕진 (이스틴파 - 드)
متنفذ 유리한, 영향력 있는 (무타낫피드)	**نفذ** 1.집행하다 2.찌르다 3.보내다 (낫파다)
نفر 1.도주하다 2.싫어하다 (나파라)	**أنفد** 1.수행하다 2.발송하다 (안파다)
نفر 1.쫓아버리다 2.이간시키다 (낫파라)	**نفذ** 1.출구 2.통로 3.구멍 (나파드)
أنفر 놀래다, 도망치게 하다 (안파라)	**نفاذ** 1.침투, 통과 2.집행, 수행 (나파 - 드)
تنافر 서로 회피하다 (타나 - 파라)	**نفوذ** 1.영향 2.세력 3.관통 (누푸 - 드)
استنفر 1.선동하다 2.동원하다(전투에) (이스탄파라)	**تنفيذ** 수행, 집행, 실행, 완수 (탄피 - 드)
نفر 1.몇 개, 몇 사람 2.한 (나파르)	**نافد** 1.효력있는 3.유력한 (나 - 피드)

نفس (나피사)	부러워하다	**نفرة** (나파라)	혐오, 반감
نفّس (낫파사)	1.위로하다 2.억제하다 3.낳다(아이를)	**نفار** (니파-르)	1.반감, 알력 2.도망 3.겁
نافس (나-파사)	1.경쟁하다 2.온 전력을 다하다	**نفور** (나푸-르)	1.도망, 도주 2.비겁성 3.반감
أنفس (안파사)	귀중하다, 고귀하다	**نفير** (나피-르)	1.나팔 2.몇 몇
تنفّس (타낫파사)	1.숨쉬다 2.숨을 돌리다	**نافر** (나-피르)	1.싫어하는 2.두드러진
تنافس (타나-파사)	서로 경쟁하다, 서로 겨루다	**نافورة** (나푸-라)	분수
نفَس (나파스)	1.호흡, 숨 2.증기, 김	**تنافر** (타나-푸르)	상호대립, 불화, 대립
نفْس (나프스)	1.마음, 정신 2.사람 3.자신 4.본질	**استنفار** (이스틴파-르)	1.선동 2.동원 3.궐기촉구
نفسيات (나프시-야트)	1.심리현상 2.정신상태	**منافرة** (무나-파라)	1.알력, 적대 2.경쟁, 서로 다툼
نفساء (나프사-으)	산모	**متنافر** (무타나-피르)	어울리지 않는
نفسية (나프시-야)	1.영혼, 정신 2.정신 3.기질	**نفس** (나푸사)	귀중하다, 가치가 있다

눈

눈

نفيضة (나피-다)	정찰병, 척후병	**نفيس** (나피-스)	값비싼, 귀중한
نفاض (누파-드)	1.낙엽 2.떨어진 열매	**نفيسة** (나피-사)	귀중품, 값진 물건
إنفاض (인파-드)	빈궁, 가난	**نفاس** (니파-스)	1.해산, 몸풀이(해산후) 2.생리
انتفاضة (인티파-다)	1.봉기, 폭동 2.떨림, 소름	**تنفس** (타낫푸스)	1.호흡 2.한숨
منفضة (민파다)	먼지떨이	**تنافس** (타나-푸스)	상호경쟁, 투쟁, 경쟁
نفط (나피따)	거품이 끼다, 물집이 생기다	**منافسة** (무나-파사)	경쟁, 시합
نفط (나파따)	1.격분하다 2.끓다	**متنفس** (무타낫파스)	1.호흡기관 2.환기구멍
تنفط (타낫파따)	1.물집이 생기다 2.화가 나다	**نفض** (나파다)	1.옷 색이 바래다 2.회복하다
نفط (니프뜨)	원유	**أنفض** (안파다)	1.소비하다 2.해고하다
نفطة (나프따)	거품, 기포, 물집	**انتفض** (인타파다)	일어나다, 봉기하다
نفاطة (낫파-따)	1.유전 2.석유산업	**نفضة** (나프다)	오한, 몸서리

تنفق …에게 거짓말을 하다 (타낫파까)	**نفاطة** 석유산업 (니파 - 따)
نفق 굴, 갱도, 터널 (나파끄)	**نفع** 1.유익하다 2.도움이 되다 (나파아)
نفقة 1.비용, 지출 2.생활비 (나파까)	**انتفع** 1.이용하다 2.이익을 얻다 (인타파아)
نفاق 시장성이 있는, 잘 팔리는 (나파 - 끄)	**نفع** 1.이익, 이윤 2.복지, 복리 (나프으)
نفاق 위선, 가장, 꾸밈 (니파 - 끄)	**نفعية** 1.사리사욕 2.유익성 (나파이 - 야)
إنفاق 소비, 낭비, 탕진, 지출 (인파 - 끄)	**نافع** 유익한, 유리한, 유용한 (나 - 피으)
منافق 위선자 (무나 - 피끄)	**انتفاع** 1.이용, 활용 2.이윤 (인티파 - 으)
منافقة 위선, 가장, 꾸밈 (무나 - 파까)	**منفعة** 1.이익, 이득, 유익 2.복리 (만파아)
نفل 해야할 것보다 더 많이 하다 (나팔라)	**نفق** 1.소비되다 2.호경기다 (나파까)
نفل 1.예물 2.전리품, 획득물 (나팔르)	**نافق** 위선을 떨다, 가장하다 (나 - 파까)
نافلة 1.임의 사항 2.전리품 (나 - 필라)	**أنفق** 1.소비하다 2.부양하다 (안파까)

ناقب (나 - 바)	서로 다투다, 경쟁하다	**نفى** (나파 -)	1.부정하다 2.추방하다 3.버리다
تنقّب (타낫까바)	1.면사포를 쓰다 2.해지다	**نافى** (나파 -)	1.박해하다 2.추적하다 3.불일치하다
انتقب (인타까바)	면사포를 쓰다	**تنافى** (타나파 -)	모순되다
نقب (나끄브)	1.갱을 파는 것 2.갱, 굴, 구멍	**نفي** (나프이)	1.부인, 거부, 부정 2.유형, 추방
نقبة (니끄바)	자취, 흔적	**نفاء** (나파 - 으)	쓰레기, 오물, 폐물
نقيب (나끼 - 브)	1.책임자 2.지도자	**نفاية** (누파 - 야)	1.부인, 거부 2.유형, 추방
نقيبة (나끼 - 바)	1.정신 2.성격 3.이성 4.협의	**منفى** (만파 -)	유형지, 유배지
نقاب (니까 - 브)	면사포, 베일	**منفي** (문피 -)	1.유배된 2.거부당한 3.유배자
نقابة (니까 - 바)	협의체, 연맹,, 노동조합	**منافاة** (무나파 -)	모순
تنقيب (탄끼 - 브)	탐색, 탐사, 시추, 발굴	**نقب** (나까바)	1.굴을 파다 2.조사하다 3.뚫다
منقب (만끼브)	오솔길, 산길	**نقّب** (낫까바)	1.시추하다 2.발굴하다

눈

نقاد (낫까 - 드)	평론가, 비평가	**منقبة** (만까바)	1.공적, 공로 2.산길
انتقاد (인티까 - 드)	1.비탄 2.규탄 3.반대	**منقب** (무낫끼브)	1.발굴자 2.고고학자 3.탐사자
منتقد (문타끼드)	평론가, 비평가	**نقح** (낫까하)	1.개정하다, 수정하다, 4다듬다
نقذ (나까다)	구원하다, 구출하다	**تنقح** (타낫까하)	개정되다, 수정되다
أنقذ (안까다)	구출하다, 구조하다	**نقحة** (나끄하)	타격, 충격
إنقاذ (인까 - 드)	구원, 구제, 구출	**تنقيح** (탄끼 - 흐)	개정, 수정, 교정
منقذ (문끼드)	구원자, 구제자	**نقد** (나까다)	1.평론하다 2.현금으로 지불하다
نقر (나까라)	1.조각하다 2.조롱하다 3.탐색하다	**نقد** (나끼다)	썩다, 상하다(이빨이), 부패하다
نقر (나끼라)	화를 내다	**ناقد** (나 - 까다)	1.결산을 요구하다 2.토의하다
ناقر (나 - 까라)	1.논쟁하다 2.말다툼하다	**انتقد** (인타까다)	1.비판하다 2.규탄하다
تناقر (타나 - 까라)	옥신각신하다	**نقد** (나끄드)	현금, 돈, 화폐

눈

نقر (나끄르)	1.조각 2.틈, 구멍 3.홈	**نقريس** (나끄리-스)	저명한 의사, 명의
نقرة (누끄라)	패인 곳, 홈, 구멍	**نقز** (낫까자)	흔들어주다, 잠재우다(흔들어서)
نقرة (니끄라)	말다툼, 분쟁	**نقزة** (나끄자)	1.도약, 비약 2.전율, 떨림
نقير (나끼-르)	1.근본, 근원 2.하찮은 것	**نقس** (나까사)	종을 치다
نقار (니까-르)	논쟁, 말다툼	**نقس** (나끼사)	비웃다, 조롱하다
نقار (낫까-르)	조각가	**ناقوس** (나꾸-스)	1.종 2.트라이앵글
ناقورة (나꾸-라)	1.말다툼, 논쟁 2.불행	**نقش** (나까샤)	1.색칠하다 2.조각하다
تناقر (타나-꾸르)	논쟁, 말다툼	**ناقش** (나-까샤)	1.토론하다 2.논쟁하다
منقر (민까르)	1.곡괭이 2.조각칼 3.부리	**تناقش** (타나-까샤)	1.토론하다 2.논쟁하다
مناقرة (무나-까라)	논쟁, 말다툼, 분쟁	**نقاش** (니까-쉬)	논쟁, 토론, 토의
نقرس (니끄르스)	통풍(의학)	**نقاش** (낫까-쉬)	1.조각가 2.도장공

ناقص (나 - 끼스)	모자라는, 결함이 있는	نقوشات (누꾸샤 - 트)	조각
انقاص (인까 - 스)	축소, 감소, 삭감	منقاش (민까 - 쉬)	조각칼
منقصة (만까사)	흠집, 결합	مناقشة (무나 - 까샤)	1.토의, 토론 2.협의
مناقصة (무나 - 까사)	입찰, 공개입찰	منقوش (만꾸 - 쉬)	조각된, 새겨진
منقوص (만꾸 - 스)	1.모자라는 2.불완전한	نقص (나까사)	1.줄어들다 2.부족하다
نقض (나까다)	1.어기다(계약등을) 2.파기하다	ناقص (나 - 까사)	입찰에 붙이다, 경매에 붙이다
ناقض (나 - 까다)	모순되다, 어긋나다	أنقص (안까사)	축소하다, 줄이다
أنقض (안까다)	고생시키다, 부담을 주다	انتقص (인타까사)	1.깎아내리다, 훼손시키다
تناقض (타나 - 까다)	1.상호모순되다 2.대조를 이루다	نقص (나끄스)	1.부족 2.삭감 3.흠집
نقض (나끄드)	1.파괴 2.위반 3.폐기	نقيصة (나끼 - 사)	흠집, 결함
نقيضة (나끼 - 다)	반대, 대립, 대조	تنقيص (탄끼 - 스)	축소, 감소, 삭감

눈

منقوط (만꾸-뜨)	1.점이 찍힌 2.종지부를 찍은	ناقض (나-끼드)	효력을 발생 못하는
نقع (나까아)	1.고이다(물이) 2.약을 다리다	إنقاض (인까-드)	잿더미, 폐허
انتقع (인타까아)	변하다	تناقض (타나-꾸드)	1.모순 2.의견의 상충
استنقع (이스탄까아)	물이 고이다, 물이 썩다	انتقاض (인티까-드)	1.폐기, 취소 2.파괴, 반란
نقع (나끄으)	1.먼지, 티끌 2. 고인 물	مناقض (무나-까다)	모순, 대립, 상반, 저촉
نقيع (나끼-으)	건과로 빚은 술	متناقض (무타나-끼드)	모순되는, 대립되는
منقع (문까으)	건과, 마른 과일	متناقضات (무타나끼다-트)	모순
مستنقع (무스탄까으)	습지, 늪	منقوض (만꾸-드)	1.위반된, 저촉된 2.취소된
منقوع (만꾸-으)	과일주	نقط (낫까따)	1.마침표를 찍다 2.선물하다(신부에게)
نقل (나깔라)	1.수송하다 2.이사하다 3.인용하다	نقطة (누끄따)	1.사례금 2.신부에게 주는 선물
تنقل (타낫깔라)	이동하다, 이사가다	نقطة (누끄따)	1.점 2.지점 3.중풍 5.조항 6.조항

انتقل (인타깔라)	1.이동하다 2.퍼지다(소식)	منتقل (문타낄르)	1.전염성의 2.기동성의
نقل (나끌)	1.이동 2.수송 3.전달 4.번역 5.인용	منقول (만꾸 - 울)	1.이동하는 2.인용된, 차용된
نقل (누끌)	1.호두, 개암 2.말린 과일	منقولات (만꿀라 - 트)	동산
نقلة (누끌라)	1.이동 2.비방 3.본보기	منقولية (만꿀리 - 야)	전염성, 유전성
نقليات (나끌리야 - 트)	1.이동, 운반 2.운송체계	نقم (나까마)	1.책망하다 2.복수하다 3.증오하다
تنقيل (탄낄 - 르)	교체, 교환	انتقم (인타까마)	보복하다, 복수하다
تنقل (타낫끌)	1.이동 2.재구성 3.변천	انتقام (인티까 - 암)	복수, 보복, 앙갚음
انتقال (인티깔 - 르)	1.이동, 2.출발 3.죽음	انتقامية (인티까미 - 야)	복수주의
منقل (만깔르)	오솔길, 산길	منتقم (문타끼므)	1.보복하는 2.복수심에 불타는
منقلة (만깔라)	구간, 노정	نقه (나끼하)	회복되다, 완쾌되다
متنقل (무타낫낄르)	1.이동하는 2.유랑하는	نقاهة (나까 - 하)	완쾌, 회복

눈

منكب (만키브)	1.어깨 2.방향	**ناقه** (나 - 끼흐)	요양중에 있는
منكوب (만쿠 - 브)	1.재난을 입은 2.이재민	**نقى** (나끼야)	1.깨끗하다 2.순수하다
نكت (낫카타)	1.농담하다 2.비웃다	**تنقى** (타낫까 -)	1.청결해지다 2.선정하다
انتكب (인타카바)	뒤집어지다	**نقى** (나끼 -)	1.깨끗한 2.티가 없는
نكتة (누크타)	1.풍자 2.농담 3.우스운 이야기	**نقاوة** (나까 - 와)	1.순결성 2.알맹이
نكات (눗카 - 트)	1.익살꾼 2.평론가, 비평가	**نقاية** (누까 - 야)	1.선택, 선별 2.씨앗
تنكيت (탄키 - 트)	1.조소 2.풍자, 위트	**تنقية** (탄끼야)	1.선정, 선별 2.정화, 깨끗하게 함
نكث (나카싸)	위반하다, 파기하다(계약)	**انتقاء** (인티까 - 으)	선정, 선택
انتكث (인타카싸)	깨어지다(협정이)	**نكب** (나카바)	1.닥치다(불행이) 2.수난을 겪다
نكث (나크쓰)	위반, 파기, 어김	**تنكب** (타낫카바)	1.피하다 2.어깨에 메다
نكيثة (나키 - 싸)	1.위반 2.곤란	**نكبة** (나크바)	불행, 재난, 참사, 파국

ناكث (나-키쓰)	1.배신적인 3.위반자	منكود (만쿠-드)	불행한, 불운의
انتكاث (인티카-쓰)	1.위반 2.배신 3.파기(협정을)	نكّر (나키라)	1.위장하다 2.부정부인하다
نكح (나카하)	1.결혼하다 2.성관계를 갖다	أنكر (안카라)	1.부인하다 2.싫어하다
أنكح (안카하)	결혼시키다	تنكّر (타낫카라)	1.변장하다 3.숨다,
نكاح (니카-흐)	1.결혼, 약혼 2.성교	تناكر (타나-카라)	1.시치미떼다 2.무시하다
مناكح (마나-키흐)	여자들, 아낙네들	نكير (나키-르)	1.고약한 2.부정된, 부인된
نكد (나키다)	1.쪼들리다(생활) 2.불행하다	إنكار (인카-르)	거부, 거절, 부인
تنكّد (타낫카다)	곤란해지다(생활이)	تنكّر (타낫쿠르)	가장, 변장, 분장
نكد (나키드)	1.고달픔 2.불행, 불운	استنكار (이스틴카-르)	1.비난, 규탄 2.싫어함
مناكدة (무나-카다)	1.불편 2.어려움, 고달픔	منكر (문카르)	1.비난받을 2.혐오스러운
منكود (만쿠-드)	1.수심에 싸인 2.불우한	منكرات (문카라-트)	1.혐오스러운 것들 2.경고망동

منكوس (만쿠-스)	1.뒤집어 진 2.재발된(병이)	منكر (무낫카르)	불확실한, 정확하지 않는
نكص (나카사)	1.주춤하다, 회피하다 2.후퇴하다	متنكر (무타낫키르)	1.변장한, 정체를 숨긴
نكوص (누쿠-스)	1.퇴각, 후퇴 2.퇴보	مستنكر (무스탄키르)	규탄하는
نكف (나카파)	1.멈추다 2.조롱하다	منكور (만쿠-르)	1.부정된, 부인된 2.알리지 않은
ناكف (나-카파)	1.대꾸하다 2.귀찮아지다	نكس (나카사)	1.뒤집다 2.재발하다(병이)
تناكف (타나-카파)	논쟁하다, 다투다	تنكس (타낫카사)	퇴화하다, 변질하다, 악화되다
استنكف (이스탄카파)	1.업신여기다 3.거만해하다	انتكس (인타카사)	1.재발하다(병이) 2.쇠퇴하다
نكفى (니카피-)	트집쟁이	نكسة (나크사)	1.뒤집는 것 2.재발 3.실패 4.퇴보
نكاف (누카-프)	이하선염(의학)	تنكس (타낫쿠스)	퇴화, 쇠퇴, 타락
استنكاف (이스틴카-프)	1.멸시 2.거만, 교만	انتكاس (인티카-스)	1.재발(병의) 2.퇴화
مناكفة (무나-카파)	1.옥신각신 다투는 것 2.흥정	متنكس (무타낫키스)	1.뒤집어 놓은 2.퇴화하는

نكل (나칼라)	1.피하다 2.본보기가 되다	**انتكى** (인타카-)	붉으락푸르락하다
نكل (나킬라)	1.처벌하다 2.니켈 도금을 하다	**نكاية** (니카-야)	1.전멸 2.약을 올림 3.심술
أنكل (안칼라)	1.방지하다 2.방어하다	**ناك** (나-크)	비참한, 불행한, 어려운
نكل (니클)	쇠사슬, 족쇄, 철쇄	**نم** (남마)	1.헐뜯다 2.이간시키다
نكيل (니킬)	니켈	**نم** (남므)	비방, 중상
نكال (나칼-르)	1.경고(처벌시) 2.본보기 3.처벌	**نميمة** (나미-마)	중상, 비방, 뒷공론, 험담
نكول (누쿨-르)	법정증언 거절	**نامة** (남-마)	1.활동, 운동 2.생명, 생기
تنكيل (탄키-일)	1.형벌, 징벌 2.학대, 탄압	**نموذج** (나무-다쥐)	1.본보기 2.견본 3.양식 4.표준
نكه (나카하)	숨쉬다, 호흡하다(코로)	**نمر** (나미라)	화를 내다, 노여워하다
نكهة (나크하)	1.입냄새 2.향기, 향취	**نمر** (남마라)	번호를 매기다
نكى (나카)	1.무찌르다 2.약을 올리다	**نمر** (나미르)	깨끗한(물이), 건강에 좋은

نمطية (나마띠 - 야)	표준, 규격	**نمر** (니므르)	범, 표범
نمل (나밀라)	마비되다, 저리다	**نمرة** (누무라)	1.번호 2.추첨 3.표식
نمل (나믈르)	개미	**تنمير** (탄미 - 르)	번호, 번호표시
نمال (낫말 - 르)	비방자, 험담자	**نمس** (나마사)	비밀로 하다
تنميل (탄미 - 일)	마비, 저린 것	**نامس** (나 - 마사)	비밀을 털어놓다
أنملة (안물라)	손가락 끝	**ناموس** (나무 - 스)	1.법률 2.규범 3.모기
نمى (나마 -)	1.자라다 2.성장하다	**ناموسية** (나무시 - 야)	모기장
انتمى (인타마 -)	1.소속되다 2.발전되다	**نمش** (나미샤)	주근깨가 많다
نماء (나마 - 으)	1.성장, 장성 2.발육, 발전	**نمش** (나마쉬)	주근깨
نمو (나무와)	발전, 성장	**انمش** (안마쉬)	주근깨투성이의
تنمية (탄미 - 야)	1.육성, 배양 2.발전	**نمط** (나마뜨)	1.양식 2.형태 3.기준

إنماء 1.성장 2.증대 3.육성 (인마 - 으)	**نهج** 1.대로 2.방법 3.노선 (나흐즈)
انتماء 1.소속 2.가입 3.발전 (인티마 - 으)	**نهيج** 숨이 차는 것, 헐떡거림 (나히 - 즈)
نهب 1.강탈하다 2.질주하다 (나하바)	**منهاج** 1.방법, 방식 (민하 - 즈) 2.계획, 요강
تناهب 공모하여 약탈하다 (타나 - 하바)	**نهد** 1.부풀어 오르다(젖가슴이) (나하다)
انتهب 1.약탈하다 2.사로잡다 (인타하바)	**ناهد** 1.옥신각신하다 (나 - 하다) 2.도전하다
نهبة 1.약탈 2.약탈 물건 (누흐바)	**تنهد** 한탄하다, 탄식하다 (타낫하다)
نهيبة 노획물, 약탈물 (나히 - 야)	**نهد** 1.젖가슴, 젖통 2.돌출부 (나흐드)
نهاب 약탈자, 강탈자 (낫하 - 브)	**نهدان** 가득 찬, 충만된 (나흐다 - 느)
منهوب 1.빼앗긴 2.사로잡힌 (만후 - 브)	**ناهدة** 가슴이 부푼 처녀 (나 - 히다)
نهج 1.걷다(길을) 2.해명하다 (나히자)	**تنهد** 한숨, 탄식, 한탄 (타낫후드)
انتهج 길을 따라가다 (인타하자)	**تنهدة** 한숨 (타나흐후다)

نهزة (누흐자)	기회, 시기, 순간	**منهدة** (민하다)	젖짜개
نهاز (낫하-즈)	기회주의자	**مناهدة** (무나-하다)	말다툼, 싸움, 투쟁
انتهاز (인티하-즈)	기회의 포착	**نهر** (나하라)	1.흐르 (물이) 2.비난하다
انتهازية (인티하지-야)	기회주의	**نهر** (나흐르)	1.강, 하천 2.난, 칼럼(신문의)
نهض (나하다)	1.활력을 불어넣다 2.부흥하다	**نهرة** (나흐라)	외침 소리, 부르는 소리
ناهض (나-하다)	1.반항하다 2.도전하다	**نهير** (누하이르)	1.개울, 실개천 2.지류
أنهض (안하다)	1.고무하다 2.일깨우다	**نهير** (나히-르)	풍만한, 풍부한
انتهض (인타하다)	일어나다, 궐기하다	**نهار** (나하-르)	낮, 낮 시간
نهض (나흐드)	1.부흥 2.성장, 발전	**انتهار** (인티하-르)	욕설, 질책
نهضة (나흐다)	1.부흥, 재생 2.능력	**نهز** (나하자)	1.격려하다 2.격퇴하다
نهوض (누후-드)	재생, 부흥, 발전, 증진	**انتهز** (인타하자)	기회를 잡다, 포착하다

انهاض 1.자극, 고무	**نهم** 1.폭음폭식 2.탐욕, 게걸
(인하 - 드) 2.일깨움, 각성	(나하므)
مناهضة 반대, 저항, 반항	**نهمة** 욕심, 게걸
(무나 - 하다)	(나흐마)
نهك 1.허약하게 만들다	**منهوم** 탐욕하는, 게걸스러운
(나히카) 2.엄벌에 처하다	(만후 - 므)
انتهك 1.유린하다 2.성폭행하다	**نهى** 1.금지하다 2.마감짓다,
(인타하카)	(나하) 끝내다
انتهاك 1.유린 2.강간, 성폭행	**أنهى** 1.끝내다 2.기별하다
(인티하 - 크) 3.모욕	(안하)
نهك 1.유린 2.강간 3.모욕	**انتهى** 1.종결되다
(나흐크)	(인타하) 2.만기가 되다(기한이)
نهكة 1.쇠약, 기진맥진	**انتهاء** 1.종결, 마감
(나흐카) 2.파리함, 여윔	(인티하 - 으) 2.만기(기한)
منهوك 쇠약한, 기진맥진한,	**إنهاء** 1.완성, 종결
(만후 - 크) 피로한	(인하 - 으) 2.정지, 중지
نهل 마시다, 갈증을 덜다	**ناهية** 1.금지 2.계율, 금기
(나힐라)	(나히 - 야)
منهل 샘터	**نهاء** 1.유리 2.수정
(만할르)	(누하 - 으)
نهم 1.욕심껏 먹다, 2.탐욕하다	**نهاية** 1.끝, 마지막
(나히마)	(니하 - 야) 2.한계, 한도

إِنابة (이나 - 바)	1.대체 2.대표파견	نهائية (니하 - 이야)	한계, 한도
تناوب (타나 - 우브)	1.교체, 대체 2.차례	منته (문타흐)	1.끝난 2.만기가 된 3.끝이 난
متناوب (무타나 - 위브)	순환의, 교체되는	منتهى (문타한)	1.마지막 2.끝 3.종점
مناوبة (무나 - 와바)	1.교체 2.순번, 순서	ناب (나 - 바)	1.대행하다 2.대리하다, 대표하다
منيب (무니 - 브)	돌아오는	ناب (나 - 바)	불행이 찾아들다, 불운이 닥치다
نائب (나 - 이브)	1.대리하는 2.대리인 3.하원의원	نوب (나우와바)	위임하다
نائبة (나 - 이바)	재앙, 재난, 불행, 재해	ناوب (나 - 와바)	1.교체되다 2.당번을 서다
نوبة (나우바)	1.기회 2.순번, 차례 3.발작 4.당번	أناب (아나 - 바)	1.위임하다 2.사죄하다
نوبة (누 - 바)	불행, 재앙	تناوب (타나 - 와바)	교체되다, 순번이 바뀌다
نيابة (니야 - 바)	1.대리 2.대표하는 것	انتاب (인타 - 바)	1.사로잡다(감정이) 2.닥치다(불행이)
نات (나 - 타)	휘청거리다, 비틀거리다	استنابة (이스티나 - 바)	1.사절, 대표 파견 2.전권위임

مناحة (마나-하)	애도, 울음
نوّخ (나우와카)	풍토에 적응하다
أناخ (아나-카)	머물다, 거주하다
مناخ (마나-크)	1.기후, 날씨 2.주거지
مناخة (마나-카)	머무는 곳, 거처
نار (나-라)	반짝이다, 빛나다
نوّر (나우와라)	1.꽃이 피다 2.빛을 밝히다
أنار (아나-라)	1.밝혀주다 2.빛나다
تنوّر (타나우와라)	1.밝아지다 2.계몽되다
تناور (타나-와라)	기동훈련을 하다
إنارة (이나-라)	1.계몽 2.밝혀주는 것

نوتة (누-타)	1.기록부 2.비망록, 각서
ناح (나=하)	울다, 애도하다, 곡을 하다
ناوح (나-와하)	마주서다, 상대하다
تنوّح (타나우와하)	요동하다, 진동하다
تناوح (타나-와하)	서로 마주서다, 대항하다
نوّاح (나우와-흐)	애도자
نوّاحة (나우와-하)	고용된 여성 애도자
نواح (누와-흐)	애도
نوح (누-흐)	노아
نوح (나우흐)	애도
نياحة (니야-하)	애도, 울음소리

눈

تنوير	1.조명 2.계몽 3.개화	**منور**	빛나는, 밝은
(탄위 - 르)		(무나우와르)	
نار	1.불 2.화재 3.사격	**منير**	1.밝은, 휘황한 2.빛나는
(나 - 르)		(무니 - 르)	
نائرة	증오, 악의, 앙심	**ناس**	흔들리다, 건들거리다
(나 - 이라)		(나 - 사)	
نور	광선, 빛	**ناس**	사람들
(누 - 르)		(나 - 스)	
نور	방랑자, 집시	**ناسوت**	인간성, 인정
(나와르)		(나수 - 트)	
نورانية	빛, 섬광	**ناسوتية**	인간의 본심
(누와라니 - 야)		(나수티 - 야)	
نير	발광체	**ناووس**	고분, 석릉
(나이이르)		(나우 - 스)	
متنور	계몽된, 학식이 있는	**نواس**	흔들흔들하는
(무타나우위르)		(누와 - 스)	
مستنير	교양있는, 교육받은	**ناش**	1.사로잡다(감정이) 2.걱정시키다
(무스타니 - 르)		(나 - 샤)	
منارة	1.등대 2.사원의 미나렛	**ناوش**	충돌하다, 부딪치다(적과)
(마나 - 라)		(나 - 와샤)	
مناورة	1.연습, 훈련 2.책략	**تناوش**	싸우다, 맞붙다(적과)
(무나 - 와라)		(타나 - 와샤)	

눈

نؤوش (나우-쉬)	1.유력한 2.용기 있는
نوشة (나우샤)	장티푸스
مناوشة (무나-와샤)	충돌, 격전, 교전
ناص (나-사)	1.약해지다(빛이) 2.피하다
انتاص (인타-사)	가물가물하다(불빛이)
نواصة (나우와-사)	등잔, 초롱
مناص (마나-스)	회피, 피할 곳
ناط (나-따)	1.매달다 2.위임하다
نوط (나우뜨)	1.목걸이, 귀거리 2.훈장, 메달
نوطات (누따-뜨)	1.비망록 2.단편, 수기
نياط (니야-뜨)	대동맥
منوط (마누-뜨)	의존되는, 관련되는
منوط (무나우와뜨)	위임된, 책임을 맡은
نوع (나우아)	1.분류하다 2.다양화하다
تنوع (타나우와아)	여러 종류가 되다
تنوع (타나우으)	형형색색, 각양각색
نوع (나우으)	1.종류, 형태 2.품질, 품종
نوعية (나우이-야)	1.질 2.방식 3.다양성
متنوع (무타나우위으)	갖가지의, 다양한
متنوعات (무타나우위아-트)	1.논문(문집에 실린) 2.수필 (신문에 실린)
منوع (무나우와으)	여러 가지의, 다양한

ناف (나 - 파)	1.높다 2.고귀하다 3.초과하다	مناولة (무나 - 왈라)	1.위임, 위탁 2.인도, 넘겨줌
إنافة (이나 - 파)	귀하, 각하, 대주교님	منوال (민왈 - 르)	방법, 방식, 형식
نياف (니야 - 프)	1.높은 2.날씬한	نام (나 - 마)	1.잠을 자다 2.침체되다 3.감각을 잃다
نيافة (니야 - 파)	귀하, 각하, 대주교님	نوم (나우와마)	1.잠재우다 2.마취시키다
نيف (나이프)	20개 남짓	أنام (아나 - 마)	눕히다, 재우다
منيف (무니 - 프)	1.높은 2.뛰어난, 탁월한	تنوم (타나우와마)	꿈을 구다
نال (날 - 라)	1.선물하다 2.얻다, 획득하다	تناوم (타나 - 와마)	자는체 하다
نول (나우왈라)	1.주다 2.성찬식을 베풀다	استنام (이스타나 - 마)	1.신뢰하다 2.몰두하다
تناول (타나 - 왈라)	1.마시다 2.읽다 3.다루다	إنامة (이나 - 마)	1.최면 2.마취
نول (나울)	1.선물 3.방법, 모양 4.뱃삯	نائم (나 - 이므)	1.잠자는 2.마비된, 마취된
نوال (나왈 - 르)	1.받은 선물 2.접수 3.의무	نوام (누와 - 므)	잠병, 졸음병

نوم 잠 (나움)	**نوى** 씨를 맺다, 핵을 이루다 (나우와-)
نومة 토끼잠, 선잠 (나우마)	**ناوى** 적대시 하다, 원한을 품다 (나와-)
منام 1.잠 2.꿈, 현몽 3.침실 4.침대 (마나-므)	**نواة** 1.씨(과일의), 알맹이 2.핵, 핵심 (나와-)
منامة 1.잠옷 2.기숙사 3.잠자리 (마나-마)	**نووي** 핵의 (나와위-)
منومات 수면제 (무나우와마-트)	**نية** 1.결심, 작정 2.의도, 의향 (니-야)
نون 1.생선, 물고기 2.고래 (누-느)	**ناء** 익지 않다, 날것이다 (나-아)
نونة 보조개(턱의) (누-나)	**نيء** 1.날것의 2.성숙하지 못한 3.덜 익은 (니-으)
نوه 1.찬양하다 4.암시하다 (나우와하)	**ناك** 성교제를 하다, 동침하다 (나-카)
تنويه 1.찬양 3.암시 4.언급, (탄위-흐)	**منيوكة** 매춘부 (만유-카)
منوه 언급된, 지적된 (무나우와흐)	**نال** 1.얻다 2.성취하다 (날-라)
نوى 1.결심을 하다 2.의도하다 (나와-)	**نيل** 나일강의 물로 관개하다 (나이알라)

눈

أنال 1.제공하다 2.얻게 하다
(아날 - 라)

نائل 1.선물 2.이익 3.승리자
(나 - 일르)

نول 1.획득 2.받는 것 3.이익 4.성공
(나울)

نيل 나일강
(닐 - 르)

تنييل 홍수, 범람으로 인한 충적
(탄이 - 일)

منال 획득, 달성, 도달
(마날 - 르)

(هاء) : 하

هباب (히바-브)	검댕, 그을음		

هذا (하다-) 이것은(남성)

هباب (하바-브) 먼지 바람, 모래바람

هذه (하디히) 이것은(여성)

هبوب (후부-브) 강한 질풍, 광풍

هؤلاء (하울라으) 이것들은, 이들은

مهب (마핫브) 바람부는 방향

هكذا (하카다-) 이와 같이

مهبب (무핫바브) 검댕이 묻은

هابيل (하비-ㄹ) 아벨(카인의 동생)

هبت (하바타) 1.미련하다 2. 소심하다

هات (하-티) 가져다주시오

هبيت (하비-트) 1.미련한 2.소심한

هب (핫바) 1.불다, 일다(바람이) 2.발생하다

هبر (하바라) 1.큼직하게 썰다 2.난도질하다

أهب (아핫바) 깨우다, 각성시키다

هبر (하브르) 1.살고기 2.비계 없는 고기

هبة (핫바) 돌풍, 광풍

هبارية (후바리-야) 비듬(머리의)

هبة (히바) 선물, 증여

هبط (하바따) 1.내리다 2.착륙하다

أهبط	(아흐바따)	1.착륙시키다 2.낮추다
هبطة	(하브따)	저지, 낮은 땅
هبوط	(후부-뜨)	1.낙하 2.도착 3.급락
هبوط	(하부-뜨)	경사, 경사면
هبيط	(하비-뜨)	여윈, 앙상한, 수척한
هابطة	(하-비따)	낙하산
أهابيط	(아하비-뜨)	공수병들
مهبط	(마흐바뜨)	1.발생지 2.요람 3.착륙지 4.낙하지점
مهبطة	(미흐바따)	낙하산
مهبوط	(마흐부-뜨)	여윈, 앙상한, 수척한
هبل	(하불라)	둔하다
هبل	(하발라)	자식을 잃다(어머니가)
هبل	(핫발라)	1.벌다, 얻다 2.데치다, 삶다
تهبل	(타핫발라)	사우나를 하다, 증기목욕을 하다
انهبل	(인하발라)	머저리가 되다
اهتبل	(이흐타발라)	1.포착하다 2.얻다, 벌다(기회)
هبل	(하발르)	1.둔한 것, 아둔함 2.일, 업무
هبلة	(하발라)	증기, 스팀
هبيل	(하비-ㄹ)	미련한, 바보스러운, 둔한
هابيل	(하-빌)	아벨(아담의 차남)
أهبل	(아흐발르)	1.둔한, 멍청한 2.바보
مهبل	(미흐발르)	가벼운, 경쾌한

مهبول (마흐부 - 울)	둔한, 바보스러운	**هتر** (후트르)	노령, 망령
هبهب (하브하바)	가물거리다, 아물거리다	**هتر** (히트르)	1.허튼 말 2.거짓말
هبهبة (하브하바)	가물거림	**مهتر** (무흐타르)	노망한, 망령이 든
هبهاب (하브하 - 브)	신기루	**مستهتر** (무스타흐티르)	분별없는, 방종한
هبا (하바 -)	1.떠다니다(먼지) 2.달아나다	**مستهتر** (무스타흐타르)	미친, 정신이 팔린
هبوة (하브와)	먼지바람, 먼지 소용돌이	**هتف** (하타파)	1.외치다 2.부르다
هباءة (하바 - 아)	티끌, 미진	**هتاف** (후타 - 프)	1.외침소리 2.환호
هتر (하타라)	더럽히다, 훼손하다	**هتاف** (핫타 - 프)	1.박수 2.생생함 3.교환수
هاتر (하 - 타라)	서로 욕하다	**هاتف** (하 - 티프)	1.외치는 2.전화
أهتر (아흐타라)	1.노망하다 2.헛소리하다	**هتك** (하타카)	1.유린하다 2.욕보이다(여성을)
استهتر (이스타흐타라)	지랄을 부리다	**انتهك** (인타하카)	1.유린당하다 2.폭로되다

هتيكة 수치, 불명예, 스캔들 (하티 - 카)	**تهجير** 1.이주 2.망명 (타흐지 - 르)
متهتك 1.파렴치한 (무타핫티크) 2.방탕한, 음탕한	**هاجرة** 1.대낮, 정오(한낮의) (하 - 지라) 2.무더위
هجد 밤을 지새다, 밤을 밝히다 (하자다)	**مهجر** 1.이주지 2.타고장 (마흐자르) 3.망명지
تهجد 밤새우다 (타핫자다)	**مهجور** 1.버려진 2.쓸모없는 (마흐주 - 르)
هجر 1.그만두다 2.이주하다 (하자라)	**مهاجر** 상소리, 상말 (마하 - 지르)
هاجر 1.이주하다 2.망명하다 (하 - 자라)	**مهاجر** 1.망명자 2.이주자 (무하 - 지르)
أهجر 1.떠나다 2.잠꼬대하다 (아흐자라)	**مهاجرة** 1.이주 2.망명 (무하 - 자라)
تهاجر 서로 피하다 (타하 - 자라)	**هجس** 머리에 떠오르다(생각이) (하자사)
هجرة 망명, 이민, 이주 (히즈라)	**هجس** 1.생각 2.허튼소리, 빈말 (하즈스)
هجران 상소리, 상말 (하즈라 - ㄴ)	**هجاس** 1.협잡꾼 2.허풍쟁이 (핫자 - 스)
هجيرة 1.무더위 2.대낮, 정오 (하지 - 라)	**هاجس** 1.추측 2.시름, 걱정 (하 - 지스)

하

هجع (하자아)	1.자다 2.잔잔해지다	**هجوم** (후주 - ㅁ)	1.공격, 돌격 2.발작
هجعة (하즈아)	토끼잠	**هجوم** (하주 - ㅁ)	1.강풍 2.땀나게 하는
هجوع (후주 - 으)	1.잠 2.적막, 고요함	**هجومية** (후주미 - 야)	공격정신
هجيع (하지 - 으)	야경(밤의 한 부분)	**تهحم** (타핫주ㅁ)	공격, 공습, 침략
هاجع (하 - 지으)	1.잠자는 2.고요한	**مهاجم** (무하 - 지ㅁ)	1.공격수 2.침략자
مهجع (마흐자으)	1.침대, 침실 2.막사	**مهاجمة** (무하 - 자마)	공격, 돌격, 습격
هجم (하자마)	1.공격하다 2.침묵하다	**هجن** (하주나)	1.흠집이 잇다 2.혼혈이 되다
هاجم (하 - 자마)	습격하다, 침략하다	**هجن** (핫자나)	교배시키다
انهجم (인하자마)	1.무너지다 2.늙다	**هجنة** (후즈나)	흠집, 결함
هجمة (하즈마)	불의의 공격, 돌격	**هجنة** (히즈나)	이상한 것, 괴이한 것
هجام (핫자 - ㅁ)	용감한, 대담한	**هجين** (하지 - ㄴ)	1.혼혈의 2.혼혈아 3.경주용 낙타

هجان (핫자 - 느)	낙타 몰이꾼	**مهجو** (마흐주)	우롱당한, 풍자된
تهجين (타흐지 - 느)	교배	**مهاجاة** (무하자 -)	풍자
استهجان (이스티흐자 - 느)	비난, 거절	**هد** (핫다)	1.허물다 2.타도하다
مستهجن (무스타흐자느)	1.비천한 2.이상한	**هدد** (핫다다)	위협하다
هجا (하자)	1.비웃다 2.풍자로 표현하다	**تهدد** (타핫다다)	협박하다, 협박을 당하다
تهاجى (타하자 -)	서로 흉보다	**انهد** (인핫다)	허물어지다, 상하다(몸이)
هجيان (히즈야 - 느)	비웃음, 조소, 비방	**هداد** (하다 - 드)	1.부드러움 2.은화
هجاء (히자 - 으)	1.비방 2.야유, 풍자	**تهديد** (타흐디 - 드)	위협, 공갈
هاج (하 - 즈)	1.풍자작가 2.비방자	**مهدد** (무핫다드)	위협을 받는
أهجوة (아흐주 - 와)	풍자시, 풍자문학	**مهدد** (무핫디드)	위협하는, 협박하는
أهجية (아흐지 - 야)	알파벳, 자모, 철자	**مهدود** (마흐두 - 드)	1.허물어진 2.무기력한

هدأة (하드아)	정적, 고요	هدّار (핫다 - 르)	철썩이는, 파도치는
هدوء (후두 - 으)	고요, 정적	مهدور (마흐두 - 르)	1.헛되이 흘린(피를) 2.낭비한
تهدئة (타흐디아)	안정, 안심	هدف (하다파)	1.접근하다 2.지향하다
هادىء (하디 - 으)	고요한, 조용한, 잔잔한	أهدف (아흐다파)	다가가다, 접근하다
هدج (하다자)	1.간신히 걷다 2.떨면서 걷다	استهدف (이스타흐다파)	목적으로 삼다
أهجد (아흐다자)	진동시키다	هدف (하다프)	1.목표, 과녁 2.목적 3.득점
متهدّج (무타핫디즈)	떨리는	هدّاف (핫다 - 프)	명사수, 저격수
هدر (하다라)	1.낭비하다 2.헛되이 사라지다	مستهدف (무스타흐디프)	노출된
أهدر (아흐다라)	잊어버리다(기억에서	هدل (하딜라)	드리워지다, 늘어지다
هدر (하드르)	헛수고, 공연한 짓	هديل (하디 - 일)	가라앉은, 침전된(모래가)
هدرا (하다란)	쓸데없이, 헛되이, 공연히	أهدل (아흐달르)	1.늘어진, 헐렁한 2.드리운

하

متهدم (무타핫디므)	1.무너지는 2.낡아빠진	**متهدل** (무타핫딜르)	늘어진, 처진
مهدوم (마흐두 - 므)	파괴된, 허물어진	**هدم** (하디마)	배멀미를 하다
هدن (하다나)	조용하다, 잔잔하다	**هدم** (핫다마)	파괴하다, 허물다
هادن (하 - 다나)	휴전을 체결하다	**تهدم** (타핫다마)	1.파괴되다 2.허약해지다
تهادن (타하 - 다나)	휴전협정을 체결하다	**هدم** (하듬)	파괴, 붕괴
هدنة (후드나)	1.정전, 휴전 2.중지, 중단	**هدم** (히듬)	누더기, 넝마, 낡은 옷
هدون (후두 - 느)	정적, 평온, 고요	**هدام** (후다 - 므)	뱃멀미
هدانة (히다 - 나)	정전, 휴전	**هدام** (핫다 - 므)	파괴적인, 파멸적인
مهادنة (무하 - 다나)	정전, 휴전	**تهديم** (타흐디 - 므)	파괴
هدى (하다)	1.안내하다 2.선물하다	**هادم** (하 - 디므)	1.파괴하는 2.파괴자
أهدى (아흐다)	1.증정하다 2.선물을 주다	**مهدم** (무핫다므)	1.파괴된 2.쇠약한

تهadى (타하다)	1.교환하다(인사를) 2.안내하다	تهذّب (타핫다바)	1.교양교육을 받다 2.개선되다
اهتدى (이흐타다)	1.본보기로 삼다 2.새로 시작하다	هذب (하드브)	1.교양 2.손질 3.개선
هدى (후단)	1.바른 길 2.참 종교 3.안내, 인도	تهذيب (타흐디 - 브)	1.교양 2.훈련 3.수정
هدية (하드야)	1.길, 도로 2.방법	تهذّب (타핫두브)	교양, 수양, 예절
هدية (하디 - 야)	선물, 예물	مهذّب (무핫디브)	교육자, 지도교사
هداية (히다 - 야)	1.인도, 안내 2.개심	مهذّب (무핫디브)	1.교양 있는 2.수정한, 개정한
إهداء (이흐다 - 으)	증정, 수여, 증여	متهذّب (무타핫디브)	교양 있는, 예절바른
اهتداء (이흐티다 - 으)	목적에 이름, 목적 달성	هذر (하다라)	지껄이다, 종알대다
مهدى (마흐디)	1.인도된 2.개선한 사람 3.인도자	هذّر (핫다라)	농담하다, 익살을 부리다
هذب (하다바)	1.가지를 치다 2.정제하다	هذر (하드르)	우스개, 허튼소리, 넌센스
هذّب (핫다바)	교육을 시키다, 바로잡다	هذار (하다 - 르)	농담, 허튼 소리, 익살

하

هربان (하르바 - 느)	도주자, 도피자	مهذار (미흐다 - 르)	수다쟁이, 익살꾼
هروب (후루 - 브)	도망, 탈주	هذى (하다)	조리없이 말하다
هراب (하라 - 브)	겁쟁이, 얼간이, 비겁자	هذاء (후다 - 으)	잠꼬대, 헛소리
تهريب (타흐리 - 브)	밀수, 탈주시킴, 구출	هر (하르라)	설사나다, 설사를 시키다
هارب (하 - 리브)	1.도망가는 2.탈주자, 도주자	هر (히르르)	고양이
مهرب (마흐라브)	1.피신처 2.피신 3.출구	هرار (후라 - 르)	설사
مهرب (무하르리브)	밀수업자	هريرة (후라이라)	고양이 새끼
مهربات (무하르라바 - 트)	밀수품	هرب (하라바)	1.뛰다 2.도피하다, 도망가다
هرج (하라자)	흥분하다, 격분하다	أهرب (아흐라바)	탈주시키다
هرج (하르라자)	1.웃기다 2.취하게 하다	تهرب (타하르라바)	1.회피하다 2.꾀를 부리다
هرج (하르즈)	1.흥분, 격분 2.소동, 혼란	تهارب (타하 - 라바)	함께 도주하다

مهرجان (마흐라까 - 느)	해변, 바닷가	مهرج (무하르리즈)	익살꾼, 어릿광대, 농담꾼
هرم (하리마)	늙다, 쇠약해지다	هرش (하라샤)	허비다, 긁다
أهرم (아흐라마)	늙게 하다, 쇠약하게 하다	هرش (하리샤)	사나워지다, 고약해지다
هرم (하람)	쇠약, 노쇠, 늙음	هارش (하 - 라샤)	부추기다, 수선을 떨다
هرم (하람)	피라미드	تهارش (타하 - 라샤)	1.싸우다 2.농담하다
هرم (하림)	늙어빠진, 고령이 된	هراش (히라 - 쉬)	1.소동, 소란 2.싸움
هرمان (후르 - 느)	재간, 재능, 지혜	مهارشة (무하 - 라샤)	1.싸움 2.소동, 소란
هرول (하왈라)	뛰어가다, 황급히 가다	مهروش (마흐루 - 쉬)	낡은, 헌, 해진
هرولة (하르왈라)	다급한 걸음, 달음박질	هرق (하라까)	흘리다, 쏟다
مهرول (마하르왈르)	발걸음을 재촉하는	هرق (하라끄)	유혈
هز (핫자)	1.흔들다 2.감동시키다 3.자극하다	هراقة (하라 - 까)	유혈, 피를 흘리는 것

하

مستهزئ (무스타흐지 - 으)	1.비웃는, 조롱하는	**اهتز** (이흐탓자)	1.진동하다 2.몸부림치다
هزج (하지자)	콧노래를 부르다	**هزة** (핫자)	1.떨림 2.흔드는 것
هزج (핫자자)	노래하다	**هزة** (힛자)	흥분, 환히, 기쁨
هازجة (하 - 지자)	목청을 떨면서 노래하는 가수	**اهتزاز** (이흐티자 - 즈)	진동, 떨림, 흔들림
أهزوجة (아흐주 - 자)	노래, 타령, 대중가요	**مهزوز** (마흐주 - 즈)	떠는, 떨리는, 흔들리는
هزر (하자라)	웃다, 놀려주다	**هزأ** (하자아)	1.비웃다 2.무시하다
هزار (히자 - 르)	1.농담 2.잡담, 3.나이팅게일	**تهزأ** (타핫자아)	1.비웃다 2.업신여기다
هزل (하잘라)	1.농담하다 2.여위다, 쇠약하다	**استهزأ** (이스타흐자아)	조소하다, 업신여기다
انهزل (인하잘라)	빼빼 마르다, 여위다	**هزأة** (후즈아)	웃음거리, 조롱거리
هزل (하즐)	농담	**استهزاء** (이스티흐자 - 으)	비웃음, 조롱, 조소
هزل (하질르)	1.웃기는 2.익살꾼	**مهزأة** (마흐자아)	1.조롱 2.웃음거리

هزلان (하즐라 - 느)	파리한, 여윈	**هزيمة** (하지 - 마)	패배, 실패
هزليات (하즐리야 - 트)	농담, 우스운 이야기	**إنهزام** (인히자 - 므)	패배, 파멸
هزال (후잘 - 르)	수척, 마름, 여윔	**إنهزامية** (인히자미 - 야)	패배주의
هزيل (하질 - 르)	1.여윈, 마른 2.초라한	**مهزوم** (마흐주 - 므)	패한
هزال (핫잘 - 르)	익살꾼, 코미디	**هس** (핫사)	속삭이다, 귓속말을 하다
مهزلة (마흐잘라)	코미디, 희극	**هس** (핫스)	속삭임, 귀속말
مهزول (마흐주 - 울)	여윈, 피골이 상접한	**هش** (핫샤)	1.쾌활하다 2.생긋 웃다
هزم (하자마)	승리하다	**هش** (핫쉬)	부드러운, 유쾌한, 즐거운
إنهزم (인하자마)	1.패배하다 2.소심해지다	**هشاشة** (하샤 - 샤)	1.유쾌함 2.상냥함
هزم (하즘)	실패, 패배	**هشيش** (하쉬 - 쉬)	부드러운
هزيم (하지 - 므)	1.소리 2.우뢰 3.진동 4.패배한	**هشم** (하샤마)	망가뜨리다, 부수다

هطل (하딸라)	1.내리다(비가) 2.흐르다(눈물이)	**انهشم** (인하샤마)	박살나다, 부서지다
تهاطل (타하 - 딸라)	억수로 퍼붓다	**هشم** (하쉼)	박살, 파괴
هطل (하뜰르)	궂은 비	**هشام** (히샤 - 므)	너그러움, 관대함
هطول (후뚤 - 르)	폭우	**هشيم** (하쉬 - 므)	1.약한 2.마른풀, 건초
هفت (하파타)	굶주려 허약하다, 몹시 굶주리다	**تهشيم** (타흐쉬 - 므)	박살, 파괴
تهافت (타하 - 파타)	1.아첨하다 2. 돌진하다	**هضم** (하다마)	소화하다 (배운 것이나 음식을)
هفتان (하프타 - 느)	1.굶주린 2.허약한	**اهتضم** (이흐타다마)	1.유린하다 2.모욕하다
هفية (하피 - 타)	굶주린 사람들	**هضم** (하듬)	소화
هافت (하 - 피트)	1.굶주린, 2.쇠약한, 허약한	**إنهضام** (인히다 - 므)	소화
تهافت (타하 - 푸트)	1.아첨 2.허약 3.붕괴	**مهضم** (무핫디므)	소화제
هفا (하파 -)	1.실수하다 2.굶주리다	**مهضوم** (마흐두 - 므)	소화 잘 되는

هفوة (하프와)	실수, 과오, 오류	هلل (할랄라)	찬양하다, 찬미하다
هاف (하 - 프)	굶주린, 허기진	أهل (아할라)	1.뜨다(초승달이) 2.신에게 제물을 바치다
هكذا (하카다 -)	이와 같이, 그렇게, 이처럼	تهلل (타할랄라)	1.기뻐 날뛰다 2.기쁨에 차다(얼굴이)
هكم (핫카마)	노래 부르다, 찬송하다	هلال (힐라 - 알)	1.초승달 2.그믐달
تهكم (타핫카마)	1.비웃다 2.후회하다	تهليل (타흘리 - 일)	1.환성 2.찬양, 찬미
أهكومة (아흐쿠 - 마)	조롱, 비웃음, 조소	تهلل (타할룰를)	환희, 기쁨
تهكم (타핫쿠므)	조소, 비웃음, 풍자, 야유	استهلال (이스티흘라 - 알)	1.시작 2.서곡
مستهكم (무스타흐키므)	거만한 자, 허풍쟁이	متهلل (무타할랄르)	기쁜, 유쾌한
هيكل (하이칼)	1.웅대한 2.대형건물 3.사원, 절	مستهل (무스타할르)	시작, 개시, 처음
هلا (할라)	과연 …지 않는가	هلس (할르라사)	1.헛소리를 하다 2.야위게 하다
هل (할라)	1.나타나다 2.시작하다	أهلس (아흘라사)	시무룩 웃다

하

اهتلك (이흐탈라카)	목숨을 내걸다
استهلك (이스타흘라카)	1.소모하다 2.삭감하다(채무)
هلكة (할르카)	1.멸망 2.위험
هلاك (할라-크)	1.멸망, 파멸 2.죽음, 종말
هالك (할-리크)	1.파멸하는 2.가망이 없는
تهلكة (타흘라카)	1.멸망 2.위험한 사태
تهالك (타할-루크)	1.열정, 열의 2.허약
استهلاك (이스티흘라-크)	1.소비 2.감가상각
مهلك (무흘리크)	1.파멸적인 2.치명적인 3.위험한
متهالك (무타할-리크)	1.붕괴된 2.소모된
مستهلك (무스타흘라크)	1.극도로 지친 3.소비

هلس (할스)	1.잡담, 난센스 2.방탕 3.폐병
هلاس (할라-스)	허풍쟁이
هلاس (훌라-스)	폐병, 폐결핵
هلوسة (할르와사)	1.환각상태 2.정신착란
هلع (할리아)	1.근심하다 2.질겁하다
هلع (할라으)	1.근심 2.질겁, 공포, 무서움
هلوع (할루-으)	겁많은, 소심한
منهلع (문할리으)	실망한, 시름에 싸인
هلك (할라카)	죽다, 멸망하다, 소멸하다
أهلك (아흘라카)	1.소탕하다 2.소비하다
تهالك (타할-라카)	1.뒤쫓다 2.전력을 다하다

تهميمة (타흐미 - 마)	자장가	**مستهلك** (무스타흘리크)	소비자
هام (함 - 므)	1.중요한 2.흥미있는	**هلم** (할룸마)	자, 갑시다!, 자 …합시다
هامة (함 - 마)	곤충, 해충	**هليم** (할리 - 므)	끈끈한, 끈적끈적한
أهمية (아함미 - 야)	중요성, 의의	**هلهل** (할르할라)	성글성글 짜다
اهتمام (이흐티마 - 므)	1.관심 2.보살핌 3.불안	**هلهولة** (할르훌 - 라)	헌옷, 누더기
مهم (무힘므)	1.중요한 2.관심을 끄는	**هلوسة** (할르와사)	환각, 환상
مهمة (무힘마)	1.사명, 임무 2.중요한 일	**هم** (함마)	1.걱정시키다 2.관심을 끌다
مهمات (무힘마 - 트)	1.설비 2.식량 3.자재	**همم** (함마마)	자장자장 재우다
مهام (마함 - 므)	중요한 일	**اهتم** (이흐탐마)	1.관심을 갖다 2.배려하다
مهتم (무흐탐므)	관심있는	**هم** (함므)	1.염려, 관심 2.의도, 의향
همج (하미자)	굶주리다, 배고프다	**همة** (힘마)	1.정력, 열정 2.결심 3.근면

하

هماز (함마 - 즈)	비방자, 중상모략자	همج (하마즈)	1.굶주림 2.불량배
مهماز (미흐마 - 즈)	1.박차 2.살, 침(벌레의)	همجية (하마지 - 야)	야만적인 행위, 만행
همس (하마사)	1.중얼거리다 2.속삭이다	همد (하마다)	1.잠잠해지다 2.멎다(아픔)
تهامس (타하 - 마사)	서로 속삭이다	همدان (하므다 - 느)	조용한, 고요
همس (함스)	귓속말, 속삭임	همود (후무 - 드)	1.고요함 2.잠잠함 3.피곤
همسات (하마사 - 트)	소곤거림, 속삭임	هامد (하 - 미드)	1.꺼진 2.고요한, 잔잔한
مهموس (마흐마우스)	소곤거리는	مهمد (무함마드)	몸이 마른, 피로한
همش (하마샤)	깨물다	همر (하마라)	1.쏟다 2.깨물다 3.쏟아지다
هامش (하 - 미쉬)	1.여백(책 페이지의) 2.교외, 주변	همرة (하므라)	폭우, 소낙비
همك (하마카)	1.부추기다 2 전념하다	همز (하마자)	1.때리다 2.물다 3.헐뜯다
همكة (하므카)	난관, 곤경	همزة (후마자)	비방자, 중상모략자

منهمك (문하미크)	몰두한, 정신이 팔린
همل (하말라)	흐르다, 쏟아지다
أهمل (아흐말라)	1.소홀히 하다 2.팽개치다
انهمل (인하말라)	줄기차게 퍼붓다(비가)
إهمال (이흐말 - 르)	1.태만 2.소홀 3.무관심
مهمل (무흐밀르)	소홀히 하는, 동한시하는
مهمل (무흐말르)	내버린 2.무시된 3.쓸모 없이 된
هنا (하나아)	1.유익하다(몸에) 2.상쾌하다
هنئ (하니아)	1.기뻐하다 2.성공하다
هنأ (핫나아)	축하하다, 행복하게 하다
تهنأ (타핫나아)	기뻐하다, 흐뭇해하다
هنيء (하니 - 으)	1.상쾌한 2.건강에 좋은
هناء (하나 - 으)	1.행복 2.기쁨 3.번영
تهنئة (타흐니아)	축하, 인사
هندس (한다사)	1.기사로 일하다 2.설계하다
هندسة (한다사)	1.건축학 2.토목 3.기하학
مهندس (무한디스)	기사, 기술자
هندم (한다마)	1.정돈하다 2.장식하다
هندمة (한다마)	조화, 고름, 매끈함
هندام (힌다 - 므)	1.맵시 있는 것 2.아리따운 외모
مهندم (무한다므)	1.잘 정돈된 4.미끈한
هنف (핫나파)	서두르다

하

하

هوجاء (하우자 - 으)	태풍, 회오리 바람	**اهنف** (아흐나파)	1.비웃다 2.흐느끼다
هاد (하 - 다)	1.유태인이 되다 2.후회하다	**مهانفة** (무하 - 나파)	비웃음, 조소
هود (하우와다)	1.가격을 할인하다 2.유대인으로 만들다	**هنهن** (하느하나)	아이를 잠재우다 (자장가를 부르며)
هاود (하 - 와다)	관대하다, 비위를 맞추다	**هنهونة** (하느후 - 나)	자장가
تهود (타하우와다)	1.유태인이 되다 2.유태교를 믿다	**هنيهة** (후나이하)	잠시, 잠간
هود (후 - 드)	유태인들	**هاء** (하 - 아)	1.기뻐하다 2.지향하다
هوادة (하와 - 다)	1.관대성 2.온화한 것	**هوء** (하우으)	1.목표 2.지향
يهود (야후 - 드)	유태인들	**هوية** (후와이야)	1.본질 2.개인, 개성
مهاودة (무하 - 와다)	1.관대성 2.양보, 고려	**هوتة** (하우타)	구렁, 낭떠러지, 심연
هار (하 - 라)	1.무너지다 2.파괴하다	**هوج** (하우자)	1.미련하다 2.가혹하다
هور (하우와라)	1.위험에 빠뜨리다 2.파괴하다	**أهوج** (아흐와즈)	1.경솔한 2.미련한

تهور (타하우와라)	1.분별이 없다 2.넘어지다
انهار (인하 - 라)	1.붕괴되다 2.떨어져 나오다 (노선에서)
هار (하 - 르)	허물어지는, 붕괴되는
إنهيار (인히야 - 르)	1.붕괴 2.인하(가격) 3.멸망
هور (하우르)	호수
هورة (하우라)	멸망
هواري (하우와리 -)	비정규군
هير (하이 - 르)	경솔한, 경박한
هيار (히야 - 르)	붕괴, 낙반
متهور (무타하우위르)	무모한, 분별없는
هوس (하위사)	1.곤경에 빠지다 2.미치다
تهوس (타하우와사)	미치다
هوس (하와스)	정신나간, 미친
هوس (하와스)	1.공상, 망상 2.정신착란
هويس (하위 - 스)	1.수문(운하의) 2.관념
مهوس (무하우와스)	미친, 공상가, 광신자
متهوس (무타하우위스)	1.미친 2.미치광이
هاش (하 - 샤)	술렁이다, 야단법석이다
هوش (하우와샤)	불화를 조성하다
هاوش (하 - 와샤)	짜증이 나다
تهوش (타하우와샤)	야단법석들이다
هوشة (하우샤)	1.격분 2.소동, 난리

하

مهول (마후-울)	무서운, 무시무시한
مهول (무하우윌)	공포를 주는
هوم (하우와마)	졸다
هامة (하-마)	1.두목 2.꼭대기 3.정상
هان (하-나)	1.쉽다 2.대수롭지 않다
هون (하우와나)	쉽게 하다
أهان (아하-나)	1.천대하다 2.모욕하다
تهاون (타하-와나)	무시하다
هون (하운)	1.창피 2.멸시 3.쉬움
هوان (하와-느)	모욕, 천시, 천대
إهانة (이하-나)	천대, 무시, 경시

تهويش (타흐위-쉬)	부추김, 선동
مهوش (무하우위쉬)	1.흥분시키는 2.선동자
هال (할-라)	놀라게 하다, 무섭게 하다
هول (하우왈라)	1.협박을 하다 2.걱정하다
استهول (이스타흐왈라)	무서워하다
هال (할-르)	신기루
هالة (할-라)	후광, 달무리
هول (하울)	무서움, 공포
هولة (하울라)	괴물, 요물, 공포의 대상
تهويل (타흐위-일)	1.공갈 2.과대
هائل (하-일)	1.무시무시한 2.거대한

تهاون (타하 - 우느)	1.경시 2.소홀	هواء (하와 - 으)	1.공기 2.대기 3.바람
استهانة (이스티하 - 나)	업신여김	هواء (하우와 - 으)	아마추어, 애호가
مهين (무히 - 느)	모욕적인, 굴욕적인	هوائيات (하와이야 - 트)	1.공간 2.안테나
مهانة (무하 - 나)	1.모욕, 천대 2.굴욕, 수치	هواية (히와 - 야)	1.취미 2.정욕, 성욕
هوى (후와 -)	1.떨어지다 2.죽다 3.불다(바람이)	هواية (하우와 - 야)	환풍기, 통풍기
هوى (하위아)	사랑에 빠지다, 갈망하다	هاوية (하 - 위야)	1.심연, 낭떠러지 2.공기
هاوى (하와 -)	1.비위를 맞추다 2.눈감아주다	مهوى (마흐완)	1.벼랑, 심연 2.대기
استهوى (이스타흐와 -)	유혹하다, 매혹하다	مهواة (미흐와 -)	1.환풍기, 통풍기 2.부채
هوة (후 - 와)	1.심연 2.구멍	مهواة (마흐와 -)	1.대기, 공기 2.심연
هوى (하완)	1.애정 2.애호 3.성욕 4.변덕	مهاواة (무하와 -)	1.아부, 아첨 2.환풍기
هوية (하위 - 야)	취미, 좋아하는 것, 취미	هيا (하이야)	빨리! 서두르시오! …합시다!

تهيب (타하이야바)	1.겁을 주다 2.두려워하다	هاء (하 - 아)	몹시 바라다
اهتاب (이흐타 - 바)	1.두려워하다 2.존경심을 품다	هيأ (하이야아)	1.준비하다 2.정돈하다
هيبة (하이바)	1.두려움 2.존경 3.품위	تهيأ (타하이야아)	〈군〉차례!
هياب (하이야 - 브)	겁이 많은, 소심한	هيىء (하이 - 으)	잘 생긴, 풍채가 좋은
هائب (하 - 이브)	1.존경하는 2.두려워하는	هيأة (하이아)	1.모양 2.방식, 형식 3.기구
تهيب (타하이유브)	두려움, 공포	تهيئة (타흐이아)	준비, 마련, 정돈
مهوب (무후 - 브)	1.두려운 2.엄숙한	تهيؤ (타하이유우)	군사훈련
مهيب (마히 - 브)	1.점잖은 2.위풍있는	مهيأ (무하이야아)	준비된, 마련된, 갖추어진
مهاب (마하 - 브)	존경, 경의의 대상	هاب (하 - 바)	위압을 느끼다, 경외하다
مهابة (마하 - 바)	1.두려움 2.존경, 존중	هيب (하이야바)	겁을 주다, 위협하다
متهيب (무타하이 - 브)	1.두려워하는 2.존경하는	أهاب (아하 - 바)	1.소리쳐 몰아넣다 2.호소하다

هات 〈여〉 주시요, 가져오시오 (하 - 티)	**متهيج** 1.설레이는 2.흥분된 (무타하이 - 즈)
هاج 1.흥분하다 2.설레다 (하 - 자)	**هيّر** 1.촉진시키다 2.집어던지다 (하이야라)
أهاج 흥분시키다, 야기시키다 (아하 - 자)	**تهيّر** 허물어지다, 파괴되다 (타하이야라)
تهيّج 흥분하다, 동요되다 (타하이야자)	**هيار** 사태 (하야 - 르)
هيجة 1.흥분 2.격분 (하이자)	**هاش** 흥분하다, 설레다 (하 - 샤)
هيجاء 싸움, 전투, 전쟁 (하이자 - 으)	**هيشة** 흥분, 소동 (하이샤)
هيجا 싸움, 전투, 전쟁 (하이자 -)	**هيشة** 수풀, 밀림 (히 - 샤)
هياج 1.흥분 2.분노 3.불안 (히야 - 즈)	**هاص** 1.기뻐하다 2.떠들썩하다 (하 - 사)
هائج 1.사나운(파도가) 2.흥분된 (하 - 이즈)	**هيص** 소란을 피우다, 기뻐하다 (하이야사)
تهييج 흥분, 격분, 감정의 교란 (타하이유즈)	**هيصة** 흥분, 소음, 소동, 소란 (하이사)
مهيّج 1.흥분제 2.선동자 (무하이 - 즈)	**تهييص** 소음, 외침소리 (타흐이 - 스)

هيوف (후유-프)	갈증으로 목이 타는	مهياص (미흐야-스)	놀기 좋아하는 사람, 유쾌한 사람
هائف (하-이프)	1.탈증의 2.빈약한	هاض (하-다)	1.꺾다 2.재발시키다(병을)
أهيف (아흐야프)	호리호리한, 날씬한	هيضة (하이다)	1.재발(병의) 2.설사 3.콜레라
هيكل (하이칼르)	1.사원 2.대형건물 3.구조	مهيض (마히-드)	부러진, 꺾여진
هيكلية (하이칼리-야)	구조	هاط (하-뜨)	소란을 피우다, 떠들썩하다
هال (할-라)	뿌리다, 쏟다	هياط (히야-뜨)	고함, 소란, 외침
هيلان (하알라-느)	모랫더미	هيف (하이파)	가냘프다, 호리호리하다
هيول (하율-르)	티끌, 미진, 원자	هاف (하-파)	1.실패하다 2.도주하다
هام (하-마)	1.방랑하다 2.사랑에 빠지다	هيف (하이프)	열풍
هيم (하이야마)	넋을 잃게 하다	هيف (하야프)	날씬한 것, 호리호리한 것
استهيم (아스투히-마)	몹시 반하다, 사랑에 빠지다	هيفان (하이파-느)	1.실패한 2.목말라하는

هيمان 몹시 반한,
(하이마 - 느) 사랑에 미친

هيوم 사랑에 빠진
(하유 - 므)

هيام 1.심한 갈증
(후야 - 므) 2.열렬한 사랑

هائم 방황하는,
(하 - 이므) 상사병에 걸린

أهيم 몹시 갈증을 느끼는
(아흐야므)

مهامة 황야, 무인지경
(마하 - 마)

مستهام 사랑에 미쳐버린
(무스타하 - 므)

هيمن 감독하다, 감시하다
(하이마느)

هيمنة 주도권, 헤게모니, 지배
(하이마나)

مهيمن 보호자, 관리자,
(무하이미느) 감독관

هيهات 어림없다!
(하이하 - 타) 당치도 않다!

하

(و : الواو)

توَاءم (타와 - 아마)	서로 어울리다	**وَأَد** (와아다)	생매장하다
وئَام (와아 - ㅁ)	조화, 화목, 일치	**توَأَّد** (타와으아다)	침착하게 행동하다
مواءمة (무와 - 아마)	화목, 한마음, 한뜻	**اتَّأَد** (잇타아다)	조심스럽게 행동하다
وَبِئ (와비아)	전염병을 앓다	**وَأْد** (와아드)	1.여아의 생매장 2.무너지는 소리
وَبَاء (와바 -)	1.전염병(의학) 2.콜레라	**وَئِيد** (와이 - 드)	1.생매장된 2.침착한
وَبَائِى (와바 - 이)	전염병의, 유행성의	**تُؤَدَة** (투아다)	1.조심성, 침착성 2.자제력
وَبَائِيَّات (와바이야 - 트)	전염병	**مُتَّئِد** (뭇타이드)	느린
مَوْبُوء (마우부 -)	1.전염병에 걸린 2.전염병 환자	**وَأَل** (와알라)	피할 곳을 찾다, 피난하다
وَبَخ (왓바카)	꾸짖다, 나무라다	**مَوْئِل** (마우일)	피난처, 은신처, 대피소
توْبِيخ (타우비 - ㅋ)	1.질책, 꾸짖음 2.경고	**وَأَم** (와아마)	어울리다, 화목하다, 알맞다
وَبِر (와바라)	털로 뒤덮이다, 털이 많다		

와우

وبل (와블)	소낙비, 폭우	**وبر** (와바르)	1.털 2.솜털
وابل (와 - 빌)	소나기	**أوبر** (아우바루)	텁수룩한, 털이 많은
وبال (와바 - ㄹ)	재난, 불행	**موبر** (무왑바르)	보플보플한 (천, 수건 등이)
وبيل (와비 - ㄹ)	1.해로운 2.건강에 해로운	**وبش** (와바슈)	망나니, 불량배, 건달
وتد (와타다)	꽂다, 박다(말뚝을)	**أوباش** (아우바 - 슈)	인간쓰레기, 불량배
وتد (와타드)	말뚝, 기둥, 나무못, 쐐기	**وبق** (와바까)	멸망하다, 사멸하다
وتر (와타라)	1.조이다(줄을) 2.헐뜯다	**أوبق** (아우바까)	1.파괴하다 2.천대하다
واتر (와 - 타라)	계속 …하다	**موبق** (마우비끄)	1.감옥 2.멸망한 장소
أوتر (아우타라)	조이다(줄을)	**موبقة** (무 - 비까)	1.위반 2.범죄 3.폭행
توتر (타왓타라)	1.긴장되다 2.예민해지다	**وبل** (와발라)	쏟아지다(비가)
تواتر (타와 - 타라)	계속 …하다	**وبل** (와불라)	해롭다(기후가)

와우

وَثِيء (와씨으)	타박상을 입은	وِتْر (와트르)	기수(수학)
وَثَاءة (와싸 - 아)	타박	وِتْرى (와트리)	꼬리를 물고, 연이어
وَثَبَ (와싸바)	1.뛰어넘다 2.달려들다	وِتِيَّة (와티 - 라)	방법, 방식
وَاثَبَ (와 - 싸바)	달려들다, 먼저 공격하다	تَوَتُّر (타왓투르)	1.긴장 2.전압 3.팽팽함
أَوْثَبَ (아우싸바)	부추기다	تَوَاتُر (타와 - 투르)	연속성, 계속성, 부단성
تَوَثَّبَ (타왓싸바)	1.활발하다 2.지향하다	مُتَوَتِّر (무타왓티르)	팽팽한, 긴장된
وَثْب (와쓰브)	도약, 뛰어넘는 것	مَوْتُور (마우투 - 르)	악의, 원한을 품은
وَثْبَة (와쓰바)	1.도약, 비약 2.고조 3.운동	مُتَوَاتِر (무타와 - 티르)	연속적인, 부단한
وَثَّاب (왓싸 - 브)	1.뛰어넘는 2.대담한	وَاتَى (와 - 타)	1.유리하다 2.잘 어울리다
تَوَثُّب (타왓쑤브)	생기, 민첩, 활발	مُوَات (무와 - 트)	1.유리한 2.적합한
مُتَوَثِّب (무타왓씨브)	활발한, 패기있는, 정력적인	وَثَأَ (와싸아)	1.타박상을 입히다 2.부러뜨리다

وَثُرَ (와싸라)	푹신하다(침대가)	**وَثَاقَة** (와싸 - 까)	결속, 단결, 확신, 견고
وَثْر (와쓰르)	반바지, 짧은 바지	**وُثُوق** (우쑤 - 끄)	믿음, 신임
وَثِير (와씨 - 르)	푹신푹신한	**وَثِيق** (와씨 - 끄)	튼튼한, 견고한
مِيثَرَة (미 - 싸라)	베개	**وَثِيقَة** (와씨 - 까)	문서, 문건, 증명서
وَثِقَ (와씨까)	1.신임하다 2.확신하다	**تَوْثِيق** (타우씨 - 끄)	1.강화 2.인준, 비준
وَثُقَ (와쑤까)	확고부동하다, 견실하다	**تَوْثِقَة** (타왓싸까)	안전, 보장
وَثَّقَ (왓싸까)	1.강화하다 2.비준하다, 공증하다	**ثِقَة** (씻까)	1.신뢰, 믿음 3.의지, 의존
أَوْثَقَ (아우싸까)	묶다, 동이다	**مَوْثِق** (마우씨끄)	조약, 협정, 협약
تَوَثَّقَ (타왓싸까)	1.강화되다 2.확신을 갖다	**مُوَثِّق** (무왓씨끄)	공증하는, 비준하는
وَثِق (와씨끄)	1.튼튼한 2.믿음직한	**مَوْثُوق** (마우쑤 - 끄)	믿음직한
وَاثِق (와 - 씨끄)	믿는, 확신하는	**مِيثَاق** (미싸 - 끄)	1.협정, 조약 2.규약, 헌장

와우

إيجاب 1.의무 2.긍정 3.동의 (이자 - 브)	**وثن** 우상, 동상 (와싼)
يجب 필수적인, 의무인, 당연한 (야집)	**وثنية** 우상숭배 (와싸니 - 야)
موجب 1.긍정적인 2.확고한 (무 - 자브)	**وجب** 1.필수적이다 2.…을 해야한다 (와자바)
موجب 1.동기, 원인 2.필요 3.죽음. (무 - 지브)	**وجب** 비겁하다, 떨다 (와주바)
موجبة 이유, 동기, 원인 (무 - 지바)	**واجب** 책임을 지우다 (와 - 자바)
موجبة 명제, 긍정문 (무우자바)	**أوجب** 의무를 지우다 (아우자바)
مستوجب …할 가치가 있는 (무쓰타우지브)	**استوجب** …을 받을 권리가 있다 (이쓰타우자바)
وجد 1.찾다 2.얻다 4.고안하다 (와자다)	**وجبة** 1.끼니 2.할당량 3.교대(작업의) (와즈바)
وجد 존재하다 (우지다)	**واجب** 1.불가피한 2.의무, 책무, 과제 (와 - 집)
وجد 1.슬퍼하다 2.사랑하다 (와지다)	**واجبة** 의무, 임무, 직무, 직책 (와 - 지바)
أوجد 1.발명하다 2.이루다 (아우자다)	**وجوب** 1.필요성, 책임 2.의무 (우주 - 브)

와 우

توجد 1.슬퍼하다 2.사랑하다 (타왓자다)	**موجود** 1.존재하는 2.실제의 (마우주 - 드)
تواجد 존재하다, 있다 (타와 - 자다)	**موجودات** 우주만물 (마우주다 - 트)
وجد 1.열정 2.기쁨 4.재산 (와즈드)	**وجر** 1.두려워하다 2.입에 넣다(약을) (와자라)
وجدان 1.느낌 2.양심 3.심정 4.직관 (위즈다 - ㄴ)	**وجرة** 함정 (와즈라)
وجود 1.존재 2.발견 3.체류 (우주 - 드)	**مِجار** 채, 정구채, 당구봉 (미자 - 르)
وجودية 실존주의 (우주디 - 야)	**وجز** 1.요약하다 2.간결하다 (와자자)
إيجاد 1.창작 2.발명 3.생산 (이자 - 드)	**أوجز** 개괄하다, 간략하다, 축소하다 (아우자자)
تواجد 존재, 공존 (타와 - 주드)	**استوجز** 간단히 서술하다 (이쓰타우자자)
جدة 1.감정 2.열정 3.분노 (짓다)	**وجز** 간단한, 함축된 (와즈즈)
موجد 1.창조하는, 창조자 2.저자 (무 - 지드)	**وجيز** 간단한, 간략한 (와지 - 즈)
موجدة 1.감정 2.양심, 원한 (마우지다)	**وجيزة** 짧은 기간에 (와지 - 자)

إيجاز 간략, 요약, 개괄 (이자 - 즈)	**توجع** 아파하는 것, 아픔, 고통 (타왓지으)
موجز 1.개요 2.요약한, 간략한 (무 - 자즈)	**موجع** 아픈, 고통스러운 (무와지으)
وجس 1.숨다 2.예감하다 (와자싸)	**موجوع** 아픈, 괴로워하는(아파서) (무주 - 으)
أوجس 불길한 예감을 느끼다 (아우자싸)	**وجف** 흥분하다, 뛰다(심장) (와자파)
وجس 걱정, 우려, 불안 (와즈쓰)	**أوجف** 흥분시키다 (아우자파)
واجس 불길한 생각, 예감 (와 - 지쓰)	**استوجف** 설레이게 하다 (이쓰타우자파)
توجس 겁, 두려움 (타왓주쓰)	**واجف** 두근거리는, 고동치는 (와 - 지프)
وجع 아프다, 아픔을 느끼다 (와지아)	**وجل** 두려움을 느끼다 (와질라)
وجع 1.아픔, 고통 2.간단한 병 (와자으)	**أوجل** 공포감을 주다 (아우잘라)
وجع 앓은 (와지으)	**وجل** 무서움, 두려움 (와잘르)
وجيع 아픈, 괴로운 (와지 - 으)	**وجم** 침묵을 지키다, 침울하다 (와자마)

وجيه (와지-흐)	명물, 저명인사	**واجم** (와-지므)	1.말이 없는 2.우울한
وجاهة (위자-하)	1.존엄 2.의의 3.정확성	**وجوم** (우주-므)	1.침묵 2.우울, 침울
واجهة (와-지하)	1.정면, 표면, 겉 2. 전선	**وجه** (와주하)	유명하다, 저명하다
جهة (지하)	1.방향, 측면 2.지역 3……을 향해서	**وجه** (와자하)	뺨을 때리다
توجيهات (타우지하-트)	명령, 지침	**واجه** (와-자하)	1.맞서다 2.면회하다
اتجاه (잇티자-흐)	1.방향, 노선 2.경향, 추세	**أوجه** (아우자하)	존경하다, 존중하다
تجاه (투자-하)	맞은편에, 대하여, 맞보고	**توجه** (타왓자하)	1.대하다 2.떠나다
موجه (무왓자흐)	…로 향한, …로 방향을 잡은	**تواجه** (타와-자하)	서로 대면하다
مواجهة (무와-자하)	1.대면, 면회 2.전선	**اتجه** (잇타자하)	1.향하다 2.기울다 3.목표로 삼다
متجه (뭇타지흐)	방향	**وجه** (와즈흐)	1.얼굴 2.앞면 3.용모 4.방향
وحد (와하다)	1.단일화 되다 2.유일하다	**وجهة** (위즈하)	1.방향 2.맞은편 3.목적 4.취지

와 우

توحد (타왓후드)	고독, 외로움	وحد (와흐하다)	통일하다, 연합하다
اتحاد (잇티하 - 드)	1.일치 2.단결 3.연합	توحد (타왓하다)	1.홀로 남다 2.통일되다
متحد (뭇타히드)	1.통일된 2.단합된, 연합된	تواحد (타와 - 하다)	서로 단합하다
مستوحد (무스타우히드)	외로운, 고독한	اتحد (잇타하다)	1.연합하다 2.일치되다
وحس (와하사)	궁지에 몰아넣다	وحد (와흐드)	단독, 홀몸
اتوحس (이트와하사)	곤경에 처하다	وحدة (와흐다)	1.고독 2.단위 3.통일
وحسة (와흐사)	곤경, 궁지	وحيد (와히 - 드)	1.유일한 2.외로운 3.인적이 없는
وحش (와하샤)	1.없애다 2.그리워하다	وحدانية (와흐다니 - 야)	1.외로움 2.유일성
وحش (왓하샤)	잔인하게 하다	أحد (아하드)	1.하나 2.유일한
أوحش (아우하샤)	인적이 없다, 쓸쓸하다	واحد (와 - 히드)	1.하나 2.독특한 3.홀로
وحى (와하)	1.영감을 주다 2.계시를 내리다	توحيد (타우히 - 드)	1.표준화 2.일신교

와
우

أوحى (아우하 -)	1.고무하다 2.사촉하다 3.계시를 하다
استوحى (이스타우하 -)	1.고무되다 2.영감을 받다
واحة (와 - 하)	오아시스
وحى (와흐이)	1.영감, 계시 2.암시 3.격려, 고무
إيحاء (이하 - 으)	1.고취 2.시사 3.영감, 계시
مستوحى (무스타우한)	고무된, 영향을 받은
وخز (와카자)	괴롭히다, 찌르다(양심을)
وخزة (와크자)	1.아픔, 쑤심 2.가책
وخم (와키마)	소화가 안되다
وخم (왓카마)	졸음이 오다, 몸이 무겁다
اتخم (잇타카마)	소화가 안되다
أوخم (아우카므)	더욱 건강에 해로운
تخمة (투크마)	과다, 포식, 소화불량
مستوخم (무스타우카므)	소화가 안되는
وخى (와카 -)	1. 마음을 먹다 2.안내하다
واخى (와카 -)	의형제를 맺다, 친교를 맺다
توخى (타왓카 -)	1.추구하다 2.나타내다(감정을)
وخى (와크이)	목적, 시도, 기도, 의도
مواخاة (무와카 -)	1.친교 2.의형제
ود (왓다)	1.좋아하다 2.원하다, 바라다
تودد (타왓다다)	1.알랑거리다 2.애정을 표시하다
تواد (타왓 - 다)	서로 사랑하다

와 우

وادع (와 - 다아)	화해하다, 친숙해지다	**ود** (왓드)	1.사랑, 친교 2.희망, 소원
أودع (아우다아)	1.맡기다 2.가두다(감옥에)	**ودى** (왓디 -)	우호적인, 화기애애한
توادع (타와 - 다아)	송별하다, 이별하다	**وداد** (위다 - 드)	1.사랑, 애정 2.우호, 우의
استودع (이스타우다아)	보관시키다, 맡기다	**ودادى** (위다디 -)	아기자기한, 우호적인
ودع (와드으)	1.보관 2.허용 3.예치(돈을)	**ودود** (와두 - 드)	사랑스러운, 상냥한
وديع (와디 - 으)	1.얌전한 2.소박한 3.수탁자	**تواد** (타와 - 드)	사랑, 친교
وديعة (와디 - 아)	저금, 예금	**تودد** (타왓두드)	알랑거림
وداعة (와다 - 아)	작별, 이별, 송별	**مودة** (마왓다)	1.사랑 2.애착 3.소원
توديع (타우디 - 으)	이별, 작별, 송별	**ودع** (와다아)	1.예금하다 2.포기하다
إيداع (이다 - 으)	1.예금 2.감금 3.보관시킴	**ودع** (와두아)	1.온순하다 2.단순하다
استيداع (이스티다 - 으)	예비역, 예비군	**ودع** (왓다아)	1. 송별하다 2.바라다

와
우

مودع (무왓디으)	바라는, 소원하는	**وراء** (와라 - 으)	1.뒤에, 후미 2.멀리
مستودع (무스타우다으)	1.비축된 2.창고	**ورب** (와라바)	경사지게 하다
مستودع (무스타우디으)	1.위임자 2.예금자	**ورب** (와리바)	부패하다, 상하다다
ودك (와디카)	살찌다, 기름지다	**ورب** (와르라바)	말을 둘러대다
وديك (와디 - 크)	기름진, 지방분이 많은	**وارب** (와 - 라바)	1.둘러말하다 2.속이다
مودك (무왓다크)	양념이 된, 맛을 낸	**توريب** (타우리 - 브)	둘러대는 것
ودى (와다)	보상하다(피해자에게)	**وارب** (와 - 리브)	경사진, 비뚤어진
ودى (왓다)	보내다, 파견하다	**موروب** (무루 - 브)	1.갸우뚱한 2.경사친
أودى (아우다)	1.멸망하다 2.살해하다	**مواربة** (무와 - 라바)	1.애매모호함 2.거짓
واد (와 - 드)	1.골짜기, 계곡 2.유역	**ورث** (와리싸)	상속하다, 물려받다
دية (디야)	보상금, 배상금	**ورث** (와르라싸)	물려주다(재산을

와 우

مورثة (무와르리싸)	유전자, 유전인자	أورث (아우라싸)	유산을 남기다, 초래하다
مورثات (무와르리싸 - ㅌ)	유전	ورث (위르쓰)	유산, 유물, 상속재산
موروث (마우루 - 쓰)	계승된, 물려받은	وراث (와르라 - 쓰)	상속자, 계승자
ورد (와라다)	1.도달하다 2.오다 3.얻다	وراثة (위라 - 싸)	1.계승, 상속 2.유전, 유전병
ورد (와르라다)	1.지불하다 2.꽃피다 3.수입하다	وراثية (위라씨 - 야)	유전성
أورد (아우라다)	1.인용하다 2.제공하다 3.수입하다	وريث (와리 - 쓰)	상속자, 계승자
تورد (타와르라다)	1.붉어지다 2.공급되다	إرث (이르쓰)	유산, 상속재산, 유물
توارد (타와 - 라다)	1.연달아오다 2.일치하다(생각)	تراث (투라 - 쓰)	유물, 유적
استورد (이스타우라다)	1.수입하다 2.주문하다	ميراث (미라 - 쓰)	유산, 상속, 상속재산
ورد (위르드)	샘물, 수원지	مورث (무와르리쓰)	상속인
ورد (와르드)	장미꽃, 장미	مورث (무와르라쓰)	계승자, 피상속인

와
우

وردية (와르디 - 야)	1.당직 2.교대 3.홍역
ورديان (와르디야 - 느)	야간경비원, 등대지기
ورود (우루 - 드)	1.도착, 도달 2.수원지, 샘터
وريد (와리 - 드)	정맥
توريد (타우리 - 드)	1.공급 2.수입, 납입
توريدات (타우리다 - 트)	공급품
واردات (와리다 - 트)	수입품
إيراد (이라 - 드)	1.공급 2.인용 3.수익성
إيرادات (이라다 - 트)	이윤, 수입, 이자
توارد (타와 - 루드)	일치, 부합
استيراد (이쓰티라 - 드)	수입, 반입

مورد (마우리드)	1.원천, 시원 2.자원 3.수입
مورد (무와르리드)	1.공급자 2.공급하는
مورد (무와르라드)	홍조를 띤, 불그스레한
مستورد (무쓰타우리드)	수입자
مستوردات (무쓰타우라다 - 트)	수입품
ورش (와라샤)	1.불청객으로 오다 2.끼어들다
ورش (와리샤)	활발하다, 생기가 있다
ورش (와르라샤)	이간시키다, 방해하다
ورش (와라쉬)	민첩성, 생기발랄
ورشة (와르샤)	공장, 직장, 작업장
وارش (와 - 리쉬)	불청객, 초청하지 않은 손님

와
우

وريف (와리-프)	무성한, 그늘진	**ورط** (와르라따)	몰아넣다, 곤경에 빠뜨리다
وارف (와-리프)	무성한, 푸르른	**تورط** (타와르라따)	1.진퇴양난에 빠지다 2.말려들다
ورق (와라까)	잎이 돋아나다, 잎을 따	**استورط** (이스타우라따)	1.말려들다 2.곤경에 처하다
ورّق (와르라까)	도배하다, 종이를 바르다	**ورطة** (와르따)	곤경, 곤란, 진퇴양난, 딜레마
أورق (아우라까)	1.부자가 되다 3.낙방하다	**تورّط** (타와르라뜨)	1.개입 2.얽힘
ورِق (와리끄)	잎이 무성한	**موروط** (마우루-뜨)	곤경에 처한, 딜레마에 빠진
ورَق (와라끄)	1.잎사귀 2.종이 3.화폐	**ورع** (와리아)	1.경건한 마음을 가지다 2.신을 믿다
ورقة (와라까)	문건, 서류, 증명서	**تورّع** (타와르라아)	1.두려워하다 2.절제하다
وارق (와-리끄)	1.잎이 무성한 2.푸르른	**ورع** (와라으)	경건, 경외
مورق (무-리끄)	잎이 무성한	**ورع** (와리으)	신앙심이 깊은, 독실한
ورم (와리마)	붓다, 부어오르다	**ورف** (와라파)	1.무성해지다 2.길어지다

와
우

886

وراء (와라 - 으)	뒤, 뒷부분, 배후, 뒤쪽	تورم (타와르라마)	붓다, 부어오르다
تورية (타우리야)	1.은폐 2.위장 3.위선	ورم (와라므)	종양, 혹
توراة (타우라 -)	토라, 구약성서	وارم (와 - 리므)	부은, 부어오른
مواراة (마와라 -)	은폐, 숨김	تورم (타와르루므)	부어오름
وزب (와자바)	흐르다, 새어나오다(물이)	مورم (무와라르므)	부은, 부어오른
ميزاب (미자 - 브)	하수관	ورى وري (와라)	불을 켜다, 불을 피우다
وزر (와자라)	무거운 짐을 짊어지다	ورى (와르라)	1.감추다 2.가장하다
وزر (왓자라)	장관으로 임명하다	اورى (아우라)	부시를 치다, 불을 피우다
وازر (와 - 자라)	원조하다, 지원하다	تورى (타와르라 -)	숨다, 잠복하다, 사라지다
آزر (아 - 자라)	원조하다, 돕다	استورى (이스타우라 -)	불꽃을 일으키다
توزر (타왓자라)	장관이 되다	ورى وري (와르이)	1.인류, 인간 2.삼라만상

와
우

أوزاع (아우자 - 으)	무리, 집단, 군중	**استوزر** (이스타우자라)	장관이 되다
توزع (타왓주으)	1.분배 2.배치(병력의)	**وزر** (위즈르)	1.죄, 죄악 2.부담, 책임
موزع (무왓지으)	1.분배하는 2.배달하는	**وزير** (와지 - 르)	장관, 대신, 서기장
موزع (무왓자으)	1.할당된 2.사로잡힌(감정)	**وزارة** (위자 - 라)	부처, 내각, 부, 성
وزن (와자나)	저울에 달다	**وزاري** (위자리 -)	부의, 부처의, 내각의
وزن (와주나)	신중하다	**وزع** (와자아)	1.억제하다 2.선동하다
وازن (와 - 자나)	1.비교하다 2.조절하다	**وزع** (왓자아)	1.분배하다 2.배포하다
توازن (타와 - 자나)	균형이 잡히다	**توزع** (타왓자아)	1.분배되다 2.배치되다(병력이)
وزن (와즌)	1.무게, 중량 2.중요성	**وزيعة** (와지 - 아)	몫, 할당, 배당액
توازن (타와 - 주느)	균형, 균등, 평형, 평행	**توزيع** (타우지 - 으)	1.분배 2.배포, 배달
وزى (와자 -)	줄어들다, 수축되다	**وازع** (와 - 지으)	1.양몰이 개 2.장애, 방해

와
우

وسد (왓싸다)	1.베개를 베다 2.위임하다	**وازى** (와자 -)	부합되다, 알맞다
توسد (타왓싸다)	베개를 베다	**توازى** (타와자 -)	평행되다, 나란히 가다
وسادة (위싸 - 다)	베개	**موازاة** (무와자 -)	1.평행 2.대응, 상응, 일치
وسط (와싸따)	중심에 있다	**متواز** (무타와 - 즈)	평행의, 병행의
وسط (왓싸따)	1.중개인 역할을 하다 3.중립노선을 취하다	**متوازيات** (무타와지야 - 트)	위도, 평행
توسط (타왓싸따)	1.중개하다 2.중립을 지키다	**توسخ** (와씨카)	더럽다, 때묻다, 불결하다
تواسط (타와 - 싸따)	가운데를 차지하다	**وسخ** (왓싸카)	더럽히다, 어지럽히다
وسط (와쓰뜨)	복판, 가운데	**توسخ** (타왓싸카)	더러워지다
وسط (와싸뜨)	1.중앙, 중간, 중심 2.계층	**وسخ** (와싸크)	오물, 때
وسيط (와씨 - 뜨)	1.중간의 2.중개인	**وسخ وسخ** (와씨크)	더러운, 때묻은, 불결한
وسيطة (와씨 - 따)	1.수단 2.매체, 매개체	**وسائخ** (와싸 - 이크)	때, 오물

와 우

سَعة (싸아)	1.확장 2.폭, 넓이 3.풍부 4.용량	**وَساطة** (위싸 - 따)	1.조정, 중재 2.알선
وُسعة (우쓰아)	1.넓음 2.넓이 3.용량 4.넉넉함	**واسطة** (와 - 씨따)	1.수단 2.중재, 조정
وَسيع (와씨 - 으)	넓은, 광활한	**أوسط** (아우싸뜨)	중심의, 중앙의, 중간의
توسيع (타우씨 - 으)	확대, 확장, 넓힘	**توسّط** (타왓싸뜨)	1.중심 2.중재, 조정
واسع (와 - 씨으)	넓은, 광활한, 광범한	**متوسّط** (무타왓씨뜨)	1.중심의 2.중개인 3.중간의
توسّع (타왓쑤으)	1.확장, 확대 2.팽창	**وسع** (와씨아)	1.넓다 2.포함하다, 수용하다
اتساع (잇티싸 - 으)	1.확장 2.넓이 3.용량	**وسّع** (왓싸아)	1.넓히다 2.자리를 내주다
موسّع (무왓싸으)	확대된, 확장된	**توسّع** (타왓싸아)	넓어지다, 크게 벌려놓다
متّسع (뭇타씨으)	1.넓은 2.풍부한	**اتّسع** (잇타싸아)	1.수용하다 2.…할 수 있다
موسوعة (마우쑤 - 아)	백과사전, 대사전	**وَسع** (와싸으)	넓은 공간, 방대한 영역
وَسَاية (위싸 - 야)	넓은 공간	**وُسع** (우쓰으)	1.힘, 능력, 가능성 2.용량

اتسم (잇타싸마)	1.낙인이 찍히다 2.표식이 되다	وسق (와싸까)	1.부담을 주다 2.싣다(짐)
وسم (와씀)	1.도장, 불도장 2.표, 표식, 기호	اتسق (잇타싸까)	1.정돈되다 2.조화가 되다
وسمة (와쓰마)	1.도장, 낙인 2.표, 딱지	وسق (와쓰끄)	짐, 화물
وسيم (와씨 - 므)	아름다운, 예쁜, 귀여운	اتساق (잇티싸 - 끄)	1.정연한 것 2.조화
وسام (위싸 - 므)	훈장, 배지	متسق (못타씨끄)	잘 정돈된, 잘 배열된
وسامة (위싸 - 마)	아름다움, 고운 것	وسل (와쌀라)	동정을 구하다, 간구하다
سمة (씨마)	1.낙인 2.표식, 기호 3.특징, 양상	توسل (타왓쌀라)	1.애원하다 2.수단으로 이용하다
موسم1 (마우씸)	1.정기시장 2.계절, 시기 3.축제일	وسيلة (와씰 - 라)	수단, 방법
موسوم (마우쑤 - 므)	1.낙인찍힌 2.딱지가 붙은	توسل (타왓쑬)	간청, 애원
وسن (와씨나)	졸다	وسم (와싸마)	표시하다, 낙인을 찍다
أوسن (아우싸나)	실신시키다	توسم (타왓싸마)	1.살피다 2.알아내다

와우

موسى (무-싸)	면도날, 면도칼	وسن (와싸느)	잠, 졸음
وشج (와샤자)	1.뒤엉키다 2.엮다, 짜다	وسن (와싸느)	요구, 수요
توشج (타왓샤자)	엉키다, 뒤엉키다	وسنان (와쓰나-느)	졸리는, 잠이 오는
وشيج (와쉬-즈)	연결된, 연관된	سنة (씨나)	잠, 졸음
وشيجة (와쉬-자)	결속관계	وسوس (와쓰와싸)	1.속삭이다 2.불안하게 하다
متواشج (무타와-쉬즈)	연관된, 연결된	توسوس (타와쓰와싸)	의심하다
وشح (왓샤하)	1.장식하다 2.전제를 두다	وسوسة (와쓰와싸)	1.유혹, 유인 2.불안, 의심
وشاح (위샤-흐)	1.장식띠 2.스카프	وسواس (와쓰와-쓰)	1.의심 2.우울 3.유혹
موشح (무왓샤흐)	전주곡, 서곡	وسى (와싸-)	면도하다
متشح (무탓샤흐)	장식된	واسى (와-싸)	위로하다
وشر (와샤라)	톱질하다(나무를)	أوسى (아우싸-)	1.면도하다 2.자르다

موشور (마우슈르)	각주, 프리즘	**وشى** (와샤-)	1.장식하다 2.수놓다
وشك (와슈카)	빠르다, 신속하다	**وشى** (와샤-)	1.비방하다 2.밀고하다
أوشك (아우샤카)	…할 찰나에 있다	**وشاية** (위샤-야)	1.밀고 2.비방, 중상
وشيك (와쉬-크)	빠른, 신속한	**شية** (쉬야)	1.얼룩, 반점 2.오점, 결함
وشكان (와쉬카-느)	속도, 신속성	**توشية** (타우쉬야)	1.자수 2.무늬, 장식
وشم (와샤마)	1.문신하다 2.표시하다	**واش** (와-쉬)	1.밀고자 2.비방자 3.수예공
وشم (와슈므)	문신	**موشى** (무왓산)	수놓아진, 장식된
وشيمة (와쉬-마)	적대, 적의	**وصب** (와시바)	계속 앓다, 지병이다
وشوش (와쉬와샤)	속삭이다	**وصب** (왓사바)	잡혀 앉다
توشوش (타와쉬와샤)	서로 속삭이다	**وصب** (와사브)	지병, 질환, 만성적인 질환
وشوشة (와쉬와샤)	속삭임, 소곤거림	**واصب** (와-시브)	만성적인, 항시적인

와 우

وصيف (와시-프)	1.하인, 종 2.청년	**وصد** (와사다)	견고하다, 견고해지다
وصيفة (와시-파)	1.하녀 2.처녀 3.궁녀	**أوصد** (아우사다)	닫다, 폐쇄하다
مواصفة (무와-사파)	설명서, 일람표, 작업명세	**وصيد** (와시-드)	문지방
متصف (뭇타시프)	…으로 특징 지워진	**وصاد** (왓사-드)	방직공
مستوصف (무스타우시프)	진료소	**موصد** (무-사드)	닫힌
موصوف (마우수-프)	1.묘사되는 2.처방된	**وصف** (와사파)	1.묘사하다 2.처방을 내리다
وصل (와살라)	1.연결짓다 2.도착하다	**اتصف** (잇타사파)	묘사되다, 서술되다
واصل (와-살라)	1.계속하다 2.우호관계 유지하다	**استوصف** (이스타우사파)	의사 처방을 바라다
أوصل (아우살라)	1.수반하다 2.가설하다(전기를)	**صفة** (시파)	1.특징, 특성, 속성 2.자격 3.수사
توصل (타왓살라)	1.도달하다 2.달성하다	**وصف** (와스프)	1.묘사 2.표식 3.품격, 속성
تواصل (타와-살라)	계속되다, 상호왕래하다	**وصفة** (와스파)	1.설명서, 처방 2.공식(수학에서)

وصولى (우술리 -)	출세주의자	**اتصل** (잇타살라)	1.접촉하다 2.이르다, 도달하다
وصولية (우술리 - 야)	출세주의	**وصل** (와슬)	1.연결, 이음 2.연계 3.재결합(연인들의)
صلة (실라)	1.연결, 관계 2.유대관계 3.고리	**وصل** (와슬)	영수증
توصيل (타우시 - 일)	1.송달(전기) 2.연계 3.연결	**وصل** (우슬)	관절, 매듭, 뼈마디
وصيلة (타우실 - 라)	연결승차요금	**وصلة** (우슬라)	1.연계, 결합 2.연결관
إيصا (이살 - 르)	영수증	**وصلة** (와슬라)	막간휴식(연극 등에서)
تواصل (타와 - 술)	계속, 연속, 지속	**وصيل** (와시 - 일)	1.연결된 2.항상 같이 붙어 다니는
اتصال (잇티사 - 알)	1.연결, 연락 2.지속 3.교제	**وصيلة** (와실 - 라)	1.포목 2.광활한 대지
مواصلة (무와 - 살라)	1.교환 2.계속 3.교차점	**وصلية** (우슬리야)	연결도로
متصل (뭇타실르)	1.연결된 2.인접한 3.연속적인	**وصال** (위살 - 르)	1.연계 2.성적 관계
متواصل (무타와 - 실르)	부단한, 끊임없는	**وصول** (우수 - 울)	1.도착 2.영수, 접수

와
우

موصول (마우수 - 울)	연합된, 연결된	**وصية** (와시 - 야)	1.유언 2.위탁 3.명령
وصم (와사마)	1.망신시키다 2.못쓰게 만들다	**وصاة** (와사 -)	1.지시, 권고 3.유서, 유언
توصم (타왓사마)	불쾌감을 느끼다	**وصاية** (위사 - 야)	1.후견, 보호 2.후견인의 임무
وصم (와슴)	1.수치, 모욕, 창피 2.오점, 흠	**توصية** (타우시야)	1.조언 2.자문 3.추천 4.제안
وصمة (와스마)	치욕의 오점	**موص** (무 - 산)	1.추천된, 소개된 2.유언의
توصيم (타우시 - 므)	불쾌감, 아픈 증세	**موص** (무 - 신)	유언자
وصوص (와스와사)	엿보다(구멍으로)	**وضأ** (왓다아)	씻다, 말끔히 씻다(물로)
وصواص (와스와 - 스)	들여다보는 구멍, 틈새	**توضأ** (타왓다아)	기도 전에 몸을 씻다
وصوصة (와스와사)	주시, 들여다보는 것 (구멍으로)	**وضوء** (와두 - 으)	세수, 몸을 씻는 것
وصى (왓사 -)	1.알선하다 2.유언하다	**وضاءة** (와다 - 아)	청결, 순결
أوصى (아우사 -)	1.추천하다 2.위임하다	**وضاء** (왓다 - 으)	밝은, 빛나는

توضيح (타우디 - 흐)	해설, 해명	**توضؤ** (타왓두우)	몸을 청결하게 하는 것
واضح (와 - 디흐)	1.분명한, 확실한 2.명확한	**وضيء** (와디 - 으)	깨끗한, 순결한
إيضاح (이다 - 흐)	1.해설, 설명 2.발현, 표현	**وضب** (왓다바)	1.정돈하다 2.조정하다, 맞추다
اتضاح (잇티다 - 흐)	1.명백성 2.발현, 발견	**توضب** (타왓다바)	1.정돈되다 2.때리다(죄인을)
استيضاح (이스티다 - 흐)	설명, 해명 요구	**توضيب** (타우디 - 브)	1.정돈, 정렬 2.준비
متضح (무탓디흐)	명백한, 분명한, 확실한	**وضح** (와다하)	명백하다, 밝혀지다
وضع (와다아)	1.천시하다 2.놓다 3.저술하다	**أوضح** (아우다하)	1.밝히다 2.해명하다
وضع (와두아)	1.비열하다 2.소박하다, 겸손하다	**اتضح** (잇타다하)	밝혀지다, 나타나다
توضع (타왓다아)	1.조성되다 2.규정되다	**وضح** (와다흐)	1.빛, 광선 2.새벽, 동틀 무렵
تواضع (타와 - 다아)	겸손하다, 예의가 있다	**وضوح** (와두 - 흐)	1.명백, 명료 2.명확성
اتضاع (잇티다 - 으)	1.겸손, 겸허 2.온순함	**وضاح** (왓다 - 흐)	1.눈부신 2.선명한 3.밝은(얼굴이)

와우

متواضع 1.겸허한 2.별거 아닌 (무타와 - 디으)	**تواضع** 겸손, 겸허, 소박함 (타와 - 두으)
مواضعة 1.형태, 모양 (무와 - 다아) 2.규정한 조건	**واضع** 1.저자, 작가 2.겸손한 (와 - 디으) 3.온순한
موضع 1.장소 2.경우, 행사 (마우디으)	**واضعة** 산모 (와 - 디아)
موضوع 1.규정된 2.시작된 (마우두 - 으) 3.제조된	**وضاعة** 1.선량, 순진 2.얌전함 (와다 - 아) 3.저열함
موضوع 1.주제 2.연구대상 (마우두 - 으) 3.문제의 본질	**وضع** 1.장소 2.설치 3.저술 (와드으)
موضوعية 객관성, 객관주의 (마우두이 - 야)	**وضع** 1.제정 2.모양 3.정세 (와드으)
مواضعات 유사어, 비슷한 말 (무와다아 - 트)	**وضعة** 1.자세, 태도 2.상황 (와드아)
وطىء 1.밟다 (와띠 - 아) 2.성관계를 가지다	**وضعية** 1.정세, 형세 (와드이 - 야) 2.실용주의
وطأ 1.밟다 2.평탄하게 하다 (와따아)	**وضيع** 1.저속한 2.겸손한 (와디 - 으)
واطأ 1.합의하다 (와 - 따아) 2.성관계를 갖다	**متضع** 1.겸손한 2.중요치 않은 (무탓디으)
توطأ 1.밟다 2.합의하다 (타왓따아)	**وضيعة** 1.조세 2.할인 5.손실 (와디 - 아)

와
우

توطيد 1.강화 2.땅을 다지는 것 (타우띄 - 드)	**تواطىء** 1.동의 2.약속, 결탁 (타와 - 뚜이으)
وطيد 견고한, 튼튼한, 굳센 (와띄 - 드)	**توطئة** 1.준비 2.서론, 서문 (타우띄아)
وطس 1.때리다 2.깨뜨리다 (와따사)	**واطىء** 1.낮은 2.최하급의(질이) (와띄 - 으)
تواطس 충돌하다 (타와 - 따사)	**وطاء** 낮은 곳, 저지 (와따 - 으)
وطيس 1.정점, 최고점 2.전투 3.용광로 (와띄 - 스)	**وطأ** 1.밟는 것 2.저지 (와뜨으)
وطن 거주하다, 정착하다, 살다 (와따나)	**وطأة** 1.압력, 억압 2.무게, 중량 (와뜨아)
وطن 버릇을 들이다, 정착하다 (왓따나)	**مواطأة** 합의, 공모, 결탁 (무와 - 따아)
توطن 귀화하다, 시민권을 얻다 (타왓따나)	**موطىء** 1.발자취 2.발판 (마우띄 - 으)
استوطن 1.이주하여 살다 2.영주하다 (이쓰타우따나)	**وطد** 확고하게 하다, 강화하다 (와따다)
استيطان 1.이주, 이사 2.정착 (이쓰티따 - 느)	**وطد** 1.강화하다 2.안정시키다 (왓따다)
وطن 조국, 모국, 고향, 출생지 (와따느)	**توطد** 강화되다, 공고히 되다 (타왓따다)

와
우

وطنية (와따니 - 야)	1.민족주의 2.애국주의	**موظف** (무왓돠프)	1.관리, 공무원, 관료 2.사무원
متوطن (무타왓띠느)	1.풍토병의 3.토박이의	**وعب** (와아바)	포함하다, 포괄하다
موطن (마우띠느)	1.모국 2.출생지 3.난로 4.저장소	**أوعب** (아우아바)	1.포괄하다 2.개입시키다
وظب (와돠바)	정규적으로 …하다, 계속하다	**استوعب** (이쓰타우아바)	이해하다, 수용하다
وظف (왓다파)	1.직책에 임명하다 3.투자하다	**استيعاب** (이쓰티아 - 브)	1.습득, 파악 2.연구 3.용량
واظب (와 - 다바)	1.전력을 다하다 2.종사하다	**وعيب** (와이 - 브)	넓은
توظف (타왓돠파)	1.직무에 임명되다 2.관리되다	**وعث** (와이싸)	걸어가기가 힘들다(도로가)
مواظب (무와 - 딥브)	꾸준한, 완강한	**وعث** (와으쓰)	1.난관 2.거칠은(길 등이)
مواظبة (무와 - 돠바)	확고부동, 열성, 노력	**وعثاء** (와으싸 - 으)	1.고달픔 2.피로, 피곤
توظيف (타우띠 - 프)	1.임명 2.투자	**وعوث** (와우 - 쓰)	1.불행, 고통 2.악
وظيفة (와듸 - 파)	1.직책 2.임금 3.기능 4.일당	**وعد** (와아다)	1.약속하다 2.위협하다

اتعد (잇타아다)	서로 이해하다	**إيعاز** (이아-즈)	1.선동 2.암시 3.제의
توعد (타우아드)	위협, 협박	**وعس** (와아싸)	경험을 하다
واعد (와-이드)	1.약속하는 2.희망적인	**وعساء** (와으싸-으)	모래언덕
وعد (와으드)	약속	**ميعاس** (미아-쓰)	흔적, 영향
وعدة (와으다)	1.기간 2.약속	**وعظ** (와아좌)	1.설교하다 2.훈계하다
وعيد (와이-드)	위협, 협박	**اتعظ** (잇타아좌)	충고를 받아들이다
موعد (마우이드)	1.약속장소 2.약속시간	**واعظ** (와-이즈)	설교자, 훈시자
موعود (마우우-드)	약속된, 지정된	**وعظة** (와으좌)	설교, 교훈, 훈시
ميعاد (미아-드)	1.기한 2.상봉 3.약속	**موعظة** (마우이좌)	교훈, 정신적 훈계
وعز (와아자)	부추기다, 고무하다	**وعق** (와우까)	악하다, 고약하다
اوعز (아우아자)	1.선동하다 2.제의하다	**وعق** (와으끄)	1.악한, 고약한 2.성급한

와
우

وعك (와아카)	1.숨막히다(더위로) 2.건강이 나쁘다
توعك (타왓아카)	편치 않다, 건강이 좋지 않다
توعك (타왓우크)	1.질환, 질병 2.무더위
وعك (와으크)	1.병 2.무더위 3.가벼운 일
وعكة (와으카)	1.불쾌 2.병, 질환
وعيك (와이 - 크)	축적, 집적
متوعك (무타왓이크)	앓은, 몸이 불편한
موعوك (마우우 - 크)	건강치 못한, 아픈
وعى (와아 -)	1.인식하다 2.정신이 들다
أوعى (아우아 -)	1.기억하다 2.이해하다
استوعى (이쓰타우아 -)	1.주의하다 2.외우다
وعى (와으이)	1.주의, 주목 2.의식, 자각
وعاء (위아 - 으)	그릇, 용기
واعية (와 - 이야)	1.의식, 자각 2.각성
وغر (와가라)	격분하다, 노발대발하다
وغر (와가르)	1.악의, 증오 2.적의, 분노
وغل (와갈라)	1.침투하다 2.불청객으로 오다
توغل (타왓갈라)	1.깊이 침투하다 2.빠지다
واغل (와 - 길르)	침입자, 난입자, 불청객
وغل (와글)	1.불청객 2.기생, 기생충
موغل (무와길르)	깊숙이 뿌리내린
وفد (와파다)	도착하다, 방문하다

اوفد (아우파다)	대표로 파견하다	**وفر** (와프르)	1.잉여 2.풍부 3.저축, 저금
توافد (타와 - 파다)	모여들다, 모이다	**وفير** (와피 - 르)	풍부한, 풍요로운
وفد (와프드)	대표단	**وفارة** (와파 - 라)	다량, 풍부, 부유
وفادة (위파 - 다)	도착, 도래	**توفير** (타우피 - 르)	1.풍부 2.절약 3.저축
وافد (와 - 피드)	1.유행의 2.대표, 사절	**وافر** (와 - 피르)	넉넉한, 풍부한, 많은
وافدة (와 - 피다)	유행병, 전염병	**توفر** (타왓푸르)	1.풍요 2.잉여 3.이행
إيفاد (이파 - 드)	1.파견 2.대표	**توافر** (타와 - 푸르)	1.풍족, 다량 2.존재, 현존
وفر (와파라)	1.풍족하다 2.증가하다	**متوافر** (무타와 - 피르)	많은, 풍부한
وفر (왓파라)	1.저축하다 2.절약하다	**متوفر** (무타왓피르)	저축된, 보관된
أوفر (아우파라)	확대하다	**متوفرات** (무타왓피라 - 트)	저금, 저축금
توفر (타왓파라)	1.번성하다 2.몰두하다	**موفور** (마우푸 - 르)	풍부한, 넉넉한, 많은

와우

وفق (와피까)	적절하다, 합당하다, 알맞다
وفق (왓파까)	1.성공을 기원하다 2.성과를 거두다
وافق (와 - 파까)	1.찬성하다 2.일치하다
توفق (타왓파까)	1.도움을 받다(신의) 2.성공하다
توافق (타와 - 파까)	1.일치하다 2.동의하다
اتفق (잇타파까)	1.일치하다 2.조약을 체결하다
وفاق (위파 - 끄)	1.일치 2.적응 3.조화
توفيق (타우피 - 끄)	1.성공 2.번영 3.행운
توافق (타와 - 푸끄)	1.일치 2.상호합의
اتفاق (잇티파 - 끄)	1.일치 2.협정 3.동일성
اتفاقية (잇티파끼 - 야)	협정, 조약
موفق (무왓피끄)	성과가 있는, 성공적인
موافق (무와 - 피끄)	1.찬성하는 2.부합되는
متفق (무탓피끄)	1.일치하는 2.유사한
متفق (무탓파끄)	합의된, 약속된, 일치된
وفى (와파 -)	1.약속을 지키다 2.지불하다, 갚다
أوفى (아우파 -)	1.완불하다 2.완료하다
توفى (타왓파 -)	1.사망하다 2.완성하다
استوفى (이쓰타우파-)	1.만기가 되다 2.종결을 짓다
استيفاء	1.수행, 이행 2.지불, 3.완료
إيفاء (이파 - 으)	1.집행, 이행 2.지불, 지출
وفاء (와파 - 으)	1.수행(약속) 2.지불(부채)

وفاة (와파-)	사망, 죽음, 서거	**وقح** (와까하)	뻔뻔스럽다, 파렴치하다
توفية (타우피야)	1.만족 2.충족	**وقاحة** (와까-하)	1.몰염치 2.철면피
متوفى (무타와판)	사망한, 서거한, 죽은	**وقيح** (와끼-흐)	뻔뻔스러운
موافاة (무와파-)	1.도착, 도래 2.통지	**وقاح** (와까-흐)	무례한, 철면피한
وقت (왓까타)	1.시간을 정하다 2.시간을 배당하다	**وقد** (와까다)	1.타다, 불타다 2.빛나다
توقيت (타우끼-트)	시간의 계산	**أوقد** (아우까다)	점화하다, 태우다
وقت (와끄트)	1.시기 2.시간 3.시기	**توقد** (타왓까다)	불타다, 불붙다
مؤقت (무왓까트)	임시의, 일시적인	**وقدة** (와끄다)	열, 고열
موقت (마우끼트)	기간, 약속시간	**وقاد** (위까-드)	연료
موقوت (마우꾸-트)	일시적인, 임시적인	**إيقاد** (이까-드)	불을 켜는 것, 점화
ميقات (미까-트)	1.기간 2.절기 3.시간표	**موقد** (마우끼드)	아궁, 난로, 화독

와
우

موقود (마우꾸 - 드)	점화된,, 불이 켜진	**موقر** (무왓까르)	존경받는, 경애하는
وقذ (와까다)	허약하게 하다(질환이)	**وقع** (와까아)	1.발생하다 2.위치하고 있다
وقيذ (와끼 - 드)	죽을 병에 걸린	**وقع** (와까아)	악담하다, 헐뜯다, 비방하다
موقوذ (마우꾸 - 드)	죽을 병에 걸린	**وقع** (왓까아)	서명하다, 조인하다
وقر (와꾸라)	신중하다, 위엄이 있다	**واقع** (와 - 까아)	공격하다, 성관계를 갖다
وقر (왓까라)	존경, 존중하다, 숭배하다	**أوقع** (아우까아)	1.빠뜨리다 2.야기시키다
أوقر (아우까라)	부담을 주다, 괴롭히다	**توقع** (타왓까아)	1.예상하다 2.두려워하다
وقار (와까 - 르)	1.존중, 존경 2.위엄	**وقوع** (우꾸 - 으)	1.낙하 2.집행 3.발생
وقر (와끄르)	웅덩이, 오목한 곳	**وقيعة** (와끼 - 아)	1.사건, 사변 2.악담
وقور (우꾸 - 르)	위엄있는, 존경받는	**توقيع** (타우끼 - 으)	서명, 조인 2.등록
توقير (타우끼 - 르)	존경, 존중	**واقع** (와 - 끼으)	현실적인, 위치하고 있는

واقعة (와 - 끼아)	1.사실 2.사건 3.재난
واقعية (와끼이 - 야)	사실주의, 현실주의
توقع (타왓꾸으)	예상, 기대
موقع (마우끼으)	1.장소, 위치 2.현장
موقعة (마우끼아)	교전, 결전, 전투
مواقعة (마와 - 까아)	성교
موقع (무왓까으)	서명된
متوقع (무타왓끼으)	예상하는, 기대하는
وقف (와까파)	1.멈추어서다 2.일어서다
وقف (왓까파)	1.제지하다 2.재물을 기증하다
أوقف (아우까파)	1.정지시키다 2.해고하다
توقف (타왓까파)	1.근거하다 2.의존하다
تواقف (타와 - 까파)	서로 맞서다, 대응하다
استوقف (이쓰타우까파)	제지하다, 저지시키다
وقف (와끄프)	1.정지 2.기립 3.헌납
وقف (와끄프)	성원의 부동산
وقفة (와끄파)	1.정지 2.체류 3.자세
وقوف (우꾸 - 프)	1.기립 2.정지 3.교제
وقيف (와끼 - 프)	감시자, 관찰자
وقفية (와끄피 - 야)	헌납제도, 와카프제도
إيقاف (이까 - 프)	1.정지 2.억류 3.해임 4.체포
توقف (타왓꾸프)	정지, 정차, 중지, 멈춤

توقيف (타우끼-프)	1.정지 2.억류, 제지	**اتقوى** (타끄와-)	1.신을 두려워함 2.경건함
واقف (와-끼프)	1.서 있는 2.방관자	**اتقاء** (잇티까-으)	1.정당방위 2.두려움
موقف (마우끼프)	1.입장 2.정거장 3.주차장	**وكأ** (와카아)	기대다, 기대어 서다
موقوف (마우꾸-프)	1.의존된 2.기증된	**اتكاء** (잇티카-으)	의지하는, 기대는
متوقف (무타왓끼프)	1.멈춰서는 2.의존하는	**متكأ** (무탓카으)	1.기둥 2.안락의자
وقى (와까-)	1.예방하다 2.옹호하다	**متكىء** (뭇타키-으)	의지하는, 기대는
توقى (타왓까-)	1.주의하다 2.피하다	**وكب** (와카바)	천천히 걸어가다, 행진하다
اتقى (잇타까-)	1.조심하다 2.무서워하다	**واكب** (와-카바)	1.행렬을 따라가다 2.안내하다
وقاية (위까-야)	1.보호, 수호 2.예방	**موكب** (마우키브)	행렬, 행진
وقاية (왓까-야)	보호덮개	**مواكبة** (마와-카바)	호송, 호위, 경호
تقى (투깐)	심중성, 조심성, 경계, 주의	**وكد** (와카다)	1.자리잡다 2.목표를 세우다

와 우

وكد 1.목표, 목적 2.노력, 시도
(와크드)

وكيد 1.확실한 2.적극적인
(와키 - 드)

توكيد 1.강조 2.재확인, 확신
(타우키 - 드)

موكد 확실한, 분명한
(무왓카드)

متوكد 확실한, 분명한
(무타왓키드)

وكس 인하하다(가격을), 낮추다
(와카싸)

وكس 1.가격의 인하 2.손해, 손실
(와크쓰)

وكل 1.위임하다 2.기대하다
(와칼라)

وكل 1.권한을 위임하다 2.위탁하다
(왓칼라)

أوكل 의지하다, 의탁하다
(아우칼라)

توكل 위임장을 받다, 위탁하다
(타왓칼라)

تواكل 서로 의지하다
(타와 - 칼라)

وكل 약한, 힘없는, 허약한
(와칼르)

وكيل 대리인, 부책임자
(와키 - 일)

وكالة 대리, 대표권, 대리점
(위칼 - 라)

توكيل 1.위임장 2.전권, 대표권
(타우키 - 일)

تكاول 1.자신감 2.상호신뢰
(타카 - 울르)

توكل 1.전권위임 2.기대 3.신에 의탁
(타왓쿨르)

تواكل 의지, 의탁(타인에게)
(타와 - 쿨르)

اتكالية 신앙 철학
(잇티칼리 - 야)

موكل 전권을 위임하는
(무왓킬르)

متكل 의거하는, 의지하는
(뭇타킬르)

ولدة (왈르다)	해산	**ولج** (왈라자)	들어서다, 들어가다
ولدان (왈다 - 느)	아이들, 어린이들	**وليجة** (왈리 - 자)	1.죽마고우 2.깊이
ولدنة (왈다나)	유년시절, 어린 시절	**ولوج** (울루 - 즈)	관통, 들어감
ولود (왈루 - 드)	번식력이 강한, 다산하는	**إيلاج** (일라 - 즈)	도입, 삽입
ولودية (울루디 - 야)	유년시절	**لجة** (라자)	관통, 침투
وليد (울라이드)	어린아이, 꼬마	**مولج** (마울리즈)	입구
وليدة (왈리 - 다)	1.소년 2.아이 3.결말	**ولد** (왈라다)	1.출산하다 2.생산하다
ولادة (윌라 - 다)	1.출생, 탄생 2.출산	**تولد** (타왈라다)	1.태어나다 2.발생되다
توليد (타울리 - 드)	전기생산	**توالد** (타왈 - 라다)	태어나다, 출생하다
والد (왈 - 리드)	1.낳는 2.아버지	**استولد** (이쓰타울라다)	번식시키다 (박테리아를)
والدة (왈 - 리다)	어머니	**ولد** (왈라드)	1.자식 2.어린애 3.자손

والدى (왈리디 -)	부모의, 어버이의	**ولس** (왈라쓰)	기만, 속임, 협잡
مولد (마울리드)	1.출생지 2.출생 3.생일	**موالسة** (무왈 - 라사)	사기, 기만, 허위
مولد (무왈리드)	1.조산원 2.산부인과 의사	**ولع** (왈리아)	1.매혹되다 2.하고싶어하다
مولد (무왈라드)	혼혈아	**ولع** (왈라아)	1.유혹하다 2.불을 붙이다
مولدة (무왈리다)	산파, 조산원	**تولع** (타왈라아)	1…에 미치다 2.불타다
مولود (마울루 - 드)	출생한, 탄생한	**ولع** (왈리으)	사랑에 미친, 열애에 빠진
مولود (마울루 - 드)	1.애기 2.탄생 3.생일	**ولع** (왈라으)	열렬한 사랑, 유혹, 열중
ميلاد (밀라 - 드)	1.출생, 탄생 2.생일	**ولوع** (왈루 - 으)	사랑에 빠진, 반한
مستولد (무쓰타울라드)	산파	**ولوع** (울루 - 으)	사랑, 열정
ولس (왈라싸)	속이다, 기만하다	**ولاعة** (왈라 - 아)	라이터, 점화기
أولس (아울라싸)	왜곡하다	**تولع** (타왈루으)	1.열렬한 사랑 2.열정

와 우

وَلَفَ (왈라파)	1.협조하다. 2.보호하다.	**تَوَلُّه** (타왈루흐)	얼빠짐, 정신나감
وَالَفَ (왈 - 라파)	친하다, 사이가 좋다	**مُتَوَلِّه** (무타왈리흐)	당황, 혼란
وِلْف (왈르프)	1.친구, 동료 2.배우자	**وَلِيَ** (왈라)	1.인접하다 2.연속되다
تَوْلِيف (타울리 - 프)	비호	**وَلِيَ** (왈리아)	1.다스리다 2.관리하다
تَوْلِيفَة (타울리 - 파)	혼합, 뒤섞음	**وَلَّى** (왈라)	1.부여하다 2.임명하다 3.맡기다
وَلَمَ (왈라마)	베풀다(연회를)	**وَالَى** (왈라 -)	화목하게 지내다
وَلِيمَة (왈리 - 마)	1.연회 2.파티	**تَوَلَّى** (타왈라 -)	지도자가 되다
وَلِهَ (왈리하)	넋을 잃다, 얼빠지다	**اِسْتَوْلَى** (이쓰타왈라 -)	소유하다, 점유하다
أَوْلَهَ (아울라하)	혼란시키다	**وَلِيّ** (왈리 -)	1.후원자, 후견인 2.성인, 성자
تَوَلَّهَ (타왈라하)	혼란되다, 넋을 잃다	**وَلِيَّة** (왈리 - 야)	1.성인 2.여성 3.노파(여성)
وَالِه (왈 - 리흐)	혼란된, 넋을 잃은, 얼빠진	**وَلَاء** (왈라 - 으)	1.충성 2.근접 3.연속성

ولاية (윌라 - 야)	1.통치 2.소국 3.주(연방의)	**هبة** (히바)	선물, 희사, 증여
أولوية (아울라위 - 야)	우선권, 제일먼저 해야 할 일	**ايهاب** (이하 - 브)	증여, 기증
استيلاء (이쓰틸라 - 으)	점령, 점유, 소유	**وهم** (와하마)	공상하다, 상상하다
ومس (와마싸)	비비다, 마찰하다	**أوهم** (아우하마)	1.추측하다 3.기소하다
أومس (아우마싸)	창녀가 되다	**اتهم** (잇타하마)	1.기소하다 2.혐의를 두다
مومسة (무 - 미싸)	창녀	**وهم** (와흠)	1.환상, 상상, 공상
ومق (와미까)	사랑하다	**وهمية** (와하미 - 야)	1.추측 2.환상 3.상상
مقة (밋까)	사랑	**واهم** (와 - 힘)	1.환상적인 2.실수하는
موموق (마우무 - 꼬)	1.사랑하는 2.염원하는	**واهمة** (와 - 히마)	환상, 상상, 상상력
وهب (와하바)	1.희사하다 2.선사하다	**إيهام** (이하 - 므)	기만, 속임
وهبة (와흐바)	1.기부, 희사 2.팁, 하사금	**تهمة** (투흐마)	1.의심 2.기소, 고발, 고소

와우

اتهام 기소, 비난, 고소 (잇티하 - ㅁ)	**ويل** 1.슬픔, 비애, 불행 2.멸망 (와일)
اتهامية 기소 (잇티하미 - 야)	**ويلة** 1.슬픔, 비애 2.수치 (와일라)
توهم 1.상상, 공상 2.예상 (타와흐함)	
موهوم 1.환상적인 2.불안한 (마우후 - ㅁ)	
متهم 1.비난하는 2.고발자 (뭇타힘)	
متهم 1.고발된 2.혐의를 받은 (뭇타함)	
وهن 허약하다, 힘이 없다 (와하나)	
وهن 연약성, 허약 (와흔)	
وهين 십장, 직공장, 감독 (와히 - ㄴ)	
موهون 약해진, 쇠약해진 (마우후 - ㄴ)	
ويك 당신에게 재앙이 있을 것이라! (와이카)	

(야 : الياء)

يا نصيب (야 나시 - 브)	복권, 추첨	يأس (야으쓰)	실망, 절망
ياخور (야쿠 - 르)	마구간, 외양간	يَئُوس (야우 - 쓰)	희망을 잃은, 절망적인
يازرجة (야 - 지르자)	점성학	يبس (야비싸)	마르다
يافطة (야 - 프따)	간판, 문패	أيبس (아이바싸)	말리다, 건조시키다
يافوخ (야푸 - 크)	1.꼭대기, 정점 2.정수리	يبس (야바쓰)	가뭄, 한발
ياقوت (야꾸 - 트)	보석	يبوسة (유부 - 싸)	가뭄
ياما (야마 -)	얼마나 많이	يابس (야 - 비쓰)	마른, 메마른
يئس (야이싸)	절망하다, 실망케 하다	يابسة (야 - 비싸)	땅, 육지
يائس (야 - 이쓰)	희망을 잃은, 절망적인	يتم (야타마)	고아다가 되다
يآسة (야 - 싸)	실망, 절망	تيتم (타얏타마)	고아가 되다
		يتيم (야티 - 므)	1.고아 2.무적의

ياسر (야 - 싸라)	1.점잖게 대하다 2.왼쪽으로 가다	ميتم (마이탐)	1.고아원
أيسر (아이싸라)	1.부유하다 2.성공하다 3.번영하다	ميتم (무얏타므)	1.고아가 된 2.장례식
تيسر (타얏사라)	1.쉽다, 가능하다 2.성공하다	يد (야드)	1.손 2.팔 3.권력 4.지원
تياسر (타야 - 싸라)	왼편으로 가다	يرقان (야르까 - 느)	1.황달병 2.애벌레, 유충
يسر (야싸르)	쉬운, 용이한	يرقة (야라까)	유충, 애벌레
يسر (유쓰르)	1.부유함 2.성공	يرقانة (야라까 - 나)	유충, 애벌레
يسرى (유쓰라 -)	왼손	ميروق (마이루 - 끄)	황달병에 걸린
يسير (야씨 - 르)	1.쉬운 2.포로 3.노예	يسر (야씨라)	쉽다, 용이하다
يسار (야싸 - 르)	1.부유 2.왼쪽 3.번성	يسر (야쑤라)	1.편리하다 2.보잘 것 없다
يسارية (야싸리 - 야)	좌익, 좌경적 편향	يسر (야싸라)	도박하다
أيسر (아이싸르)	1.왼쪽의 2.좌경의	يسر (얏싸라)	쉽게 하다, 간편하게 하다

야

تيسر (타얏쑤르)	1.쉬운 것 2.개화, 번영	**يفخ** (야파카)	정수리를 때리다
موسر (무와씨르)	풍부한, 유족한, 넉넉한	**يافوخ** (야푸-크)	1.어린애의 머리 2.정수리
ميسر (마이씨르)	도박, 노름	**يفظة** (야프좌)	간판, 문패
ميسرة (마이싸라)	1.왼쪽 2.좌익 3.쉬움	**يفع** (야파아)	성숙하다, 어른이 되다
ميسور (마이쑤-르)	1.쉬운 2.행운의	**يفع** (야파으)	젊은이, 청년
ميسر (무얏싸르)	1.성공적인 2.부유한 3.간편한	**يفاع** (야파-으)	언덕, 둔덕
متيسر (무타얏씨르)	1.용이한 2.부유한	**يفاعة** (야파-아)	성숙, 성장
يسوع (야쑤-으)	예수	**يافع** (야-피으)	1.성장한 2.젊은이
يعقوب (야으꾸-브)	야곱	**يافعات** (야피아-트)	어려운 일, 어려운 문제
يغم (얏가마)	약탈하다, 훔쳐가다	**ياقوت** (야꾸-트)	강옥, 금강사
يغمة (야그마)	전리품, 노획물, 약탈물	**يقظ** (야끼좌)	깨어있다, 경각하고 있다

야

يقين (야끼-느)	1.믿음, 신념 2.확신성	**أيقظ** (아이까좌)	깨우다, 각성시키다
يقينيات (야끼니야-트)	반박할 수 없는 사실	**تيقظ** (타얏까좌)	경각심을 갖다, 조심하다
إيقان (이까-느)	신념, 확신	**استيقظ** (이스타이까좌)	잠을 깨다, 각성시키다
موقن (무-끼느)	확고한, 확실한	**يقظ** (야끼즈)	경각성 있는
متيقن (무타야끼느)	확고한, 확실한	**يقظة** (야끄좌)	1.밤을 지새우는 것 2.경각성
يكون (야쿠-느)	계, 합계	**يقظان** (야끄좌-느)	1.잠을 자지 않는 2.주의 깊은
يمم (얌마마)	…로 가다, …로 향하다	**ايقاظ** (이까-즈)	1.깨움 2.각성
تيمم (타얌마마)	시도하다, 의도하다	**تيقظ** (타얏꾸즈)	경각성, 주의
يمامة (야마-마)	야생비둘기, 산비둘기	**استيقاظ** (이스티까-즈)	1.잠을 깨움 2.조심
يمن (야무나)	행운이 있다, 행복해지다	**يقن** (야끼나)	확신하다, 확실하다
تيمن (타얏마나)	좋은 징조를 보이다	**استيقن** (이스타이까나)	확신하다, 굳게 믿다

야

يمن (야문)	1.행운, 길조 2.번성, 성공	**يهودية** (야후디 - 야)	1.유대교 2.유대이즘
يمن (야마느)	1.오른쪽 2.오른손	**يوبيل** (유비 - 일)	50주년 기념일 유대인들
يمين (야미 - 느)	맹세, 선서	**يوسف** (유 - 스프)	요셉유태인들
أيمن (아이마느)	1.오른쪽의 2.행운이 잇는	**ياوم** (야 - 와마)	날품팔이 하다
تيمن (타얌무느)	길조, 좋은 징조	**يوم** (야움)	1.날 2.한 주야 3.때
ميمنة (마이마나)	1.오른쪽 2.우군 3.번영	**يومية** (야우미 - 야)	1.일기장 2.하루 식량
ميمون (마이무 - 느)	1.행운이 있는, 축복받은	**يوميات** (야우미야 - 트)	매일 소식
ينبوع (얀부 - 으)	샘터, 원천, 근원, 시원	**مياومة** (무야 - 와마)	1일 작업, 1일 노동
ينع (야나아)	성숙하다, 잘 익다, 여물다	**يونس** (유니스)	돌고래 1일 작업
ينع (야니 - 으)	1.성숙한, 잘 익은 2.붉은		
يهود (야후 - 드)	유대인들		

야

قاموس كوري – عربي

한국어-아랍어
입문소사전

최영길 편저

외국어도서전문
1945
문예림

서문

    아랍어는 현재 22개 아랍 국가들의 모국어이자 이들 국가들로 구성된 아랍연맹의 공식 언어이며 유엔의 6대 공용어 가운데 하나입니다. 또한 57개국 이슬람 국가들로 구성된 이슬람회의기구의 공용어이자 전 세계 16억 무슬림들의 종교와 예배의 언어이기도 합니다.

    아랍인들과의 만남에 있어서 아랍어를 활용하면 그 효과가 배가 된다는 것은 아랍 지역 전문가들의 일치된 견해일 뿐만 아니라 그곳을 자주 드나드는 분들의 공통된 경험입니다.

    아랍어를 전혀 모르는 분까지도 간편하게 사용할 수 있는 필수적인 단어들과 간단하고도 실용적인 예문을 중심으로 본서를 준비하였습니다. 또한 본서는 한국어를 전혀 모르는 아랍인들까지도 한국어를 말하고 공부할 수 있도록 배려하였습니다.

    본서를 통해 한국인은 아랍어를 쉽게 말하고 아랍인은 한국어를 쉽게 습득하여 한국과 아랍 상호간의 대화와 교류에 보탬이 되기를 기원하면서 본서의 편찬을 독려해주시고 출간하여 주신 문예들 서덕일 사장님께 감사드립니다.

2012년 3월 10일
편찬자

차례

서문	3
모음기호와 명칭, 음가	5
ㄱ	17
ㄴ	41
ㄷ	48
ㄹ	59
ㅁ	61
ㅂ	72
ㅅ	85
ㅇ	107
ㅈ	140
ㅊ	157
ㅋ	163
ㅌ	166
ㅍ	169
ㅎ	172
부록	180

모음기호, 명칭, 음가

1. ﹷ (아)

명칭은 파트해(**الفتحة**)이며 한국어 모음의 (아, ㅏ)에 해당한다.

2. ﹹ (우)

명칭은 담매(**الضمة**)이며 한국어 모음의 (우, ㅜ)에 해당한다.

3. ﹻ (이)

명칭은 카스라(**الكسرة**)이며 한국어 모음의 (이, ㅣ)에 해당한다.

장모음

아랍어 28개 철자 중에서 (아), (우), (이) 3개 철자가 장모음 기능을 한다.

1. ا (아~)

명칭은 알리프(**الألف**)이며 (아) 장모음이다.

2. و (우~)

명칭은 와우(**الواو**)이며 (우) 장모음이다.

3. ي (이~)

명칭은 야(**الياء**)이며 (이) 장모음이다.

철자와 명칭 음가와 발음

1. 함자 (الهمزة)

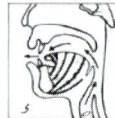

목구멍 깊숙이 가슴 쪽에서 기도를 닫았다가 갑자기 열릴 때 나는 소리로 한국어 음가의 이응(ㅇ)에 가깝다. 함자(ء)는 알리프(ا)의 위에 또는 아래, 와우(و) 위에, 또는 독립적으로 올 때인데 함자와 알리프를 구별해서 아랍어 철자를 29개로 보는 학자도 있으나 함자와 알리프를 합쳐 28개 철자로 보는 것이 보편적이다.
함자(الهمزة)의 한국어 음가는 **이응(ㅇ)** 으로 표기하였다.

※ 모음기호의 음가에 따라 다음을 읽으시오.

إِ	أُ	أَ	آ	أُوْنِي	أَ	إِ	أَ
(으)	(이)	(우)	(아)	*장모음 붙여 읽기	어미형	중간형	머리형 독립형

2. 바 (الباء)

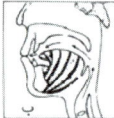

입술을 다물었다가 열면서 입술 가까이서 발음된다.
바(الباء)의 음가는 **비읍(ㅂ)** 으로 표기하였다.

※ 모음기호의 음가에 따라 다음을 읽으시오.

بْ	بِ	بُ	بَ	با بو بي	بْ	بِ	بُ بَ
(브)	(비)	(부)	(바)	*장모음 붙여 읽기	어미형	중간형	머리형 독립형

3. 타 (التاء)

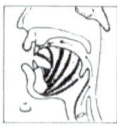

혀 끝 윗부분을 위 잇몸에 댄 후 혀끝을 일어내며 발음한다.
타(التاء)의 한국어 음가는 **티읕(ㅌ)** 으로 표기하였다.

※ 모음기호의 음가에 따라 다음을 읽으시오.

| (트) | (티) | (투) | (타) | • 장모음 붙여 읽기 | 어미형 | 중간형 | 머리형 | 독립형 |

4. 싸 (الثاء)

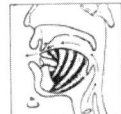

혀 끝 윗부분을 위 앞니 끝에 마찰시켜 내는 소리로 기도를 막고 혀 끝은 윗니와 아랫니 사이에 넣어 발음한다. 영어 through 발음에서 th 발음과 비슷하다.
싸(ث)의 한국어 음가는 쌍시옷(ㅆ) 으로 표기하였다.

※ 모음기호의 음가에 따라 다음을 읽으시오.

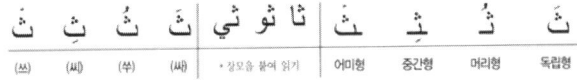

| (쓰) | (씨) | (쑤) | (싸) | • 장모음 붙여 읽기 | 어미형 | 중간형 | 머리형 | 독립형 |

5. 짐 (الجيم)

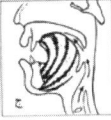

혀 중간 부분을 입천장에 마찰시켜 발음한다.
짐(ج)의 한국어 음가는 지읒(ㅈ) 으로 표기하였다.

※ 모음기호의 음가에 따라 다음을 읽으시오.

| (즈) | (지) | (주) | (자) | • 장모음 붙여 읽기 | 어미형 | 중간형 | 머리형 | 독립형 |

6. 하 (الحاء)

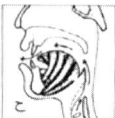

목구멍 중간 부분에서 목의 양쪽을 마찰시켜 발음한다.
하(الحاء)의 한국어 음가는 하흘(ㅎ)으로 표기하였다.

※ 모음기호의 음가에 따라 다음을 읽으시오.

خَ	حِ	حُ	حَ		حَ	حُ	حِ	خَ
(호)	(히)	(후)	(하)	※ 장모음 붙여 읽기	어미형	중간형	머리형	독립형

حا حو حي

7. 카 (الخاء)

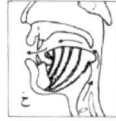

목 젖 부근에서 앞서 소개한 하(الحاء)보다 강하게 목젖을 진동시켜 강하게 발음한다. 한국인들이 크기 등을 과장해서 '커다란'이라고 말할 때, 또는 가래를 뱉으려 할 때 나오는 발음과도 유사하다.
캐(الخاء)의 한국어 음가는 카흘(ㅋ)으로 표기하였다.

※ 모음기호의 음가에 따라 다음을 읽으시오.

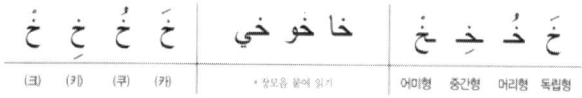

خَ	خِ	خُ	خَ		خَ	خُ	خِ	خَ
(크)	(키)	(쿠)	(카)	※ 장모음 붙여 읽기	어미형	중간형	머리형	독립형

خا خو خي

8. 달 (الدال)

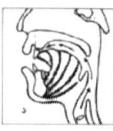

혀의 윗부분을 위 잇몸에 접착시켜 발음한다.
달(الدال)의 한국어 음가는 디귿(ㄷ)으로 표기하였다.

※ 모음기호의 음가에 따라 다음을 읽으시오.

دَ	دِ	دُ	دَ	دا دو دي	دَ	دِ	دُ	دَ
(드)	(디)	(두)	(다)	• 장모음 붙여 읽기	어미형	중간형	머리형	독립형

9. 잘 (الذال)

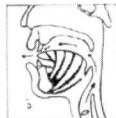

혀끝을 윗 앞니 끝에 접촉시켜 발음한다. 한국어의 (ㅈ)과 다글(ㄷ) 사이의 중간 발음이며 영어의 the 에서 th 발음과 유사하다.
잘(الذال)의 한국어 음가는 지읒(ㅈ) 으로 표기하였다.

※ 모음기호의 음가에 따라 다음을 읽으시오.

ذَ	ذِ	ذُ	ذَ	ذا ذو ذي	ذَ	ذِ	ذُ	ذَ
(즈)	(지)	(주)	(자)	• 장모음 붙여 읽기	어미형	중간형	머리형	독립형

10. 라 (الراء)

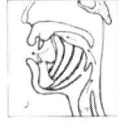

혀 끝을 입천장 앞부분에 혀가 닿지 않은 상태로 진동시켜 나는 소리다.
래(الراء)의 한국어 음가는 리을(ㄹ) 로 표기하였다.

※ 모음기호의 음가에 따라 다음을 읽으시오.

رَ	رِ	رُ	رَ	را رو ري	رَ	رِ	رُ	رَ
(르)	(리)	(루)	(라)	• 장모음 붙여 읽기	어미형	중간형	머리형	독립형

철자와 명칭 음가와 발음

1. 자이 (الزاي)

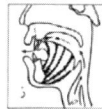

혀 끝을 앞니 끝까지 접근시킨 후 그 사이로 공기가 나갈 수 있도록 혀를 당기면서 내는 소리다. 영어의 'z' 발음과 유사하다.
자이(الزاي)의 한국어 음가는 **지읒(ㅈ)** 으로 표기하였다.

* 모음기호의 음가에 따라 다음을 읽으시오.

زَ	زُ	زِ	زْ	زَا زُو زِي	زْ	زِ	زُ	زَ
(즈)	(지)	(주)	(자)	• 장모음 붙여 읽기	어미형	중간형	머리형	독립형

2. 씬 (السين)

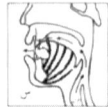

혀 끝을 위 앞니 잇몸에서 약간 뜬 상태에서 발음한다.
씬(السين)의 한국어 음가는 **쌍시옷(ㅆ)** 으로 표기하였다.

* 모음기호의 음가에 따라 다음을 읽으시오.

سَ	سُ	سِ	سْ	سَا سُو سِي	سْ	سِ	سُ	سَ
(쓰)	(씨)	(쑤)	(싸)	• 장모음 붙여 읽기	어미형	중간형	머리형	독립형

3. 쉰 (الشين)

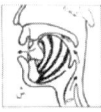

혀 끝과 중간 부분을 입천장 상단에 마찰시켜 발음한다. 한국어의 '쉰' 에서 나는 음가와 비슷하다.
쉰(الشين)의 한국어 음가는 **시옷(ㅅ)** 으로 표기하였다.

※ 모음기호의 음가에 따라 다음을 읽으시오.

شَ	شُِ	شُ	شَ	شا شو شي	شَ شُِ شُ شَ
(쉬)	(쉬)	(슈)	(샤)	• 장모음 붙여 읽기	어미형 중간형 머리형 독립형

14. 솨드 (الصاد)

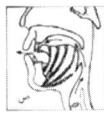

혀 끝을 위 앞니 잇몸에 일치시켜 앞의 씬(السين)을 발음할 때보다 강하게 발음한다. 영어 sun을 발음 할 때 나는 소리와 유사하다.
솨드(الصاد)의 한국어 음가는 사옷(ㅅ) 으로 표기하였다.

※ 모음기호의 음가에 따라 다음을 읽으시오.

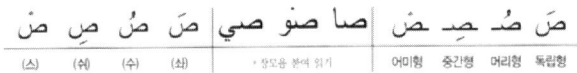

صَ	صُِ	صُ	صَ	صا صو صي	صَ صُِ صُ صَ
(스)	(쉬)	(수)	(솨)	• 장모음 붙여 읽기	어미형 중간형 머리형 독립형

15. 돠드 (الضاد)

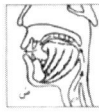

혀의 한 쪽, 주로 왼쪽 부분을 위 어금니에 붙여 발음한다. 영어 dawn의 d 발음과 유사하다. 돠드(الضاد)의 한국어 음가는 디귿(ㄷ) 으로 표기하였다.

※ 모음기호의 음가에 따라 다음을 읽으시오.

ضَ	ضُِ	ضُ	ضَ	ضا ضو ضي	ضَ ضُِ ضُ ضَ
(드)	(듸)	(두)	(돠)	• 장모음 붙여 읽기	어미형 중간형 머리형 독립형

16. 똬 (الطاء)

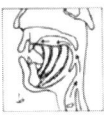

혀 끝 윗부분을 위 앞니 잇몸에 접촉시켜 발음한다.
똬(الطاء)의 한국어 음가는 쌍디귿(ㄸ) 으로 표기하였다.

※ 모음기호의 음가에 따라 다음을 읽으시오.

ظِ ظُ ظِ ظَ	ظِي ظُو ظَا طي طو طا	ظ ـظ ـظـ ـظ ظ
(뜨) (뛰) (뚜) (똬)	* 장모음 붙여 읽기	어미형 중간형 머리형 독립형

17. 좌 (الظاء)

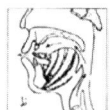

혀 끝 윗부분을 위 앞니 끝부분에 접촉시켜 발음한다.
좌(الظاء)의 한국어 음가는 지읒(ㅈ) 으로 표기하였다.

※ 모음기호의 음가에 따라 다음을 읽으시오.

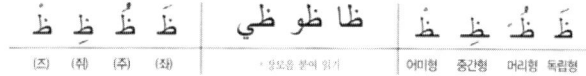

| (즈) (쥐) (주) (좌) | * 장모음 붙여 읽기 | 어미형 중간형 머리형 독립형 |

18. 아인 (العين)

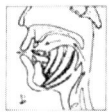

앞서 설명한 해(ح)보다도 더 깊은 목구멍 중간부분에서 나오는 발음이다.
아인(العين)의 한국어 음가는 이응(ㅇ) 으로 표기하였다.

※ 모음기호의 음가에 따라 다음을 읽으시오.

| (으) (이) (우) (아) | * 장모음 붙여 읽기 | 어미형 중간형 머리형 독립형 |

19. 가인 (الغين)

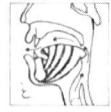

앞서 소개한 캐(خ)를 발음할 때보다 약간 깊은 목젖 부근에서 목의 양쪽을 마찰시켜 내는 소리다. 양치질 할 때 목을 물로 가시는 소리와 비슷하다.
가인(الغين)의 한국어 음가는 기역(ㄱ) 으로 표기하였다.

✱ 모음기호의 음가에 따라 다음을 읽으시오.

غَ	غُ	غِ	غَ	غِي غُو غَا	ـغَ ـغِ ـغُ ـغَـ	غَ غِ غُ غَـ
(그)	(기)	(구)	(개)	✱ 장모음 붙여 읽기	어미형 중간형	머리형 독립형

20. 파 (الفاء)

아래 입술을 윗니 끝부분과 접촉시켜 내는 소리로 영어 f 발음이 이와 유사하다.
파(الفاء)의 한국어 음가는 피읖(ㅍ) 으로 표기하였다.

✱ 모음기호의 음가에 따라 다음을 읽으시오.

فَ	فُ	فِ	فَ	فِي فُو فَا	ـفَ ـفِ ـفُ ـفَـ	فَ فِ فُ فَـ
(프)	(피)	(푸)	(파)	✱ 장모음 붙여 읽기	어미형 중간형	머리형 독립형

21. 까프 (القاف)

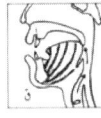

혀를 목젖 부근으로 잡아당겨 내는 소리로 카프(الكاف)보다 앞쪽에서 발음한다.
까프(القاف)의 한국어 음가는 쌍기역(ㄲ) 으로 표기하였다.

✱ 모음기호의 음가에 따라 다음을 읽으시오.

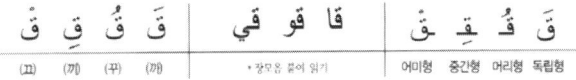

قَ	قُ	قِ	قَ	قِي قُو قَا	ـقَ ـقِ ـقُ ـقَـ	قَ قِ قُ قَـ
(끄)	(끼)	(꾸)	(까)	✱ 장모음 붙여 읽기	어미형 중간형	머리형 독립형

22. 카프 (الكاف)

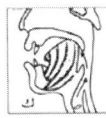

혀를 목젖 부분으로 잡아당겨 발음하다. 까프(القاف)보다 가볍게 발음되며 목구멍 깊숙이서
나오는 소리로 '칼' 을 발음 할 때의 발음과 유사하다.
카프(الكاف)의 한국어 음가는 키읔(ㅋ) 으로 표기하였다.

★ 모음기호의 음가에 따라 다음을 읽으시오.

كْ	كُ	كِ	كَ	كا كو كي	كَ كِ كُ كْ	어미형 중간형 머리형 독립형
(크)	(키)	(쿠)	(카)	• 장모음 붙여 읽기		

23. 람 (اللام)

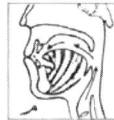

혀 끝을 위 앞니 잇몸 약간 안쪽에 접착시켜 래(ㄹ)를 발음할
때보다 여리게 발음한다. 한국어 '빨리 빨리'를 발음할 때 나는 소리와 유사하다.
람(اللام)의 한국어 음가는 **리을(ㄹ)**로 표기하였다.

★ 모음기호의 음가에 따라 다음을 읽으시오.

لْ	لُ	لِ	لَ	لا لو لي	لَ لِ لُ لْ	어미형 중간형 머리형 독립형
(르)	(리)	(루)	(라)	• 장모음 붙여 읽기		

24. 밈 (الميم)

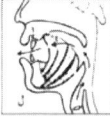

양쪽 입술을 붙여서 발음한다.
밈(الميم)의 한국어 음가는 **미음(ㅁ)**으로 표기하였다.

★ 모음기호의 음가에 따라 다음을 읽으시오.

مْ	مُ	مِ	مَ	ما مو مي	مَ مِ مُ مْ	어미형 중간형 머리형 독립형
(므)	(미)	(무)	(마)	• 장모음 붙여 읽기		

25. 눈 (النون)

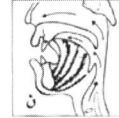

혀 끝을 이 앞니 잇몸에 붙여 발음한다.
눈(النون)의 한국어 음가는 니은(ㄴ) 으로 표기하였다.

※ 모음기호의 음가에 따라 다음을 읽으시오.

نْ	نُ	نِ	نَ	نا نو ني	نْ نِ نُ نَ
(ㄴ)	(니)	(누)	(나)	• 장모음 붙여 읽기	어미형 중간형 머리형 독립형

26. 하 (الهاء)

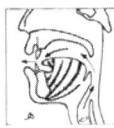

목구멍 가장 깊은 곳에서 가장 약하게 발음되는 후음이다.
해(الهاء)의 한국어 음가는 히읗(ㅎ) 으로 표기하였다.

※ 모음기호의 음가에 따라 다음을 읽으시오.

ةْ	ةُ	ةِ	ةَ	ها هو هي	هْ هِ هُ هَ
(흐)	(히)	(후)	(하)	• 장모음 붙여 읽기	어미형 중간형 머리형 독립형

27. 와우 (الواو)

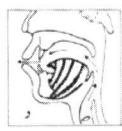

입 주둥이를 한데 모아 벌렸다가 다시 오므리면서 발음한다.
와(الواو)의 한국어 발음은 이응(ㅇ) 으로 표기하였다.

✽ 모음기호의 음가에 따라 다음을 읽으시오.

وَ	وُ	وِ	وَ		어미형	중간형	머리형	독립형
(우)	(위)	(우)	(와)	• 장모음 붙여 읽기				

28. 야 (الياء)

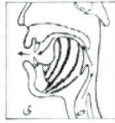

혀 뒤의 부분을 입천장 가까이 한 상태에서 발음한다.
야(ي)의 한국어 음가는 이응(ㅇ)으로 표기하였다.

✽ 모음기호의 음가에 따라 다음을 읽으시오.

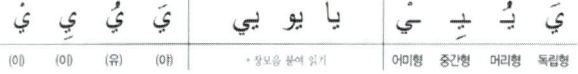

يَ	يُ	يِ	يَ		어미형	중간형	머리형	독립형
(이)	(이)	(유)	(야)	• 장모음 붙여 읽기				

가게 ga-ge	**دكان** 둑카-눈	가끔 ga-ggeum	**أحيانا** 아흐야-난
가격 ga-gyeok	**ثمن** 싸마눈	가난한 ga-nan-han	**فقير** 파끼-룬
가구 ga-gu	**أثاث** 아싸-쑨	가느다란 ga-neu-da-ran	**رقيق** 라끼-꾼
가구가 비치된 gagu-ga bi-chi-doen	**مفروش** 마프루-슌	가능한 ga-neung-han	**ممكن** 뭄킨
가까운 ga-gga-un	**قريب** 까리-분	가득한 ga-deuk-han	**ملىء** 말리-운

그 가게가 근처에 있습니까?

هل الدكان قريب؟
할 앗둑카-누 까립-?

가격을 좀 깎아주세요

خفف شوية
캅피프 슈와이야

최종 가격으로 얼마입니까?

آخر الكلام بكم؟
아-키르 알칼람- 비캄?

가능합니까?

ممكن؟
뭄킨?

네, 가능합니다

نعم، ممكن
나암, 뭄킨

가능한 빨리

في أقرب وقت ممكن
피- 아끄라비 와끄틴 뭄킨

한국어	아랍어	한국어	아랍어
가랑비 ga-rang-bi	رذاذ 라다-둔	가방 ga-bang	حقيبة 하끼-바툰
가려움 ga-ryeo-um	حكة 힉카툰	가벼운 ga-byeo-un	خفيف 카피-푼
가래 ga-rae	بلغم 발가문	가상적인 ga-sang-jeok-in	خيالي 카얄-리-운
가로 ga-ro	عرض 아르둔	가솔린 ga-sol-lin	بنزين 빈지-눈
가루(밀) ga-ru	طحين 따히-눈	가수(남) ga-su	مغن 무간눈
가르치다 ga-reu-chida	علم 알라마	가수(여) ga-su	مغنية 무간니-야툰
가리키다 ga-ri-kida	أشار إلى 아샤-라 일라-	가스 gas	غاز 가-즈
가면 ga-myeon	قناع 끼나-운	가슴 ga-seum	صدر 쏴드룬
가명 ga-myeong	اسم مستعار 이씀 무쓰타아-르	가시 ga-si	شوكة 샤우카툰
가뭄 ga-mum	جفاف 자파-푼	가식 ga-sik	منافقة 무나-파까툰
가발 ga-bal	شعر مستعار 샤으르 무쓰타아-르	가열하다 ga-yeol-hada	سخن 쌀카나

18

가운데	وسط
ga-un-de	와싸뚠

가위	مقص
ga-wi	미깟순

가을	الخريف
ga-eul	알카리-푸

가입하다	التحق
ga-ib-hada	일타하까

가짜인	زائف
ga-jja-in	자-이푼

가장자리	حافة
ga-jang-ja-ri	핲-파툰

가정 주부	ربة البيت
ga-jeong-ju-bu	랍바툴 바이트

가져오다	أحضر
ga-jeo-o-da	아흐돠라

가족	عائلة
ga-jok	아-일라툰

가죽	جلد
ga-juk	질둔

가죽 가방	حقيبة جلدية
	하끼-바툰 질디-야

가죽 신발	أحذية جلدية
	아흐디-야툰 질디-야

골프 클럽에 가입하세요

التحق بنادي غولف
일타히끄 비나-디- 굴-프

여기로 가져오세요

أحضرها هنا
아흐뒤르하- 후나

저에게 물 좀 갖다주세요

أحضر لي ماء من فضلك
아흐뒤르 리- 마-안 민파들릭

당신(남) 가족은 안녕하십니까?

كيف عائلتك؟
케이파 아-일라투카?

당신(여) 가족은 안녕하십니까?

كيف عائلتك؟
케이파 아-일라투키?

가지(채소) ga-ji	**باذنجان** 바딘잔-	가혹한 ga-hok-han	**قاس** 까-씬
가지(나무) ga-ji	**فرع** 파르우	각국(各國) gak-guk	**كل دولة** 쿨루 다울라
가지다 ga-ji-da	**أخذ** 아카자	각자(各自) gak-ja	**كل شخص** 쿨루 샤크스
당신(남)이 가지세요	**خذ** 쿠즈	각지(各地) gak-ji	**كل مكان** 쿨루 마칸-
당신(여)이 가지세요	**خذي** 쿠지-	간(인체) gan	**كبد** 카비둔
가치있는 ga-chi-it-neun	**مجيد** 마지-둔	간다 gan-da	**ذهب** 다하바

당신(남)은 시계를 가지고 있습니까? **هل عندك ساعة؟** 할 에인다카 싸-아?

저는 시계가 없습니다 **ليس عندي ساعة** 라이싸 에인디- 싸-아

당신(남)은 자녀가 있습니까? **هل لك أولاد؟** 할 라카 아울라-드?

아들과 딸이 있습니다 **لي ولد وبنت** 리- 왈라드 와 빈트

약국에서 이 약을 가져가세요 **خذ هذا الدواء من الصيدلية** 쿠즈 하닷 다와- 민낫 솨이달리-야

나는 간다	간질 gan-jil	간절 صرع 쇼르운
나는 갔다 ذهبت 다합투	간첩 gan-cheob	جاسوس 자수-쑨
간단한 gan-dan-han	بسيط 바씨-뚠	간판 gan-pan	لوحة 라우하툰
간선도로 gan-seon-do-ro	طريق رئيسي 따리-끄 라이-씨-	간편한 gan-pyeon-han	بسيط 바씨-뚠
간식 gan-sik	وجبة خفيفة 와즈바툰 카피-파	간호사(남) gan-ho-sa	ممرض 무마르리둔
간접적으로 gan-jeob-jeok-euro	غير مباشر 가이르 무바-쉬르	간호사(여) gan-ho-sa	ممرضة 무마르리다툰
간주하다 gan-ju-hada	اعتبر 이으타바라	갈대 gal-dae	قصب 까솨분

나는 가지 않을 겁니다 — **أنا لن أذهب** 아나- 란 아드하바

~(장소)로 가세요 — **اذهب إلى** 이드합 일라-(장소)

우리 갑시다 — **فلنذهب** 팔나드합

식당으로 갑시다 — **هيابنا إلى المطعم** 하이-야 비나- 일랄 마뜨암

갈색	أَسْمَر	감옥	سجن
gal-saek	아쓰마르	gam-ok	씨즈눈
감기	زكام	감자	بطاطا
gam-gi	주캄-	gam-ja	바따-따-
감기약	دواء للزكام	감추다	أخفى
gam-gi-yak	다와- 릿주캄-	gam-chu-da	아크파-
감독	مراقبة	갑자기	فجأة
gam-dok	무라-까바툰	gab-ja-gi	파즈아탄
감사합니다	شكرا	값 비싼	غالٍ
gamsahabnida	슈크란	gab bi-ssan	갈-린
감수성	إحساس	값 싼	رخيص
gam-su-seong	이흐싸-쑨	gab ssan	라키-순

나는 지난 주에 감기에 걸렸어요

أُصِبْتُ بِالزُّكَامِ فِي الأُسْبُوعِ الْمَاضِي

우십투 빗주캄- 필 우쓰부-일 마-뒤

이 약이 얼마 인가요?

بِكَمْ هذا الدواء؟

비캄 하닷 다와-

대단히 감사합니다

شكرا جزيلا

슈크란 자질-란

정말 감사드립니다

ألف شكر

알프 슈크르

천만에요(저의 의무이지요)

لا شكر على واجب

라- 슈크르 알라- 와-집

강	نهر	나는 갖고 있다	عندي	ㄱ
gang	나흐룬	gaji해-itda	에인디-	

강낭콩 **فاصولياء**
gang-nang-kong 파-술-리야-

당신(남)은 갖고 있다 **عندك**
에인다카

강당 **قاعة المحاضرة**
gang-dang 까-아툴 무하-다라

당신(여)은 갖고 있다 **عندك**
에인다키

강렬한 **شديد**
gang-ryeol-han 샤디-둔

그는 갖고 있다 **عنده**
에인다후

강산 **أنهار وجبال**
gang-san 안하-르 와 지발-

그녀는 갖고 있다 **عندها**
에인다하-

강우량 **كمية المطر**
gang-u-ryang 캄미-야툴 마따르

같은 **متساو**
gateun 무타싸-윈

강의 **محاضرة**
gang-ui 무하-다라툰

~와 같은 **مثل**
~wa gateun 미쓸라

강제적인 **اجباري**
gang-je-jeok-in 이즈바-리-윤

같이 **معا**
gachi 마안

강한 **قوي**
gang-han 까위-윤

개(동물) **كلب**
gae 칼분

이것은 너무 비쌉니다

هذا غال جدا
하다- 갈-린 짇단

너무 비싸요

غالي مرة
갈-리 마르라

개구리	ضفضع	거리	شارع
gae-gu-ri	뒤프돠우	geo-ri	샤-리운

개막	افتتاح	거리(간격)	مسافة
gae-mak	이프티타-훈	geo-ri	마싸-파툰

개미	نملة	거미	عنكبوت
gae-mi	나믈라툰	geo-mi	안카부-트

개방적인	منفتح	거북이	سلحفاة
gae-bang-jeok-in	문파티훈	geobugi	쑬라흐파-툰

개선하다	حسن	거실	غرفة الجلوس
gae-seon-hada	핫싸나	geo-sil	구르파툴 줄루-쓰

개인으로	بالمفرد	거스름돈(나머지)	باقي
gae-in-eu-ro	빌무프라디	geo-seu-reum-don	바-끼-

개최하다	أقام	거울	مرآة
gae-choe-hada	아까-마	geo-ul	미르아-툰

거기	هناك	거위	إوزة
geo-gi	후나-카	geo-wi	이왓자툰

거대한	عظيم	거절하다	رفض
geo-dae-han	아쥐-문	geo-jeol-hada	라파돠

거래	مساومة	나는 거절한다	أرفض
geo-rae	무싸-와마툰		아르푸두

이 거리의 이름은 무엇입니까? **ما اسم هذا الشارع؟**
마쓰무 하닷 샤-리으?

거주자 geo-ju-ja	مقيم 무끼-문	건과 geon-gwa	فواكه مجففة 파와-키흐 무잪파파
거짓말 geo-jit-mal	كذبة 키즈바툰	건너다 geon-neo-da	عبر 아바라
거짓말하다 geo-jit-mal-hada	كذب 카자바	나는 건넌다	أعبر 아으부루
당신(남)은 거짓말한다	تكذب 타크디부	건물 geon-mul	مبنى 마브나
당신(여)은 거짓말한다	تكذبين 타크지비-나	건설 geon-seol	إنشاء 인샤-운
거짓말쟁이 geo-jit-mal-jaeng-i	كذاب 캇자-분	건어물 geon-eo-mul	سمك مجفف 싸마크 무잪파프
거친 geo-chin	خشن 카쉬눈	건전한 geon-jeon-han	سليم 쌀리-문
걱정하는 geok-jjeong-ha-neun	قلق 깔리꾼	건조한 geon-jo-han	جاف 잡-푼
걱정 하지 마세요	لا تقلق 라 타끌리끄	걷다 geot-da	سار 싸-라
건강진단 geon-gang-jin-dan	فحص طبي 파흐스 똡비-	나는 걷는다	أسير 아씨-루
건강 geon-gang	صحة 실하툰	걸레 geolle	ممسحة 밈싸하툰

걸리다(시간)	استغرق	겨울	الشتاء
geol-li-da	이쓰타그라까	gyeo-ul	앗쉬타-우

검사하다	فحص	겨울방학	العطلة الشتوية
geom-sa-hada	파하쏴	gyeo-ul-ban-hak	알우뜰라톳 쉬트와-아

그는 검사한다	يفحص	겨자	خردل
	야프하수	gyeo-ja	카르달

검은색	أسود	격려	تشجيع
geom-eun-saek	아쓰와드	gyeok-ryeo	타슈지-운

겁 많은	جبان	격일로	كل يومين
geob man-eon	자바-눈	gyeok-il-ro	쿨라 야우마인

겁 없는	شجاع	견과류	مكسرات
geob eob-neon	슈자-운	gyeon-gwa-ryu	무캇싸라-툰

겁나는	خائف	견해	رأي
geob-na-neun	카-이푼	gyeon-hae	라으윤

것(사물)	شيء	결과	نتيجة
geot	샤이운	gyeol-gwa	나티-자툰

게으른	كسلان	결석한	غائب
ge-eu-reun	키쓸라-누	gyeol-seok-han	가-이분

게임	لعبة	결석하다	تغيب
game	루으바툰	gyeol-seok-hada	타가이야바

겨누다	صوب	결정	قرار
gyeo-nu-da	쏴우와바	gyeol-jeong	까라-룬

결정하다	قرر	결합하다	وحد
gyeol-jeong-hada	까르라라	gyeol-hab-hada	왕하다

결코~아니다	أبدا	결혼	زواج
gyeol-ko a-ni-da	아바단	gyeol-hon	자와-준

결합	توحيد	결혼 서약	عقد قران
gyeol-hab	타우히-둔	gyeol-hon seo-yak	아끄드 끼란

결혼식이 멋졌습니다

الفرح كان جميل
알파르흐 카-나 자밀-

결혼을 축하합니다

زواج سعيد
자와-준 싸이-드

당신(남)은 결혼했습니까?

هل أنت متزوج؟
할 안타 무타자우위준?

저(남)는 결혼했습니다

أنا متزوج
아나- 무타자우위준

저(남)는 결혼하지 않았습니다

أنا لست متزوجا
아나- 라스투 무타자우위잔

당신(여)은 결혼했습니까?

هل أنت متزوجة؟
할 안티 무타자우위자툰?

저(여)는 결혼했습니다

أنا متزوجة
아나- 무타자우위자툰

저(여)는 결혼하지 않았습니다

أنا لست متزوجة
아나- 라스투 무타자우위자탄

한국어	아랍어	한국어	아랍어
경쟁 gyeong-jaeng	تنافس 타나-푸쑨	결혼식 gyeol-hon-sik	حفلة زواج 하플라툰 자와-즈
경쟁자 gyeong-jaeng-ja	منافس 무나-피쑨	결혼한 gyeol-hon-han	متزوج 무타자우위준
경제 gyeong-je	اقتصاد 이끄티쏴-둔	경기(운동) gyeong-gi	مباراة 무바-라-툰
경제의 gyeong-je-ui	اقتصادي 이끄티쏴-디-윤	경마 gyeong-ma	سباق الخيل 씨바-꿀 카일
경찰관(남) gyeong-chal-gwan	شرطي 슈르뛰-윤	~경우에는 gyeong-u-e-neun	بالنسبة ل 빈니쓰바티 리-
경찰관(여) gyeong-chal-gwan	شرطية 슈르뛰-야툰	경작하다 gyeong-jak-hada	زرع 자라아
경찰서 gyeong-chal-seo	شرطة 슈르따툰	그는 경작한다	يزرع 야즈라우

나의 경우에는	بالنسبة لي 빈니쓰바티 리-
당신(남)의 경우에는	بالنسبة لك 빈니쓰바티 라카
당신(여)의 경우에는	بالنسبة لك 빈니쓰바티 라키
저로서는 사과를 좋아합니다	بالنسبة لي، أفضل التفاحة 빈니쓰바티 리-, 우팓될루 앗툪파-하타

경치 gyeong-chi	منظر 만좌룬	계약 gye-yak	عقد 아끄둔
경험 gyeong-heom	خبرة 키브라툰	계절 gye-jeol	فصل 파슬룬
경험하다 gyeong-heom-hada	اختبر 이크타바라	계획 gye-hoek	مشروع 마슈루-운
계곡 gye-gok	واد 와-딘	고기(생선류) go-gi	سمك 싸마쿤
계단 gye-dan	درج 다라준	고기(육류) go-gi	لحم 라흐문
계란 gye-ran	بيض 바이둔	고대의 go-dae-ui	عتيق 아티-꾼
계산서 gye-san-seo	حساب 히싸-분	고등학교 go-deung-hak-gyo	مدرسة ثانوية 마드라싸 싸-나위-야
계속 gye-sok	استمرار 이쓰티므라-룬	고모 go-mo	عمة 암마툰
계속하다 gye-sok-hada	استمر 이스타마르라	고모부 go-mo-bu	عم 암문
계속되는 gye-sok-doe-neun	مستمر 무쓰타미르룬	고아 go-a	يتيم 야티-문

(실례지만) 계산서 주세요   **الحساب من فضلك**
알히쌉- 민 파들릭

고양이	قطة	곧바로(직진)	على طول
go-yang-i	낄따툰	got-ba-ro	알라- 똘
고용하다	استخدم	골프	غولف
go-yong-hada	이쓰타크다마	golf	굴-프
고정	ثابت	곰	دئب
go-jeong	싸-비툰	gom	디으분
고추	فلفل	공	كرة
go-chu	풀풀	gong	쿠라툰
고통	ألم	공격하다	هجم
go-tong	알라문	gong-gyeok-hada	하자마
고함치다	صرخ	공공의	عمومي
go-ham-chi-da	쏴라카	gong-gong-ui	우무-미-윤
그는 고함친다	يصرخ	공급하다	زود
	야스루쿠	gong-geub-hada	자우와다
나는 고함쳤다	صرخت	공기	هواء
	쏴라크투	gong-gi	하와-운
고혈압	ارتفاع ضغط الدم	공립의	عامة
go-hyeol-ab	이르티파우 되그띳 담	gong-rib-ui	암-마툰
곤충	حشرة	공부	دراسة
gon-chung	하샤라툰	gong-bu	디라-싸툰
곧	حالا	공부하다	درس
got	할-란	gong-bu-hada	다라싸

한국어	아랍어		한국어	아랍어
공중 전화 gong-jung jeon-hwa	هاتف عمومي 하-티프 우무-미-		나는 공부한다	أدرس 아드루쑤
공책 gong-chaek	دفتر 다프타룬		나는 공부했다	درست 다라쓰투
공항 gong-hang	مطار 마따-룬		공연장 gong-yeon-jang	مسرح 마쓰라훈
공항 대합실 gonghang dae-hab-sil	صالة المطار 쌀-라툴 마따-르		공원 gong-weon	حديقة 하디-까툰
공화국 gong-hwa-guk	جمهورية 줌후리야툰		공짜 gong-jja	مجان 맞자-눈
과(단원) gwa	درس 다르쑨		공장 gong-jang	مصنع 마스나운
과거의 gwa-geo-ui	ماضي 마-뒤		공정한 gong-jeong-han	عادل 아-딜룬
			공주 gong-ju	أميرة 아미-라툰

공항은 어디에 있습니까?   أين المطار؟
아이날 마따-르?

저는 공항에 가고 싶습니다   أريد أن أذهب إلى المطار
우리-두 안 아드하바 일랄 마따-르

공항으로 갑시다   إلى المطار من فضلك
일랄 마따-르 민 파들릭

과일	فاكهة	관람	مشاهدة
gwa-il	파-키하툰	gwan-ram	무샤-하다툰

과자	حلوى	관련된	متعلق
gwa-ja	할와-	gwan-ryeon-doen	무타알리꾼

과정	مرحلة	괄호	القوسان
gwa-jeong	마르할라툰	gwal-ho	알까우싼-

과학	علم	광고	إعلان
gwa-hak	일문	gwang-go	이을라-눈

과학자(남)	عالم	광장	ميدان
gwa-hak-ja	알-리문	gwang-jang	마이-다-눈

과학자(여)	عالمة	괜찮습니다	لا بأس
gwa-hak-ja	알-리마툰	gwaen-chan-seub-nida	라- 바으쓰

관계	علاقة	교사(남)	مدرس
gwan-gae	알라-까툰	gyo-sa	무다르리쑨

관광	سياحة	교사(여)	مدرسة
gwan-gwang	씨야-하툰	gyo-sa	무다르리싸툰

관광지도	خريطة للسياحة	교수(남)	أستاذ
gwan-gwang-ji-do	카리-따 릿씨야-하	gyo-su	우쓰타-준

관대한	كريم	교수(여)	أستاذة
gwan-dae-han	카리-문	gyo-su	우쓰타-자툰

관광지도가 필요합니다 **أحتاج إلى خريطة للسياحة**
아흐타-주 일라 카리-따 릿씨야-하

교실	فصل	교회	كنيسة
gyo-sil	파슬룬	gyo-hoe	카니-싸툰

교양	أدب
gyo-yang	아다분

구(9)	تسعة
gu	티쓰아

교양 있는	مؤدب
gyo-yang it-neun	무왈다분

구경	مشاهدة
gu-gyeong	무샤-하다툰

교육	تعليم
gyo-yuk	타을리-문

구급차	سيارة إسعاف
gu-geub-cha	싸이야-라투 이쓰아-프

교제	تعارف
gyo-je	타아-루푼

구두	حذاء
gu-du	히다-운

교차로	تقاطع
gyo-cha-ro	타까-뚜운

구름	سحابة
gu-reum	싸하-바툰

교통 신호등	إشارة المرور
gyo-tong sin-ho-dong	이샤-라툴 무루-르

구멍	ثقب
gu-meong	싸끄분

교환	تبادل
gyo-hwan	타바-둘룬

구백	تسعمئة
gu-baek	티쓰우미아

교환하다	تبادل
gyo-hwan-hada	타바-달라

구별하다	ميز
gu-byeol-hada	마이야자

나는 교환한다	أتبادل
	아타바-달루

구부러진	ملتو
gu-bu-reo-jin	물타윈

실례지만 구급차 좀 불러주세요

اتصل بسيارة الإسعاف من فضلك

잇타실 비 싸이야-라 이쓰아-프 민 파들릭

구십	تسعون	구입	شراء
gu-sib	티쓰운-	gu-ib	쉬라-운

구어체	لغة عامية	구천	تسعة آلاف
gu-eo-che	루가 암-미-야	gu-cheon	티쓰아 알라-프

구역	حي	구토	قيء
gu-yeok	하이-윤	gu-to	까이운

구운	مشوي	국가	دولة
gu-un	마슈위-윤	guk-ga	다울라툰

구운 감자	بطاط مشوية	국기	علم
gu-un gam-ja	바따-따 마슈위-야	guk-gi	알라문

구인광고	إعلان توظيف	국내공항	مطار محلي
gu-in-gwang-go	이을란- 타우쥐-프	guk-nae-gong-hang	마따-르 마할라

구월	سبتمبر	국립의	وطني
gu-wol	씹탐비르	guk-rib-ui	와따니-윤

당신(남) 국적이 어디입니까?

ما جنسيتك؟
마 진씨-야투카

저는 한국인입니다

أنا كوري
아나- 쿠-리-

당신(여) 국적이 어디입니까?

ما جنسيتك؟
마 진씨-야투키?

저는 한국여성입니다

أنا كورية
아나- 쿠-리-야

국민	شعب
guk-min	샤으분

국적	جنسية
guk-jeok	진씨-야툰

국제공항	مطار دولي
guk-je-gong-hang	마따-르 두왈리-

국제운전면허증

رخصة قيادة دولية للسيارات

(gukje-unjeon-myeonheojeung)
루크솨투 끼야-다 두왈리야 릿 싸이아라

국제적인	دولي
guk-je-jeok-in	두왈리윤

국제전화	هاتفية دولية
guk-je-jeon-hwa	하티피-야툰 다울라-야

군대	جيش
gun-dae	자이슌

군복무	الخدمة العسكرية
gun-bok-mu	알키드마툴 아쓰카라-야

군인	عسكري
gun-in	아쓰카리-윤

군함	سفينة حربية
gun-ham	싸피-나툰 하르비-야

굴뚝	مدخنة
gul-dduk	마드카나툰

굶주린	جوعان
gum-ju-rin	자우안-

궁전	قصر
gung-jeon	까스룬

권력	سلطة
gweon-ryeok	쑬따툰

권리	حق
gweon-ri	학꾼

권태기	شهر البصل
gweon-tae-gi	샤흐룰 바쌀

권투	ملاكمة
gweon-tu	물라-카마툰

귀	أذن
gwi	우드눈

귀고리	قرط
gwi-go-ri	꾸르뚠

규모	حجم
gyu-mo	하즈문

그렇다면	إذن
geu-reot-da-myeon	이단

그는 geu-neun	هو 후와	그림 geu-rim	رسم 라쓰문
그녀는 geu-nyeo-neun	هي 히야	그리다 geu-ri-da	رسم 라싸마
그들은(남) geu-deul-eun	هم 훔	그제 geu-je	قبل أمس 까블라 암쓰
그들은(여) geu-deul-eun	هن 훈나	근면한 geun-myeon-han	مجتهد 무즈타히둔
그래서 geu-rae-seo	ثم 쑴마	근육 geun-yuk	عضلة 아돨라툰
그러나 geu-reo-na	لكن 라킨	금 geum	ذهب 다하분
그램 gram	غرام 그람	금메달 geum-me-dal	مدالية ذهبية 미달-리야 다하비-야
그리고 geu-ri-go	و 와	금색 geum-saek	ذهبي 다하비-윤

그녀는 여학생입니다	هي طالبة 히야 똘리-바툰
그는 기술자입니다	هو مهندس 후와 무한디쑨
나는 그림을 그린다	أرسم الرسم 아루쑤무 아르라쓰마

기꺼이 gi-ggeo-i	بكل سرور 비쿨리 쑤루-르
기념품 gi-nyeom-pum	تذكار 타드카-룬
기능 gi-neung	وظيفة 와취-파툰
기다리다 gi-da-lida	انتظر 인타좌라
나는 기다린다	أنتظر 안타쮜르
당신(남)은 기다린다	تنتظر 탄타쮜르
기도 gi-do	دعاء 두아-운
기도하다 gi-do-hada	صلى 쏼라
기독교 gi-dok-gyo	مسيحية 마씨-히-야툰
금속 geum-seok	معدن 마으디눈
금연 geum-yeon	ممنوع التدخين 맘누으 앗타드킨-
금요일 geum-yo-il	يوم الجمعة 야우물 주므아
금전 geum-jeon	فلوس 풀루-쑨
금지하다 geum-ji-hada	حرم 하르라마
급히 geub-hi	بسرعة 비쑤르아
급한 geub-han	مستعجل 무스타으질룬
급행열차 geub-haeng-yeol-cha	قطار سريع 끼따-르 싸리-으
기간 gi-gan	فترة 파트라툰

실례지만 나를 기다려주세요

انتظرني من فضلك
인타쮜르니- 민 파들릭

기꺼이 그렇게 하겠습니다

على رأس والعين
알라 라으쓰 왈아인

기독교인	مسيحي	기억하다	ذكر
gi-dok-gyo-in	마씨-히-윤	gi-eok-hada	다카라

기둥	عمود	나는 기억한다	ذكر
gi-dung	아무-둔		아드쿠루

기록하다	سجل	기술자(여)	مهندسة
gi-rok-hada	쌎잘라	gi-sul-ja	무한디싸툰

기름	زيت	기자	صحافي
gi-reum	자이툰	gi-ja	시하-피-윤

기린	زرافة	기차	قطار
girin	자라-파툰	gi-cha	끼따-룬

기쁜	مسرور	기초적인	أساسي
gi-bbeun	마쓰루-룬	gi-cho-jeok-in	아싸-씨-윤

기사(記事)	مقالة	기침	سعال
gi-sa	마깔-라툰	gi-chim	쑤알

기숙사	سكن الطلاب	기회	فرصة
gi-suk-sa	싸카눗 뚤랍	gi-hoe	푸르솨툰

기술	هندسة	기타 등등	إلى آخره
gi-sul	한다싸툰	gi-ta deung deung	일라- 아키리히

기술자(남)	مهندس	기후	مناخ
gi-sul-ja	무한디쑨	gi-hu	마나-쿤

기자 피라미드			أهرامات الجيزة
			아흐라-마-트 알지-자

한국어	아랍어	한국어	아랍어
긴 gin	طويل 따윌-룬	지금까지 jigeum-ggaji	حتى الآن 하타- 알안
긴급한 gin-geub-han	عاجل 아-질룬	깍다(머리) ggak-da	قص 깟쏴
길 gil	طريق 따리-꾼	깡통 ggang-tong	علبة 울바툰
길게 gil-ge	طويلا 따윌-란	깨 ggae	سمسم 씸씸
길모퉁이 gil-mo-tung-i	ركن 루크눈	깨끗한 ggae-ggeut-han	نظيف 나쥐-푼
길이 giri	طول 뚤-룬	깨어나다 ggae-eo-nada	استيقظ 이쓰타이까좌
김치 kim-chi	كيمتشي	깨우다 ggae-u-da	أيقظ 아이까좌
까다(껍질) gga-da	قشر 깟샤라	깨지다 ggae-ji-da	انكسر 인카싸라
까마귀 gga-ma-gwi	غراب 구라-분	깨진 ggae-jin	مكسور 마크쑤-룬
~까지 gga-ji	حتى 핱타	껌 ggeom	لبان 루반

저를 아침 7시에 깨워주세요

أرجو أن توقظني في الساعة السابعة صباحا

아르주- 안 투-끼좌니- 핏싸아 싸-비아 쌰바-한

껍질	**قشرة**
ggeob-jil	끼슈라툰

꼬리	**ذيل**
ggo-ri	다일룬

꽃	**زهرة**
ggeot	자흐라툰

꿀	**عسل**
ggul	아쌀룬

꿀벌	**نحل**
ggul-beol	나흘룬

꿈	**حلم**
ggum	훌문

꿈꾸다	**حلم**
ggum-ggu-da	할라마

끈	**حبل**
ggeun	하블룬

끝나다	**انتهى**
ggeun-na-da	인타하-

나간다	خرج	나누다	قسم
na-ga-da	카라자	na-nu-da	깟싸마

나는 나간다	أخرج	나라	دولة
	아크루즈	na-ra	다울라툰

나는 나갔다		나르다	حمل
	카라즈투	na-reu-da	하말라

나는	أنا	나머지의	باق
na-neun	아나-	na-meo-ji-ui	바-낀

나는 한국인입니다	أنا كوري	나무	شجرة
	아나- 쿠-리-	na-mu	샤자라툰

나는 한국여성입니다	أنا كورية	나비	فراشة
	아나- 쿠-리-야	na-bi	피라-샤툰

여기 날씨는 어떤가요?	كيف الجو هنا؟
	케이파 알자우우 후나-

날씨가 좋습니다	الجو لطيف
	알자우우 라띠-프

날씨가 덥습니다	الجو حار
	알자우우 하-르룬

날씨가 매우 덥습니다	الجو حار جدا
	알자우우 하-르룬 쥗단

날씨가 춥습니다	الجو بارد
	알자우우 바-리드

한국어	아랍어	한국어	아랍어
나쁜 na-bbeun	سيء 싸이-운	난간 nan-gan	قضيب 까뒤-분
나사 na-sa	مسمار 미쓰마-룬	난방 nan-bang	سخونة 쑤쿠-나툰
나오다(=나가다) na-o-da(=na-ga-da)	خرج 카라자	날(하루) nal	يوم 야우문
나의, 저의 na-ui, jeo-ui	ي 이-	날개 nal-gae	جناح 지나-훈
나일강 Nile gang	النيل 안닐-	날씨 nal-ssi	جو 자우운
나체 na-che	عريان 아리야-눈	날카로운 nal-ka-ro-un	حاد 할-둔
나타나다 na-ta-nada	ظهر 좌하라	낡은 nal-eun	قديم 까디-문
나태한 na-tae-han	كسلان 카쓸라-누	남극 nam-geuk	القطب الجنوبي 알꾸뜨불 자누-비-
낙타 nak-ta	جمل 자말룬	남다 nam-da	بقي 바끼야
낙타 고기 nak-ta go-gi	لحم الجمل 라흐물 자말	남동생 nam-dong-saeng	أخ 아쿤
날씨가 추워요			الجو بارد 알자우으 바-리둔

낳다 nat-da	ولد 왈라다	남자 nam-ja	رجل 라줄룬
내 년 naenyeon	السنة القادمة 앗싸나툴 까-디마	남쪽 nam-jjok	جنوب 자누-분
내무부 nae-mu-bu	وزارة الداخلية 위자-라툿 다-킬리-야	남편 nam-pyeon	زوج 자우준
내일 nae-il	غدا 가단	남한 nam-han	كوريا الجنوبية 쿠-리알 자누-비-야
내리다 nae-ri-da	نزل 나잘라	낮 nat	نهار 나하-룬
냄비 naem-bi	قدر 끼드룬	낮은 nat-eun	واطئ 와-뙤운
냄새 naem-sae	رائحة 라-이하툰	낮잠 nat-jam	غفوة 가프와툰

당신은 누구입니까?   **من أنت؟**
만 안타?

저는 남학생입니다   **أنا طالب**
아나- 딸-리분

당신은 누구입니까?(여성)   **من أنت؟**
만 안티?

저는 회사 여직원입니다.   **أنا موظفة في الشركة**
아나- 무왚좌파 핏샤리카

| 냄새 맡다 naem-sae mat-da | **شم** 샴마 | 당신의 나라 dang-sin-ui na-ra | **بلدك** 발라두카 |

냅킨
napkin
منديل
민딜-룬

냉방
naeng-bang
تبريد
타브리-둔

당신의 부인
dang-sin-ui bu-in
زوجتك
자우자투카

너의(당신)의 여
neo(dang-sin)ui
ك ـــ
키

냉장고
naeng-jang-go
ثلاجة
쌀라-자툰

당신의 나라
بلدك
발라두키

너는, 당신은(남)
neo-neun, dang-sin-eun
أنت
안타

당신의 남편
dang-sin-ui nam-pyeon
زوجك
자우주키

너는, 당신은(여)
neo-neun, dang-sin-eun
أنت
안티

너희(당신)들의(남)
neo-hui(dang-sin)-deul-ui
كم
쿰

너희(당신)들은(남)
neo-heui(dang-sin)deul-eun 안툼
أنتم

당신들의 나라
dang-sin-deul-ui nara 발라두쿰
بلدكم

너희(당신)들은(여)
neo-heui(dang-sin)deul-eun 안툰나
أنتن

너희(당신)들의(여)
neo-hui(dang-sin)deul-ui 쿤나
كن

너(당신)의(남)
neo(dang-sin)ui
ك ـــ
카

당신들의 나라
بلدكن
발라두쿤나

그녀는 당신의 부인입니까?

هل هي زوجتك؟
할 히야 자우자투카?

그는 당신의 남편입니까?

هل هو زوجك؟
할 후와 자우주키?

넥타이 necktie	رباط عنق 리바-뜨 우누끄	노래 가사 no-rae ga-sa	كلمات الأغنية 칼라마-툴 우그니-야
넓은 neol-beun	واسع 와-씨운	노래하다 no-rae-hada	غنى 간나
넘어지다 neom-eo-ji-da	سقط 싸까따	노력하다 no-ryeok-hada	اجتهد 이즈타하다
년(해) nyeon	عام 암-문	노예 no-ye	عبد 압둔
연초 yeon cho	رأس السنة 라으쓰 싸나	노인 no-in	عجوز 아주-준
노동자(남) no-dong-ja	عامل 아-밀룬	노트 note	دفتر 다프타루
노동자(여) no-dong-ja	عاملة 아-밀라툰	노파 no-pa	عجوزة 아주-자툰
노란색 no-ran-saek	أصفر 아스파르	녹음기 nok-eum-gi	آلة التسجيل 알-라툿 타쓰질-
노래 no-rae	غناء 기나-운	논의 non-ui	مناقشة 무나-까샤툰
농담이에요			أمزح فقط 암자후 파까뜨
저울에 놓으세요			ضع على الميزان 돠으 알랄 미-잔-

ㄴ

놀다 nol-da	لعب 라이바	높은 nop-eun	عال 알-린
놀란 nol-ran	مفاجأة 무파자아툰	놓다 not-da	وضع 와돠아
농구 nong-gu	كرة السلة 쿠라툿 쌀라	놓여진 no-yeo-jin	موضوع 마우두-운
농담 nong-dam	مزحة 마즈하툰	뇌 noe	مخ 무쿤
농부(남) nong-bu	فلاح 팔라-훈	누구? nu-gu	من؟ 만
농부(여) nong-bu	فلاحة 팔라-하툰	누구든지 nu-gu-deun-ji	أي شخص 아이- 샤크스
농업 nong-eob	زراعة 지라-아툰	누나 nu-na	أخت 우크툰
농장 nong-jang	مزرعة 마즈라아툰	누르다 nu-reu-da	كبس 카바싸

벨을 누르세요

اكبس جرس
이크비쓰 자라쓰

이 남성분은 누구세요?

من هذا؟
만 하다-?

이 여성분은 누구세요?

من هذه؟
만 하디히?

눈	عين
nun	아이눈

눈	ثلج
nun	쌀준

눈동자	بوبو العين
nun-dong-ja	부-불 아인

눈물	دموع
nun-mul	두무-운

눈썹	حاجب
nun-sseob	하-지분

눕다	استلقى
nub-da	이쓰탈까-

뉴스	أنباء
news	안바-운

느끼다	شعر
neu-ggi-da	샤아라

늑대	ذئب
neuk-dae	디으분

늘, 항상	دائما
neul, hang-sang	다-이만

늘씬한	نحيف
neul-ssin-han	나히-푼

늙은	عجوز
neulgeun	아주-준

능력	قدرة
neung-ryeok	꾸드라툰

능숙한	ماهر
neung-suk-han	마-히룬

늦은	متأخر
neujeun	무타악-키룬

죄송합니다, 늦었습니다	آسف، أنا تأخرت
	아-씨프, 아나- 타익카르투

다루다	تناول
da-ru-da	타나왈라

다르다	اختلف عن
da-reu-da	이크탈라파 안

다른	مختلف
da-reun	무크탈리푼

다리(사람)	رجل
da-ri	리즐룬

다리(교량)	جسر
da-ri	지쓰룬

다리미	مكواة
da-ri-mi	미크와-툰

다림질하다	كوى
da-rim-jil-hada	카와-

다른	آخر
da-reun	아-카루

다섯	خمس
da-seot	캄쓰

다섯 번째	الخامس
da-seobeon-jjae	알카-미쓰

다스리다	حكم
da-seu-ri-da	하카마

다시	مرة أخرى
da-si	마르라탄 우크라

다음의	التالي
da-eum-eui	앗탈-리

다음 주	الأسبوع القادم
da-eum ju	알우쓰부-울 까-딤

다음 달	الشهر القادم
da-eum dal	앗샤흐룰 까-딤

다음 역	المحطة القادمة
da-eum yeok	알마핫딸툴 까-디마

다음 해	السنة القادمة
da-eumhea	앗싸나툴 까-디마

다이아몬드	الماس
diamond	알마-쓰

다른 것은 없습니까? **هل عندك شيء مختلف؟**
할 에인다크 샤이 무크탈리프?

다른 방은 있습니까? **هل عندك غرفة آخر؟**
할 에인다크 구르파 아-카르?

닥터(Dr.)	دكتور	단지	فقط
doctor	두크투-르	dan-ji	파까뜨

닦다	غسل	단체	جماعة
dak-da	가쌀라	dan-che	자마-아툰

나는 닦는다	أغسل	단추	زر
	아그씰루	dan-chu	지르룬

단가	سعر محدود	닫다	أغلق
danga	씨으르 마흐두-드	dat-da	아글라까

단골	زبون	나는 닫는다	أغلق
dan-gol	자분-		우글리꾸

단과대학	كلية	닫힌	مغلق
dan-gwa-dae-hak	쿨리-야툰	dachin	무글라꾼

단순한	بسيط	달	قمر
dan-sun-han	바씨-뚠	dal	까마룬

단식	صوم	달(월)	شهر
dan-sik	솨우문	dal	샤흐룬

단어	كلمة	달력	تقويم
dan-eo	칼리마툰	dal-ryeok	타끄위-문

다시 한번 감사드립니다
شكرا مرة أخرى
슈크란 마르라탄 우크라-

단식이란 무엇입니까?
ما هو الصوم؟
마- 후왓 솨움?

달걀 dal-gyal	بيض바이둔	나는 담배 피운다	أدخن 우닥키누
달콤한 dal-kom-han	حلو 훌루운	당근 dang-geun	جزرة 자자라툰
달러 dollar	دولار 둘라르	당기다 dang-gi-da	جذب 자다바
달리다 dal-ri-da	جرى 자라-	나는 당긴다	أجذب 아즈디부
나는 달린다	أجري 아즈리-	당기세요!	اجذب! 이즈딥
닭 dak	دجاجة 다자-자툰	당나귀 dang-na-gwi	حمار 히마-루
닭고기 dak-go-gi	لحم الدجاجة 라흐뭇 다자-자	당뇨병 dang-nyo-byeong	مرض سكري 마라드 쑥카라-
닮다 dam-da	شابه 샤-바하	당장 dang-jang	حالا 할-란
담배 dam-bae	دخان 두카-눈	대가족 dae-ga-jok	العائلة الكبيرة 알아-일라툴 카비-라
담배 피우다 dam-bae pi-u-da	دخن 닥카나	대답 dae-dab	جواب 자와-분

이것은 US달러로는 얼마입니까? بكم هذا بالدولار الأمريكي؟
비캄 하다-빋둘라-릴 아므리-키?

대답하다 dae-dab-hada	أجاب	아자-바
나는 대답한다	أجيب	우지-부
대담한 dae-dam-han	شجاع	슈자-운
대략 dea-ryak	تقريبا	타끄리-반
대륙 dea-ryuk	قارة	까-르라툰
대리석 dae-ri-seok	رخام	루카-문
대부분 dae-bu-bun	معظم	무으좌문
대사관 dae-sa-gwan	سفارة	씨파-라툰
대서양 dae-seo-yang	المحيط الأطلسي	알무히-뚤 아뜰라씨-
대추야자 dae-chu-ya-ja	تمر	탐므룬
대통령 dae-tong-ryeong	رئيس	라이-쑨
대학교 dae-hak-gyo	جامعة	자-미아툰
대학 총장 dae-hak chong-jang	مدير الجامعة	무디-룰 자-미아
대학생(남) dae-hak-saeng	طالب في الجامعة	똴-리분 필 자-미아
대학생(여) dae-hak-saeng	طالبة في الجامعة	똴-리바툰 필 자-미아
댄스 dance	رقص	라끄순
대화 dae-hwa	حوار	히와-룬
댐 daem	سد	쌷둔
더 가까운 deo ga-gga-un	أقرب	아끄라브
더 많은 deo man-eun	أكثر	아크싸르
더 작은 deo jak-eun	أصغر	아스가르
더 저렴한 deo jeo-ryeom-han	أرخص	아르카스

한국어	아랍어	발음		한국어	아랍어	발음
더 좋은	أحسن	아흐싼		덕분에	بفضلك	비파들릭
deo jo-eun				deok-bun-e		
더 큰	أكبر	아크바르		던지다	رمى	라마-
deo keun				deon-ji-da		
더러운	وسخ	와씨쿤		나는 던진다	أرمي	아르미-
deo-reo-eun						
더블 베드	سرير مزدوج	싸리-르 무즈다와즈		덮다	غطى	갇따-
double-bed				deob-da		
더운	حار	하-르룬		도구	أداة	아다-툰
deo-un				do-gu		
더 좋아하다	فضل	판딸라		도끼	فأس	파으쑨
deo jo-a-hada				do-ggi		
더하다	أضاف	아돠-파		도덕	أخلاق	아클라-꾼
deohada				do-deok		

더 저렴한 것이 있나요?
هل عندك شيء أرخص؟
할 에인다크 샤이운 아르카스?

저는 더 저렴한 것을 원합니다
أريد شيئًا أرخص
우리-두 샤이안 아르카스

더블룸이 있습니까?
هل عيدك غرفة بسرير مزدوج؟
할 에인다크 구르파툰 비싸리-르 무즈다와즈?

나는 고기보다 생선을 더 좋아합니다
أفضل السمك على اللحم
우팓딜루 앗싸마카 알라- 알라흠

한국어	아랍어	한국어	아랍어
도움 do-um	مساعدة 무싸-아다툰	도둑 do-duk	سارق 싸-리꾼
도착 do-chak	وصول 우술-룬	도로 do-ro	طريق 따리-꾼
도착하다 do-chak-hada	وصل 와쌀라	독립 dok-rib	استقلال 이쓰티끌라-룬
나는 도착한다	أصل 아쉴루	독립의 dok-rib-ui	مستقل 무쓰타낄룬
독수리 dok-su-ri	عقاب 우까-분	도망 do-mang	هروب 후루-분
독일 dok-il	ألمانيا 알마니야	도살 do-sal	ذبح 디브훈
독일사람 dok-il-sa-ram	لماني 알마-니-윤	도서관 do-seo-gwan	مكتبة 마크타바툰
돈 don	نقود 누꾸-둔	도시 do-si	مدينة 마디-나툰

날씨가 매우 덥습니다
الجو حار جدا
알자우- 하-르룬 짇단

나는 이것을 더 좋아한다
أفضله
우팓될루후

도와주셔서 감사합니다
شكرا على مساعدتك
슈크란 알라- 무싸-아다티크

돌다 dol-da	دار 다라	나는 돕는다	أساعد 우싸-이두
돌아가다 dol-a-gada	رجع 라자아	동물 dong-mul	حيوان 하야와-눈
나는 돌아간다	أرجع 아르지우	동물원 dong-mul-won	حديقة الحيوانات 하다까툴 하야와-나-트
돌아오다 dol-a-o-da	عاد 아다	동상(모형) dong-sang	تمثال 팀쌀-룬
돕다 dob-dda	ساعد 싸-아다	동생(남) dong-saeng	أخ 아쿤

당신 돈 있습니까? — **هل عندك نقود؟**
할 에인다크 누꾸-드?

저는 돈이 없습니다 — **ليس عندي نقود**
라이싸 에인디- 누꾸-드

저는 충분한 돈이 없습니다 — **ليس عندي نقود خافي**
라이싸 에인디- 누꾸-드 카-피-

오른쪽으로 도세요 — **در إلى اليمين من فضلك**
두르 일랄 야민- 민 파들릭

5분 뒤에 돌아오겠습니다 — **سأعود بعد خمس دقائق**
싸아우-두 바으다 캄쓰 다까-이끄.

왼쪽으로 도세요 — **در إلى اليسار من فضلك**
두르 일랄 야싸-르 민 파들릭

동생(여) dong-saeng	أخت 우크툰	두꺼운 du-ggeo-un	سميك 싸미-쿤
동의 dong-ui	اتفاق 일티파-꾼	두드리다 du-deu-rida	دق 닥까
동의하다 dong-ui-hada	اتفق 일타파까	두려운 du-ryeo-un	خائف 카-이푼
동전 dong-jeon	نحاس 누하-쑨	두 번째 du-beon-jjae	الثاني 앗싸-니-
동쪽 dong-jjok	شرق 샤르꾼	두통 du-tong	صداع 수다-운
동행하다 dong-haeng-hada	رافق 라-파까	둘레 dul-re	حول 하울라
~이 되다 ~i doe-da	أصبح 아스바하	둥근 dung-geun	مستدير 무쓰타디-룬
돼지 dwae-ji	خنزير 킨지-룬	둥지 dung-ji	عش 웃슌
돼지고기 dwae-ji-go-gi	لحم الخنزير 라흐물 킨지-르	뒤에 dwi-e	وراء 와라-아

나는 두통약이 필요합니다

أحتاج إلى حبوب الصداع
아흐타-주 일라 후부-빗 수다-이

되도록 많이

أكثر ما يمكن
아크싸르 마 윰킨

뒤에	خلف	듣다	سمع
dwi-e	칼파	deut-da	싸미아

드럼	طبل	나는 듣는다	أسمع
drum	따블룬		아쓰마우

들다(마음에)	أعجب	나는 들었다	سمعت
deul-da	아으자바		싸미으투

들어가다(오다)	دخل	등(인체)	ظهر
deul-eo-gada	다칼라	deung	좌흐룬

나는 들어간다	أدخل	등기우편	رسالة مسجلة
	아드쿨루	deung-gi-u-pyeon	리쌀라툰 무싹잘라

올리다	أرفع رفع	등대	فنار
ollida	라파아	deung-dae	피나-룬

나는 (들어)올린다	أرفع	등록하다	سجل
	아르파우	deung-rok-hada	싸잘라

이것이 당신(남) 마음에 들어요?	هل هذا يعجبك؟
	할 하다- 유으지부카?

이것이 당신(여) 마음에 들어요?	هل هذا يعجبك؟
	할 하다- 유으지부키?

이것이 내 마음에 들어요	هذا يعجبني
	하다- 유으지부니-

이것이 내 마음에 들지 않아요	هذا لا يعجبني
	하다- 라- 유으지부니-

나는 등록한다	**أسجل** 우싸질루	때리다 ttae-ri-da	**ضرب** 돠라바
등산 deung-san	**تسلق** 타쌀루꾼	나는 때린다	**أضرب** 아드리부
등산하다 deung-san-hada	**تسلق** 타쌀라까	딸 ttal	**بنت** 빈툰
나는 등산한다	**أتسلق** 아타쌀라꾸	딸기 ttal-gi	**فراولة** 파라-울라툰
디나르(화폐단위) dinar	**دينار** 디나르	땀 ttam	**عرق** 아라꾼
디르함(화폐단위) dirham	**درهم** 디르함	땀 나다 ttam nada	**عرق** 아리까
디저트 dessert	**حلوى** 할와-	땅 ttang	**أرض** 아르둔
디자이너(남) designer	**مصمم** 무솸미문	땅콩 ttang-kong	**فول سوداني** 풀 쑤-다니-
디자이너(여) designer	**مصممة** 무솸미마툰	때때로 ttae-ttae-ro	**أحيانا** 아흐야-난
디자인 design	**تصميم** 타스미-문	떠나다 tteo-na-da	**غادر** 가-다라
따뜻한 tta-ddeut-han	**دافئ** 다-피운	떠오르다 tteo-o-reu-da	**طلع** 똴라아

떨다 tteol-da	ارتجف	이르타자파
떨어지다 tteol-eo-jida	سقط	싸까따
또는 tto-neun	أو	아우
또한 tto-han	أيضا	아이돤
똑똑한 ttok-ttok-han	ذكي	다키-윤

우리는 여기에서 언제 떠나야 합니까?

متى يجب أن نغادر من هنا؟

마타- 야지부 안 누가-디라 민 후나?

저는 내일 두바이로 떠납니다

سأغادر إلى دبي غدا

싸우가-디루 일라 두바이 가단-

라디오	إذاعة	레바논	لبنان
radio	이다-아툰	Lebanon	루브난-

라마단(단식의 달)	رمضان	레바논 사람	لبناني
ramadan	라마돤-	Lebanon sa-ram	루브나-니-윤

라이터	ولاعة	레바논 수도(베이루트)	بيروت
lighter	왈라-아툰	Lebanon su-do(Beirut)	바이루-투

램프	مصباح	렌즈	عدسة
lamp	미스바-훈	lens	아다싸툰

러시아	روسيا	~로(to)	إلى
Russia	루-씨야	~ro	일라-

러시아 사람	روسي	~로부터(from)	من
Russia sa-ram	루-씨-윤	~ro bu-teo	민

레몬	ليمون	리비아	ليبيا
lemon	라이문-	Libya	리-비야-

레몬주스	عصير ليمون	리비아 사람	ليبي
lemon juice	아시-르 라이문-	Libya sa-ram	리-비-윤

자비스러운 라마단 되길!

رمضان كريم
라마돤- 카림-

축복 받은 라마단 되길!

رمضان مبارك
라마돤- 무바-라크

렌터카 사무실
rent car sa-mu-sil

مكتب تأجير سيارات
마크탑 타으지-르 싸이야-라-트

리비아 수도(트리폴리) طرابلس
Libya su-do(Tripoli)　따라-불쓰

리본　　　　　　شريط
ribbon　　　　　　샤리-뚠

리셉션(접수처)　استقبال
reception　　　이쓰티끄발-룬

리셉셔니스트(접수원)
موظف استقبال
receptionist　무왓좌푼 이쓰티끄발

리얄(화폐단위)　ريال
riyal　　　　　　리얄-

리터　　　　　　لتر
liter　　　　　　리트르

마늘 ma-neul	ثوم 싸움	마약 ma-yak	مخدر 무캇디룬
마술 ma-sul	سحر 씨흐룬	마요네즈 mayonnaise	مايونيز 마-유-ㄴ-즈
마술사(남) ma-sul-sa	ساحر 싸-히룬	마을 ma-eul	قرية 까르야툰
마술사(여) ma-sul-sa	ساحرة 싸-히라툰	마음 ma-eum	قلب 깔분
마사지 massage	تدليك 타들리-쿠	마이크로폰 microphone	ميكروفون 마이크루-푼-
마시다 ma-si-da	شرب 샤리바	마일 mile	ميل 마일
나는 마신다	أشرب 아슈라부	마지막 ma-ji-mak	نهاية 니하-야툰
나는 마셨다	شربت 샤립투	마차 ma-cha	عربة 아라바툰

만나서 반갑습니다(처음 뵙겠습니다)   **فرصة سعيدة**
　　　　　　　　　　　　　　　　　　푸르솨툰 싸이-다

반갑습니다   **تشرفنا**
　　　　　　타샤르라프나

당신을 만나뵙게 되어 기쁩니다   **أنا مسرور بلقائك**
　　　　　　　　　　　　　　아나- 마쓰루-르 비리까-이카

마침(끝) ma-chim	انتهاء 인티하-운	만년필 man-nyeon-pil	قلم حبر 깔람 히브르
막대기 mak-dae-gi	عصا 아솨	만들다 man-deul-da	صنع 쏘나아
만(10000) man	عشرة آلاف 아샤라 알-라프	만들어진 man-deul-eo-jin	مصنوع 마스누-운
만나다 man-na-da	قابل 까-발라	만족하다 man-jok-hada	رضي 라뒤야
나는 만난다	أقابل 우까-빌루	만족한 man-jok-han	مبسوط 마브쑤-뚠
나는 만났다	قابلت 까-발투	만지다 man-ji-da	لمس 라마싸
만남 man-nam	مقابلة 무까-발라툰	나는 만진다	ألمس 알마쑤

무함마드씨를 언제 만날 수 있나요?

متى أستطيع أن أقابل السيد محمد؟
마타- 아쓰타뛰-우 안 우까-빌라 앗싸이드 무함마드?

나는 파티마 여사를 뵙고 싶습니다

أود أن أقابل السيدة فاطمة
아왈두 안 우까빌라 앗싸이다 파-뛰마

우리 거기서 만나요

سنقابل هناك
싸누까-빌루 후나-카

말(언어)	كلام	만약	إذا
mal	칼람	manyak	이다-

말다툼	مشاجرة	만화	رسوم متحركة
mal-da-tum	무샤-자라툰	man-hwa	루쑤-문 무타하르리카

말다툼하다	تشاجر	많은	كثير
mal-da-tum-hada	타샤-자라	man-eun	카씨-룬

말하다	قال	말(동물)	حصان
mal-ha-da	깔-라	mal	히솨-눈

هل ترضى بعملك؟
할 타르돠- 비아말리카?

당신(남) 일에 만족합니까?

أرضى بعملي
아르돠- 비아말리-

저의 일에 만족합니다

أقول لك
아꿀-루 라크(아굴락)

나는 당신에게 말한다(여보세요)

قلت لك
꿀투 라크

나는 당신에게 말했다

هل تتكلم اللغة الإنجليزية؟
할 타타칼라물 루가탈 인글리-지야?

당신은 영어 하십니까?

أتكلمها
아타칼라무 하-

저는 그것을 말 합니다

هل تتكلم اللغة العربية؟
할 타타칼라물 루가탈 아라비-야

당신은 아랍어 하십니까?

말하자면 mal-ha-ja-myeon	يعني 야으니-	망원경 mang-weon-geong	مقراب 미끄라-분
맑은 malgeun	صافي 솨-피	맞습니다 mat-seub-nida	صحيح 솨히-훈
맛 mat	طعم 따아문	맞이하다 majihada	قبل 까빌라
맛있는 mat-it-neun	لذيذ 라지-준	매년 mae-nyeon	كل سنة 쿨루 싸나
맛없는 mat-eob-neun	غير لذيذ 가이루 라디-드	매스컴 masscom	وسائل الإعلام 와싸-일 이을람-
망고 mango	مانجو 만-주	매우 mae-u	جدا 짇단

저는 할 수 없습니다

لا أستطيع
라 아쓰타뛰-우

나는 머리가 아픕니다

أشعر بألم في رأسي
아슈우르 비알람 피 라으씨-

음식이 정말 맛있어요

الطعام لذيذ جدا
앗따아-무 라디-둔 짇단

맛있게 드세요

بالهناء والشفاء
빌하나-이 왓쉬파-

음식 솜씨가 좋군요

تسلم يدك
타쌀람 야다키

매운 mae-un	حار 하-르룬	머리카락 meo-ri-ka-lak	شعر 샤으룬
매월 mae-weol	كل شهر 쿨루 샤흐르	먹다 meok-da	أكل 아칼라
매일 mae-il	كل يوم 쿨루 야움	나는 먹는다	آكل 아-쿨루
매주 mae-ju	كل أسبوع 쿨루 우쓰부-으	나는 먹었다	أكلت 아칼투
매표소 mae-pyeo-so	شباك التذاكر 슙바-크 타다-키르	먼 meon	بعيد 바이-둔
맥박 maek-bak	نبض 나브둔	먼지 meon-ji	تراب 투라-분
머리 meo-ri	رأس 라으쑨	멈추다 meom-chu-da	وقف 와까파

알라께 맹세코! (정말로)   **والله** 왈라히

오늘의 메뉴는 무엇입니까?   **ما يوم الطبق؟** 마- 야우뭇 따바꼬?

메뉴판 좀 주세요   **قائمة الطعام لو سمحت** 까-이마툿 따암- 라우 싸마흐트

영어로 된 메뉴판이 있습니까?

هل عندك قائمة الطعام بالإنجليزية
할 에인다크 까-이마툿 따암- 빌인글리-지야-

면도하다	حلق
myeon-do-hada	할라까

면세	إعفاء من الضرائب
myeon-se	이으파 민낫 돠라-입

면적	مساحة
myeon-jeok	미싸-하툰

면제	إعفاء
myeon-je	이으파-운

면허증	رخصة القيادة
myeon-heo-jeung	루크솨툴 끼야다

명단	قائمة الأسماء
myeong-dan	까-이마툴 아쓰마-이

명령	أمر
myeong-ryeong	아므룬

멈추세요	قف
	끼프

멍(타박상)	كدمة
meong	카드마툰

메뉴(식당)	قائمة الطعام
menu	까-이마툿 똬암-

메뚜기	جرادة
me-ddu-gi	자라-다툰

메밀	حنطة سوداء
me-mil	힌따툰 싸우다우

메인메뉴	طبق رئيسي
main memu	똬바끄 라이-씨-

메카	مكة المكرمة
Mecca	막카툴 무카르라마

무엇을 먹고 싶으세요?

ماذا تريد أن تأكل؟
마-다 투리-두 안 타으쿨라?

저는 생선을 먹고 싶습니다

أريد أن آكل السمك
우리-두 안 아-쿨라 싸마크

실례지만 여기서 세워주세요

قف هنا من فضلك
끼프 후나 민 파들릭

이슬람의 명절은 몇 개가 있습니까?

كم عيدا في الإسلام؟
캄 이-단 필 이쓸람?

| 명절 myeong-jeol | عيد 이-둔 | 모리타니 Mauritanie | موريتانيا 무-리-타-니야 |

명절 عيد
myeong-jeol 이-둔

명함 بطاقة
myeong-ham 비따-까툰

모기 ناموس
mo-gi 나무-쑨

모든 것 كل شيء
mo-deun geot 쿨루 샤이-

모래 رمل
mo-rae 라믈룬

모레 بعد غد
mo-re 바으다 가딘

모로코 المغرب
Morocco 알마그립

모로코 사람 مغربي
Morocco sa-ram 마그리비-운

모로코 수도(리바트) الرباط
Morocco su-do(Rabat) 아르라바-뜨

모른다(나는) لا أعرف
mo-reun-da 라 아으리푸

나는 몰랐다 لم أعرف
  람 아으리프

모리타니 موريتانيا
Mauritanie 무-리-타-니야

모리타니 사람 موريتاني
Mauritanie sa-ram 무-리-타-니-윤

모리타니 수도(누악쇼트)

 نواكشوط
 누와-크슈-뜨
Mauritanie su-do(Nouakchott)

모양 شكل
mo-yang 샤클룬

모임 اجتماع
mo-im 이즈티마-운

모으(이)다 جمع
mo-eu-da 자마아

모자 قبعة
mo-ja 꿉바아툰

모직물 صوف
mo-jik-mul 수-푼

모험 مغامرة
mo-heom 무가-마라툰

모험하다 غامر
mo-heom-hada 가-마라

67

목(신체)	رقبة	목요일	يوم الخميس
mok	루끄바툰	mok-yo-il	야우물 카미-쓰

목걸이	عقد	목욕탕	حمام
mok-geol-i	이끄둔	mok-yok-tang	함마-문

목구멍	حلق	목욕하다	استحم
mok-gu-meong	할꾼	mok-yok-hada	이쓰타함마

목 마른	عطشان	나는 목욕한다	أستحم
mok ma-reun	아뜨샤-누		아쓰타힘무

목수	نجار	나는 목욕했다	استحممت
mok-su	낮자-룬		이쓰타흐맘투

당신(남) 무슨 일 있어요?   ما بك؟
마- 비카?

당신(여) 무슨 일 있어요?   ما بك؟
마- 비키?

무엇이든   أي شيء
아이- 샤이인

어제 무엇을 했습니까?   ماذا فعلت أمس؟
마다 파알타 암쓰?

무엇을 샀습니까?   ماذا اشتريت؟
마다 이슈타라이타?

이것은 무슨 의미인가요?   ما معنى هذا؟
마- 마으나- 하다-?

목적 mok-jeok	غرض 가르둔	무료로 mu-ryo-ro	بلاشئ 발라-쉬
목재 mok-jae	خشب 카샤분	무릎 mu-reup	ركبة 루크바툰
목표 mok-pyo	هدف 하다푼	무아진(예배시간이 되었음을 알리는 사람) mu-a-jin	مؤذن 무왓지눈
몸 mom	جسم 지쓰문	무엇(뒤에 명사가 옴) mu-eot	ما؟ 마
못 mot	مسمار 미쓰마-루	무엇(뒤에 동사가 옴) mu-eot	ماذا؟ 마다
못생긴 mot-saeng-gin	قبيح 까비-훈	무역 mu-yeok	تجارة 티자-라툰
묘지 myo-ji	مقبرة 마끄바라툰	무익한 mu-ik-han	غير مفيد 가이루 무피-드
무(채소) mu	فجل 피즐룬	무지개 mu-ji-gae	قوس قزح 까우쑤 꾸자흐
무거운 mu-geo-un	ثقيل 싸낄-룬	무지한 mu-ji-han	جاهل 자-힐룬
무게 mu-ge	وزن 와즈눈	문 mun	باب 바-분
무게를 달다 mu-ge-reul dalda	وزن 와자나	문구(글귀) mun-gu	عبارة 이바-라툰

69

한국어	로마자	아랍어	발음
문법	mun-beob	قواعد	까와-이드
문자	mun-ja	حرف	하르푼
문장	mun-jang	جملة	주믈라툰
문제	mun-je	مشكلة	무쉬킬라툰
문제(문항)	mun-je	سؤال	쑤알-룬
문학	mun-hak	أدب	아다분
문화	mun-hwa	ثقافة	싸까-파툰
묻다(질문)	mut-da	سأل	싸알라
나는 질문하다		أسأل	아쓰알루
물	mul	ماء	마-운
물담배	mul-dam-bae	شيشة	쉬-샤
물론입니다	mul-ron-ibnida	طبعا	따브안
물통	mul-tong	جردل	자르달룬
미국	mi-guk	أمريكا	아므리-카
미국 사람	mi-guk sa-ram	أمريكي	아므리키-
미네럴 워터	mineral water	مياه معدنية	미야-훈 마으다니-야
미라	mi-ra	موميا	무-미야-운
미래	mi-rae	مستقبل	무쓰타끄발룬
미리	mi-ri	مقدما	우깐디만
미망인	mi-mang-in	أرملة	아르말라툰
정말 죄송합니다		أنا آسف جدا	아나- 아-씨프 짇단

미성년자	شخص قاصر	밀(wheat)	حنطة
mi-seong-nyeon-ja	샤크순 까시룬	mil	한따툰

미소	ابتسام	밀다	دفع
mi-so	이브티싸-문	mil-da	다파아

미안합니다	آسف	밀어요(미세요)	ادفع
mi-an-habnida	아-씨프		이드파으

미터	متر	밀크커피	قهوة بالحليب
meter	미트르	milk coffee	까흐와툰 빌할립-

미터기(택시)	عداد
meter-gi	앋다-둔

민족	قوم
min-jok	까우문

민족주의	قومية
min-jok-ju-ui	까우미-야툰

민주주의	ديمقراطية
min-ju-ju-ui	디-무끄라-뛰야툰

민중	شعب
min-jung	샤으분

믿다	صدق
mit-da	쌀다까

나는 믿는다	أصدق
	우쌀디꾸

바깥의 ba-ggat-ui	خارج 카-리준	바라보다 ba-ra-boda	نظر 나좌라
바겐세일 bargain sale	تخفيضات 타크피-돠-툰	나는 바라본다	أنظر 안주루
바구니 ba-gu-ni	سلة 쌀라툰	나는 보았다	نظرت 나좌르투
바꾸다 ba-ggu-da	غير 가이야라	바람 ba-ram	ريح 리-훈
바나나 banana	موز 마우준	바람이 불다 ba-ram-i bul-da	هب 합바
바느질 ba-neu-jil	خياط 키야-뚠	바레인 Bahrein	بحرين 바흐라인
바늘 ba-neul	إبرة 이브라툰	바레인 사람 Bahrein sa-ram	بحريني 바흐라이니-윤
바다 ba-da	بحر 바흐룬	바레인 수도(마나마) Bahrein su-do (Manama)	المنامة 알마나마
바라다(원하다) ba-ra-da	رغب 라기바	바쁜 ba-bbeun	مشغول 마슈굴-룬
나는 바란다	أرغب 아르가부	바위 ba-wi	صخرة 수크라툰

바다가 보이는 객실을 원합니다   **أريد غرفة تطل على البحر**
우리-두 구르파 투뛸루 알랄 바흐르

바이올린	كمان	밖에	خارج
violin	카만-	bak-e	카리자
바지	بنطلون	반갑습니다	تشرفنا
ba-ji	반딸룬	ban-gab-seubnida	타샤르라프나
바퀴	دائرة	~반대하여	ضد
ba-kwi	다-이라툰	ban-dae-ha-yeo	됻다
박물관	متحف	반대하다	عارض
bak-mul-gwan	마트하푼	ban-dae-hada	아-라돠
박사(남)	دكتور	반도	شبه الجزيرة
bak-sa	두크투-룬	bando	쉽훌 자지-라
박사(여)	دكتورة	반드시	لازم
bak-sa	두크투-라툰	ban-deu-si	라-짐
박수	تصفيق	반복하다	كرر
bak-su	타스피-꾼	ban-bok-hada	카르라라
박수치다	صفق	반원	نصف الدائرة
bak-su-chi-da	솦파까	ban-won	니스풋 다-이라
박쥐	وطواط	반죽하다	عجن
bak-jwi	와뜨와-뚠	ban-juk-hada	아자나
박하	نعناع	반지	خاتم
bak-ha	나으나-운	ban-ji	카-타문

박물관이 어디있나요?

أين المتحف؟
아이날 마트하프?

한국어	아랍어	발음		한국어	아랍어	발음

반창고 — ضماد — 뒤마-둔

나는 발송했다 — أرسلت — 아르쌀투

받아들이다 — قبل — 까빌라
bat-a-deul-i-da

발신자 — المرسل — 알무르씰루
bal-sin-ja

발(신체) — قدم — 까담
bal

발음하다 — لفظ — 라파좌
bal-eum-hada

발견하다(「발견」) — اكتشف — 이크타샤파
bal-gyeon-hada

발전하다 — تطور — 타따우와라
bal-jeon-hada

발견하다 — وجد — 와자다
bal-gyeon-hada

발코니 — شرفة — 슈르파툰
balcony

발명하다 — اخترع — 이크타라아
bal-myeong-hada

발표하다 — أعلن — 아을라나
bal-pyo-hada

나는 발명했다 — اخترعت — 이크타라으투

밝은 — فاتح — 파-티훈
balgeun

발목 — كاحل — 카-힐룬
bal-mok

밝은 색 — لون فاتح — 라우눈 파-티흐
balgeun saek

발송하다 — أرسل — 아르쌀라
bal-song-hada

밤 — ليلة — 라일라
bam

나는 발송한다 — أرسل — 우르씰루

방 — غرفة — 구르파툰
bang

발신자 성함이 어떻게 되지요? — ما اسم المرسل؟ — 마쓰물 무르씰?

방 있습니까?	غرفة من فضلك؟
	구르파트 민 파들릭?
방번호	رقم الغرفة
bang-beon-ho	라꾸물 구르파
방문하다	زار
bang-mun-hada	자라
나는 방문한다	أزور
	아주-루
나는 방문했다	زرت
	주르투
방법	أسلوب
bang-beob	우쓸루-분
방어하다	دفع
bang-eo-hada	다파아
방사능	النشاط الإشعاعي
bang-sa-neung	안니샤-뚤 이슈아이
방송	إذاعة
bang-song	이다-아툰
밭	حقل
bat	하끌룬
배(과일)	كمثري
bae	쿰싸리
배(기선)	مركب
bae	마르카분
배(신체)	بطن
bae	바뜨눈
저는 배가 아픕니다	أشعر بألم في بطني
	아슈우루 비알람 피 바뜨니-
배고픈	جوعان
bae-go-peun	자우아-누
나는 배가 고픕니다	أنا جائع
	아나 자-이운
배멀미	دوار البحر
bae-meol-mi	두와-룰 바흐르
배부른	شبعان
bae-bu-reun	샤브아-누
배열	ترتيب
bae-yeol	타르티-분
배우(남)	ممثل
bae-u	무맛씰룬
배우(여)	ممثلة
bae-u	무맛씰라툰
배우다	تعلم
bae-u-da	타알라마

한국어	아랍어	한국어	아랍어
백(100) baek	مِئَةٌ 미아툰	뱃짐 baet-jim	شحنة 샤흐나툰
백과사전 baek-gwa-sa-jeon	دائرة المعارف 다-이라툴 마아리프	버섯 beo-seot	فطر 푸뜨룬
백만 baek-man	مليون 밀리윤-	버스 bus	حافلة 하-필라툰
백분율 baek-bun-yul	بالمئة 빌미아	버스정류장 bus-jeong-ryu-jang	محطة الحافلة 마핱따툴 하-필라
뱀 baem	حي 하이	버터 butter	زبدة 주브다툰

당신(남)은 어디서 아랍어를 배웠습니까?

أين تعلمت اللغة العربية؟
아이나 타알람타 알루카탈 아라비-야?

나는 대학교에서 그것을 배웠습니다.　**تعلمتها في الجامعة**
타알람투하- 필 자-미아

시장에 가려면 어떤 버스를 타야합니까?

أي حافلة يجب أن آخذ لأذهب إلى السوق؟
아이- 하-필라 야지부 안 아-쿠다 리아드하바 일랏 쑤-끄?

버스 요금이 얼마입니까?　**كم هي أجرة الحافلة؟**
캄 히야 우즈라툴 하-필라?

버스정류장이 어디있나요?　**أين محطة الحافلات؟**
아이나 마핱따툴 하-필라-트?

번역	ترجمة	법무부	وزارة العدل
beon-yeok	타르마자툰	beob-mu-bu	위자-라툴 아들

번역가(남)	مترجم	벗다	اختلع
beon-yeok-ga	무타르지문	beot-da	이크탈라아

번역가 (여)	مترجمة	베개	وسادة
beon-yeok-ga	무타르지마툰	be-gae	위싸-다툰

번역하다	ترجم	벨트	حزام
beon-yeok-hada	타르자마	belt	히자-문

번호	رقم	벼룩	برغوث
beon-ho	라끄문	byeo-ruk	바르구-쑨

벌(곤충)	نحل	벽	حائط
beol	나흘룬	byeok	하-이뚠

벌(징벌)	عقاب	벽난로	موقد
beol	이까-분	byeok-nan-ro	마우끼둔

벌 주다	عاقب	변경	تغيير
beol juda	아-까바	byeon-gyeong	타그이-룬

범인	مجرم	변비	امساك
beom-in	무즈리문	byeon-bi	임싸-쿤

범죄	جريمة	변호사(남)	محامي
beom-joe	자리-마툰	byeon-ho-sa	무하-미-

법	قانون	변호사(여)	محامية
beob	까-누-눈	byeon-ho-sa	무하-미-야툰

ㅂ

별	نجم	곧 봅시다	أراك قريبا
byeol	나즈문		아라-카 까리-반

병	زجاجة	보라색	بنفسجي
byeong	주자-자툰	bo-ra-saek	바나프씨지

병(질병)	مرض	보리	شعير
byeong	마라둔	bo-ri	샤이-룬

병아리	كتكوت	보석	جوهر
byeong-a-ri	카트쿠-툰	bo-seok	자우하룬

병원	مستشفى	보석류	مجوهرات
byeong-won	무쓰타쉬파	bo-seok-ryu	무자우하라-툰

보고싶다	اشتاق إلى	보수적인	محافظ
bo-go-sibda	이슈타-까 일라-	bo-su-jeok-in	무하-피준

보내다	بعث	보이다	ظهر
bo-nae-da	바아싸	bo-i-da	좌하라

보다	رأى	보증	ضمانة
bo-da	라아-	bo-jeung	다마-나툰

별 일 아닙니다
ما عليه شيء
마알리쉬

저를 병원으로 데려가주세요
خذني إلى المستشفى
쿠즈니- 일랄 무쓰타쉬파

당신이 너무 보고싶었습니다
اشتقت إليك كثيرا
이슈타까이투 일라이크 카씨-란

보통 bo-tong	عادي 아-디-윤	복사하다 bok-sa-dada	صور 쇼우와라
보통우편 bo-tong-u-pyeon	البريد العادي 알바리둘 아디-	복숭아 bok-sung-a	خوخة 쿠-카툰
보호 bo-ho	حماية 히마-야툰	복습 bok-seub	مراجعة 무라-자아툰
보행자 bo-haeng-ja	ماشي 마-쉬-	복용하다 bok-yong-hada	تناول 타나-왈라
보험 bo-heom	تأمين 타으미-눈	복잡한 bok-jab-han	مزدحم 무즈다히문
복도 bok-do	ممر 마마르룬	복종하는 bok-jong-ha-neun	طائع 따-이운
복사 bok-sa	نسخة 누쓰카툰	볼(얼굴) bol	خد 칻둔

무엇을 도와드릴까요?
أي خدمة؟
아이유 키드마?

저것을 보여주실 수 있습니까?
ممكن تريني ذلك؟
뭄킨 투리-니- 달리카?

나는 저것을 보고싶습니다
أريد أن أرى ذلك
우리-두 안 아라- 달리카

보통 우편은 얼마인가요?
كم يكلف بالبريد العادي؟
캄 유칼리푸 빌바리-딜 아-디-?

봄	الربيع
bom	아르라비-우

봉사(서비스)	خدمة
bong-sa	키드마툰

봉사자	متطوع
bong-sa-ja	무타따우위운

봉투	ظرف
bong-tu	좌르푼

부가하는	إضافي
bu-ga-ha-neun	이돠-피-윤

부끄러운	خجول
bu-ggeu-reo-un	카줄-룬

부동산	وكيل عقاري
bu-dong-san	와킬-룬 아까-리-

부두	رصيف ميناء
bu-du	라시-프 미-나

부디(어서)~하세요	تفضل
	타팟돨

어서 들어오세요	تفضل وادخل
	타팓돨 와드쿨

어서 드세요	تفضل وتناول
	타팓돨 와타나-왈

부르다	نادى
bu-reu-da	나-다-

부르다(칭하다)	سمى
bu-reu-da	쌈마-

부른(배가)	شبعان
bu-reun	샤브아-누

부모님	والدان
bu-mo-nim	왈-리다-니

부부	زوجان
bubu	자우자-니

부분	جزء
bu-bun	주즈운

부엌	مطبخ
bu-eok	마뜨바쿤

부유한	غني
bu-yu-han	가니-윤

부인(madam)	سيدة
bu-in	싸이-다툰

부자	غني
bu-ja	가니-윤

부재의	غائب
bu-jae-ui	가-이분

부족하다	افتقر	북극성	نجم القطب
bu-jok-hada	이프타까라	buk-geuk-song	나즈물 꾸뜨브

부채	مروحة	북한	كوريا الشمالية
bu-chae	마르와하툰	buk-han	쿠-리야 쉬말-리야

부통령	نائب الرئيس	분(시간)	دقيقة
bu-tong-ryeong	나이불 라이-쓰	bun	다끼-까툰

~로부터	من	분석하다	حلل
ro bu-teo	민	bun-seok-hada	할랄라

부패하다	تعفن	분수(水)	نافورة
bu-pae-hada	타앞파나	bun-su	나-푸-라툰

부패한	عفن	분주한	مشغول
bu-pae-han	아파눈	bun-ju-han	마슈굴-룬

북(악기)	طبل	불	نار
buk	따블룬	bul	나-룬

북쪽	شمال	불 끄다	أطفأ
buk-jjok	샤말-룬	bul ggeu-da	아뜨파아

북극	القطب الشمالي	불공정한	غير عادل
buk-geuk	알꾸뜨붓 샤말-리	bul-gong-jeong-han	가이르 아딜

당신(남)께 부탁 드립니다(please)	من فضلك
	민 파들리카

당신(여)께 부탁 드립니다(please)	من فضلك
	민 파들리키

한국어	아랍어	발음	한국어	아랍어	발음
~불구하고 bul-gu-hago	رغم	라그마	비 bi	مطر	마따룬
불 켜다 bul kyeo-da	أشعل	아슈알라	비 오는 bi o-neun	ممطر	뭄뛰룬
불임의 bul-im-ui	عاقر	아-끼룬	비 오다 bi o-da	أمطر	암따라
불쾌한 bul-kwae-han	رديء	라디-운	비난하다 bi-nan-hada	شتم	샤타마
불편한 bul-pyon-han	غير مريح	가이르 무리-흐	비누 bi-nu	صابون	쏴-분-
불행한 bul-hang-han	منكود	만쿠-둔	비단 bi-dan	حرير	하리-룬
붐비는 bum-bi-neun	مزدحم	무즈다히문	비둘기 bi-dul-gi	حمامة	하마-마툰
브레이크 brake	فرملة	파르말라툰	비밀 bi-mil	سر	씨르룬
브로콜리 broccoli	قرنبيط	까르나비-뚠	비상구 bi-sang-gu	مخرج الطوارئ	마크라즈 똬와-리
불가능합니다				غير ممكن	가이르 뭄킨
불가능합니다				مش ممكن	무쉬 뭄킨

비싼	غال	빌리다	استعارة
bi-ssan	갈-린	bil-ri-da	이쓰타아-라

비서	سكرتير	빗	فرشاة
bi-seo	씨크리티-룬	bit	푸르샤-툰

비스켓	بسكويت	빗자루	مكنسة
biscuit	비쓰쿠-트	bit-ja-ru	미크나싸툰

비어있는	فارغ	빚	دين
bi-eo-it-neun	파-리군	bit	다이눈

비용이 들다	كلف	빛	نور
bi-yong-i deul-da	칼라파	bit	누-룬

비자	تأشيرة	빛나는	منير
visa	타으쉬-라툰	bit-na-neun	무니-룬

비타민	فيتامين	빠른	سريع
Vitamin	피-타-민-	bba-reun	싸리-운

비행사(남)	طيار	빨간색	أحمر
bi-haeng-sa	따이야-룬	bbal-gan-saek	아흐마르

비행사(여)	طيارة	빨리	بسرعة
bi-haeng-sa	따이야-라툰	bbal-ri	비쑤르아틴

비행기	طائرة	빨리 가세요	اذهب بسرعة
bi-hang-gi	따-이라툰		이드합 비쑤르아

빌려주다	أعار	빵	خبز
bil-ryeo-juda	아아-라	bbang	쿠브준

빵집	مخبز
bbang-jib	마크바준

빨다	سحق
bbat-da	싸하까

뼈	عظمة
bbeo	아즈마툰

이것은 너무 비싸요	هذا غال جدا
	하다 갈-린 짇단

이것은 얼마의 비용이 듭니까?	كم يكلف هذا؟
	캄 유칼리푸 하다-?

저는 비자를 가지고 있습니다	عندي تأشيرة
	에인디- 타으쉬-라툰

사 sa	**أربعة** 아르바아툰	사고 나다 sago nada	**حدث** 하다싸
사각형 sa-gak-kyeong	**مربع** 무랍바운	사과(과일) sa-gwa	**تفاحة** 툽파-하툰
사건 sa-geon	**حدث** 하다쑨	사과(사죄) sa-gwa	**اعتذار** 이으티다-룬
사고 sa-go	**حادثة** 하-디싸툰	사과하다 sa-gwa-hada	**اعتذر** 이으타다라

당신(남)은 이것을 어디서 샀습니까? **من أين اشتريت هذا؟**
민 아이나 이슈타라이타 하다-?

당신(여)은 이것을 어디서 샀습니까? **من أين اشتريت هذا؟**
민 아이나 이슈타라이티 하다-?

나는 기념품을 사고 싶습니다 **أريد أن أشتري التذكار**
우리-두 안 아슈타리- 앗타즈카-르

당신(남)은 나를 사랑하나요? **هل تحبني؟**
할 투힙부니-?

나는 당신(여)을 사랑합니다 **أحبك**
우힙부키

당신(여)은 나를 사랑하나요? **هل تحبينني؟**
할 투힙비나니-?

책을 대여할 수 있나요? **هل أستطيع أن أستعير الكتب؟**
할 아쓰타띠-우 안 아쓰타이-라 알쿠둡?

사다 / sa-da	اشترى / 이슈타라-
나는 산다	أشتري / 아슈타리-
나는 샀다	اشتريت / 이슈타라이투
사도 / sa-do	رسول / 라쑬-
사람 / sa-ram	إنسان / 인싸-눈
사랑 / sa-rang	حب / 훕분
사랑스러운 / sa-rang-seu-reo-un	محبوب / 마흐부-분
사랑하다 / sa-rang-hada	أحب / 아합바
사우디아라비아 왕국 / Saudi Arabia	المملكة العربية السعودية / 알마믈라카툴 아라비아툴 싸우-디야
사우디아라비아 사람 / Saudi Arabia sa-ram	سعودي / 쑤우-디-윤
사우디아라비아 수도(리야드) / Saudi Arabia su-do(Riyadh)	الرياض / 아르리야-드
사립의 / sa-rib-ui	خاص / 캇-순
사립학교 / sa-rib-hak-gyo	مدرسة خاصة / 마드라사툰 캇-쇼툰
사막 / sa-mak	صحراء / 사흐라
사망(서거) / sa-mang	وفاء / 와파-운
사망하다 / sa-mang-hada	توفي / 툽-피-야
사무실 / sa-mu-sil	مكتب / 마크타분
사백 / sa-baek	أربعمئة / 아르바아미아
사분의 일 / sa-bun-ui il	ربع / 루브운

사슴 sa-seum	غزال 가잘-루	사진관 sa-jin-gwan	مصور 무쇼우위룬
사십 sa-sib	أربعون 아르바우-나	사진 찍다 sa-jin jjik-da	صور 쇼우와라
사업 sa-eob	أعمال 아으말-루	사천 sa-cheon	أربعة آلاف 아르바아 알라-프
사용하다 sa-yong-hada	استخدم 이쓰타크다마	사촌(친가) sa-chon	ابن العم 이브눌 암미
사원(모스크) sa-won(mosque)	مسجد 마쓰지둔	사촌(외가) sa-chon	ابن الخال 이부눌 칼-리
사월 sa-wol	أبريل 아브릴-	사투리 sa-tu-ri	لهجة 라흐자툰
~사이 sai	بين 바이나	사회 sa-hoe	مجتمع 무즈타마운
사이즈 size	قياس 끼야-쑨	사회주의 sa-hoe-ju-ui	إشتراكية 이슈티라-키-야툰
사자 sa-ja	أسد 아싸둔	사파이어 sapphire	ياقوت أزرق 야-꾸-트 아즈라끄
사전 sa-jeon	قاموس 까무-쑨	산 san	جبل 자발룬
사진 sa-jin	صورة 쑤-라툰	산소 san-so	أكسجين 우크씨진

산업	صناعة
san-eob	시나-아툰

산책하다	تمشى
san-chaek-hada	타맛샤-

살(가죽)	جلد
sal	질둔

살구	مشمش
sal-gu	미슈미슌

살다	سكن
sal-da	싸카나

살아있는	حي
sal-a-it-neun	하이-윤

살찐	سمين
sal-jjin	싸미-눈

삶	حياة
sam	하야-툰

삶다	سلق
sam-da	쌀라까

삶은(끓인)	مسلوق
salmeun	마쓸루-꾼

삶은 달걀	بيض مسلوق
salmeun dal-gyal 바이드 마쓸루-끄	

삼(3)	ثلاثة
sam	쌀라-싸

삼각형	مثلث
sam-gak-hyeong	무쌀라쑨

삼백	ثلاثمئة
sam-baek	쌀라-싸미아

당신(남) 어디에 사십니까?
أين تسكن؟
아이나 타쓰쿠누?

당신(여) 어디에 사십니까?
أين تسكنين؟
아이나 타쓰쿠니-나?

저는 서울에 삽니다
أسكن في سيول
아쓰쿠누 피 씨-울

오래사세요
أطال الله عمرك
아딸-랄라후 우므라크

삼분의 일 sam-bun-ui il	ثلث 쑬쑨	상상하다 sang-sang-hada	تخيل 타카이얄라
삼십 sam-sib	ثلاثون 쌀라-쑨	상업 sang-eob	تجارة 티자-라툰
삼십분 sam-sib-bun	نصف 니스푼	상업 광고 sang-eob gwang-go	إعلانات تجارية 이을라-나트 티자-라야
삼월 sam-wol	مارس 마-리쓰	상인(남) sang-in	تاجر 타-지룬
삼천 sam-cheon	ثلاثة آلاف 쌀라-싸 알-라-프	상인(여) sang-in	تاجرة 타-지라툰
삼촌(친가) sam-chon	عم 암문	상점 sang-jeom	محل 마할룬
삼촌(외가) sam-chon	خال 칼-룬	상자 sang-ja	صندوق 순두-꾼
상(賞) sang	جائزة 자-이자툰	상처 sang-cheo	جرح 주르훈
상관있는 sang-gwan-it-neun	اعتباري 이으티바-리-윤	상처 나다 sang-cheo nada	جرح 자라하
상냥한 sang-nyang-han	أنيس 아니-쑨	상처 난 sang-cheo nan	جارح 자-리훈
상담하다 sang-dam-hada	استشار 이쓰타샤-라	상태 sang-tae	حال 할-룬

상품	بضاعة	새우	جراد البحر
sang-pum	비돠-아툰	sae-u	자라-둘 바흐르

상황(주위)	ظرف	새우다(밤을)	سهر
sang-hwang	좌르푼	sae-u-da	싸히라

샹들리에	ثريا	나는 밤을 새다	أسهر
chandelier	쑤라이야		아쓰하루

새	طائر	새장	قفص
sae	따-이룬	sae-jang	까파쑨

새기다(조각)	نقش	새해	سنة جديدة
sae-gi-da	나까샤	sae-hae	싸나툰 자디-다

새끼 손가락	خنصر	색깔	لون
sae-ggi son-ga-rak	킨쏴룬	saek-ggal	라우눈

새다(액체)	تسرب	샐러드	سلطة
sae-da	타싸르라바	salad	쌀라따툰

새로운	جديد	생각	فكرة
sae-ro-un	자디-둔	saeng-gak	피크라툰

새벽	فجر	생각하다	فكر
sae-byeok	파즈룬	saeng-gak-hada	팍카라

매년 좋은 일만 있기를 바랍니다	كل عام وأنت بخير
	쿨루 암 와 안타 비카이르

금년 내내 행복하시길 바랍니다	كل سنة وأنت طيب
	쿨루 싸나 와 안타 따이입

한국어	아랍어	발음		한국어	아랍어	발음
생일	**عيد ميلاد**	이-두 밀-라-드		나는 생각한다	**أفكر**	우팍키루
샤워	**دش**	둣슌		나는 생각했다	**فكرت**	팍카르투
샴푸	**شامبو**	샴-부-		생강 saeng-gang	**زنجبيل**	잔자빌-룬
서랍 seo-rab	**جارور**	자루-룬		생기다(일이) saeng-gi-da	**حدث**	하다싸
서류 seo-ryu	**وثيق**	와씨-꾼		생리(월경) saeng-ri	**العادة الشهرية**	알아-다툿 샤흐리-야
서명 seo-myeong	**إمضاء**	임돠-운		생산하다 saeng-san-hada	**أنتج**	안타자
서명하다 seo-myeong-hada	**أمضى**	암돠-		생선 saeng-seon	**سمك**	싸마쿤

당신 또한

وأنت أيضا
와 안타 아이돤

좋은 생각입니다

فكرة جميلة
피크라툰 자밀-라

오늘이 제 생일입니다

اليوم عيد ميلادي
알야움 이-두 밀-라-디

무엇을 도와드릴까요?

أي خدمة؟
아이유 키드마?

한국어	아랍어	한국어	아랍어
서비스 / service	خدمة / 키드마툰	선물하다 / seon-mul-hada	أهدى / 아흐다-
서점 / seo-jeom	مكتبة / 마크타바툰	선생님(남) / seon-saeng-nim	مدرس / 무다르리쑨
서쪽 / seo-jjok	غرب / 가르분	선생님(여) / seon-saeng-nim	مدرسة / 무다르리싸툰
석류 / seok-ryu	رمان / 룸마-눈	선수(남) / seon-su	لاعب / 라-이분
석유 / seok-yu	نفط / 나프뚠	선수(여) / seon-su	لاعبة / 라-이바툰
선 / seon	خط / 칻뚠	선풍기 / seon-pung-gi	مروحة كهربائية / 미르와하툰 카흐라바-이야
선글라스 / sunglasses	نظارة شمسية / 나좌-라툰 샴씨야-	선호하는 / seon-ho-ha-neun	مفضل / 무팓돨룬
선물 / seon-mul	هدية / 하디-야툰	설명 / seol-myeong	تفسير / 타프씨-룬

좋아하는 색깔이 무엇입니까?
ما هو لونك المفضل؟
마- 후와 라우누크 알무팓돨?

실례지만 설탕을 넣지말고 주세요
بدون سكر من فضلك
비둔 쑥카르 민 파들릭

실례지만 설탕을 조금만 넣어주세요
مع سكر قليلا من فضلك
마아 쑥카르 깔릴-란 민 파들릭

설명하다	شرح	성냥	كبريت
seol-myeong-hada	샤라하	seong-nyang	키브리-툰
나는 설명한다	أشرح	성명	اسم
	아슈라후	seong-myeong	이쓰문
설탕	سكر	성서(구약)	التورات
seol-tang	쑥카룬	seong-seo	앗타우라-투
설사	إسهال	성서(신약)	الإنجيل
seol-sa	이쓰할-룬	seong-seo	알인질-루
성(性)	جنس	성서(꾸란)	القرآن
seong	진쑨	seong-seo	알꾸르아-누
성(이름)	لقب	성숙한	يافع
seong	라까분	seong-suk-han	야-피운
성격	شخصية	성적	نتيجة
seong-gyeok	샤크쉬-야툰	seong-jeok	나티-자툰
성공	نجاح	성적표	كشف درجات
seong-gong	나자-훈	seong-jeok-pyo	카슈프 다라자-트
성공하다	نجح	성지순례	حج
seong-gong-hada	나자하	seong-ji-sun-rye	핫준
나는 성공한다	أنجح	성탄절	عيد الميلاد
	안자후	seong-tan-jeol	이-둘 밀라-드
나는 성공했다	نجحت	세관	جمرك
	나자흐투	se-gwan	주므라쿤

93

세금 se-geum	ضريبة 돠리-바툰	세탁물 se-tak-mul	غسيل 가씰-룬
세계 se-gye	عالم 알-라문	세탁하다 se-tak-hada	غسل 가쌀라
세기 se-gi	قرن 까르눈	소 so	بقر 바까룬
세놓다 se-not-da	استأجر 이쓰타으자라	소가죽 so-ga-juk	جلد بقرة 질두 바까라
세놓음 senoeum	إجار 이-자-룬	소개 so-gae	تقديم 타끄디-문
세면대 se-myeon-dae	مغسلة 마그쌀라툰	소개하다 so-gae-hada	قدم 깓다마
세상 se-sang	دنيا 둔야-	소고기 so-go-gi	لحم البقر 라흐물 바까르
세탁기 se-tak-gi	غسالة 갓쌀-라툰	소금 so-geum	ملح 밀훈

제 소개를 하겠습니다   **أقدم لكم نفسي**
우깓디무 라쿰 나프씨-

제 가족 소개를 하겠습니다   **أقدم لكم أسرتي**
우깓디무 라쿰 우쓰라티-

이 소포를 보내고 싶습니다   **أريد إرسال هذا الطرد**
우리-두 이르쌀- 하닷 뜨르드

소년 so-nyeon	ولد 왈라둔	소설 so-seol	رواية 리와-야툰
소다 soda	صودا 수-다-	소설가 so-seol-ga	مؤلف روايات 무알리푸 리와-야-트
소리 so-ri	صوت 솨우툰	소스 sauce	صلصة 솰솨툰
소말리야 Somalia	الصومال 앗수-말-	소식 so-sik	خبر 카바룬
소말리야 사람 Somalia sa-ram	صومالي 수말리-윤	소파 sofa	أريكة 아리-카툰
소말리야 수도(모가디슈) Somalia su-do(Mogadishu)	مقديشو 무까디-슈-	소포 so-po	طرد 따르둔
소매 so-mae	كم 쿠문	소풍 so-pung	رحلة 리흘라툰
소매치기 so-mae-chi-gi	سارق 싸-리꾼	소화(음식) so-hwa	هضم 하드문
소비자 so-bi-ja	مستهلك 무쓰타흘리쿤	소화기 so-hwa-gi	مطفئة 무뜨피아툰
소비하다 so-bi-hada	استهلك 이쓰타흘리카	소화 불량 so-hwa bul-ryang	سوء الهضم 쑤-울 하듬
		소화하다 so-hwa-hada	هضم 하돠마

속담	حكمة	손자	حفيد
sok-dam	히크마툰	son-ja	하피-둔

속달 우편	خطاب مستعجل	손톱	ظفر
sok-dal u-pyeon	키따-분 무쓰타으질	son-tob	주프룬

속력	سرعة	손해	خسارة
sok-ryeok	쑤르아툰	son-hae	키싸-라툰

속옷	ملابس داخلية	손해보다	خسر
sok-ot	말라-비쓰 다-킬리-야	son-hae-boda	카씨라

속임수	غش	솔직히	بصراحة
sok-im-su	깃슌	sol-jik-hi	비쏴라-하

속이다	غش	솜	قطن
sok-i-da	갓샤	som	꾸뜨눈

손	يد	쇼핑	تسوق
son	야둔	shopping	타싸우우꾼

손가락	أصبع	수건	فوطة
son-ga-rak	아스바운	su-geon	푸-따툰

손녀	حفيدة	수단	سودان
son-nyeo	하피-다툰	Sudan	쑤-단-

손님	ضيف	수단 사람	سوداني
son-nim	돠이푼	Sudan sa-ram	쑤-다니-윤

손바닥	كف	수단 수도(카르툼)	الخرطوم
son-ba-dak	캎푼	Sudan su-do(Khartoum)	알카르뚬-

수도꼭지	حنفية
su-do-ggok-ji	하나피-야툰

수도	عاصمة
su-do	아-시마툰

수레	مركبة
su-re	마르카바툰

수리	تصليح
su-ri	타슬리-훈

수리하다	صلح
su-ri-hada	쏼라하

수박	بطيخ
su-bak	바띠-쿤

수수께끼	لغز
su-su-gge-ggi	루그준

수술	عملية
su-sul	아말리-야툰

수신자	المرسل إليه
su-sin-ja	알무르쌀루 일라이히

수에즈 운하	قناة السويس
Suez un-ha	까나-툿 쑤와이스

수염	لحية
su-yeom	라히야툰

수영	سباحة
su-yeong	씨바-하툰

수영장	حوض سباحة
su-yeong-jang	하우드 씨바-하

수영하다	سبح
su-yeong-hada	싸바하

나는 수영한다	أسبح
	아쓰바후

수요일	يوم الأربعاء
su-ryo-il	야우물 아르비아-

수의	كفن
su-ui	카파눈

수입업자	مستورد
su-ib-eob-ja	무쓰타우리둔

수입품	مستوردة
su-ib-pum	무쓰타우라다툰

수입하다	استورد
su-ib-hada	이쓰타우라다

나는 수입한다	أستورد
	아쓰타우리두

나는 수입했다	استوردت
	이쓰타우라드투

수저 su-jeo	ملعقة 밀아까툰	수화기 su-hwa-gi	سماعة 쌈마-아툰
수족관 su-jok-gwan	حوض السمك 하우둣 싸마크	수화물 su-hwa-mul	أمتعة 암티아툰
수출 su-chul	تصدير 타스디-루ㄴ	수확하다 su-hwak-hada	حصد 하솨다
수출업자 su-chul-eob-ja	مصدر 무쌀디루ㄴ	숙모 suk-mo	خالة 암마툰
수출하다 su-chul-hada	صدر 쏻다라	숙부 suk-bu	خال 암문
나는 수출한다	أصدر 우쌀디루	숟가락 sut-ga-rak	ملعقة 밀아까툰
수치스러운 su-chi-seu-reo-un	خجل 무크질루ㄴ	술 sul	خمر 카므룬
수프 soup	شربة 슈르바툰	술 취한 sul chwi-han	سكران 싸크라-누
수표 su-pyo	شيك 쉬-쿤	숨기는 sum-gi-neun	خاف 카핀
수학 su-hak	العلوم الرياضية 알울루-물 리야-디-야	숨쉬다 sum-shi-da	تنفس 타낲파싸
수취인 성함이 어떻게 되지요?		ما اسم المرسل إليه؟ 마쓰물 무르쌀 일라이히?	

스페인 사람 Spain sa-ram	إسباني 이쓰바-니-윤
스포츠 sport	رياضة 리야-돠툰
스핑크스 Sphinx	أبو الهول 아불- 하울
슬리퍼 slippers	نعال 니알-룬
슬픈 seul-peun	حزين 하지-눈
습기 seub-gi	رطوبة 루뚜-바툰
습관 seub-gwan	عادة 아-다툰
승강기 seung-gang-gi	مصعد 미스아둔
승객 seung-gaek	راكب 라-키분
승낙하다 seung-nak-hada	حاضر 하-돠라
승리 seung-ri	نصر 나스룬
숫자 sut-ja	عدد 아다둔
숲 sub	غابة 가-바툰
슈퍼마켓 supermarket	سوق مركزية 쑤-끄 마르카지-야
쉬다 swi-da	استراح 이쓰티라-하
쉬운 swi-un	سهل 싸흘룬
스위스 Swiss	سويسرا 쓰위-쓰라
스위트룸 suite	جناح 자나-훈
스웨터 sweater	قميص صوفي 까미-스 수-피-
스케줄 schedule	جدول 자드왈룬
스파게티 spaghetti	مكرونة 마크루-나
스페인 Spain	إسبانيا 이쓰바-니야-

승리하다	نصر
seung-ri-hada	나솨라

승무원(남)	مضيف
seung-mu-won	무뒤-푼

승무원(여)	مضيفة
seung-mu-won	무뒤-파툰

승인하다	اعترف
seung-in-hada	이으타라파

시(시간)	ساعة
si	싸-아툰

시(문학)	شعر
si	쉬으룬

시간	وقت
si-gan	와끄툰

시간표	جدول المواعيد
si-gan-pyo	자드왈루 마와-이드

시계	ساعة
si-gye	싸-아툰

시계바늘	عقرب
si-gye-ba-neul	아끄라분

시골	ريف
si-gol	리-푼

시금치	سبانخ
si-geum-chi	싸바-니쿤

시대	عصر
si-dae	아스룬

시도하다	حاول
sido-hada	하-왈라

시럽	قطر
syrup	까뜨룬

시리아	سوريا
Syria	쑤-리야

시리아 사람	سوري
Syria sa-ram	쑤-리-윤

시리아 수도(다마스커스)	دمشق
Syria su-do(Damascus)	디마쉬끄

시스템	نظام
system	니좌-문

시아버지	حمو
si-a-beo-ji	하무-

시어머니	حماة
si-eo-meo-ni	하마-툰

시외	خارج المدينة
si-oe	카-리잘 마디-나

한국어	아랍어	발음		한국어	아랍어	발음

시월 / اكتوير / 욱투-비르

시장 / سوق / 쑤-꾼

시인(남) / شاعر / 샤-이룬

시장(市長) / رئيس البلدية / 라이-쑬 발라디-야

시인(여) / شاعرة / 샤-이라툰

시차 / فرق الوقت / 파르끌 와끄티

시작 / بداية / 비다-야툰

시청 / بلدية / 발라디-야툰

시작하다 / بدأ / 바다아

시큼한 / حامض / 하-미둔

나는 시작한다 / أبدأ / 아브다우

시트(침대) sheet / ملاية / 말라-야툰

한시간 안에 돌아오도록 노력하겠습니다.

أحاول أن أعود منه في الساعة
우하-윌루 안 아우-다 민후 핏싸-아

하미디야 시장은 어디에 있습니까?

أين سوق الحميدية؟
아이나 쑤끄 알하미-디-야?

아침식사는 몇시 부터입니까?

متى يفتح المطعم لإفطار؟
마타- 유프타홀 마뜨암 리이프따-르?

식전에 인사말(잘먹겠습니다)

بسم الله
비쓰밀라

식후에 인사말(잘먹었습니다)

الحمد الله
알함두릴라

시험	**امتحان**	식전에	**قبل الأكل**
si-heom	임티하-눈	sik-jeon-e	까블라 알아클

시합	**مسابقة**	식초	**خل**
si-hab	무싸-바까툰	sik-cho	칼룬

식당	**مطعم**	식후에	**بعد الأكل**
sik-dang	마뜨아문	sik-hu-e	바으다 알아클

식료품가게	**بقالة**	식욕	**شهية إلى الأكل**
sik-ryo-pum ga-ge	비깔-라툰	sik-yok	샤히-야 일랄 아클

식물	**نبات**	식초	**خل**
sik-mul	나바-툰	sik-cho	칼

식민지	**مستعمرة**	식품	**غداء**
sik-min-ji	무쓰타으마라툰	sik-pum	기다운

식전에 약을 복용하나요? **هل أتناول هذا الدواء قبل الأكل؟**
할 아타나-왈루 하닷 다와- 까블랄 아클?

식후에 약을 복용하나요? **هل أتناول هذا الدواء بعد الأكل؟**
할 아타나-왈루 하닷 다와- 바으달 아클?

신부가 너무 아름답습니다 **أنت زي القمر**
안티 자이 까마르

신랑 축하합니다 **ألف مبروك يا عريس**
알프 마브룩 야 아리-쓰

신부 축하합니다 **ألف مبروك يا عروس**
알프 마브룩 야 아루-쓰

신부 sin-bu	عروس ارو-쑨	신경 sin-gyeong	عصب 아사분
신분증 sin-bun-jeung	بطاقة هوية 비따-까툰 후위-야	신고하다 sin-go-hada	أبلغ 아블라가
신생아 sin-saeng-a	مولود 마울루-둔	신기록 sin-gi-rok	رقم قياسي جديد 라끄무 끼야-씨- 자디-드
신선한 sin-seon-han	طازج 따-지쥰	신다(입다) sin-da	لبس 라비싸
신속하게 sin-sok-hage	بسرعة 비쑤르아틴	나는 신는다	ألبس 알바쑤
신용카드 sin-yung-card	بطاقة الائتمان 비따-까툴 이으티만	신랑 sin-rang	عريس 아리-쑨
신입생 sin-ib-saeng	خاب جديد 딸-립 자디-드	신문 sin-mun	جريدة 자리-다툰
신자 sin-ja	مؤمن 무으미눈	신맛 sin-mat	حامض 하-미둔
신전 sin-jeon	معبد 마으바둔	신발 sin-bal	حذاء 히다-운

신사 숙녀 여러분!

سادة وسيدات
싸-다툰 와 싸이-다-툰

신용카드로 계산 할 수 있습니까?

ممكن أن أدفع ببطاقة الائتمان؟
뭄킨 안 아드파아 비비따-까틸 이으티만?

룩소르 신전	معبد الأقصر	싣다	حمل
Luxor sin-jeon	마으바드 우끄수르	shit-da	하말라

카르낙 신전	معبد الكرنك	실	خيط
Karnak sin-jeon	마으바드 카르낙	sil	카이뚠

신청	طلب	실수	خطأ
sin-cheong	딸라분	sil-su	카따운

신청하다	طلب	실수하다	أخطأ
sin-cheong-hada	딸라바	sil-su-hada	아크따아

신호	إشارة	실업	بطالة
sin-ho	이샤-라툰	sil-eob	바딸-라툰

신혼부부	عروسان	실패하다	فشل
sin-hon-bubu	아루-싼-	sil-pae-hada	파샬라

신혼	شهر العسل	실험	اختبار
sin-hon	샤흐룰 아쌀	sil-heom	이크티바-룬

신혼 인가요?

هل أنت في شهل شهر؟
할 안타 피 샤흐릴 아쌀?

나는 권태기입니다

أنا في شهر البصل
아나- 피 샤흐릴 바쌀

실례하겠습니다

لو سمحت
라우 싸마흐트

실례지만 자기 소개 좀 부탁드립니다

لو سمحت، يمكن أن تقدم نفسك لنا
라우 싸마흐트 윰키누 안 투깟디마 나프씨카 라나-

한국어	아랍어	한국어	아랍어
실험실 sil-heom-sil	مختبر 무크타바룬	십이 sib-i	اثنا عشر 이쓰나- 아샤라
실험하다 sil-heom-hada	اخترب 이크타바라	십삼 sib-sam	ثلاثة عشر 쌀라-싸 아샤라
싫어하다 sil-eo-hada	كره 카리하	십사 sib-sa	أربعة عشر 아르바아 아샤라
나는 싫어한다	أكره 아크라후	십오 sib-o	خمسة عشر 깜싸 아샤라
나는 싫어했다	كرهت 카라흐투	십육 sib-yuk	ستة عشر 씰타 아샤라
심리치료 sim-li-chi-ryo	العلاج النفسي 알일라-준 나프씨-	십칠 sib-chil	سبعة عشر 싸브아 아샤라
심술궂은 sim-sul-gut-eun	لئيم 라이-문	십팔 sib-pal	ثمانية عشر 싸마-니야 아샤라
심장 sim-jang	قلب 깔분	십구 sib-gu	تسعة عشر 티쓰아 아샤라
십 sib	عشرة 아샤라툰	11월 sib-il-wol	نوفمبر 누-밤비르
십일 sib-il	إحدى عشر 이흐다- 아샤라	십억 sib-eok	بليون 빌리윤

싱글룸 있습니까? **هل عندك غرفة بسرير مفرد؟**
할 인다카 구르파툰 비싸리-르 무프라드?

한국어	아랍어	한국어	아랍어
12월 sib-i-wol	ديسمبر 디-쌈비르	나는 쓴다	أكتب 아크투부
십자가 sib-ja-ga	صليب 숄리-분	나는 썼다	كتبت 카탑투
싱거운 sing-geo-un	غير مالح 가이르 말-리흐	쓰세요	اكتب 우크툽
싱글 베드 single-bed	سرير مفرد 싸리-룬 무프라드	쓴(맛) sseun	مر 무르루
싱싱한 sing-sing-han	طازج 따-지준	쓰레기 sseu-rae-gi	قمامة 꾸마-마툰
싸움 ssa-um	صراع 쇠라-운	쓰레기통 sseu-rae-gi-tong	سلة المهملات 쌀라툴 무흐말라-트
쌀 ssal	أرز 우르준	쓸다 sseol-da	كنس 카나싸
쌍방향의 ssang-bang-hyang-ui	كلاهما 킬라-후마	~씨, 선생님, Mr ~ssi	السيد 앗싸이-드
쌓다(축적) ssat-ta	جمع 잠마아	씻다 ssit-da	غسل 가쌀라
쌓이다 ssaida	تراكم 타라-카마		
쓰다(글을) sseu-da	كتب 카타바		

한국어	아랍어		한국어	아랍어
~아,야,씨,님(호칭할 때) ~a,ya,ssi,nim	**يا** 야-		~이 아니다 ~i a-ni-da	**ليس** 라이싸
무함마드씨	**يا محمد** 야- 무함마드		~이 아닌 ~i a-nin	**غير** 가이루
김선생님	**يا سيد كيم** 야- 싸이드 킴		아들 a-deul	**ابن** 이브눈
아나운서(남) announcer	**مذيع** 무디-운		아랍어 arab-eo	**اللغة العربية** 알루가툴 아라비야-투
아나운서(여) announcer	**مذيعة** 무디-아툰		아랍연맹 arab-yeon-maeng	**جامعة الدول العربية** 자-미아투 두왈릴 아라비-야
아내 a-nae	**زوجة** 자우자툰		아랍에미레이트 Arab Emirates	**الإمارات** 알이마-라-트
아니오(부정의 대답) a-ni-o	**لا** 라		아랍 음식 Arab eum-sik	**طعام عربي** 따암- 아라비-
호텔이 좋지 않습니다				**الفندق ليس جيدا** 알푼두끄 라이싸 제이-단
이것이 아닙니다				**ليس هذا** 라이싸 하다
아랍 음식 훌륭합니다				**الأكل العربي ممتاز** 알아클루 아라비- 뭄타-준
아랍 음식이 마음에 듭니다				**يعجبني الطعام العربي** 유으지부니- 앗따아-물 아라비-

한국어	로마자	아랍어	발음
아랍 사람	Arab sa-ram	عربي	아라비-윤
아래	a-rae	تحت	타흐타
아름다운	a-reum-da-un	جميل	자밀-룬
아마도	a-ma-do	ربما	룹바마
아몬드	almond	لوز	라우준
아버지	a-beo-ji	والد	왈-리둔
아빠	a-bba	أب	아분
아시아	Asia	البلدان الآساوية	알불다-눌 아-싸-위-야
아스피린	aspirin	أسبرين	아쓰비린-
아잔	Adhan	الأذان	알아잔-
아치(건축)	arch	قوس	까우쑨
아침	a-chim	صباح	쏴바-훈
아침식사	a-chim-sik-sa	فطور	푸뚜-룬
아파트	a-pa-t	شقة	샥까툰

아파트에 방이 몇 개 있습니까?
كم غرفة في الشقة؟
캄 구르파탄 핏 샥까?

아파트 몇 층에 있습니까?
في أي دور الشقة؟
피 아이- 다우릿 샥까?

아파트를 보고 싶습니다
أريد مشاهدة الشقة
우리-두 무샤-하다탓 샥까

이 아파트가 마음에 듭니다
تعجبني هذه الشقة
투으지부니- 하디힛 샥까

아프가니스탄 Afghanistan	أفغانستان 아프가-니쓰탄-	아홉 a-hob	تسعة 티쓰아
아프리카 Africa	إفريقيا 이프리-끼야-	악기 ac-gi	آلة موسيقية 알-라툰 무-씨끼야-
IT(information technology)	معلوماتية 마을루마티-야툰	악마 ac-ma	شيطان 샤이딴
아픈 a-peun	مريض 마리-둔	악센트 accent	لكنة 루크나툰
아프다 a-peu-da	ألم 알-라마	악수 ac-su	مصافحة 무솨-피하툰

「하루 다섯 차례 정해진 시간에 사원의 미나라에서 예배 시간을 알리는 '아잔[Adhan]'이 온 아랍 세상에 울려퍼집니다.」 الله أكبر

알라후 아크바르 (4번: 하나님은 가장 위대합니다)

أشهد ال إله إال الله

아쉬하두 안 라 일라하 일랄라 (2번: 하나님 외에 어떤 신도 존재하지 않습니다)

أشهد أن محمدا رسول الله

아쉬하두 안라 무함마단 라수룰라 (2번: 무함마드는 하나님의 사도입니다)

حي على الصالة

좋은 아침입니다(아침인사)

صباح الخير
쏴바-훌 카이르

빛나는 아침입니다(대답)

صباح النور
쏴바-훈 누르

악어	تمساح	안내소	مكتب الاستعلامات
ac-eo	팀싸-훈	an-nae-so	마크타불 이쓰티을라-마-트

안경	نظارة	안내 데스크	استقبال
an-gyeong	낮좌-라툰	an-nae-desk	이쓰티끄발-루

안내	استعلامات	안내하다	دل
an-nae	이쓰티을라-마-툰	an-nae-hada	달라

저(남)는 무척 아픕니다 **أنا مريض جدا**
아나- 마리-둔 짙단

저(여)는 무척 아픕니다 **أنا مريضة جدا**
아나- 마리-다툰 짙단

배가 너무 아픕니다 **بطني يؤلمني كثيرا**
바뜨니- 유을리무니- 카씨-란

안녕하세요 **مرحبا**
an-nyeong-ha-se-yo 마르하반

안녕하세요(대답) **مرحبا**
마르하반

안녕하세요 **السلام عليكم**
앗쌀라-무 알라이쿰

안녕하세요(대답) **وعليكم السلام**
와 알라이쿠뭇 쌀람-

안녕히 계세요 **مع السلامة**
an-nyeong-hi-gye-se-yo 마앗 쌀라-마

안락한 an-rak-han	مرتاح 무르타-훈
안에 ane	داخل 다-킬라
안전벨트 an-jeon belt	حزام الأمان 히자-물 아만-
안녕히 가세요(대답) an-nyeong-hi-ga-se-yo	
안녕히 계세요	
또 만나요 ddo man-na-yo	
곧 다시 만나요 got dasi mannayo	
안녕히 주무세요 an-nyeong-hi-ju-mu-se-yo	
안녕히 주무세요(대답)	
안전벨트 하세요	
여기 앉아 편히 쉬세요	

안전한 an-jeon-han	سالم 쌀-리문
앉다 andda	جلس 잘라싸
나는 앉는다	أجلس 아줄리쑤
	مع السلامة 마앗 쌀라-마
	في أمان الله 피- 아마-닐라
	إلى اللقاء 일랄 리까-
	إلى اللقاء قريبا 일랄 리까- 까리-반
	تصبح على خير 투스비후 알라 카이르
	وأنت من أهله 와 안타 민 아홀리흐
	اربط حزام الأمان 이르비뜨 히자-말 아만-
	اجلس واستريح 이즐리쓰 와 쓰타리-흐

한국어	아랍어	발음	한국어	아랍어	발음
나는 앉았다	جلست	잘라쓰투	알루미늄 aluminium	ألمنيوم	알리미니윰-
앉으세요	تفضل بالجلوس	타판될 빌줄루-쓰	알제리 Algeria	الجزائر	알자자-이르
알다 al-da	عرف	아라파	알제리 사람 Algeria sa-ram	جزائري	알자자-이리-윤
나는 안다	أعرف	아으리푸	알제리 수도(알제) Algeria su-do(Algier)	الجزائر	알자자-이르
나는 알았다	عرفت	아라프투	알자지라 방송 Aljazera bang-song	الجزيرة	알자지-라
알라(하나님) Allah	الله	알라	알코올 alcohol	كحول	쿠훌-
알람 alarm	منبه	무납비훈	알파벳 alphabet	الحروف الأبجدية	알후루-풀 아브자디-야
알려진 al-ryeo-jin	معروف	마으루-푼	암(병) am	سرطان	싸르따-눈
알리다 al-ri-da	أعلم	아을라마	암기하다 am-gi-hada	حافظ	하-파좌

알라(하나님) 덕분에   الحمد لله   알 함두릴라

알라(하나님)가 원하신다면   إن شاء الله   인샤알라

암컷 am-keot	مؤنث	무안니쑨
앞에 ape	أمام	아마-마
당신(남) 앞에	أمامك	아마-마카
당신(여) 앞에	أمامك	아마-마키
애인(남자친구) ae-in	حبيب	하비-분
애인(여자친구) ae-in	حبيبة	하비-바툰
액체 ac-che	سائل	싸-일룬
야생동물 ya-saeng-dong-mul	حيوان متوحش	하야와눈 무타와힛쉬
야생적인 ya-saeng-jeok-in	وحشي	와흐쉬-윤
야채 ya-chae	خضر	쿠돠룬
약 yak	دواء	다와-운
약간만 yak-gan-man	قليلا	깔릴-란

식후에 복용하나요?   قبل الأكل؟ 까블라 알아클?

식전에 복용하나요?   بعد الأكل؟ 바으다 알아클?

식중에 복용하나요?   مع الأكل؟ 마아 알아클?

하루에 몇 번 복용하나요?   كم مرة في اليوم؟ 캄 마르라 필야움?

가장 가까운 약국은 어디에 있습니까?   أين أقرب صيدلية؟ 아이나 아끄라부 쏴이달리야-?

약국	صيدلية	나는 약속했다	وعدت
yak-guk	솨이달리야툰		와아드투
약속	موعد	약한	ضعيف
yak-sok	마우이둔	yak-han	돠이-푼
약속하다	وعد	약혼	خطبة
yak-sok-hada	와아다	yak-hon	키뜨바툰
나는 약속한다	أعد	약혼녀	خطيبة
	아이두	yak-hon-nyeo	카띠-바툰

여기서 가까운 버스 정류장이 있습니까?

هل يوجد موقف حافلة قريب من هنا؟

할 유-자두 마우끼프 하-필라 까리-분 민 후나-?

저는 오늘 약속이 있어요

عندي موعد اليوم

에인디 마우이드 알야움

이분은 당신 애인 입니까?

هل هذا حبيبك؟

할 하다- 하비-부카?

이 사람은 제 애인입니다

هذا حبيبي

하다- 하비-비-

그녀는 당신 애인 입니까?

هل هي حبيبتك؟

할 히야 하비-바투카?

그녀는 제 애인입니다

هي حبيبتي

히야 하비-바티-

언제 약을 복용하나요?

متى أتناول هذا الدواء؟

마타- 아타나-왈루 핟잣 다와-?

얌전한 yam-jeon-han	وديع 와디-운
~양, Miss ~yang	الآنسة 알아-니싸투
양(量) yang	مقدار 미끄다-룬
양(동물) yang	خروف 카루-푼
양고기 yang-go-gi	لحم الخروف 라흐물 카루-프
양날개 yang-nal-gae	جناحان 지나-하-니
양념 yang-nyeom	توابل 타와-빌룬
양말 yang-mal	جوارب 자와-리분
양배추 yang-bae-chu	ملفوف 말푸-푼
양복 yang-bok	بذلة 바들라툰
양복점 yang-bok-jeom	خياط 카이야-뚠
양식 yang-sik	طعام غربي 따암- 가르비-

나는 매일 양치질을 합니다

أغرغر كل يوم
우가르기루 쿨라 야움

어떻게 지내세요?

كيف الحال؟
케이파 알할-루?

잘 지냅니다, 하나님 덕분입니다

أنا بخير والحمد الله
아나- 비카이르, 왈함두릴라

하나님 덕분에 잘 지냅니다

الحمد الله
알함두릴라

나는 그럭저럭 잘 지냅니다

أنا على ما يرام
아나- 알라- 마 유람-

양육하다	رب	어린아이	طفل
yang-yuk-hada	랍바	eo-rin-a-i	뛰플룬

양치질하다	غرغر	어려운	صعب
yang-chi-jil-hada	가르가라	eo-ryeo-un	쏴으분

양파	بصل	어른	راشد
yang-pa	바쌀룬	eo-reun	라-쉬둔

어깨	كتف	어르신	شيخ
eo-ggae	카티푼	eo-reu-sin	샤이쿤

어느것	أي	어머나!	يا سلام!
eo-neu-geot	아이유	eo-meo-na	야- 쌀람-

어두운	غامق	어머니	والدة
eo-du-un	가미꾼	eo-meo-ni	왈-리다툰

어두운 색	لون غامق	엄마	أم
eo-du-un-saek	라운 가미끄	eom-ma	움문

어떻게	كيف	어제	البارحة
eo-tteok-gye	케이파	eo-je	알바-리하투

어디든지	في أي مكان	어쨌든지	على كل حال
eo-di-deun-ji	피- 아이- 마칸-	eo-jjaet-deun-ji	알라- 쿨리 할-

어디?	أين؟	언니	أخت
eo-di	아이나	eon-ni	우크툰

어디로?	إلى أين؟	언덕	ربوة
eo-di-ro	일라- 아이나	eon-deok	루브와툰

언제? eon-je	متى؟ 마타-		없다 eob-da	لا يوجد 라-유-자두
언어 eon-eo	لغة 루가툰		~에(at) e	عند 에인다
얻다 eot-da	حصل على 하쌀라 알라-		~에게(to) e-ge	ل 리
얼굴 eol-gul	وجه 와즈훈		~에서(in) e-seo	في 피-
얼마(나)? eol-ma-(na)	كم؟ 캄		엑스레이 X-ray	شعاع 슈아-운

이 책은 얼마 인가요?　　كم ثمن هذا الكتاب؟
캄 싸마누 하달 키탑-?

이거 얼마에요?　　بكم هذا؟
비캄 하다-?

당신(남)은 여기서 얼마동안 사셨습니까?　　كم عشت هنا؟
캄 이슈타 후나-?

당신(남)은 다마스커스에서 얼마동안 계실겁니까?
　　كم يوما ستبقى في دمشق؟
캄 야우만 싸타브까- 피 디마슈끄?

5일 정도 머물 예정입니다　　سأبقى لمدة عشرة أيام
싸아브까- 리뭇다 아샤라 아이얌-

여기서 카이로까지 얼마나 먼가요?　　كم تبعد القاهرة؟
캄 타브우두 알까-히라?

엔진	محرك	여름방학	العطلة الصيفية
engine	무하르리쿤	yeo-reum bang-hak	알우뜰랏툿 쏴이피-야

엘리베이터	مصعد	여보세요(통화)	ألو
elevator	미스아둔	yeo-bo-se-yo	알루-

여기	هنا	~여사, Mrs	السيدة
yeo-gi	후나-	~yeo-sa	앗싸이-다투

여기에 있습니다	هذا هو	여우	ثعلب
	하다- 후와	yeo-u	싸을라분

여권	جواز السفر	여왕	ملكة
yeo-gwon	자와-줏 싸파리	yeo-wang	말리카툰

여동생	أخت	여자	مرأة
yeo-dong-saeng	우크툰	yeo-ja	마르아툰

여름	الصيف	여행	سفر
yeo-reum	앗쏴이푸	yeo-haeng	싸파룬

이 곳의 여름 날씨는 어떤가요? **كيف الجو هنا في الصيف؟**
케이파 알자우우 후나 핏쏴이프?

여름에는 무척 덥습니다 **الصيف هنا حار جدا**
앗쏴이푸 후나 하-루운 짇단

저는 리야드로 여행갑니다 **أسافر إلى الرياض**
우싸-피루 일라- 아르리야-드

저는 아부다비를 여행했습니다 **سافرت إلى أبوظبي**
싸-파르투 일라- 아부-돠비-

여행객 yeo-haeng-gaek	مسافر 무싸-피룬	연습 yeon-seub	تمرين 탐므리-눈
여행 경비 yeo-haeng gyeong-bi	أجرة السفر 우즈라툿 싸파르	연어 yeon-eo	سلمون 쌀문-
여행사 yeo-haeng-sa	مكتب السياحة 마크타붓 씨야-하	연장하다(늘이다) yeon-jang-hada	مد 맏다
여행하다 yeo-haeng-hada	سافر إلى 싸-파라 일라	연필 yeon-pil	قلم 깔라문
역사(날짜) yeok-sa	تاريخ 타-리-쿤	연한(색) yeon-han(seak)	فاتح 파-티훈
역시 yeok-si	أيضا 아이딴	열(10) yeol	عشرة 아샤라툰
연기 yeon-gi	إرجاء 이르자-운	열 yeol	حرارة 하라-라툰
연기하다(미루다) yeon-gi-hada	أرجأ 아르자아	열다 yeol-da	فتح 파타하
연기(극)하다 yeon-gi-hada	مثل 맛쌀라	열량(칼로리) yeol-ryang	كالوري 칼루리
연결하다 yeon-gyeol-hada	ربط 라바따	열린 yeol-rin	مفتوح 마프투-훈
연못 yeon-mot	بركة 비르카툰	열매 yeol-mae	ثمار 씨마-룬

열쇠 yeol-soe	**مفتاح** 미프타-훈	영사관 yeong-sa-gwan	**قنصلية** 꾼술리-야툰
염증 yeom-jeung	**التهاب** 알티하-부	영수증 yeong-su-jeung	**فاتورة** 파투-라툰
영 yeong	**صفر** 시프룬	영어 yeong-eo	**إنجليزي** 인글리지-
영국 yeong-guk	**بريطانيا** 브리따니-야	영원히 yeong-weon-hi	**إلى الأبد** 일라 알아바드
영국 사람 yeong-guk sa-ram	**بريطاني** 브리따니-윤	영양 yeong-yang	**تغذية** 타그디-야툰
영리한 yeong-ri-han	**ذكي** 다키-윤	영화 yeong-hwa	**فيلم** 필-문
영사 yeong-sa	**قنصل** 꾼술룬	영화관 yeong-hwa-gwan	**سينما** 씨-나마-

영주증 주세요   **الفاتورة من فضلك**
알파-투-라 민 파들릭

영어 하십니까?   **هل تتكلم اللغة الإنجليزية؟**
할 타타칼라무 알루가툴 인글리-지야?

못합니다   **لا أستطيع**
라- 아쓰타띠-우

영자신문이 있습니까?   **هل هنا جريدة باللغة الإنجليزية؟**
할 후나 자리-다 빌루가틸 인글리-지-야?

옆에 yeope	بجانب 비자-닙
에어컨 air-con	تكييف هواء 타크이-푼 하와-
예(네) ye(ne)	نعم 나암
예, 그래요	أيوه 아이와
예, 알겠습니다	ماش 마-쉬
예금 ye-geum	إيداع 이다-운
예금계좌 ye-geum gye-jwa	حساب مصرفي 히싸-분 마스리파-
예금하다 ye-geum-hada	ودع 와다아
나는 예금한다	أدع 아다우
예멘 Yemen	اليمن 알야만
예멘 사람 Yemen sa-ram	يمني 야마니-윤
예멘 수도(사나) Yemen su-do(Sana)	صنعاء 솬아-

당신은 어떤 영화를 좋아하세요?   أي فيلم تحب؟
아이야 필-민 투힙부?

(Tip 아랍에서는 하루에 다섯 번 예배를 드립니다. 일상 속에 신앙생활이 고스란히 스며 있는 그들에게 예배는 믿는 자로 하여금 하나님과 끝임없이 접촉하며 진실에 대한 믿음을 키워나가고, 일상의 여러 문제들을 올바르게 바라볼 수 있도록 끊임없이 성찰하는 태도를 의미합니다.)
매일 다섯 번의 예배는 다음과 같습니다.

(알파즈르) 새벽, 동트기 전	الفجر
(앗주흐르) 정오	الظهر
(알아스르) 오후 중반	العصر
(알마그립) 석양 무렵	المغرب
(알이샤) 저녁에서 늦은 밤까지	العشاء

예배 ye-bae	**صلاة** 쌀라-툰	예를 들어 ye-reul deul-eo	**مثلا** 마쌀란
예배보다 ye-bae-boda	**صلى** 쌀라	예술 ye-sul	**فن** 판눈

방을 예약하고 싶습니다   **أريد حجز غرفة**
우리-두 하즈자 구르파

비행기표를 예약하고 싶습니다   **أريد أن أحجز تذكرة الطائرة**
우리-두 안 아흐주자 타키라탓 따-이라

오늘은 무슨 요일입니까?   **ما اليوم من الأسبوع؟**
마 알야움 민날 우쓰부-으?

오늘은 월요일입니다   **اليوم هو يوم الاثنين**
알야움 후와 야우물 이쓰나인

화요일입니다   **يوم الثلاثاء**
야우뭇 술라-싸-

수요일입니다   **يوم الأربعاء**
야우물 아르비아-

목요일입니다   **يوم الخميس**
야우물 카미-쓰

금요일입니다   **يوم الجمعة**
야우물 주무아

토요일입니다   **يوم السبت**
야우뭇 쌉트

일요일입니다   **يوم الأحد**
야우물 아하드

예술가	فنان	예약하다	حجز
ye-sul-ga	판나눈	ye-yak-hada	하자자
예술적인	فني	예절	آداب
ye-sul-jeok-in	판니-윤	ye-jeol	아-다-분
예언자	نبي	오(5)	خمسة
ye-eon-ja	나비-윤	o	캄싸
예약	حجز	오늘	اليوم
ye-yak	하즈준	o-neul	알야우마

수요일에 카이로로 여행을 갑니다.

سأسافر إلى القاهرة يوم الأربعاء

싸우싸-피루 일랄 까-히라 야우말 아르비아-

오늘은 며칠입니까?

ما تاريخ اليوم؟

마 타-리-쿨 야움?

오늘은 4일입니다

اليوم الرابع

알 야움 아르라-비우

당신(남)은 언제 여기로 올겁니까?

متى ستجيء إلى هنا؟

마타- 싸타지-우 일라 후나-?

당신(여)은 언제 호텔로 왔습니까?

متى جئت إلى الفندق؟

마타- 지으티 일랄 푼두끄?

그는 오고 있습니까?

هل هو قادم؟

할 후와 까-디문?

그녀는 지금 오고 있습니다

هي قادمة الآن

히야 까-디마툰 알아-나

오다	جاء	오만 수도(무스카트)	مسقط
o-da	자-아	Oman su-do(Muscat)	마쓰까뜨

오랫동안	مدة طويلة	오백	خمسمئة
o-raet-dong-an	묻다툰 따윌-라	o-baek	캄쑤미아

오렌지	برتقال	오분의 일	خمس
orange	부르투깔-룬	o-bun-ui-il	쿰쑨

오렌지색	برتقالي	오븐	فرن
orange-saek	부르투깔-리	oven	푸르눈

오렌지주스	عصير البرتقال	오빠	أخ
orange-juice	아씨-룰 부르투깔	o-bba	아쿤

오르다(해가)	طلع	오십	خمسون
o-reu-da	똘라아	o-sib	캄쑨

오른쪽	يمين	오아시스	واحة
o-reun-jjok	야미-눈	oasis	와-하툰

오른쪽으로 가세요	على اليمين	오염	تلوث
	알라- 알야민	o-yeom	탈라우우쑨

오리	بطة	오이	خيار
o-ri	받따툰	o-i	키야-룬

오만	عمان	오월	مايو
Oman	우만	o-wol	마유

오만 사람	عماني	오전에	قبل الظهر
Oman sa-ram	우마-니-윤	o-jeon-e	까블랏 주흐르

오징어	أم الحبر	올림픽	الألعاب الأولومبية
o-jing-eo	움물 히브르	Olympic	알알아-불 울-룸-비야
오천	خمسة آلاف	옮기다	نقل
o-cheon	캄싸 알라-프	om-gi-da	나깔라
오토바이	دراجة نارية	옳은	صحيح
o-to-ba-i	다르라-자 나리야	ol-eun	솨히-훈
오후에	بعد الظهر	옷	ملابس
o-hu-e	바으닷 주흐리	ot	말라-비쑨
옥수수	ذرة	옷감	قماش
ok-su-su	두라툰	ot-gam	꾸마-슌
옥수수 가루	دقيق الذرة	옷장	خزانة الملابس
ok-su-su-garu	다끼-꿋 두라	ot-jang	키자-나툴 말라-비쓰
온도	درجة الحرارة	완전히	كاملا
on-do	다라자툴 하라-라	wan-jeon-hi	카-밀란
온수기	سخان	왕	ملك
on-su-gi	싹카-눈	wang	말리쿤
온화한	معتدل	왕가의 계곡	وادي الملوك
on-hwa-han	무으타틸룬		와-디- 알물루-크
올라가다	صعد	왕복티켓	تذكرة الذهاب والإياب
ol-la-gada	솨아다	wang-bok ticket	타즈카라툿 디합- 왈이야-브
올리브	زيت		
olive	자이툰		

왕비	ملكة
wang-bi	말리카툰

왕실	القصر الملكي
wang-sil	알까스룰 말리키-

왕자	أمير
wang-ja	아미-룬

왜?	لماذا؟
wae	리마-다-

왜냐하면	لان
wae-nya-ha-myeon	리안나

외과의사	جراح
oe-gwa-ui-sa	자라-훈

외국의	أجنبي
oe-guk-ui(sa-ram)	아즈나비-윤

외무부	وزارة الخارجية
oe-mu-bu	위자-라툴 카-리지-야

외부의	خارج
oe-bu-ui	카-리준

외투	معطف
oe-tu	미으따푼

왼쪽	يسار
oen-jjok	야싸-룬

왼쪽으로 가세요	على اليسار
	알라- 알야싸르

요구하다	طلب
yo-gu-hada	딸라바

요금	أجرة
yo-geum	우즈라툰

왜 당신(남) 늦었나요?
لما أنت متأخر؟
리마- 안타 무타악키룬?

왜 당신(여) 늦었나요?
لما أنت متأخرة؟
리마- 안티 무타악키라?

요금이 얼마입니까?
كم الأجرة؟
카밀 우즈라?

요금이 얼마입니까?
كم فلوس؟
캄 풀루-쓰?

한국어	아랍어	한국어	아랍어
요르단 Jordan	الأردن 알우르둔	나는 요리했다	طبخت 따바크투
요르단 사람 Jordan sa-ram	أردني 우르두니-	욕실 yok-sil	حمام 함마-문
요르단 수도(암만) Jordan su-do(Amman)	عمان 암만-	욕하다 yok-hada	شتم 샤타마
요리 yo-ri	طبخ 따바쿤	용서 young-seo	اعتذار 이으티자-룬
요리사(남) yo-ri-sa	طباخ 똽바-쿤	용서하다 young-seo-hada	اعتذر 이으타자라
요리사(여) yo-ri-sa	طباخة 똽바-카툰	용서하세요	سامحني 싸-미흐니-
요리하다 yo-ri-hada	طبخ 따바카	용서하세요	معذرة 마으지라탄
나는 요리한다	أطبخ 아뜨바쿠	우두(예배를 위한 세정) u-du	عضو 우두-

욕실있는 방을 원합니다

أريد حجرة فيها حمام
우리두 후즈라 피-하- 함맘-

저의 용서를 받아주세요

أرجو أن تقبل اعتذاري
아루-주 안 타끄발라 이으티다-리-

우리는 한국에서 왔습니다

نحن من كوريا
나흐누 민 쿠-리야

우두를 하다	توضأ	우체통	صندوق البريد
udu-reul-hada	타왙돠아	u-chae-tong	순두-꿀 바리-드

우리는	نحن	우편	بريد
u-ri-neun	나흐누	u-pyeon	바리-둔

우리의 집	بيتنا	우표	طابع
	바이투나	u-pyo	따-비운

우물	بئر	운동	حركة
u-mul	비으룬	un-dong	하라카툰

우산	مظلة	운동장	ملعب
u-san	미좔라툰	un-dong-jang	말아분

우연히	بالصدفة	운명	قدر
u-yeon-hi	빗수드파	un-myeong	까다룬

우유	حليب	운반하다	نقل
u-yu	할리-분	un-ban-hada	나깔라

우정	صداقة	운송료	أجرة النقل
u-jeong	솨다-까툰	un-song-ryo	우즈라툰 나끌

우체국	مكتب البريد	운이 좋은	محظوظ
u-chae-guk	마크타불 바리-드	un-i cho-eun	마흐주-준

우체국 직원	موظف البريد	운전사	سائق
u-chae-guk jik-won	무왓자풀 바라드	un-jeon-sa	싸-이꾼

남녀간의 우정은 없지요   **لا صداقة بين الرجل والمرأة**
라- 솨다-까 바이나 라줄 왈 마르아

운전 면허	**رخصة القيادة**	원	**دائرة**
un-jeon myeon-heo	루크솨툴 끼야-다	won	다-이라툰
운전하다	**ساق**	원피스	**فستان**
un-jeon-hada	싸-까	one-piece	푸쓰타-눈
울다	**بكى**	원조하다	**أعان**
unl-da	바카-	won-jo-hada	아아-나
움직이다	**حرك**	원하다	**أراد**
um-jik-i-da	하르라카	won-hada	아라-다
웃기는	**مضحك**	나는 원하다	**أريد**
ut-gi-neun	무드히쿤		우리-두
웃다	**ضحك**	나는 원하지 않는다	**لا أريد**
ut-da	돠히카		라- 우리-두
나는 웃는다	**أضحك**	나는 원했다	**أرادت**
	아드하쿠		아라-드투
나는 웃었다	**ضحكت**	월급	**راتب**
	돠히크투	wol-geub	라-티분
웃음	**ضحك**	월요일	**يوم الاثنين**
useum	돠하쿤	wol-yo-il	야우물 이쓰나인

당신(남)은 무엇을 원하십니까? **ماذا تريد؟**
마-다- 투리두?

나는 물을 사고 싶습니다 **أريد أن أشتري الماء**
우리-두 안 아슈타리- 알마-아

위기 wi-gi	أزمة 아즈마툰	위험한 wi-heom-han	خطير 카뛰-룬
위대한 wi-dae-han	عظيم 아쥐-문	윙크하다 wink-hada	غمز 가마자
위선자 wi-seon-ja	منافق 무나-피꾼	유니폼 uniform	زي 지-윤
위원 wi-won	مندوب 만두-분	유네스코 UNESCO	يونسكو 유-나쓰쿠-
~위에(on) wi-e	على 알라-	유리 yu-ri	زجاج 주자-준
~위에(above) wi-e	فوق 파우까	유리잔 yurichan	كأس 카으쑨
~위해서 wi-hae-seo	ل 리	유럽 Europe	أوربا 우룹바-
위치하다 wi-chi-hada	وقع 와까아	유럽 사람 Europe sa-ram	أوربي 우룹비-윤

당신(남)은 무엇을 원하십니까?

ماذا تريد؟
마-다 투리두?

나는 물을 사고 싶습니다

أريد أن أشتري الماء
우리-두 안 아슈타리- 알마-아

월요일에서 금요일까지

من الاثنين إلى الجمعة
민날 이쓰나인 일랄 주므아

유명한	مشهور	유행	طراز
yu-myeong-han	마슈후-룬	yu-haeng	뚜라-준

유엔	الأمم المتحدة	육(6)	ستة
UN	알우마밀 묻타히다	yuk	씯타

6월	يونيو	육백	ستمئة
yu-wol	윤-유	yuk-baek	씯투미아

유익한	مفيد	육십	ستون
yu-ik-han	무피-둔	yuk-sib	씯툰

유일한	فريد	육군	جيش
yu-il-han	파리-둔	yuk-gun	자이슌

유적(물)	أثر	육지	بر
yu-jeok	아싸룬	yuk-ji	바르룬

유용한	نافع	은	فضة
yu-yong-han	나-피운	eun	핃돠툰

유태인	يهودي	은색	فضي
yu-tae-in	야후-디-윤	eun-saek	핃뒤-윤

은행은 어디에 있습니까?	أين البنك؟
	아이날 반크?

은행은 언제 문을 엽니까?	متى يفتح البنك؟
	마타- 유프타훌 반크?

어떤 음식을 드시겠습니까?	أي طعام تريد؟
	아이야 따아-민 투리두?

의사(남) ui-sa	طبيب 따비-분	은반지 eun-ban-ji	خاتم بالفضة 카-티문 빌핃돠트
의사(여) ui-sa	طبيبة 따비-바툰	은행 eun-haeng	بنك 반크
의심하다 ui-sim-hada	شك 샥카	음료 eum-ryo	مشروب 마슈루-분
의자 ui-ja	كرسي 쿠르씨-	음식 eum-sik	طعام 따아-문
의회 ui-hoe	مجلس النواب 마즐리쓰 안나왑	음악 eum-ak	موسيقى 무-씨-까-
이(2) i	اثنان 이쓰난	의견 ui-gyeon	فكرة 피크라툰
이기다 i-gi-da	فاز 파-자	의미 ui-mi	معنى 마으나-
이기적인 i-gi-jeok-in	أناني 아나-니-윤	의무 ui-mu	واجب 와-지분

이 단어의 의미가 무엇입니까?

ما معنى هذه الكلمة؟
마- 마으나- 하디힐 칼리마?

영어할 수 있는 의사 있습니까?

هل يوجد طبيب يتكلم الإنجليزية؟
할 유-자두 따빕- 야타칼라무 알인글리-지-야?

이둘 피트르 명절은 언제 입니까?

متى يكون عيد الفطر؟
마타- 야쿤 이-둘 피트르?

العراق	이라크	كان	~이었다
알이라-끄	Iraq	카나	i-eot-da

عراقي	이라크 사람
이라-끼윤	Iraq sa-ram

عيد الفطر 이-둘 피뜨르

(Tip '라마단' 한 달 동안의 단식을 종료하는 축제로 '라마단' 다음 달 첫 날 명절이 시작된다. 이둘 피트르를 위해 새옷을 마련하고 풍성한 음식을 준비하며 거리에 만나는 사람마다 '이두 무바라크'이라는 표현으로 명절을 맞이한다.)

بغداد	이라크 수도(바그다드)
바그다드	Iraq su-do(Bagdad)

اسم	이름
이쓰문	i-reum

جبين	이마
자비-눈	i-ma

عيد الأضحى 이-둘 아드하

(Tip 이슬람력 12월 10일, 예언자 아브라함의 전통에 따라 짐승을 희생하여 제단에 바치는 축제 또는 성지순례의 축제라고 불리는 명절이 바로 이-둘 아드하 이다. '쿨 암 와 안툼 비 카이르'라는 새해 인사를 주고 받는다.)

البريد الإلكتروني	이메일
알바리-둘 일릭트루-니	e-mail

ماذا تفعل في عيد الأضحى؟	아-둘 아드하 때는 무엇을 합니까?
마-다 타프알루 피 이-둘 아드하?	

ما اسمك؟	당신(남)의 이름은 무엇입니까?
마- 쓰무카?	

ما اسمك؟	당신(여)의 이름은 무엇입니까?
마- 쓰무키?	

اسمي سو هيانغ	제 이름은 소향입니다
이쓰미- 소향	

이모 i-mo	**خالة** 칼-라툰	이 분, 이것(남) i-bun, i-geot	**هذا** 하다-
이발 i-bal	**حلاقة** 할라-까툰	이 분, 이것(여) i-bun, i-geot	**هذه** 하디히
이백 i-baek	**مئتان** 미아탄	이로운 i-ro-un	**نافع** 나-피운
이번에 i-beon-e	**هذه المرة** 하디힐 마르라	이른 i-reun	**مبكر** 무박키룬
이번 주 i-beon-ju	**هذا الأسبوع** 하달 우쓰부-으	이분의 일(30분) i-bun-ui il	**نصف** 니스푼

이슬람이란 무엇인가요? **ما هو الإسلام؟**
마- 후왈 이쓸람-?

이슬람의 6신은 무엇입니까? **ما هي أركان الإيمان الستة؟**
마- 히야 아르카-눌 이-만- 씯타?

이슬람의 5행은 무엇입니까? **ما هي أركان الإسلام الخمسة؟**
마- 히야 아르카-눌 이쓸람- 캄싸?

당신(남)은 무슬림 입니까? **هل أنت مسلم؟**
할 안타 무슬림?

당신(여)은 무슬림 입니까? **هل أنت مسلمة؟**
할 안티 무슬리마?

무슬림들은 하루에 몇 번 예배를 합니까?
كم مرة يصلي المسلم في اليوم؟
캄 마르라 유쌀리- 알무슬림 필 야움

انتقل	이사하다	غطاء	이불
인타깔라	i-sa-hada	기따-운	i-bul
أنتقل	나는 이사한다	دين الإسلام	이슬람교
안타낄루		디-눌 이쓸람	Islam-gyo
انتقلت	나는 이사했다	مسلم	이슬람신자(남)
인타깔투		무슬리문	islam sin-ja
غريب	이상한	مسلمة	이슬람신자(여)
가리-분	i-sang-han	무쓸리마툰	islam sin-ja
عشرون	이십	السنة الهجرية	이슬람력
이슈룬	i-sib	앗싸나툴 히즈리-야	islam ryeok
ثلث	이십분(삼분의 일)	سنة	이슬람 전통
쑬쑨	i-sib bun	순나	Islam jeon-tong
نكاشة أسنان	이쑤시개	رذاذ	이슬비
낙카-샤투 아쓰난	i-ssu-si-gae	라자-준	i-seul-bi

방문 목적이 무엇입니까?

ما سبب الزيارة؟
마 싸바붓 지야-라?

관광으로 왔습니다

للسياحة
릿씨야-하티

당신(남)은 이해합니까?

هل أنت مفهوم؟
할 안타 마프훔-?

당신(여)은 이해합니까?

هل أنت مفهومة؟
할 안티 마프후-마?

한국어	아랍어	한국어	아랍어
이야기 i-ya-gi	قصة 낏솨툰	이집트 Egypt	مصر 미스르
이야기하다 i-ya-gi-hada	تحادث 타하-다싸	이집트인 Egypt sa-ram	مصري 미스리-윤
이웃 i-ut	جار 자-룬	이집트 수도 Egypt su-do(Cario)	القاهرة 알까-히라
이유 i-yu	سبب 싸바분	이집트 파운드 Egypt pound	جنيه مصري 주나이흐 미스리-
이코노믹 클레스 economic class	درجة سياحية 다라자툰 씨야-히-야	이천 i-cheon	ألفان 알파-니
이월 i-wol	فبراير 피브라-이르	이해하다 i-hae-hada	فهم 파히마
이익 i-ik	ربح 리브훈	나는 이해합니다	فهمت 파힘투
이전의 i-jeon-ui	سابق 싸-비꾼	인내 in-nae	صبر 쏴브룬

나는 이해하지 못합니다

لا أفهم
라- 아프함

당신(남)의 직업은 무엇입니까?

ما عملك؟
마- 아말루카?

당신(여)의 직업은 무엇입니까?

ما عملك؟
마- 아말루키?

한국어	아랍어	한국어	아랍어
인내하는 in-nae-ha-neun	صابر 쏴-비룬	인터뷰 interview	مقابلة 무까-발라툰
인도 Indo	الهند 알힌드	일(1) il	واحد 와-히드
인도 사람 Indo sa-ram	هندي 힌디-윤	일(업무) il	عمل 아말룬
인사하다 in-sa-hada	سلم على 쌀라마 알라-	일기예보 il-gi-ye-bo	النشرة الجوية 안나샤라툴 자우위-야
인쇄 in-swae	طبع 따브운	일등석 il-deung-seok	درجة أولى 다라자 울라-
인자한 in-ja-han	حنون 하눈	일몰 il-mol	غروب الشمس 구루-붓 샴쓰

일방통행
il-bang-tong-haeng

طريق باتجاه واحد
따리-끄 빗티자-히 와-히드

당신(남)은 어떤 일을 하십니까?

ماذا تعمل أنت؟
마-다- 타으말루 안타?

저는 엔지니어로 일합니다

أعمل مهندسا
아으말루 무한디싼

당신(남)은 어떤 일을 하십니까?

ماذا تعملين أنت؟
마-다- 타으말리-나 안티?

저는 여교사로 일하고 있습니다

أعمل مدرسة
아으말루 무다르리싸탄

일주일 후에 il-ju-il hu-e	**بعد الأسبوع** 바으달 우쓰부-으	일본 il-bon	**اليابان** 알야-반-
일출 il-chul	**شروق** 슈루-꾼	일본어 il-bon-eo	**اللغة اليابانية** 알루가툴 야-바-니-야
일하다 il-hada	**عمل** 아말라	일본 사람 il-bon sa-ram	**ياباني** 야-바-니-윤
읽다 ik-da	**قرأ** 까라아	일부 il-bu	**بعض** 바으둔
나는 읽는다	**أقرأ** 아끄라우	일요일 il-yo-il	**يوم الأحد** 야우물 아하드
나는 읽었다	**قرأت** 까라으투	일월 il-wol	**يناير** 야나-이르
읽으세요	**اقرأ** 이끄라으	일주일 il-ju-il	**أسبوع** 우쓰부-운

제 가방을 잃어버렸습니다   **أضعت حقائبي**
아돠으투 하까-이비-

저는 아파트를 임대하고 싶습니다   **أريد أن أستأجر الشقة**
우리-두 안 아쓰타으지라 앗샤까

그렇지 않습니까?   **أليس كذلك؟**
아 라이싸 카달리카?

이것이 맞습니까?   **هل هذا صحيح؟**
할 하다- 쏴히-훈?

잃다 il-ta	أضاع 아돠-아	임신한 im-sin-han	حامل 하-밀룬
임대(료) im-dae	إيجار 이-자-룬	임차인 im-cha-in	مستأجر 무스타으자룬
임대인 im-dae-in	مستأجر 무스타으지룬	입 ib	فم 파문
임대하다 im-dae-hada	استأجر 이쓰타으자라	입구 ib-gu	مدخل 마드칼룬

당신(남)은 직원입니까?

هل أنت موظف هنا؟

할 안타 무왓좌푼 후나-?

당신(여)는 이 회사 직원입니까?

هل أنت موظفة في هذه الشركة؟

할 안티 무왓좌파툰 피 하디힛 샤리카?

여보세요, 하-미드 선생님 지금 계신가요?

آلو، هل السيد حامد موجود الآن؟

알루-, 할 앗싸이드 하-미드 마우주-드 알아-나?

자밀라씨 계십니까?

هل السيدة جميلة موجودة؟

할 앗싸이-다 자밀-라 마우주-다?

여기서 가까운 은행이 있나~요?

هل يوجد بنك قريب من هنا؟

할 유-자두 반크 까리-분 민 후나-?

압둘라씨 계신가요?

فيه السيد عبدالله؟

피-히 앗싸이-드 압둘라?

입국비자 ib-guk-visa	تأشيرة الدخول 타으쉬-라툿 두쿨
입국카드 ib-guk-card	بطاقة الدخول 비따-까툴 두쿨
입다 ib-da	لبس 라비싸
나는 입는다	ألبس 알비쑤
나는 입었다	لبست 라비쓰투
입술 ib-sul	شفتين 샤파타인

있는(존재하는) ib-neun	موجود 마우주-둔
있다 it-da	يوجد 유-자두
있다 it-da	فيه 피-히
아니요, 없어요	لا، ما فيه 라-, 마- 피
있었다 it-eot-da	كان 카-나
잉크 ink	حبر 히브룬

당신(남)은 식당에 있었습니까?

هل كنت في المطعم؟
할 쿤다 필 마뜨암?

나는 잊지 않을 겁니다

لن أنس
란 안싸

당신은 자녀가 있습니까?

هل لك أبناء؟
할 라카 아브나-운?

저는 아들 하나 있습니다

لي ولد واحد
리- 왈라둔 와-히둔

저는 두 딸이 있습니다

لي بنتان
리- 빈타-니

잊다	**نسي**
it-da	나씨야

나는 잊었다	**نسيت**
	나씨-투

잎	**ورقة**
ip	와라까툰

자	مسطرة	자동차	سيارة
ja	미쓰따라툰	ja-dong-cha	싸이야-라툰

자녀	أبناء	자르다	قطع
ja-nyeo	아브나-운	ja-reu-da	까따아

자다	نام	자매	أخت
ja-da	나-마	ja-mae	우크툰

나는 잔다	أنام	자발적인	طوعي
	아나-무	ja-bal-jeok-in	따우이-윤

나는 잤다	نمت	자물쇠	قفل
	님투	ja-mul-soe	끼폴룬

자동적인	أوتوماتيكي	자연	طبيعة
ja-dong-jeok-in	우투마티키	ja-yeon	따비-아툰

자동차를 임대하고 싶습니다   **أريد أن أستأجر السيارة**
우리-두 안 아쓰타으지랏 싸이야-라

한 주당 임대료가 얼마입니까?   **ما هي الأجرة الأسبوعية؟**
마 히야 알우즈라툴 우쓰부-이-야?

석유까지 포함된 가격 입니까?   **هل السعر يشمل الوقود؟**
할 씨으루 야슈말룰 우꾸드?

잔돈은 당신 가지세요   **الباقي على شأنك**
알바-끼- 알라- 샤으니카

잠시만요   **لحظة من فضلك**
라흐좌 민 파들릭

자원하다	تطوع	잠자리	صقر الناموس
ja-won-hada	타따우와아	jam-ja-ri	사끄르 안나무-쓰

자유	حرية	잡다(쥐다)	مسك
ja-yu	후르리야툰	jab-da	마싸카

자전거	دراجة	잡으세요	امسك
ja-jeon-geo	다르라-자툰		임싸크

자치	استقلال	잡지	مجلة
ja-chi-ui	이쓰티끌랄-룬	jab-ji	마잘라툰

작가(남)	كاتب	장갑	قفاز
jak-ga	카-티분	jang-gab	까파-준

작가(여)	كاتبة	장관(남)	وزير
jak-ga	카-티바툰	jang-gwan	와지-룬

작은	صغير	장관(여)	وزيرة
jak-eun	솨기-룬	jang-gwan	와지-라툰

잔돈	فكة	장남	الابن الأكبر
jan-don	팍카툰	jang-nam	알이브눌 아크바르

잠	نوم	장녀	البنت الكبرى
jam	나우문	jang-nyeo	알빈툴 쿠브라-

잠옷	قميص النوم	장님	أعمى
jam-ot	까미-스 안나움	jang-nim	아으마-

이 곳(장소)의 이름은 무엇입니까? ما اسم هذا المكان؟
마-쓰무 하달 마칸-?

장례식	جناز	재난	كارثة
jang-rye-sik	자나-준	jae-nan	카-리싸툰

장래(미래)	مستقبل	재능	مقدرة
jang-rae	무쓰타끄발루	jae-neung	마끄디라툰

장모	حماة	재산	ملك
jang-mo	하마-툰	jae-san	밀쿤

장미	وردة	잼	مربى
jang-mi	와르다툰	jam	무랍바-

장소	مكان	저 분, 저것(남)	ذلك
jang-so	마카-눈	jeo-bun, jeo-geot	달-리카

장식하다	زين	저 분, 저것(여)	تلك
jang-sik-hada	자이야나	jeo-bun, jeo-geot	틸카

장인어른	حمو	저금	ادخار
jang-in-eo-reun	하무-	jeo-geum	읻다카-룬

장치	جهاز	저기	هناك
jang-chi	지하-준	jeo-gi	후나-카

저것(남)은 무엇입니까?

ما ذلك؟
마- 달-리카?

저것은 피라미드입니다

ذلك هرم
달리카 하라문

저것은 얼마입니까?

كم هو ثمنه؟
캄 후와 싸마누후?

저자(남)	مؤلف
jeo-ja	무왈리푼

저자(여)	مؤلفة
jeo-ja	무왈리파툰

저쪽	هناك
jeo-ggok	후나카

적당한	مناسب
jeok-dang-han	무나-씨분

저녁	مساء
jeo-nyeok	마싸-운

저녁식사	عشاء
jeo-nyeok-sik-sa	아샤-운

저술하다	ألف
jeo-sul-hada	알라파

저울	ميزان
jeo-ul	미-자-눈

저분(남)은 누구입니까?
من ذلك؟
만 달-리카?

저분은 회사에 직원입니다
ذلك موظف في الشركة
달-리카 무탓와푼 핏 샤리카티

저분(여)는 누구입니까?
من تلك؟
만 틸카?

저분은 대학교의 여직원입니다
تلك موظفة في الجامعة
틸카 무왓좌파툰 필자-미아

좋은 저녁입니다(저녁 인사)
مساء الخير
마싸-울 카이르

빛나는 저녁입니다(대답)
مساء النور
마싸-운 누르

전기면도기
آلة حلاقة كهربائية
jeon-gi-myeondogi
알-라트 할라-까 카흐라바-이야

적도	خط الإستواء	전쟁	حرب
jeok-do	칻뜨 알이쓰티와-	jeon-jaeng	하르분

적절한	مناسب	전지	بطارية
jeok-jeol-han	무나-씨분	jeon-ji	바따리-야툰

적은(양이)	قليل	전진하다	تقدم
jeok-eun	깔릴-룬	jeon-jin-hada	타깐다마

전구	مصباح كهربائي	전체	كل
jeon-gu	미스바-흐 카흐라바이-	jeon-che	쿨루

전기	كهرباء	전통	تقليد
jeon-gi	카흐라바-운	jeon-tong	타끌리-둔

전문가	خبير	전통의	تقليدي
jeon-mun-ga	카비-룬	jeon-tong-ui	타끌리-디-윤

전람회	معرض	전투	غزوة
jeon-ram-hoe	마으리둔	jeon-tu	가즈와툰

전부	كل	전화	تليفون
jeon-bu	쿨루	jeon-hwa	틸리-푼-

전분	نشاء		هاتف
jeon-bun	나샤-운		하-티푼

~전에(before)	قبل	전화하다	اتصل
jeon-e	까블라	jeon-hwa-hada	읻타솰라

전염병	وباء	절단하다	قطع
jeon-yeom-byeong	와바-운	jeol-dan-hada	까따아

절반	نصف	접수원	موظف استقبال
jeol-ban	니스푼	jeob-su-weon	무왓좌푼 이쓰티끄발-

젊은	شاب	접시	صحن
jeolmeun	샤-분	jeob-si	쏴흐눈

점수	درجة	정거장	محطة
jeom-su	다라자툰	jeong-geo-jang	마핫따툰

점심	غداء	정당	حزب سياسي
jeom-sim	가다-운	jeong-dang	히즈분 씨야-씨-

점차적으로	تدريجا	정리하다	رتب
jeom-cha-jeok-eu-ro	타드리-잔	jeong-ri-hada	랍타바

점프하다	قفز	정당한	بالحق
jump-hada	까파자	jeong-dang-han	빌학끄

접근	اقتراب	정부	حكومة
jeob-geun	이끄티라-분	jeong-bu	후쿠-마툰

당신 전화번호가 무엇입니까? **ما رقم هاتفك؟**
마 라끄무 하-티피크?

당신(남)에게 곧 전화하겠습니다 **سأتصل بك قريبا**
싸알타실루 비카 까리-반

당신(여)에게 공항에서 전화하겠습니다 **سأتصل بك من المطار**
싸알타실루 비키 민날 마따-르

의사 좀 불러주세요! **اتصل بطبيب من فضلك!**
잍타실 비 따빕- 민 파들릭!

한국어	아랍어	한국어	아랍어
정부의 jeong-bu-ui	حكومي 후쿠-미-윤	정확한 jeong-hwak-han	مضبوط 마드부-뚠
정상(꼭대기) jeong-sang	قمة 낌마툰	제한속도 je-han-sok-do	حط السرعة 하뚯 쑤르아
정신 jeong-sin	روح 루-훈	제과점 je-gwa-jeom	مخبز 마크바준
정원 jeong-weon	بستان 부쓰타-눈	제공하다 je-gong-hada	قدم 깔다마
정지하다 jeong-ji-hada	وقف 와까파	나는 제공한다	أقدم 우깔디무
정지하세요	قف 끼프	젤리 jelly	هلام 훌라-문
정직한 jeong-jik-han	مخلص 무클리쑨	조밀한 jo-mil-han	دقيق 다끼-꾼
정치 jeong-chi	سياسة 씨야-싸툰	조상 jo-sang	أجداد 아즈다-둔
정확하게 jeong-hwak-ha-ge	تماما 타마-만	조각 jo-gak	نقش 나끄슌
정확하게	بالضبط 빗돱뜨	조각가(남) jo-gak-ga	نقاش 낙까-슌

그 식당은 정확하게 어디에 있습니까? **أين المطعم بالضبط؟**
아이나 알마뜨아무 빗돱뜨?

조각가(여)	نقاشة	나는 조사한다	أبحث
jo-gak-ga	낙까-샤툰		아브하쑤
조각된	منقوش	조약	معاهدة
jo-gak-doen	만꾸-슌	jo-yak	무아-하다툰
조각칼	منقاش	조용한	هادئ
jo-gak-kal	민까-슌	jo-yong-han	하-디운
조각하다	نقش	조종사	قائد الطائرة
jo-gak-hada	나까샤	jo-jong-sa	까-이둣 따-이라티
조건	شرط	조직	منظمة
jo-geon	샤르뚠	jo-jik	무낮좌마툰
조국	وطن	존경하는	محترم
jo-guk	와따눈	jon-gyeong-ha-neun	무흐타라문
조금	قليلا	존경하다	احترم
jo-geum	깔릴-란	jongyeong-hada	이흐타라마
조금 전에	قبل قليل	졸린	نعسان
jo-geum-jeon-e	까블라 깔릴-	jol-rin	나으싸- 누
조만간	قريبا	좁은	ضيق
jo-man-gan	까리-반	job-eun	돠이이꾼
조사하다	بحث	좁은 길(골목)	زقاق
josa-hada	바하싸	job-eungil	주까-꾼
조금 더 앞으로 가세요			قدم شوي
			꾿담 슈와이야

한국어	아랍어	한국어	아랍어
종(벨) jong	جرس 자라쑨	좋습니다 	طيب 따이입
종교 jong-gyo	دين 디-눈	좋지 않습니다 jochi ansseubnida	مش كويس 무쉬 쿠웨이스
종류 jong-ryu	نوع 나우운	좌석 jwa-seok	مقعد 마끄아둔
종사하다 jong-sa-hada	اشتغل 이슈타갈라	좌석 번호 jwa-seok beon-ho	رقم المقاعد 라끄물 마까아이드
종이 jong-i	ورقة 와라까툰	죄송합니다 joesonghabnida	آسف 아-씨프
좋은 joeun	حسن 하싸눈	주간지 ju-gan-ji	مجلة أسبوعية 마잘라툰 우쓰부-이-야
좋습니다 josseubnida	حسنا 하싸난	주다 ju-da	أعطى 아으따-

이것을 나에게 주세요   **أعطني هذا**
아으뛰니- 하다-

조금만 더 주세요   **أرجو أن تعطني أكثر قليلا**
아르주- 안 투으뛰니- 아크싸르 깔릴-

덤으로 무엇을 더 주세요   **لابد بقشيش**
라붓다 바끄쉬쉬

메뉴판 좀 주세요   **أعطني قائمة الطعام من فضلك**
아으뛰니- 까-이마탓 똬아-미 민파들릭

주민	ساكن
ju-min	싸-키눈

주민등록증	بطاقة الإقامة
ju-min-deung-rok-jeung	비따-까툴 이까-마

~주변에	حول
ju-byeon-e	하울라

주사	حقنة
ju-sa	후끄나툰

주말	عطلة نهاية الأسبوع
ju-mal	우뜰라투 니하-야틸 우쓰부-으

주머니	جيب
ju-meo-ni	자이분

주문	طلب
ju-mun	딸라분

주문하다	طلب
ju-mun-hada	딸라바

저를 이 주소로 데려다주실 수 있습니까?

ممكن أن تأخذني إلى هذا العنوان؟
뭄킨 안 타으쿠다니- 일라 하달 우느완-?

도시 중심가 주변에

حول وسط المدينة
하울라 와싸뜰 마디-나

모두가 하나님으로부터 왔다가 하나님께 돌아가는 것이지요

إن لله و إن إليه راجعون
인나 릴라히 와 인나 일라히 라-지운

영원한 것은 오직 하나님 뿐입니다

البقاء لله
알바까 릴라

하나님께 의지하세요

الشدة على الله
앗 쉳다투 알랄라

하나님께서 당신을 도와주실겁니다

الله يكون في عونك
알라후 야쿠-누 피 아우니카

한국어	아랍어	한국어	아랍어
주소 ju-yu-so	عنوان 우느완-	주인 ju-in	صاحب 쑤-히분
주스 juice	عصير 아씨-룬	주제 ju-je	موضوع 마우두-운
주식회사 ju-sik-hoe-sa	شركة محدودة 샤리카 마흐두-다	주차장 ju-cha-jang	موقف السيارات 마우끼풋 싸이아라-트
주유소 ju-u-so	محطة بنزين 마핱따투 빈진-	주차금지 ju-cha-geum-ji	ممنوع الوقوف 맘누-울 우꾸-프
주위에 ju-wi-e	حول 하울라	죽다 juk-da	مات 마-타
주의 ju-ui	انتباه 인티바-훈	준비하다 jun-bi-hada	أعد 아안다
주의하세요	انتبه 인타비흐	나는 준비한다	أعد 우읻두

정신 차리고 힘내세요

خلى بالك من نفسك
칼리 발-라크 민 낲씨까

중학교
jung-hak-kyo

مدرسة متوسطة
마드라싸툰 무타왓씨따

중학생(남)
jung-hak-saeng

تلميذ في المدرسة المتوسطة
틸미-준 필마드라싸틸 무타와씨따

중학생(여)
jung-hak-saeng

تلميذة في المدرسة المتوسطة
틸미-자툰 필마드라싸틸 무타와씨따

한국어	아랍어	한국어	아랍어
준비된 jun-bi-doen	جاهز 자-히준	쥐 jwi	فأر 파으룬
줄(로프) jul	حبل 하블룬	즉, 말하자면	يعني 야으니-
중간의 jung-gan-ui	متوسط 무타왓씨뚠	즉시 jeuk-si	حالا 할-란
중국 jung-guk	الصين 앗신-	즐거워하다 jeul-geo-weo-hada	تمتع 타맛타아
중국어 jung-guk-eo	لغة الصين 루가툿 신-	증가 jeung-ga	زيادة 지야-다툰
중국 사람 jung-guk sa-ram	صيني 시-니-윤	증가하다 jeung-ga-hada	زاد 자-다
중심 jung-sim	مركز 마르카준	증기 jeung-gi	بخار 부카-룬
중심가 jung-sim-ga	مركز المدينة 마르카줄 마디-나	증명서 jeung-myeong-seo	شهادة 샤하-다툰
중요한 jung-yo-han	مهم 무힘문	증명하다 jeung-myeong-hada	شهد 샤하다

지금 몇 시 인가요?

كم الساعة الآن؟
카밋 싸아-투 알아-나?

아침 9시입니다

الساعة التاسعة صباحا
앗싸아툿 타-씨아 쏴바한

증조할아버지	أبو الجد
jeung-jo-hal-a-beo-ji	아불 잗디

지금	الآن
ji-geum	알아나

지구	الكرة الأرضية
ji-gu	알쿠라툴 아르듸야

지나가다	مر
ji-na-gada	마르라

지난주	الأسبوع الماضي
ji-nan-ju	알우쓰부-울 마-듸

지난달	الشهر الماضي
ji-nan-dal	앗샤흐룰 마-듸-

지네	عقرب
ji-ne	아끄라분

지도	خريطة
ji-do	카리-따툰

지도자	زعيم
ji-do-ja	자이-문

지루한	ممل
ji-ru-han	무밀룬

지중해	البحر الأبيض المتوسط
ji-jung-hae	알바흐룰 아브야둘 무타왓씨뚜

지방	محافظة
ji-bang	무하-파좌툰

지방(기름)	شحن
ji-bang	샤흐눈

지부티	جيبوتي
Djibouti	쥐-부-티-

지부티 사람	جيبوتي
Djibouti sa-ram	

지부티 수도(지부티)	جيبوتي
Djibouti su-do(Djibouti)	쥐-부-티-

지불하다	دفع
ji-bul-hada	다파아

나는 지불한다	أدفع
	아드파우

나는 지불했다	دفعت
	다파으투

나는 지불할 것이다	سأدفع
	싸아드파우

지붕	سقف
ji-bung	싸끄푼

지식 ji-sik	**علم** 일문	직물 jik-mul	**نسيجة** 나씨-자툰
지역 ji-yeok	**منطقة** 민따까툰	직사각형 jik-sagakyeong	**مستطيل** 무쓰타띌-룬
지옥 ji-ok	**جهنم** 자한남	직진으로 jik-jin-eu-ro	**على طول** 알라- 뚤-
지진 ji-jin	**زلزلة** 질잘-라툰	진실 jin-sil	**حق** 학꾼
지하 ji-ha	**تحت الأرض** 타흐탈 아르드	직업 jik-up	**مهنة** 미흐나툰
지하철 ji-ha-cheol	**مترو** 미트루-	직원(남) jik-weon	**موظف** 무왓좌푼
지혜 ji-hae	**حكمة** 히크마툰	직원(여) jik-weon	**موظفة** 무왓좌파툰
지혜로운 ji-hae-ro-un	**حكيم** 하키-문	직접적인 jik-jeob-jeok-in	**مباشر** 무바-쉬룬
진료소 jilryoso	**عيادة** 이야-다툰	진주 jin-ju	**لؤلؤ** 루으루으

당신(남)의 직업은 무엇입니까?   **ما مهنتك؟**
마 미흐나투카?

당신(여)의 직업은 무엇입니까?   **ما مهنتك؟**
마 미흐나투키?

한국어	아랍어	한국어	아랍어
진찰 / jin-chal	فحص / 파흐순	짧은 / jjalbeun	قصير / 까시-룬
질긴 / jil-gin	متين / 마티-눈	째즈 / jazz	موسيق جاز / 무-씨-끄 자-즈
질문하다 / jil-mun-hada	سأل / 싸알라	쪽(페이지) / jjok	صفحة / 쏴프하툰
나는 질문한다	أسأل / 아쓰알루	찢다 / jjit-da	مزق / 마자까
질투 / jil-tu	غيور / 가유-룬		
짐(보따리) / jim	عفش / 아프슌		
집 / jib	بيت / 바이툰		
집안 일 / jiban il	شؤون منزلي / 슈운- 만질리-		
집주인 / jib-ju-in	صاحب البيت / 쏴-히불 바이트		
짜다(맛이) / jja-da	مالح / 말-리훈		
짠 / jjan	ملح / 밀훈		

차(홍차) cha	شاي 샤-윤
차(자동차) cha	سيارة 싸이야-라툰
차가운 cha-ga-un	بارد 바-리둔
차고 cha-go	خراج 카라-쥰
차관 cha-gwan	نائب الوزير 나-이불 와지-르
차다(발로) cha-da	رفس 라파싸
차이 cha-i	فرق 파르꾼
착색된 chak-saek-doen	ملون 물라우와눈
착륙하다 chak-ryuk-hada	هبط 하바따
찬 물 chan-mul	ماء بارد 마-운 바-리드
나는 홍차를 원합니다	أريد شايا 우리-두 샤-이
참석 cham-seok	حضرور 후두-룬
참새 cham-sae	عصفور 우스푸-룬
참여 cham-yeo	مشاركة 무샤-라카툰
참여하다 cham-yeo-hada	شارك 샤-라카
찻잔 chat-jan	فنجان 핀자-눈
창문 chang-mun	شباك 숩바쿤
찾다 chat-dda	وجد 와자다
나는 찾는다	أجد 아지두
나는 찾았다	وجدت 와자드투
채소 chae-so	خضر 쿠돠룬

ㅊ

한국어	아랍어	한국어	아랍어
책 chaek	كتاب 키타-분	체류하다 cheryu-hada	أقام 아까-마
책방 chaek-bang	مكتبة 마크타바툰	나는 체류한다	أقيم 우끼-무
책상 chaek-sang	مكتب 마크타분	천(1000) cheon	ألف 알프
책임 chaek-im	مسؤولية 마쓰울-리-야툰	천국 cheon-guk	جنة 쟌나툰
~처럼 cheo-reom	مثل 미쓸루	천둥 cheon-dung	برق 바르꾼
처방하다 cheobang-hada	وصف 와쏴파	천사 cheon-sa	ملاك 말라-쿤
처방전 cheo-bang-jeon	وصفة الطب 와스파툿 뜹브	천재 cheon-jae	عبقري 아브까리-윤
처음 cheo-eum	أول مرة 아우왈 마르라	천만에요 cheon-man-e-yo	عفوا 아프완
체류 che-ryu	إقامة 이까-마툰	철학 cheol-hak	علم الفلسفة 일뭇 팔싸파

처음 뵙겠습니다 — فرصة سعيدة 푸르싸툰 싸이-다

처음 뵙겠습니다(대답) — أنا أسعد 아나- 아쓰아두

한국어	아랍어	한국어	아랍어
첫 번째 cheot beon-jjae	الأول 알아우왈루	초대 cho-dae	دعوة 다으와툰
첫 번째로 cheotbeon-jjae-ro	أولا 아우왈란	초대하다 chodae-hada	داع 다-아
청결 cheong-gyeol	نظافة 나좌-파툰	초록색 cho-rok-saek	أخضر 아크돠르
청소하다 cheongso-hada	نظف 니좦파	초콜릿 chocolate	شكولاتة 슈쿨라-트
청구서 cheong-gu-seo	حساب 히싸-분	총각 chong-gak	أعزب 아으자분
체스 chess	شطرنج 샤뜨란즈	총(무기) chong	بندقية 분두끼야툰
체온계 che-on-gye	مقياس الحرارة 미끄야-쑬 하라-라티	총리 chong-ri	رئيس الوزراء 라이-쑬 위자라-으
천천히요			ببطء من فضلك 비 부뜨인 민 파들릭
천천히 가주세요			على مهلك 알라- 마훌라크
청량음료 cheong-ryang-eum-ryo			مشروب غازي 마슈루-분 가-지-
체인점(Franchise) che-in-jeom			وكالة شركة 위칼라투 샤리카틴

ㅊ

한국어	아랍어	한국어	아랍어
축하합니다 chuk-ha-habnida	مبروك 마부룩	최고의 choe-go-ui	العالى 알알-라-
출구 chul-gu	مخرج 마크라준	최근(후)의 choe-geun-ui	آخر 아-키룬
출산 chul-san	إنجاب 인자-분	최신유행의 choe-sin-yu-haeng-ui	أخر الطراز 아키룬 뚜라-지
출석하다 chul-seok-hada	حضر 하돠라	추가 chu-ga	إضافة 이돠-파툰
나는 출석했다	حضرت 하돠르투	추운 chu-un	بارد 바-리둔
출판 chul-pan	منشور 만슈-룬	축구 chuk-gu	كرة القدم 쿠라툴 까담
출판사 chul-pan-sa	شركة النشر 샤리카툰 나샤르	축복하다 chuk-bok-hada	بارك 바-라카
출판하다 chul-pan-hada	نشر 나샤라	축제 chuk-je	عيد 이-둔

출입국
chul-ib-guk

الهجرة الداخلية والخارجية
알히즈라툿 다킬리야- 왈카리지-야

출입국 관리소
chul-ib-guk gwan-ri-so

مكتب الهجرة
마크타블 히즈라

이것이 충분합니까?

هل هذا يكفي؟
할 하다- 야크피-?

출생일 chul-saeng-il	تاريخ الميلاد 타-리-쿨 밀-라-디	충실한(믿을만한) chung-sil-han	وفي 와피-윤
춤 chum	رقص 라끄슌	취소하다 chi-so-hada	ألغى 알가
춤추다 chum-chu-da	رقص 라까솨	층 cheung	طابق 따-비꾼
나는 춤을 춘다	أرقص 아르꾸쑤	치과의사 chi-gwa-ui-sa	طبيب أسنان 따비-부 아쓰난-
충고 chung-go	نصيحة 나시-하툰	치료 chi-ryo	علاج 일라-쥰
충고하다 chung-go-hada	نصح 나솨하	치료하다 chi-ryo-hada	عالج 알-라자
나는 충고한다	أنصح 안솨후	치아 chi-a	أسنان 아쓰나-눈
충돌하다 chung-dol-hada	اصطدم 이스따다마	치약 chi-yak	معجون الأسنان 마으주-눌 아쓰난-
충분하다 chung-bun-hada	كفى 카파-	치즈 cheese	جبنة 주브나툰
충분한 chung-bun-han	كاف 카-핀	치킨 chicken	دجاجة 다자-자툰
이것은 충분합니다			هذا كاف 하다- 카-핀

후라이드 치킨 Fried chicken	**دجاج مقلي** 다자-즈 마끌리-	침(바늘) chim	**إبرة** 이브라툰
친구(남) chin-gu	**صديق** 쇼디-꾼	침대 chim-dae	**سرير** 싸리-룬
친구(여) chin-gu	**صديقة** 쇼디-까툰	침묵 chim-muk	**صمت** 솜툰
친애하는 chin-e-ha-neun	**عزيز** 아지-준	침실 chim-sil	**غرفة النوم** 구르파툰 나움-
친절한 chin-jeol-han	**كريم** 카리-문	칫솔 chissol	**فرشاة الأسنان** 푸르샤툴 아쓰난-
친척 chin-cheok	**قريب** 까리-분	칭찬하다 ching-chan-hada	**مدح** 마다하
칠(7) chil	**سبعة** 싸브아		
칠백 chil-baek	**سبعمئة** 싸브우미아		
칠십 chil-shib	**سبعون** 싸브운-		
칠월 chil-weol	**يوليو** 율-유		
칠천 chil-cheon	**سبعة آلاف** 싸브아 알-라-프		

카드	**بطاقة**	카펫	**سجادة**	ㅋ
card	비따-까툰	carpet	싸자-다툰	

카메라 **آلة تصوير**
camera 알-라트 타스위-르

칼 **سكين**
kal 씩키-눈

카사블랑카 **الدار البيضاء**
Casablanca 카사블랑카 바이돠-

캐나다 **كندا**
Canada 카나다-

카타르 **قطر**
Qatar 까따르

캐나다 사람 **كندي**
Canada sa-ram 카나디-윤

카타르 사람 **قطري**
Qatar sa-ram 까따리-윤

캐러멜 **كرمل**
caramel 카르말

카타르 수도(도하) **دوحة**
Qatar su-do(Doha) 두-하

캔디 **حلوى**
candy 할와-

카카오 **كاكاو**
cacao 카-카-우

커튼 **ستارة**
curtain 씨타-라툰

나는 커피를 원합니다 **أريد قهوة**
우리-두 까흐와

설탕을 넣지 않은 커피로요 **أريد القهوة بدون السكر**
우리-두 알까흐와 비두닛 쑥카르

우유를 넣은 커피로요 **أريد القهوة مع الحليب**
우리-두 알까흐와 마알 할립-

나는 커피를 마시고 싶습니다. **.أريد أن أشرب القهوة**
우리-두 안 아슈라발 까흐와

한국어	아랍어	한국어	아랍어
커피 coffee	قهوة 까흐와툰	쿠웨이트 사람 Kuwait sa-ram	كويتي 쿠와이티-윤
커피숍 coffee shop	مقهى 마끄하	쿠웨이트 수도(쿠웨이트) Kuwait su-do(Kuwait)	الكويت 알쿠와이트
컬러 color	لون 라우눈	크림(식용) cream	قشدة 끼슈다툰
케밥 kabab	كباب 카밥	크림(화장품) cream	كريم 크-림
케이크 cake	كعكة 카으카	큰 keun	كبير 카비-룬
컵 cup	كوب 쿱	크리스마스 christmas	عيد الميلاد 이-둘 밀라-디
컴퓨터 computer	كمبيوتر 쿰피유티르	키(인체) ki	طول 뚤-룬
코(얼굴) co	أنف 안푼	키 key	مفتاح 미프타-훈
코란 Quran	القران 알꾸르아-누	키 작은 ki jageun	قصير 까시-룬
콩 cong	فول 풀-룬	키 큰 ki keun	طويل 똬윌-룬
쿠웨이트 Kuwait	الكويت 알쿠와이트	키스하다 kiss-hada	قبل 깝발라

킬로그램
kilogram

كيلوغرام
킬-루-그람

타다(탑승) ta-da	ركب 라키바	태어나다 tae-eo-nada	ولد 울리다
나는 탄다	أركب 아르카부	태평양 tea-pyeong-yang	المحيط الهادئ 알무히-뚤 하디-
나는 탔다	ركبت 라킵투	택시 taxi	تكسي 타크씨-
타워 tower	برج 부르준	택시 요금 taxi yo-geum	أجرة التكسي 우즈라툿 타크씨-
탑승 tab-seung	ركوب 루쿠-분	택하다(고르다) taek-hada	اختار 이크타-라
태양 tae-yang	الشمس 앗샴쑤	터키 Turkey	تركيا 투르키야

당신(남)은 언제 태어났습니까?
متى ولدت؟
마타- 울린타?

당신(여)은 언제 태어났습니까?
متى ولدت؟
마타- 울린티?

나는 7월2일날 태어났습니다
ولدت في الثاني من يوليو
울린투 핏싸-니- 민 율-유

여기 암만으로 가는 택시가 있습니까?
هل توجد تكسي إلى عمان؟
할 투-자두 타크씨- 일라- 암만-?

택시를 탑시다!
لنأخذ تكسي
리나으쿠wm 타크씨-!

166

한국어	아랍어	한국어	아랍어
토마토 주스 tomato juice	عصير الطماطم 아시-룰 따마-띰	터키사람 Turkey sa-ram	تركي 투르키-윤
토마토 케첩 tomato ketchup	صلصة الطماطم 쌀사톳 따마-띰	턱수염 teok-su-yeom	دقن 다끄눈
토요일 to-yo-il	يوم السبت 야우뭇 쌉트	털 teol	شعر 샤으룬
톱 tob	منشار 민샤-룬	텅빈 teong-bin	فارغ 파-리군
통과하다 tong-gwa-hada	مر 마르라	테러 terror	إرهاب 이르하-분
통신 tong-sin	مراسلة 무라-쌀라툰	테이블 table	مائدة 마-이다툰
통역자 tong-yeok-ja	مترجم 무타르지문	테이프 tape	شريط 샤리-뚠
통역하다 tong-yeok-hada	ترجم 타르자마	텔레비전 television	تلفزيون 틸파지-윤
통조림 tong-jo-rim	علبة 울바툰	토끼 to-ggi	أرنب 아르나분
통치하다 tong-chi-hada	حكم 하카마	토론하다 to-ron-hada	ناقش 나-까샤
통치자 tong-chi-ja	حاكم 하-키문	토마토 tomato	طماطم 따마-뛰문

한국어	아랍어	한국어	아랍어
통화(화폐) tong-hwa	**عملة** 우믈라툰	팁 tip	**بقشيش** 바끄쉬-쉬
투표하다 tu-pyo-hada	**صوت** 쏴우와타		
튀니지 Tunisia	**تونس** 투-니쓰		
튀니지 사람 Tunisia sa-ram	**تونسي** 투-니씨-윤		
튀니지 수도(튀니스) Tunisia su-do(Tunis)	**تونس** 투-니쓰		
트럭 truck	**عربة نقل** 아라바투 나끌		
트렁크 trunk	**صندوق** 순두-꾼		
특급열차 teuk-geub-yeol-cha	**قطار سريع** 끼따룬 싸라-운		
특징(특성) teuk-jing	**خاصية** 카-시야-툰		
특별히 teuk-byeol-hi	**خصوصا** 쿠수-쏜		
특별하다 teuk-byeol-hada	**خص** 캇쏴		

파다	حفر	팔다	باع
pa-da	하파라	pal-da	바-아

파란색	أزرق	나는 판매하다	أبيع
pa-ran-saek	아즈라끄		아비-우

파리(곤충)	ذبابة	팔레스타인	فلسطين
pa-ri	두바-바툰	Palestine	필라쓰띤-

파운드(무게)	باوند	팔백	ثمانمئة
pound	바-운드	pal-baek	싸마-니미아

파이	فطيرة	팔십	ثمانون
pie	파뜌-라툰	pal-shib	싸마-눈

파인애플	أناناس	팔월	أغسطس
pineapple	아나나쑨	pal-wol	우구쓰투쓰

파키스탄	باكستان	팔찌	سوار
Pakistan	바-키스탄-	pal-jji	씨와-룬

파티	حفلة	팔천	ثمانية آلاف
party	하플라툰	pal-cheon	싸마-니야 알-라-프

팔(신체)	ذراع	팝콘	فشار
pal	디라-운	popcorn	풋샤-룬

팔(8)	ثمانية	패배하다	انهزم
pal	싸마-니-야	pae-bae-hada	인하자마

편도 티켓			تذكرة الذهاب
pyeon-do-ticket			타드키라툿 디하-브

팩스	فاكس	평화	سلام
fax	파크쓰	pyeon-hwa	쌀라-문

펌프	مضخة	포도	عنب
pump	미됫카툰	po-do	이나분

페인트	دهان	포옹하다	عانق
paint	다하-눈	po-ong-hada	아-나까

펜	قلم	포크	شوكة
pen	깔라문	fork	샤우카툰

편리한	ملائم	포함하다	اشتمل
pyeon-ri-han	말라-이문	po-ham-hada	이슈타말라

편지	رسالة	폭포	شلال
pyeon-ji	리쌀-라툰	puk-po	샬라-룬

평등	مساواة	폭풍	عاصفة
pyeon-deung	무싸-와툰	puk-pung	아-시파툰

나는 가족에게 편지를 씁니다

أكتب الرسالة لعائلتي
아크투부 아르리쌀-라타 리아-일라티-

나는 친구로부터 편지를 받았습니다

تسلمت الرسالة من صديقي
타쌀람투 아르리쌀-라타 민 쏴디-끼-

당신에게 편지를 보내겠습니다

سأرسل الرسالة لك
싸아르씰루 아르리쌀-라타 라크

나는 최고의 품질을 원합니다 **أريد أفضل نوعية من أشياء**
우리-두 아프달 나우이야 민 아쉬야

표(티켓)	تذكرة
pyeo	타드키라툰

품질	نوعية
pum-jil	나우이-야툰

프랑스	فرنسا
France	파란싸-

프랑스어	اللغة الفرنسية
France-eo	알루가툴 파란씨-야

프랑스 사람	فرنسي
France sa-ram	파란씨-윤

프로그램	برنامج
program	바르나-미쥰

프로듀서	منتج
producer	문티준

피(신체)	دم
pi	담문

피곤한	متعب
pi-gon-han	무트아분

피다(꽃)	أزهر
pi-da	아즈하루

피아노	بيانو
piano	비야-누-

필름	فيلم
film	필-문

필요하다	احتاج إلى
pil-yo-hada	이흐타-자 일라-

나는 필요하다	أحتاج
	아흐타-주

나는 필요하지 않습니다	
	لا أحتاجه
	라- 아흐타-주후

필요한	محتاج
pil-yo-han	무흐타-준

핑크색	زهري
pink-saek	자흐리

하늘 ha-neul	**سماء** 싸마-운	나는 했다	**فعلت** 파알투
하다 ha-da	**فعل** 파알라	~(남성분께)하세요	**تفضل** 타팓달
나는 한다	**أفعل** 아프알루	~(여성분께)하세요	**تفضلي** 타팓달리-

하나님이 원하신다면   **إن شاء الله**

인샤-알라

(Tip 아랍인들과 무슬림들은 모든 일들이 하나님 뜻 안에서 이루어지는 것으로 생각하기 때문에 상대방과의 약속에 있어서 "인샤-알라"라는 말로 그에 대답하곤 한다. 보통 "예"라는 긍정의 대답으로 생각하면 더 좋다.)

하나님의 축복 받으세요(감사해요)   **بارك الله فيك**

바-라칼라후 피-크

하나님의 이름으로   **بسم الله**

비쓰밀라

(Tip 아랍인들과 무슬림들이 어떤 일을 시작하기 전에 사용하는 관용표현입니다. (예) 식사하기 전, 수업하기 전, 짐승을 도살할 때)

하나님이 바라셨던 것   **ما شاء الله**

마- 샤-아 알라

(Tip 좋은 일이 있거나, 멋진 광경을 보았을 때 즐겨 사용하는 표현입니다. (예) 시험에 합격했을 때, 아이가 막 글자를 깨우쳤을 때, 친구가 새 자동차를 샀을 때)

صلى الله عليه وسلم

살랄라후 알라이히 와 쌀람

(Tip 예언자 무함마드의 이름이 거론될 때마다 화자와 청자가 그를 기리며 경의를 표하는 관용적 표현입니다.)

한국어	아랍어	한국어	아랍어
학자 hak-ja	عالم 알-리문	~합시다,~하자 hab-si-da, ha-ja	هيابنا 하이야-비나-
학생(남) hak-saeng	طالب 똴-리분	하루 종일 ha-ru jong-il	طول اليوم 뚤라 야움
학생(여) hak-saeng	طالبة 똴-리바툰	하차하다 ha-cha-hada	نزل 나잘라
한국 han-guk	كوريا 쿠-리야-	하얀색 ha-yan-seak	أبيض 아브야드
한국어 han-guk-eo	اللغة الكورية 알루카툴 쿠-리-야	학교 hak-gyu	مدرسة 마드라싸툰
한국음식 han-guk-eum-sik	الطعام الكوري 앗따아-물 쿠리-	학교장 hak-gyu-jang	مدير المدرسة 무디-룰 마드라싸
한국 사람 han-guk sa-ram	كوري 쿠-리-윤	학문 hak-mun	علم 일문

저는 한국에서 왔습니다 **أنا من كوريا**
아나- 민 쿠-리야-

한국대사관 **السفارة الكورية**
han-guk-dae-sa-gwan 앗씨파-라툴 쿠-리-야-민파들릭

한국대사관으로 가주세요 **إلى السفارة الكورية من فضلك**
일라- 앗씨파-라틸 쿠-리-야-

나는 아랍어를 읽을 수 없습니다 **لا أستطيع قراءة العربية**
라- 아쓰타뛰-우 끼라아탈 아라비-야

한방울	قطرة	나는 할 수 있다	أستطيع
han-bang-ul	까뜨라툰		아쓰타띠-우
한 번	مرة	할인하다	خفض السعر
han-beon	마르라툰	hal-in-hada	캎파돠 앗씨으르
할머니	جدة	함께	مع
hal-meo-ni	좥다툰	ham-kke	마아
할아버지	جد	합당한	معقول
hal-a-beo-ji	좥둔	hab-dang-han	마으꿀-
할 수 있는	قادر	항구	ميناء
hal su it-neun	까-디룬	hang-gu	미-나운
할 수 있다	استطاع	항상	دائما
hal su it-da	이쓰타따-아	hang-sang	다-이만

항공모함

hang-gong-mo-ham

حاملة الطائرة

하-밀라툰 따-이라티

항공 우편

hang-gong u-pyeon

البريد الجوي

알바리-둘 자우위-

항공우편은 얼마인가요?

كم يكلف بالبريد الجوي؟

캄 유칼리푸 빌바리-딜 자우위-?

이 소포를 항공우편으로 보내고 싶습니다

أريد إرسال هذا الطرد بالبريد الجوي

우리-두 이르쌀- 하닷 따르드 빌바-리딜 자우위-

전 지금 가야합니다

يجب أن أذهب الآن

야지부 안 아드하바 알아-나

한국어	아랍어	한국어	아랍어
향상 hyang-sang	تحسين 타흐씨-눈	핸드볼 hand ball	كرة اليد 쿠라툴 야드
향수 hyang-su	عطر 이뜨룬	핸디캡 handicap	عائق 아-이꾼
해(年) hae	سنة 싸나툰	햇살 haet-sal	نور الشمس 누-룻 샴쓰
해결 hae-gyeol	حل 할룬	햇살이 비치는 haetssal-i bi-chi-neun	مشمس 무슈미쑨
해방 hae-bang	تحرير 타흐리-룬	행동 haeng-dong	سلوك 쑬루-쿤
해변가 hae-byeon-ga	شاطئ 샤-뛰운	행복 haeng-bok	سعادة 싸아-다툰
해석 hae-seok	تعبير 타으비-룬	행복한 haeng-bok-han	سعيد 싸이-둔
해야한다 hae-ya-handa	يجب أن 야지부 안	행운 haeng-un	حسن الحظ 후쓰닐 핮즈
해외 hae-oe	خارج البلاد 카-리줄 빌라-드	행운이 함께하길!	بالتوفيق 빗 타우피-끄!
행복한 명절되세요			عيد سعيد 이-드 싸이-드
행복한 여행되세요			رحلة سعيدة 리흘라 싸이-다

한국어	아랍어	한국어	아랍어
허락(가)하다 heo-rak-hada	سمح 싸마하	혈압 hyeol-ab	ضغط الدم 돠그뚤 담
허리 heo-ri	خصر 카스룬	혈액 hyeol-aek	دم 담
허리띠 heo-ri-ddi	حزام 히자-문	혈액형 hyeol-aek-hyeong	فصيلة الدم 파실-라툿 담
헬리콥터 helicopter	طائرة عمودية 따-이라툰 아무-디-야툰	협력하다 hyeomryeok-hada	تعاون 타아-와나
혀 hyeo	لسان 리싸-눈	형 hyeong	أخ 아쿤
현미경 hyeon-mi-gyeong	مجهر 미즈하룬	형벌 hyeong-bul	عقوبة 우꾸-바툰
현상(사건) hyeon-sang	ظاهرة 좌-히라툰	호랑이 ho-rang-i	نمر 나므룬
혈관 hyeol-gwan	عرق 이르꾼	호박 ho-bak	يقطين 야끄띠-눈

호텔로 (갑시다)부탁합니다

إلى الفندق من فضلك
일랄 푼두끄 민 파들릭

하루에 요금에 얼마입니까?

كم سعرها ليوم واحد؟
캄 씨으루하- 리야움 와-히드?

일주일을 호텔에서 지낼 것입니다. **سأبقى لمدة أسبوع في الفندق**
싸아브까- 리뭇다 우쓰부-으 필 푼두끄

한국어	아랍어	한국어	아랍어
호텔 / hotel	فندق / 푼두꾼	화려한 / haw-ryeo-han	فاخر / 파-키루
호흡하다 / ho-heub-hada	تنفس / 타낲파싸	화산 / haw-san	بركان / 부르카눈
혼잡한 / hon-jab-han	مزدحم / 무즈다히문	화난 / haw-nan	غاضب / 가-뒤분
화가(남) / hwa-ga	رسام / 랏싸-문	화요일 / hwa-ryo-il	يوم الثلاثاء / 야우뭇 쑬라-싸-
화가(여) / hwa-ga	رسامة / 랏싸-마툰	화장실 / haw-jang-sil	دورة المياه / 다우라툴 미야-히
화물선 / haw-mul-seon	سفينة الشحن / 싸피-나툿 샤흔	화재 / haw-jae	احتراق / 이흐티라-꾼
화물열차 / haw-mul-yeol-cha	قطار البضائع / 끼따-룰 바다-이으	확신하는 / hawk-sin-ha-neun	متأكد / 무타악키둔

화장실이 어디있습니까?

أين الحمام من فضلك؟
아이날 함맘- 민 파들릭?

화장실 좀 사용할 수 있을까요?

ممكن أن أستخدم الحمام من فضلك؟
뭄킨 안 아쓰타크디말 함맘- 민 파들릭?

나는 확신합니다

أنا متأكد
아나- 무타악키드

나는 확신하지 못합니다

لست متأكدا
라스투 무타악키단

확장하다 hawk-jang-hada	وسع 왓싸아	회원 hoe-won	عضو 우두운
환영하다 hwan-yeong-hada	رحب 라흐하바	후손 hu-son	أحفاد 아흐파-둔
환영합니다	أهلا وسهلا 아흘란 와싸흘란	~후에(after) hu-e	بعد 바으다
환영합니다(대답)	أهلا بك 아흘란 비크	후추 hu-chu	فلفل 풀풀
환율 hwan-yul	سعر الصرف 씨으룻 쏴르프	후회하다 hu-hoe-hada	ندم 나디마
환전 hwan-jeon	تحويل 타흐윌-루	훌륭한 hul-ryung-han	ممتاز 뭄타-준
활동 hwal-dong	نشاط 나샤-뚠	훔치다 hum-chi-da	سرق 싸라까
활동적인 hwal-dong-jeok-in	نشيط 나쉬-뜨	휴가 hyu-ga	إجازة 이자-자툰
회사 hoe-sa	شركة 샤리카툰	휴대폰 hyu-dae-phone	محمول 마흐물-룬
회색 hoe-saek	رمادي 라마-디	휴식 hyu-sik	استراح 이쓰티라-훈
회의 hoe-ui	مؤتمر 무으타마룬	흥정하다(값을) heung-jeong-hada	ساوم 싸-와마

흡연 تدخين
heub-yeon 타드키-눈

흡연자 مدخن
heub-yeon-ja 무닥키눈

흰색 أبيض
heuin-saek 아브야드

힘 قوة
him 꾸-와툰

힘센 قوي
him-ssen 까위-윤

당신의 휴대폰 번호를 적어주세요

اكتب لي رقم محمولك لو سمحت

우크툽 리- 라꿈 마흐물-리크 라우 싸마흐트

부록

Vocabulary Series I : 신체

한국어	아랍어	발음
가슴	**صدر**	솨드룬
귀	**أذن**	우주눈
뇌	**مخ**	무쿤
눈	**عين**	아이눈
머리	**رأس**	라으쑨
머리카락	**شعر**	샤으룬
발	**قدم**	까다문
배	**بطن**	바뜨눈
손	**يد**	야둔
손가락	**إصبع**	이스바운
심장	**قلب**	깔분
얼굴	**وجه**	와즈훈
이마	**جبين**	자비-눈
입술	**شفتين**	샤파타이니
치아	**أسنان**	아쓰나-눈
코	**أنف**	안푼
혀	**لسان**	리싸-눈

Vocabulary Series 2 : 직업

한국어	아랍어	발음
엔지니어	مهندس	무한디쑨
교사	مدرس	무다르리쑨
장관	وزير	와지-루
의사	طبيب	따비-분
화가	فنان	판나-눈
목수	نجار	낮자-룬
회계사	محاسب	무하-씨분
직원	موظف	무왖좌푼
사진사	مصور	무쑤우위룬
통역사	مترجم	무타르지문
사장	مدير	무디-루
사장	رئيس	라이-쑨
작가	كاتب	카-티분
관리자	مراقب	무라-끼분
재단사	خياط	카이야-뚠
승무원	مضيف	무뒤-푼
상인	بائع	바-이운
간호사	ممرض	무마르리둔
코치	مدرب	무다르리분
요리사	طباخ	땁바-쿤

부록

Vocabulary Series 3 : 달		10월	**أكتوبر** 욱투-르
(서력)		11월	**نوفمبر** 누-밤비르
1월	**يناير** 야나-이르	12월	**ديسمبر** 디-쌈비르
2월	**فبراير** 피브라-이르	(이슬람역)	
3월	**مارس** 마-리쓰	1월	**محرم** 무하르람
4월	**ابريل** 이브릴	2월	**صفر** 쇠파르
5월	**مايو** 마유	3월	**ربيعا لأول** 라비-울 아우왈
6월	**يونيو** 윤-유	4월	**ربيعا لثاني** 라비-웃 싸-니
7월	**يوليو** 율-유	5월	**جماد بالأولى** 주마-달 울라
8월	**أغسطس** 우구쓰투쓰	6월	**جماد بالثانية** 주마-닷 싸-니야
9월	**سبتمبر** 씹탐비르	7월	**رجب** 라자브

6월	**حزيران** 후자이란	8월	**شعبان** 샤으반
7월	**تموز** 탐무-즈	9월	**رمضان** 라마단
8월	**آب** 아브	10월	**شوال** 샤우왈
9월	**أيلول** 아이룰	11월	**ذوالقعدة** 둘 까으다
10월	**تشرينا لأول** 티슈리-닐 아우왈	12월	**ذوالحجة** 둘 힛자
11월	**تشرينا لثاني** 티슈리-닛 싸-니		
12월	**كانون الأول** 카누-닐 아우왈		

■ 레바논/시리아/이라크 1월-12월

1월	**كانونا لثاني** 카누닛 싸-니
2월	**شباط** 슈바-뜨
3월	**آذار** 아다-르
4월	**نيسان** 니싼
5월	**أيار** 아이야-르

부록

Vocabulary Series 4 : 아랍
숫자

기수 : Numbers 1-10

1 واحد (١)
와-히드

2 اثنان (٢)
이쓰난

3 ثلاثة (٣)
쌀라-싸

4 أربعة (٤)
아르바아

5 خمسة (٥)
캄싸

6 ستة (٦)
씻타

7 سبعة (٧)
싸브아

8 ثمانية (٨)
싸마-니야

9 تسعة (٩)
티쓰아

10 عشرة (١٠)
아샤라

11 أحد عشر (١١)
아하다 아샤라

12 اثنا عشر (١٢)
이쓰나 아샤라

13 ثلاثة عشر (١٣)
쌀라-싸타 아샤라

14 أربعة عشر (١٤)
아르바아타 아샤라

15 خمسة عشر (١٥)
캄싸타 아샤라

16 ستة عشر (١٦)
씻타타 아샤라

17 سبعة عشر (١٧)
싸브아타 아샤라

18 ثمانية عشر (١٨)
싸마-니야타 아샤라

19 تسعة عشر (١٩)
티쓰아타 아샤라

20 عشرون (٢٠)
이슈룬-

서수

1째의	**الأول** 알아우왈루	11째의	**الحادي عشر** 알하-디 아샤르
2째의	**الثاني** 앗싸-니	12째의	**الثاني عشر** 앗싸-니- 아샤르
3째의	**الثالث** 앗쌀-리쑤	13째의	**الثالث عشر** 앗쌀-리쓰 아샤르
4째의	**الرابع** 아르라-비우	14째의	**الرابع عشر** 아르라-비으 아샤르
5째의	**الخامس** 알카-미쑤	15째의	**الخامس عشر** 알카-미쓰 아샤르
6째의	**السادس** 앗싸-디쑤	16째의	**السادس عشر** 앗싸-디쓰 아샤르
7째의	**السابع** 앗싸-비우	17째의	**السابع عشر** 앗싸-비으 아샤르
8째의	**الثامن** 앗싸-미누	18째의	**الثامن عشر** 앗싸-미느 아샤르
9째의	**التاسع** 앗타-씨우	19째의	**التاسع عشر** 앗타-씨으 아샤르
10째의	**العاشر** 알아-쉬루	20째의	**العشرون** 알이슈룬-

Days of the week : 요일

월요일	**يوم الاثنين**	
	야우물 이쓰넨	
화요일	**يوم الثلاثاء**	
	야우뭇 쑬라-싸-	
수요일	**يوم الأربعاء**	
	야우물 아르비아-	
목요일	**يوم الخميس**	
	야우물 카미-쓰	
금요일	**يوم الجمعة**	
	야우물 주므아	
토요일	**يوم السبت**	
	야우뭇 쌉트	
일요일	**يوم الأحد**	
	야우물 아하드	

Vocabulary Series 5 : 색깔

한국어	아랍어	발음
갈색	أسمر	아쓰마르
검은색	أسود	아쓰와드
회색	رمادي	라마-디
흰색	أبيض	아브야드
핑크색	زهري	자흐리
빨간색	أحمر	아흐마르
오렌지색	برتقالي	부르투깔-리
노란색	أصفر	아스파르
초록색	أخضر	아크돠르
파란색	أزرق	아즈라끄
보라색	بنفسجي	바나프싸지

Vocabulary Series 6 : 시간

시	ساعة
	싸-아툰

분	دقيقة
	다끼-까툰

초	ثانية
	싸-니야툰

30분	نصف ساعة
	니스푸 싸-아

지금 몇 시에요? كم الساعة؟
카밋 싸-아투?

5시입니다 الساعة الخامسة
앗싸-아툴 카-미싸

10시15분입니다

الساعة العاشرة والربع
앗싸-아툴 아-쉬라 와루브으

188

Vocabulary Series 7 : 인칭대명사와 지시대명사

나는   **أنا**
아나

우리는   **نحن**
나흐누

당신(남)   **أنت**
안타

당신은 요르단 사람입니까?
هل أنت أردني؟
할 안타 우르두니-윤?

당신(여)   **أنت**
안티

당신은 이 회사 사장입니까?
هل أنت مديرة في هذه الشركة؟
할 안티 무디-라 피 하디힛 샤리카?

당신들   **أنتم**
안툼

당신들은 누구입니까?
من أنتم؟
만 안툼?

우리는 학생입니다 **نحن طلاب**
나흐누 뚤랍-

그는   **هو**
후와

그는 어디에 있습니까?
أين هو؟
아이나 후와?

그는 사원에 있습니다
هو في المسجد
후와 필 마쓰지드

그녀는   **هي**
히야

그녀는 지금 바쁩니까?
هل هي مشغولة الآن؟
할 히야 마슈굴-라툰 알아-나?

그들   **هم**
훔

이분, 이것(남)   **هذا**
하다-

이분, 이것(여)   **هذه**
하디히

부록

부록 2

기본적인 인사말와 자기소개

안녕하세요 السلام عليكم
앗쌀라무 알라이쿰

안녕하세요 وعليكم السلام
와 알라이쿠뭇 쌀람

저의 이름은 칼-리드 입니다.
당신의 이름은 무엇입니까?
اسمي خالد، ما اسمك؟
이쓰미- 칼-리드, 마쓰무카?

저의 이름은 쌀-림입니다
اسمي سالم
이쓰미- 쌀-림

어떻게 지내십니까?
كيف الحال؟
케이파 알할-루?

저는 잘지냅니다, 하나님 덕분이지요. 당신은요?
أنا بخير، والحمد لله'؟

وأنت
아나 비카이린, 왈함두릴라, 와 안타?

저도 잘지냅니다, 하나님 덕분이지요.
بخير، والحمد لله
비카이린, 왈함두릴라

당신은 어느에서 왔습니까?
من أين أنت؟
민 아이나 안타?

저는 이집트에서 왔습니다. 그럼 당신은요?
أنا من مصر، وأنت؟
아나 민 미스라, 와 안타?

저는 시리아에서 왔습니다
أنا من سوريا
아나 민 쑤-리야

처음뵙겠습니다 فرصة سعيدة
푸르솨툰 싸이-다

처음뵙겠습니다

فرصة سعيدة
푸르솨툰 싸이-다

저는 마흐무-드 입니다. 저는 서울대학교 학생입니다
أنا محمود، أنا طالب في جامعة سيول
아나 마흐무-드, 아나 똴-리분 피 자-미아 씨-울

저의 가족입니다
هذه أسرتي
하디히 우쓰라티-

이 분은 제 아버지입니다, 그는 회사 직원입니다
هذا أبي، هو موظف في الشركة
하다- 아비-, 후와 무왖좌푼 핏샤리카

그리고 이 분은 제 어머니입니다, 그녀는 병원에 의사입니다
و هذه أمي، هي طبيبة في المستشفى
와 하디히 움미-, 히야 똬비-바툰 필무쓰타쉬파

그리고 저의 여동생입니다, 그녀는 학교 학생입니다
وهذه أختي، هي تلميذة في المدرسة
와 하디히 우크티-, 히야 틸미-다툰 필마드라싸

나는 간호사입니다. 당신의 직업은 무엇입니까?
أنا ممرضة ما مهنتك؟
아나 무마르리돠툰, 마 미흐나투카?

나는 기술자입니다
أنا مهندس
아나 무한디쑨

자녀가 있습니까?
هل لك أطفال؟
할 라카 아뜨팔-룬?

네, 자녀가 있습니다
نعم، لي أطفال
나암, 리- 아뜨팔-룬

몇 명의 자녀가 있습니까?
كم طفلا لك؟
캄 뙤플란 라카?

저는 4명의 자녀가 있습니다
لي أربعة أطفال
리- 아르바아투 아뜨팔-린

병원에서

어디가 아프세요?

ماذا يؤلمك؟

마다- 유으리무카?

배에 통증이 있습니다

عندي ألم في بطني

에인디- 알람 피바뜨니-

두통은 있습니까?

هل عندك صداع؟

할 에인타크 수다-우?

아니요, 코에 통증을 느낍니

لا، أشعر بألم في أنفي

라-, 아슈우루 비알라민 피 안피-

처방전 여기 있습니다

هذه وصفة العلاج

하디히 와스파툴 일라-지

정말 감사합니다

شكرا جزيلا

슈크란 자질란-

식당에서

오늘 약속 있습니까?

هل عندك موعد اليوم؟

할 에인다크 마우이드 알야우마?

어떤 식당을 원하십니까?

أي مطعم تريد؟

아이- 마뜨아민 투리-드?

오늘의 요리 무엇입니까?

ما طبق اليوم؟

마 따바꿀 야움?

나는 카밥과 구운 양고기 원합니다

أريد الكباب وخروف مشوي

우리-두 알카바-바 와 카루-파 마슈위-

어떤 음식을 원하십니까?

أي طعام تريد؟

아이- 따아-민 투리-두?

나는 닭고기를 먹고싶습니다

أريد أن آكل لحم الدجاج

우리-두 안 아-쿨라 라흐맛 다자-즈

192

물 좀 주세요

أعطني الماء من فضلك

아으뛰니- 알마-아 민 파들릭

알겠습니다(종업원이 손님에게)

حاضر

하-뒤르

다른 것을 원하세요?

هل تريد شيئًا آخر؟

할 투리-두 샤이안 아-카르?

아니요 고맙습니다, 이것으로 충분합니다

لا شكرا، هذا يكفي

라 슈크란, 하다 야크피-

아랍어 한국어
한국어 아랍어 입문소사전

초판 1쇄 인쇄 2013년 12월 30일
초판 1쇄 발행 2014년 1월 3일

지은이 최영길
발행인 서덕일
펴낸곳 도서출판 문예림

출판등록 1962년 7월 12일 제1962-1호
주 소 경기도 파주시 회동길 366
전 화 02)499-1281,2
팩 스 02)499-1283
홈페이지 www.moonyelim.com
전자우편 info@moonyelim.com

ISBN 978-89-7482-771-7 (13790)

정가 28,000원

*잘못된 책은 구입하신 서점에서 교환해 드립니다.